走遍全球 GLOBE-TROTTER TRA

英 国

United Kingd

日本《走遍全球》编辑室　编著

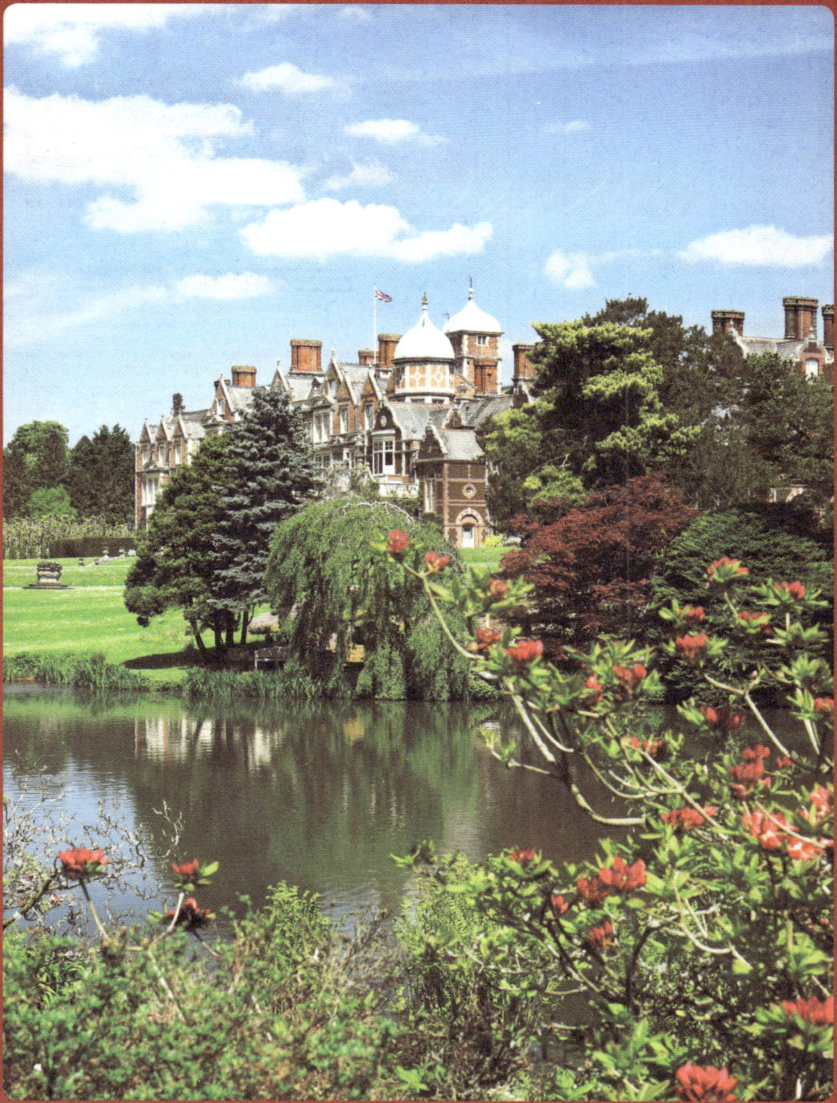

中国旅游出版社

使用本书之前

本书所使用的符号、缩略号

指明所介绍地区所在的地理位置

所介绍地区的人口及区号

飞机　铁路

巴士　轮船

地址

TEL 电话号码

FAX 传真号码

email 邮箱

URL 网址

（省略 http://）

开 开馆时间　休 休息日

费 入场费

内部禁止拍照

禁止拍照地点

禁止使用闪光灯

禁止拍照时使用闪光灯

即便在不禁止使用闪光灯的地点，也应充分考虑周围人员的感受，拍照注意遵守公德

地　图

- 旅游咨询处
- 酒店
- 餐馆
- 商店、旅行社等
- 邮局
- 巴士车站
- 巴士枢纽站
- 步行者专用道

巍巍耸立的大教堂守护着城市

索尔兹伯里

Salisbury

人口	长途区号
11 万 4613 人	01722

维尔特郡 Wiltshire

在城市的任何一个角落都可以看到大教堂

索尔兹伯里是一座弥漫着中世纪味道的城市，地标建筑是高耸入云的索尔兹伯里大教堂。这座大教堂是英国最高的教堂，教堂内保存有四部原版《英国大宪章》其中的一本。另外，索尔兹伯里还是去往世界遗产巨石阵的起点城市。

索尔兹伯里
Tourist Information Centre
Map p.242
Fish Raw, SP1 1EJ
TEL（01722）342860
URL www.salisburycitycouncil.gov.uk
开 9:00~17:00（周六 10:00~16:00，周日·法定节假日 10:00~14:00）
休 1/1、12/25·26

索尔兹伯里 漫 步

集市广场（Market Sq.）是城市的中心地带，i 也位于这附近。景点比较集中的地区位于集市广场以南，徒步 5 分钟的索尔兹伯里大教堂周围，这一区域也被称为是克罗斯。

从集市广场沿着凯瑟琳大街（Catherine St.）南下，可以从圣安门（St. Ann's Gate）方向进入大教堂，沿途的街景让人仿佛穿越到中世纪一般。

242

■在阅读本书之前

本书从多个角度介绍英国各地丰富多彩的风土人情。为了让初次来到英国的游客也能在旅途中畅行无阻，本书特别注重介绍交通工具及旅游景点的信息，还登载了大量廉价旅馆及 B&B 的相关信息。

■取材时间

本书内容原则上均根据 2019 年的实地调查编写而成。书中刊载了许多详细且很有用处的数据，但随时间推移可能会出现数据内容与实际情况有所出入的情况，请读者注意。特别是旅行中所需的各种费用，不同的季节会有较大的变动。

所载费用原则上均不包含税金及服务费。

另外，在英国，圣诞节前至新年期间以及复活节（2020 年 4 月 12 日）前后关门休业的设施（博物馆、美术馆、酒店、B&B、餐馆等）较多。对这些节假日休业及不定期休业，本书没有特别标示，请读者到达当地后自行确认。

■读者投稿

边框内内容、酒店信息、景点介绍等，有口符号的均为读者的经验之谈。里面涉及的数据均已实地确认，但个人的体验、感想不免会存在差异，请读者在阅读时加以注意。

投稿之年的春季指 2~5 月，夏季指 6~9 月，秋季指 10~11 月，12 月与 1 月则另行表述。

代号、缩略的说明

本书中所使用的代号、缩略号如下所示：

~道路 =~St.（Street）
~Rd.（Road）
~Av.（Avenue）
~Dri.（Drive）
~Ter.（Terrace）
~Ln.（Lane）
~Cres.（Crescent）
~Cir.（Circus）
~Pde.（Parade）
~广场 =~Sq.（Square）
~Pl.（Place）
~桥 =~Br.（Bridge）
圣 ~=St.~（Saint）
~公园 =~Pk.（Park）
~Gdns.（Gardens）
上 ~=Upr~（Upper）
下 ~=Lwr~（Lower）
~购物中心 =~S.C.（Shopping Centre）

餐馆

鲁斯蒂科餐馆
Rustico Bistro

◆餐馆位于皇家新月楼附近，在这里可以品尝到意大利厨师长烹制的正宗的意大利菜。菜肴主要以意大利家常菜和传统菜为主。黑板上写着的"今日推荐菜式"一定要关注一下哦。意面的价格大约是 £9.95~，主菜的价格是 £15.95~。

意大利菜 Map p.248A1
✉ 2 Margaret's Buildings Brock St., BA1 2LP
TEL（01225）310064
URL www.rusticobistroitaliano.co.uk
营 12:00~14:30 18:00~22:00
休 周一 CC M V
无信号

商店

莎士比亚书店
The Shakespeare Bookshop

◆这家店铺专门收集了各类与莎士比亚相关的商品。马克杯、杯垫等都采用了时尚的设计，十分受欢迎，有些还印有莎士比亚名言的商品。

书籍、杂货、纪念品 Map p.304A
✉ Hornby Cottage, 39 Henley St., CV 6QW
TEL（01789）292176
营 夏季 9:00~17:00 冬季 9:00~16:00
休 12/25
CC A M V

酒店

盖恩斯伯勒温泉浴场酒店
The Gainsborough Bath Spa

◆英国唯一一家使用天然温泉的温泉酒店 这家酒店是 YTL 旗下的酒店，YTL 集团在全世界各地投资高档酒店和度假村。有些客房可以直通 SPA。选择在这里入住可以享受温泉的乐趣。

高档 99 间 Map p.250
所有房间 所有房间 所有房间 所有房间 所有房间 付费 免费
✉ Beau St., BA1 1QY
TEL（01225）358888 FAX 08005298000
URL www.thegainsboroughbathspa.co.uk
S W £290~
CC A D J M V

客房设备

电梯

电视

吹风机

茶具（烧水壶）

急救箱

专用停车场(包括租赁停车场)
无线网络

酒店的设备及支付方法

D 宿舍 / 多人间
S 单人房
W 双人床或双单人床
带淋浴的房间
公用淋浴
有浴缸的房间
无浴缸的房间
带卫生间的房间
公共卫生间
住宿费包含早餐
住宿费不包含早餐
C/C 信用卡
A 美国运通卡
D 大莱卡
J JCB
M 万事达卡
V VISA

■住宿设施的种类

为了便于具体地按照旅行模式找到适合的住宿设施，本书将登载的住宿设施进行了分类。其中，"青年旅舍"指加入了"国际青年旅舍联盟"的住宿设施。除此之外的非加盟旅社（私人旅社、背包客旅社），本书将其归为"旅社"类。

■博物馆及美术馆的展品

博物馆、美术馆内的展品可能因外借或修复等原因暂停展出。因此本书登载的展品相关内容可能与实际情况不一致。

■收录信息

编辑部尽最大努力来保证本书所载信息的时效性和准确性，但是旅游地的具体规定以及相关手续等事项也时常会出现一些变化，另外，对书中内容也可能存在不同的解读。基于上述原因或者本社无重大过失时，对读者因使用本书而遭受的损失以及不便，本社不承担任何责任，特此声明。

走遍全球 GLOBE-TROTTER TRAVEL GUIDEBOOK

英 国

Contents

伦敦 London 53

南海岸地区 Southern Coast 175

威尔士 Wales 459

苏格兰 Scotland 481

旅行的准备与技巧 Travel Tips 529

专栏

出发前必读！旅行中常会遇到的麻烦 …… p.5、562

国旗

为“米”字旗，由深蓝底色和红、白色“米”字组成。旗中带白色的红色正十字代表英格兰守护神圣乔治，白色交叉十字代表苏格兰守护神圣安德鲁，红色交叉十字代表爱尔兰守护神圣帕特里克。

旅行常用英语 → p.564

正式国名

大不列颠及北爱尔兰联合王国 United Kingdom of Great Britain and Northern Ireland

国歌

《天佑女王》（*God Save the Queen*）

面积

24.41 万平方公里（包括内陆水域）

人口

6657 万人（2019 年）

首都

伦敦 London

国家元首

女王伊丽莎白二世 Queen Elizabeth Ⅱ
首相鲍里斯 · 约翰逊 Boris Johnson

国家政体

君主立宪制、议院内阁制

民族构成

英格兰人 83%、苏格兰人 8%、威尔士人 5%、爱尔兰人 3%、马恩人。此外还有从非洲、印度、中国等地来的移民。

宗教

英国国教等基督教教徒约占 72%、无信仰者约占 15%、伊斯兰教教徒约占 3% 等。

语言

英语、威尔士语、盖尔语

货币及汇率

英国的货币单位为英镑（£），辅助单位是便士（p）。£1=100p=8.5595 元（2019 年 8 月 7 日）

纸币有 £5、£10、£20、£50 四种面值。硬币有 1p、2p、5p、10p、20p、50p、£1、£2。

虽然苏格兰、北爱尔兰、马恩岛都发行独立的货币，但与英格兰银行发行的货币具有同等价值，在英格兰也可以使用。当然，英格兰银行所发行的纸币在苏格兰以及北爱尔兰也是可以使用的。不过，除英格兰银行发行的货币之外是不能够在国内兑换的。

【兑换】

在银行和有“Bureau de Change”标识的店铺都可以兑换外币。机场、大型车站内、车站周边的兑换点比较多。

【信用卡】

VISA、MasterCard、美国运通卡、JCB 等国际信用度较高的卡使用起来比较方便。VISA 与 MasterCard 还可以在 ATM 上取现。

旅行的预算与资金 → p.535

1 英镑

2 英镑

5 英镑

10 英镑

20 英镑

50 英镑

1 便士

2 便士

5 便士

10 便士

20 便士

50 便士

拨打电话的方法

邮政 · 通信→ p.561

※ 拨打英国的手机号码时需要去掉前面的“0”
※ 如果从酒店的房间拨打，需要先拨打外线

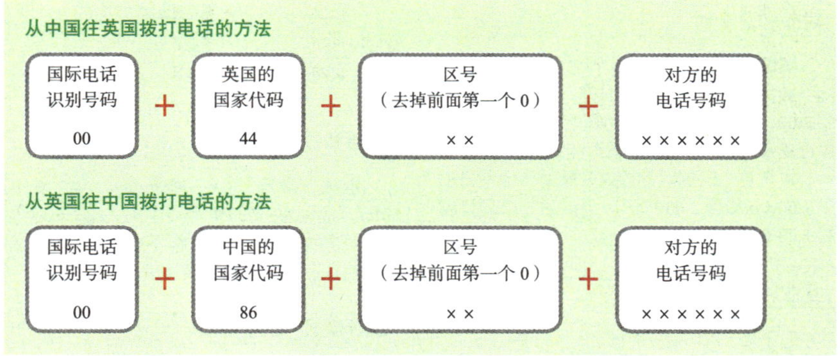

出入境

【签证】

持中华人民共和国普通护照的公民，无论是入境还是过境均需要事先办理签证。签证的具体事宜请参考英国驻华签证中心，URL www.vfsglobal.co.uk/china/ 或者英国驻华大使馆，URL www.gov.uk/world/china。

【护照】

护照有效期必须在 6 个月以上。

旅行必备物品→ p.530

从中国飞往英国所需时间

从中国直飞英国大约需要 11 小时。中国国际航空、中国东方航空、英国航空、维珍航空、国泰航空、海南航空、天津航空有从国内各大城市直飞英国各地的航班。

去往英国的航班→ p.537

气候

英国的气候类型属于温带海洋性气候。这种气候的特点是夏季凉爽，冬季温和，每个月都有降水。

气候特征是一天中的天气多变，时而阳光普照，时而倾盆大雨，气温骤降，总是有令人措手不及的天气变化。一整天都在下雨的情况并不多见，大多数时候是一天中总要下几个小时的雨，所以千万不要忘记携带雨具。即便是夏季也要带上一件外套。

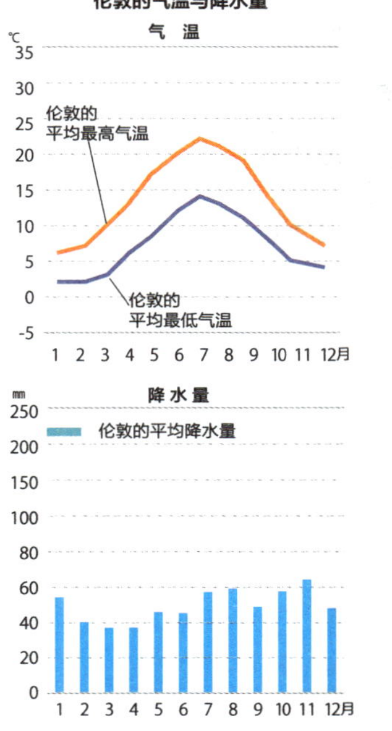

时差和夏令时

英国与中国的时差为 8 小时，即从中国的时间中减掉 8 小时就是英国时间。例如国内是上午 7:00，英国则是前一天的晚上 11:00。在英国实行夏令时的时候与中国的时差缩短为 7 小时。

实行夏令时的时间为 3 月最后一个周日凌晨 1:00（= 凌晨 2:00）至 10 月最后一个周日凌晨 1:00（=0:00）。

营业时间

以下是一般的营业时间。

【银行】

周一～周五 9:30~16:00、16:30。周六、周日、法定节假日休业。

【百货商店及店铺】

周一～周六 10:00~18:00 或者 19:00。周日、节假日休息。最近周日也照常营业的店铺数量在逐渐增多。

【餐馆】

早餐 9:00~11:00、午餐 12:00~14:30、下午茶 15:00~17:00、晚餐 17:30~23:00。

【酒吧】

周一～周六 11:00~23:00，周日 12:00~22:00

主要的节日

所谓银行假日是根据 1871 年制定的法律规定的休息日。银行、一般企业都是根据银行假日来休假的，公共机构、交通机构和商店等大多数都照常营业。需要注意的是除苏格兰以外的地区节日（带※）、只有苏格兰地区的节日（带★）。如遇节日正好是周六日的情况，顺延至次日休息。

1 月	1/1	新年
	1/2	★ 银行假日
3 月	3/17	圣帕特里克节（仅北爱尔兰地区）
4 月	4/10~13（'20）、4/2~5（'21）	复活节假期
5 月	5/4（'20）、5/3（'21）	五月初银行假日
	5/25（'20）、5/31（'21）	春季银行假日
8 月	8/3（'20）、8/2（'21）	★ 夏季银行假日
	8/31（'20）、8/30（'21）	※ 夏季银行假日
11 月	11/30	★ 圣安德鲁日
	12/25	圣诞节
	12/26	节礼日

电压和插头

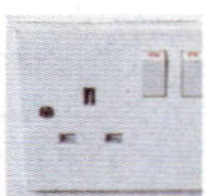

电压一般是 230V、频率为 50Hz，插头为三项 BF 型。中国国内使用的电器产品大都不能直接使用，需要使用转换插头。

录像制式

【DVD 制式】

英国的电视视频方式（PAL）与中国相同，所以一般中国使用的视频平台都能播放。

【蓝光系统】

因为包含英国的在内的欧洲地区代码（B）与中国不同，所以一般的蓝光播放器不能在英国使用。

小费

一般来说，餐馆和酒店等的费用中包含了服务费，所以不一定需要支付小费。如果对服务比较满意或者受到优待，可以参考以下的比例。

【出租车】

小费相当于车费的 10%~15%。

【餐馆】

在没有要求支付服务费时，需要支付消费金额 10%~15% 的小费。也有些地方是明码标注的 12.5%。使用信用卡支付时需要自行在发票上填写相应的小费金额。

【酒店】

对于门童或者有提供客房服务时每次支付 £1。

饮用水

英国大部分地区的自来水水质都偏硬，但是可以直接饮用。如果不放心可以购买矿泉水饮用。500ml 的瓶装水价格在 60p~£1。瓶装饮用水分为不含气（Still）和含气的两种矿泉水（Sparkling）。

邮政

英国的邮政局被称为皇家邮政（Royal Mail）。今年来邮局与其他行业的合作逐渐推进，部分业务也会委托给便利店或者文具店等商业设施来经营。营业时间一般为工作日 9:00~17:30，周六至 12:30，周日、节假日休业。一些乡村的邮局还会有午休时间。

【邮费】

寄往中国的航空邮件，明信片、书信 10g 以内约需 £1.25，100g 约需 £2.25。

邮政 · 通信→ p.561

税金

英国大多数商品的价格都包含了 20% 的叫作“VAT”的增值税。游客可以通过办理退税手续，得到相应的返还（其中扣除了手续费等）。不过只能办理购物消费金额的退税，酒店的住宿费和餐饮费不能办理退税。

享受免税政策，需要在拥有免税资格的商店（有 Tax Free Shop 标志的商店）填写好申报材料，然后在出境时向海关递交，并领取退税金。

购物须知→ p.560

治安与纠纷

英国是治安相对比较稳定的国家，不过伦敦、爱丁堡、格拉斯哥等大城市的犯罪率也是比较高的。因此在大城市旅行时需要随时提防，小心谨慎一些为好。

【小偷】

地铁、车站内等人流混杂的地方小偷比较多。尽量不要把现金放在比较容易被人发现的地方。而且，尽可能少地携带现金出门。

【顺手牵羊】

很多高档酒店的早餐都是自助餐形式的，请不要将贵重物品放在桌子上就去取餐。在机场、巴士站等地，要保管好自己的行李，尽量不要让行李离开自己的视线。

【中国驻英国大使馆】

大使馆

URL www.chinese-embassy.org.uk/chn

住 49 Portland Place, London W1B 1JL

开 周一～周五（中英节假日除外）

上午 9:00-12:00，下午 14:00-17:00

TEL +44（0）-20-76365197

领事部

住 31 Portland Place, Lindon, W1B 1QD

开 周一～周五上午 9:00-12:00（中英节假日除外）。下午不对外办公。

TEL 020-72998430

驻曼彻斯特总领事馆

URL manchester.chineseconsulate.org/chn

住 Denison House, 49 Denison Road, Rusholme, Manchester M14 5RX

开 周一～周五上午 09:00 至 12:00，节假日除外

TEL 0161-445 458

驻爱丁堡总领事馆

URL edinburgh.china-consulate.org/chn

住 55 Corstorphine Road. Edinburgh EH12 5QG

开 周二、周四上午 9:00~12:00，下午 14:00~16:00。周一、周三、周五、以及英国和中国公共节假日不对外办公（详细情况请查询官网）。

TEL 0131-2292519

报警、消防、急救电话：999

旅行中常会遇到的麻烦→ p.562

年龄限制

在英国未满 18 周岁禁止购买酒精类、香烟类产品。另外，汽车租赁公司也有年龄限制。建议在租车之前向租赁公司咨询。

度量衡

虽然法律规定与我国同样使用米作为度量单位，但日常生活中还是在使用传统计量单位，例如：长度是英寸 inch（1 英寸≈ 2.54 厘米）、重量是磅（1 磅≈ 453.6 克）、距离是英里（1 英里≈ 1.61 公里）。购物时需要注意所表示的尺寸与我国不同。

其他

【礼仪】

乘坐自动扶梯时需要站在右侧，将左侧让出。排队等候采取的是叉子队形（无论有几个窗口都只排一队，按照顺序去到空闲的窗口）。叫停出租车或者巴士的时候，需要横向伸手示意。支付出租车费用需要通过驾驶席与后部座席之间的小窗口。

【禁烟】

室内公共空间、餐饮店（包含酒吧 Pub）禁止吸烟。

Latest U.K. News

英国最新信息

Lake District inscribed onto World Heritage List

1 湖区被列入世界自然遗产名录

在 2017 年 7 月举行的第 41 届世界遗产委员会上，英国的湖区被列入世界遗产名录。至此，英国的世界遗产总数达 27 处，这里是继巨人之路与海岸堤道、圣基尔达、多塞特郡和东德文郡海岸之后，英国第 4 个自然遗产。当地的湖区（Lake District）机场原来没有定期航班，但是在 2018 年的时候开通了与伦敦、都柏林、贝尔法斯特之间的客运航线，来访的游客也因此增加。

New £10 note

2 新十英镑纸币开始流通

英国于 2016 年 9 月发行了新五英镑纸币，2017 年 9 月新十英镑纸币也开始流通。与新五英镑纸币一样，新十英镑纸币也使用了聚合树脂，正面肖像为伊丽莎白二世女王，背面肖像为英国著名女作家简·奥斯汀。纸币上印有“I declare after all there is no enjoyment like reading!”（“我说啊，什么娱乐也比不上阅读的乐趣！”），引自奥斯汀的代表作《傲慢与偏见》。2020 年还将发行使用聚合树脂制造的新二十英镑纸币，背面肖像为浪漫主义画家特纳。

Kettle's Yard Reopening

3 剑桥的 Kettle's Yard 重新开放

由剑桥大学负责运营的一家博物馆，Kettle's Yard 自扩建工程完工后，于 2018 年 2 月重新开放。Kettle's Yard 是由现代艺术品商人、收藏家吉姆·伊德的宅邸改建而成的画廊，这里不光展出美术作品，还为人们展示了一个融于生活的艺术世界。入场有时间限制，参观时，所有游客先集中在一块儿听大约 10 分钟的讲解，之后可以自由参观。

▶茶壶院子Kettle's Yard ➡p.341

V&A Dundee

4 维多利亚和阿尔伯特博物馆苏格兰邓迪分馆开放

维多利亚和阿尔伯特博物馆首个分馆，于2018年9月15日在苏格兰港口城市邓迪开馆。除了展出维多利亚和阿尔伯特博物馆收藏的世界级珍贵藏品，该馆还展出大量苏格兰装饰美术的藏品。博物馆建筑的设计者是隈研吾，建筑外观独特，模仿苏格兰的断崖，2500块石板水平重叠，其造型本身就充分展现了设计的艺术。

▶维多利亚和阿尔伯特 邓迪

交	从爱丁堡乘火车前往邓迪，用时约1小时10分钟。博物馆位于车站门前不远处的泰河边。
✉	1 Riverside Esplanade，Dundee，DD1 4EZ
TEL	（01382）305665
开	10:00~17:00
休	无
费	常设展免费，特别展收费

Great East Window, York Minster

5 约克大教堂的大东窗已完成修复

约克大教堂是英格兰北部著名的教堂，里面的大东窗的修复工程现已结束，开始对外开放。欧洲的教堂都朝向东方圣地耶路撒冷而建，所以大东窗位于教堂最内侧主祭坛的后面。中世纪制作的彩绘玻璃窗是目前世界上最大型的。

大东窗由311块玻璃组成，每块玻璃上都画有圣经中的场景或圣人、天使。位置靠上的玻璃很难看清，如果想仔细观察，最好带上望远镜。教堂内设有触摸屏幕，可以通过屏幕了解每块玻璃上的图案。

▶约克大教堂 ➡p.436

Brontë 200 in Haworth

6 艾米莉·勃朗特诞辰200周年

2018年是名著《呼啸山庄》的作者艾米莉·勃朗特诞辰200周年。2016年是她的姐姐，也就是自传小说《简·爱》的作者夏洛蒂·勃朗特诞辰200周年。2020年是勃朗特三姐妹中最小的安妮·勃朗特诞辰200周年。位于三姐妹出生并成长的霍沃思的勃朗特故居博物馆把2016年至2020年定为“勃朗特200”活动期，会举办各种纪念活动。

▶勃朗特博物馆 ➡p.452

900th Anniversary of Peterborough Cathedral

7 彼得伯勒大教堂

彼得伯勒大教堂所在地，在 7 世纪的盎格鲁 - 萨克逊时代就建有教堂，不过现存建筑建于 1118 年。这座建于 12 世纪的大教堂，基础部分为诺曼式，之后经历过多次改建，所以整体风格中有了许多哥特式建筑的元素，在同一座建筑中可以看到多种建筑风格，非常有趣。2016 年在大教堂领地内设立了游客中心，里面还有关于大教堂历史及中世纪修道士生活的介绍。

▶彼得伯勒大教堂 ➡p.343

URL www.peterboroughcelebrates.org.uk

Sherwood Forest opens New Visitor Centre

8 舍伍德森林开设新的游客中心

罗宾汉是英国传说中的绿林好汉，他的故事多次被搬上银幕，故事的发生地就是舍伍德森林。从诺丁汉乘巴士约 1 小时可达，那里的自然环境优美，适合健走及享受森林浴，很受欢迎。每到周末，都有以罗宾汉为主题的中世纪模仿表演以及观鸟活动。2018 年夏季，原来的游客中心关闭，开始使用新的游客中心。新游客中心位于最近的城镇埃德温斯托（Edwinstowe）与舍伍德森林自然保护区之间，旁边有青年旅舍及艺术中心，更便于为游客提供服务。

▶舍伍德森林 ➡p.332

Being Brunnel

9 布里斯托尔的大不列颠号旁新建了博物馆

在布里斯托尔展出的大不列颠号建造于 1845 年，这是世界上第一艘安装了螺旋桨的远洋船只。在大不列颠号的展出区域内，新建了一座以该船的设计者布鲁内尔为主题的博物馆。馆内的展品丰富，除了大不列颠号的相关展品，还有伦敦与布里斯托尔间的大西部铁路以及以失败而告终的南德文气压铁路等布鲁内尔一生中参与过的多个工程的相关展品和展示其日常生活的资料。

▶大不列颠号 ➡p.257

Hanze Hall in Natural History Museum

10 伦敦自然历史博物馆 汉泽厅内的蓝鲸骨骼

汉泽厅是位于自然历史博物馆正面入口旁的一个大厅。以前那里展出体长达 26 米、名为“迪皮”的草食恐龙梁龙的骨骼标本，2017 年换成了体长 25 米的蓝鲸“霍普”的骨骼标本。被换掉的“迪皮”将在英国各地的博物馆巡回展出至 2020 年，之后将被做成青铜像立于自然历史博物馆的院子里。

▶自然历史博物馆 ➡p.135

V&A Museum, Exhibition Road Entrance

11 维多利亚和阿尔伯特博物馆的新大门

2014 年开始，维多利亚和阿尔伯特博物馆对位于博览会路一侧的大门进行改建，2017 年工程竣工。穿过入口处的拱门，就是被称为 Exhibition Road Quarter 的中庭，地面上铺着磁性瓷砖，角落里有玻璃幕墙结构的咖啡馆 The Courtyard Café。这里明亮且宽敞，作为连接大门与博物馆主建筑的空间是非常适合的。馆内的展览也很吸引人，例如，墨西哥著名当代作家弗里达·卡罗的服装展会。

▶维多利亚和阿尔伯特博物馆 ➡p.134

Elizabeth Line

12 从2018年12月开始伊丽莎白线部分开通

伊丽莎白线是横穿伦敦市中心的城市铁路，尚未完全建成。2018 年 6 月开始，希思罗航站楼 4 站至帕丁顿站的行车区间以及从利物浦大街站出发经由斯特拉特福德站（Stratford）至申菲尔德站（Shenfiled）的行车区间开通运行，线路名称为 TfL 线。另外，2018 年 12 月开始，从帕丁顿站出发经由利物浦大街站至阿比伍德站（Abbey Wood）的行车区间也会开通，线路名称为伊丽莎白线。2019 年 12 月线路全面开通，终点延长至伦敦以西的雷丁。现在，利物浦大街站、帕丁顿站周边区域仍在施工。

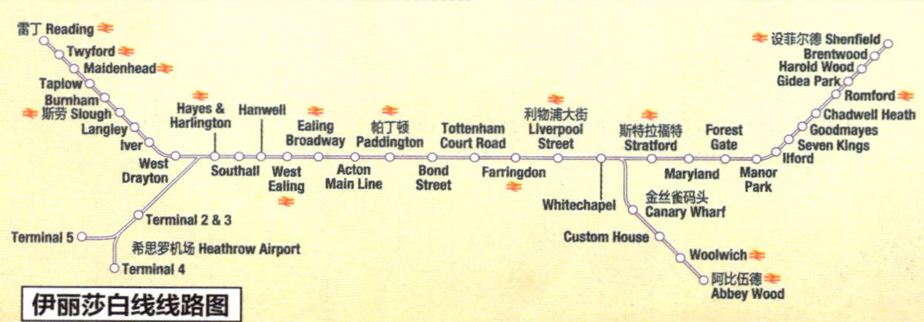

伊丽莎白线线路图

英国的正式名称是大不列颠及北爱尔兰联合王国，是由英格兰、苏格兰、威尔士、北爱尔兰这四个部分组成的。本书中共分成六个部分来介绍英国，其中英格兰分成伦敦、南海岸地区、中央地区、北部地区四个部分，再加上苏格兰和威尔士。虽说都是英国的领地，但每个地区的地理特征和历史都大不相同。首先，根据不同的地区简单了解一下各地的著名景点。

英格兰中部地区

Central England

拥有美丽自然风光和悠久历史的地区

必看景点

①

③

p.459

Wales

拥有众多古城遗址的高原地区

必看景点

① ③

南海岸地区

p.175

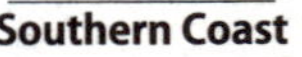

Southern Coast

拥有在阳光普照下绵延的美丽海岸线

必看景点

尼斯湖
圣安德鲁斯
爱德华一世城堡及城墙
圣迈克尔山

苏格兰
Scotland

➡p.481

保留着古老传统历史悠久的地区

☑ 必看景点

①爱丁堡	➡p.484
②圣安德鲁斯	➡p.505
③尼斯湖	➡p.521

英格兰北部地区
Northern England

➡p.349

拥有雄伟自然风光和田园牧歌风景的地区

☑ 必看景点

①山峰地区	➡p.375
②湖区	➡p.383
③约克	➡p.434

约克

山峰地区

科茨沃尔德

伦敦

斯

坎特伯雷大教堂

巨石阵

七姐妹

伦敦
London

➡p.53

不断发展进步的大都会

☑ 必看景点

①威斯敏斯特修道院	➡p.106
②大英博物馆	➡p.118
③伦敦塔	➡p.128

L O N D O N

伦敦

不断发展进步的大都会

伦敦是英国的首都，是由罗马人在公元 1 世纪建成的伦底纽姆城（Londinium）逐渐发展起来的大都会。这既是一座拥有近 2000 年历史的古都，又是世界文化、流行的趋势发源地。除了观光游览之外，逛街购物、观看话剧歌剧、体育赛事等活动也是拥有无尽的乐趣。

1 位于特拉法加广场对面的英国国家美术馆（→ p.112） 2 从大型观景摩天轮——伦敦眼（→ p.109），可以眺望伦敦市街风景 3 地铁考文特花园站周边是历史悠久的购物街区

❹泰晤士河畔的雾气是伦敦冬季最具代表性的景观 ❺白金汉宫（→p.110）的英国皇家卫队换岗仪式 ❻每天开合3次左右的伦敦塔桥（→p.127）❼英国皇家芭蕾舞团的大本营——英国皇家歌剧院（→p.143）❽伦敦奥运会的主会场“伦敦碗”（→p.130）与安赛乐米塔尔轨道塔 ❾位于格林尼治的旧皇家海军学院（→p.161）的彩绘大厅 ❿建于肯辛顿花园内的阿尔伯特纪念碑

SOUTHERN COAST

南海岸地区

拥有在阳光普照下绵延的美丽海岸线

南海岸地区隔着英吉利海峡与欧洲大陆遥相对望，这里也是英国领土中最温暖的区域。这里拥有众多的度假胜地，每逢夏季都会有大量的游客涌入。推理文学宗师阿加莎·克里斯蒂的故乡托基附近被称为是英国的“里维埃拉”。

❶退潮时可以步行至圣迈克尔山（→p.235）❷温切斯特大教堂（→p.214）的彩绘玻璃 ❸在七姐妹（→p.193）的海岸线边上是绵延的白崖

❹坎特伯雷因大教堂而知名，乘船畅游也是这里另一条亮丽的风景线 ❺在侏罗纪海岸（→ p.220）边的小路漫步也是一件很惬意的事情 ❻酒吧里出售的多为当地的精酿啤酒 ❼据说怀特岛（→ p.205）阿伦海湾的断崖上有 21 种颜色 ❽埃克塞特大教堂（→ p.218）是一座拥有 850 余年历史的哥特式建筑 ❾米纳克剧场（→ p.237）附近的博斯克诺海滩

CENTRAL ENGLAND

英格兰中部地区

拥有美丽自然风光和悠久历史的地区

英格兰中部地区拥有著名的温泉胜地巴斯、大学城牛津和剑桥等具有特色的城市。科茨沃尔德延绵的丘陵地带和蜜糖色的民居构成了绝美的英伦田园风光。

❶被称为英国最美乡村的拜伯里（→ p.278）❷因罗宾汉而闻名于世的诺丁汉（→ p.331）❸科茨沃尔德的领主庄园是人气电视剧《唐顿庄园》的取景地

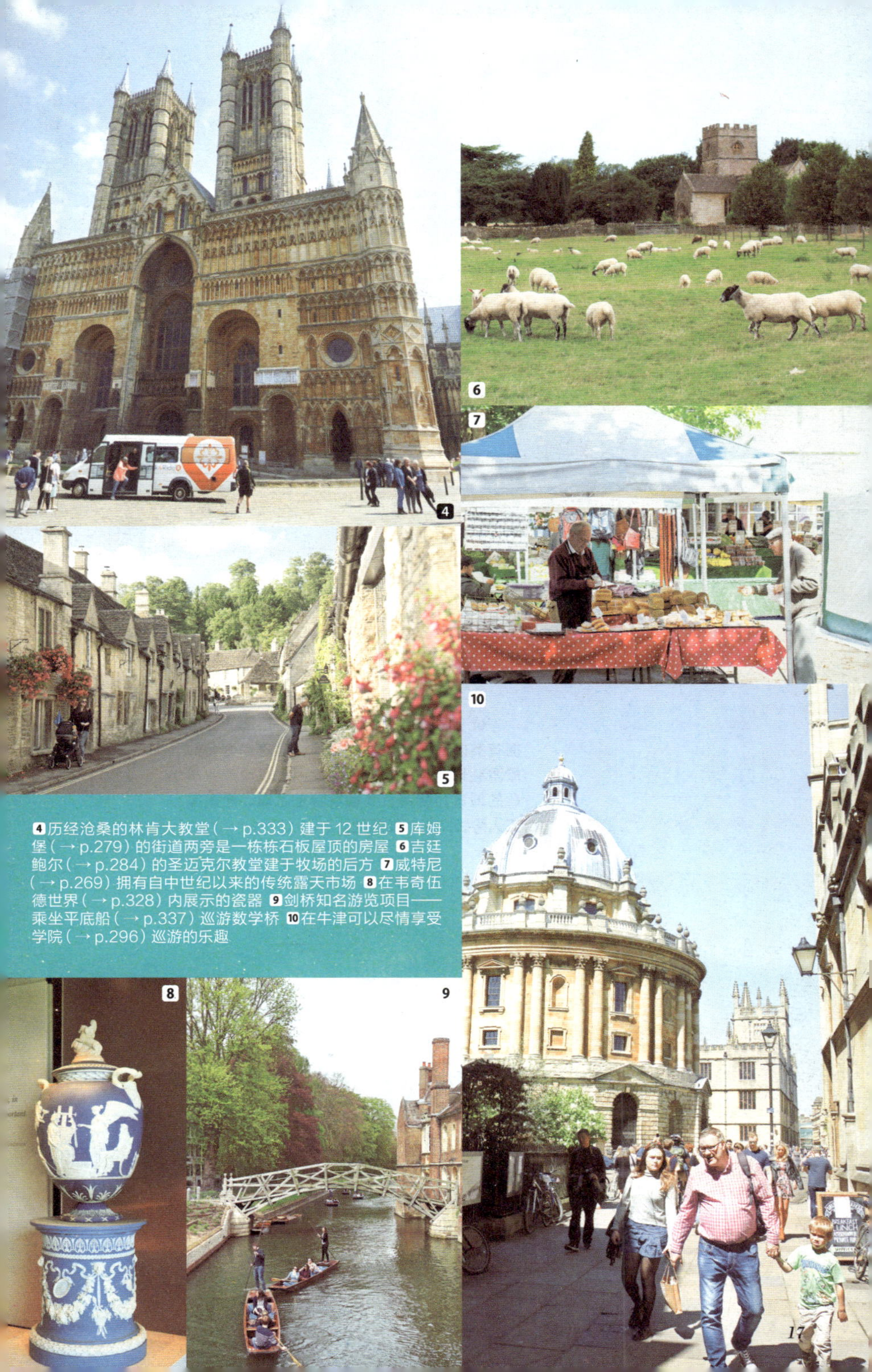

4 历经沧桑的林肯大教堂（→ p.333）建于 12 世纪 5 库姆堡（→ p.279）的街道两旁是一栋栋石板屋顶的房屋 6 吉廷鲍尔（→ p.284）的圣迈克尔教堂建于牧场的后方 7 威特尼（→ p.269）拥有自中世纪以来的传统露天市场 8 在韦奇伍德世界（→ p.328）内展示的瓷器 9 剑桥知名游览项目——乘坐平底船（→ p.337）巡游数学桥 10 在牛津可以尽情享受学院（→ p.296）巡游的乐趣

NORTHERN ENGLAND

英格兰北部地区

拥有雄伟自然风光和田园牧歌风景的地区

位于不列颠岛的中心位置。西部的湖区拥有英国最具代表性的风景，这里是著名的旅游胜地，也是彼得兔的故乡。驱动产业革命的城市利物浦、曼彻斯特是足球、摇滚等工人阶级文化的发源地。

1哈利·波特的取景地——阿尼克城堡（→p.422）2哈德维克绵羊随着成长羊毛的颜色会从巧克力色变至灰色 3乘坐登山火车可以去往马恩岛（→p.367）的最高峰——斯奈山

❹约克（→p.434）的老城区围在城墙内 ❺格拉斯米尔（→p.404）的名吃——姜饼 ❻切斯特（→p.352）的桥门上有一座钟楼 ❼在毕翠克丝·波特乐园（→p.400）内再现了彼得兔中的许多场景 ❽位于山峰地区的查茨沃思庄园（→p.379）❾镜面倒影秀丽的格拉斯米尔湖（→p.404）

W A L E S

威尔士

拥有众多古城遗址的高原地区

威尔士至今仍与英格兰保持着不一样的文化和语言。这里也是电影《天空之城》的灵感来源地，布莱纳文的煤矿看起来像电影中巴鲁所工作的煤矿，古堡群好似囚禁希达的要塞。连绵的群山中心地带，是拥有雄伟景观的旅游胜地。

1 爱德华一世建造的哈勒赫城堡（→p.477），现已被列入世界遗产 2 加的夫城堡（→p.464）的诺曼要塞 3 康威谷铁路（→p.478）上至今还有蒸汽机车在行驶

4 在北威尔士的众多古城要塞中保存状态最好的是康威城堡（→ p.477） 5 沿着庞特卡萨斯泰高架水道桥（→ p.475）缓缓前行的运河窄船 6 兰迪德诺（→ p.473）是北威尔士的海滨度假胜地 7 威尔士国家体育场（→ p.464）前的道路是 1999 年英式橄榄球世界杯参赛各国的宣传图案 8 可爱的大奥姆有轨电车（→ p.473）穿行于山间 9 康威（→ p.472）的普拉斯毛尔宅第内装修十分有个性 10 兰迪德诺（→ p.473）是一座与《爱丽丝梦游仙境》有着渊源的小城

SCOTLAND

苏格兰

保留着古老传统历史悠久的地区

苏格兰风笛、苏格兰格子裙、威士忌……都是苏格兰的特色。苏格兰的魅力在于她的独特性。以首府爱丁堡、格拉斯哥为中心的南侧低地是苏格兰人口比较集中的地区。与之相反，北侧的低地虽然人烟稀少，但却是风光明媚的自然风景区。

1荷里路德宫（→p.494）是英国王室的宫殿之一 2新鲜的生蚝和海鲜是苏格兰最具代表性的食材 3爱丁堡城堡（→p.491）的大厅

4 为了纪念大文豪沃尔特·斯科特而建的斯科特纪念塔（→p.497）5 苏格兰风笛除了用嘴吹的吹管可以发音之外，还有气囊的部分可以发音，所以绝对没有中途消音的现象 6 从福斯湾可以眺望世界遗产福斯铁路桥 7 格拉斯广场（→p.485）附近酒吧、餐馆相对比较集中 8 圣安德鲁斯（→p.507）是高尔夫胜地 9 爱丁堡军乐节（→p.501）是夏季的一道亮丽风景线

旅行窍门

英国的世界遗产

到目前为止，除了百慕大、英属直布罗陀等海外领地之外，英国共有 27 处世界遗产。其中有 23 处是文化遗产，3 处是自然遗产，还有 1 处是文化与自然混合遗产。遗产的类型从 2 亿年以前的中生代地层，到罗马时代的遗址、中世纪城堡也是多种多样。只有产业革命的发祥地属于近代遗产，也是最具有英国特色的世界遗产。

World Heritage Sites in the U.K.

1986 年英国最早被列为世界遗址的景点之——巨石阵

伦敦及其周边地区 London

❶ 威斯敏斯特宫与威斯敏斯特修道院、圣玛格丽特教堂
➡p.106,107
Palace of Westminster and Westminster Abbey including Saint Margaret's Church

❷ 伦敦塔 ➡p.128
Tower of London

❸ 格林尼治 ➡p.160
Maritime Greenwich

❹ 英国皇家植物园（邱园） ➡p.164
Royal Botanic Gardens, Kew

南海岸地区 Southern Coast

❺ 坎特伯雷大教堂、圣奥古斯丁修道院与圣马丁教堂 ➡p.180,182
Canterbury Cathedral, St. Augustine's Abbey, and St. Martin's Church

❻ 多塞特郡和东德文郡海岸 ➡p.220
Dorset and East Devon Coast

❼ 康沃尔与西德文矿区景观 ➡p.236
Cornwall and West Devon Mining Landscape

英格兰中部地区 Central England

❽ 巨石阵、埃夫伯里及周围的巨石遗迹 ➡p.244,246
Stonehenge, Avebury and Associated Sites

❾ 巴斯城区 ➡p.248
City of Bath

❿ 布莱尼姆宫 ➡p.301
Blenheim Palace

⓫ 铁桥峡谷 ➡p.322
Ironbridge Gorge

⓬ 德文特河谷工业区 ➡p.380
Derwent Valley Mills

英格兰北部地区 Northern England

⓭ 海上商城利物浦 ➡p.358
Liverpool – Maritime Mercantile City

⓮ 索尔泰尔 ➡p.450
Saltaire

⓯ 斯塔德利皇家公园和方廷斯修道院 ➡p.451
Studley Royal Park including the Ruins of Fountains Abbey

⓰ 湖区 ➡p.383
The English Lake District

⓱ 达勒姆大教堂与达勒姆城堡 ➡p.428
Durham Castle and Cathedral

⓲ 罗马帝国的国境线（哈德良长城） ➡p.412
Frontiers of the Roman Empire

威尔士 Wales

⑲ 布莱纳文工业景观 ➡p.467
Blaenavon Industrial Landscape

⑳ 庞特卡萨斯泰高架水道桥与运河 ➡p.475
Pontcysyllte Aqueduct and Canal

㉑ 圭内斯的爱德华一世城堡及城墙 ➡p.476
Castles and Town Walls of King Edward in Gwynedd

苏格兰 Scotland

㉒ 福斯铁路桥 ➡p.499
The Forth Bridge

㉓ 新拉纳克
New Lanark

㉔ 圣基尔达
St. Kilda

㉕ 奥克尼新石器时代遗址
Heart of Neolithic Orkney

㉖ 爱丁堡老城与新城 ➡p.484
Old and New Towns of Edinburgh

北爱尔兰 Northern Ireland

㉗ 巨人之路与海岸堤道
Giant's Causeway and Causeway Coast

旅行窍门

大事件&旅行季节指南

在各地举行重大集庆活动时到访这里会为旅行留下更加难忘的回忆。不过，届时当地的酒店一定会非常抢手，公共交通也会特别繁忙，请提前做好酒店和车票的预订。无论你是去到哪个地区，也无论是哪个季节，英国的天气都是多变的，请将雨衣或者折叠伞放入行李箱中。

旅行季节 每月大事件指南

伦敦跨年烟花大会

伦敦马拉松

爱丁堡军乐节

哈罗德百货公司外的圣诞装饰

1
- 1/1 跨年烟花大会（伦敦）
- 1/1 伦敦新年大游行

2
- 2月中旬 约维克海盗节（约克）
- 2～4月 英式橄榄球六国邀请赛

3
- 3/17 圣帕特里克节
- 3月份 威士忌品酒盛宴（伦敦）

4
- 4/12（'20） 复活节
- 4月下旬 伦敦马拉松

5
- 5月份 切尔西花展（伦敦）
- 5月份 英超联赛决赛

6
- 6月14日 英女王官方生日庆典、皇家军队阅兵仪式（伦敦）
- 6/23～27（'20） 皇家赛马会（爱斯科赛马会）
- 6/26～30（'19） 格拉斯顿伯里音乐节

7
- 7/1～7/14（'19） 温布尔登网球公开赛
- 7月份 F1英国大奖赛（银石赛道）
- 每年7月第三个周末 7/19～7/25（'20） 英国高尔夫公开赛（波特拉什）

8
- 8月份 爱丁堡国际艺术节（军乐节）
- 8月份 大不列颠啤酒节（伦敦）
- 8月份 诺丁山狂欢节（伦敦）

9
- 9月份 圣艾夫斯艺术节（圣艾夫斯）
- 9月份 阿加莎·克里斯蒂节（托基）

10
- 10月底～11月初 坎特伯雷艺术节（坎特伯雷）

11
- 11/5 盖伊·福克斯之夜（伦敦）
- 11月份 ATP伦敦年终总决赛（伦敦）

12
- 12/25 圣诞节
- 12/31・1/1 爱丁堡跨年狂欢（爱丁堡）

伦敦

全年都有大型活动举办，冬季时游客也很多。夏季的平均气温不高，不过有时气温也会超过 30℃。着装可按中国温带地区的习惯，冬季最好戴手套。

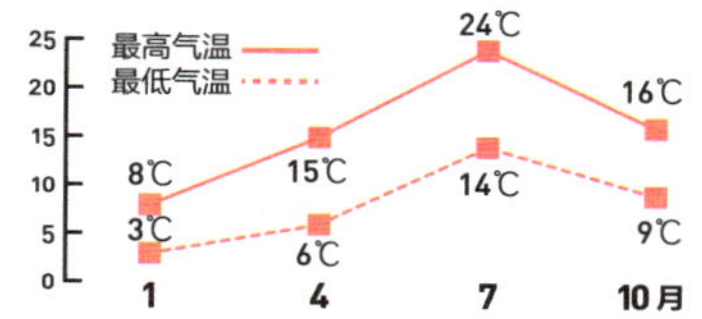

南海岸地区

英国最温暖的地区。夏季前来度假的游客很多，这里还会举办各种活动。可以体验海水浴，但气温相对较低，会感到有些寒冷。冬季游客的数量大幅度减少。

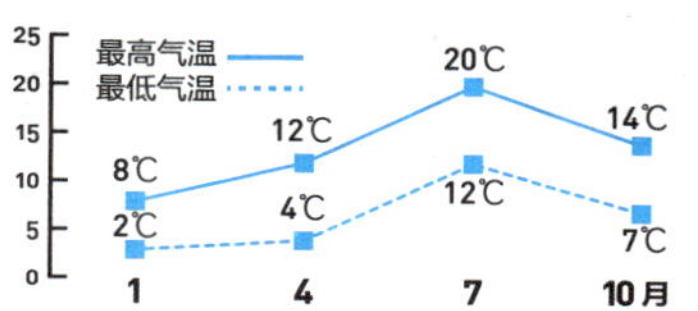

英格兰中部

自然环境良好，春夏两季游客较多。多雨，夏季也不会感到炎热。有以科茨沃尔德为代表的自然景区，想要体验健走的话，需带好雨具并穿着适合在泥泞环境中行走的鞋。

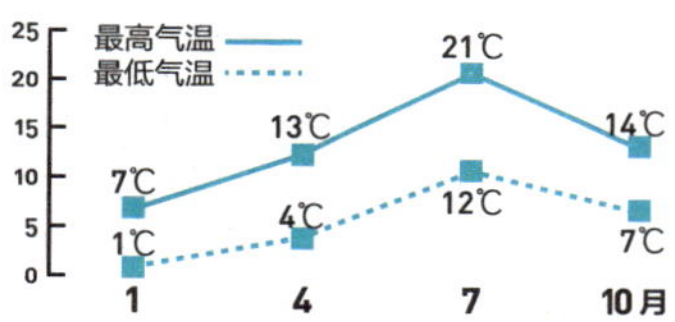

英格兰北部

气温与英国格兰中部地区差不多，或稍冷一点。大自然充满绿色的夏季是旅游的季节。下雨时体感温度会下降，所以在冬季要穿着抓绒衣，夏季也要带上可以添加的衣服。

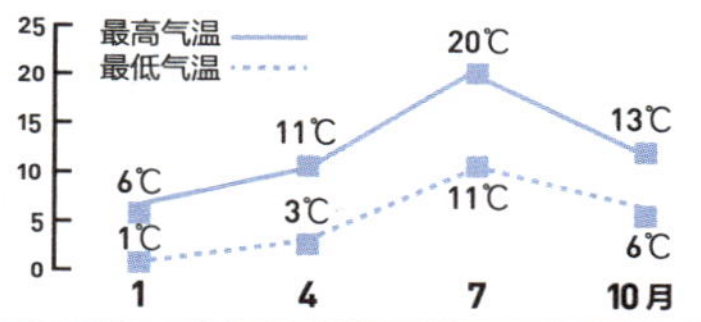

威尔士

南部与北部的气候不同，南部接近南海岸地区，而北部则接近英格兰北部。中央为山地，所以与海岸地区相比，气温变化较大，天气也更容易出现波动。应注意防寒保暖。

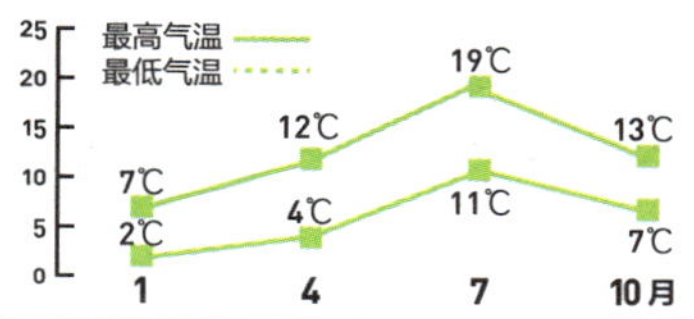

苏格兰

因为纬度较高，所以夏季温度也不高。冬季气温很少会降至零下，即使下雪一般也不会出现积雪。不过，全年多降雨，因此要随身携带折叠伞。

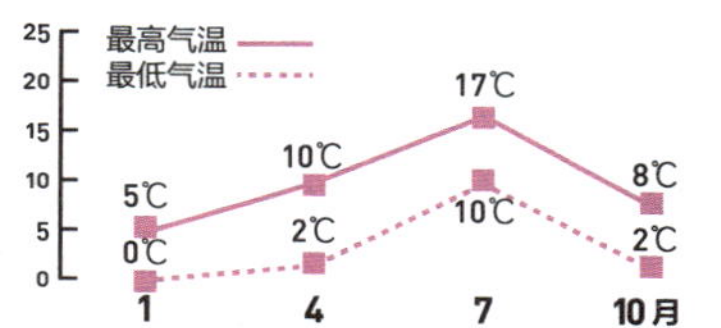

■英国的降水量

爱丁堡和科茨沃尔德的降水量跟伦敦持平或略多。湖区在 10 月 ~ 次年 1 月期间的降水较多。

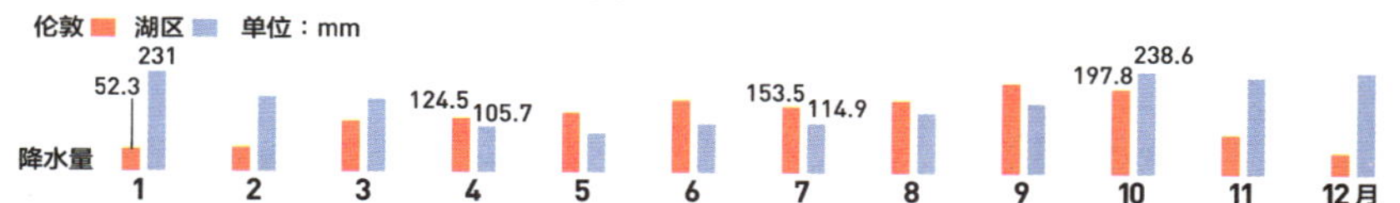

■日出与日落

※ 为伦敦的数据

与中国的时差

实行夏令时的3月末~10月末为7小时，10月末~次年3月末为8小时。➡p.4

	1	2	3	4	5	6	7	8	9	10	11	12月
日出	7:58	7:14	6:12	6:02	5:07	4:42	5:01	5:47	6:36	7:25	7:19	8:00
日落	16:21	17:14	18:05	19:57	20:46	21:19	21:11	20:22	19:14	18:06	16:10	15:51

旅行窍门

旅行线路设计指南

为了可以在有限的时间内高效地畅游英国，建议提前制订好旅行计划。当然按照路径打卡是最高效的旅行计划，但是小编在这里为大家介绍的是如何有效地利用当地的一日游项目。虽然一日游在往返路程上花费了时间，但是可以在同一个酒店连住也是很方便的。既不用拖着行李到处跑，也可以节约办理入住、退房手续的时间。

飞机　巴士　火车

住宿地1 伦敦

伦敦的景点比较集中，游览主要景点大约需要2天

□2天1晚周游伦敦的方法 →p.82~85

□去往伦敦周边的一日游 →下页

根据可以在伦敦逗留的时间，选择想要去的景点

皮卡迪利广场

飞机 1小时
巴士 9小时（有夜班车）
火车 4小时30分钟

住宿地2 爱丁堡or格拉斯哥

→p.484　→p.509

游览苏格兰最具代表性的两座城市。想要体验古都魅力的人建议住在爱丁堡，如果想要体验现代艺术和街头艺人等比较热闹的氛围，推荐住宿在格拉斯哥。这两座城市之间如果乘坐火车大约需要1小时的车程，也可以相互之间一日游。

留足时间在爱丁堡城堡漫步

格拉斯哥的凯文葛罗夫艺术博物馆

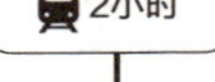
火车 2小时

住宿地3 湖区

→p.383

可以将森林、湖泊、丘陵等景观尽收眼底的自然风景区。这里也因与彼得兔和诗人华兹华斯的渊源而闻名。各景点之间比较分散，建议有效地利用住宿地与周边的一日游项目。距离伦敦需要3~4小时车程。

温德米尔湖游船之旅

伦敦周边一日游

乘坐火车所需时间2.5小时之内的景点都适合一日游。
假设去程乘坐8:00时段的列车，回程乘坐20:00时段的列车，在当地停留8小时。

坎特伯雷

所需时间1小时45分钟~

➡p.178

这里有英国国教的大教堂。城市拉伊（→p.188）的风貌宛如童话一般美丽。

索尔兹伯里

所需时间1小时30分钟~

➡p.242

必看景点有建造于4000年前的巨石阵和大教堂。如果是夏季旅行的话，就趁没天黑去巴斯转一转。

巴斯

所需时间1小时30分钟~

➡p.248

市内观光景点较为集中，建议保留3~4小时的观光游览时间。如果想要去能够将老城区风景尽收眼底的温泉享受一番，行程会比较紧张。

牛津

所需时间1小时10分钟~

➡p.293

这里拥有众多历史悠久的学院，可谓是学问之都，另外作为《哈利·波特》取景地也受到了众多游客的青睐。城市中有来自世界各国的留学生，是一座非常具有国际氛围的美丽都市。

埃文河畔斯特拉特福

所需时间2小时10分钟~

➡p.304

与世界著名剧作家莎士比亚颇有渊源的城市。城市里有许多保留下来的古建筑，莎士比亚出生地等景点也是必去的。

科茨沃尔德

（一日游➡p.273）

➡p.259

最具英国乡村风光特色的地区。因为涉及的地区比较广泛，乘坐公共交通多有不便，因此建议参加从伦敦出发的一日游项目。

按照时间和兴趣爱好选择短途旅行

利物浦

所需时间2小时15分钟~

➡p.358

披头士乐队粉丝们的圣地，是一座与摇滚乐颇有渊源的城市。港口附近还被列入了世界遗产。

布赖顿

所需时间1小时~

➡p.196

在这里可以尽情地享受英国南海岸度假的乐趣。如果时间允许还可以去游览七姐妹白崖。

特伦特河畔斯托克

所需时间1小时30分钟~

➡p.326

英国白瓷的发源地。可以游览威奇伍德的工厂，购买奥莱特供的商品。

剑桥

所需时间45分钟~

➡p.335

与牛津并列的学院城市。可以乘坐小船或者平底船沿着康河顺流而下。

本系列已出版丛书：

涵盖世界70个国家和地区

希腊&爱琴海诸岛 塞浦路斯
巴厘岛
普吉岛
帕劳岛
美国西海岸
新加坡
南非
法国
马尔代夫
美国
英国
新西兰 New Zealand
越南 Vietnam
德国 Deutschland
北欧 Scandinavia
捷克 波兰 斯洛伐克 Czech Poland Slovakia
美国国家公园 National Parks in the U.S.A.
匈牙利 Hungary
加拿大 Canada
西班牙 Spain
斯里兰卡 Sri Lanka
泰国 Thailand
美国自驾游 America Fly & Drive
缅甸 Myanmar (Burma)
墨西哥 Mexico
意大利 Italia
英国 United Kingdom
中美洲 Central America
巴西 委内瑞拉 Brasil Venezuela
美国西海岸 West Coast U.S.A.

英式庭园★p.44
下午茶★p.34
根据主题畅游
酒吧★p.36
英国
深度游英国！
更加愉快！
旅行主题特辑！
王室御用★p.42
哈利·波特★p.50
体育★p.46
史迹铁路★p.48
英国王室宫殿与历史悠久的教堂★p.38

根据主题畅游

终极下午茶

Afternoon Tea

喝下午茶是英国人重要的社交礼仪。在英国旅行中有机会一定要享受一下优雅的下午茶时光。

下午茶起源于 19 世纪中叶。当时英国人普遍采取早餐和晚餐（21:00 左右）一日两餐制。当时的贝德福德公爵夫人——安娜·玛利亚不忍饿肚子，便在每天下午的时候吃一些小茶点，这也就是下午茶的起源。喜好交际的安娜夫人还经常会招待朋友们来家里吃小茶点，从此考究的茶具、茶叶和糕点便成了社交中不可或缺的元素。此后，高档酒店将这一习俗列入服务项目，随着时代发展逐渐形成了如今这一套讲究的礼节。

红茶

必须装入茶壶中。红茶续杯时是不可以自己给自己倒茶的，必须由旁人帮忙倒入。甚至就连牛奶是先加入还是后加入也是礼节之一。

COLUMN

奶油茶点

Cream Tea

没有正规英式下午茶那么多讲究，如果想要吃一点轻食不妨选择只有红茶和司康饼的“奶油茶点”。在普通的咖啡馆里就可以享用。

为红茶普及做出贡献的葡萄牙公主

凯瑟琳·布拉·甘萨公主即查尔斯二世的王妃是将红茶带入英国社会的第一人。凯瑟琳公主从小生长在葡萄牙，这里从 17 世纪开始便从印度进口茶叶，并且深受葡萄牙王室贵族的喜爱；与此同时高级的砂糖也是当时王权贵族们的奢侈品。而此时的英国并没有饮茶的习惯，受到凯瑟琳公主的影响，这一习俗逐渐开始在英国贵族中风靡。当时人们常饮的是绿茶，红茶的普及是在 18 世纪中叶的时候。

小甜点

英式下午茶的礼节是从三层架的最底层开始吃起，最上层是可爱的各类小甜点。剩下来的茶点可以打包带走。

司康饼

司康饼是一种使用发酵粉将面发酵后烤制的咸味快速面包，也是英式下午茶不可或缺的糕点。

咸味黄瓜三明治

搭配茶点的惯用三明治。19世纪时期的英国黄瓜是高档食材，只有贵族们才能获得在领地内收获的新鲜黄瓜。

凝脂奶油&果酱

凝脂奶油是一种处于黄油和奶油之间的软状调味品。食用司康饼的时候将其水平从中间切开，然后涂抹上凝脂奶油和果酱。

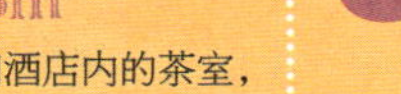

英国茶房 English Tea Room

位于伦敦的百年老店——布朗酒店内的茶室，有许多名人都喜欢来此饮茶。下午茶是£55，日式下午茶是£65。

Map p.58-59①B2

✉ Brown Hotel. Albemarle St., W1S 4BP
TEL (020) 74936020
URL www.roccofortehotels.com
开 下午茶 12:00~18:00
通常营业 7:00~23:00
休 无休
C/C ADMV

肖像餐馆 Portrait Restaurant

餐馆位于英国国家肖像美术馆（→p.138）的四层，非常适合观景。下午茶是£27.50，附带浆果拼盘的下午茶是£32.50。

Map p.58-59①D2

✉ St. Martin's Pl., WC2H 0HE
TEL (020) 73122490
开 下午茶 15:30~16:30
通常营业 10:00~11:30，11:45~15:00
周四~周六 18:30~20:00
休 无休
C/C AMV

根据主题畅游

英国Pub入门

Pub是Public House的省略语，直译为公共居室，不单单只是饮酒的场所，与其相比更侧重社交。英国的Pub有许多特点，既有在大屏幕播放体育赛事的体育Pub，也有在酒吧内酿造精酿啤酒的传统Pub，还有晚间有乐队现场演出的音乐Pub，有时间的话不妨转转看。

1

“先来一杯啤酒”是行不通的。下面介绍一些可以在Pub饮用的具有代表性的酒水

英国拥有独特的啤酒文化，在点酒的时候如果简单地说“来一杯啤酒”是不全面的，因为啤酒的种类繁多。如果这样提问很快就会被反问“请问你需要哪种啤酒？”。下述是小编为你总结的主要啤酒种类。此外，苹果起泡酒虽然不属于啤酒，但是在英国确是被普遍饮用的酒精类饮品，位置几乎等同于啤酒。

普通啤酒

拉格啤酒 Lager

拉格啤酒是一种淡啤酒，确切地说是比尔森啤酒（Pilsner）。虽说这种啤酒并不是英国传统的啤酒，但是如今在英国也是被普遍饮用。这类啤酒的进口货比较多，例如喜力啤酒（Heineken）、阿姆斯特尔啤酒（Amstel）、嘉士伯啤酒（Carlsberg）等都是人气较高的品牌。

可常温饮用，用传统的味道

艾尔啤酒 Ale

艾尔啤酒是英国比较主要的啤酒种类。艾尔啤酒中还被细分成苦味艾尔啤酒（Bitter）、淡色艾尔啤酒（Pale Ale）、印度淡色艾尔啤酒（India Pale Ale，简称IPA）等，不过点酒的时候说艾尔啤酒就足够了。地域不同艾尔啤酒的生产商也大有不同。

浓厚的味道会让人上瘾

司陶特啤酒 Stout

虽然分类上属于艾尔啤酒，但是如果点酒的时候说艾尔啤酒是绝对不会有司陶特啤酒端上来了的。司陶特啤酒是一种味道浓郁的黑啤酒，爱尔兰的健力士黑啤（Guinness）是比较知名的品牌。这种酒本来被称为Porter Stout，也是从波特啤酒（Porter）中派生出来的种类。

好喝的果酒

苹果酒 Cider（西打酒）

在英国如果说Cider就是指苹果酒、西打酒。喝起来十分顺口。比较知名的品牌有强弓苹果酒（Strongbow）、布尔默苹果酒（Bulmers）等。此外除了使用苹果之外，还有使用西洋梨酿造而成的梨子酒（Pear Cider）。

❶摆放着许多苹果酒 ❷也很适合女性客人 ❸能品尝到手工精酿啤酒的酒吧 ❹可以品尝到鲜酿啤酒的酒馆 ❺富有英国特色的手压啤酒泵手柄 ❻酒吧的招牌

品尝酒单 Tasting Menu

在出售自酿啤酒的酒馆里经常能见到这种酒单。使用相当于品脱杯三分之一大小的酒杯，可以品尝、比较各种啤酒及碳酸酒。

用小杯品尝各种酒

酒吧午餐与周日烤肉 Pub Lunch & Sunday Roast

很多酒吧都在12:00~15:00期间提供午餐，价格比普通的正餐便宜。常见的菜有鱼和薯条套餐（Fish & Chips）❶香肠和土豆泥套餐（Sausage & Mush）❷以及意大利千层面套餐（Lasagna）❸等。每日汤品（Soup of the day）都附带面包，很适合作为简单的午餐。另外，英国的家庭有在周日的午餐吃烤肉的习惯，所以很多酒吧还会提供特价的周日烤肉❹。

在Pub里，通常都在吧台点餐。调酒师会记住客人点餐的顺序，当轮到自己时就可以点餐。不要忘记跟调酒师打招呼和道谢。

啤酒和苹果酒使用品脱杯（Pint Glass）。1杯568ml，比中号啤酒杯略大。点餐时可以说"A pint of Guinness please"或"A pint of Lager please"。也可要半杯（Half Pint）。

每次点餐都要当即结账，并在吧台领取自己的酒水。在吧台点菜时，只要把自己的餐桌号告知服务生，过后服务生就会把菜端到客人的餐桌上。基本上不需要支付小费，但吧台上会摆放小费箱。如果你愿意支付小费，店员会非常高兴。

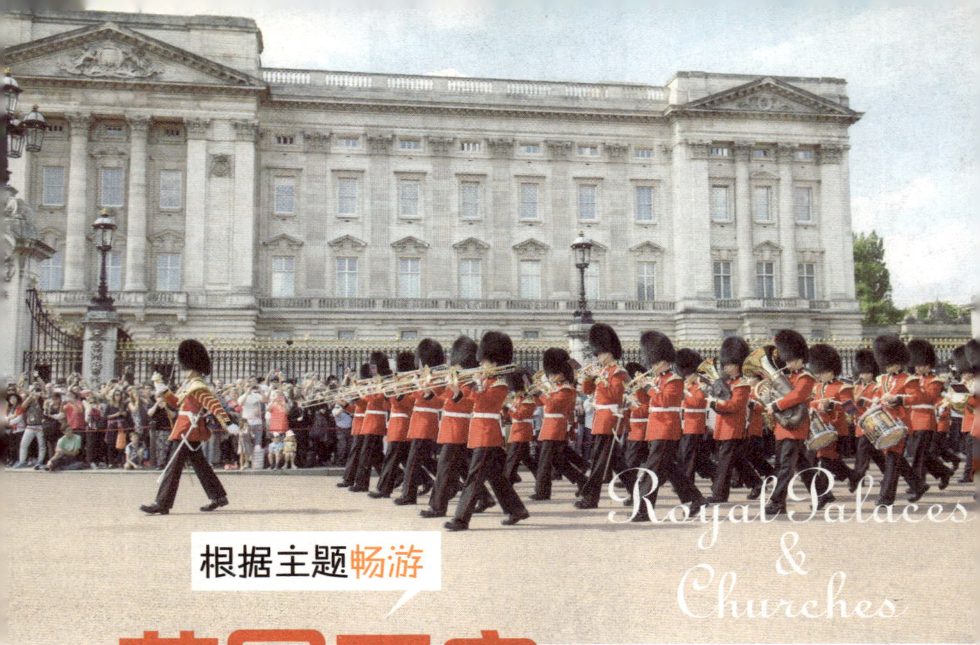
根据主题畅游
Royal Palaces & Churches

英国王室宫殿与历史悠久的教堂

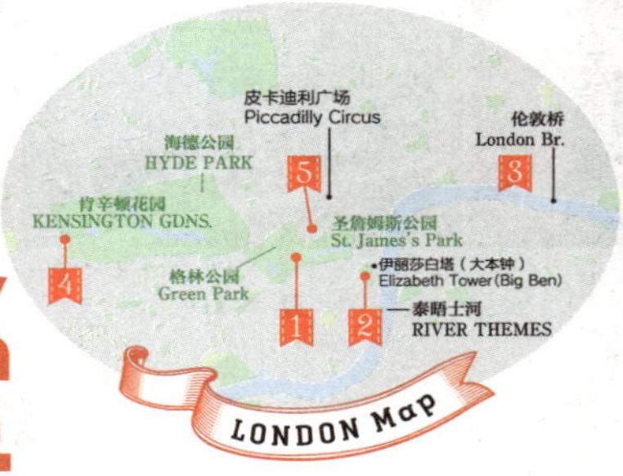
皮卡迪利广场
Piccadilly Circus
伦敦桥
London Br.
海德公园
HYDE PARK
肯辛顿花园
KENSINGTON GDNS.
圣詹姆斯公园
St. James's Park
伊丽莎白塔（大本钟）
Elizabeth Tower(Big Ben)
格林公园
Green Park
泰晤士河
RIVER THEMES
1
2
3
4
5
LONDON Map

2018年5月，哈里王子与梅根王妃举行了盛大的婚礼，英国王室再一次成为人们关注的焦点。婚礼在豪华的王宫及庄严的教堂里举行，体现了王室生活的奢华。

伦敦 LONDON

1 白金汉宫 Buckingham Palace

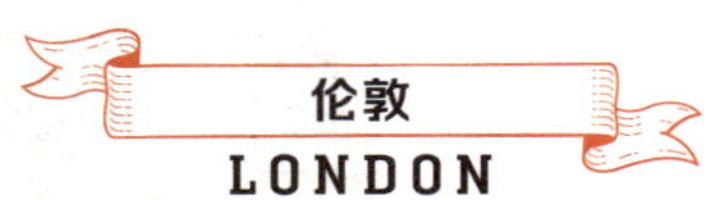

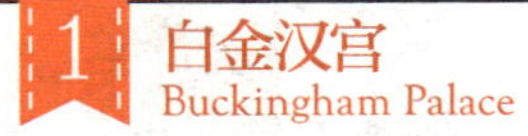

Map p.60-61②B1
Data. p.110

位于伦敦市中心，占地面积广阔。从1820年开始，这里成为王宫。前身为白金汉府，由约翰·纳西主持改建为王宫。这座宫殿与其说是寝宫，倒更像是巨大的办公地点，伊丽莎白二世女王在这里履行公务并举行各种仪式。原本不对外开放，为了填补1992年失火的温莎城堡的修复费用，才开始对外开放。开放时间仅限夏季里的两个月，但宫殿区域内的女王画廊、皇家马厩作为博物馆、美术馆，常年对外开放。另外，这里在每年4~9月11:30~12:00，其他月份每两天11:30举行一次的皇家卫队换岗仪式都会有众多游客聚集参观。

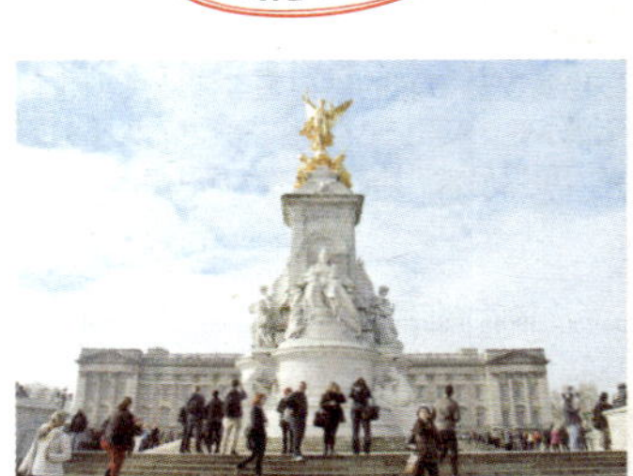

维多利亚女王纪念碑

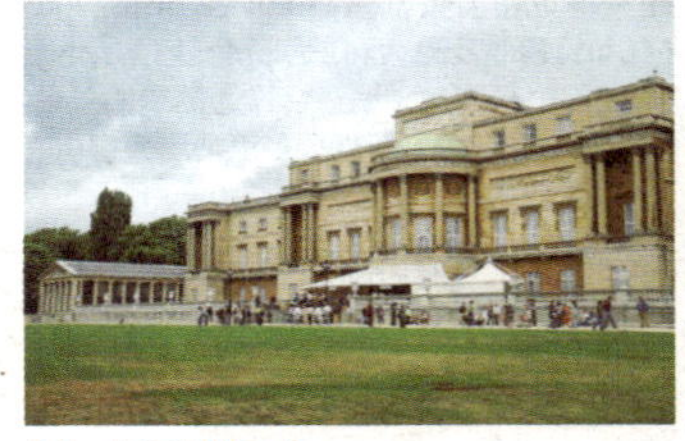

约翰·纳西设计的立面

2 威斯敏斯特修道院 Westminster Abbey

Map p.62-63③B3 | Data p.106

1066 年诺曼底公爵征服英格兰后，这里一直作为举行英国国王加冕仪式的教堂，与王室的渊源极深。1947 年伊丽莎白二世女王与爱丁堡公爵在此举行婚礼，2011 年威廉王子与凯特王妃的婚礼也在此举行。1997 年，这里举行了戴安娜王妃的葬礼。

英国王室的墓室也设于此

3 圣保罗大教堂 St. Paul's Cathedral

Map p.64-65④B2 | Data p.125

在 1666 年伦敦大火之后重建，是建筑师克里斯托弗·雷恩的杰作。教堂位于金融中心伦敦城内，与英国王室的渊源虽然不如威斯敏斯特修道院深厚，但 1981 年查尔斯王子与戴安娜王妃在此举行了"世纪婚礼"。

圆顶建筑高 365 英尺（约 111.3 米）

4 肯辛顿宫 Kensington Palace

Map p.76-77⑩C2
Data p.131

毗邻肯辛顿花园的宫殿。在光荣革命后继承王位的威廉三世和玛丽二世将这座建筑买下并改建成王宫，设计者为曾经负责设计圣保罗大教堂的克里斯托弗·雷恩。查尔斯王子与戴安娜王妃结婚后就居住在这里。两人离婚后，戴安娜王妃继续在此居住，直至 1997 年在车祸中遇难。现在，威廉王子与凯特王妃住在这里，另外，宫殿区域内还有供哈里王子与梅根王妃居住的诺丁汉别墅。

维多利亚女王出生在这座宫殿

宫殿旁的湖水

5 圣詹姆斯宫与克拉伦斯宫 St. James's Palace & Clarence House

Map p.58-59①B·C3

亨利八世在 16 世纪时修建了这座宫殿，在 19 世纪，维多利亚女王搬入白金汉宫之前一直都把这里当作伦敦的主要王宫。现在仍有王宫的功能，有许多仪式都在这里举行，伊丽莎白二世女王的大女儿安妮公主等王室成员也在此居住。查尔斯王子与卡米拉夫人住在圣詹姆斯宫旁边的克拉伦斯府。

Data

圣詹姆斯宫
不对外开放

克拉伦斯宫
交 在地铁 Green Park 站或 St. James Park 站下车
✉ Clarence House，St. James's Palace，SW1A 1BA
TEL 03031237324
URL www.royalcollection.org.uk
开 8 月 10:00~16:30（周六·周日 17:30）※ 入场截止时间为闭馆 1 小时前
休 9 月~次年 7 月
费 £10.30

都铎王朝式样的红砖建筑非常醒目

温莎 WINDSOR

6 温莎城堡 Windsor Castle

Map p.166
Data p.166

位于从伦敦乘坐火车 40 分钟可达的温莎。1066 年诺曼人征服英格兰后登上王位的威廉一世在此修建要塞，此后 900 多年里经历了多次扩建、改建，形成了现在的城堡。建筑面积约 5 万平方米，是世界上最大的有人居住的城堡。伊丽莎白二世有时会来此度过周末，还有许多礼仪性活动也在此举行，即为私人住宅，也兼具公务用途。

周边优美的自然环境

圆塔建于 1170 年

7 圣乔治教堂 St. George's Chapel

Map p.166
Data p.166

2018 年 5 月 19 日，哈里王子在温莎城堡内的圣乔治小教堂举行了婚礼。这座小教堂是爱德华四世于 1475 年为嘉德骑士团所建，现在，每年 6 月仍在此颁发嘉德勋章。与伦敦的威斯敏斯特修道院一样，这里也有英国王室的墓室，爱德华四世、亨利六世、亨利八世等英国国王都葬在这里。伊丽莎白二世的双亲，也就是乔治六世和伊丽莎白王太后也被葬在这里。

8 温莎市政厅 Windsor Guildhall

Map p.166左

位于温莎城堡入口旁。2005 年查尔斯王子与卡米拉夫人举行婚礼时使用了位于二层的宴会厅。由于出席者仅限少数关系非常亲近的人士，所以选择了普通人举行婚礼时使用的小型会场。

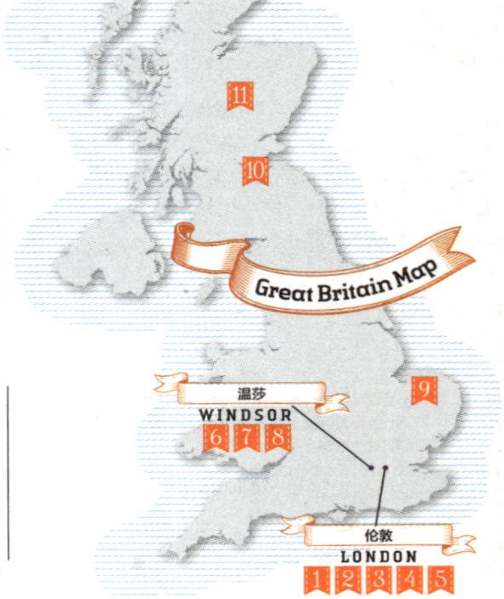

Data

✉ High St., Windsor, SL4 1LR
TEL (01628) 685686
URL www.windsor.gov.uk
开 10:00~16:00（周日 12:00~16:00）
休 周一、12/25 · 26
费 £2
一层为小型博物馆。二层仅在游客较少时才开放参观。

9 桑德林汉姆别墅
Sandringham House

Map 无

位于伦敦以北约 200 公里的诺福克郡，按照惯例，伊丽莎白二世女王每年都会在这里度过圣诞节假期。1861 年还是王子的爱德华七世购入了这座宅邸，之后一直作为英国王室的私宅使用至今，伊丽莎白二世女王的父亲乔治六世以及祖父乔治五世也都非常喜欢这里。宅邸长久以来都不对外开放，1977 年为了纪念伊丽莎白二世女王即位 25 周年 Silver Jubilee 开始对外开放。内部有许多高级的陈设及英国王室的照片，可以从中了解当代英国王室的历史。还有由马厩改建而成的博物馆。

占地面积广阔

花园里应季花卉

Data

交 从伦敦国王十字车站乘坐火车前往金斯林恩（King's Lynn），用时约 1 小时 50 分钟。然后从金斯林恩换乘 35 路巴士，用时约 35 分钟，在游客中心前下车。
✉ The Sandringham Estate，Norfolk，PE35 6EN
TEL（01485）545408
URL www.sandringhamestate.co.uk
开 花园 10:30~18:00（10 月 ~17:00），宅邸 11:00~17:00（10 月 ~16:00）※ 售票时间截至闭馆前 1 小时 30 分钟
休 10 月中旬 ~ 次年 3 月下旬
费 花园、宅邸、博物馆 £16.50　学生 £14.50
花园、博物馆 £11　学生 £10

16 世纪开始便被作为王宫使用

10 荷里路德宫
The Palace of Holyroodhouse

Map p.487-D2
Data p.494

位于爱丁堡主要景点皇家一英里东端的王宫。为英国王室在苏格兰地区的官方住所，每年 6 月末 ~7 月上旬荷里路德周期间，女王都要入住这座王宫，办公及参加各种仪式。该王宫是 1503 年由苏格兰国王詹姆斯十四所建，不过现存建筑多为 17 世纪查尔斯二世在位期间改建，东西两座塔楼、装饰有历代苏格兰国王肖像画的大厅等建筑均是在当时扩建的。

宫殿的中庭

11 巴尔莫勒尔城堡
Balmoral Castle

Map 无

荷里路德宫是王室在苏格兰地区的官方住所，而巴尔莫勒尔城堡为王室的私属宅邸。建筑位于阿伯丁的迪河河畔，周围的自然环境优美。维多利亚女王的丈夫阿尔伯特公爵于 1852 年买下这座城堡，之后英国王室一般都会在暑期来这里居住。距离以举办苏格兰传统体育盛会高地运动会而闻名的布雷马（Braemar）只有 15 公里左右，王室每年都会出席运动会。

Data

交 从阿伯丁 Aberdeen 乘坐 201 路巴士约 2 小时。
✉ Balmoral Estates，Ballater，Aberdeenshire，AB35 5TB
TEL（013397）42534
URL www.balmoralcastle.com
开 10:00~17:00　※ 入场截至 16:30
休 8 月 ~ 次年 3 月末
费 £11.50

根据主题畅游

英国王室御用商品

A

印有英国王徽的帕特里奇（Partridge）品牌手提袋

C

左为Tiptree果酱，右为牛津的橘子酱。还有其他多种果酱

B

海格瑞（Highgrove）巧克力。左为牛奶巧克力，右为黑巧克力

御用商品是经授权后可向王室供货的少数品牌。一说到御用商品人们往往会想到服装、首饰、皮革制品，但实际上御用商品中包括了巧克力、橘子酱等许多价格并不是很贵的东西。游客可以放心挑选自己喜欢的商品作为旅游纪念品。

C

查尔斯王子创立的品牌——公爵原味（Duchy Organic）

Royal Warrant

王室授权御用

英国王室御用商品的种类

截至2018年6月，只有英国女王（伊丽莎白二世）、爱丁堡公爵（女王的丈夫菲利普亲王）、威尔士亲王（查尔斯王子）可以颁发英国王室御用商品授权证书。获得授权证书的企业及商铺可以使用英国王徽。下图中的王徽依次为英国女王徽、爱丁堡公爵徽、威尔士亲王徽。

D

普瑞斯塔特（Prestat）巧克力。充分体现伦敦风情的包装很受欢迎

A

帕特里奇葡萄酒袋。图中实物可装两瓶酒，也有可装一瓶酒的

By Appointment to HM The Queen

By Appointment to HRH The Duke of Edinburgh

By Appointment to HRH The Prince of Wales

A **帕特里奇**

Partridges

➡p.133

B **福特纳姆&梅森**

Fortnum & Mason

➡p.115

C **维特罗斯**

Waitrose

一家高端超市，有查尔斯王子创立的有机食品品牌公爵原味（Duchy Orginals）等多种英国王室御用食品。在英国各地均有门店。

MAP p.58-59 ① A1

✉ 98-101 Marylebone High St., W1U 4SD

URL www.waitrose.com

开 8:00~22:00（周日 11:00~17:00）

休 无休

D **普瑞斯塔特**

Prestat

➡p.115

E **D. R. 哈里斯**

D.R. Harris

➡p.114

G 沙博内尔和沃克巧克力的心形包装盒很可爱

A 帕特里奇的奶油酥饼。包装盒上印有帕特里奇的店铺图案

B 海格罗夫的乳脂软糖。虽是英国的大众甜点，但王室御用品牌让普通的食物也显得非常有品位

B 海格罗夫的茶叶。威尔士亲王混合茶，很具查尔斯王子品牌风范

E 药妆品牌D.R.哈里斯的冰晶眼霜

F 摩尔顿布朗的沐浴液。有多种颜色，看上去很好看

E D.R.哈里斯的香皂。经典的外形，现在仍为高人气商品

G 彼得兔与沙博内尔和沃克联合出品的巧克力

D 有格雷伯爵茶味道的巧克力，是普瑞斯塔特品牌中数一数二的人气商品

A 帕特里奇的英国下午茶，包装盒设计简洁且富有质感

H 富尔顿最具人气鸟笼系列

C 泰莱的砂糖。一勺就有两勺的甜度

F 摩顿布朗 Molton Brown

1973年创立于伦敦的高级Cosme品牌。商品门类齐全，包括洗浴用品、护肤品、芳香型化妆品等。也提供酒店卫生用品，摩顿布朗的卫生用品可以说是高级酒店的标志。

MAP p.58-59 ① B2
TEL（020）74937319
✉ 227 Regent St. W1B 2EF
开 10:00~20:00（周日 11:00~18:00）
休 无休

G 沙博内尔和沃克 Charbonnel et Walker

创立于1875年的巧克力专卖店。浓厚且高级的味道深受女王喜爱。2016年为纪念毕翠克丝·波特诞辰150周年，还推出了彼得兔的夹心巧克力。

MAP p.58-59 ① B2
TEL（020）73182075
✉ One The Royal Arcade，28 Old Bond St.，W1S 4BT
开 9:30~18:30（周日 12:00~17:00）
休 无休

H 富尔顿 FULTON

创立于1956年的雨具品牌。高级雨伞系列鸟笼 Birdcage 是女王喜欢使用的产品，有多种颜色，可与不同的服饰搭配。可在伦敦的伞具专卖店 James · Smith & Sons 及百货商场购买。

James · Smith & Sons
MAP p.58-59 ① C1
TEL（020）78364731
✉ 53 New Oxford St.
开 10:00~17:45（周六 ~17:15）
休 周日 CC AMV

根据主题畅游

饱览英式庭园

English Gardens

力图再现自然并保持和谐的英式庭园
建立于19世纪后期至20世纪初。
著名的英式庭园非常值得一看!

法式和意式花园注重几何图案及花园结构的对称，而英式花园则更注重再现风景的自然之美。很多人都怀有一个梦想，希望“在乡村拥有一座房子并自己打理一个花园”。英国各地经常会举办花展，在书店里也能见到各种关于打理花园的杂志。开花季节为5~10月。可以观赏到各种花卉竞相开放。

汉普顿宫

Hampton Court Gardens

Map p.159 A2
Data p.168

1530年亨利八世仿照巴黎的枫丹白露宫修建的文艺复兴式花园，位于汉普顿宫内。17世纪查尔斯二世时期，按照凡尔赛宫的模式修建了长1.6公里的运河。宫殿东侧正面呈放射状展开的庭园里有喷水花园以及前方的宽阔运河。位于北侧入口附近的迷宫花园建于300年前，是世界上最古老的迷宫花园之一。迷宫的布局极为复杂，从进入到顺利走出，平均需要20分钟的时间。

肯辛顿花园

Kensington Gardens

邻接海德公园西侧的大花园。16世纪亨利八世时期，与海德公园同为狩猎场。在18世纪，应乔治二世的妻子卡罗琳王后的要求，建起了以圆池为中心的风景花园。位于宫殿正面的低洼花园，水池旁边建有细长形花坛，有季节性花卉开放。另外，宫殿旁还有温室以及延伸至橘园的绿篱。

Mapp.76-77 ⑯ C2~D2
Data p.131

博德南特花园
Bodnant Garden

位于雪墩山国家公园的山脚，是北威尔士地区著名的花园。第二代爱贝康威男爵亨利·玛格罗兰开始建设，奠定了花园的基础。这位男爵是一位园艺家，1930 年 ~1950 年代期间一直担任英国皇家园艺协会（RHS）会长，对植物非常了解。花园分为两部分，即上部的上花园与河谷“The Dell”。

Map p.471B

Data

交 从兰迪德诺乘坐 25 路巴士，8:20、10:15、12:20、14:15、16:25、18:25 发车（周日停运），约 30 分钟车程，20 分钟之后在兰迪德诺杰克逊站停车

✉ Bodnant Rd., Tal-y-cafn, Colwyn Bay LL28 5RE

TEL（01492）650460

URL www.nationaltrust.org.uk

开 3·4·7~10 月，10:00~17:00（5~8 月期间的周三 ~ 20:00）
5·6 月 9:00~17:00
11 月 ~ 次年 2 月 10:00~16:00

费 £13.20（11 月 ~ 次年 2 月 £6.20）

沃里克城堡花园
Warwick Castle Garden

18 世纪中叶，第一代沃里克伯爵让天才园艺师兰斯洛特·布朗修建。布朗设计过许多花园，但这是他首次设计的城堡花园，之后名声大作。从城堡到河流的斜坡上的草坪及灌木也都经过了精心设计。放养着孔雀的孔雀花园也很著名。

Map p.309右
Data p.308

卫斯理花园
Wisley Garden

因蜡烛制造技术专利而获得巨大财富的罗伯特·弗格森·威尔逊于 1878 年修建的花园。现在由英国皇家园艺协会（RHS）负责运营，占地面积很大。建于水边的巨大玻璃温室与 128 米长的花坛是这里的标志性建筑。温室内种植着 5000 多种植物。

Map p.159A2

Data

交 从伦敦滑铁卢站乘车，30~45 分钟后在泰晤士河畔金斯顿下车。然后在巴士车站乘坐开往吉尔福德（Guildford）的 715 路巴士约 50 分钟，在 Wisley, RHS Gardens A3 下车。
715 路巴士在 8:45~14:45 期间每小时的 45 分以及 16:10 发车（周日 9:45 11:15 12:45 14:15 15:45 发车）

开 10:00~18:00（周六·周日 9:00~18:00）
※ 最终入场截至 17:00

休 12/25

费 £14.50

Map p.159B2

Data

交 从伦敦查令十字站乘坐开往多佛尔、阿什福德方面的列车，约 1 小时，在斯泰普尔赫斯特（Staplehurst）下车。然后从附近的巴士车站乘坐开往霍克赫斯特（Hawkhurst）的 5 路巴士，约 15 分钟，在西辛赫斯特游乐场（Sissinghurst Recreation Ground）下车。从巴士车站步行约 2 公里。

✉ Biddenden Rd., Cranbrook TN17 2AB

TEL（01580）710701

URL www.nationaltrust.org.uk

开 4~10 月 11:00~17:30

休 11 月 ~ 次年 3 月

费 £13.15

西辛赫斯特城堡花园
Sissinghurst Castle Garden

20 世纪 30 年代，作家维塔·萨克维尔 - 韦斯特将一座荒废的城堡买下，经过 30 年的时间建成花园。为报纸撰写园艺专栏的维塔运用自己的知识，做出了新颖的设计，将呈几何形状的绿篱与玫瑰等各色花卉搭配在一起。其中，汇集了各种白色花卉的白园是这个花园的最大亮点，也是园艺爱好者们的胜地。

根据主题畅游

现代体育运动发祥地

英国体育指南

足球、橄榄球、网球等许多体育运动都产生于英国。温布尔登球场、圣安德鲁斯球场，这些地方都是运动员们的向往之地。可以通过参观室内的博物馆以及参加体育场馆团体游的形式来了解体育的历史。

长期执教阿森纳队的温格教练塑像

FOOTBALL

足球

在足球领域没有所谓“英国队”，主场作战时，英格兰队多选择伦敦的温布利球场，苏格兰队多选择格拉斯哥的汉普顿公园球场，威尔士队多选择加的夫的千年球场。英格兰超级联赛汇集了众多世界著名的球员。有20个俱乐部，在每年8月至次年5月开赛。

STADIUM 英国各地区的主要球场

英格兰队

温布利球场

交 从马里波恩站乘列车，在温布利球场站 Wembley Stadium 下车。

■球场团体游

TEL 08001692007

URL www.wembleystadium.com

开 10:00~15:00（最好预约）

休 比赛日，根据情况也可能延至比赛日前后　费 £22

苏格兰队

汉普顿公园球场

交 乘 First Bus 的 75 路车，在艾肯海德路 Aikenhead Rd. 下车。

■球场团体游

TEL（0141）6166139

URL www.scottishfootballmuseum.org.uk

开 11:00、12:30、14:00、15:00

休 不定期

费 £8

■苏格兰足球博物馆（球场内）

开 10:00~17:00（周日 11:00~17:00）

休 不定期

费 £8

威尔士队

威尔士国家体育场

➡ p.464

位于曼彻斯特的老特拉福德球场

英格兰超级联赛的主要球队

□阿森纳 Arsenal
所在地　伦敦
酋长球场
URL www.arsenal.com

□切尔西队 Chelsea
所在地　伦敦
斯坦福桥球场
URL www.chelseafc.com

□利物浦 Liverpool
所在地　利物浦
安菲尔德球场 ➡ p.364
URL www.liverpoolfc.com

□曼彻斯特联队 Manchester United
所在地　曼彻斯特
老特拉福德球场 ➡ p.351

□曼彻斯特城队 Manchester City
所在地　曼彻斯特
阿提哈德球场 ➡ p.351

□南安普敦队 Southampton
所在地　南安普顿
圣玛丽球场
URL southamptonfc.com

橄榄球

橄榄球（英文发音为拉格比）诞生于英国著名的拉格比公学。在英格兰，每年9月至次年5月举行橄榄球联赛，英格兰超级联赛有12个俱乐部参赛。苏格兰、威尔士的橄榄球俱乐部参加名为Pro 14的联盟。另外，2~4月，代表英国各个地区的三支队伍与爱尔兰、法国、意大利共六支队伍举行比赛，英格兰队主场为伦敦的特维克纳姆球场，苏格兰队主场为爱丁堡的BT默里菲尔德球场，威尔士队主场为加的夫的千年球场。

STADIUM 各地区的主要球场

英格兰队

特维克纳姆球场

交 从滑铁卢站乘坐列车，在特维克纳姆（Twickenham）站下车，然后步行约20分钟，或在特维克纳姆站换乘281路巴士，在泰本路站（Tayben Av.）下车，步行3分钟。

■**球场团体游**

TEL（020）88928877

URL www.worldrugbymuseum.com

开 10:30、12:30、14:30（周六10:30、12:00、13:00、14:30，周日11:30、13:00、14:00）

休 周一、不定期

费 £25（包含橄榄球博物馆）

苏格兰队

BT默里菲尔德球场

交 乘坐从爱丁堡有轨电车在默里菲尔德球场（Murrayfiled Stadium）站下车。

■**球场团体游**

TEL（0131）3465106

URL www.scottishrugby.org/bt-murrayfield-stadium

开 11:00（周四·周五11:00、14:30）

休 周日、不定期

费 £10

威尔士队

威尔士国家体育场 ➡p.464

网球

四大网球公开赛之一的温布尔登网球公开赛，每年6~7月在伦敦郊外的温布尔登举行。另外，每年年末，世界排名前八位的选手可参加的ATP世界巡回赛年终总决赛在格林尼治的The O2球场举行。英国队是戴维斯杯网球赛的高水平球队，2015年获得了冠军，2016年进入了半决赛。戴维斯杯网球赛虽然没有固定的赛场，但大多在格拉斯哥举行。

温布尔登草地网球博物馆
➡p.163

高尔夫

高尔夫运动胜地圣安德鲁斯球场被誉为上帝创造的球场，在这个球场上竞技是每一个高尔夫选手所渴望的。全英公开赛的球场每年都会变化，但按照惯例，逢5和0的年份在安德鲁斯球场举行（但2020年将不举行）。游客可以在包括老球场在内的各个场地打球，不过很难预约。另外，在圣安德鲁斯还有英国高尔夫博物馆。

英国高尔夫博物馆

在圣安德鲁斯打高尔夫 ➡p.507

根据主题**畅游**

造访铁路的发源地

19 世纪诞生于英国的蒸汽机车，掀起了一场运输技术的革命并取得了巨大的发展。随着时间的推移，许多线路都已停运，但现在重新开通了 100 多条使用老式蒸汽机车的铁线路。即使不是铁路迷也能在乘坐中感受到乐趣。

在固定期间开行的托马斯蒸汽机车

为史迹铁路付出努力的志愿者　　可以参观机车驾驶室

车辆虽老，但保养非常到位

有志愿者运营的史迹铁路

史迹铁路是通过恢复已经停运的线路来保存蒸汽机车、小火车及具有较高历史价值的铁路。同时，史迹铁路也是重要的旅游资源，可以对区域经济的发展做出贡献。线路运营大多由志愿者负责。

"托马斯机车系列"原作《火车绘本》的作者威尔伯特·奥德里也曾非常关心史迹铁路的保存。英国各地都有史迹铁路，在旅游信息服务中心可获取相关的小册子。

新制造的龙卷风号蒸汽机车

龙卷风号不是对废弃的旧蒸汽机车进行再利用，而是使用捐款在 2008 年制造的新车。每年在英国的铁路上运行多次，很受欢迎。详细运行安排及行驶线路可在其官方网站查询。

URL www.a1steam.com

出现在《哈利·波特》故事中的格伦菲南高架桥

本书介绍的
史迹铁路

经由《呼啸山庄》故事发生地霍沃思

可达马恩岛最高峰的斯奈山登山铁路

西高地铁路
苏格兰
北爱尔兰
马恩岛的史迹铁路
雷文格拉斯埃斯克代尔铁路
哈佛斯韦特铁路
北约克郡荒原铁路
基斯利-沃思谷铁路
安博塞-博尔顿修道院蒸汽机车铁路
康威河铁路
费斯蒂尼奥格铁路
威尔士高地铁路
斯诺登山铁路
威尔士
英格兰
格洛斯特郡沃里克郡铁路
布卢贝尔铁路
怀特岛蒸汽机车铁路
佩恩顿与达特茅斯蒸汽机车铁路

行驶在德文郡的美丽海岸线上

可当日从伦敦往返的人气线路

在铁路博物馆了解历史

在铁路发源地英国，各地都有非常有特色的铁路博物馆。展品中包括装饰奢华的皇家列车、最新的火车模拟驾驶设备以及保存旧车辆的车库等。孩子和大人都会感兴趣。

❶ 国家铁路博物馆（约克）

世界闻名的大型铁路博物馆

➡p.437

■ 铁路运输博物馆

这家博物馆的所在地历史上有1825年首辆蒸汽机车运行的铁路以及斯托克顿－达灵顿铁路。从约克乘开往纽卡斯尔的列车，在达灵顿换乘，最后在希尔登（Shildon）下车。

✉ Locomotion, Dale Road Industrial EstateShildon, DL4 2RE
URL www.locomotion.org.uk
开 夏季 10:00~17:00
冬季 10:00~16:00
休 12/24~26、次年 1/1

❷ 伦敦交通博物馆阿克顿车库

利用车库开设的博物馆，展出许多历史上的车型。在地铁皮卡迪利线阿克顿镇 Acton Town 站下车。

✉ 118-120 Gunnersbury Ln. W3 9BQ
TEL（020）75657298
URL www.ltmuseum.co.uk/whats-on/museum-depot/guided-tours
仅有团体游（需要预约）
开 1~11 月的最后一个周五 · 周六 11:00 14:00 开始
费 £12

❸ 伦敦交通博物馆

紧邻考文特花园的博物馆。有关于伦敦地铁和巴士的展览。还有许多该博物馆原创的纪念品。

➡p.123

❹ 克利什有轨电车村（山峰地区）

有老式有轨电车开行的主题公园。可以乘坐多种生产于20世纪90年代的有轨电车，这些电车外观颜色及形状各异。还设有有轨电车博物馆。

➡p.381

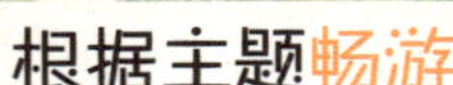

7 格伦菲南高架桥

哈利·波特取景地之旅

长篇系列小说《哈利·波特》讲述的是哈利与小伙伴们的成长冒险，以及与宿敌伏地魔之间的故事。小说共有7部，但被改编成了8部电影。本书主要围绕英国全境内的取景地进行介绍。

Harry Potter

作者:J.K 罗琳

小说 1997~2007年

电影 2001~2011年

霍格沃茨魔法学校
4 阿尼克城堡

霍格沃茨特快列车
8 戈斯兰德火车站

霍格沃茨魔法学校
1 基督教会学院

拍摄电影的工作室
★华纳兄弟工作室之

霍格沃茨魔法学校
3 拉柯克修道院

霍格沃茨魔法学校
2 格罗斯特大教堂

9又3/4月台
5 国王十字

伦敦

破釜入口

Map p.72-73 ④

6 勒顿豪市

魁地奇世界杯
9 七姐妹

①②③④ | 霍格沃茨魔法学校

Hogwarts School of Witchcraft and Wizardry

① 基督教会学院是食堂大厅的取景地 ② 格罗斯特大教堂 ③ 拉柯克修道院是走廊的取景地 ④ 阿尼克城堡是哈利骑扫把的取景地

霍格沃茨魔法学校的取景地遍布英国各地

❺ | 9又3/4月台

Platform Nine and Three-Quarters

进入乘坐霍格沃茨特快列车的9又3/4月台的秘密入口。
❺ 国王十字车站内有"Platform 9¾"的铸铁标识

❻ | 破釜入口

The entrance to the Leaky Cauldron

❻勒顿豪市场是电影《哈利·波特与魔法石》中通往对角巷的破釜酒吧入口的取景地

❼❽ | 霍格沃茨特快列车

Hogwarts Express

❼ 格伦菲南高架桥是霍格沃茨特快列车在空中飞驰这一场面的取景地 ❽ 戈斯兰德火车站是霍格沃茨特快列车的终点站，在影片中作为霍戈斯米德车站的取景地

❾ | 魁地奇世界杯

Quidditch World Cup

❾ 七姐妹白崖是电影《哈利·波特与火焰杯》中魁地奇世界杯的取景地

Column 参观伦敦华纳兄弟工作室之旅

Warner Bros. Studio Tour London – The Making of Harry Potter

这里是由哈利·波特摄影棚改建而成的主题影城。以展示在电影中实际出现的各种服装道具的The Big Room为首，共分成七个参观区域。除了常设展之外，还有万圣节等期间限定的特别活动。

在摄影棚内再现的对角巷

🚃 有多趟从London Euston到Watford Junction之间的列车，所需时间20分钟。Watford Junction车站前有往返于影城的区间巴士，每20分钟一趟车（单程£2、往返£2.50）。所需时间约15分钟。

住 Studio Tour Dr.，Leavesden，WD25 7LR

TEL 0345 0840900 URL www.wbstudiotour.co.uk

开 只能跟参观团参观（预约制）。最早的参观团是9:00~11:00。最后一团是14:30~18:45

休 1/30~2/3，11/12~16、12/25·26 费 £41

伦敦市内出发的巴士旅游团

开 每天7:30、8:00~16:00期间整点发团。需要提前15分钟在维多利亚长途巴士站附近的Goldentours的办事处前集合。所需时间7小时（在当地的参观时间为3小时30分钟）

URL www.goldentours.com 费 £77~

本系列已出版丛书

涵盖世界70个国家和地区

伦 敦

London

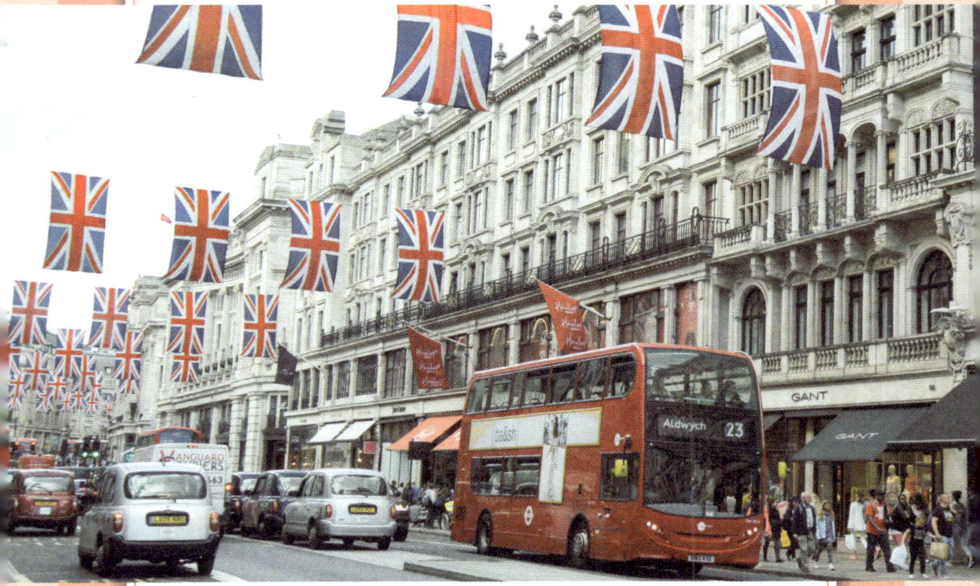

详细导览 景点透视

城市漫步指南

知名商店林立的摄政大街

贝克鲁线 Bakerloo
中央线 Central
环线 Circle
区域线 District
汉默史密斯城市线 Hammersmith & City
银禧线 Jubilee
大都会线 Metropolitan
北线 Northern
皮卡迪利线 Piccadilly
维多利亚线 Victoria
滑铁卢城市线 Waterloo & City
码头区轻轨 Docklands Light Railway
伦敦地铁 London Overground
伦敦铁路局火车 TfL Rail
TfL将于2018年12月更名为伊丽莎白线
跨越两个区域的车站
换乘车站
与火车站相连接的车站
Watford Junction
Watford High Street
Bushey
Carpenders Park
Hatch End
Headstone Lane
Harrow & Wealdstone
Kenton
Preston Road
Northwick Park
South Kenton
North Wembley
Wembley Central
Stonebridge Park
Harlesden
Willesden Junction
Kensal Green
Queen's Park
Kilburn Park
Maida Vale
Warwick Avenue
Watford
Croxley
至Chesham
至Amersham
Moor Park
Northwood
Northwood Hills
至Uxbridge
Ruislip Manor
Pinner
North Harrow
Eastcote
Rayners Lane
Harrow-on-the-Hill
West Harrow
5区
South Harrow
Sudbury Hill
4区
Sudbury Town
Alperton
至West Ruislip
Perivale
Hanger Lane
Park Royal
North Ealing
至希思罗机场 Heathrow Terminal 至2&3、4
Ealing Broadway
West Acton
North Acton
Ealing Common
Acton Central
South Acton
South Ealing
Acton Town
Northfields
Chiswick Park
Turnham Green
Stamford Brook
Ravenscourt Park
Boston Manor
至希思罗机场 Heathrow Terminal 至2&3、4、5
参考下图
Gunnersbury
3区
皇家植物园（邱园）Kew Gardens
里士满 Richmond
Acton Main Line
3区
2区
East Acton
White City
Wood Lane
Shepherd's Bush
Shepherd's Bush Market
Goldhawk Road
汉默史密斯 Hammersmith
Kensington (Olympia)
Barons Court
West Kensington
Holland Park
只在周六周日、节假日期间通车
Stanmore
Canons Park
Queensbury
Kingsbury
Wembley Park
Neasden
Dollis Hill
Willesden Green
Kilburn
Kensal Rise
Brondesbury Park
Brondesbury
Kilburn High Road
South Hampstead
West Hampstead
Finchley Road
Swiss Cottage
St. John's Wood
Edgware
Burnt Oak
Colindale
Hendon Central
Brent Cross
Golders Green
Hampstead
Hampstead Heath
Finchley Road & Frognal
Belsize Park
Chalk Farm
Mornington Crescent
Edgware Road
马里波恩 Marylebone
大波特兰街 Great Portland Street
尤斯顿 Euston
帕丁顿 Paddington
艾奇韦尔路 Edgware Road
已在2018年12月通车
贝克大街 Baker Street
Warren Street
Royal Oak
Westbourne Park
Ladbroke Grove
Latimer Road
贝斯沃特 Bayswater
摄政公园 Regent's Park
Goodge Street
牛津广场 Oxford Circus
大理石拱门 Marble Arch
邦德大街 Bond Street
Tottenham Court Road
诺丁山门 Notting Hill Gate
Lancaster Gate
Queensway
莱斯特广场 Leicester Square
Green Park
海德公园角 Hyde Park Corner
肯辛顿高街 High Street Kensington
皮卡迪利广场 Piccadilly Circus
骑士桥 Knightsbridge
查令十字 Charing Cross
Gloucester Road
维多利亚 Victoria
St. James's Park
伯爵府 Earl's Court
南肯辛顿 South Kensington
斯隆广场 Sloane Square
威斯敏斯特 Westminster
西布朗普顿 West Brompton
滑铁卢 Waterloo
1区
2区
富勒姆百老汇 Fulham Broadway
Parsons Green
皮姆利科 Pimlico
Lambeth North
Imperial Wharf
Putney Bridge
泰晤士河
East Putney
Vauxhall
Elephant & Castle
Southfields
Kennington
Wimbledon Park
Oval
温布尔登 Wimbledon
Clapham Junction
Wandsworth Road
Stockwell
Clapham High Street
Clapham North
Clapham Common
Brixton
Clapham South
Balham
至Morden
Tooting Bec
希思罗机场周边
Boston Manor
Osterley
Hounslow East
Hounslow Central
4区
Hatton Cross
Hounslow West
5区
6区
希思罗机场第二、三航站楼 Heathrow Terminals 2 & 3
希思罗机场第五航站楼 Heathrow Terminal 5
希思罗机场第四航站楼 Heathrow Terminal 4

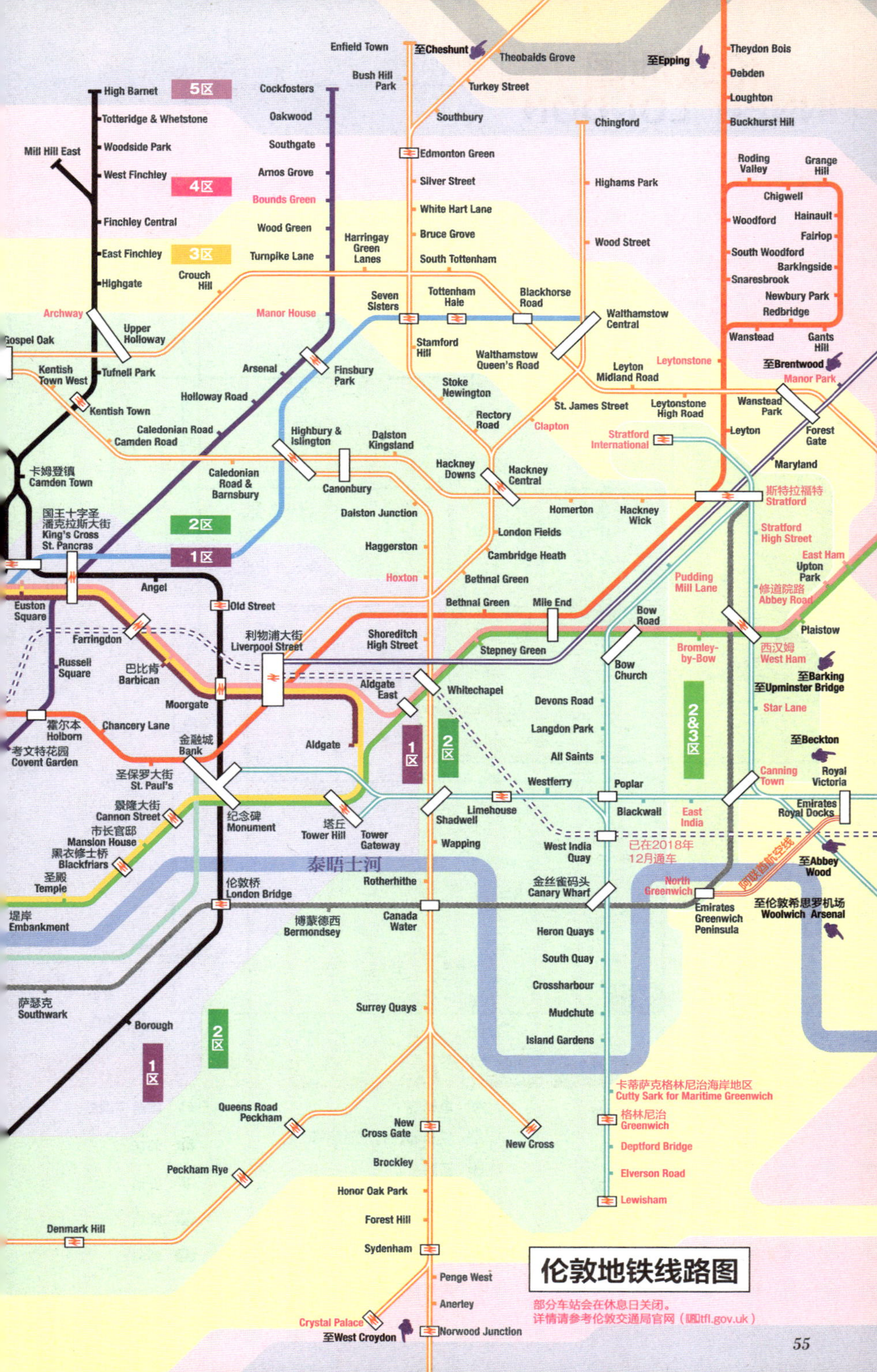

伦敦地铁线路图

部分车站会在休息日关闭。

详情请参考伦敦交通局官网（tfl.gov.uk）

伦敦地图 INNER LONDON

凡例

p.58~77之间伦敦市内地图中使用的符号。也请参考文前p.2~3

- 主要观光景点、博物馆等
- 美术馆、博物馆
- 大教堂等主要基督教教堂
- 基督教教堂
- 主要剧院
- 剧院
- 电影院
- 俱乐部、音乐酒吧等
- 医院
- 厕所
- 伦敦市交通局的服务站
- 地铁站
- 租借自行车站点
- 旅游咨询处
- H 酒店
- R 餐馆
- S 商店
- 邮局

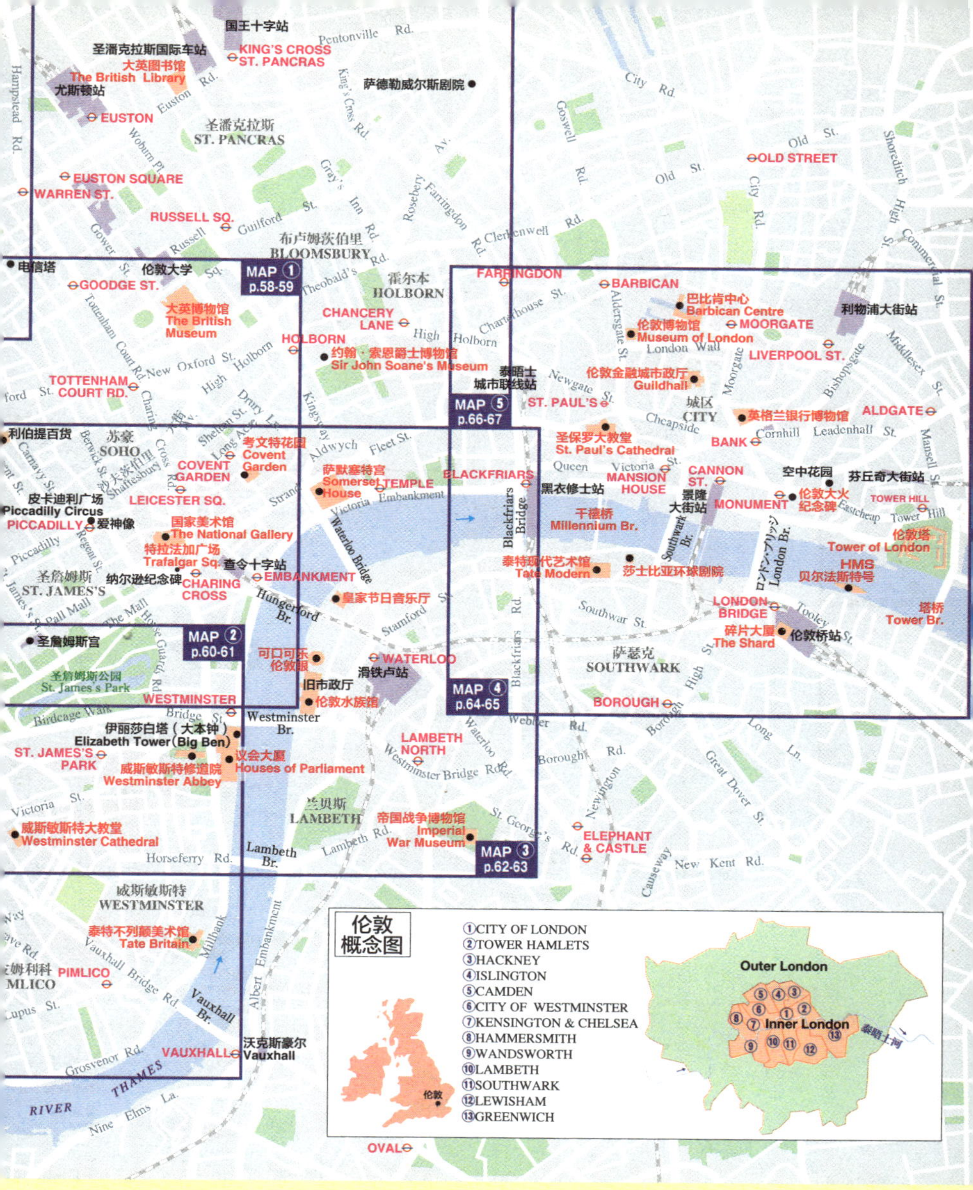

B 地铁贝克鲁线 Bakerloo Line	J 地铁银禧线 Jubilee Line	W 地铁滑铁卢城市线 Waterloo & City Line
Ce 地铁中央线 Central Line	N 地铁北线 Northern Line	V 地铁维多利亚线 Victoria Line
Ci 地铁环线 Circle Line	H 地铁汉默史密斯城市线 Hammersmith & City Line	P 地铁皮卡迪利线 Piccadilly Line
Di 地铁区域线 District Line	M 地铁大都会线 Metropolitan Line	Do 码头区轻轨 Docklands Light Railway (DLR)

Fitzrovia
菲茨罗维亚
W1
Mayfair
梅菲尔
Map⑦ P.70-71
Map⑥ p.68-69
Map⑦ P.70-71
Map⑨ p.74-75
Map⑧ p.72-73
Map② p.60-61
p.116~117
1
2
3
A
B
伊藤医生诊所
Dr. Ito Clinic
YHA Central
Waitrose
杜兰兹酒店
Golden Hind
Marylebone
华莱士博物馆
The Wallace Collection
Wigmore Hall
万灵教堂
All Souls
米德尔塞克斯医院
Middlesex Hospital
朗廷酒店
UNIQLO
Marks & Spencer
British Home Stores
Nike Town
John Lewis
Oxford Circus
Debenhams
Thai Square
波特曼广场
Portman Sq.
警察局
Police
Selfridges
Bond Street
Ben's Cookies
Apple Store
My Bus Tours
JCB广场
（都位于利伯提百货的2层）
Liberty
Thistle Marble Arch
汉诺威广场
Hanover Sq.
Molton Brown
第五马克多斯大街酒店
Jeager
Church's
Hamleys
汉德尔故居
Handel and Hendrix
Marriott Grosvenor Square
Claridge's
圣乔治教堂
St. George
Mackintosh
Dior
Crombie
罗斯维尔特纪念碑
Roosvelt Memorial
Smythson
Vivienne Westwood
格罗夫纳广场
Grosvenor Sq.
Russel & Bromley
The Westbury Mayfair
Momo
美国大使馆
Embassy of U.S.
Burberry
Dunhill
Millennium London Mayfair
Superdry
Connaught
Goyard
MIKIMOTO
皇家美术学院
Royal Academy of Arts
Céline
J&M Davidson
伯克利广场
Berkeley Sq.
Brown's
Charbonnel et Walker
格罗夫纳小教堂
Grosvenor Chapel
英国茶房
The English Tea Room
Nobu Berkley St.
Cath Kidson
Fortnum & Mason
Quaglino's
Chesterfield
Washington Mayfair
Dorchester
D.R. Harris
Ritz
Green Park
海德公园
Hyde Park
Curzon Mayfair
牧人市场
Shepherd Market
Flemings Mayfair
Stafford
Dukes
斯宾塞宅邸
Spencer House
London Hilton on Park Lane
Metropolitan
Sheraton Park Lane
Bandstand
Four Seasons
格林公园
Green Park
克拉伦斯宫
Clarence House
InterContinental Park Lane
Hard Rock Cafe
Hard Rock Cafe
阿普斯利宅邸
Apsley House
惠灵顿拱门
Wellington Arch
Hyde Park Corner
警察局
Police
维多利亚女王纪念碑
Queen Victoria Memorial
Oxford St.
牛津大街
New Bond St.
新邦德大街
Regent St.
Piccadilly
皮卡迪利
Park Ln.
公园路
Portland Pl.
波特兰广场
Baker St.
贝克大街
Constitution Hill
58

Map ① 皮卡迪利广场周边

Goodge Street
伦敦大学
University of London
拉塞尔广场
Russell Sq.
Map⑤ p.66-67
Montague on the Gardens
Ruskin
Astor Museum
Map⑤ p.66-67
Cochrane
W1
myhotel Bloomsbury
贝德福德广场
Bedford Sq.
大英博物馆
The British Museum
入口
布卢姆茨伯里广场
Bloomsbury Sq.
Blade Rubber Stamps
Chettinad
Charlotte Street
Odeon Tottenham Court Road
石锅拌饭餐馆
Morgan
Holborn
Munchkins
Abeno
Cocoro
Sanderson
Tottenham Court Road
Dominion
Map⑤ p.66-67
Plaza S.C.
牛津大街
Oxford St.
James Smith & Sons
Shaftesbury
Ippudo
Shelly's
苏豪广场
Soho Sq.
Kanada-Ya
WC2
旁遮普餐馆
New London
牛津大街青年旅舍
盖伊朗萨尔餐馆
Phoenix
Covent Garden
Hazlitt's
Soho
苏豪区
苏豪酒店
贝果中心餐馆
Cambridge
皇家歌剧院
Royal Opera House
Fortune Theatre
Limoncello
Delhi Brasserie
Prince Edward
Palace
Covent Garden
Paul Smith
水月巴山
St. Martin's
Theatre Royal Drury Lane
Preto
消防局
Fire Station
Stanfords
考文特花园
Covent Garden
Crabtree & Evelyn
Whittard
Chez Antoinette
伦敦交通博物馆
London's Transport Museum
Queen's
沙夫茨伯里大街
唐人街
Chinatown
Abeno too
圣保罗教堂
St. Paul
Nordic Bakery
Lyric
露兹餐馆
Leicester Square
Misato
W
St. Martins Lane
Honest Burgers
Piccadilly
托卡黛罗
Trockadero
莱斯特广场
Leicester Sq.
Garrick
英国国家歌剧院
English National Opera
Savoy
Piccadilly Circus
Prince of Wales
tkts
Adelphi
The Savoy
Bentley's
爱神像
Eros
安格斯牛排屋
竖琴
滨河大街
Strand
Map③ p.62-63
警察局
Police
英国国家肖像美术馆
National Portrait Gallery
肖像餐馆
英国国家美术馆
The National Gallery
圣马丁教堂
St. Martin-in-the-fields
克丽欧佩特拉方尖碑
Cleopatra's Needle
圣詹姆斯皮卡迪利教堂
St. James's Piccadilly
干草市场酒店
查令十字安巴酒店
Ippudo
维多利亚堤岸公园
Victoria Embankment Gardens
Paxton & Whitfield
Her Majesty's
特拉法加广场
Trafalgar Sq.
Charing Cross
Prestat
Hatchards
卡文迪什酒店
纳尔逊纪念碑
Nelson's Column
Trafalgar
查令十字站
Charing Cross Station
堤岸码头
Embankment Pier
圣詹姆斯广场
St. James's Sq.
Shoryu Ramen
Sherlock Holmes
海军门
Admiralty Arch
Embankment
伦敦当代艺术学院
ICA
p.114
Royal Horseguards
约克公爵纪念碑
Duke of York's Column
亨格福德桥
Hungerford Bridge
SW1
女王小教堂
Queen's Chapel
马尔伯勒宅邸
Marlborough House
皇家骑兵博物馆
HouseHold Cavalry Museum
皇家骑兵卫队司令部
Horse Guards
圣詹姆斯宫
St. James's Palace
皇家骑兵卫队阅兵场
Horse Guards Parade
伦敦国宴厅
Banqueting House
St. James's
圣詹姆斯
泰晤士河
River Thames
国防部
Ministry of Defence
首相官邸
No.10 Downing St.
圣詹姆斯公园
St. James's Park
外交部
Foreign Office
Map③ P.62-63
1:11,000
0 400m
圣詹姆斯公园湖
St. James's Park Lake
Map③ P.62-63
Westminster
内阁战情室
Cabinet War Rooms
财政部
Treasury
威斯敏斯特码头
Westminster Millenium Pier
C
D

Bandstand
蛇形湖
The Serpentine
海德公园
Hyde Park
Map 9 p.74-75
伊丽莎白女王门
Queen Elizabeth Gate
Hyde Park Corner
InterContinental Park Lane
阿普斯利宅邸
Apsley House
Four Seasons
Athenaeum
Sheraton Park Lane
Hard Rock Cafe
Map 1 p.58-59
Piccadilly
格林公园
Green Park
Lanesborough
惠灵顿拱门
Wellington Arch
Constitution Hill
Knightsbridge
公园塔骑士桥酒店
Berkeley
Harvey Nichols
Louis Vuitton
Laura Ashley
消防局
Fire Station
Hermes
Bvlgari
白金汉宫广场公园
Buckingham Palace Gardens
白金汉宫
Buckingham Palace
女王画廊
Queen's Gallery
Belgravia
贝尔格莱维亚
皇家马厩
Royal Mews
贝尔格雷广场
Belgrave Sq.
Giorgio Armani
Prada
西班牙大使馆
Embassy of Spain
挪威大使馆
Embassy of Norway
德国大使馆
Embassy of Germany
匈牙利大使馆
Embassy of Hungary
Rubens at the Palace
41
Goring
Victoria Palace
Victoria
Apollo Victoria
交通局
维多利亚站
Victoria Station
Brompton SW1
布朗普顿
B+B贝尔格莱维亚
Victoria Place S. C.
伦敦 MYU
Collonades S. C.
Peggy Porschen
Royal Court
斯隆广场
Sloane Sq.
Sloane Square
维多利亚长途巴士站
Victoria Coach Station
绿线旅行中心
Green Line Travel Offic
Easyhotel Victoria
埃克尔斯顿广场
Eccleston Sq.
恩科里克酒店
Peter Jones
Body Shop
警察局
Police
Sheriff
乔治亚宅邸酒店
Windermere
SW1
萨奇画廊
Saatchi Gallery
Partridges
Map 8 p.72-73
p.132
Pimlico
皮姆利科
伯顿庭园
Burton's Court
切尔西皇家医院
Chelsea Royal Hospital
拉纳勒夫花园
Ranelagh Gardens
国家陆军博物馆
The National Army Museum
李斯特医院
Lister Hospital
1
2
3
A
B

女王小教堂
Queen's Chapel
马尔伯勒宅邸
Marlborough House
克拉伦斯宫
Clarence House
圣詹姆斯宫
St. James's Palace
兰开斯特宅邸
Lancaster House
Stable Yard
摩尔大街 The Mall
首相官邸
No.10 Downing St.
Downing St.
国防部
Ministry of Defence
外交部
Foreign Office
Horse Guards Rd.
Parliament St.
King Charles St.
参观议会大厦团体游报名、售票处
内阁战情室
Cabinet War Rooms
财政部
Treasury
Westminster
Great George St.
Bridge St.
圣詹姆斯公园湖
St. James's Park Lake
维多利亚女王纪念碑
Queen Victoria Memorial
正门
Spur Rd.
圣詹姆斯公园
St. James's Park
Birdcage Walk
Old Queen St.
Storey's Gate
议会广场
Parliament Sq.
大本钟
（伊丽莎白塔）
Big Ben
(Elizabeth Tower)
白金汉宫售票处
白金汉宫入口
卫兵博物馆
Guards' Museum
Queen Anne's Gate
Carteret St.
Dartmouth St.
Lewisham St.
圣玛格丽特·威斯敏斯特教堂
St. Margaret's Westminster
Buckingham Gate
Petty France
Broadway
Tothill St.
Sanctuary House
威斯敏斯特修道院
Westminster Abbey
议会大厦
Houses of Parliament
St. Margaret St.
St. James's Park
Palmer St.
Dacre St.
Caxton St.
苏格兰场
New Scotland Yard
Great Smith St.
珍宝塔
Jewel Tower
Old Palace Yd.
Vandon St.
Wilfred St.
Palace St.
Spenser St.
Victoria St.
Great College St.
Abingdon St.
威斯敏斯特市政厅
Westminster City Hall
Old Pye St.
St. Ann's St.
Perkin's Rents
St. Matthew St.
维多利亚塔花园
The Victoria Tower Gardens
维多利亚大街
Howick Pl.
Artillery Row
消防局
Fire Station
Great Peter St.
Tufton St.
Greycoat Pl.
Chadwick St.
Horseferry Rd.
Monck St.
圣约翰·史密斯广场
St. John's Smith Square
Millbank
Ambrosden Av.
威斯敏斯特大教堂
Westminster Cathedral
Greencoat Pl.
Rochester Row
Greycoat St.
Westminster
威斯敏斯特
Romney St.
Map ③ p.62-63
兰贝斯大桥
Lambeth Bridge
Emery Hill St.
Francis St.
Vauxhall Bri. Rd.
威斯敏斯特学院
Westminster College
Elverton St.
Maunsel St.
Horseferry Rd.
圣约翰花园
St. John's Gardens
Dean Ryle St.
Vincent Sq.
Willow Pl.
Page St.
Marsham St.
Page St.
Mint
Fynes St.
威斯敏斯特学校运动场
Westminster School Playing Field
Regency St.
Vincent St.
Vincent St.
John Islip St.
Wilton Rd.
About Thyme
斯坦利别墅酒店
千禧码头
Millbank Millennium Pier
Hide Pl.
Chapter St.
SW1
Erasmus St.
Herrick St.
克罗尔画廊
Clore Gallery
泰特不列颠美术馆
Tate Britain
Tachbrook St.
Charlwood St.
Vauxhall Bridge Rd.
Douglas St.
Churton St.
贝尔格雷夫路
Warwick St.
Atterbury St.
Melita House
Belgrave Rd.
Astor Victoria
Melbourne House
Causton St.
Ponsonby Pl.
切尔西艺术与设计学院
Chelsea College of art and design
泰晤士河
River Thames
Gloucester St.
Charlwood St.
Denbigh St.
Moreton Pl.
Moreton Ter.
St. George's Sq.
Pimlico
沃克斯豪尔桥
Vauxhall Bridge
SW8
Lupus St.
Glasgow Ter.
Claverton St.
Chichester St.
St. George's Sq.
Aylesford St.
Grosvenor Rd.
St. George's Sq.
Churchill Gardens Rd.
0 1:1¨,000 400m
C
D

Map① p.58-59
Map② p.60-61
p.114
Soho
苏豪区
St. James's
圣詹姆斯
Westminster
威斯敏斯特
W1
SW1
Piccadilly Circus
Leicester Square
Covent Garden
Charing Cross
查令十字站
Charing Cross Station
Embankment
Westminster
St. James's Park
皇家歌剧院
Royal Opera House
考文特花园
Covent Garden
伦敦交通博物馆
London's Transport Museum
圣保罗教堂
St. Paul
唐人街
Chinatown
托卡黛罗
Trockadero
爱神像
Eros
皇家美术学院
Royal Academy of Arts
圣詹姆斯皮卡迪利教堂
St James's Piccadilly
国家肖像美术馆
National Portrait Gallery
国家美术馆
The National Gallery
圣马丁教堂
St. Martin-in the-fields
英国国家歌剧院
English National Opera
特拉法加广场
Trafalgar Sq.
纳尔逊纪念碑
Nelson's Column
海军门
Admiralty Arch
ICA画廊
ICA Gallery
约克公爵纪念碑
Duke of York's Column
皇家骑兵博物馆
HouseHold Cavalry Museum
皇家骑兵卫队司令部
Horse Guards
皇家骑兵卫队阅兵场
Horse Guards Parade
伦敦国宴厅
Banqueting House
国防部
Ministry of Defence
首相官邸
No.10 Downing St.
外交部
Foreign Office
内阁战情室
Cabinet War Rooms
财政部
Treasury
议会大厦团体游报名、售票处
威斯敏斯特千禧码头
Westminster Millennium Pier
威斯敏斯特大桥
Westminster Bridge
大本钟（伊丽莎白塔）
Big Ben (Elizabeth Tower)
议会大厦
Houses of Parliament
议会广场
Parliament Sq.
圣玛格丽特·威斯敏斯特教堂
St. Margaret's Westminster
威斯敏斯特修道院
Westminster Abbey
珍宝塔
Jewel Tower
维多利亚塔花园
Victoria Tower Gardens
女王小教堂
Queen's Chapel
马尔伯勒宅邸
Marlborough House
斯宾塞宅邸
Spencer House
克拉伦斯宫
Clarence House
圣詹姆斯宫
St. James's Palace
兰开斯特宅邸
Lancaster House
格林公园
Green Park
维多利亚女王纪念碑
Queen Victoria Memorial
圣詹姆斯公园湖
St. James's Park Lake
圣詹姆斯公园
St. James's Park
卫队博物馆
Guards' Museum
惠灵顿兵营
Wellington Barracks
苏格兰场
New Scotland Yard
威斯敏斯特市政厅
Westminster City Hall
消防局
Fire Station
威斯敏斯特大教堂
Westminster Cathedral
威斯敏斯特学院
Westminster College
圣约翰花园
St. John's Gardens
St. John's Smith Square
兰贝斯大桥
Lambeth Bridge
泰晤士河
River Thames
警察局
Police
因迪卡画廊
夏洛克·福尔摩斯餐馆
莱斯特广场
Leicester Sq.
圣詹姆斯广场
St. James's Sq.
沙夫茨伯里大街
Shaftesbury Av.
杰明街
Jermyn St.
摩尔大街
The Mall
维多利亚大街
Victoria St.
滨河大街
Strand
Prince Edward
Palace
Cambridge
Queen's
Prince of Wales
Garrick
Her Majesty's
Bar Shu
Preto
Abeno too
Angus Steak House
Bentley's
Quaglino's
Rules
Honest Burgers
The Harp
Ippudo
Paul Smith
Stanfords
Superdry
Hatchards
Prestat
Fortnum &Mason
Cath Kidson
Paxton & Whitfield
D. R. Harris
tkts
Le Merdien Piccadilly
Haymarket
Cavendish
Stafford
Dukes
Trafalgar
Charing Cross
St. Martins Lane
Conrad
Adelphi
1:11,000
0
400m
1
2
3
A
B

Novello
Map 5 p.66-67
p.122
Aldwych
Theatre Royal Dury Lane
Primrose Bakery
One Aldwych
Lyceum
Strand
滨河大街圣母教堂
St. Mary le Strand
考陶尔德美术馆
The Courtauld Gallery
皇家法院
Royal Courts Of Justice
R. Twining & Company
圣殿教堂
Temple Church
圣殿
The Temple
Crown Office Row
Tudor St.
Tallis St.
Carmelite St.
John Carpenter St.
Blackfriars
黑衣修士站
Blackfriars Station
Temple
Victoria Embankment
维多利亚堤岸路
惠灵顿号
Wellington
HMS总统号
HMS President
黑衣修士千禧码头
Blackfriars Millennium Pier
Savoy
萨默塞特宫
Somerset House
River Thames
泰晤士河
黑衣修士桥
Blackfriars Bridge
Map 4 p.64-65
滑铁卢桥
Waterloo Bridge
萨沃伊码头
Savoy Pier
克丽欧佩特拉方尖碑
Cleopatra's Needle
OXO Tower Restaurant
OXO大厦餐馆
加百利码头
Gabriel's Wharf
Upper Ground
Stamford St.
伊丽莎白女王音乐厅
Queen Elizabeth Hall
BFI Southbank
国家大剧院
National Theatre
节庆码头
Festival Pier
Embankment Pier
伦敦珀塞尔音乐厅
Purcell Room
海沃德画廊
Hayward Gallery
皇家节日音乐厅
Royal Festival Hall
亨格福特桥
Hungerford Bridge
乒乓餐馆
Concert Hall Approach
IMAX Cinema
Burrell St.
Meymott St.
Nicholson St.
Roupell St.
Joan St.
银禧花园
Jubilee Gardens
滑铁卢东站
Waterloo East Station
Anchor & Hope
Southwark
伦敦眼千禧码头
London Eye Millennium Pier
可口可乐伦敦眼
Coca-Cola London Eye
Waterloo
The Cut
Young Vic
Nelson Sq.
伦敦地牢
London Dungeon
County Hall
老市政厅
Old County Hall
伦敦水族馆
Sea Life London Aquarium
滑铁卢站
Waterloo Station
Old Vic
古巴酒吧
Marriott County Hall
Westminster Bridge Rd.
南丁格尔博物馆
Florence Nightingale Museum
The Walrus
SE1
圣托马斯医院
St. Thomas' Hospital
H 10酒店
Lambeth North
警察局
Police
兰贝斯宫花园
Lambeth Palace Gardens
Lambeth Rd.
杰拉尔丁玛丽哈姆斯沃斯公园
Geraldine Mary Harmsworth Park
圣托马斯医学院
St. Thomas Hospital Medical School
大主教公园
Archbishop's Park
兰贝斯宫
Lambeth Palace
庭园博物馆
Garden Museum
帝国战争博物馆
Imperial War Museum
West Sq. Garden
Lambeth
兰贝斯
London Waterloo
C
D

Map⑤ p.66-67
切特豪斯
Charterhouse
Charterhouse Sq.
Albion Pl.
法灵顿站
Farringdon Station
Farringdon
Rookery
Cowcross St.
Kirby St.
巴比肯站
Barbican Station
Barbican
巴比肯艺术中心
Barbican Centre
Chiswell St.
Silk St.
Ropemaker St.
Greville St.
Hatton Garden
EC1
Ye Olde Mitre
Charterhouse St.
中央市场
Central Market (Smithfield)
Cloth Fair
Long Ln.
Lindsey St.
Aldersgate St.
圣吉尔斯教堂
St. Giles Cripplegate
Fore St.
沼泽门站
Moorgate Station
圣巴塞洛缪教堂
St. Bartholomew the Great
伦敦博物馆
Museum of London
1
Charterhouse St.
West Smithfield
Hosier Ln.
Snow Hill
Holborn Viaduct
Cock Ln.
圣巴塞洛缪医院
St. Bartholomew's Hospital
Little Britain
Montague St.
伦敦墙
City
城区
Basinghall Av.
警察局
Police
警察
Police
Plumtree Court
Farringdon St.
Giltspur St.
EC1
Angel St.
King Edward St.
Noble St.
Wood St.
Love Ln.
Aldermanbury Sq.
伦敦金融城市政厅
Guildhall
Holborn
霍尔本
Stone Cutter St.
Newgate St.
刑事法庭
Old Bailey
Guildhall
Gresham St.
EC2
约翰逊博士故居
Dr. Johnson's House
城市泰晤士站
City Thameslink Station
St. Bride St.
Warwick Ln.
Foster Ln.
St. Paul's
Milk St.
King St.
Prudent Trump St.
Old Jewry
Ye Olde Cheshire Cheese
圣保罗大教堂
St. Paul's Cathedral
Ave Maria Ln.
Old Bailey
Cheapside
舰队大街
Fleet St.
New Change
圣玛丽教堂
St.Mary Le-Bow
Bank
圣布莱德教堂
St. Bride
Pilgrim St.
Watling St.
Bread St.
Queen St.
Poultry
市长官邸
Mansion House
伦敦城市旅游中心
City Information Centre
Bouverie St.
Whitefriars St.
Salisbury Court
Dorset Rise
New Bridge St.
Black Friars Ln.
伦敦圣保罗青年旅舍
Carter Ln.
Queen Victoria St.
圣史蒂芬沃尔布鲁克教堂
St. Stephen Walbrook
Tudor St.
Queen Victoria St.
Mansion House
John Carpenter St.
Carmelite St.
Tallis St.
Temple Av.
Bridewell
Water Gate
Mermaido
Cannon St.
St. Thomas Cloak Ln.
Blackfriars
黑衣修士站
Blackfriars Station
EC4
Cannon Street
2
堤岸路
Victoria Embankment
White Lion Hill
College St.
黑衣修士千禧码头
Blackfriars Millennium Pier
景隆大街站
Cannon Street Station
Queen St. Pl.
HMS总统号
HMS President
黑衣修士桥
Blackfriars Bridge
泰晤士河
River Thames
千禧桥
Millennium Bridge
消防局
Fire Station
Map③ P.62-63
南岸河畔码头
Bankside Pier
萨瑟克桥
Southwark Bridge
OXO Tower Restaurant
OXO塔
南岸河畔画廊
Bankside Gallery
Barge House St.
Upper Ground
Hopton St.
莎士比亚环球剧院
Shakespeare's Globe Theatre
Tate Modern
泰特现代艺术馆
Tate Modern
Rennie St.
Blackfriars Rd.
Holland St.
Park St.
Emerson St.
维诺波利斯酒城（葡萄酒博物馆）
Vinopolis
Stamford St.
Sumner St.
Bank End
Porter St.
Hopton St.
Southwark St.
Zoar St.
Southwark
萨瑟克
Bridge Rd.
Park St.
Aquinas St.
Hatfields
Paris Gdn.
Burrell St.
Bear Ln.
Price's St.
Great Suffolk St.
红茶与咖啡博物馆
The Bramah's Museum of Tea & Coffee
Thrale St.
博罗市场
Borough Market
Meymott St.
Chancel St.
Nicholson St.
Lavington St.
Citizen M
Ewer St.
Great Guildford St.
3
Roupell St.
东滑铁卢站
Waterloo East Station
Joan St.
SE1
America St.
Wootton St.
Southwark
Union St.
Destinations
Anchor & Hope
The Cut
Cons St.
Young Vic
Copperfield St.
Great Suffolk St.
Loman St.
Redcross Way
Southwark Bridge Rd.
Newcomen St.
Borough High St.
Little Dorrit Court
Old Vic
Pocock St.
A
Mint St.
B
Borough
至地铁博罗站

Moorgate
Liverpool Street
交通局
利物浦大街站
Liverpool Street Station
斯毕塔菲尔德市场
Spitalfields Market
警察局
Police
砖巷市场
Brick Lane Market
利物浦大街安达兹酒店
日本绿色医疗中心
Japan Green Medical Centre
衬裙巷市场
Petticoat Lane Market
白教堂美术馆
Whitechapel Gallery
42大厦
Tower 42
H.I.S.伦敦分店
圣玛丽阿克斯街30号
30 Saint Mary Axe
福尔餐馆
Aldgate East
英格兰银行
Bank of England
证券交易所
Stock Exchange
Aldgate
英格兰银行博物馆
Bank of England Museum
万豪斯莱德尼德勒斯精选纪念酒店
EC3
皇家证券交易所
Royal Exchange
伦敦劳埃德社
Lloyd's of London
Whitechapel
白教堂
勒顿豪市场
Leadenhall Market
空中花园
Sky Garden
芬丘奇大街站
Fenchurch Street Station
Monument
Tower Gateway
伦敦大火纪念碑
The Monument
Tower Hill
老比林斯盖特海鲜市场
Old Billingsgate Fish Market
海关
Custum House
伦敦塔售票处
伦敦塔
Tower of London
圣凯瑟琳码头
St. Katharine's Dock
Dickens Inn
伦敦桥
London Bridge
伦敦桥城市码头
London Bridge City Pier
伦敦塔千禧码头
Tower Millennium Pier
萨瑟克大教堂
Southwark Cathedral
HMS贝尔法斯特号
HMS Belfast
泰晤士河 River Thames
The Tower
伦敦桥体验游
The London Bridge Experience
伦敦塔入口
圣凯瑟琳码头
St.Katharine's Pier
London Bridge
海斯街购物拱廊
Hay's Galleria
伦敦塔桥
Tower Bridge
London Bridge
伦敦桥站
London Bridge Station
伦敦市政厅
London City Hall
碎片大厦
The Shard
波特茨菲尔德公园
Potters Field Park
巴特勒码头
Butler's Wharf Pier
盖伊医院
Guy's Hospital
1:11,000
0
400m
C
D
至 M. 曼泽餐馆

Mornington Crescent
1:11,000
0
400m
Somers Town
苏默斯镇
NW1
国王十字站
King's Cross Station
圣潘克勒斯
国际火车站
St. Pancras
International Station
St. Pancras Renaissance
King's Cross / St. Pancras
交通局
大英图书馆
The British Library
尤斯顿站
Euston Station
Euston
Pullman
St. Pancras
圣潘克拉斯
青年旅舍
消防局
Fire Station
Meridiana
African Kitchen Gallery
The Place
新月酒店
Euro
Harlingford
Generator
Euston Square
Warren Street
Bloomsbury
St. Athans
Tavistock
大学医院
University
College Hospital
Renoir
Bloomsbury
布卢姆茨伯里
Russell
Russell Square
菲茨罗伊广场
Fitzroy Sq.
拉塞尔广场
Russell Sq.
Waterstone's
Fitzrovia
菲茨罗维亚
W1
Arosfa
Vanbrugh Rada
电信塔
Telecom Tower
Heal's
伦敦大学
University of London
Goodge Street
红色康乃馨蒙塔古
花园酒店
Ruskin
Astor
Museum
邦尼海鸥海鲜餐馆
警察局
Police
大英博物馆
The British Museum
入口
贝德福德广场
Bedford Sq.
布卢姆茨伯里广场
Bloomsbury Sq.
米德尔塞克斯医院
Middlesex Hospital
Chettinad
Charlotte Street
Bibimbabcafe
Morgan
Odeon
Tottenham
Court Road
Munchkins
Abeno
Cocoro
Sanderson
Dominion
Tottenham Court Road
James Smith
& Sons
Shaftesbury
Ippudo
Map 1
P.58-59
Plaza S.C.
Oxford Circus
Holland & Burrett
Nike Town
Muji
Gap
Marks & Spencer
苏豪广场
Soho Sq.
Gay
Hussar
Kanada-ya
WC2
Phoenix
YHA
Oxford Street
Soho
W1
苏豪区
Hazlitt's
Covent Garden
Map 6
p.68-69
A
B
1
2
3

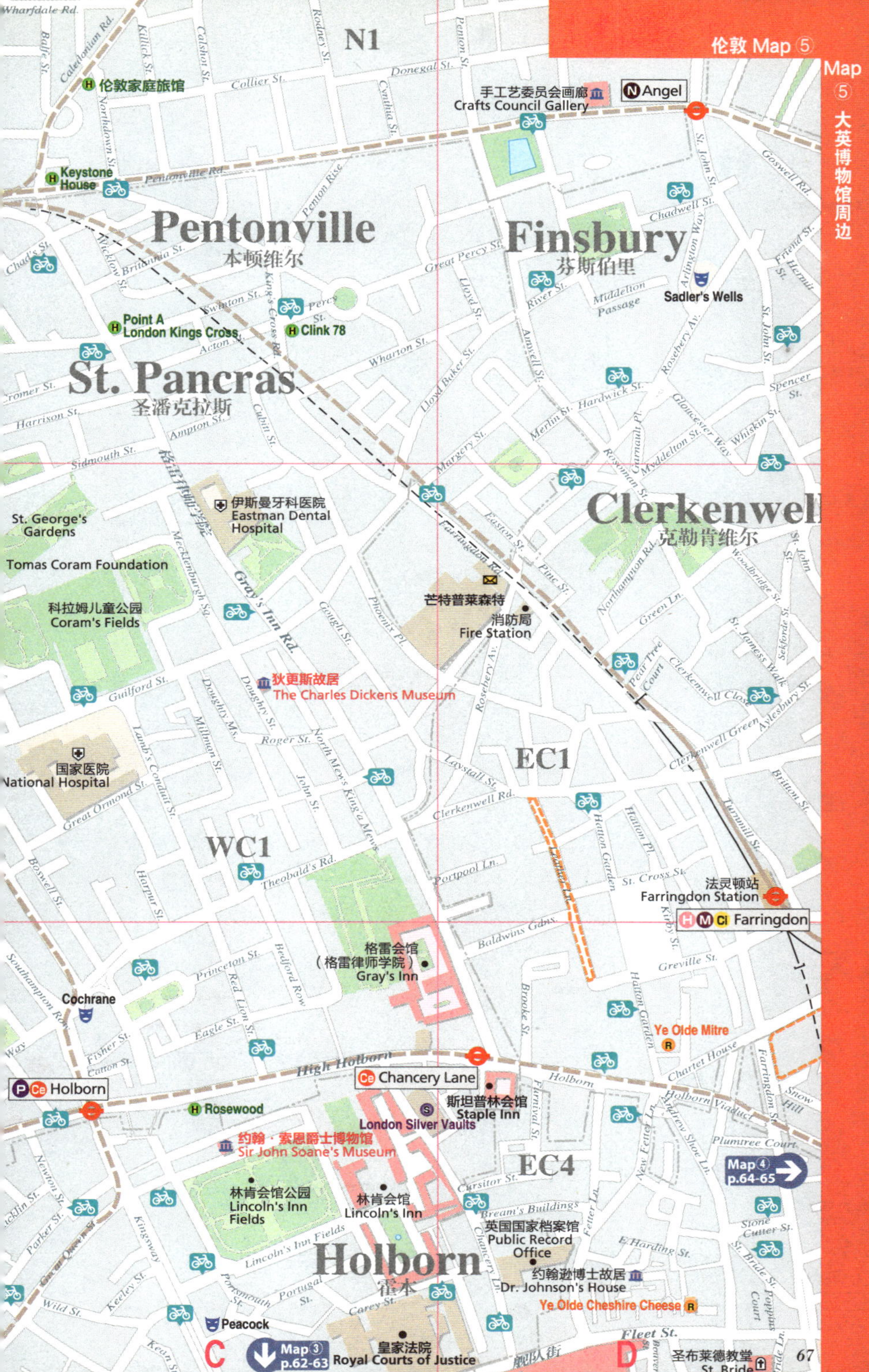

Map ④ p.64-65
Map ③ p.62-63

Primrose Hill
樱草山
1:11,000
St. John's Wood
至修道院路Abbey Rd.(300米)
警察局
Police
圣约翰伍德教堂
St. John's Wood
St. John's Wood
圣约翰伍德
NW1
罗德板球场
Lord's Cricket Ground
MCC博物馆
MCC Museum
伦敦中央清真寺
London Central Mosque
摄政公园
Regent's Park
小舟码头
泛舟湖
Boating Lake
Bandstand
Canal Footpath
Regent's Canal
运河步道
摄政运河
主出入口
NW8
Map⑦ p.70-71
Cockpit
Ali Baba
夏洛克·福尔摩斯博物馆
The Sherlock Holmes Museum
马里波恩站
Marylebone Station
Baker Street
多塞特广场
Dorset Sq.
巴士、地铁失物领取处
London Transport Lost Property
Marylebone
The Landmark London
帕丁顿格林
Paddington Green
W1
警察局
Police
Edgware Road
西路
Westway A40(M)
Hilton London Metropole
Edgware Road
Marylebone
马里波恩

Camden Town
卡姆登镇
至地铁卡姆登镇站
至卡姆登闸口
水上巴士乘船码头
伦敦动物园
London Zoo
NW1
Regent's Park
摄政公园
Open Air Theatre
玛丽女王公园
Queen Mary's Gardens
玫瑰园
Rose Garden
摄政学院
Regent's College
网球场
Tennis Courts
Mornington Crescent
Thistle Euston
Map ⑤ p.66-67
Cumberland Market
Clarence Gdns.
警察局
Police
Warren Street
公园广场花园
Park Square Gardens
Great Portland Street
皇家音乐学院
Royal Academy of Music
Regent's Park
伦敦天文馆
London Planetarium
杜莎夫人蜡像馆
Madame Tussaud's
圣马里波恩教堂
St. Marylebone
Conran Shop
La Place
W1
Fitzrovia
菲茨罗维亚
菲茨罗伊广场
Fitzroy Sq.
电信塔
Telecom Tower
伦敦中心
国际青年旅舍
帕丁顿大街花园
Paddington Street Gardens
La Fromagerie
Bonnie Gull Seafood Shack
米德尔塞克斯医院
Middlesex Hospital
Map ① P.58-59
Gloucester Av.
Parkway
Albert St.
Delancey St.
Arlington Rd.
Plender St.
Camden St.
Mornington Ter.
Mornington St.
Crowndale Rd.
Eversholt St.
Park Village East
Albany St.
Outer Circle
Cumberland Terrace
Harrington Sq.
Mornington Cres.
Granby Ter.
Barnby St.
Augustus St.
Redhill St.
Eastnor Lane St.
Mackworth St.
Harrington St.
汉普斯特德路
The Broad Walk
Chester Terrace
Varndell St.
Cardington St.
Chester Rd.
Robert St.
Hampstead Rd.
North Gower St.
William Rd.
Drummond St.
Inner Circle
Longford St.
Osnaburgh St.
Peto Pl.
York Bridge
Euston Rd
尤斯顿路
Warren St.
Whitfield St.
Park Crescent
波特兰大道
Harley St.
Bolsover St.
Great Portland St.
Hallam St.
Conway St.
Cleveland St.
Maple St.
Fitzroy St.
Devonshire St.
Devonshire Pl.
Upper Wimpole St.
Luxborough St.
Nottingham Pl.
Marylebone High St.
Paddington St.
Weymouth St.
Howland St.
Ogle St.
Hanson St.
Great Tichfield St.
New Cavendish St.
Portland Pl.
Gosfield St.
Foley St.
Riding House St.
Wimpole St.
Mansfield St.
Duchess St.
Langham St.
Aybrook St.
Cramer St.
Blandford St.
C
D

Maida Vale
梅达维尔
Map 6 p.68-69
MCC博物馆
MMC Museum
W9
BBC广播电台
BBC Studios
Warwick Avenue
大联盟运河
运河步道
Canal Footpath
Grand Union Canal
小威尼斯
Little Venice
水上巴士乘船码头
Regent's Canal Waterbus
Little Venice Landing Stage
帕丁顿格林
Paddington Green
W2
消防局
Fire Station
沃尔维克庄园
Warwick Estate
Westway A40(M)
西路A40
Royal Oak
Paddington
帕丁顿
帕丁顿池
帕丁顿站
Paddington Station
Paddington
Equity Point
Hilton London Paddington
Paddington
怀特雷斯购物中心
Whiteleys
Odeon
Garden Court
Roseate House
新林登酒店
Santorini
Bayswater
Map 10 p.76-77
Bayswater
贝斯沃特
Astor Queensway
Lancaster London
Lancaster Gate
Corus Hyde Park
Swan
马尔伯勒门
Marlborough Gate
Thistle Kensington Gardens
兰开斯特门
Lancaster Gate
Hilton London Hyde Park
Queensway
Map 10 p.76-77
1
2
3
A
B

罗德板球场 Lord's Cricket Ground
伦敦中央清真寺 London Central Mosque
摄政公园 Regent's Park
泛舟湖 Boating Lake
Bandstand
摄政学院 Regent's College
Map ⑥ p.68-69
运河步道 Canal Footpath
摄政运河 Regent's Canal
NW8
Cockpit
Ali Baba
夏洛克·福尔摩斯博物馆 The Sherlock Holmes Museum
马里波恩站 Marylebone Station
Marylebone
Baker Street
伦敦天文馆 London Planetarium
多塞特广场 Dorset Sq.
巴士、地铁失物领取处 London Transport Lost Property
The Landmark London
Marylebone Rd.
W1
马里波恩路
Screen
Edgware Road
警察局 Police
Edgware Road
Hilton London Metropole
Paddington Basin
Marylebone 马里波恩
Map ① p.58-59
格洛斯特大道 Gloucester Pl.
贝克大街 Baker St.
W2
苏塞克斯花园 Sussex Gardens
圣玛丽医院 St. Mary's Hospital
Peking Seoul
Easyhotel Paddington
波特曼广场 Portman Sq.
圣大卫公寓酒店
Ashley
Cardiff
Hayatt Regency London the Churchill
萨姆那酒店
The Montcalm
警察局 Police
Thistle Marble Arch
海德公园广场 Hyde Park Sq.
Odeon Marble Arch
坎伯兰酒店
Marble Arch
大理石拱门 Marble Arch
W2
W2
贝斯沃特路 Bayswater Rd.
W1
演讲角 Speaker's Corner
公园路
维多利亚门 Victoria Gate
韦斯特本门 Westbourne Gate
海德公园 Hyde Park
Map ① p.58-59
0 1:11,000 400m
Map ⑨ p.74-75
C
D

Map⑩ p.76-77
My Old Dutch
消防局
Fire Station
Royal Garden
W2
肯辛顿花园
Kensington Gardens
阿尔伯特纪念碑
Albert Memorial
Map⑨ p.74-75
Milestone
宫门
Palace Gate
女王门
Queen's Gate
Baglioni
Kensington Rd.
Kensington Gore
皇家艺术学院
Royal College of Art
皇家阿尔伯特音乐厅
Royal Albert Hall
High Street Kensington
Kensington High St.
Young St.
Astor Hyde Park
Gore
帝国理工学院
Imperial College
Albert Pl.
Thackeray St.
Kensington Ct.
Douro Pl.
Victoria Rd.
De Vere Gdns.
Palace Gate
Hyde Park Gate
Queen's Gate Mews
Prince Consort Rd.
皇家音乐学院
Royal College of Music
Callendar Rd.
Exhibition Rd.
帝国理工学院
Imperial College
1
Wright's Ln.
Iverna Gdns.
St. Albans Grove
W8
Cottesmore Gdns.
Kelso Pl.
Stanford Rd.
Gloucester Rd.
Queen's Gate Ter.
Petersham Pl.
Elvaston Pl.
Petersham Mews
Imperial College Rd.
科学博物馆
Science Museum
入口
Map⑩ p.76-77
Marloes Rd.
Scarsdale Villas
Eldon Rd.
Grenville Pl.
Cornwall Gardens
Queen's Gate Gdns.
自然历史博物馆
The Natural History Museum
Stratford Rd.
Kensington
肯辛顿
Queen's Gate Place Mews
Queen's Gate
Southwell Gdns.
Cromwell Rd.
The Parkcity
Easyhotel
Meininger
克伦威尔路
Pennant Mews
克伦威尔医院
Cromwell Hospital
Thai Taste
Gloucester Road
Gainsborough
Queensberry Pl.
SW7
克伦威尔路
Cromwell Rd.
The Rockwell
Courtfield Gdns.
Ashburn Pl.
Stanhope Mews East
Cine Lumiere
Bombey Brasserie
Stanhope Gdns.
Bute St.
Walgrave Rd.
Kenway Rd.
纳德勒肯辛顿酒店
Courtfield Rd.
Collingham Gdns.
Colbeck Mews
Harrington Gdns.
Gloucester Rd.
Clareville St.
Wetherby Pl.
Number 16酒店
2
Maranton House
老布朗普顿路
Old Brompton Rd.
阿斯特酒店
Sumner Pl.
Onslow Sq.
Earl's Court Rd.
Barkston Gdns.
Henley House
Indigo
Collingham Gdns.
Bina Gdns.
South Kensington
南肯辛顿
Wetherby Gdns.
Bolton Gdns.
Gledhow Gdns.
SW5
Bramham Gdns.
Bolton Gdns.
Earl's Court
Brechin Pl.
Onslow Gdns.
Onslow Gdns.
Foulis Ter.
Cranley Gardens
Cranley Gdns.
Penywern Rd.
Bolton Pl.
Roland Way
Roland Gdns.
Cranley Mews
Neville St.
Selwood Pl.
Selwood Ter.
富勒姆路
YHA Earl's Court
Earl's Court Sq.
Earl's Court
伯爵府
The Boltons
Drayton Gdns.
Blakes
Old Brompton Rd.
圣玛丽教堂
St. Mary
Cresswell Pl.
South Parade
Warwick Rd.
The Little Boltons
Gilston Rd.
Elm Park Gdns.
Redcliffe Sq.
Harcourt Ter.
Tregunter Rd.
UGC
Finborough Rd.
3
Cathcart Rd.
Hollywood Rd.
Elm Park Rd.
Redcliffe Gdns.
Fawcett St.
Park Walk
Beaufort St.
Ifield Rd.
Fulham Rd.
Limerston St.
布朗普顿墓地
Brompton Cemetery
0
1:11,000
400m
N
Seagrave Rd.
至斯坦福桥Stamford Bridge（约500m）
A
B

保龄绿地
Bowling Green
South Carriage Dri.
肯辛顿路
Kensington Rd.
骑士桥路
Knightsbridge
骑士桥
Knightsbridge
Knightsbridge Green
Burberrys
Harvey Nichols
Park Tower Knightsbridge
Map ① p.58-59
消防局
Fire Station
Capital
Levin
Laura Ashley
Hermes
Bvlgari
SW7
Sainsburrys Local
Harrods
Zia Teresa
Brompton Rd.
布朗普顿路
Prada
Sloane St.
维多利亚和阿尔伯特博物馆
Victoria and Albert Museum
布朗普顿小教堂
Brompton Oratory
入口
Rembrandt
Map ② p.60-61
Brompton
布朗普顿
Cromwell Gdns.
Thurloe Pl.
South Kensington
Pelham St.
米其林大厦
Michelin Building
The Conran Shop
Royal Court
斯隆广场
Sloane Sq.
Peter Jones
Sloane Square
警察局
Police
myhotel Chelsea
SW3
Partridges
萨奇画廊
Saatchi Gallery
Fulham Rd.
皇家马斯登医院
Royal Marsden Hospital
p.132
皇家布朗普特医院
Royal Brompton Hospital
圣鲁克斯教堂
St. Lukes
国王路
King's Rd.
皇家布朗普特医院
Royal Brompton Hospital
Waterstone's
Marks & Spencer
伯顿法院
Burton's Court
Chelsea
切尔西
Whittard
Lush
Habitat
Antiquarius
Jeager
Map ② p.60-61
老市政厅
Old Town Hall
切尔西皇家医院
Chelsea Royal Hospital
英国陆军博物馆
The National Army Museum
Cineworld Chelsea
切尔西草药园
Chelsea Physic Garden
卡莱尔故居
Carlyle's House
Cheyne Wk.
Chelsea Embankment
C
D
泰晤士河
River Thames

Map⑦ p.70-71
Roseate House
Bayswater
Lancaster Gate
Lancaster London
W2
维多利亚门
Victoria Gate
Corus Hyde Park
Swan
马尔伯勒门
Marlborough Gate
韦斯特本门
Westbourne Gate
Astor Queensway
Thistle Kensington Gardens
兰开斯特门
Lancaster Gate
Queensway
黑狮门
Black Lion Gate
彼得潘像
Peter Pan Statue
长湖
The Long Water
肯辛顿花园
Kensington Gardens
Magazine Gate
橘园
Orangery
园池
Round Pond
下沉花园
Sunken Garden
Temple Gate
肯辛顿宫
Kensington Palace
Bandstand
蛇形画廊
Serpentine Gallery
戴安娜王妃纪念喷泉
Diana's Memorial Fountain
Map⑩ p.76-77
The Broad Walk
Mount Gate
W2
p.132
保龄绿地
Bowling Green
阿尔伯特公爵纪念碑
Albert Memorial
Alexandra Gate
Royal Garden
Milestone
Queen's Gate
Palace Gate
Baglioni
皇家艺术学院
Royal College of Art
皇家阿尔伯特音乐厅
Royal Albert Hall
Astor Hyde Park Gore
帝国理工学院
Imperial College
皇家音乐学院
Royal College of Music
Knightsbridge
骑士桥
帝国理工学院
Imperial College Science, Technology & Medicine
W8
科学博物馆
Science Museum
维多利亚和阿尔伯特博物馆
自然历史博物馆
The Natural History Museum
入口
1:11,000
0
400m
Rembrandt
Meininger
Map⑧ P.72-73
Cromwell Rd.
克伦威尔路
SW7
A
B
1
2
3

Map ⑦ p.70-71

Connaught St.
Hyde Park St.
Albion St.
W2
Seymour St.
Bryanston St.
Odeon Marble Arch
Connaught Pl.
Cumberland
Thistle Marble Arch
Marble Arch
大理石拱门
Marble Arch
Bayswater Rd.
Cumberland Gate
North Row
Dunraven St.
Park St.
Red Pl.
North Audley St.
Green St.
W1
Marriott Grosvenor Square
演讲角
Speaker's Corner
罗斯维尔特纪念碑
Roosvelt Memorial
格罗夫纳广场
Grosvenor Sq.
Upper Brook St.
美国大使馆
Embassy of U.S.
Culross St.
公园路
Upper Grosvenor St.
Millennium London Mayfair

Map ① p.58-59

South Audley St.
Mount St.
Rex Pl.
Park Lane
Aldford St.
South St.
格罗夫纳小教堂
Grosvenor Chapel
Hill St.
海德公园
Hyde Park
鸟类保护区（禁止入内）
警察局
Police
Dorchester
Mayfair
梅菲尔区
Curzon St.
Ring Serpentine Rd.
船屋
蛇形湖
The Serpentine
Bandstand
London Hilton on Park Lane
Queen Elizabeth Gate
InterContinental Park Lane
阿普斯利宅邸
Apsley House
罗腾马道
Rotten row
Albert Gate
Hyde Park Corner
Edinburgh Gate
Rutland Gate
警察局
Police
惠灵顿拱门
Wellington Arch
Knightsbridge
骑士桥路
Knightsbridge
Rutland Gdns.
Trevor Pl.
Trevor St.
Knightsbridge Green
Burberrys
Harvey Nichols
Park Tower Knightsbridge
Wilton Pl.
Berkeley
Grosvenor Crescent Mews
Grosvenor Cres.
Grosvenor Place
Kinnerton St.
消防局
Fire Station
Lancelot Pl.
Montpelier Sq.
Rutland Gate
Halkin St.
Halkin
Headfort Pl.
Montrose Pl.
Laura Ashley
首都酒店
Revin
斯隆大街
Pavilion Rd.
Lowndes St.
SW7

Map ② p.60-61

Chapel St.
Sainsburrys Local
Montpelier Pl.
Ennismore St.
Harrods
Hans Cres.
Bvlgari
Yves Saint Laurent
Hans Rd.
Zia Teresa
West Halkin St.
贝尔格雷夫广场
Belgrave Sq.
Upr. Belgrave St.
挪威大使馆
Embassy of Norway
Brompton Pl.
Beaufort Gdns.
Prada
西班牙大使馆
Embassy of Spain
布朗普顿路
Brompton Rd.
Beauchamp Pl.
德国大使馆
Embassy of Germany
Hans St.
Sloane St.
Brompton
布朗普顿
Pont St.
匈牙利大使馆
Embassy of Hungary
Yeoman's Row
Egerton Ter.
Lennox Gdns.
Clabon Mews
Cadogan Sq.
Cadogan St.
Pavilion Rd.
斯隆大街
Cadogan Pl.
Cadogan Ln.
Lyall St.
Eaton Pl.
Eaton Mews
Eaton Sq.
Walton St.
First St.
Hasker St.
Ovington St.
C

Map ⑧ p.72-73

SW1
D

Map ② p.60-61

Rough Trade
Books for Cooks
Biscuiteers Boutique and Icing Café
Colville Ter.
Colville Rd.
Ledbury Rd.
Lonsdale Rd.
Westbourne Grove
波特贝罗市场
Portobello Market
Denbigh Rd.
Chepstow Villas
Pembridge Villas
Elgin Cres.
Arundel Gdns.
拉德布鲁克街
拉德布鲁克花园路
Ladbroke Gdns.
Lansdowne Rd.
肯辛顿体育中心
Kensington Sports Centre
1
Notting Hill
诺丁山
W11
Stanley Cres.
Portobello
Portbello Rd.
Kensington Park Rd.
Walmar Rd.
Lansdowne Rise
Ladbroke Grove
Abbey Court Notting Hill
Avondale Park
St. John's Gdns.
Portland Rd.
Clarendon Rd.
Ladbroke Ter.
Notting Hill Gate
The Gate
Gate
Notting Hill Gate
Coronet
肯辛顿花园餐馆
Princedale Rd.
Lansdowne Wk.
Hillsleigh Rd.
Holland Park
Queensdale Rd.
Aubrey Rd.
Campden Hill Rd.
Aubrey Walk
2
Addison Av.
Holland Park Av.
Holland Park
Royal Cres.
荷兰公园大街
Holland Park Mews
Holland Park
希腊大使馆
Embassy of Greece
Hilton London Kensington
Shepherd's Bush
至地铁牧人丛站
Upper Addison Gdns.
Abbotsbury Rd.
荷兰公园
Holland Park
Holland Walk
Lower Addison Gdns.
Holland Villas Rd.
Addison Rd.
Douchess of Bedford's Walk
肯辛顿与切尔西市政厅
Kensington & Chelsea Town Hal
Holland Park Open Air
W14
运动场
Sports Field
Phillimore Gdns.
Elsam Rd.
Holland Rd.
Addison Cres.
林利桑博梅别墅
Linley Sambourme House
3
Sinclair Rd.
Oakwood Court
Addison Rd.
设计博物馆
Design Museum
Melbury Rd.
Kensington High St.
雷顿别墅博物馆
Leighton House Museum
Russell Rd.
Holland Park Rd.
Odeon Kensington
Milson Rd.
肯辛顿站
Kensington Station (Olympia)
Napier Rd.
Addison Rd.
肯辛顿高街
Kensington Olympia
N
0
1:11,000
400m
A
B

Map ⑩
肯辛顿高街～诺丁山
Map ⑦ p.70-71
Map ⑦ p.70-71
Map ⑨ p.74-75
Map ⑧ p.72-73
Map ⑧ p.72-73
W2
W2
W8
W8
Bayswater
贝斯沃特
Kensington
肯辛顿
Odeon
怀特雷斯购物中心
Whiteleys
Garden Court
The New Linden
Santorini
Bayswater
Queensway
Astor Queensway
Thistle Kensington Gardens
Hilton London Hyde Park
黑狮门
Black Lion Gate
奥姆广场门
Orme Square Gate
兰开斯特门
Lancaster Gate
Roseate House
Swan
橘园
Orangery
下沉花园
Sunken Garden
园池
Round Pond
肯辛顿花园
Kensington Gardens
肯辛顿宫
Kensington Palace
Kensington Palace Garden
Bandstand
The Broad Walk
阿尔伯特公爵纪念碑
Albert Memorial
女王门
Queen's Gate
宫门
Palace Gate
Royal Garden
My Old Dutch
里程碑酒店
Baglioni
皇家艺术学院
Royal College of Art
皇家阿尔伯特音乐厅
Royal Albert Hall
Astor Hyde Park
Gore
帝国理工学院
Imperial College
皇家音乐学院
Royal College of Music
日本屋
Japan House
Akira
High Street Kensington
自然历史博物馆
The Natural History Museum
Newton Rd.
Westbourne Grove
Hereford Rd.
Redan Pl.
Inverness Ter.
Leinster Sq.
Prince's Sq.
Moscow Rd.
Chepstow Pl.
Kensington Gardens Sq.
Garway Rd.
Queensborough Ter.
Porchester Ter.
Leinster Pl.
Cleveland Gdns.
Devonshire Ter.
Craven Rd.
Queen's Gdns.
Craven Hill Gdns.
Craven Hill
Craven Ter.
Gloucester Ter.
Leinster Ter.
Leinster Mews
Lancaster Gate
Bayswater Rd.
Poplar Pl.
Palace Court
St. Petersburgh Pl.
Orme Court
Ossington St.
Clanricarde Gdns.
Palace Gdns. Ter.
Kensington Palace Gdns.
Kensington Church St.
Vicarage Gate
Kensington Rd.
Kensington High St.
Young St.
Kensington Court
Thackeray St.
De Vere Gdns.
Douro Pl.
Victoria Rd.
St. Albans Grove
Cottesmore Gdns.
Kelso Pl.
Stanford Rd.
Eldon Rd.
Cornwall Gdns.
Grenville Pl.
Gloucester Rd.
Queen's Gate Ter.
Petersham Pl.
Elvaston Pl.
Petersham Mews
Queen's Gate Gdns.
Imperial College Rd.
Kensington Gore
Hyde Park Gate
Wright's Ln.
Iverna Gdns.
Marloes Rd.
Abingdon Villas
Scarsdale Villas
Stratford Rd.
C
D

不断发展进步的大都市

伦敦 London

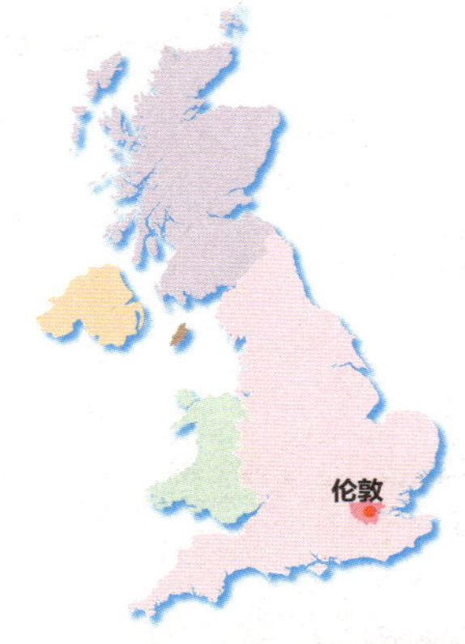

人口	长途区号
890 万人	020
大伦敦地区 Greater London	

白金汉宫前的皇家卫队换岗仪式

伦敦是英国的首都，也是世界上人尽皆知的最具活力的城市之一。城市的历史可以追溯到罗马时代，距今已有近 2000 年之久，街道上的建筑更是有各个时代遗留下的建筑风格。伴随着这些特色建筑，同时也开发了不少近代的高楼大厦，因此伦敦的景色是经常发生变化的。市街中的人群也是令人目不暇接，无论是亚裔、中东裔、非洲裔还是来自世界其他各民族的人，都没有任何违和感地生活在这座城市。伦敦这座历史悠久的大都市也一直在吸收各个时代、各地人民、各种文化的精髓不断地成长变化。

早知道 伦敦各区域指南

1 伦敦的主要景点相对集中 威斯敏斯特周边

区域概览 威斯敏斯特周边是指威斯敏斯特修道院与议会大厦周边的建筑群，这些可以说是伦敦的颜面。游览伦敦可以从特拉法加广场开始，这座广场以纳尔逊纪念碑和成群的鸽子而闻名于世，同时这里也是重要的交通枢纽，以广场为中心呈放射状的道路蔓延至各地。

过了威斯敏斯特大桥（Westmister Bridge），泰晤士河的对岸便是大观览车和水族馆等景点。

主要景点

威斯敏斯特修道院 p.106
议会大厦 p.108
可口可乐伦敦眼 p.109

2 英国王室宫殿 白金汉宫周边

区域概览 白金汉宫和在殿前广场进行的皇家卫队换岗仪式，是来伦敦旅游必看的景点之一。从特拉法加广场到白金汉宫之间，有一条叫作摩尔大街（The Mall）的大道，卫队的队列也会从此经过。

主要景点 **白金汉宫** p.110

3 世界上最大级别之一的博物馆 大英博物馆

区域概览 这一地区俗称布卢姆茨伯里（Bloomsbury），也是查尔斯·狄更斯p.575、萧伯纳等英国知名作家喜欢居住的地区。同时伦敦大学的许多学院也都分布在此区域内，这里是伦敦的文教重地。

主要景点 **大英博物馆** p.118

4 伦敦的中心地带，终日人群熙熙攘攘 皮卡迪利广场周边

区域概览 皮卡迪利广场周边是伦敦人流最集中的地方。这里集中了摄政大街（Regent St.）、新庞德大街（New Bond St.）等购物街区，还有唐人街、各种剧院等设施，可以说是伦敦城市生活的中心地带。

主要景点

英国国家美术馆 p.112

特拉法加广场 p.115

皮卡迪利广场

5 世界知名的金融街 城区周边

区域概览 被称为城区（City）的区域是伦敦这座城市的发祥地。公元1世纪时罗马人在此修建了伦底纽姆城（Londinium），这便是伦敦的起源。之后又在泰晤士河之上搭建了伦敦桥，从此这里逐渐发展成了贸易中心，随着历史的变迁成为伦敦的经济中心。现如今这片区域高层建筑林立，也是世界的金融中心。

主要景点 **圣保罗大教堂** p.124

6 泰晤士河沿岸著名景观集散地 伦敦塔周边

区域概览 伦敦塔周边地区以前本是伦敦东部的边缘地带，后来由于码头区再开放等因素，这里成了连接中心城区与东部开发区的重要枢纽地带。

主要景点

伦敦塔桥 p.127 **碎片大厦** p.127

伦敦塔 p.128

厚重的城塞——伦敦塔

7 博物馆与名品店云集 骑士桥与肯辛顿

区域概览 肯辛顿花园的南侧是博物馆相对集中的区域。另外，骑士桥地区也是哈罗德百货等高级百货公司、各类名品专卖店云集的地区。

主要景点

肯辛顿宫 p.131

维多利亚和阿尔伯特博物馆 p.134

必看！必须要！游览的伦敦景点 Best 10

世界遗产

1 威斯敏斯特修道院

Westminster Abbey ➔p.106

英国历代皇室长眠的教堂。自1066年威廉一世p.572继位以来，历代君王的即位仪式均在此举行。整栋建筑的外观也十分威严气派。

2 白金汉宫

Buckingham Palace ➔p.110

白金汉宫是英国王室的宫殿。每年只有在夏季的时候才能够参观其内部，皇家卫队换岗仪式全年都可以参观。这里也是伦敦最具有特色的景点之一。

景色

3 可口可乐 伦敦眼

Coca-Cola London Eye ➔p.109

伦敦眼高135米，是欧洲最高的观览车。乘坐观览车可以从空中俯瞰伦敦的街景，在这里除了可以俯瞰周边地区之外，天气晴朗的时候还可以远眺格林尼治和希思罗机场。

碎片大厦
The Shard ➡p.127

碎片大厦高 310 米，是英国最高的建筑物。69 层和 72 层是该大厦的观景厅。

伦敦塔桥
Tower Bridge ➡p.127

建于 1894 年的世界知名悬索吊桥。这里作为伦敦东大门的玄关，每年会有大量的船只通过。

大英博物馆
British Museum ➡p.118

世界上规模最大的博物馆，收藏了 800 多万件藏品。

圣保罗大教堂
St Paul's Cathedral ➡p.124

英国历史上最伟大的建筑家——克里斯托弗·雷恩爵士 ☞p.573 最高的杰作。

议会大厦
Houses of Parliament ➡p.108

伊丽莎白塔被人们亲切地称为“大本钟”。可以参加团体游项目参观钟塔的内部。

伦敦塔
Tower of London ➡p.128

常有乌鸦在上空盘旋，这也是最能见证伦敦阴暗历史的建筑。

国家美术馆
National Gallery ➡p.112

收藏了大量西欧绘画作品的美术馆。意大利、荷兰等地的绘画作品十分丰富。

值得推荐的项目 BEST 5

①	乘坐河船巡游泰晤士河	p.100
②	在 West End 鉴赏歌剧	p.142
③	参观系列电影《哈利·波特》的摄影棚	p.51
④	在牛津大街周边购物	p.116
⑤	科茨沃尔德一日游	p.274

伦敦 经典线路

第一天

白金汉宫的皇家卫队换岗仪式夏季（4~7 月期间）是几乎每天都有，其他季节是在每周一、周三、周五、周日进行。为了防止错过皇家卫队换岗仪式，建议在 2 日游的第一天便安排参观。

9:30～10:30 **威斯敏斯特修道院** → p.106

威斯敏斯特修道院通常是在 9:30 开门。利用一小时时间参观完这里之后，便可以移动至白金汉宫准备观看皇家卫队换岗仪式。这两个景点之间有些距离，可以横穿詹姆斯公园，一边欣赏风景一边移动。

从威斯敏斯特修道院徒步15分钟

11:00～11:45 **白金汉宫、皇家卫队换岗仪式** → p.110

皇家卫队换岗仪式是 11:00 开始。如果想要在最佳的位置观看，建议提早到达。观看完换岗仪式之后，可以从连接白金汉宫与特拉法加广场的摩尔大街（换岗仪式用道）去往特拉法加广场。

从白金汉宫徒步20分钟

12:00～12:15 **特拉法加广场** → p.115

矗立于广场中央的纳尔逊纪念塔和其周围的喷泉。特拉法加广场是伦敦最具代表性的广场。

从特拉法加广场徒步3~5分钟

12:30～14:00

国家美术馆

→ p.112

国家美术馆汇集了英国从世界各地搜罗而来的艺术品。如果感觉到肚子饿了，可以先吃个午餐。

14:00～15:00

在莱斯特广场吃午餐

→ p.153

莱斯特广场位于特拉法加广场北侧，周边有许多餐馆，选项很丰富。如果时间充裕也可以顺便去考文特花园参观一下。

从莱斯特广场站
乘坐地铁20分钟

15:15～16:00

圣保罗大教堂

→ p.124

从地铁莱斯特广场站乘坐皮卡迪利线，然后在霍尔本换乘中央线在圣保罗站下车。参观克里斯托弗·雷恩爵士 p.573 的杰作——圣保罗大教堂。

碎片大厦观景台

从圣保罗大教堂出发
徒步 30分钟

16:30～17:00

碎片大厦

→ p.127

从圣保罗大教堂渡过千禧桥，到对岸的萨瑟克区散步也是一个很不错的选择。碎片大厦高244 米，从这里眺望到的伦敦城市景观非常美。每逢周末客流量会比较大，请提前一天预约去往观景台的门票。

19:00～21:00

望着泰晤士河吃晚餐

泰晤士河畔有不少可以欣赏河景的餐馆。泰特现代艺术馆 p.126 内的餐馆也很受游客的喜爱。

伦敦 经典线路

第二天

游览包括在大英博物馆在内的泰晤士河沿岸的景点。这一天的主题是参观大英博物馆。根据准备用来参观博物馆的时间来决定接下来的行程。

10:00～12:00 大英博物馆 → p.118

大英博物馆的内容十分丰富，就算只是粗略的走马观花最少也需要2小时。可以根据个人的侧重点来选择参观的内容，最受欢迎的展品还是要数有关于埃及的内容和希腊帕特农神庙的雕刻群。

从大英博物馆出发徒步15分钟

12:00～13:00 在苏豪区吃午餐 → p.153

当然也可以在大英博物馆附近就餐，不过既然距离苏豪区不远，那么可以去享受一下那里美味的中餐或者来自其他国家的美食。

从堤岸站乘坐地铁15分钟

13:30～14:00 伦敦塔桥 → p.127

享用完午餐之后，从地铁堤岸站乘坐环线或者地铁区域线，移动至塔丘站（Tower Hill）。塔桥的内部是可以参观的，如果在大英博物馆花费了大量时间可能就没有时间参观塔桥内部，只能简单地参观外观，这里可以根据自己个人侧重点来调整时间安排。

徒步5分钟

14:00～15:30 伦敦塔

→ p.128

伦敦塔曾经作为监狱使用过，也是见证伦敦血泪史的舞台。此外，这里还是王室的藏宝库，珍宝馆是必游景点之一。

从伦敦塔徒步5分钟

15:50～16:30 泰晤士河河船

→ p.100

河船是从位于伦敦塔附近的伦敦塔千禧码头出发。沿着泰晤士河圣保罗大教堂、HMS 贝尔法斯特号、萨默塞特宫等景点缓缓前行，约 40 分钟，最后在威斯敏斯特千禧码头下船。

在威斯敏斯特千禧码头下船徒步3分钟

16:30～16:45 议会大厦

→ p.108

河船所到达的威斯敏斯特千禧码头就位于议会大厦的旁边。每周六和夏季时议会大厦可以参观内部，其余时间不对外开放，不过只是参观外部也是非常有趣的。

徒步走过威斯敏斯特桥约10分钟

17:00～17:45 可口可乐伦敦眼

→ p.109

最后乘坐伦敦眼，在高空欣赏伦敦的市街景观。伦敦市区没有大的起伏，很平坦，周边遮挡的建筑物也几乎没有，所以景色十分壮观。把这里作为 2 日游的最后一站，一定会给这次旅行留下深刻的印象。

19:00～21:00 在 Pub 享受艾尔啤酒

→ p.153

过桥到泰晤士河北岸去看一看。途中会遇到不少个性鲜明的 Pub，不妨挑一间自己喜欢的一边品尝艾尔啤酒，一边享受酒吧的氛围。

伦敦的机场

伦敦及其周边地区共有六个机场。从国内最先到达的机场是希思罗机场。乘坐英国国内航班或者廉价航空的航班，一般是在其他的机场。

希思罗机场 Heathrow Airport

除了从中国飞往英国的航班之外，从欧洲各国飞往伦敦的航班大都是在希思罗机场着陆。

航站楼指南

希思罗机场共有 5 个航站楼。1 号航站楼（关闭中）与 2、3 号航站楼之间是地下互通的，4 号航站楼和 5 号航站楼与其他航站楼离得比较远，乘坐区间火车或者穿梭巴士（机场内各航站楼之间的移动免费）可以在各航站楼之间移动。从国内起飞的航班根据起飞的城市和航空公司的不同降落的航站楼也不同，中国国际航空的航班降落在 2 号航站楼，东方航空和南方航空的航班在 4 号航站楼降落。

希思罗机场的 5 号航站楼

办理入境手续和提取行李

排队注意事项　根据所持护照的种类办理入境手续所排的队列也是有所不同的，共分为 EU Passports（欧盟各国护照）、United Kingdom Passports（英国护照）、All Other Passports（其他护照）。持有中华人民共和国护照的游客，需要排在 All Other Passports 队列内。

入境审查　将所持的护照与入境卡交给入境审查官之后，审查官可能会提出一系列的问题。不用紧张，大多是一些滞留期间、入境目的之

■希思罗机场
TEL 08443351801
URL www.heathrow.com

● 1 号航站楼
2018 年 5 月时还在关闭中

● 2 号航站楼
中国国际航空等加盟星空联盟的航空公司、爱尔兰航空、冰岛航空等公司的航班

● 3 号航站楼
加盟寰宇一家联盟的航空公司（除去意大利航空、卡塔尔航空、马来西亚航空以外）、维珍航空、大西洋航空、达美航空、阿联酋航空、印尼航空、中东航空、部分大不列颠航空等公司的航班

● 4 号航站楼
KLM 荷兰航空、大韩航空、中国南方航空等加盟天合联盟的航空公司（除达美航空、印尼航空、中东航空），阿提哈德航空、卡塔尔航空、马来西亚航空等公司的航班

● 5 号航站楼
大不列颠航空、伊比利亚航空

Information
入境审查人流大潮
希思罗机场的入境审查有时会非常拥挤。尤其傍晚时分是客流量最大的时候。如果准备在这里换乘去往英国国内其他城市，或者乘坐铁路交通去往伦敦市区，一定要提前预留出足够的时间。

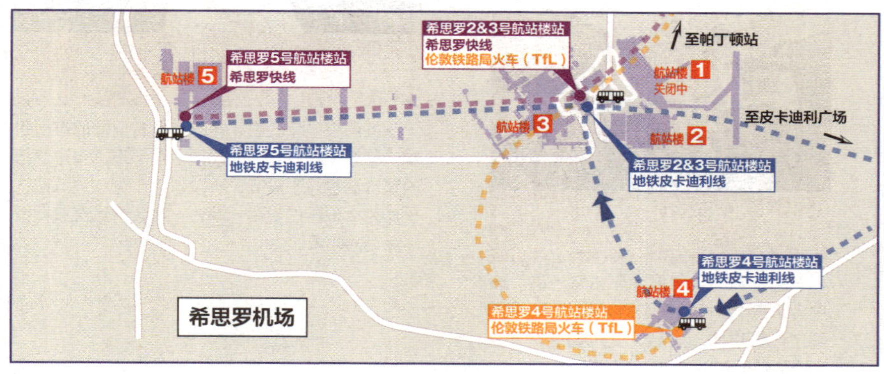

类的简单问题，轻松回答便可。

提取行李 提取托运行李的地方标有 Baggage Claim 的字样，找到写有所乘航班号的行李转运盘，等待提取行李。

从机场至市区的交通方法

从机场移动至市区有多种交通方法，根据目的地的不同需要乘坐的铁路或者巴士也不同，如果恰巧所在的航站楼没有可以乘坐的车辆，就必须要在各个航站楼之间移动了。

●希思罗快线 Heathrow Express

去往帕丁顿站的快速列车，可以使用英国铁路联票通等铁路系统的通票。从 2&3 号航站楼站前往帕丁顿站约需 15 分钟（从 5 号航站楼约需 21 分钟）。从 4 号航站楼乘坐 TfL 可以在 2&3 号航站楼换乘希思罗快线。

●伦敦铁路局火车 TfL Rail

这趟列车与上述的希思罗快线基本跑的是同一线路，不过是停靠车站比较多的普通列车。从 2&3 号航站楼站前往帕丁顿站约需 30 分钟（从 4 号航站楼约需 35 分钟）。以前的希思罗联线，将从 2018 年 12 月 8 日开始正式更名为伊丽莎白线（Elizabeth Line）。由于这趟列车是受伦敦交管局所管辖，因此不可以使用铁路联票。虽然可以使用牡蛎卡 p.92 乘车，但是由于这趟车适用特价票，因此会比乘坐皮卡迪利线的票价贵一些。

●地铁皮卡迪利线 Underground Picadilly Line

地铁皮卡迪利线是连接机场与市区之间的地铁线，随着机场内的“Underground”标识，便可以很快到达地铁站。至伯爵府站（Earls Court）约需 35 分钟，至皮卡迪利站约需 50 分钟。可以使用牡蛎卡 p.92 乘坐。

从市区前往机场的注意事项 皮卡迪利线向西行的列车（Westbound）除了去往希思罗机场方向之外的，还有去往阿克斯布里奇（Uxbridge）方向的列车。另外，去往希思罗机场方向的列车也分为去往 4 号航站楼方向的列车和去往 5 号航站楼方向的列车。

●英国国家快运 National Express

该公司的巴士除可以到达伦敦市区的线路之外，还有可以去往牛津等英国各地的长途巴士。机场内的中央巴士站是英国国家快运巴士出发和到达的车站。从机场至伦敦市内的维多利亚长途巴士站需 40~50 分钟。

●空中快线 Sky Shuttle

大型拼车型出租，24 小时通车。从希思罗机场的各航站楼均有去往伦敦市内主要酒店的车辆。建议提前预约，不过如果当时有空座位也可以马上上车。车费通常会比普通的出租车便宜一些。

●出租车 Taxi

共有两种乘车方式，一种是在机场内事先根据距离和车种商量好费用，另一种是打表支付实际费用。根据利用时间带的不同，至伦敦市内需要花费 £48~90。

■ 希思罗快线
URL www.heathrowexpress.com
行车线路：5 号航站楼 → 2&3 号航站楼 → 帕丁顿站
行车时间：5:07~23:42 期间每 15 分钟 1 趟车（周日 6:00~23:48 期间每 15 分钟 1 趟车）
票价：单程 £22~27（1 等 £32）
往返 £37~42（1 等 £55）
※ 往返票 1 个月内有效
在车内购票，票价会高一些

■ 伦敦铁路局火车
TEL 03432221234
URL tfl.gov.uk
行车线路：4 号航站楼 → 2&3 号航站楼 →（途经 5 站）→ 帕丁顿站
行车时间：5:21（周六 5:22）~ 次日 0:07（周日 6:01~ 次日 0:01）期间每小时 2~4 趟车
票价：普通票 单程 £10.30
使用牡蛎卡 £10.10（周一 ~ 周五的 6:30~9:30，16:00~19:00 期间是 £10.20）

■ 地铁皮卡迪利线
行车线路：5 号航站楼 →（4 号航站楼 →）2&3 号航站楼 →（途经 18 站）→ 皮卡迪利广场
行车时间：5:23~23:42（周日 ~ 次日 3:04）期间每 15 分钟 1 趟车。周六、周日几乎是 24 小时通车。
票价：普通票 单程 £6
使用牡蛎卡 £3.10（周一 ~ 周五的 6:30~9:30，16:00~19:00 期间是 £5.10）

■ 英国国家快运
行车线路：希思罗中央巴士站 → 维多利亚长途巴士站
行车时间：4:20~22:05 期间每小时 1~3 趟车
票价：£6~10

■ 空中快线
TEL 08454810960
URL www.skyshuttle.co.uk

■ 盖特威克机场
URL www.gatwickairport.com
■ 盖特威克快线
TEL 03458501530
URL www.gatwickexpress.com
行车时间：5:58~23:12 期间 15~30 分钟一趟车（周六、周日班次会减少）
票价：单程£19.90（1 等£30.70）
往返£36.70（1 等£59.50）
■ 机场巴士
URL www.nationalexpress.com
行车线路：盖特威克机场南航站楼 → 盖特威克机场北航站楼 → 维多利亚长途巴士站
行车时间：1 小时 1~2 趟车（24 小时通车）
票价：£6~
■ 斯坦斯特德机场
TEL 08081697031
URL www.stanstedairport.com
■ 斯坦斯特德快线
TEL 03456007245
URL www.stanstedexpress.com
行车线路：6:00（周一 · 周五 · 周六 · 周日 5:30）~ 次日 0:30 期间每 15~30 分钟 1 趟车
票价：单程 £17（1 等 £26）
往返 £29（1 等 £39）
■ 英国国家快远
行车线路：机场巴士站 → 维多利亚长途巴士站
行车时间：15 分钟 ~1 小时 1 趟车（24 小时通车）

盖特威克机场 Gatwick Airport

盖特威克机场是继希思罗机场之后旅客较多的机场。共有 2 座航站楼，分别是北航站楼（North Terminal）和南航站楼（South Terminal）。这两座航站楼之间由轻轨连接。

从机场至市区的交通方法

●盖特威克快线 Gatwick Express

连接盖特威克机场与维多利亚站之间的快速列车，所需时间 30 分钟。

斯坦斯特德机场 Stanstead Airport

伦敦周边机场中旅客人数第三多的机场，无论是英国国内航线，还是国际航线都十分密集。从剑桥等地过去比较近。

从机场至市区的交通方法

乘坐火车斯塔斯特德快线（Stansted Express）至利物浦大街站约需 50 分钟。

乘坐机场巴士至维多利亚长途巴士站需 1 小时 45 分钟 ~2 小时 10 分钟。至贝克大街需 1 小时 30 分钟 ~1 小时 45 分钟。

卢顿机场 Luton Airport

去往苏格兰、北爱尔兰方向的航班大多从这里起降。

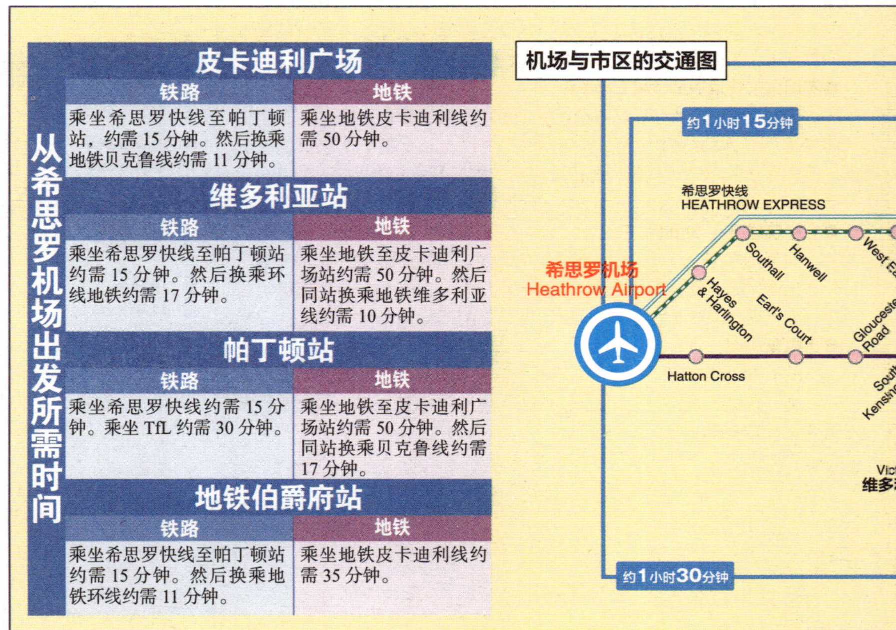

从希思罗机场出发所需时间

目的地	铁路	地铁
皮卡迪利广场	乘坐希思罗快线至帕丁顿站，约需 15 分钟。然后换乘地铁贝克鲁线约需 11 分钟。	乘坐地铁皮卡迪利线约需 50 分钟。
维多利亚站	乘坐希思罗快线至帕丁顿站约需 15 分钟。然后换乘环线地铁约需 17 分钟。	乘坐地铁至皮卡迪利广场站约需 50 分钟。然后同站换乘地铁维多利亚线约需 10 分钟。
帕丁顿站	乘坐希思罗快线约需 15 分钟。乘坐 TfL 约需 30 分钟。	乘坐地铁至皮卡迪利广场站约需 50 分钟。然后同站换乘贝克鲁线约需 17 分钟。
地铁伯爵府站	乘坐希思罗快线至帕丁顿站约需 15 分钟。然后换乘地铁环线约需 11 分钟。	乘坐地铁皮卡迪利线约需 35 分钟。

从机场至市区的交通方法

乘坐巴士至卢顿机场大道站（Luton Airport Parkway）（约需 5 分钟），然后从这里前往圣潘克勒斯国际火车站。

如果乘坐巴士可以到维多利亚站，巴士是绿线的快线长途大巴，所需时间为 1 小时 ~1 小时 30 分钟。

伦敦城市机场 London City Airport

这座机场是为在城区工作的人所建设，也是距离伦敦市中心最近的机场。

从机场至市区的交通方法

从机场前乘坐码头区轻轨（DLR），至终点站金融城站（Bank），或者在坎宁镇站（Canning Town）换乘地铁千禧线。

各机场之间的交通

除了伦敦城市机场之外，各机场之间有英国国家快运巴士相互连接。伦敦城市机场与其他之间的交通需要先移动到市中心，然后换乘去往各机场的车辆。

英国国家快运的巴士

票价：£12~

■ 机场巴士快线

URL www.airportbusexpress.co.uk

行车线路：机场的巴士站 → 贝克大街

行车时间：8:30~20:30 期间 1 小时 1~2 趟车

票价：£10

■ 卢顿机场

TEL（01582）405100

URL www.london-luton.co.uk

■ 绿线 757 号

TEL 03448017261

URL www.greenline.co.uk

行车线路：机场巴士站 → 维多利亚绿线长途巴士站

行车时间：1 小时 1~2 趟车（24 小时通车）

票价：£11~

■ 伦敦城市机场

TEL（020）76460088

URL www.londoncityairport.com

Information

绍森德机场 Southend Airport

大多数航班是国际航班，去往曼彻斯特、卡莱尔、格拉斯哥、泽西岛的英国国内航班也在这里起降。从机场站乘坐火车至利物浦大街站约需 1 小时。

URL southendairport.com

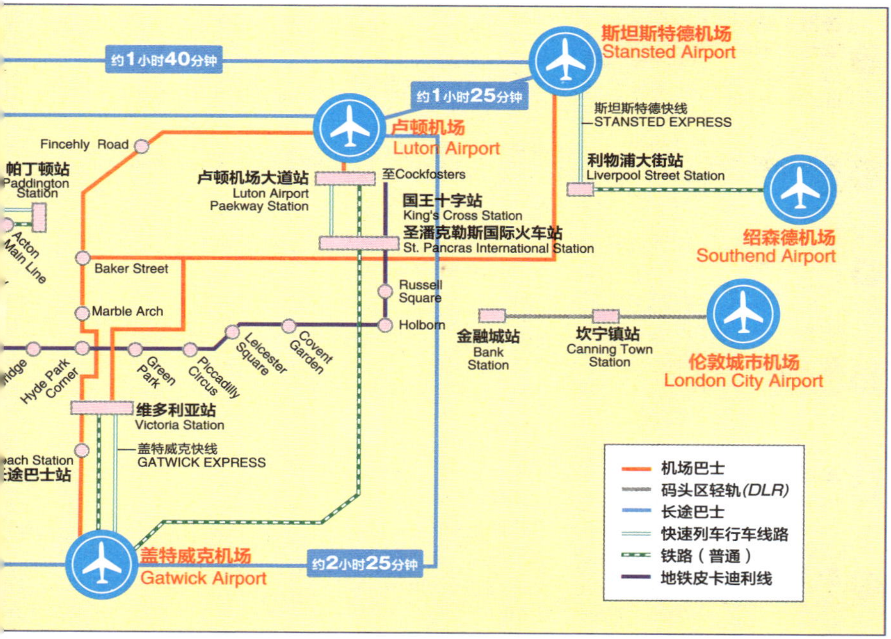

London Access Guide

伦敦的交通枢纽

国王十字站的 9 又 3/4 月台

帕丁顿站内的帕丁顿熊的铜像

根据目的地选择出发车站 在欧洲以英国为首，其他各国的铁路交通枢纽，大都是围绕城市中心修建的。尤其是伦敦，这里汇集了来自英国各地的铁路线路。向东行驶的列车是从位于城市东侧的火车站发车，向北行驶列车是从北侧的火车站出发。

交通枢纽间的移动 经由伦敦去往其他城市时，需要利用的交通枢纽火车站也有所不同，这时需要乘坐地铁完成各枢纽之间的换乘。特别提示，请一定要留出足够的时间换乘，避免给旅行带来不必要的麻烦。

圣潘克勒斯国际火车站

伦敦主要交通枢纽站

站名	概况	主要目的地	相连接的地铁站
1 国王十字站 King's Cross	从伦敦出发去往英格兰北部或者苏格兰方向的列车在此站发车，同时这里也因是电影《哈利·波特》的取景地而闻名。在 9 又 3/4 月台标识前有许多游客拍照留念。	剑桥、环线、北线、维多利亚线等	约克 纽卡斯尔 爱丁堡
2 圣潘克勒斯国际火车站 St. Pancras International	去往巴黎、布鲁塞尔等方向的欧洲之星国际列车在此站发车。此外，去往诺丁汉、设菲尔德、阿什福德、多佛尔等英格兰中部的列车，和快速列车“标枪号”等去往东南部的列车也在此站发车。车站的外观建筑是中世纪哥特式的，也很著名。	卢顿机场、环线、北线、维多利亚线、滑铁卢城市线	诺丁汉 巴黎 布鲁塞尔 多佛尔
3 尤斯顿站 Euston	去往伯明翰、曼彻斯特、利物浦、格拉斯哥等，英国西北部地区的列车从这座车站发车。在伦敦的交通枢纽站中是历史最悠久的。	伯明翰、北线、维多利亚线	利物浦 格拉斯哥
4 马里波恩站 Marylebonne	这座交通枢纽站是只有 3 个月台的小型车站。去往伯明翰、埃文河畔斯特拉特福等英格兰中部的列车从这里出发。	埃文河畔斯特拉特福、贝克鲁线	伯明翰
5 帕丁顿站 Paddington	从伦敦向牛津西部、巴斯、英格兰西南部的度假地、威尔士的加的夫方向出发的列车从这站发车。连接希思罗机场的希思罗快线也从这里出发。	希思罗机场环线、贝克鲁线、滑铁卢城市线	彭赞斯 巴斯 牛津
6 维多利亚站 Victoria	以前有多趟豪华列车从这里发车，维多利亚火车站也是伦敦最具特色的火车站。连接机场的盖特威克快线也是从该站发车。另外，距离长途巴士站 - 维多利亚长途巴士站也不远。	盖特威克机场环线、区域线、维多利亚线	坎特伯雷 多佛尔 布赖顿
7 查令十字站 Charing Cross	去往多佛尔、黑斯廷斯等，南部、东南部方向的列车从这里发车。这里也是距离伦敦市中心最近的车站，线路并不算多。	多佛尔 北线、贝克鲁线	黑斯廷斯

伦敦的长途巴士中心

长途巴士与火车完全不同，几乎所有的长途巴士都是从维多利亚长途巴士站出发和到达的。国际长途巴士也是从这里发车。

●维多利亚长途巴士站 Victoria Coach Station

这座长途巴士站紧邻维多利亚火车站。这里的售票处经常是人满为患，请给出足够的时间。另外，搭乘国际巴士的游客还需要留出多余的时间办理出境手续。

●希思罗中央巴士站 Heathrow Central Bus Station

除了拥有连接伦敦市区和机场之间的巴士之外，还有从希思罗机场出发不需要经由伦敦市中心去往英国各城市的长途巴士。可以在巴士站的旅行中心自动售票机上购买车票。

■维多利亚长途巴士站
Map p.60–61 ② B2
URL www.tfl.gov.uk
开 7:00~22:00（售票窗口）

■希思罗中央巴士站
Map p.86
URL www.heathrow.com
开 6:00~21:00（游客信息中心）

维多利亚长途巴士站

伦敦主要交通枢纽站

站名	概况	主要目的地	相连接的地铁站
⑧ 滑铁卢站 Waterloo	去往朴次茅斯、南安普敦、温切斯特等南部地区的列车均由此站发车。车站的名称很有故事，1815 年英军参加的联军击败拿破仑的著名战役——“滑铁卢战役”。	朴次茅斯北线、贝克鲁线、千禧线、滑铁卢城市线	南安普敦、埃克塞特、索尔兹伯里
⑨ 利物浦大街站 Liverpool Street	去往剑桥、诺里奇、伊普斯威奇等东北部地区的列车从这里发车。去往斯塔斯特德机场的斯塔斯特德快线也从这里发车。从机场至利物浦大街站约需 50 分钟。	斯塔斯特德机场环线、中央线、汉默史密斯城市线	剑桥、伊普斯威奇、诺里奇

伦敦市内交通

合理利用市内公共交通工具的五项准则

① 如选择乘坐公共交通工具则一定要使用牡蛎卡

② 使用牡蛎卡乘地铁，乘车费用可以便宜一半

③ 工作日早晚高峰时的票价比其他时间段高

④ 周末多施工，部分线路可能会停运

⑤ 乘坐巴士时，应提前给牡蛎卡充值

牡蛎卡

■游客牡蛎卡的优惠

凭游客牡蛎卡可在部分餐馆和商店享受打折优惠。具体的打折内容可到英国国家旅游局的网店上查询

红色的双层巴士（Double -decker）、被爱称为 Tube 的地铁以及黑色的出租车。伦敦的公共交通工具已成为伦敦的一道风景。

车票种类

牡蛎卡 Oyster Card

伦敦的公共交通工具采用了名为牡蛎卡（Oyster Card）的充值乘车卡。凭借牡蛎卡可乘坐地铁、巴士、DLR（→参见 p.93 边栏）及部分铁路列车。在售票机上投入现金给乘车卡充值，乘车及出站时用乘车卡触碰检票机上的黄色部分即可。

乘车卡的种类及购买方法 除了在自动售票机上，在地铁的售票窗口及交通局的 ❶ 等处也可以购买普通的牡蛎卡。购卡时不需要出示身份证件，但需要支付 £5（可退回）的押金。英国境内不出售游客牡蛎卡，可提前在英国旅游局的网站上在线购买。

打折票价 牡蛎卡的乘车费用要比普通的车票低一些，交通高峰期间（周一～周五的 6:30~9:30、16:00~19:00）与其他时间段的票价不同。可以在自动售票机上给牡蛎卡充值。

乘车费用的上限 按照牡蛎卡的使用规则，对一天之内的乘车费用设有上限，无论几次乘车，乘车费用都不会超过此上限，这种规则叫作 Oyster Daily Price Capping。乘车时，根据乘车时间在高峰期间还是在非

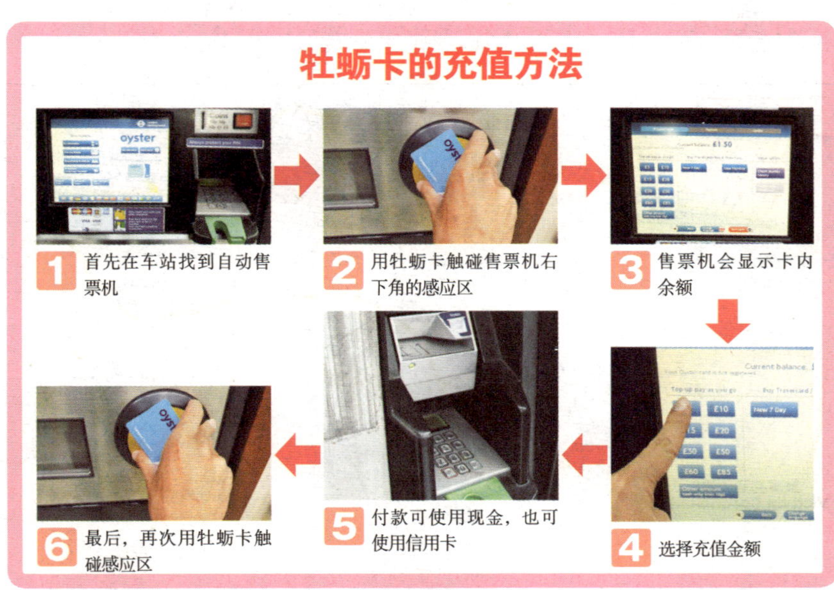

高峰期间，乘车费用会有所不同。

增加旅行卡功能 所谓旅行卡功能，是指一种在乘坐交通工具时可享受优惠的功能，凭卡可任意乘坐地铁、公交巴士、泰晤士连线、DLR（参见边栏）、普通列车以及在乘坐阿联酋航空（→ p.162）的航班、部分内河船只时可获打折。使用期限分 1 周和 1 个月两类，在自动售票机上为牡蛎卡增加旅行卡功能后便可正常使用。

退回牡蛎卡中的余额 无论是牡蛎卡还是游客卡，一般来说，只要余额在 £10 以下，就可以在车站的自动售票机上办理退款。退款方式与充值方式相同，先用乘车卡触碰感应区，然后选择屏幕画面中的“Oyster refund”。确认无误后，按“Confirm”，再用乘车卡触碰感应区。完成操作后，卡内的余额和押金会被返还。

纸质车票 Paper Ticket

只有单次乘车票和 1 日乘车票有纸质车票，票价比使用牡蛎卡要高很多，所以基本上没有必要购买。

伦敦的地铁

被爱称为 Tube 的伦敦地铁，共有 11 条线路和 270 多个车站，交织在伦敦的地下。

而且车次很多，便于乘坐，即使是位置感不好的游客也完全可以放心。

按乘车区决定票价

地铁站分布在 1~9 的乘车区内。伦敦中心城区为 1 区，由中心城区

■伦敦市旅游局
URL www.tfl.gov.uk

■牡蛎卡
URL oyster.tfl.gov.uk

■英国国家旅游局网店
URL www.visitbritainshop.com
可在出发前买好游客牡蛎卡及旅行卡。

无检票机的车站设置的牡蛎卡读卡机

Information

DLR（码头区轻轨）

DLR 是 Docklands Light Railway 的缩写，以位于伦敦市中心城区的河岸站为起点，连接格林尼治、奥运体育场所在的斯特拉福德等地。有多条线路，但票价体系与地铁相同。

地铁 · DLR 的票价体系

	乘车区	使用牡蛎卡的时间		纸质车票
		非高峰	高峰	
包含1区的乘车距离	1区	£2.40	£2.40	£4.90
	1-2区	£2.40	£2.90	£4.90
	1-3区	£2.80	£3.30	£4.90
	1-4区	£2.80	£3.90	£5.90
	1-5区	£3.10	£4.70	£5.90
	1-6区	£3.10	£5.10	£6
不包括1区的乘车距离	2、3、4、5、6区中的1个区	£1.50	£1.70	£4.90
	2-3区及3-4、4-5、5-6区中的2个区	£1.50	£1.70	£4.90
	2-4、3-5、4-6区中的3个区	£1.50	£2.40	£4.90
	2-5、2-6、3-6区中的4-5个区	£1.50	£2.80	£5.90

地铁乘车区的示意图

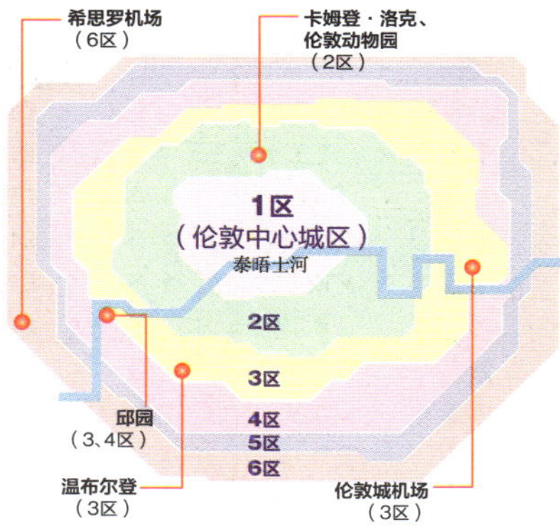

※ 高峰为周一～周五（不包括法定节假日）的 6:30~9:30、16:00~19:00。非高峰为高峰时间以外的时间。

伦敦的 Tube

乘坐泰晤士快艇（→ p.100）也可使用牡蛎卡

向外，乘车区的数字依次增大。票价根据乘客的乘车距离跨越了几个乘车区以及是否包含 1 区而定。

一般的景点基本上都位于 1 区之内，即使是格林尼治、温布尔登、邱园这些伦敦郊外的景点也在 3 区以内。对于普通的游客来说，最远也就是去往希思罗机场所在的 6 区。

线路图 在希思罗机场、维多利亚车站、地铁皮卡迪利广场站等地的伦敦市交通局的 ❶ 以及购票窗口可以获取。

适合长期滞留时使用的 1 周旅行卡

滞留超过 5 天时可以使用牡蛎卡 +1 周旅行卡

1 周旅行卡的价格是牡蛎卡 1 天上限费用的约 5 倍。每天乘坐 3 次地铁，乘车费用就会达到 1 天上限费用，所以如果滞留时间超过 5 天，选择购买 1 周旅行卡会比较划算。

周末的线路施工

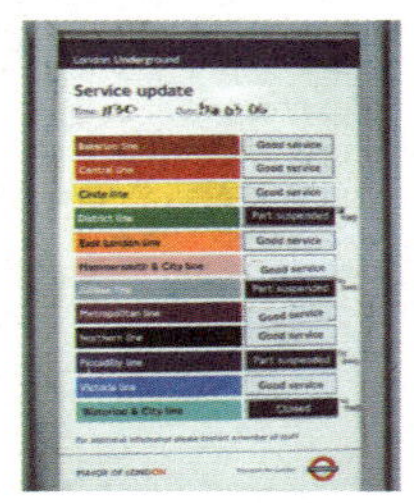

周末乘坐地铁的人应注意

每到周末会因施工导致部分线路停运，所以周末乘车时应先在车站了解运行信息。左边的照片是周末地铁运行情况的通知，几乎所有线路都有停运部分，滑铁卢及城市线则全线停运。

牡蛎卡与旅行卡的通票价格

牡蛎卡的费用上限（1天）		旅行卡				
			1日乘车票（仅限纸质车票）		1周（一定要购买牡蛎卡）	1个月（一定要购买牡蛎卡）
区		区	非高峰	高峰		
1、1-2	£6.80	1、1-2	£12.70	£12.70	£34.10	£131
1-3	£8	1-3	£12.70	£12.70	£40	£153
1-4	£9.80	1-4	£12.70	£12.70	£49	£188.20
1-5	£11.60	1-5	£12.70	£18.10	£58.20	£223.50
1-6	£12.50	1-6	£12.70	£18.10	£62.30	£239.30
2	£6.80	2	£12.70	£12.70	£24.70	£98
2-3	£8	2-3	£12.70	£12.70	£25.50	£98
2-4	£9.80	2-4	£12.70	£12.70	£28.20	£108.30
2-5	£11.60	2-5	£12.70	£18.10	£33.90	£130.20
2-6	£12.50	2-6	£12.70	£18.10	£42.60	£163.60

※ 高峰为周一 ~ 周五（不包括法定节假日）的 6:30~9:30、16:00~19:00。非高峰为高峰时间以外的时间。

地铁的乘坐方法

1 寻找入口

地铁入口有“UNDER-GROUND”的标识。

2 在自动售票机上购票

自动售票机有多种语言模式可供选择（部分售票机）。给牡蛎卡充值时，可用卡触碰右下方的读卡区域，然后在画面上选择金额并付款。最后再次用卡触碰黄色区域，完成购票（→p.92）。

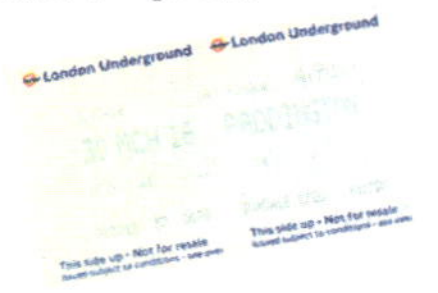

可以购买纸质车票，但使用牡蛎卡会让乘车费用便宜很多

3 检票

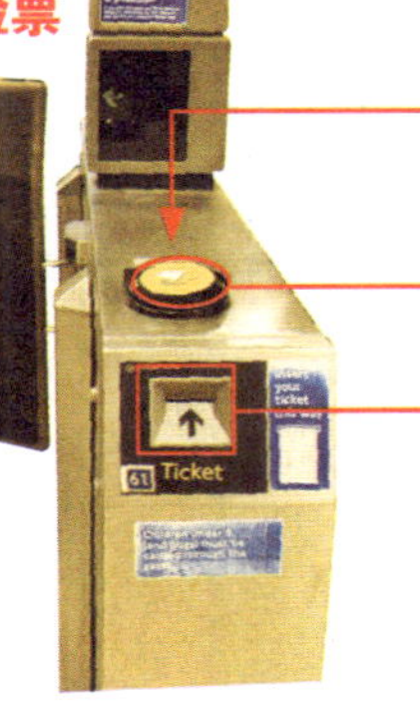

4 前往站台

按照所乘线路的相关标识指引，前往站台。仔细查看线路图，确认正确的乘车方向。如果对当地地理环境熟悉后，仅看○○ bound（～方面）就能判断出乘车方向。

有时会有停运信息，应认真确认。

5 乘车

乘车时应按照先下后上的原则，不过要注意，伦敦地铁的车门很窄，而且开门时间很短。

有的车次会在前方沿分叉线路开往其他地点，所以乘车前应仔细确认列车到达的目的地。尤其在乘坐皮卡迪利线的列车时更要注意。

6 车厢内

地铁会因故障及反恐警戒等原因临时停车。出现这种情况时，车厢内会响起广播，应按照广播指示行动。

车内设有优先座位

7 去往出口

下车后，按照文字颜色为黄色的“Way out”标识牌的引导前行，通过检票口后，便正式出站。

已成为伦敦标志的双层巴士

■伦敦的巴士
费 使用牡蛎卡：£1.50（1 次乘车费用）
乘坐巴士费用的上限为 1 天 £4.50
※ 伦敦的巴士没有车票，乘车时只能使用牡蛎卡或旅行卡（游客）

伦敦的市内巴士

红色的双层巴士已经成了伦敦的一个标志。对于游客来说，巴士乘坐起来可能没有地铁那么方便，但是也有其自身的优势，游客能够在乘车过程中沿途观赏街景。

线路图的使用方法 可以在希思罗机场、地铁站获取巴士的线路图。乘坐巴士时，如果对自己所乘坐巴士的运行图比较了解，就会让乘车变得更加方便。图中的道路沿线会标注相应的巴士行车线路号，可以非常直观地知晓所乘巴士的运行情况。

市内巴士的乘坐方法

1 购买牡蛎卡

伦敦的巴士不使用车票，乘车时只能使用牡蛎卡或旅行卡。如果想乘坐巴士，应事先在交通局的 ❶ 或各地铁站购买牡蛎卡、旅行卡。可以在挂有“Oyster available here”（照片）标识的售货亭以及便利店给卡充值。

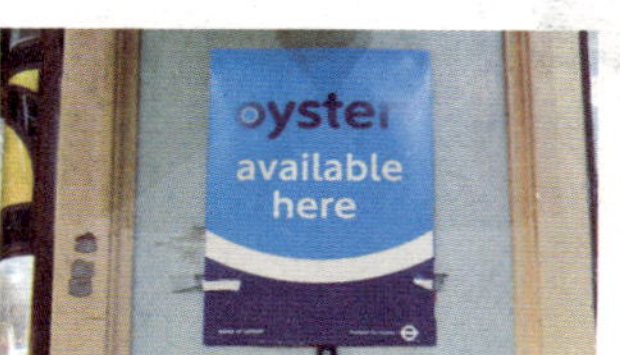

2 寻找巴士车站

找到巴士车站，对行车线路图及地名名单进行确认。从地名名单中找到自己想要前往的地点，然后弄清应乘巴士的号码及下车的车站。最好在乘车前就把相应的巴士号记住。

车站号码

3 乘车

从巴士的前门上车，向司机出示车票。如果使用牡蛎卡，需要用卡触碰驾驶席旁边的黄色读卡器。

4 按下车按钮

下车前，应按下红色的下车按钮。如果不知道应该在哪一站下车，可以坐到靠近司机的座位，请求司机提醒自己。

按下红色按钮后，车内的显示牌上会出现“Bus stopping”

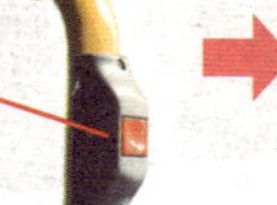

5 下车

巴士到站后，从位于巴士中后部的车门下车。

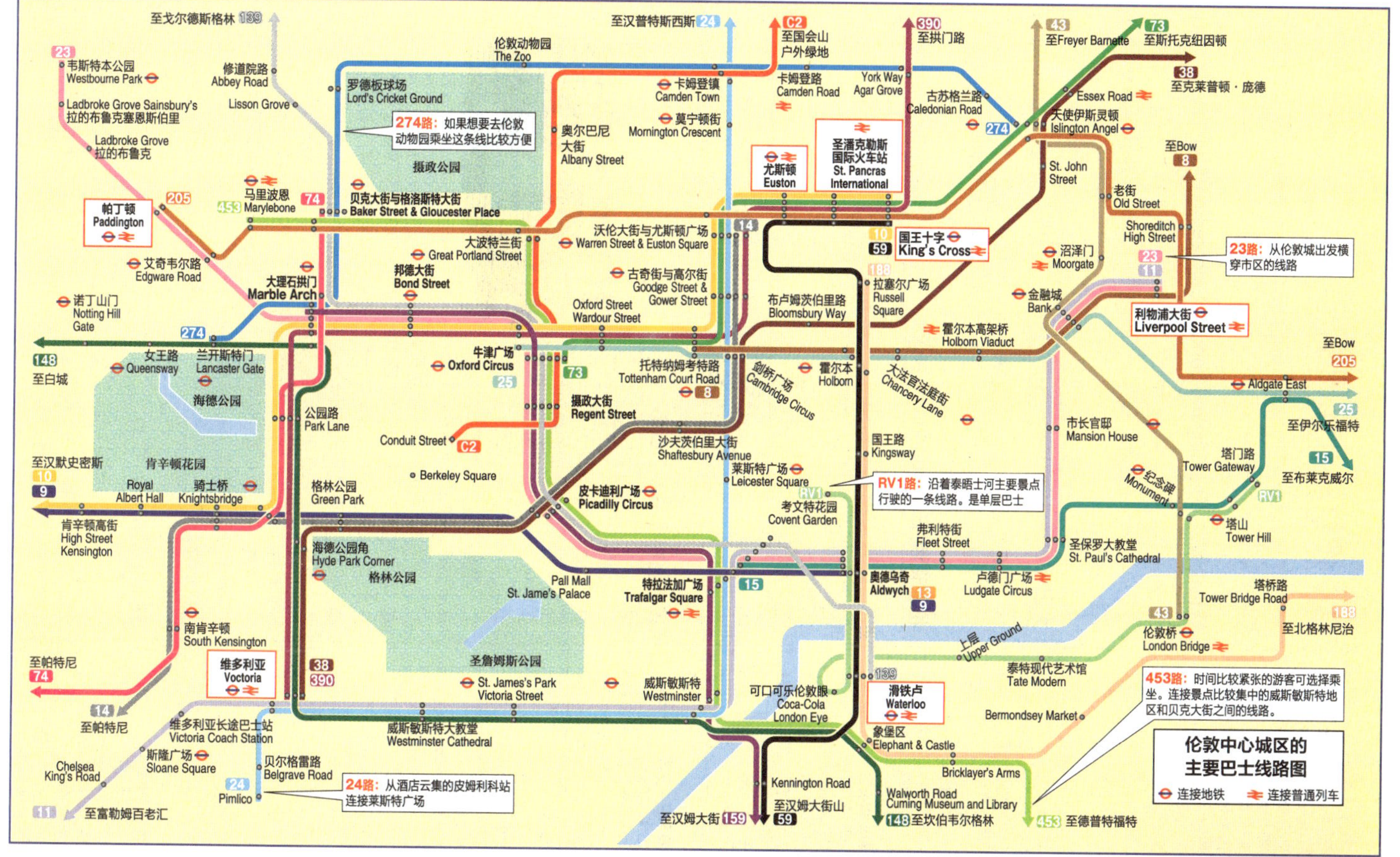
伦敦中心城区的
主要巴士线路图
连接地铁
连接普通列车
274路：如果想要去伦敦动物园乘坐这条线比较方便
23路：从伦敦城出发横穿市区的线路
RV1路：沿着泰晤士河主要景点行驶的一条线路，是单层巴士
453路：时间比较紧张的游客可选择乘坐。连接景点比较集中的威斯敏斯特地区和贝克大街之间的线路。
24路：从酒店云集的皮姆利科站连接莱斯特广场
至戈尔德斯格林 139
至汉普特斯西斯 24
C2 至国会山户外绿地
390 至拱门路
43 至Freyer Barnette
73 至斯托克纽因顿
38 至克莱普顿・庞德
至Bow 8
至Bow 205
25 至伊尔乐福特
15 至布莱克威尔
188 至北格林尼治
453 至德普特福特
148 至坎伯韦尔格林
至汉姆大街山 59
至汉姆大街 159
11 至富勒姆百老汇
14 至帕特尼
至帕特尼 74
至汉默史密斯 10 9
148 至白城
23 韦斯特本公园 Westbourne Park
Ladbroke Grove Sainsbury's 拉的布鲁克塞恩斯伯里
Ladbroke Grove 拉的布鲁克
修道院路 Abbey Road
Lisson Grove
伦敦动物园 The Zoo
罗德板球场 Lord's Cricket Ground
摄政公园
卡姆登镇 Camden Town
莫宁顿街 Mornington Crescent
奥尔巴尼大街 Albany Street
卡姆登路 Camden Road
York Way Agar Grove
古苏格兰路 Caledonian Road
尤斯顿 Euston
圣潘克勒斯国际火车站 St. Pancras International
Essex Road
天使伊斯灵顿 Islington Angel
St. John Street
老街 Old Street
Shoreditch High Street
帕丁顿 Paddington
马里波恩 Marylebone
贝克大街与格洛斯特大街 Baker Street & Gloucester Place
沃伦大街与尤斯顿广场 Warren Street & Euston Square
大波特兰街 Great Portland Street
艾奇韦尔路 Edgware Road
大理石拱门 Marble Arch
邦德大街 Bond Street
古奇街与高尔街 Goodge Street & Gower Street
Oxford Street Wardour Street
国王十字 King's Cross
拉塞尔广场 Russell Square
布卢姆茨伯里路 Bloomsbury Way
沼泽门 Moorgate
金融城 Bank
利物浦大街 Liverpool Street
霍尔本高架桥 Holborn Viaduct
Aldgate East
诺丁山门 Notting Hill Gate
女王路 Queensway
兰开斯特门 Lancaster Gate
海德公园
牛津广场 Oxford Circus
托特纳姆考特路 Tottenham Court Road
剑桥广场 Cambridge Circus
霍尔本 Holborn
大法官法庭街 Chancery Lane
公园路 Park Lane
Conduit Street
摄政大街 Regent Street
沙夫茨伯里大街 Shaftesbury Avenue
国王路 Kingsway
市长官邸 Mansion House
塔门路 Tower Gateway
肯辛顿花园
Royal Albert Hall
骑士桥 Knightsbridge
Berkeley Square
格林公园 Green Park
莱斯特广场 Leicester Square
考文特花园 Covent Garden
皮卡迪利广场 Picadilly Circus
纪念碑 Monument
塔山 Tower Hill
肯辛顿高街 High Street Kensington
弗利特街 Fleet Street
圣保罗大教堂 St. Paul's Cathedral
海德公园角 Hyde Park Corner
格林公园
Pall Mall St. Jame's Palace
特拉法加广场 Trafalgar Square
奥德乌奇 Aldwych
卢德门广场 Ludgate Circus
塔桥路 Tower Bridge Road
南肯辛顿 South Kensington
伦敦桥 London Bridge
上层 Upper Ground
维多利亚 Victoria
圣詹姆斯公园
St. James's Park Victoria Street
威斯敏斯特 Westminster
可口可乐伦敦眼 Coca-Cola London Eye
滑铁卢 Waterloo
泰特现代艺术馆 Tate Modern
Bermondsey Market
维多利亚长途巴士站 Victoria Coach Station
威斯敏斯特大教堂 Westminster Cathedral
象堡区 Elephant & Castle
Bricklayer's Arms
Chelsea King's Road
斯隆广场 Sloane Square
贝尔格雷路 Belgrave Road
Pimlico
Kennington Road
Walworth Road Cuming Museum and Library

伦敦的观光巴士

如果想在徒步游览前大致了解下伦敦，可以乘坐敞篷观光巴士，伦敦的各主要景点都能经过。

特色伦敦游 The Original London Sightseeing Tour

乘坐双层巴士游览，上下车自由。线路从 T1 到 T7，共 7 条，有语音导览。还可以免费参加 3 个徒步游览项目以及乘城市游河船→ p.100 沿河游览的项目。

■特色伦敦游
TEL（020）88771722
URL www.theoriginaltour.com
行车时间： 夏季 8:30~20:00 期间频繁发车
冬季 8:30~18:00 期间每隔 15~30 分钟发车（因线路而异）
票价： £32（24 小时有效）
在线 £29

大巴士 The Big Bus

有红色、蓝色、绿色三种线路，上下车自由。在伦敦市内有 50 多处上下车地点。还可以免费参加 3 个徒步游览项目以及乘坐泰晤士河游船。

■大巴士
URL www.bigbustours.com
行车时间： 夏季 8:30~17:00 期间频繁发车
冬季 8:30~16:30 期间频繁发车（因线路而异）
票价： £37（24 小时有效）
在线 £33

伦敦夜游 See London by Night

乘双层巴士观赏伦敦的夜景。在靓丽的霓虹灯下，伦敦会呈现出与白天不同的一面。用时 1 小时 30 分钟，有语音导览。

■伦敦夜游
TEL（020）71834744
URL seelondonbynight.com
行车时间： 4~9 月 19:30、20:00、20:30、21:15、21:45、22:15
10 月 ~ 次年 3 月 19:30、21:20 发车
票价： £18

伦敦的出租车

在机场、火车站、高级酒店等人员往来较多的地方都设有出租车乘车点，此外，还可以通过手机软件叫车。

黑色出租车 Black Cab

黑色出租车，车体敦实，与双层巴士一样，是伦敦的标志。虽然最近将车身涂成鲜艳颜色及在车身上张贴广告的出租车有所增加，但车型本身没有变化。

黑色出租车

乘坐方法 车顶的 TAXI 灯或者副驾驶座位前的 FOR HIRE 灯为点亮状态时表明出租车为空车。让司机放下副驾一侧的车窗玻璃，告诉司机自己要去的地点，然后上车，坐到后排座位。这种出租车有两个副驾驶座位，所以最多可载 5 名乘客，但一般最多只搭载 4 名乘客。

费用 仪表可显示车费，起步价为 £2.60。乘车费用根据行车距离和时间计算，但具体的费用增长模式根据星期几和时间段会有所不同。

付款 为了防止有人从后排袭击司机以及在后排谈话时被司机听到，出租车的前后排座位之间有玻璃阻隔。付款时，一般以车费的 10%~15% 作为小费。

■黑色出租车
车费： 起步价 £2.60
即便行驶距离同为 1 英里（约 1.6 公里），白天费用为 £6~，但在深夜（22:00~次日 5:00）及法定节假日则为 £7~
●戴拉出租车
TEL（020）72535000
URL www.dialacab.co.uk
●盖特 Gett
URL www.radiotaxis.co.uk

迷你出租车 Mini Cab

车身外形与黑色出租车不同，是普通的轿车形状。车费比黑色出租车便宜。乘车时，一般都是打电话叫车，或者直接前往挂有招牌的乘车点。在中心城区，乘车地点很多，也可以在网上叫车。

■迷你出租车
●爱迪生·李
TEL（020）73878888
URL www.addisonlee.com
●卡洛特卡斯
TEL（020）70050557
URL www.carrotcars.co.uk

租车点标识

租车自驾游伦敦

“桑坦德自行车（Santender Cycles）”是伦敦中心城区的公共自行车租赁系统。大约每隔 300 米就有一个租车点，可以随处结束租车，适合灵活出行的游客。

用户注册 如果不是英国常住居民，可以按临时用户（Casual Use）注册。在租车点，只要有带 IC 芯片的信用卡就可以租车，非常方便。每次租车都需要注册时使用的那张卡。

费 支付基础费用之后，只要每次使用时间不超过 30 分钟，均免费。超过 30 分钟后，每多 30 分钟计费 1 次。不过，在 30 分钟之内还车，然后再重新租车，如此反复的话，则只需支付基础费用即可。如自行车受损或被盗，租车人需要支付罚款。

还车时机 如果在计费时间将至时才去租车点还车，则有可能遇到车位已满，因此无法还车的情况。通过官方的手机软件可以了解空闲车位的情况，最好下载安装，这样会让租车变得更方便。

租车注意事项

① 注册租车用户时，需要带 IC 芯片的信用卡。

② 应沿自行车专用道骑行，如没有专用道则应在路的左侧骑行。严禁逆行。

③ 绝对不能在人行道上骑行，如果需要进入人行道，需要下车推车前行。

桑坦德自行车的使用方法

1 用户注册

首先应在租车点办理用户注册。可在 p.58~77 的地图上查找租车点。租车时，需要带 IC 芯片的信用卡及密码。

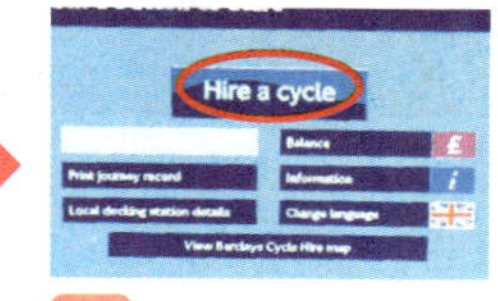

2 获取密码

触碰“Hire a cycle”或“自行车租赁”，然后插入信用卡。通过认证后，会有写着开锁密码的纸条从插卡口的左侧出来。

3 解锁

停车架左侧标有“1、2、3”的按钮，按照纸条上的密码依次按下按钮，完成解锁。

4 将车从停车架上取下

停车架上绿色的灯亮起，就表示解锁成功。向后推车，将车从停车架上取下，然后就可以出发了。

5 沿着专用车道骑行

开始在路上骑行。应沿专用车道或在道路左侧骑行，骑行中要注意安全。

6 还车

还车时，将车推入空闲的停车架锁好即可。只要停车架上的灯亮起就说明已经完成还车。

官网 URL www.tfl.gov.uk **基础费用** 24 小时 £2
使用费用 最初 30 分钟免费，之后每 30 分钟 £2 自行车受损或被盗，则需赔偿 £300

泰晤士河船

在伦敦，航行于泰晤士河上的游船也是当地的重要交通工具。与地铁相比，航班次数较少，行驶时间也较长，但在船上可以看到非常美丽的景色。这样既能顺利前往目的地，又能在移动的过程中悠闲地观赏美景。

游船有两种航行线路，一种是为游客提供的休闲服务，另一种是为普通乘客提供的通勤服务。

停靠于威斯敏斯特千禧码头的城市游船

休闲服务

为了游览的观光用船，有大玻璃窗、顶部开放式平台，这些便于游客观赏风景。航行速度很慢，适合拍照。

推荐线路 由东边的伦敦塔向西航行至议会大厦的线路人气很高且沿途景点众多。城市游船及王冠游船在该线路上运行。

购票 多家公司都经营泰晤士河上的游船。购票方法应航行线路而异，但基本上都需要在乘船前在码头上购买。

通勤服务

通勤服务由泰晤士快船公司运营，可方便伦敦市民上下班。航班较多，费用也稍微便宜一些，在很多码头都停船，所以比较耗时，有的座位也不方便乘客观赏风景。可使用牡蛎卡乘船。

主要线路 从堤岸码头出发，经由伦敦桥城市码头、千禧塔码头，开往北格林尼治码头。

摄政运河

英国在18~19世纪期间修建了许多运河，极大地促进了工商业的发展。摄政运河（Regent's Canal）是蜿蜒于伦敦中心城区北部的一条主要运河。运河起点位于帕丁顿站附近的小威尼斯（Little Venice）。船只可以从小威尼斯沿摄政运河向东行驶，一直到卡姆登闸口（Camden Lock）的水闸。中途会经过伦敦动物园（London Zoo），而且周六、周日时，在卡姆登洛克还有集市，游客既可以观光，又可以享受购物的乐趣。

■城市游船 City Cruises
URL www.citycruises.com
●从威斯敏斯特千禧码头出发至格林尼治码头
经由伦敦眼千禧码头、千禧塔码头
10:00~16:00 每小时 1~2 个航班（冬季减少）
费 单程 £12.75 往返 £16.75
●泰晤士快艇
从威斯敏斯特千禧码头出发，乘快艇在泰晤士河上航行 50 分钟
11:00~17:00 每 1~1.5 小时 1 个航班（冬季减少）
费 £39

■环行游船 Circular Cruise
URL www.circularcruise.london
环游威斯敏斯特千禧码头、堤岸码头、圣凯瑟琳码头等地点
5月下旬~9月上旬 11:00~18:30 每 30 分钟 1 班
3月上旬~5月下旬、9月上旬~10月下旬
11:00~17:00 每 40 分钟 1 班
10月下旬~次年3月上旬
11:00~15:00 每小时 1 班
费 单程 £10.25 往返 £15.25

■威斯敏斯特客运服务 Westminster Passenger Service
URL www.wpsa.co.uk
●从威斯敏斯特千禧码头出发
经由里士满至邱码头（Kew Pier）
夏季 10:00/10:30、11:00/11:30 出发
费 单程 £15 往返 £22
●从邱码头出发至威斯敏斯特千禧码头
夏季 16:30、17:30 出发
费 单程 £15 往返 £22

■泰晤士快船 Thames Clippers
URL www.thamesclippers.com
● RB1、RB1X
堤岸码头出发至北格林尼治码头
7:30~22:36（周六、周日 9:31~22:31）每小时 2~3 班
费 单程 £9.60（牡蛎卡 £6.80）
● RB2
从伦敦桥城市码头出发至米尔金融城千禧码头
9:41~15:40 每小时 1 班（周六、周日 9:15~20:00 每小时 2 班）
费 单程 £8.40（牡蛎卡 £6.50）

■伦敦水上巴士公司 London Waterbus Company
URL www.londonwaterbus.com
4~9月 1天 6 班
10月的周四~周日 每天 3~6 班
11月~次年3月的周六、周日 每天 3 班
●从小威尼斯出发至卡姆登闸口
费 单程 £9 往返 £14
●从小威尼斯出发至伦敦动物园
费 £27（包含伦敦动物园的门票）
※ 购票无法使用现金，只能使用信用卡

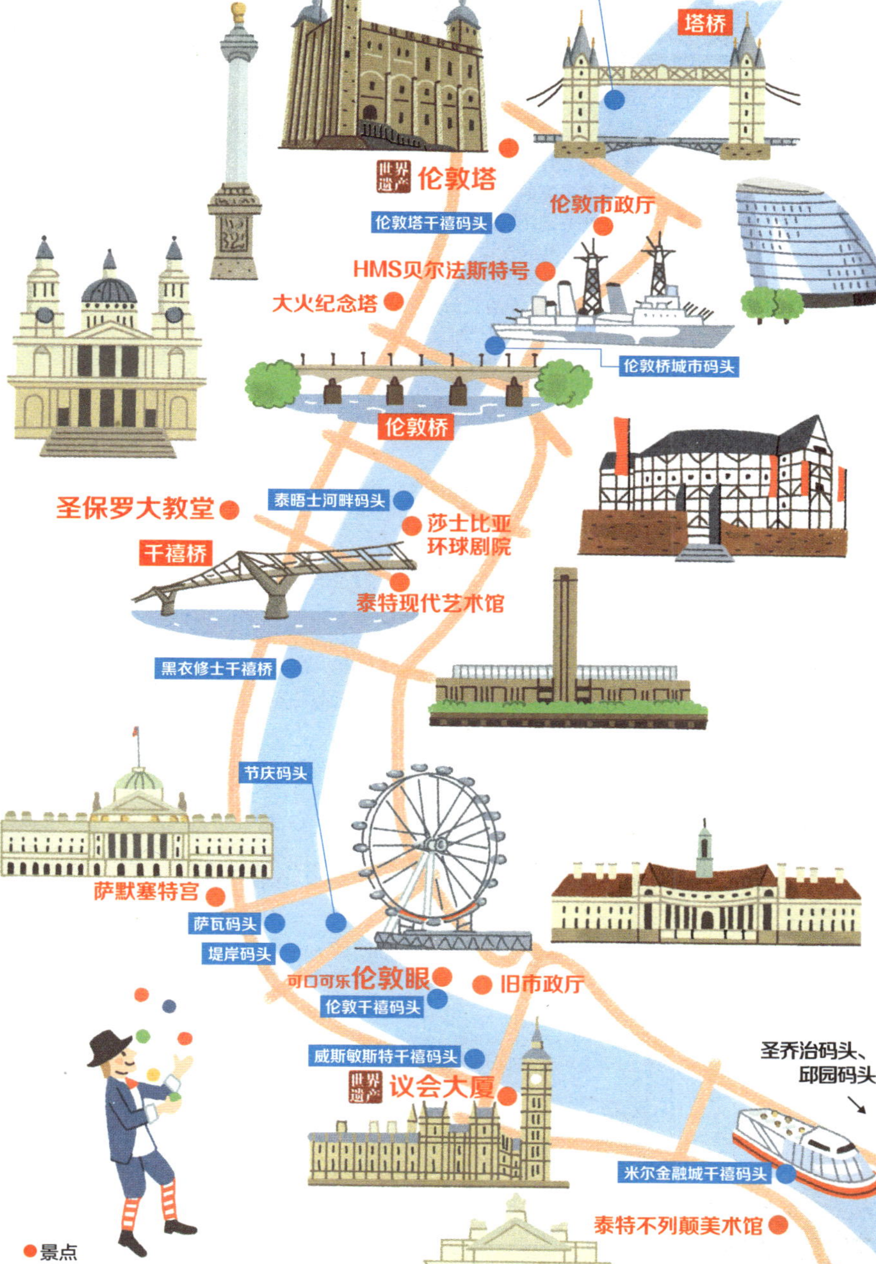
圣凯瑟琳码头
塔桥
世界遗产 伦敦塔
伦敦塔千禧码头
伦敦市政厅
HMS贝尔法斯特号
大火纪念塔
伦敦桥城市码头
伦敦桥
泰晤士河畔码头
圣保罗大教堂
莎士比亚环球剧院
千禧桥
泰特现代艺术馆
黑衣修士千禧桥
节庆码头
萨默塞特宫
萨瓦码头
堤岸码头
可口可乐伦敦眼
旧市政厅
伦敦千禧码头
威斯敏斯特千禧码头
世界遗产 议会大厦
圣乔治码头、邱园码头
米尔金融城千禧码头
泰特不列颠美术馆
景点
河船码头乘船码头

伦敦游船

London Tour Guide 

伦敦当地团体游项目

市内团体游 伦敦市内有各式各样的团体游项目，例如可以自由上下车的观光巴士游 p.98、特色主题游伦敦、骑自行车巡游等。可以从酒店或者 ❶ 领取相关宣传册。

伦敦出发的团体游项目 线路十分丰富，例如科茨沃尔德 1 日游 p.274、世界遗产巨石阵和巴斯游、乘坐欧洲之星游览巴黎等；此外 1 日游的项目也有很多选项。尤其是去往科茨沃尔德村的 1 日游项目，比乘坐公共交通前往更加高效。

报名方法 从宣传册或网站中挑选需要参加的团体游项目，报名即可。有些团体游项目是制订日期出发的，请提前确认清楚。

团体游的集合场所 集合场所届时会有众多的游客汇集。即便是同一家旅行社也会同时有多条线路出发，根据参加的旅游团项目的不同乘车站台也不同。出发前一定要确认清楚乘车的站台。

《哈利·波特》电影之旅
The Harry Potter Film Locations in the City

周三、周日 14:30（地铁 Bank 站 3 号出口集合）

所需时间：约 2 小时 费 £10 学生 £8

神奇魔法之旅，以伦敦东部为主游览系列电影《哈利·波特》中熟悉的场景。

《哈利·波特》取景地之旅
Harry Potter on Location in London Town

周六 14:30（地铁 Embankment 站 泰晤士河畔出口集合）

所需时间：约 2 小时 费 £10 学生 £8

巡游电影《哈利·波特》的取景地。主要以威斯敏斯特为中心徒步游览，剧中魔法部入口也在此地。

《开膛手杰克》探索之旅
Jack the Ripper Haunts

每晚 19:30（在地铁 Tower Hill 站的 Tower Hill Tram 前集合）

所需时间：约 2 小时 费 £10 学生 £8

开膛手杰克是十九世纪末伦敦的连环杀人犯。因为至今仍未破案，尚留有诸多疑点和谜团。这个团体游项目会前往杀人现场，需要有一定的胆量。

披头士乐队魔法迷思
The Beatles Magical Mistery Tour

周三 14:00、周四 11:00、周日 11:00（在地铁托特纳姆考特站 Tottenham Court Road 1 号出口集合）

所需时间：约 2 小时 费 £10 学生 £8

会拜访阿比路、苹果唱片公司等与披头士乐队有关的景点。周三时这条线路的名称会更名为 Beatles London- It Rocks!。

特色伦敦徒步游
The Original London Walks

TEL（020）76243978

URL www.walks.com

每天共有 10 多条线路可供选择。所需时间约 2 小时。游客需要在指定的集合地点（各地铁站出口）处集合。不需要提前预约。有英语导游。

■ **H.I.S. 伦敦分店**

Map p.65C1

✉ Lower Ground Floor, Augustine House, 6A Austin Friars, EC2N 2HA

TEL（020）74843310

URL www.his-euro.co.uk

团体游项目内容丰富，既有市内游也有近郊游。还可以乘坐专用的巴士巡游伦敦市区，并且享用下午茶等有特色的团体游项目。同时可以代订歌剧、音乐剧等门票。

■ **MYU**

Map p.60B2

✉ Unit 8, Colonnade Walk, 123 Buckingham Palace Rd., Victoria, SW1W 9SH

TEL（020）76305666

URL www.myushop.net

很受欢迎的科茨沃尔德 1 日游每天都有。可以为游客安排小型巴士游，带司机和导游。还有乘坐欧洲之星列车前往巴黎游览的 1 日游项目。办公地点位于维多利亚站后边的购物餐饮中心内。

■ **My Bus Tours**

Map p.58B2

✉ Liberty, 2nd Floor, Regent St., W1B 5AH

TEL（020）79761191

由 My Bus Center 策划的巴士游项目。除了伦敦市区观光团之外，还有去往温莎城堡、巴斯、巨石阵等郊区的一日游项目。可以通过电话、E-mail、官网、或者直接从位于牛津广场的自由之塔 2 层的办公室集合。

■ **Premium Tours**

TEL（020）77131311

URL www.premiumtours.co.uk

URL www.mybus-europe.jp

项目繁多，仅伦敦游就有上午游、下午游、一日游等各种类型。从伦敦出发的一日游项目也有多种选择。

去往华纳兄弟工作室的巴士之旅

麻瓜之旅 Muggle Tours

出发时间根据日期有所不同，详细内容请参考下述官网进行查询。
所需时间：2 小时 30 分钟 休 周一 费 £4

麻瓜指的是在《哈利 · 波特》魔法世界中不会使用魔法的一般人。参加这个团体游项目会带领"麻瓜"们从伦敦桥出发一直到莱斯特广场，游览沿途奇妙的魔法胜地。途中会乘坐地铁进行移动，请提前准备一张牡蛎卡。每次限定 20 人，建议提前预约。

TEL 07914151041（手机） URL www.muggletours.co.uk
集合地点：地铁 伦敦桥 站

伦敦地标之旅 Landmarks of London

所需时间：1 小时 费 £119

围绕圣詹姆斯公园参观游览的线路。会去大本钟、白金汉宫等伦敦的地标景点。

伦敦最佳景观之旅 London's Best Bits

所需时间：2 小时 费 £214

这个项目除了游览中心城区主要景点之外，还会去参观圣保罗大教堂、考文特花园等地方。

偷天换日 The Italian Job

所需时间：4 小时 费 £406

游览诺丁山周边地区、街头艺术等伦敦的景点。

小车绕大城旅行社 SmallcarBIGCITY
TEL（020）78396737 URL smallcarbigcity.com

乘坐英国代表车型"MINI"兜风游览的项目。费用是一辆车的价格，最多可乘 3 人。出发时间可以提前预约，从 9:00~21:00 期间都可以选择。集合地点位于地铁黑衣修士（Blackfriars）站附近的酒店——The Crown Plaza，不过也提供到指定地点接送的服务。

下午茶巴士伦敦之旅 Afternoon Tea Bus London Tour

每天 12:00 12:30 14:30 15:00 17:00
所需时间：1 小时 30 分钟 费 £45~

由 Bridge Bakery 经营的巴士之旅，该公司在考文特花园附近还也拥有店铺。乘坐复古的双层巴士巡游伦敦的主要景点，并且还能够享受英式下午茶的乐趣。

TEL（020）30261188 URL London.b-bakery.com

根据出发时间的不同，出发地点分别是维多利亚长途巴士站和诺森伯兰大街。

幽灵巴士之旅 The London Ghost Bus Tour

每天 19:30、21:00 出发，周五、周六增加一趟 18:00 出发
所需时间 1 小时 15 分钟 费 £23 学生 £17

乘坐 20 世纪 60 年代被广泛使用的黑巴士，巡游伦敦的主要景点。包括大本钟、圣保罗大教堂、伦敦塔等，司机还会沿途为游客介绍伦敦市井的历史故事。

TEL 084445678666 URL www.theghostbustours.com

旅行巴士将会从查令十字站附近的诺森伯兰大街上的 Grand Hotel 前出发。

唐顿庄园之旅 Downton Abbey London Tour

4~9 月期间的周五 10:30
所需时间：2 小时 30 分钟 费 £12

著名英剧《唐顿庄园》中的人物经常频繁地拜访伦敦是许多电视剧的取景地。这个团体游项目的主要内容也是围绕着取景地进行参观。

《BJ单身日记》取景地徒步之旅 Bridget Jones Walking Tour of Locations

4~9 月期间的周五 14:00
所需时间：2 小时 30 分钟 费 £12

围绕电影《BJ 单身日记》中的取景地游览的项目。

BBC 夏洛克取景地之旅（非公开） BBC Sherlock Locations Tour [Unofficial]

2~12 月期间的周六 14:30 所需时间：3 小时 费 £28

巡游电视剧《神探夏洛克》在伦敦的取景地。这个项目是乘坐迷你巴士移动的，途中有些景点会下车徒步。

英国电影旅行社 Brit Movie Tours
TEL（020）71181007 URL britmovietours.com

上述团体游项目的集合地点均在地铁 Templ 站集合。除了围绕伦敦市区的取景地游览之外，还有去往英国各地的电视剧以及电影取景地的巴士团体游项目。

地标之旅 Landmarks Tour

每天 10:00、14:00 出发
所需时间 :3 小时 30 分钟 费 £25

巡游威斯敏斯特、特拉法加广场、维多利亚等伦敦著名的景点。

老城之旅 Old City Tour

每天 14:00 出发 所需时间：4 小时 费 £29

游览圣保罗大教堂、伦敦塔、勒顿豪市场等伦敦东侧的主要景点。

Tally Ho自行车旅行社 Tally Ho! Cycle Tours
TEL（020）34880297 URL www.tallyhocycletours.com

骑着复古的英国自行车"Pashley"游览伦敦市中心。途中可以顺便去英国特色 Pub 或者下午茶店稍事休息。需要预约。集合地点位于 The Walrus。

伦敦皇家自行车之旅 Royal London Bike Tour

4~10 月期间 11:00 出发，11 月 ~ 次年 3 月期间的周四 ~ 下周一 11:00 出发
所需时间：4 小时 费 £24 学生 £22

集合地点位于地铁女王路（Queensway）站。骑行线路主要围绕着白金汉宫、肯辛顿宫等英国王室领地。

泰晤士河自行车之旅 Thames River Bike Tour

10:30 出发（没有达到最低人数不成团）
所需时间：4 小时 费 £30 学生 £28

集合地点是地铁南阿克（Southark）站。从大本钟至塔桥沿泰晤士河骑行的地标之旅。

宽轮自行车旅行社 Fat Tire Bike Tours
TEL 07882338779（手机） URL www.fattiretours.com

骑着复古的自行车在伦敦飞奔

伦敦地标之旅

如果想要高效地巡游伦敦，参加团体游项目是最好的选择。自行车之旅很适合小范围巡游，既可以享受新鲜的空气又可以欣赏伦敦的市街风格。不妨参加Tally Ho自行车旅行社（Tally Ho！Cycle Tours）（→ p.103）的伦敦地标之旅，脚踏Pashley公司出品的复古自行车畅游伦敦。

10:00 The Walrus前

导游杰克正在做出发前的线路说明

集合地点位于海象酒店（The Walrus）前。清点人数后便开始向停车场移动，然后领取各自的复古自行车，当场确认好车况、护具。

10:50 泰晤士河南岸

从停车场出发之后，穿过因涂鸦而知名的里克大街隧道，然后从可口可乐伦敦眼前经过伦敦水族馆，然后沿着泰晤士河骑行。

11:25 白金汉宫前

维多利亚纪念碑周边是鲜为人知的好景点

骑车经过兰贝斯桥去往威斯敏斯特。接着去威斯敏斯特修道院，之后参观皇家骑兵卫队阅兵场，然后去白金汉宫。如果刚好出行当天赶上皇家卫队换岗仪式，还可以就地参观。

12:15 在Pub小憩

如果想要观看皇家卫队换岗仪式，可以在特拉法加广场的Pub（导游杰克强烈推荐The Harp → p.157）小憩。不过因为之后还要骑行，所以最好不要喝酒精类饮品。Pub的热狗也很值得推荐哦。

13:00 再次来到泰晤士河

在Pub稍事休息后，骑过滑铁卢桥返回本次行程的出发地。骑行一圈接近终点之时，团员们会不禁摇着车铃骑行。

获取信息

伦敦每年接待的游客人数超过500万。伦敦城的ℹ可提供大量的旅游信息。官网上的旅游信息也很多，可以事先浏览作为参考。

伦敦城的ℹ

位于圣保罗大教堂的对面。是伦敦城的专属ℹ，所以提供的信息主要是与伦敦城有关的信息。

伦敦交通局的ℹ

可以获取与伦敦的地铁、巴士、出租车、近郊火车相关的信息、地图、时刻表等，还可以购买各种公共交通工具的车票及期间票。设在维多利亚车站等处。

伦敦的信息杂志

暂停 Time Out 介绍各种大型活动、新鲜话题及生活信息。还会出版专门介绍购物及美食的特刊。

伦敦规划师 London Planner

英国国家旅游局每月发行的伦敦旅游杂志。通过简洁的语言介绍每月举办的大型活动、人气景点以及餐饮、住宿信息，利用价值非常高。可以在ℹ、酒店以及各主要车站免费获取。

《伦敦规划师》

■**伦敦旅游局官网**
URL www.visitlondon.com

■**伦敦城的ℹ**
Map p.64-65 ④ B2
✉ St. Paul's Churchyard, EC4M 8BX
开 9:30~17:30（周日10:00~16:00） 休 12/25 · 26

伦敦城的ℹ

■**伦敦交通局的ℹ**
URL www.tfl.gov.uk

●**维多利亚站**
开 8:00~18:00（周日8:30~）
休 无休

●**希思罗机场第二・第三航站楼**
开 7:30~20:30 休 无休

●**皮卡迪利广场站**
开 9:30~16:00 休 无休

●**利物浦大街站**
开 9:00~17:00 休 无休

●**国王十字站**
业 8:00~18:00（周日8:30~）
休 无休

●**尤斯顿站**
业 8:00~18:00（周日8:30~）
休 无休

●**帕丁顿站**
开 8:00~18:00（周日8:30~）
休 无休

●**盖特威克机场北站**
开 9:15~16:00 休 无休

●**盖特威克机场南站**
开 9:15~16:00 休 无休

可免费或以优惠票价参观80多个景点

伦敦一卡通 The London Pass

有80多处景点、博物馆以及部分酒吧、游船可凭此卡享受免费或购票打折的优惠。参加一卡通项目的餐馆也会给持卡者打折（2~5折）。参观伦敦塔、邱园、伦敦动物园时可免于排队，凭卡直接进入。

购卡者可同时获得长达180页的说明手册，手册对可享受的优惠进行了详细的介绍。不过，有很多博物馆原本就不收门票，游客可以根据自己的行程来斟酌是否需要购卡。也有包含乘车功能的一卡通，可在1~9乘车区免费乘坐地铁、巴士、火车。

■**伦敦一卡通**
TEL（020）72930972 URL www.londonpass.com
费 1日卡 £69（带乘车功能 £84）
2日 £94（带乘车功能 £114）
3日 £114（带乘车功能 £144）
6日卡 £154（带乘车功能 £199）

详细导览 历代英国国王长眠的 世界遗产 威斯敏斯特修道院

威斯敏斯特修道院是坐落于泰晤士河畔的白色建筑，是英国王室的教堂。1066 年诺曼人征服英格兰以后，历代国王的加冕仪式都在此举行，威廉王子与凯特王妃的结婚典礼也在此举行。

① 圣殿 *Sanctuary*

教堂内最神圣的场所，通常都位于教堂的东端，但在威斯敏斯特修道院，因曾经进行过扩建工程，东边有亨利七世的礼拜堂和空军的礼拜堂，所以主祭坛的位置在这些建筑的西侧。

② 主祭坛 *High altar*

主大厅中心位置较高的区域是教堂的主祭坛。亨利三世与其子爱德华一世 ☞ p.573 及爱德华一世的王后都埋葬在圣爱德华陵墓四周。这是因为当时的国王们认为把自己埋葬在圣爱德华旁边就能得到他的庇佑而进入天堂。此处一般情况下禁止入内，但可通过参加英语导游的团体游参观。

英国战争纪念窗

查尔斯二世、玛丽二世、威廉三世、安妮女王的墓碑

伊丽莎白一世之墓

苏格兰女王玛丽之墓

理查德二世的墓碑

诗人角

入口

皮克斯礼拜堂

管风琴

侧廊

中殿

侧廊

无名战士墓

主任司铎邸

出口

③ 会礼堂 *Chapter House*

会礼堂是从前修道院中修道士开会的地方。也曾被当作议会下院的会场使用。

④ 回廊 *Cloister*

修道士的日常生活场所。1534 年亨利八世 ☞ p.576 建立英国国教会后，修道院被解散，现在教堂内没有修道士。

❺ 加冕椅 King Edward's Chair

圣域旁的加冕椅制作于 1301 年，椅子下面放着历代苏格兰国王加冕时使用的石头——“命运之石”。爱德华一世☞ p.573远征苏格兰时，将其作为战利品带回英格兰，之后苏格兰人一直希望拿回这块石头。到了 1996 年，石头终于被归还苏格兰，现藏于爱丁堡城堡。虽然命运之石不在了，但加冕椅还一直被保存在威斯敏斯特修道院。

❻ 亨利七世礼拜堂 Henry VII Chapel

经加冕椅旁边的楼梯继续向前就是亨利七世礼拜堂。这是修道院中扩建于亨利七世☞ p.576时代的部分。这座哥特式的教堂建筑内的礼拜堂美得令人惊叹。另外，礼拜堂的侧廊有伊丽莎白一世☞ p.573及苏格兰女王玛丽☞ p.575之墓。

❼ 女王钻石禧年画廊 Queen's Diamond Jubilee Galleries

画廊距地面高度 16 米。700 年来未曾对外开放，但 2018 年 6 月起，作为修道院的博物馆对外开放。里面展出修道院收藏的珍贵藏品。可以从新建的韦斯特曼塔进入。

北侧的小教堂也是世界遗产

圣玛格丽特教堂 St Margaret's Church

位于威斯敏斯特修道院北侧的小教堂。12 世纪时由本笃会会士创建，现存的教堂为 1486~1523 年期间重建。会有结婚仪式在此举行，温斯顿 · 丘吉尔☞ p.572的结婚仪式也在这里举行。

DATA

■威斯敏斯特修道院

Map p.62–63 ③ B3

🚇 在地铁威斯敏斯特站 Westminster 下车

✉ 20 Dean's Yard，SW1P 3PA

TEL（020）72225152

URL www.westminster-abbey.org

开 9:30~16:30（周三 ~19:00）

※ 入场截至关门前 1 小时。开门时间经常发生变化，应事先确认

※ 女王钻石禧年画廊有特定的入场时间

休 周日、不定期

费 £20 学生 £17 团体游 £5

教堂内禁止拍照

威斯敏斯特修道院北端。玫瑰窗、飞扶壁都非常美

因伊丽莎白塔（大本钟）而闻名的

议会大厦

世界遗产 Map p.62-63 ③ B3

Houses of Parliament

威斯敏斯特修道院附近的金碧辉煌的新哥特式建筑就是英国议会大厦。正式名称为威斯敏斯特宫（Palace of Westminster）。1834年的大火将先前的建筑几乎全部烧毁，仅有威斯敏斯特大厅（Westminster Hall）幸免于难，之后经过重建，才有了今天的议会大厦的样子。伊丽莎白塔是一座钟楼，被人们爱称为“大本钟”。这个爱称源自当时的工程负责人本杰明·霍尔的名字（也有一种说法认为源自当时的一个拳击手的名字），最初仅指塔中的大钟。

钟楼在2012年为纪念伊丽莎白二世女王在位60周年而被改称为伊丽莎白塔

参观团体游 只能通过参加团体游的形式参观议会大厦内部。参观开始地点为威斯敏斯特大厅，该大厅建于诺曼人征服英格兰后不久的1099年，是议会大厦内历史最悠久的建筑。之后，会参观上院、下院，可以通过导游的讲解来了解英国议会的历史及近年来的上院改革等动向。参观中，对建筑、陈设及绘画的介绍并非重点，游客更多的是可以接触到英国议会制度的历史及相关传统。

■议会大厦

🚗 在地铁威斯敏斯特站 Westminster 下车
✉ Victoria Embankment，SW1A 2LW
TEL（020）72194114
URL www.parliament.uk

●售票处

开 10:00~16:00（周六 8:45~16:45）
休 周日、法定节假日

●团体游

可选择由导游带领或持语音导览。

每周六（夏季也有在其他日子举行的情况）。

购票时可知晓出发时间

休 周日～下周五
费 导游带领 £25.50~28
学生 £21~23
语音导览 £18.50~20.50
学生 16~18

大厦内禁止拍照

※ 仅威斯敏斯特大厅可拍照
※ 可在上述售票处或官网预订门票

团体游出发地点威斯敏斯特大厅。屋顶的建筑结构非常值得一看

骑兵列队交接仪式非常壮观

皇家骑兵卫队

Map p.62-63 ③ B2

Horse Guards

威斯敏斯特周边

英式传统军服

国宴厅曾为英国王室宫殿的一部分，在这座建筑的对面就是皇家骑兵卫队的司令部。头骑兵戴金色头盔，头盔上有红色帽穗垂下，非常具有英国特色。每天都会举行骑兵交接仪式，很值得一看。众所周知，白金汉宫的皇家卫队非常有名，这里的换岗仪式虽然还没有广为人知，但同样壮观。

■卫兵换岗

🚗 在地铁查令十字站 Charing Cross 下车
✉ Whitehall，SW1X 6AA
开 周一～周六 11:00~
周日 10:00~

日程安排可能出现变化，应事先进行确认。

休 不定期 费 免费

卫队司令部旁设有博物馆

从空中俯瞰伦敦

可口可乐伦敦眼

Map p.62-63 ③ C2

Coca-Cola London Eye

威斯敏斯特周边

屹立于泰晤士河畔的摩天轮伦敦眼高达 135 米。截至 2018 年 6 月，伦敦眼仍是欧洲最大、世界第四大的摩天轮。摩天轮的客舱很大，每个客舱都能容纳 25 个人。而且为全景玻璃窗，视野开阔，可以 360° 俯瞰伦敦的街景。

在客舱里俯瞰泰晤士河

位于老市政厅内的

伦敦水族馆

Map p.62-63 ③ C2

Sea Life London Aquarium

威斯敏斯特周边

伦敦眼旁边老市政厅（Old County Hall）内的水族馆。馆内有鲨鱼漫步（Shark Walk）体验项目，可以在有鲨鱼游弋的水槽之上行走。还有可近距离观察巴布亚企鹅的企鹅园（Penguin Point）以及设于水槽之下可感受海底世界的海底隧道（Ocean Tunnel）等设施，都很有特色。

另外，在老市政厅，有以全数字动画电影《怪物史莱克》为主题的游乐场以及万豪（Marriott）、普瑞米尔（Premier Inn）等连锁酒店。

人气“鬼屋”

伦敦地牢

Map p.62-63 ③ C2

The London Dungeon

威斯敏斯特周边

2013 年经改造后重新开业的“鬼屋”。与普通的“鬼屋”不同，这里可以多人同时进入。通过演员扮演或者蜡像的形式再现开膛手杰克、盖伊·福克斯以及理发师陶德、洛维特夫人等发生于伦敦的真实事件中的人物。演员的演技非常好，而且具有很强的娱乐性，会让人感到非常刺激。

入口处已经穿戴好角色服装的演员让气氛变得紧张起来

■可口可乐伦敦眼

🚃 在地铁滑铁卢站 Waterloo 下车

✉ Westminster Bridge Rd.，SE1 7PB

URL www.londoneye.com

开 9 月 ~ 次年 5 月 11:00~18:00
6~8 月 10:00~20:30
4 月上旬及年末可能延长时间

休 12/25、1 月中旬 ~ 下旬

费 £22.95~27

由可口可乐公司捐资修建，晚间会亮起红色的灯光

■伦敦水族馆

🚃 在地铁滑铁卢站 Waterloo 下车

✉ County Hall，Westminster Bridge Rd.，SE1 3PB

URL www.visitsealife.com

开 10:00~18:00
（周六、周日 9:30~19:00）
※ 入场截至闭馆前 1 小时

休 12/25

费 £20.40~26

禁止使用闪光灯

水族馆所在的市政厅

■伦敦地牢

🚃 在地铁滑铁卢站 Waterloo 下车

✉ County Hall，Westminster Bridge Rd.，SE1 7PB

URL www.thedungeons.com

开 周一 ~ 周三、周五 10:00~17:00
周四 11:00~17:00
周六、周日、法定节假日 10:00~18:00

休 12/25、1/1

费 £21~30

馆内禁止拍照

白金汉宫

Map p.60-61 ② B1

Buckingham Palace

■白金汉宫

🚌 在地铁维多利亚站 Victoria 下车

✉ Buckingham Palace Rd., SW1A 1AA

TEL 03031237334（订票）

URL www.royalcollection.org.uk

●参观宫殿内部

开 7/22~8/31 9:30~19:30
入场截至 17:15
9/1~10/1 9:30~18:30
入场截至 16:15

休 上述时间以外

费 £24 学生 £22

内部禁止拍照

※ 可通过上述网站或电话（另外收取手续费 £2）订票

●皇家卫队换岗仪式

开 11:00~
（每月不同，但周一、周三、周五、周日较多。夏季每天举行）
可能因王室、国宾入宫或者天气情况等原因出现变化

休 周二、周四、周六（每月不同）

费 免费

●女王画廊

开 7/21~9/30 9:30~17:30
10/1~ 次年 7 月下旬 10:00~17:30
入场截至闭馆前 1 小时 15 分钟

休 5/14~6/7、10/15~11/8、12/25 · 26

费 £12 学生 £10.80

禁止使用闪光灯

●皇家马厩

开 2、3、11 月 10:00~16:00
4~10 月 10:00~17:00
※ 入场截至闭馆前 45 分钟

休 12 · 1 月、11 月的周日、5/26、6/2、6/6、6/9

费 £11 学生 £10

禁止使用闪光灯

皇家卫队仪式

英国王室的宫殿，因原为白金汉公爵的私邸，所以得名白金汉宫。1761 年英国王室买下了这座建筑，19 世纪时在约翰 · 纳西和爱德华 · 布劳尔的主持下进行了大规模重建。举行皇家卫队换岗仪式的宫殿正东侧在 1913 年的改建后成为现在的样子，与宫殿前的维多利亚女王纪念碑及林荫路、海军部拱门基本上为同时期建筑。

宫殿前的维多利亚女王纪念碑

参观宫殿内部 1992 年温莎城堡失火，为筹集修缮费用，决定在每年女王视察苏格兰的 8、9 月期间，将宫殿内平时用于招待、接见国宾的 19 间房间对外开放。每个房间里都装饰有王室收集的精美艺术品，宛如美术馆。门票包含语音导览的费用。

皇家卫队换岗仪式 在宫殿前举行的皇家卫队换岗仪式是伦敦最著名的参观活动之一。从阅兵场出发的骑兵卫队、从圣詹姆斯宫去往白金

白金汉宫正门

夏季白金汉宫参观活动的售票处

仅在夏季开放参观的白金汉宫的西侧

汉宫的老卫队、从惠灵顿兵营去往白金汉宫的新卫队等卫队会在不同的时间从宫殿前通过。围观的游客非常多，最好提前到场确保观看的位置。

女王画廊 仅在夏季可以参观白金汉宫内部，但宫殿南面的女王画廊则全年都对外开放。里面展出王室收藏的部分艺术品。

皇家马厩 展出英国王室拥有的马车及汽车。

女王画廊的入口位于白金汉宫的西南方向

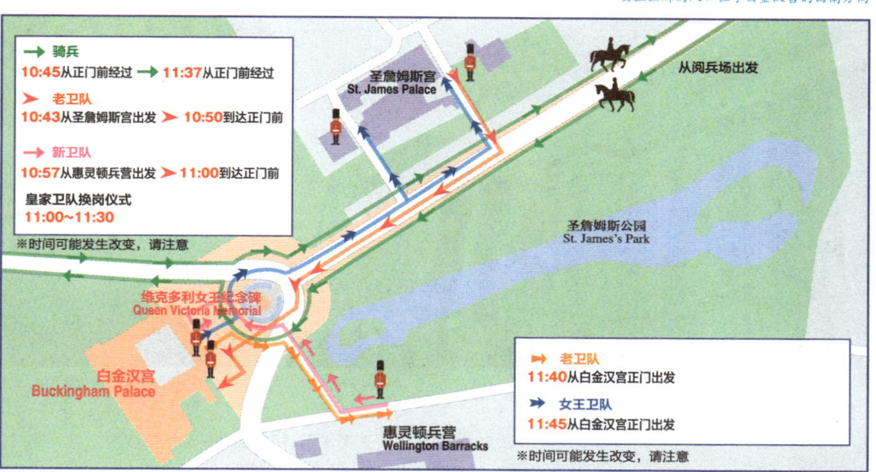

英国天主教总堂

威斯敏斯特大教堂

Map p.60-61 ② C2

Westminster Cathedral

白金汉宫周边

威斯敏斯特大教堂与威斯敏斯特修道院的名称相似，但其实是两座不同的建筑。这座教堂是在英国很少见的新拜占庭式教堂，建成于1893年。红砖与圆形塔楼让建筑显得很有特色，进入内部后，会发现整个气氛变得非常庄严肃穆。墙壁上装饰有很多大理石的宗教艺术品以及马赛克画。可以乘坐电梯登上高达83米的钟楼，眺望伦敦街景。

1982年教皇约翰·保罗二世曾在此做弥撒

■威斯敏斯特大教堂

在地铁维多利亚站 Victoria 下车

42 Francis St., SW1P 1QW

TEL (020) 77989055

URL www.westminstercathedral.org.uk

开 8:00~19:00

休 无休

费 欢迎捐款

珍宝厅 £5 学生 £2.50

做弥撒时禁止拍照

禁止使用闪光灯

●钟楼

开 9:30~17:00（周六、周日 9:30~18:00）

休 12/25 · 26、1/1

费 £6 学生 £3

威斯敏斯特大教堂的屋顶及墙壁上有很多马赛克画

琳琅满目的西欧绘画杰作

英国国家美术馆 The National Gallery

左：1832~1838 年由建筑师威廉·威尔金斯设计建造　右上：塞恩斯伯里展厅里展出着拉斐尔、波提切利等画家的名画　右下：威廉·透纳的《战舰“特米雷勒号”最后一次的归航》

英国国家美术馆是世界最高水平的西方绘画收藏单位之一。巴黎的卢浮宫博物馆是以法国王室的艺术品为基础建成的，而英国国家美术馆的基础是 1824 年英国政府为国民购买的 38 件艺术品。

■英国国家美术馆 Map p.62-63 ③ B1

🚉 在地铁查令十字站 Charing Cross 下车

✉ Trafalgar Sq.，WC2N 5DN

TEL（020）77472885　URL www.nationalgallery.org.uk

开 10:00~18:00（周五 ~21:00）

休 1/1、12/24~26

费 免费、特别展收费　语音导览 £5 学生 4.50

禁止使用闪光灯

塞恩斯伯里展厅

收藏有很多文艺复兴时期的意大利绘画作品。首先可以去第 66 展厅观赏一下画廊里的最大看点——《岩间圣母》。之后可以逐个观赏波提切利、拉斐尔等人的名画。

第 66 展厅
↓
第 58 展厅
↓
第 60 展厅

第 66 展厅

A 列奥纳多·达·芬奇的《岩间圣母》

英国国家美术馆中最重要的作品。画中描绘了藏身于岩石之间的圣母玛利亚、耶稣以及施洗者约翰。巴黎的卢浮宫博物馆收藏有同名画作，也非常著名。

第 58 展厅

B 波提切利的《维纳斯与马尔斯》

画中描绘了爱与美的女神维纳斯凝望着自己的恋人战神马尔斯的场景。原来可能是作为结婚贺礼的板凳或可长期使用的木板。

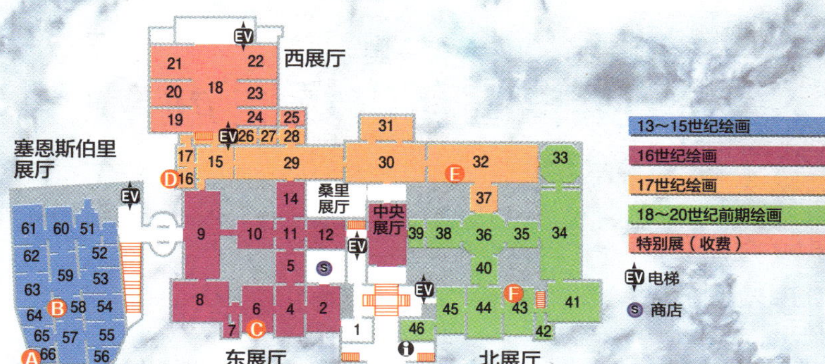

东展厅~西展厅~北展厅

第 2~14 展厅展出 16 世纪意大利绘画。可以观赏到拉斐尔和提香 · 韦切利奥的画作。第 15~32 展厅展出 17~18 世纪的作品，其中伦勃朗、维米尔等荷兰画家的作品很多。第 30 展厅有委拉斯开兹的《镜前的维纳斯》，一定不要错过。第 34~46 展厅展出 18~20 世纪前期的作品。第 43 展厅有莫奈的《睡莲》，很值得一看。

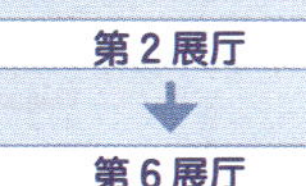

第 2 展厅 → 第 6 展厅 → 第 16 展厅 → 第 30 展厅 → 第 32 展厅 → 第 43 展厅

第 6 展厅

C 提香 · 韦切利奥的《酒神巴克斯与阿里阿德涅》

鲜艳的蓝色是这幅作品最引人注目的地方。这幅画也被认为是提香 · 韦切利奥最好的作品。以希腊神话为主题，描绘了被恋人抛弃的阿里阿德涅与酒神巴克斯相遇的场景。

第 16 展厅

D 维米尔的《站在琴前的女子》

描绘了年轻女子站在维吉纳琴（类似大键琴）前演奏的场景。女子的目光看着别处，似乎在思念无法见面的恋人。

第 12 展厅

E 卡拉瓦乔的《莎乐美和施洗约翰的首级》

巴洛克时期著名意大利画家卡拉瓦乔的作品。描绘了莎乐美拿起作为奖赏的施洗约翰的首级，光与影的强烈对比是这幅画的特征。

第 43 展厅

F 梵高的《向日葵》

梵高在阿尔勒居住期间的作品，以向日葵为主题的梵高作品全世界只有 6 件。被认为是首次成功描绘“光与光的重叠”的作品。

Town 伦敦 Walk ①

街头大屏幕与霓虹灯
皮卡迪利广场周边
Piccadilly Circus

该区域位于伦敦中心城区，街头行人总是很多。在建有喷泉的皮卡迪利广场周围有许多餐馆及商铺。苏豪区有不少中餐馆，莱斯特广场周边有多家剧场。

D.R. 哈里斯
D. R. Harris

创立于1790年的王室御用药妆店。有自创品牌的护肤用品、剃须用品、香水等商品。

✉ 29 St. James's St., SW1A 1HB
TEL（020）79303915　URL www.drharris.co.uk
开 8:30~18:00（周六 9:30~17:00）
休 周日、12/24~27、12/31~次年 1/2
CC AMV

极度干燥
Superdry

出售印有“极度干燥”等文字的T恤衫，是著名的快时尚品牌，在英国全国都有店铺。

✉ 103-113 Regent St., W1B 4HL
TEL（020）74405100
开 10:00~20:00（周日 11:30~18:00）
休 12/25
CC ADJMV

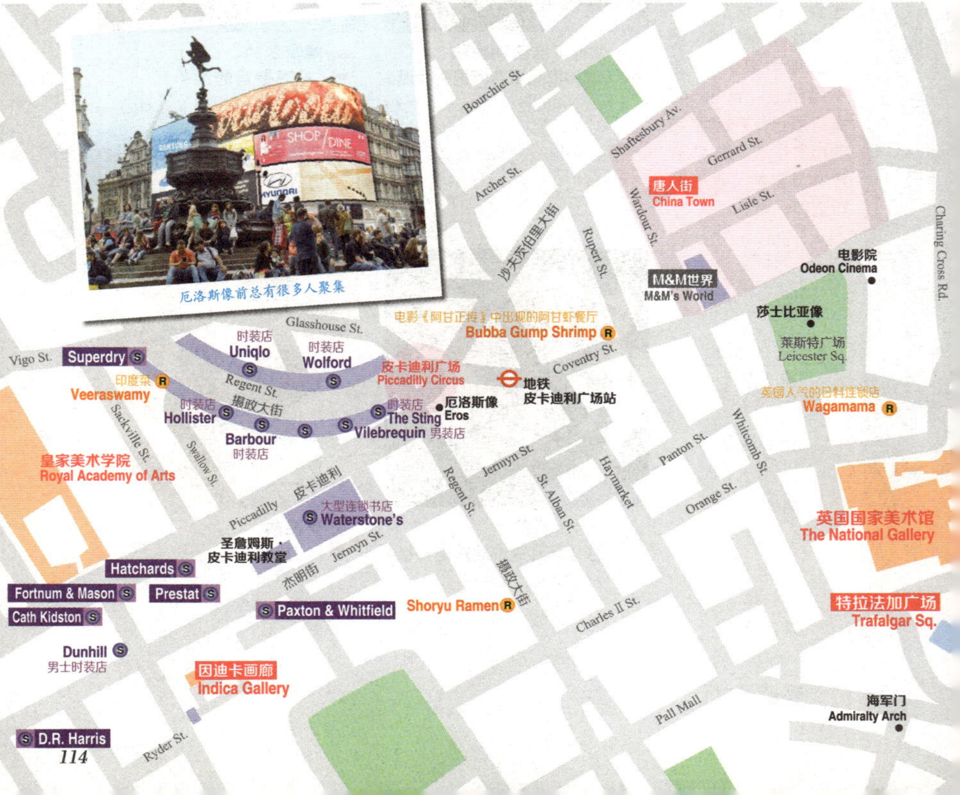

厄洛斯像前总有很多人聚集

Bourchier St.
Shaftesbury Av.
Gerrard St.
Archer St.
唐人街 China Town
Wardour St.
Lisle St.
沙夫茨伯里大街
Rupert St.
Charing Cross Rd.
M&M世界 M&M's World
电影院 Odeon Cinema
莎士比亚像
Glasshouse St.
电影《阿甘正传》中出现的阿甘虾餐厅 Bubba Gump Shrimp R
莱斯特广场 Leicester Sq.
Vigo St.
Superdry S
时装店 Uniqlo S
时装店 Wolford S
皮卡迪利广场 Piccadilly Circus
Coventry St.
印度菜 Veeraswamy R
Regent St. 摄政大街
地铁 皮卡迪利广场站
厄洛斯像 Eros
英国人气的日料连锁店 Wagamama R
时装店 Hollister S
时装店 The Sting S
Vilebrequin 男装店 S
Barbour 时装店 S
Sackville St.
Swallow St.
皇家美术学院 Royal Academy of Arts
Jermyn St.
St. Alban St.
Haymarket
Panton St.
Whitcomb St.
Orange St.
Regent St.
皮卡迪利 Piccadilly
大型连锁书店 Waterstone's S
英国国家美术馆 The National Gallery
圣詹姆斯·皮卡迪利教堂
Jermyn St. 杰明街
摄政大街
Hatchards S
Fortnum & Mason S
Prestat S
Cath Kidston S
Paxton & Whitfield S
Shoryu Ramen R
Charles II St.
特拉法加广场 Trafalgar Sq.
Dunhill S 男士时装店
因迪卡画廊 Indica Gallery
Pall Mall
海军门 Admiralty Arch
D.R. Harris S
Ryder St.

唐人街
China Town

在从沙夫茨伯里大街至莱斯特广场的唐人街上有许多中餐馆以及出售中餐食材、亚洲杂货的店铺，总数超过 100 家。

特拉法加广场
Trafalgar Square

特拉法加广场上有高 55 米的纳尔逊纪念柱，整个广场非常热闹，总有很多游客及鸽子驻足于此。纳尔逊纪念柱是为了纪念在特拉法加海战中击败了拿破仑军队并且战死的纳尔逊将军☞ p.576而建。雕像台基上的浮雕，描绘了纳尔逊将军指挥的特拉法加海战等四次著名海战的场景。

哈查兹
Hatchards

创立于 1797 年，是伦敦最古老的书店。建筑共 5 层，图书的种类丰富，店内有厚重的历史感。经常举办作家的签名售书会。

✉ 187 Piccadilly, W1J 9LE
TEL（020）74399921 URL www.hatchards.co.uk
开 9:30~20:00（周日 12:00~18:30）
休 复活节、12/25 CC A D J M V

帕克斯顿与维特菲尔德
Paxton & Whitfield

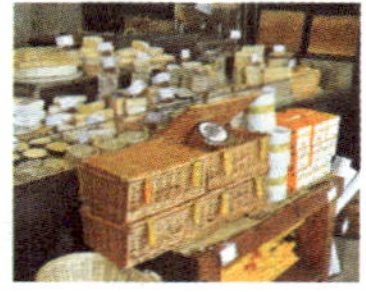

创立于 1797 年。为英国王室御用乳酪店。有车达乳酪、提尔顿乳酪等 200 多种英国产乳酪。可以试吃。

✉ 93 Jermyn St., SW1Y 6JE
TEL（020）79300259
URL www.paxtonandwhitfield.co.uk
开 10:00~18:00（周日 11:00~17:00）
休 12/25、复活节 CC A J M V

普瑞斯塔特
Prestat

英国王室御用巧克力店。据说已故的戴安娜王妃及作家罗尔德·达尔都很喜欢这里的巧克力。格雷伯爵茶口味的巧克力销量非常好。

✉ 14 Princes Arcade, SW1Y 6DS
TEL（020）74943372
URL www.prestat.co.uk
开 9:30~18:00（周六 10:00~17:00、周日 11:00~16:30）
休 12/25 · 26、1/1 CC A J M V

凯茜·琦丝敦
Cath Kidston

凯茜·琦丝敦的旗舰店。设计极具特色，图案以花为主，兼具古典与流行之美。

住 178-180 Piccadilly, W1J 9ER
TEL（020）74999895
URL www.cathkidston.com
开 10:00~20:00（周日 12:00~18:00）
休 无休 CC A D J M V

因迪卡画廊
Indica Gallery

约翰·列侬与小野洋子在此相遇，这里也因此而闻名。现在已经关门停业，但还是有很多甲壳虫乐队的乐迷造访这里。

※ 只能在建筑物外参观

福特纳姆 & 梅森
Fortnum & Mason

福特纳姆 & 梅森总店。招牌商品除了混合红茶，还有自创品牌的巧克力、果酱、三文鱼等食品，是英国王室御用的店铺。

✉ 181 Piccadilly, W1A 1ER
TEL（020）77348040
URL www.fortnumandmason.com
开 10:00~20:00（周日 11:30~18:50）
休 12/25 CC A D J M V

伦敦著名商业街

牛津大街周边

Oxford Street, Regent Street

牛津大街为东西贯穿伦敦中心城区的主要道路。周边有许多百货商场及时尚店铺。每到周末都会有很多年轻人聚集到这里。从牛津广场开始道路沿南北方向延伸的是摄政大街，两边有许多高级品牌店。牛津大街西边与其平行的道路是新邦德大街（New Bond St.），也有很多世界名牌的店铺。附近还有萨维尔大街（Savile Row），“西服套装”一词就源自这条街。

道路两旁商铺林立

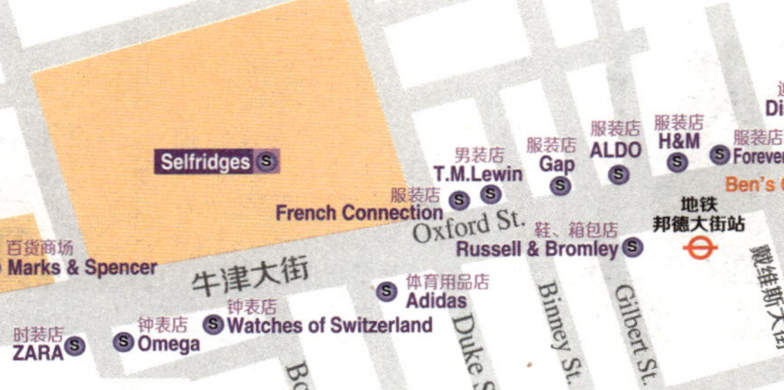

塞尔福里奇

Selfridges

深受伦敦当地人喜爱的百货商场，商品面向普通大众。名为“Miss Selfridges”的品牌在英国的女性中很受欢迎。

✉ 400 Oxford St., W1A 1AB
TEL 0800123400
URL www.selfridges.com
开 9:30~21:00（周日 11:30~18:00）
休 12/25、复活节的周日 CC A M V

斯迈森

Smython

高级文具、皮革制品的品牌。可以按客人要求，为客人订制印有客人姓名的信封。该品牌也是英国王室御用的品牌。

✉ 131-132 New Bond St., W1S 2TB
TEL（020）35358009 URL www.smythson.com
开 10:00~19:00（周四 10:00~20:00、周日 12:00~18:00）
休 12/25、1/1、复活节 CC A D J M V

H. R. 希金斯
H. R. Higgins

英国著名的销售红茶、咖啡的店铺，也为王室御用。咖啡豆、茶叶的种类丰富，还有很多自创品牌的商品。地下设有茶室。

✉ 79 Duke St., W1K 5AS
TEL (020) 76293913
URL www.hrhiggins.co.uk
开 8:00~18:00（周六 10:00~18:00）
休 周日 C/C A M V

自由百货
Liverty

历史悠久的百货店，都铎王朝时期的木结构建筑引人注目。有各种来自东方的商品，很受当地人喜爱。还有家居用品、女性时尚用品、服装面料等。

✉ Regent St., W1B 5AH
TEL (020) 77341234
URL www.liberty.co.uk
开 10:00~21:00（周日 11:30~18:00）
休 12/25 C/C A D J M V

百货商场 Debenhams
钟表店 Fossil
服装店 House of Fraser
百货商场 John Lewis
服装店 G-Star
皮鞋与箱包 Clarks
地铁牛津广场站
小杂物 Pandora
牛津大街
Oxford St.
钟表店 Swatch
River Island 服装店
男装店 MOSS BROS
服装与小杂物 ZARA
男装店 T.M.Lewin
小杂物 Accessorize
Regent St.
Princess St.
Argyll St.
服装店 Ted Baker
电脑、数码家电 Apple Store
服装店 Lacoste
服装店 Armani
H&M 服装店
时装店 Aquascutum
Tenterdon St.
汉诺威广场 Hannover Sq.
新邦德大街
Great Marlborough St.
Liberty
Hanover St.
Molton Brown 药妆店
摄政大街
女士用品 Desigual
服装店 Gap
汉诺威大街
South Molton St.
South Molton Ln.
鞋店 Russell & Bromley
内衣店 Victoria's Secret
百货商场 Fenwick
No. 5 Maddox Street
鞋店 Camper
鞋店 Clarks
鞋店 Church's
玩具店 Hamleys
汉德尔故居 Handel & Hendrix London
Brook St.
男装店 BOSS
New Bond St.
St. George St.
Maddox St.
Conduit St.
Claridge's
礼服店 Canali
服装店 Levi's
服装店 REISS
Clifford St.
Brooks Mews
Smythson
宝石店 Wempe
Mackintosh
康督特大街
服装店 Vivienne Westwood
New Burlington St.
Davies St.
Grosvenor St.
苏富比拍卖行 Sotheby's
Saville Row 萨维尔大街
画廊 Halcyon Gallery
画廊 Richard Green
女士用品 Miu Miu
Jimmy Choo 箱包与皮鞋
Russel & Bromley 鞋店

J&M 戴维森
J&M Davidson

英国著名皮革制品品牌的伦敦旗舰店。除了极受欢迎的皮包，还有皮带、钱包等皮革制品以及各种女性时尚用品。

✉ 104 Mount St., W1K 2TL
TEL (020) 30962233
URL www.jandmdavidson.com
开 10:00~18:00（周四 10:00~19:00）
休 周日、法定节假日 C/C A M V

麦金托什
Mackintosh

英国著名的外衣服装品牌。有各种时尚且设计简洁的外套可供选择。服装款式众多，还有伦敦店限定商品。

✉ 19 Conduit St., W1S 2BH
TEL (020) 74934667
URL www.mackintosh.com
开 10:00~18:00（周四 10:00~19:00、周日 12:00~17:00）
休 不定期 C/C A J M V

汇集了世界各地珍贵文物的

大英博物馆 The British Museum

左：当代著名建筑师诺曼·福斯特设计的大中庭。建于大英图书馆旧址。　右上：与希腊政府存在所有权之争的帕特农神庙雕刻群。　右下：罗塞塔石碑前游客众多

无论从规模，还是从藏品的质量而言，大英博物馆都是全世界最好的博物馆之一。由于这座博物馆非常大，所以应事先想好要重点看哪些文物。博物馆向游客提供语音导览租借服务，一边听语音导览，一边参观馆内主要藏品可以提高参观的效率。

■大英博物馆 Map p.66–67 ⑤ B3

🚇 在地铁托特纳姆考特路站 Tottenham Court Road 下车

✉ Great Russell St.，WC1B 3DG

TEL（020）73238181　URL www.britishmuseum.org

开 画廊　10:00~17:30（周五 ~20:30）

（有只在特定时间开放的区域）

大中庭　9:00~18:00（周五 ~20:30）

休 1/1、12/24~26　费 欢迎捐款　特别展收费

语音导览 £7　学生 £6　归还语音导览的时间截至闭馆前 1 小时

禁止使用闪光灯

地上部分

埃及馆

西亚馆

希腊－罗马馆

主要展出南欧及中东地区的文物

第 4 展厅
↓
第 10 展厅
↓
第 18 展厅
↓
第 21 展厅
↓
第 24 展厅

第 4 展厅

A 罗塞塔石碑

发现于埃及罗塞塔的石碑。碑文有圣书体、世俗体、希腊文 3 种文字，对破解埃及象形文字很有帮助。

第 10 展厅

B 狮子狩猎浮雕

在古代亚述（曾经位于现在伊拉克北部的帝国），狩猎狮子是国王的一种体育运动。这些浮雕原本在尼尼微的亚述巴尼拔国王宫殿中。

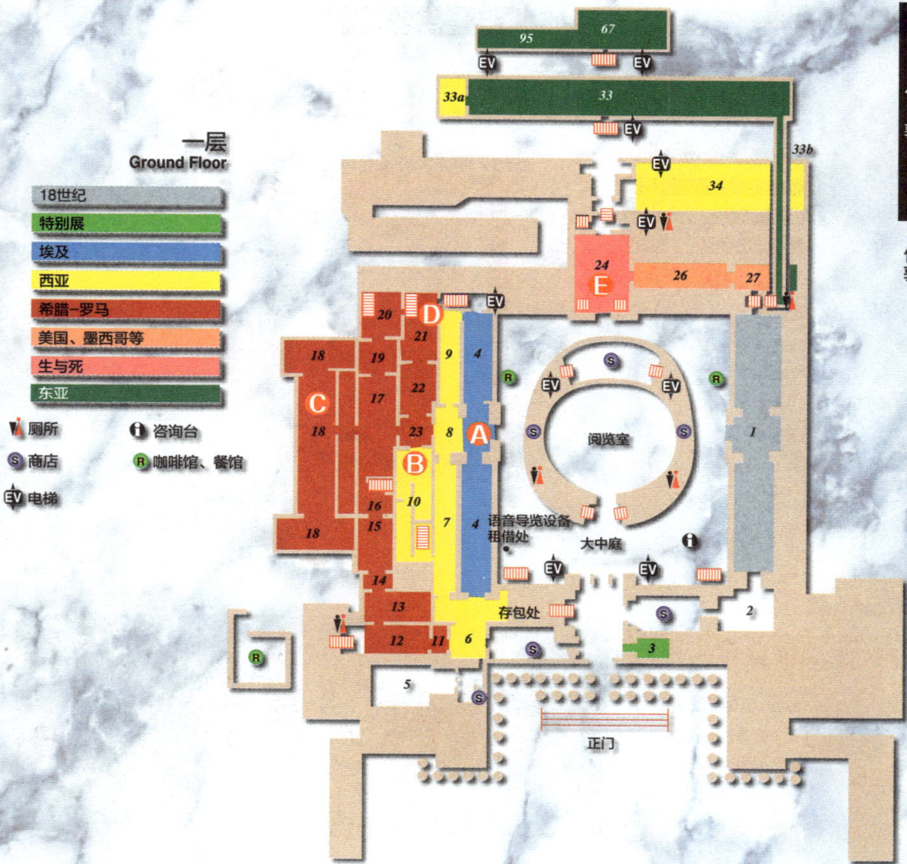

一层
Ground Floor

18世纪
特别展
埃及
西亚
希腊-罗马
美国、墨西哥等
生与死
东亚

厕所　咨询台
商店　咖啡馆、餐馆
电梯

95　67　33a　33　33b　34　24　E　26　27　20　D　21　18　19　9　4　C　17　22　18　23　8　A　B　16　10　1　15　7　4　18　14　13　12　11　6　5　2　3

阅览室
语音导览设备租借处
大中庭
存包处
正门

第 18 展厅

第 21 展厅

第 24 展厅

C 帕特农神庙雕刻群

以“埃尔金石雕”而闻名，也是与希腊存在所有权纠纷的文物。取自雅典帕特农神庙墙壁上。

D 哈利卡那索斯的摩索拉斯王陵

哈利卡那索斯就是现在土耳其的博德鲁姆。这些雕像原在世界七大奇迹之一的摩索拉斯王陵中，其中以原安放于陵墓顶部的石马最为著名。

E 复活节岛石像 Hoa Hakananai'a

南太平洋复活节岛上的摩艾石像。这座名为 Hoa Hakananai'a 的摩艾石像曾埋于圣地奥隆戈的地下，后被运到英国作为献给维多利亚女王的礼物。

- 不列颠岛、欧洲大陆
- 西亚
- 埃及
- 货币
- 希腊-罗马
- 东亚
- 特别展
- 钟表

- 厕所
- S 商店
- R 咖啡馆、餐馆
- EV 电梯
- 咨询台

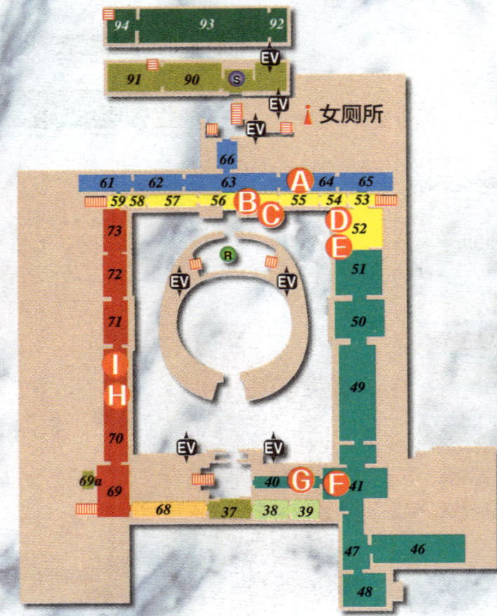

不列颠岛
欧洲大陆
古埃及木乃伊

来到上层后，可以先参观第61展厅～第66展厅的埃及文物展区。之后，参观完中东、不列颠岛的展览，可以前往位于地下的非洲文物展区。

第64展厅
↓
第56展厅
↓
第52展厅
↓
第41展厅
↓
第40展厅
↓
第70展厅
↓
第25展厅

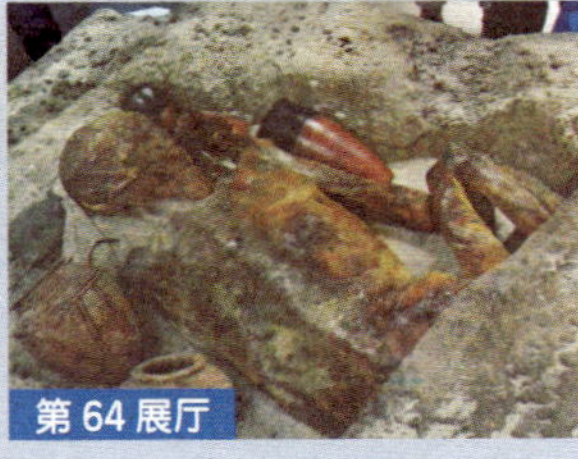
第64展厅

A Ginger

公元前35世纪时埋葬于埃及的男性遗体。因头发为红色，所以被称为Ginger。

第56展厅

B 乌尔的母山羊与箱子

1927年出土于乌尔（现伊拉克北部）王室墓葬的随葬品。除了山羊像外，还有箱子。

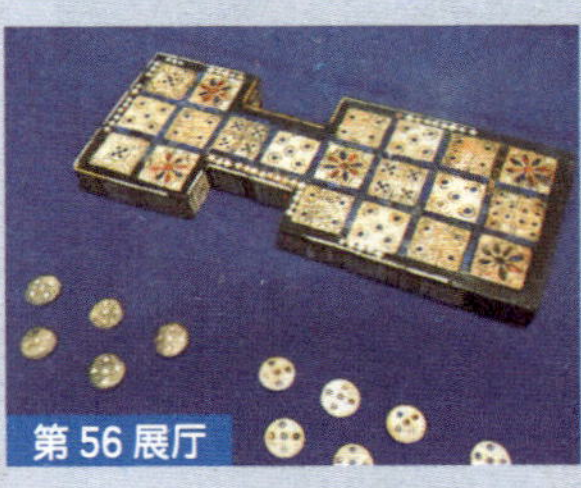
第56展厅

C 乌尔棋盘

在乌尔出土的世界上最古老的版图游戏之一。玩法可能类似双陆棋。

第52展厅

D 奥克苏斯的珍宝

在阿富汗奥克苏斯河流域出土的金银制品。为阿契美尼德王朝时期的文物。

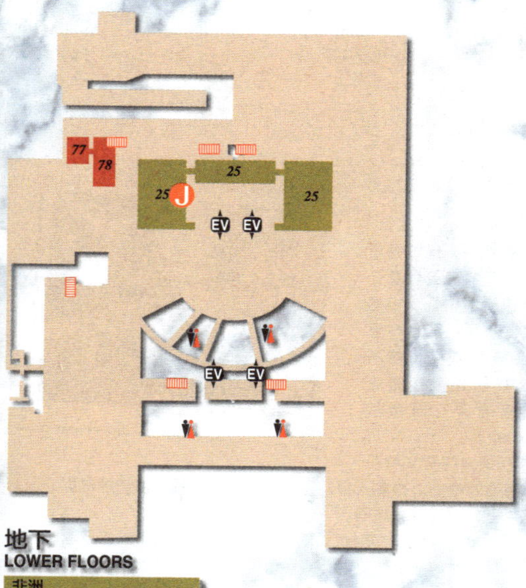

博物馆咖啡馆

位于大中庭两侧。提供三明治等简餐，很适合想在博物馆内长时间参观的游客。纸杯的图案也很可爱。

纪念品店

馆内有多个出售纪念品的商店，但大中庭一层的店铺是最大的。与罗塞塔石碑相关的纪念品和橡皮小鸭最受欢迎。

第 52 展厅

E 波斯波利斯浮雕

波斯波利斯曾经位于伊朗中部的一座城市。阿契美尼德王朝波斯王宫所在地。

第 41 展厅

F 萨顿胡的铁头盔

萨顿胡（→ p.174）是盎格鲁－萨克逊时期的船葬坟墓。这些文物为随葬品。

第 40 展厅

G 刘易斯岛的象棋子

1831 年在外赫布里底群岛被发现。用海象牙制成。

第 70 展厅

H 波特兰花瓶

古罗马时期的宝石玻璃制品。著名陶瓷企业威基伍德生产的复制品享有盛誉。

第 70 展厅

I 奥古斯都头像

首位罗马皇帝奥古斯都的头像。发现于苏丹的麦罗埃。

第 25 展厅

J 象牙面具

曾存在于尼日利亚南部的贝宁王国制造的面具。可能用于仪式。

Town 伦敦 Walk ③

因《窈窕淑女》而广为人知的

考文特花园

Covent Garden

17 世纪之前，这里很长时间都是被高墙所围的修道院（考文特）的土地，考文特花园的名字就源于这一历史。17 世纪时，建筑师伊尼哥 · 琼斯（Inigo Jones）在这里修建了意大利风格的房屋以及开放式的广场，从此这里变成了一个热闹的市场。市场里出售鲜花、蔬菜、水果，而且一直都保持着繁荣，1974 年市场被迁至泰晤士河对岸的沃克斯豪尔（Vauxhall）。

屋檐下有很多商铺

入口处有露天咖啡馆

富有魅力的考文特花园位于当地的中心，很多人都熟悉的由奥黛丽 · 赫本主演的电影《窈窕淑女》就曾在这里拍摄。

现存建筑多为 19 世纪 30 年代所建，有很多餐馆、咖啡馆以及著名的商店，是伦敦的一个商业中心，造访这里的人很多。

服装店 French Connection
服装店 ZARA
服装店 Oasis
地铁 考文特花园站
小商品 Accessorize
鞋店 Camper
服装店 Paul Smith
服装店 Agnès b.
女性商品 Karen Millen
皇家歌剧院 Royal Opera House
皇家剧院 Thater Royal
伦敦电影博物馆 London Film Museum
考文特花园 Covent Garden
伦敦交通博物馆 London's Transport Museum
Whittard
圣保罗教堂 St. Paul's Church
银禧市场 Jubilee Market
Crabtree & Evelyn
Chez Antoinette
Bow St.　James St.　Floral St.　Russel St.　Henrietta St.　King St.　Bedford St.

伦敦电影博物馆

London Film Museum

展示英国电影历史的博物馆。还曾展出过在《007》系列中出现的各款邦德汽车。

✉ 45 Wellington St., WC2E 7BN
TEL（020）78364913　URL londonfilmmuseum.com
开 10:00~18:00　休 12/25　费 £14.50 学生 £9.50
禁止使用闪光灯

惠塔德

Whittard Covent Garden

创立于 1886 年的红茶老店。惠塔德自创品牌、格雷伯爵、大吉岭等红茶品种都很不错。除此之外，还有水果茶、热巧克力等商品。

✉ 17 The Market，WC2E 8RB
TEL（020）72403532　URL www.whittard.co.uk
开 9:30~21:00　休 无休　CC A M V

瑰珀翠

Crabtree & Evelyn Covent Garden

天然护肤用品专卖店。有玫瑰水、薰衣草等植物的沐浴香精、沐浴露以及护手霜等商品。

✉ 8 The Market, WC2E 8RB
TEL（020）78363110　URL www.crabtree-evelyn.co.uk
开 10:00~20:00（周日 11:00~19:00）
休 12/25　CC A D M V

探索交通的历史

伦敦交通博物馆

Map p.62-63 ③ B1

London's Transport Museum

考文特花园周边

展示了从18世纪初期至今的伦敦城市交通变迁。展品相当下功夫，通过使用马车、无轨电车、电车、巴士、地铁等来展示粉饰伦敦街头的交通工具的历史变迁。

仿照耶路撒冷圣墓教堂而建

圣殿教堂

Map p.62-63 ③ D1

Temple Church

圣殿教堂周边

位于教堂内圣骑士团的浮雕

位于考文特花园与伦敦城之间的圣殿教堂是12~14世纪圣殿骑士团☞ p.575在伦敦的据点区域。保留至今的圣殿教堂建于1185年，也是伦敦现存最古老的建筑之一。这座教堂是英国教堂中比较罕见的圆形建筑，因为是模仿耶路撒冷的圣墓教堂而建的。内有许多浮雕是圣骑士团官员们的坟墓。另外，这里还是电影《达·芬奇密码》☞ p.575的取景地。

拥有秀丽的美术馆

萨默塞特宫

Map p.62-63 ③ C1

Somerset House

圣殿教堂周边

这座宫殿是在16世纪中叶由萨默塞特公爵——爱德华·西摩开始着手建设的。后来因其在权力斗争中败北，于伦敦塔被处决，因此宫殿的所有权也就移交给了英国王室。此后，这里主要作为王妃的宫殿被使用。现如今所见的建筑物是由威廉·钱伯斯在18世纪末期建造的新古典主义建筑。如今已有考陶尔德美术馆入驻，经常会举办各式各样的展览。

考陶尔德美术馆　这座美术馆是以1932年，实业家萨缪尔·考陶德捐赠给伦敦大学的名画收藏品为契机创办的。尽管规模不大，但却珍藏有意大利文艺复兴时期和印象派巨匠们的作品，例如克拉纳赫的《亚当和夏娃》、德加的《两个芭蕾舞女》以及梵高割耳后的自画像等众多名作。

从泰晤士河对岸眺望的萨默塞特宫

■ 伦敦交通博物馆

地铁 考文特花园站 Covent Garden 下车

✉ Covent Garden Piazza, WC2E 7BB

TEL（020）73796344

URL www.ltmuseum.co.uk

开 10:00~18:00（周五 11:00~18:00）

※ 入场截至 17:15

休 无休

费 £17.50　学生 £15

禁止使用闪光灯

采用最新科技展示的照片

■ 圣殿教堂

圣殿站 Temple 下车

✉ The Temple Church, Temple, EC4Y 7BB

TEL（020）73533470

URL www.templechurch.com

开 10:00~16:00

开馆时间贴在朝南的门上。也可从官网上确认。

休 周六、周日，其他不定期休业

费 £5　学生 £3

■ 萨默塞特宫

圣殿站 Temple 下车

✉ Somerset House, Strand, WC2R 1LA

TEL（020）78454600

URL www.somersethouse.org.uk

开 10:00~18:00（周四～周五 11:00~20:00）

休 12/25

费 免费

● 考陶尔德美术馆

TEL（020）78482526

URL courtauld.ac.uk

开 10:00~18:00　※ 入场截至 17:30

休 12/25 · 26

费 £8　学生免费

禁止使用闪光灯

考陶尔德美术馆的入口

建筑家克里斯托弗·雷恩的最高杰作

圣保罗大教堂

美丽的大教堂穹顶，无论从哪个角度看都十分的夺目

现在的圣保罗大教堂是在 1666 年伦敦大火中化为灰烬之后，由英国史上最伟大的建筑家克里斯托弗·雷恩☞ p.573进行设计重新建造的教堂。

克里斯托弗·雷恩接受国王查理二世的委托，从 1675 年开始花费了 35 年的时间才建造成了如今的大教堂。这座教堂与传统的哥特式建筑有所不同，是以巴洛克样式为基调，融入文艺复兴式的大穹顶和新古典主义的外观等各类不同的设计，也是雷恩的最高杰作。

大穹顶 *Dome*

大教堂的穹顶高 111.3 米，换算成英尺约为 365 英尺，这一点绝对是作为建筑家兼天文学家雷恩的独特之处。大穹顶的周围是三个回廊，分别是耳语回廊、石回廊和金回廊。

耳语回廊 *Whispering Gallery*

也叫作回音廊，在另一侧窃
私语可以很清晰地传导过来。从这
里出来到回廊外侧，可以眺望伦敦
风景。

正面外观 *Façade*

大教堂整座建筑正面的部分采用了类似希腊神殿的新古典样式。使用异教祭祀的神殿设计来装点基督教教堂的大胆想法，也是只有近代建筑才可能实现的想法。

圣保罗大教堂的主祭坛，内部有精美的马赛克图案

❶ 主祭坛 *High Altar*

原本的设计是没有马赛克装饰，19 世纪中叶有人提议内饰应该与外观一般美丽，因此使用马赛克作为装饰。

❷ 唱诗班 *Choir*

唱诗班所站位置的装饰木雕雕工极其细腻，因为是出自由雷恩请的雕刻家吉本斯（Grinling Gibbons）之手。

❸ 地下纳骨堂 *Crypt*

这里安放着英国国民英雄的纪念碑，例如指挥特拉法加战役纳尔逊将军p.576、在滑铁卢战役中击败拿破仑的惠灵顿公爵p.573等，近代护理教育的创始人——南丁格尔、大教堂的设计者克里斯托弗·雷恩p.573也葬于这里。

DATA

■ 圣保罗大教堂
Map p.64–65 ④ B2
圣保罗大教堂站 St. Paul's 下车
St. Paul's Churchyard，EC4M 8AD
TEL（020）72468350
URL www.stpauls.co.uk
开 8:30~16:00
休 周日
费 £18 学生 £16（可以免费参加导览团或者使用语音导览设备）
教堂内禁止拍照

■ 伦敦博物馆
🚇 圣保罗大教堂站 St. Paul's 下车
✉ 150 London Wall, EC2Y 5HN
TEL（020）70019844
URL www.museumoflondon.org.uk
开 10:00~18:00
休 12/24~26
费 免费
禁止使用闪光灯

伦敦博物馆的入口

诺曼·福斯特的杰作

■ 泰特现代艺术馆
🚇 黑衣修士站 Blackfriars 下车
✉ Bankside，SE1 9TG
TEL（020）78878888
URL www.tate.org.uk
开 10:00~18:00（周五 · 周六 ~ 22:00）
休 12/24~26
费 免费
馆内部分区域禁止拍照
禁止使用闪光灯

■ 莎士比亚环球剧院
🚇 黑衣修士站 Blackfriars 下车
✉ Bankside，SE1 9DT
TEL（020）79021400
URL www.shakespearesglobe.com
开 9:00~17:00
参观剧院之旅 9:00~12:30（周六 ~ 17:30、周日 ~ 11:30）每 30 分钟一团
休 12/24 · 25
费 £17 学生 £13.50（展示 & 参观剧院）
馆内部分区域禁止拍照
禁止使用闪光灯

介绍关于当时服装的特点

世界上最大规模的以都市为主题的博物馆

伦敦博物馆

Map p.64-65 ④ B1

Museum of London

伦敦城周边

这座博物馆生动真实地展示了从史前时代到现代的伦敦发展史，收藏品超过 100 万件。展品在陈列方面也下了一定的功夫，除了单纯的陈列展出，还利用数码影像等现代科技进行多方位展示，例如通过影像和声音非常简单易懂地解说说明伦敦的大火。

在伦敦大火之前的圣保罗大教堂模型

为纪念公元 2000 年而建造的大桥

千禧桥

Map p.64-65 ④ B2

Millennium Bridge

伦敦城周边

为了纪念公元 2000 年的到来，进行了一系列的千禧项目之一。大桥于 2000 年 6 月开通之后，每每有行人通过都会摇晃不止，因此很快就关闭了，之后又于 2002 年 2 月重新开通。自从这座桥建成之后，从圣保罗大教堂去往对岸的泰特现代艺术馆徒步仅需 5 分钟，这也大大地方便了伦敦城与南岸地区的互通往来。

现代艺术的殿堂

泰特现代艺术馆

Map p.64-65 ④ A3-B3

Tate Modern

伦敦城周边

2000 年时把泰特画廊中的关于现代艺术的藏品单独分出来，创办了泰特现代艺术馆。这座建筑原本是一座火力发电厂，因此是一座非常宽敞的美术馆。一进门马上就可以感受到一片开阔空间，这里有巨大的造型艺术。馆内的藏品中毕加索、达利、塞尚、马蒂斯等 20 世纪巨匠们的作品是必看的。从 2016 年开始新馆 Switch House 也对外开放了。

新开不久的 Switch House

再现莎士比亚时期的剧院

莎士比亚环球剧院

Map p.64-65 ④ B2

Shakespeare's Globe Theatre

伦敦城周边

莎士比亚环球剧院是在莎士比亚p.572曾经亲身工作过的环形剧院的旧址上复原当时剧院模样而建的，也就说能够在与莎士比亚时代完全相同的条件下欣赏莎士比亚的话剧。

演出只在 4~10 月中旬期间举行，不过全年都有对剧院、服装、乐器的历史进行介绍的展览以及参观剧院的团体游。

从高 244 米的观景台俯瞰街景

碎片大厦

Map p.64-65 ④ C3

The Shard

伦敦塔周边

大厦于 2013 年竣工，高 310 米。该建筑为英国，同时也是全欧洲最高的尖塔形玻璃幕墙建筑。由伦佐·皮亚诺设计。

碎片大厦观景台 The View from The Shard

碎片大厦的观景台位于 69 层和 72 层，72 层的观景台高达 244 米，景色非常好。

从观景台眺望伦敦

曾活跃于世界各地战场上的

HMS 贝尔法斯特号

Map p.64-65 ④ C3

HMS Belfast

伦敦塔周边

停泊于塔桥与伦敦桥之间的一艘巡洋舰。舰名为贝尔法斯特，来自建造地北爱尔兰的地名。这艘巡洋舰于 1936 年建成，参加过第二次世界大战及朝鲜战争。1965 年退役，之后几经辗转，停靠在了现在的地点，成了帝国战争博物馆的一个分馆。参观舰内，可以了解 20 世纪中叶巡洋舰的内部构造以及舰艇生活。

伦敦的门户

伦敦塔桥

Map p.64-65 ④ D3

Tower Bridge

伦敦桥周边

这座桥具有维多利亚风格的优雅，建成于 1894 年。在船只还是重要交通工具的时代，吊桥每天要开起 50 多次，而现在每天只开起两三次，能否见到要凭运气。

塔内有关于桥的结构以及历史的介绍，游客还可以上到架于两塔之间玻璃栈桥上眺望伦敦街景。在南岸有动力室，可以看到过去的水压机以及现在使用的电机。

开起的塔桥

■碎片大厦

🚇 伦敦桥站 London Bridge 下车

✉ 32 London Bridge St., SE1 9SG

TEL 08444997111

URL www.theviewfromtheshard.com

开 3/26~10/28 10:00~22:00
10/29~ 次年 3 月下旬 10:00~19:00
（周四 ~ 周六 10:00~22:00）
闭馆前 1 小时截止入场

休 12/25

费 £24.50~30.95

在 72 层的观景台可以感受到外面的风吹

■ HMS 贝尔法斯特号

🚇 伦敦桥站 London Bridge 下车

✉ The Queen's Walk., SE1 2JH

TEL（020）79406300

URL www.iwm.org.uk

开 10:00~18:00
闭馆前 1 小时截止入场

休 12/24~26

费 £15.30 学生 £12.25

停泊在塔桥前面的 HMS 贝尔法斯特号

■伦敦塔桥

🚇 塔丘站 Tower Hill 下车

✉ Tower Bridge Rd., SE1 2UP

TEL（020）74033761

URL www.towerbridge.org.uk

开 4~9 月 10:00~17:30
10 月 ~ 次年 3 月 9:30~17:00

休 12/24~26

费 £9.80 学生 £6

位于桥南侧的动力室

血腥历史的见证者

世界遗产 伦敦塔

伦敦塔位于伦敦城以东，与其说是塔，其实倒更像是一座要塞。建成于征服王威廉（威廉一世）p.572时期，900 多年来，一直见证着伦敦的历史。

珍宝馆 Jewel House

展出国王即位时使用的王冠、珠宝、权杖等各种珍宝。其中有被称为“非洲之星”的大钻石重达 3106 克拉，非常值得一看。参观时要站在自动人行电梯上前行。

伦敦塔守卫 Beefeater

常被用于金酒酒瓶外形的设计。正式名称为皇家近卫军仪仗卫士（Yeoman Warder）。过去为卫兵，现在负责看守伦敦塔。因过去以牛肉作为他们的工资，所以这些卫士便被人戏称为 Beafeater（吃牛肉的）。

白塔 White Tower

现在的白塔最初为威廉一世☞p.572在11世纪后期修建的要塞。伦敦塔曾为英国王室所有的建筑，但一直只被当作监狱以及刑讯、处死犯人的场所使用。历史上有很多著名人物都在是在这里被处死，其中最悲惨的是13岁即位的爱德华五世☞p.573和他的弟弟理查德。阴谋的主使者被认为是他们的叔叔，此人之后成了理查三世☞p.577国王。除此之外，反对亨利八世☞p.576离婚的托马斯·莫尔以及亨利八世的第二任妻子安妮·博林☞p.572、第五任妻子凯瑟琳·霍华德等人也在这里被处死。安妮·博林的女儿，也就是后来的伊丽莎白一世☞p.573，在她姐姐玛丽一世统治时期，曾被软禁于伦敦塔。

伦敦塔的乌鸦 The Ravens

伦敦塔饲养的乌鸦被称为Ravens。查尔斯二世（1660~1685年在位）时期，曾一度试图将乌鸦赶走，但是因为一个预言，即“如果乌鸦从伦敦塔消失，那伦敦塔以及整个英国就将消失”，所以驱逐乌鸦的行动被制止了。

售票处
马丁塔 Martin Tower
珍宝馆 Jewel House
入口
迎客中心 Welcome Centre
商店
入口
中塔 Middle Tower
白塔 White Tower
圣约翰教堂 Chapel of St. John the Evangelist
入口
王后宫 Queen's House
新武器库 New Armouries
血腥塔 Bloody Tower
韦克菲尔德塔 Wakefield Tower

DATA

■伦敦塔

Map p.64–65 ④ D2

🚉 塔丘站 Tower Hill 下车

✉ Tower Hill，EC3N 4AB

TEL（020）31666000　URL www.hrp.org.uk

开 3~10月 9:00~17:30（周日·周一 10:00~17:30）

11月~次年2月 9:00~16:30（周日·周一 10:00~16:30）

闭馆前30分钟停止入场

伦敦塔守卫的讲解夏季至15:30（冬季~ 14:30）

休 1/1、12/24~26

费 £22.70~25 学生 £17.70~19.50

珍宝馆与圣约翰教堂禁止拍照

左：切尔西队主场斯特拉特福德球场（伦敦碗） 右：阿森纳队主场酋长球场

豪门激战的梦幻舞台

伦敦的足球场

伦敦是英超联赛的激战区，这里有温布利等球场，无比赛事时，有参观球场活动，可以参观球员休息室以及入场口等设施。

斯特拉特福德球场（伦敦碗）
Stamford Bridge Stadium
切尔西 Chelsea

URL www.chelseafc.com

🚃 区域线富勒姆百老汇站 Fulham Broadway 下车。步行约 5 分钟。

✉ Stamford Bridge，Fulham Rd.，SW6 1HS

TEL 08719841955

●球场参观活动

开 10:00~16:00 每隔 20~40 分钟出发

费 £19~21　学生 £14~16

酋长球场
Emirates Stadium
阿森纳 Arsenal

URL www.arsenal.com

🚃 皮卡迪利线阿森纳站 Arsenal 下车，步行 10 分钟。

✉ Emirates Stadium，N5 1BU　TEL（020）76195000

●球场参观活动

开 9:30~17:00（周日 10:00~15:00）

休 比赛日　费 £22 学生 £17

温布利球场
Wembley Stadium
英国国家队

URL www.thefa.com

🚃 大都会线温布利公园站 Wembley Park 下车，步行 10 分钟可达球场。

●球场参观活动

TEL 08001699933　URL www.wembleystadium.com

开 10:00~15:00（最好预约）

休 非比赛日、比赛日前后（根据情况）

费 £22

白鹿巷球场
White Hart Lane
托特纳姆热刺 Tottenham Hotspur

URL www.tottenhamhotspur.com

🚃 利物浦大街站上车在白鹿巷站 White Hart Lane 下车。步行约 5 分钟。

✉ 748 High Rd.，Tottenham，N17 0AP

※ 新球场在 2018 年 9 月竣工

伦敦球场
London Stadium
西汉姆联队 West Ham United

URL www.whufc.com

🚃 乘地铁中央线或者码头区轻轨、TfL 铁路在斯坦福斯特拉福德站 Stratford 下车，步行 10 分钟。

✉ Queen Elizabeth Olympic Park，E20 2ST

●球场参观活动

开 10:00~15:00　休 不定期　费 £17 学生 £14

赛尔赫斯特公园球场
Selhurst Park
水晶宫 Crystal Palace

URL www.cpfc.co.uk

🚃 在伦敦地面线诺伍德枢纽站 Norwood Junction 下车。步行约 15 分钟。

✉ Whitehorse Lane.，SE25 6PU

维多利亚女王诞生的

肯辛顿宫

Map p.76-77 10 C2

Kensington Palace

肯辛顿周边

这里是维多利亚女王的诞生地，宫殿前有女王雕像

位于肯辛顿花园内的英国王室宫殿。曾为查尔斯王子和戴安娜王妃的居所。

这座建筑过去被称为诺丁汉宫，光荣革命后，成为国王的威廉三世和玛丽二世将其买下，并让建筑师克里斯托弗·雷恩将其p.573改建为王宫。乔治一世时期又进行了改建，基本上形成了现在的建筑形式。1819 年 5 月 24 日，维多利亚女王在这里p.572诞生。

由乔治一世改建的国宾楼是参观肯辛顿宫时的中心部分。尤其需要介绍的是圆顶屋（Cupola Room）。那里是维多利亚女王接受洗礼的地方，其豪华程度在国宾楼中首屈一指。国王画廊（King's Gallery）中展出许多王室收藏的绘画，也非常值得一看。另外，还有王室时尚展（Modern Royals）展出了已故的戴安娜王妃和玛格丽特公主穿过的服装。

展出众多绘画作品的国王画廊

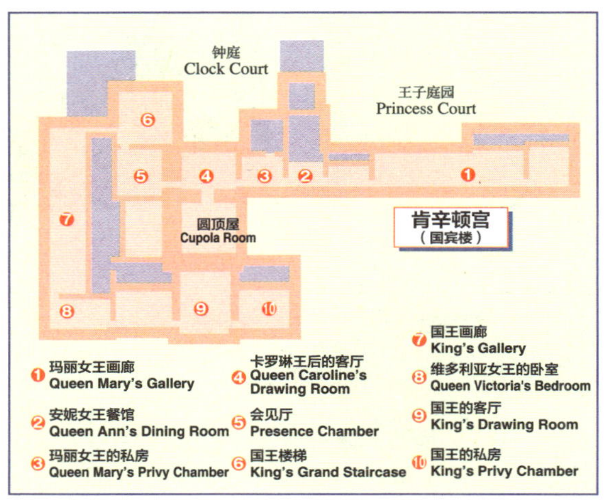

■肯辛顿宫

🚇 女王大道站 Queensway 下车

✉ Kensington Palace State Apartments，Kensington Gdns.，W8 4PX

TEL（020）31666000

URL www.hrp.org.uk

开 3~10 月 10:00~18:00
11 月～次年 2 月 10:00~17:00
闭馆前 1 小时截止入场

休 12/24~26

费 £16~19.50
学生 £12.70~15.50

禁止使用闪光灯

玛丽女王的私房

豪华绚丽的圆顶屋

维多利亚女王穿过的婚纱

Town 伦敦 Walk ④

百货商场与品牌店林立的

骑士桥～国王路

Knightsbridge, Sloane Street, King's Road

英国最负盛名的哈罗德百货店坐落在布朗普顿路。在从地铁骑士桥站向南延伸的斯隆大街上，有许多高级品牌店。继续南行，可到达斯隆广场。在从斯隆广场向西南方向延伸的国王路上，有很多杂货店及休闲时尚店。

哈罗德百货店所在的布朗普顿路

海德公园
Hyde Park
骑士桥
Knightsbridge
地铁
骑士桥站
Harvey Nichols
Ferragamo 鞋与箱包店
Laura Ashley
服装店
D&G
服装店 Tommy Hilfiger
箱包店 Furla
Pavilion Rd.
斯隆大街
Miu Miu 女性商品店
BVLGARI 珠宝店
Saint Laurent 服装店
Chanel 服装店
Harrods
Hans Cres.
Zia Teresa R
服装店
Gap
服装店 Prada
Beauchamp Pl.
布朗普顿路
Brompton Rd.
Pont St.
Sloane St.
Cadogan Pl.
Brompton Rd.
Walton St.
Cadogan Sq.
Milner St.
Moore St.
服装店
JOSEPH
Conran Shop
服装店
Ralph Lauren
Draycott Av.
Sloane Av.
Cadogan St.
珠宝店
Tiffany
斯隆广场
Sloane Sq.
Peter Jones
男性商品
BOSS
地铁
斯隆广场站
鞋店
Russell & Bromley
萨奇画廊
Saatchi Gallery
Jigsaw 服装店
Partirdges
King's Rd.
Elystan Pl.
服装及食品、文具店 Muji
服装店 Gap
国王路
化妆品店
Penhaligon's
服装店
JOSEPH

国王路是朋克的发祥地

哈罗德百货
Harrods

欧洲著名的百货店，创立于1849年。除了传统商品，这里也有极富新意的时尚商品，可以说在哈罗德能买到任何想买的东西。这里也是英国首个安装扶梯的地方。共有330多家专卖店，里面还有豪华的埃及厅，整个建筑宛如一座博物馆。

✉87-135 Brompton Rd., SW1X 7XL
TEL（020）77301234　URL www.harrods.com
开 10:00~21:00（周日 11:30~18:00）
休 12/25　C/C A D J M V

哈维·尼克斯百货
Harvey Nichols

商品从著名品牌到年轻设计师的自创品牌。可以在一天之内了解伦敦的最新时尚。

✉109-125 Knightsbridge, SW1X 7RJ
TEL（020）72355000　URL www.harveynichols.com
开 10:00~20:00（周日 11:30~18:00）
休 12/25、复活节　C/C A D J M V

彼得·琼斯百货
Peter Jones

位于斯隆广场的百货店，有许多时尚的店铺。商品多为普通英国人在日常生活中经常使用的休闲物品。

✉Sloane Sq., SW1W 8EL　TEL（020）77303434
URL www.johnlewis.com
开 9:30~19:00（周三 9:30~20:00、周日 12:00~18:00）
休 12/25·26　C/C A D J M V

帕特里奇
Partridges

王室御用的食材店。有自创品牌商品，在这里，从价格便宜的土特产到高级食材都能买到。

✉2-5 Duke of York Sq., SW3 4LY
TEL（020）77300651　URL www.partridges.co.uk
开 8:00~22:00　休 12/25·26　C/C A J M V

齐亚·特蕾莎
Zia Teresa

历史悠久的意大利餐馆，创立于1956年。各种意面£11.95~16.95。12:00~15:00期间提供套餐，两道菜£15.95，三道菜£18.95。很适合在购物后前往小憩。

✉6 Hans Rd., SW3 1RX　TEL（020）75897634
URL www.ziateresa.co.uk
开 12:00~23:00（周日 12:00~22:00）
休 无休　C/C A M V　店内有 Wi-Fi

罗兰·爱思
Laura Ashley

以出售英国乡村风格小碎花以及浅色系的棉织品而闻名。素朴的设计很受欢迎，还有家居用品及洗浴用品。

✉7-9 Harriet St., SW1X 9JS
TEL（020）78387480　URL www.lauraashley.com
开 10:00~18:00（周日 12:00~18:00）
休 12/25、复活节　C/C A M V

萨奇画廊
Saatchi Gallery

伦敦最负盛名的现代艺术美术馆。展览基本上都是特别展，在这里可以观赏到许多艺术家的作品。

✉Duke of York's HQ, King's Rd., SW3 4RY
TEL（020）78113085　URL www.saatchigallery.com
开 10:00~18:00　休 12/25　费 免费

康兰商店
The Conran Shop

由康兰爵士创立的家居用品店。

✉Michelin House, 81 Fulham Rd., SW3 6RD
TEL（020）75897401　URL www.conran.com
开 10:00~18:00（周三·周四 10:00~19:00，周六 10:00~18:30，周日 12:00~18:00）
休 12/25、复活节　C/C A D J M V

■维多利亚和阿尔伯特博物馆
🚇南肯辛顿站 South Kensington 下车
✉ Cromwell Rd., South Kensington, SW7 2RL
TEL（020）79422000
URL www.vam.ac.uk
开 10:00~17:45（周五 10:00~22:00） 休 12/24~26
费 免费、特别展收费
馆内部分区域禁止拍照
部分区域禁止使用闪光灯

Key Person

威廉·莫里斯

威廉·莫里斯是艺术和工艺运动的著名领导者，具有多种才能，活跃于多个领域。1834 年他生于伦敦，为了成为神职人员而在牛津学习。求学期间访问法国，并决心成为艺术家。他生活的时代正值工业革命，大量生产成为可能，传统的手工业者的生计陷入危机。莫里斯对这一动向持有怀疑态度，因此创立了莫里斯商会，主张坚持自中世纪以来形成的"生活与艺术的一体化"理念。他创作了植物花纹的壁纸、中世纪式样的花窗玻璃等作品，这对现代艺术产生了很大的影响。

莫里斯展厅（墙壁前）与甘博尔展厅（里侧）

汇集了全世界的装饰美术品

维多利亚和阿尔伯特博物馆

Map p.72-73 ⑧ C1

Victoria and Albert Museum

肯辛顿周边

博物馆的藏品以装饰美术品为主，收集了来自世界各地的优秀设计艺术品。藏品数量非常多，有超过 4 万件，所以最好事先制订参观计划。

主要的藏品有时尚展厅中的各个时代顶级模特的相关展示，还有东方展厅中的中近东地区、印度、东亚的艺术品以及"莫里斯展厅 Morris Room"中的威廉·莫里斯的设计作品等。在博览会路一侧的入口，用于举办特别展的博览会路文化区已于 2017 年开放。

时尚展厅

2016 年开放的欧洲 1600~1815

约翰·马德伊斯基花园

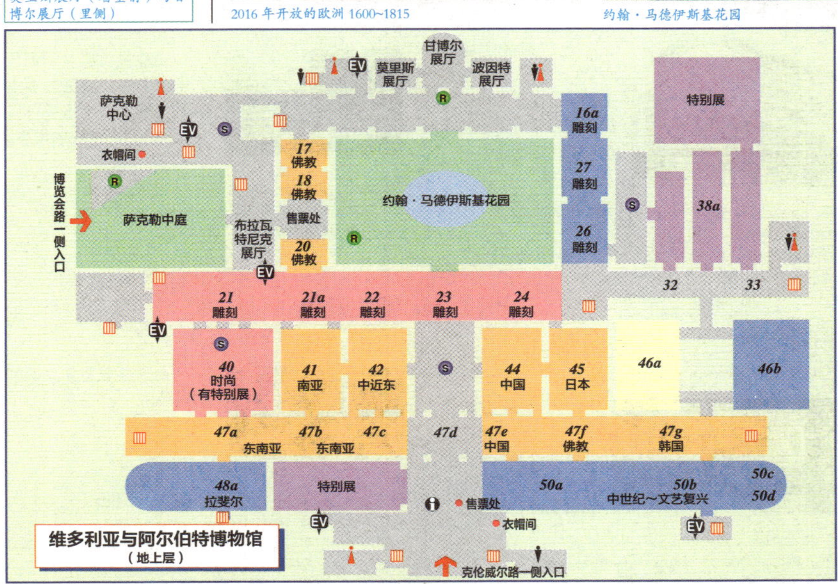

可能出现因整修工程而关闭展厅的情况。博物馆网站会登载最新信息。©Victoria and Albert Museum, London

非恐龙迷的游客也会感兴趣

自然历史博物馆

Map p.72-73 ⑧ B1

The Natural History Museum

肯辛顿周边

红色区域，即地质与地球展区的入口

紧邻维多利亚和阿尔伯特博物馆。现在的恐龙热让这家博物馆成为伦敦众多博物馆中的佼佼者。建筑由艾尔弗雷德·沃特豪斯设计。

馆内按主题分为四个区域。红色区域为地质、地球相关展区，绿色区域为生态与进化展区，蓝色区域为包括恐龙、鲸鱼等大型生物在内的各种动物及进化的展区。橘黄色区域有可了解最新生物学研究的达尔文中心（Darwin Centre）以及只在夏季开放的野生生物园（Wild Life Garden）。

■自然历史博物馆
🚇南肯辛顿站 South Kensington 下车
✉ Cromwell Rd., South Kensington, SW7 5BD
TEL（020）79425000
URL www.nhm.ac.uk
开 10:00~17:50
※ 入场截至 17:30
休 7/13、12/24~26
费 免费，特别展收费

宛如大教堂般的庄严外观

展出蓝鲸骨骼标本的海因兹展厅

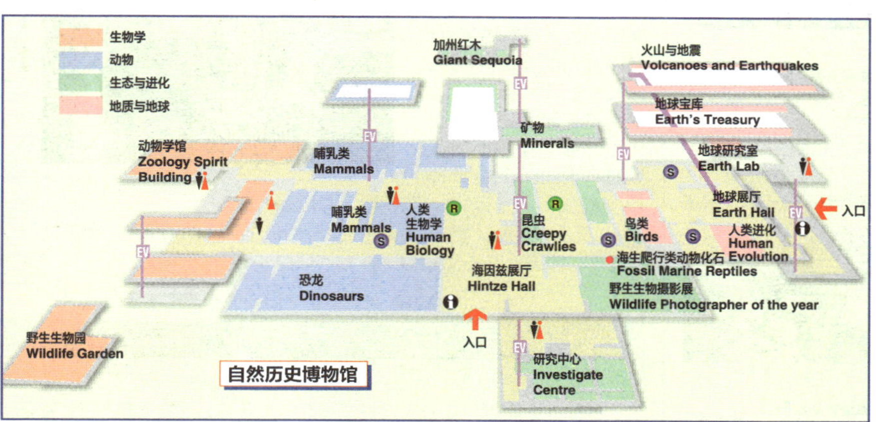

趣味讲解科学知识的

科学博物馆

Map p.72-73 ⑧ B1

Science Museum

肯辛顿周边

每层都有不同的展出主题

位于自然历史博物馆的北面。涉及数学、物理、化学、工程、运输、矿物学、通信等领域的科学博物馆。尤其受青少年欢迎，周六、周日大多为家庭游客。

■科学博物馆
🚇南肯辛顿站 South Kensington 下车
✉ Exhibition Rd., SW7 2DD
TEL（020）79424000
URL www.sciencemuseum.org.uk
开 10:00~18:00
※ 入场截至 17:15
休 12/24~26
费 免费，特别展收费

体验最先进的科学技术

汇集了世界名人的

杜莎夫人蜡像馆

Map p.68-69 ⑥ C3

Madame Tussaud's

马里波恩周边

1835 年，蜡像雕塑家杜莎夫人在伦敦创立了蜡像馆。在这里可以见到从亨利八世☞ p.576到现在的王室成员以及众多世界名人，非常有趣。这里有在各季更换展品的特设展区，可以多次前往参观。

可以跟甲壳虫乐队合影留念

福尔摩斯迷不能错过的

夏洛克 · 福尔摩斯博物馆

Map p.68-69 ⑥ B3

The Sherlock Holmes Museum

马里波恩周边

这家博物馆生动地再现了福尔摩斯与华生的住所——贝克街 221B。福尔摩斯小说中描写的贝克街 221B 当然是虚构的，不过之后随着门牌号码的增加，现在确实有了这个地址。而且，阿比国民银行大厦（Abbey National Building）也在该区域，位于福尔摩斯博物馆向南不远的地方。

生动再现了福尔摩斯的住所

1 层出售与福尔摩斯有关的商品，从小纪念品到 DVD 都有。如果是一名福尔摩斯迷，一定要去看一看。

位于摄政公园内的

伦敦动物园

Map p.68-69 ⑥ C1

London Zoo

摄政公园周边

1828 年伦敦动物园开园，最初为研究动物而建，这是世界上首个现代意义上的动物园。1847 年才开始对普通公众开放。曾因财政困难而一度面临关门的危机，后在广大市民的捐助下渡过难关。电影《哈利 · 波特与魔法石》曾在爬行动物馆取景。

大猩猩在动物园中十分受欢迎

电影《哈利 · 波特与魔法石》取景地之一的爬行动物馆

■**杜莎夫人蜡像馆**

🚇 贝克大街站 Baker St. 下车

✉ Marylebone Rd., NW1 5LR

URL www.madametussauds.com

开 4 月上旬；7 月的周六 · 周日、8 月 8:30~18:00
7 月的非休息日 9:00~17:00
4 月中旬~下旬、5 · 6 · 9 · 10 月 9:00~16:00
（周六 · 周日 ~ 17:00，但 11 月 ~ 次年 3 月期间 10:00~16:00）

休 12/25 费 £35

游客很多，需要排长队，所以最好早些到达或在网站上预约。部分时间段有打折优惠。

圆顶建筑是这里的地标

■**夏洛克 · 福尔摩斯博物馆**

🚇 贝克大街站 Baker St. 下车

✉ 221B Baker St., NW1 6XE

TEL（020）72243688

URL www.sherlock-holmes.co.uk

开 9:30~18:00

休 12/25 费 £15

纪念品区商品种类丰富

■**伦敦动物园**

🚇 康登镇站 Camden Town 下车

✉ Outer Circle, Regent's Park, NW1 4RY

TEL 03442251826

URL www.zsl.org/zsl-london-zoo

开 全年开园时间 10:00（以下为闭园时间）
2/19~3/24、9/3~10/19 17:30
3/25~9/2 18:00
10/20~27 17:00
10/28~2/15 16:00

入园截至闭园前 1 小时

休 12/25

费 £24.30~29.75
学生 £21.90~26.80

Town 伦敦 Walk ⑤

高架桥下联排的精酿啤酒坊
伯蒙西啤酒街
Bermondsey Beer Mile

位于伦敦南部的伯蒙西地区，铁路的高架桥下排列着许多啤酒工房。这里几乎所有的精酿啤酒坊都是由年轻的酿酒师满怀热情酿制出的新啤酒，来自全世界的啤酒爱好者都十分关注这一地区的精酿啤酒。每逢周末这里便会摇身一变成为可以喝到鲜榨啤酒的酒吧，有很多人在这条街上挨家串着喝。

东伦敦地区是年轻人最喜欢的区域

R Southwark Brewing
R Anspach & Hobday
马特比街市场 Maltby Street Market
S Bottle Shop
R UBREW
Brew By Numbers R
地铁 伯蒙西站
R Partizan Brewing
Fourpure Brewing R

萨瑟克酿酒坊
Southwark Brewing

2014年开的小型酿造厂，带有“象”的标志。使用传统的技法，挑战新的味道。

✉ 46 Druid St., SE1 2EZ　TEL (020) 33024190
URL www.southwarkbrewing.co.uk
开 周二·周四 19:00~22:00、周五 17:00~22:00、周六 11:00~18:00、周日 11:00~16:00
休 周一·周三　C/C M V　店内可用

瓶子店
The Bottle Shop

这里的啤酒虽然不是自酿的，但却收集了来自全世界各地的800多种瓶啤酒。店铺二层还有德比郡的当地自酿啤酒。

✉ 128 Druid St., SE1 2HH　TEL (020) 35832065
URL bottle.shop
开 17:00~22:30（周六 10:00~22:30、周日 12:30~17:30）
休 无休　C/C A M V　店内可用

安斯波与霍布迪
Anspach & Hobday

店内通常会备有8种精酿啤酒。“The Poter”在2014年获得了国际精酿啤酒挑战赛的冠军。

✉ 118 Druid St., SE1 2HH　TEL (020) 86179510
URL www.anspachandhobday.com
开 周五 17:00~21:00、周六 10:30~19:00、周日 12:30~17:00
休 周一～周四　C/C M V　店内不可用

计数酿造
Brew By Numbers

店主亲自拜访世界各地的啤酒工坊，精心反复研究出的精酿啤酒。共有30种。

✉ 79 Enid St., SE16 3RA　TEL (020) 72379794
URL www.brewbynumbers.com
开 周五 18:00~22:00、周六 11:00~19:00
休 周日～下周四　C/C M V　店内不可用

四纯精酿啤酒坊
Fourpure Brewing

于2013年开业。使用考究的大麦、酵母、啤酒花、水这四种食材酿造而成的啤酒。

✉ 22 Bermondsey Trading Estate, SE16 3LL
TEL (020) 37442141　URL www.fourpure.com
开 周五 12:00~21:00，周六 11:00~20:00
休 周日～下周四　C/C M V　店内不可用

有时间必去！

伦敦的其他景点

威斯敏斯特周边

伦敦国宴厅
Banqueting House

16、17世纪的英国王室宫殿白厅宫在遭遇大火后仅存的建筑物便是现在的伦敦国宴厅了。这里最大的看点是鲁本斯执笔的天花板壁画。

Map p.62-63③B2
查令十字站 Charing Cross / 威斯敏斯特站 Westminster 下车
Whitehall, SW1A 2ER
TEL（020）31666000 URL www.hrp.org.uk
开 10:00~17:00 ※ 入场截至 16:30
休 12/24~26、1/1、不定期会缩短时间
费 £5.50 学生 £4.60 禁止使用闪光灯

威斯敏斯特周边

南丁格尔博物馆
Florence Nightingale Museum

圣托马斯医院是南丁格尔从克里米亚战争时期回国后创办护士学校的医院。这里展示了南丁格尔的生平业绩。

Map p.62-63③C3
滑铁卢站 Waterloo 下车
St. Thomas' Hospital, 2 Lambeth Palace Rd., SE1 7EW
TEL（020）71884400
URL www.florence-nightingale.co.uk
开 10:00~17:00 ※ 入场截至 16:30
休 复活节、12/23~26、1/1
费 £7.50 学生 £4.80 禁止使用闪光灯

威斯敏斯特周边

皇家骑兵博物馆
Household Cavalry Museum

并设于皇家骑兵卫队（→p.108）的博物馆。里面介绍了骑兵卫队的历史等。

Map p.62-63③B2
查令十字站 Charing Cross / 威斯敏斯特站 Westminster 下车
Whitehall, SW1A 2AX TEL（020）79303070
URL www.householdcavalrymuseum.co.uk
开 4~10月 10:00~18:00、11月~次年3月 10:00~17:00
休 12/24~26，圣周五，伦敦马拉松
费 £8 学生 £6 禁止使用闪光灯

白金汉宫周边

阿普斯利宅邸
Apsley House

这里是惠灵顿公爵 p.573 曾经居住的宅邸，他因在滑铁卢战役中击败拿破仑而闻名于世。从肯辛顿花园方向往伦敦市区去最先看到的建筑物便是这里了，因此也被称为“伦敦第一”。建筑物的内部除了展示惠灵顿公爵的生涯，还有国王赐给公爵的绘画等收藏品，非常值得一看。

Map p.58-59①A3
海德公园角站 Hide Park Corner 下车
149 Picadilly, W1J 7HT TEL（020）74995676
URL www.english-heritage.org.uk
开 4~10月周三～周日 11:00~17:00
11月～次年3月周六・周日 11:00~16:00
休 4~10月期间的周一、周二；11月～次年3月期间的周一～周三、1/1、12/24~26
费 £10 学生 £9 内部禁止拍照

皮卡迪利广场周边

英国国家肖像美术馆
National Portrait Gallery

国家肖像美术馆紧邻英国国家美术馆，是一座专门强化展出肖像画的美术馆。馆内共有英国具有代表性的伟人肖像画9000多幅。

三层是从都铎王朝以来18世纪英国王侯贵族们的肖像，二层是维多利亚王朝等20世纪的人物肖像，一层是甲壳虫乐队等现代名人的绘画集锦。

Map p.62-63③B1
查令十字站 Charing Cross 下车
St.Martin's Pl., WC2H 0HE
TEL（020）73122463 URL www.npg.org.uk
开 10:00~18:00（周四・周五～21:00）
※ 闭馆前1小时截止入场
※ 休 12/24~26 费 免费、企划展不免费
有语音导览 £3 禁止使用闪光灯

皮卡迪利广场周边

皇家美术学院
Royal Academy of Arts

这座美术学院创立于1768年，是英国最早的艺术学校。这里的企划展内容充实，每次举办活动都备受好评。

Map p.58-59①B2
皮卡迪利广场站 Piccadilly Circus 下车
Burlington House, W1J 0BD
TEL（020）73008000 URL www.royalacademy.org.uk
开 10:00~18:00 ※ 入场截至 17:00
休 12/24~26 费 根据展出内容不同 内部禁止拍照

牛津广场周边

华莱士博物馆
The Wallace Collection

这里展出的主要是理查德·华莱士的私人藏品。藏品包括从欧洲绘画、家具、装饰品等，而且都十分贵重。绘画中除英国的绘画之外，还有意大利文艺复兴时期和佛兰德斯画派的绘画，都是这些世界一流藏品。

Map p.58-59①A1
邦德大街站 Bond St. 下车
Hertford House, Manchester Sq., W1U 3BN
TEL（020）75639500
URL www.wallacecollection.org
开 10:00~17:00 休 12/24~26 费 免费
禁止使用闪光灯

牛津广场周边

汉德尔故居
Handel & Hendrix London

汉德尔因其创作的《弥赛亚》而闻名于世，也被人们称为“音乐之母”，他在1723~1759年生活在这里，现在已经被改成了博物馆。

Map p.58-59①A2
邦德大街站 Bond St. 下车
25 Brook St., W1K 4HB TEL（020）74951685
URL handelhendrix.org
开 11:00~18:00 ※ 入场截至 17:00
休 周日、圣周五、12/25·26 费 £10
内部禁止拍照

大英博物馆周边

大英图书馆
The British Library

因馆藏丰富而知名。馆内珍藏有《大宪章》p.577的原版、古腾堡活版印刷的《圣经》、在神圣岛制作的装饰圣经，还有甲壳虫乐队亲笔谱写的乐谱等，此外还有众多的珍贵书籍、文献等。这里每年还会新增300万本左右的书籍，2018年5月图书馆内藏书达5000万册。

Map p.66-67⑤B1
国王十字站 / 圣潘克拉斯站 King's Cross/ St. Pancras 下车 96 Euston Rd., NW1 2DB
TEL（01937）546060 URL www.bl.uk
开 9:30~20:00（周五~18:00，周六~17:00），周日·法定节假日 11:00~17:00
休 1/1、12/25、 费 免费 内部禁止拍照

大英博物馆周边

狄更斯故居
The Charles Dickens Museum

《圣诞颂歌》的作者查尔斯·狄更斯p.575在1837~1939年居住的房子，现已被改成了狄更斯博物馆。《尼古拉斯·尼克贝》《双城记》等作品就是在这栋房子里问世的。

Map p.66-67⑤C2
拉塞尔广场站 Russell Square 下车
48 Doughty St., WC1N 2LX
TEL（020）74052127 URL www.dickensmuseum.com
开 10:00~17:00 休 周一、12/25·26、1/1
费 £9.50 学生 £7.50 禁止使用闪光灯

大英博物馆周边

约翰·索恩爵士博物馆
Sir John Soane's Museum

约翰·索恩爵士是18~19世纪英国著名的建筑设计师，英格兰银行就是他最杰出的作品。他曾经生活的家仍旧保持着当时的原貌，并向公众开放。

Map p.66-67⑤C3
霍尔本站 Holborn 下车
12-14 Lincoln's Inn Fields, WC2A 3BP
TEL（020）74052107 URL www.soane.org
开 10:00~17:00
休 周日·周一，12/24~26，1/1，复活节
费 免费 内部禁止拍照

伦敦城周边

大火纪念碑
The Monument

为了纪念1666年9月2日伦敦大火而搭建的纪念碑。这场大火共烧毁房屋约13000户，当时伦敦市2/3的面积都化为灰烬，数以万计的人被烧死烧伤。

大火之后克里斯托弗·雷恩☞p.573设计了这座纪念碑，距离最初的失火地点仅有202英尺（约62米）。这座纪念碑高202英尺（约62米），可以沿着311阶台阶登上塔顶。由于没有电梯，所以攀登需要一定的体力。

Map p.64-65④C2
纪念碑站 Monument 下车
Monument St., EC3R 8AH
URL www.themonument.info
开 4~9月 9:30~18:00 10月~次年3月 9:30~17:30 闭馆前30分钟截止入场
休 12/24~26 费 £4.50 学生 £3

伦敦城周边

伦敦金融城市政厅
Guildhall

1411年这里作为同业公会统治时期的政治中心被建设，至今仍被使用，例如举行市长晚餐会或演讲，定期还有市议会在此举行。此外这里的艺术画廊还收藏了4000件艺术藏品。

Map p.64-65④B1
金融城站 Bank 下车
Gresham St., EC2V 7HH TEL（020）73321313
URL www.cityoflondon.gov.uk/guildhall
开 10:00~16:30 休 10月~次年4月期间的周日
费 免费
● 金融城市政厅艺术画廊
开 10:00~17:00（周日 12:00~16:00）
费 免费 休 1/1、12/25·26 禁止使用闪光灯

伦敦城周边

英格兰银行博物馆
Bank of England Museum

这座博物馆位于金融城区的中心位置，是一座与英格兰银行并设的博物馆。馆内对银行自1694年创建以来至今的通用货币历史进行了详细的解说，同时还有一些对现在英格兰银行社会责任的介绍和展示。展品中有纸币的原始模板、英格兰银行发行的各种纸币和硬币等，此外还有罗马时代的金条等。除了关于钱币的展品之外，这里的艺术品、装饰品方面的藏品也十分丰富。

Map p.64-65④C2
金融城站 Bank 下车
Bartholomew Ln., EC2R 8AH
TEL（020）76015545
URL www.bankofengland.co.uk
开 10:00~17:00 ※最终入场截至16:30
休 周六·周日·法定节假日
费 免费 禁止使用闪光灯

伦敦城周边

圣巴塞洛缪教堂
St. Bartholomew the Great

这座教堂建于1123年，在1666年的伦敦大火中免受大火侵蚀，因此也是伦敦现存最古老的教堂。除了休·格兰特主演的《四个婚礼和一个葬礼》之外，还有很多电影都曾在此取景。

Map p.64-65④A1
巴比肯站 Barbican 下车
West Smithfield, EC1A 9DS
TEL（020）76000440 URL www.greatstbarts.com
开 2/14~11/10 8:30~17:00（周六 10:30~16:00、周日 8:30~20:00）；11/11~次年2/13 8:30~16:00（周六 10:30~16:00、周日 8:30~20:00）
休 无休 费 £5 学生 £4.50 拍照 £1.50
部分区域禁止拍照 禁止使用闪光灯

伦敦塔周边

白教堂美术馆
Whitechapel Gallery

这座美术馆的藏品中以现代艺术家的作品居多，非常有时代感。所有展览都是企划展，根据季节展出的内容也有所不同。

Map p.64-65④D1
奥德门东站 Aldgate East 下车
77-82 Whitechapel Hight St., E1 7QX
TEL（020）75227888 URL www.whitechapelgallery.org
开 11:00~18:00（周四~21:00） 休 周一·法定节假日
费 依展出而不同 内部禁止拍照

皮卡迪利周边

泰特不列颠美术馆
Tate Britain

美术馆共分成3个展厅，分别是17~19世纪的英国绘画厅、20世纪的英国绘画厅和特纳作品展厅。尤其英国国宝级画家特纳的作品，馆藏数量号称世界之首。此外，米勒等前拉斐尔派和威廉·布莱克的作品等也很出众。美术馆的企划展也是备受好评。

Map p.60-61②D3
皮姆利科站 Pimlico 下车
Millbank, SW1P 4RG
TEL（020）78878888 URL www.tate.org.uk
开 10:00~18:00 ※ 最终入场截止 17:15
休 12/24~26 费 免费、企划展需单付费
部分区域禁止拍照 禁止使用闪光灯

圣乔治伍德周边

修道院路
Abbey Road

因甲壳虫乐队的唱片《修道院路》的封面拍摄于此而一举成名的道路。许多游客都喜欢在这里拍照留念。此外，修道院路工作室的附近还有专门出售甲壳虫乐队周边产品的商店。

Map p.68-69⑥A1外
圣乔治伍德站 St. Johns Wood 下车
3 Abbey Rd., NW8 9AY（修道院路工作室）
URL abbeyroad.com
● 修道院路商店 Abbey Road Shop
TEL（020）7667355 URL shop.abbeyroad.com
开 9:30~17:30 休 无休

兰贝斯周边

帝国战争博物馆
Imperial War Museum

这家博物馆是利用一间旧医院改建而成的。展品主要以第一次、第二次世界大战时期的物品为主，还可以看到不少关于中东的TE·劳伦斯的照片等。中空挑高的大展厅内展示的陆海空兵器也是令人十分震撼。

Map p.62-63③D3
北兰贝斯站 Lambeth North 下车
Lambeth Rd., SE1 6HZ
TEL（020）74165000 URL www.iwm.org.uk
开 10:00~18:00 休 12/24~26 费 免费
部分区域禁止拍照 禁止使用闪光灯

肯辛顿

设计博物馆
Design Museum

这座博物馆主要展示家具、建筑、工业制品等各种以现代设计为主题的展品。于2016年末搬迁至现在的展馆，2018年荣获了欧洲年度博物馆奖。企划展展出的频率也相当高。

Map p.76-77⑩B3
肯辛顿高街站 High Street Kensington 下车
224-238 Kensington High St., W8 6AG
TEL（020）38625937 URL designmuseum.org
开 10:00~18:00（每月第一个周五～20:00）
※ 闭馆前1小时截止入场
休 12/25 · 26 费 免费（企划展另付费）
禁止使用闪光灯

滑铁卢周边

海沃德画廊
Hayward Gallery

画廊经过2年的改造工程于2018年重新对外开放，这也是构成南金融城中心的重要文化设施。这里没有常设展，只进行企划展的展出。

Map p.62-63③C2
滑铁卢站 Waterloo 下车
Belvedere Rd., SE1 8XX
开 11:00~19:00（周四 11:00~21:00）
休 周二 费 因展而异 内部禁止拍照

奇西克

富勒精酿啤酒厂
Fuller's Brewery

创办于1845年英国国内规模最大的精酿啤酒厂。旗舰产品"伦敦之巅 London Pride"英式精酿啤酒的代表风味。

Map p.159A1
特南园站 Turnham Green 下车
Chiswick Ln. South, W4 2QB
TEL（020）89962000 URL www.fullers.co.uk
开 参观团 11:00~15:00 期间整点发团（所需时间1小时30分钟，需要预约）
休 周日 · 法定节假日 费 £20

剧院·戏剧介绍

位于莱斯特广场的折扣票亭（tkts）

伦敦是话剧和音乐剧的主要发源地。剧场门票也不算贵，所以很值得利用旅行的机会去体验一下戏剧的魅力。观看人气剧目需要预约，其他剧目当天购票即可。

获取信息　首先要了解在什么地方会有什么演出。最常见的戏剧资讯杂志是《Time Out》。另外，英国国家旅游局发行的伦敦资讯杂志《London Planner》、伦敦剧院协会发行的《The Official London Theatre Guide》也可提供最基本的戏剧资讯。这些杂志都可以免费获取。

■伦敦剧院协会
TEL（020）75576700
URL www.officiallondontheatre.co.uk

在当地购票

各剧院的售票点

直接前往剧院售票点，**可按座位表选座购票**。还可以打电话订票，不过需要一定的英语能力。之后在售票点取票。

网站

可在 Ticketmaster 等网站订票，有的演出还可以自选座位。取票时，需要前往剧院的售票点，**凭订票时使用的信用卡领取门票**。

●Ticketmaster
URL www.ticketmaster.co.uk
●Seetickets
URL www.seetickets.com

预售点

虽然需要支付一些手续费，但省去了排队购票或去售票点取票的烦琐，所以比较划算。

折扣票亭（tkts）

位于莱斯特广场南侧的售票点。**打折出售当天剩余门票以及次日、第三天的门票**。人气剧目的门票当然很抢手，不过一早就去排队的话，还是有可能买到的。购买打折票需要支付 £3 的手续费（全价票的手续费为 £1）。

■折扣票亭（tkts）
Map p.58-59①C2
在地铁莱斯特广场站 Leicester Square 下车
The Lodge，Leicester Sq.，WC2H 7DE
URL www.tkts.co.uk
开 10:00~19:00（周日 11:00~16:30）
休 12/25　CC M V

当日票

有些剧院会留一些当日票，**于演出当天在售票点出售**。如果有非常想看的演出，可以提早排队购票。有的剧院会限制每人的购票数量。

被退掉的票

即便票已全部售完，也可以碰一碰运气，**演出当天到售票点看看是否有人临时退票**。何时出售这些被退掉的票，各剧院的做法不一，如果是很受欢迎的剧目，可能在开演前几小时就有人排队等候了。

余票

很多剧院会在演出开始前将**没有卖完的票放到售票点打折出售**。何时开始出售这种票，没有统一的规定，但一般会在开演前 1 小时 30 分钟到 1 小时 45 分钟开始售票。另外，还会对购票者的身份进行限制，例如仅限于学生、未成年人、60 岁以上购买者，而且各剧院的具体规定也不一样。购票时需要出示学生证或者可证明身份的证件。

伦敦主要剧院、音乐厅

国家大剧院
National Theatre

位于泰晤士河边的国家剧院

国家剧院建于1976年。该剧院由大型的奥利佛剧院（Olivier）、中型的利特尔顿剧院（Lyttelton）以及小型的科泰斯洛剧院（Cottesloe）三部分组成。演出剧目每日更新，可以通过相关宣传册及网站查询。预售票的售票处位于剧院正面西侧入口内。

Map p.62-63③C1·2
在地铁滑铁卢站 Waterloo 下车
South Bank，SE1 9PX　TEL（020）74523000
URL www.nationaltheatre.org.uk
●后台游
开 参观需事先通过网站预约
休 周日另不定期
费 £11　学生 £9　内部禁止拍照

巴比肯艺术中心
Barbican Centre

曾为皇家莎士比亚剧团 Royal Shakespeare Company（RSC）所在地。有名为巴比肯剧院（Barbican Theatre）的大型剧场及名为比特剧院（The Pit）的小型剧场。巴比肯剧院主要上演现代剧目。比特剧院上演实验剧目。

巴比肯音乐厅
Barbican Hall

位于巴比肯艺术中心内的音乐厅，是伦敦交响乐团和BBC交响乐团的所在地。除了古典音乐，这里也举办爵士乐、摇滚乐以及黑人音乐的演出。

Map p.64-65④B1
在地铁沼泽门站 Moorgate 或巴比肯站 Barbican 下车
Silk St.，EC2Y 8DS　TEL（020）76388891
URL www.barbican.org.uk

莎士比亚环球剧院
Shakespeare's Globe Theatre

在莎士比亚时代实际演出莎士比亚戏剧的地点按当时的样式重建的剧院。可以了解当时的演出环境并欣赏莎士比亚戏剧。演出在4~10月期间举行。

Map p.64-65④B2
参观、剧院游的详情可参见 p.126

皇家歌剧院
Royal Opera House

歌剧由世界著名指挥家及歌唱演员参演，芭蕾舞剧的演出剧团为具有世界一流水准的英国皇家芭蕾舞团，演出的保留剧目很多，包括古典剧目和现代作品。

Map p.58-59①D2
在地铁考文特花园站下车
Bow St.，Covent Garden，WC2E 9DD
TEL（020）73044000　URL www.roh.org.uk
●剧院游
开 10:30、12:30、14:30 出发
※ 有时可能不举行，需事先确认
休 周日及不定期　费 £12　学生 £11
内部禁止拍照

皇家阿尔伯特音乐厅
Royal Albert Hall

英国最著名的音乐厅

历史悠久，建于1870年。每年7月中旬至9月中旬会举办从1895年开始延续至今的亨利·伍德逍遥音乐节 Henry Wood Promenade Concert（简称 Proms）。在此期间，每天都有音乐会上演，演出团体包括伦敦的五大管弦乐团。

Map p.74-75⑨B3
在地铁南肯辛顿站 South Kensington 或骑士桥站 Knightsbridge 下车
Kensington Gore，SW7 2AP
TEL（020）75898212　URL www.royalalberthall.com
●Proms
URL www.bbc.co.uk/proms

皇家节日音乐厅
Royal Festival Hall

主要举办古典音乐的演出

位于南岸中心多功能厅 Southbank Centre Complex 内，是伦敦最好的音乐厅之一。主要举办伦敦爱乐乐团等团体的演出。经常有顶级演奏家出演。

Map p.62-63③C2
在地铁滑铁卢站 Waterloo 下车
Belvedere Rd.，SE1 8XX
TEL（020）38799555　URL www.southbankcentre.co.uk

伦敦的
购物休闲区与市场

伦敦是一个购物的天堂。在著名的购物街上有世界各知名品牌的店铺。伦敦每年有两次降价酬宾活动。夏季的6月末至7月下旬，冬季的圣诞节之后至1月下旬。伦敦各地还会举办出售杂货、古董的市场，很具特色。

伦敦动物园
摄政公园
海德公园

年轻人汇集的热闹市场

卡姆登闸口市场 Camden Lock Market

食品　古董　旧书　体育用品　休闲时尚　首饰

在卡姆登镇站下车，跨过摄政运河可至。是一个很受年轻人喜欢的市场，里面商铺密布。出售小商品、书籍、服装、食品等物品。人总是很多，需要注意防盗。

有很多特色小商品

Map p.68-69⑥D-1外
地铁卡姆登镇站
开 10:00~18:00
URL www.camdenlock.net

英国著名的古董市场

波特贝罗市场 Portbello Market

食品　家居用品　古董　旧衣　首饰　鞋

这里是伦敦最大的古董市场，除了到此淘货的游客，还有爱好收藏古董的人士光顾。诺丁山门站周边有古董市场，附近有生鲜食品市场，还有旧货市场。

喜欢古董的游客一定要去看一看

Map p.76-77⑩B1
地铁诺丁山门站
开 周一～周三 9:00~18:00、周四 9:00~13:00、周五·周六 9:00~19:00
URL www.portobellomarket.org

哈罗德百货、哈维·尼克斯百货所在的

骑士桥~国王路 Knightsbridge ～ King's Road

步行Map→p.132

骑士桥　著名的哈罗德百货店所在的区域。在斯隆大街，有可以了解到最新时尚的哈维·尼克斯百货店（Harvey Nichols）。

国王路　朋克文化的发源地，有Habitat等时尚新潮的生活用品店。还有不少休闲系的店铺。

伦敦最著名的百货店——哈罗德百货位于骑士桥

趣味杂货与古董

斯毕塔菲尔德市场
Spitalfields Market

食品  休闲时尚 首饰  古董 艺术品 家居用品

市场开在维多利亚时代的仓库里。商品种类丰富，有服装、手工制作首饰以及绘画、CD、食品等。另外，还有可把食物带走品尝的小吃摊，当然也可以在摊位坐下来品尝。平时也有店铺营业，但最好还是在营业店铺最多的周五前往。

宽敞的仓库中有很多店铺

Map p.64-65④D1
地铁利物浦大街站
开 10:00~17:00（周日 9:00~）
URL www.spitalfields.co.uk

过去与现在都有很多店铺的

考文特花园
Covent Garden

步行Map→p.122

休闲时尚 鞋 贵金属 首饰 化妆品 书籍

可以在这里了解到伦敦最新的流行趋势。有名为 The Market 的购物中心，出售古董及手工制作的首饰等商品。附近的尼尔大街等地也有许多店铺。

美食汇聚的市场

博罗市场
Borough Market

食品

位于南岸，是伦敦屈指可数的老市场。有优质的英国乳酪、苹果酒、手工甜点以及有机的生鲜食品。产地不限于英国，有大量食品来自欧洲各地。

Map p.64-65④B3
地铁伦敦桥站
开 周一～周四 10:00~17:00、周五 10:00~18:00、周六 8:00~17:00
URL boroughmarket.org.uk

可以买到手工蛋糕及有机食品

泰晤士河
◉伦敦塔
◉可口可乐伦敦眼
大本钟
伊丽莎白塔）

休闲时尚的大本营

牛津大街周边
Oxford Street、Regent Street

步行Map→p.116

牛津大街 横贯伦敦中心城区的街道，也是欧洲屈指可数的购物街。有百货商场及各种时尚的店铺。

摄政大街（北侧） 高端购物街，有历史悠久的自由百货店。还有许多著名时尚品牌的店铺。

芒特大街 位于高级住宅区所在的梅费尔区。是伦敦最受瞩目的一条街道，许多著名的精品店都在此开店。

伦敦的中心

皮卡迪利广场周边
Piccadilly Circus

步行Map→p.114

摄政大街（南侧） 从皮卡迪利广场西侧开始延伸，整条道路呈现一条美丽的弧线，是伦敦著名的风景。有很多休闲品牌、高级品牌的店铺及咖啡馆。

皮卡迪利大街 从皮卡迪利广场向西南方向延伸的街道。有水石、哈查兹（→ p.114）等大型书店。

杰明大街 皮卡迪利大街以南的一条较短的街道。除了王室御用店铺、历史悠久的老店，还有许多画廊。

在伦敦演出的著名音乐剧&话剧

歌剧魅影 The Phantom of the Opera

预先观看电影 预先听音乐

TEL (020)70877762 URL www.thephantomoftheopera.com

开 周一～周六 19:30~、日场周四·周六 14:30~

● 30 多年来人气长盛不衰的杰作。讲述了 19 世纪末在巴黎的歌剧院里一个"幽灵"爱上了年轻女歌手克里斯汀的故事。

女王陛下剧院 Her Majesty's Theatre

Map p.58-59 ①C2 ✉ Heymarket, SW1Y 4QR

🚗 在地铁皮卡迪利广场站 Piccadilly Circus 下车

悲惨世界 Les Misérables

预先观看电影 预先读原作

TEL 08444825160 URL www.lesmis.com

开 周一～周六 19:30~、日场周三·周六 14:30~

●该作品是伦敦西区持续上演时间最长的一部音乐剧。原作为维克多·雨果的小说。特雷弗·纳恩的导演让该剧更富魅力。

女王剧院 Queen's Theatre

Map p.58-59 ①C2

✉ 51 Shaftesbury Av., W1D 6BA

🚗 在地铁莱斯特广场站 Leicester Square 下车

狮子王 The Lion King

预先观看电影 适合家庭观赏

TEL 08448713000 URL www.thelionking.co.uk

开 周二～周六 19:30~、日场周三·周六·周日 14:30~

●同名迪士尼动画片广为人知。舞台设计真实再现了非洲大草原，音乐及服装也极富特色，很值得一看。

兰心剧院 Lyceum Theatre

Map p.62-63 ③C1 ✉ 21 Wellington St., WC2E 7RQ

🚗 在地铁考文特花园站 Covent Garden 下车

玛蒂尔达 Matilda the Musical

预先读原作 适合家庭观赏

URL uk.matildathemusical.com

开 周三～周六 19:30~（周二 19:00~）、日场周三·周六 14:30~（周日 15:00~）

●原作为罗尔德·达尔的童话故事。剧中演唱的《When I Grow Up》非常著名。

剑桥剧院 Cambridge Theatre

Map p.58-59 ①D2

✉ Seven Dials, 32-34 Earlham St., WC2H 9HU

🚗 在地铁考文特花园站 Covent Garden 下车

阿拉丁 Aladdin

预先观看电影 适合家庭观赏

TEL 08444825151 URL www.aladdinthemusical.co.uk

开 周一～周六 19:30~、日场周四·周六 14:30~

●以沙漠之城阿格拉巴为背景，讲述了少年阿拉丁与莉莉公主的历险故事。剧中神灯精灵基尼的精彩对白也是一大看点。

爱德华王子剧院 Prince Edward Theatre

Map p.58-59 ①C2

✉ Old Compton St., W1D 4HS

🚗 在地铁莱斯特广场站 Leicester Square 下车

魔法坏女巫 Wicked

预先读原作

TEL 08448713001 URL www.wickedthemusical.co.uk

开 周一～周六 19:30~、日场周三·周六 14:30~

●这部音乐剧从西方坏女巫 Elphaba 的视角讲述《绿野仙踪》中未曾言及的秘密。

阿波罗维多利亚剧院 Apollo Victoria Theatre

Map p.60-61 ②B2 ✉ Wilton Rd., SW1V 1LG

🚗 在地铁维多利亚站 Victoria 下车

颤栗现场 Thriller Live

预先听音乐

TEL 08444829674 URL thrillerlive.com

开 周二～周五·周日 19:30~（周六 20:00~），日场周六 16:00~（周日 15:30~）

●剧名来自迈克尔·杰克逊的著名专辑。是一部介绍杰克逊生涯及名曲的音乐剧。

音乐剧剧院 Lyric Theatre

Map p.58-59 ①C2 ✉ Shaftesbury Ave., W1D 7ES

🚗 在地铁皮卡迪利广场站 Piccadilly Circus 下车

妈妈咪呀！ Mamma Mia!

预先观看电影 预先听音乐

TEL 08444825115 URL www.mamma-mia.com

开 周一～周六 19:45~，日场周四·周六 15:00~

●故事发生在希腊的一座小岛上，描写了女主人公在婚礼前与母亲发生的种种冲突，是一部让人感到很温暖的作品。剧中曲目均为流行音乐组合 ABBA 的脍炙人口的歌曲。该故事也被搬上电影银幕。

诺维罗剧院 Novello Theatre

Map p.62-63 ③C1 ✉ Aldwych, WC2B 4LD

🚗 在地铁考文特花园站 Covent Garden 下车

一票难求的超人气话剧

哈利·波特与被诅咒的孩子 Harry Potter & The Cursed Child

URL www.harrypottertheplay.com

●将曾在电影银幕上获得了巨大成功的优秀儿童文学作品搬上了话剧舞台。讲述了哈利·波特原作故事结束后 19 年，已经成为大人的哈利与他的儿子阿不思·西弗勒斯·波特的冒险故事。如果对英语没有自信，可以事先读一读由剧本编成的小说。

购票 截至 2018 年 5 月，可以预购 2019 年 9 月之前的票，不过该剧极受欢迎，可能实际上很难买到。如果有退票出现会通过官网再次出售，所以可以经常去官网查询。另外，官网还会从每周五的 13:00 开始，出售下周上演的所有剧目的门票，但仅售 40 张。

	周三	周四	周五	周六	周日
第一场	14:00	19:30		14:00	13:00
第二场	19:30		19:30	19:30	18:30

※ 演出分第一场（2 小时 40 分钟）和第二场（2 小时 35 分钟），需分别购票。周六、周日仅售全场票。

王宫剧院 Palace Theatre Map p.58-59①C2

✉ Shaftesbury Av., W1D 5AY

🚗 在地铁莱斯特广场站 Leicester Square 下车

酒店
Hotel

在伦敦，有多种住宿设施可供选择，从青年旅舍到高级酒店都有，但跟英国其他城市相比，价格略高。另外，夏季游客非常多，所以最好提前预订住处。酒店集中的区域在帕丁顿站、国王十字站、维多利亚站、厄尔斯考特站附近，这里有许多中档酒店及旅馆。

帕丁顿站~海德公园周边

·距离希思罗机场较近
·有开往科茨沃尔德方面的列车
·夜晚安静

该地区住宿设施的特点为小型的中档酒店较多，旅馆较少。根据季节不同，住宿费用会有所波动，但该地区虽距离市中心很近，但住宿费用却相对比较便宜，所以很受游客青睐。距离可乘坐希思罗机场快线的帕丁顿站也很近，很适合在回国前一天选择在这一带住宿。不过，餐馆的数量不多。

维多利亚站东侧

·距离议会大厦、白金汉宫较近
·有开往南部海岸方面的列车
·酒店客房简约

维多利亚站周边是距离伦敦市中心最近的酒店集中区域。车站东侧有规模较小的高级酒店及中档酒店。客房大多较小且装修简单，但住宿费用也相对较低，很受游客欢迎。需要注意的是，维多利亚站周边餐馆很少，用餐可能不大方便。

国王十字站~大英博物馆周边

·距离大英博物馆较近
·有开往爱丁堡、约克方面的列车
·旅馆较多

国王十字站相当于伦敦的北部门户。在距离车站不远的地方，有许多中档酒店。旅馆较多，很适合穷游的背包客入住。在大英博物馆附近也有一些酒店和旅馆，但价格会高一点。这一带餐馆较多，而且徒步就能前往市中心，所以很值得选择。

厄尔斯考特站~格洛斯特路

·距离肯辛顿、骑士桥较近
·有开往希思罗机场的地铁
·距离市中心稍远

与其他地区相比，这里距离市中心稍远，所以住宿费设施的价格也相对便宜。不过，乘坐皮卡迪利线可直达皮卡迪利广场，因此不会对游览造成什么不便。从厄尔斯考特站出来，进入巴克斯顿大街 Barkston St.，有多家酒店。

凯莱奇酒店

Claridge's 　　邦德大街站 Bond Street

最高档　197 间　Map p.58-59 ① A2 · B2

所有房间　所有房间　申请可有　所有房间　付费　免费

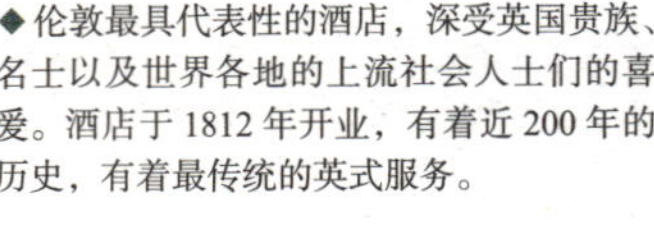

◆伦敦最具代表性的酒店，深受英国贵族、名士以及世界各地的上流社会人士们的喜爱。酒店于 1812 年开业，有着近 200 年的历史，有着最传统的英式服务。

✉ Brook St., W1K 4HR

TEL (020) 76298860　FAX (020) 74992210

URL www.claridges.co.uk

S W £410~　C/C A D J M V

布朗酒店

Recommended

Brown's Hotel 　　格林公园站 Green Park

最高档　117 间　Map p.58-59 ① B2

所有房间　所有房间　申请可有　所有房间　付费　免费

◆**开于 1837 年的老店**　这家酒店历史悠久，有着许多富有传奇色彩的故事。格雷厄姆·贝尔从这里拨打出了英国第一通电话、吉卜林在此创作了《丛林故事》、推理小说女王阿加莎·克里斯蒂的《伯特伦旅馆之谜》中的旅馆原型据说也是布朗酒店。

餐馆　酒店内的"英式茶房 English Tea Room"(→p.35)被选入伦敦顶级下午茶。

✉ Albemarle St., W1S 4BP　TEL (020) 74936020　FAX (020) 74939381

URL www.roccofortehotels.com

S W £475~

C/C A D J M V　餐馆 开 7:00~22:30

伯克利酒店

Berkeley 　　海德公园角站 Hyde Park Corner

最高档　210 间　Map p.60-61 ② A1

所有房间　所有房间　无　所有房间　付费　免费

◆酒店地理位置绝佳，无论购物还是观光都很方便，也是百年老店，拥有 100 多年的历史。酒店内 Caramel Room 的下午茶很有人气，早餐是 £33~38。

✉ Wilton Pl., Knightsbridge, SW1X 7RL

TEL (020) 72356000　FAX (020) 72354330

URL www.the-berkeley.co.uk

S W £360~

C/C A D J M V

W Hotel Leicester Square

W Hotel Leicester Square 　　莱斯特广场站 Leicester Square

高档　192 间　Map p.58-59 ① C2

所有房间　所有房间　无　所有房间　付费　免费

◆酒店位于苏豪区、中华街附近，即便晚上玩得很晚也可以步行返回。内装十分考究高档，搭配极好的灯光效果给人一种近未来的超时空感。桑拿、健身房等设施也比较齐全。

✉ 10 Wardour St., W1D 6QF

TEL (020) 77581000　FAX (020) 77581001

URL www.wlondon.co.uk

S W £249~　C/C A D J M V

黑兹利特酒店

Recommended

Hazlitt's 　　托特纳姆考特站 Tottenham Court Road

高档　30 间　Map p.58-59 ① C2

所有房间　所有房间　申请可有　所有房间　无　免费

◆**位于苏豪区的私密酒店**　酒店位于苏豪区的南侧，名字缘起于 19 世纪英国著名的作家威廉·黑兹利特 William Hazlitt。酒店所在的建筑建于 18 世纪，至今也保留着当时的氛围。每一间客房的装修风格各异，附带浴缸的房间居多。

✉ 6 Frith St., W1D 3JA　TEL (020) 74341771　FAX (020) 74391524

URL www.hazlittshotel.com

S £199

W £229　C/C A D M V

杜兰兹酒店

Durrants Hotel

Recommended

邦德大街站 Bond Street

高档 92间 Map p.58-59 ① A1

所有房间 所有房间 申请可有 所有房间 付费 免费

◆由洋房改装的酒店

这家高档酒店所在的建筑是由一栋乔治王朝式样的洋房改建而成的，内装使用古董家具，内饰使用的绘画等也都拥有十分高贵的格调。洗漱和护肤用品是欧舒丹直供。

餐馆 使用新鲜食材烹制的菜肴很美味，葡萄酒的种类丰富。

✉ 26~32 George St., W1H 5BJ

TEL (020) 79358131

URL www.durrantshotel.co.uk

S £129~

W £148~

C/C A M V

餐馆 开 12:00~15:00 18:00~22:15

伦敦

伦敦的高档、大型酒店汇总

利物浦大街安达兹酒店 **Andaz Liverpool Street** Map p.64-65④C1 ✉40 Liverpool St., EC2M 7QN TEL (020) 79611234 URL londonliverpoolstreet.andaz.hyatt.com	苏豪酒店 **Soho** Map p.58-59①C2 ✉4 Richmond Mews, W1D 3DH TEL (020) 75593000 URL www.firmdalehotels.com	干草市场酒店 **Haymarket** Map p.58-59①C2 ✉1 Suffolk Pl., SW1Y 4HX TEL (020) 74704000 URL www.firmdalehotels.com
卡文迪什酒店 **Cavendish** Map p.58-59①C3 ✉81 Jermyn St., St. James's, SW1Y 6JF TEL (020) 79302111 URL www.thecavendish-london.co.uk	万豪斯莱德尼德勒斯精选纪念酒店 **Threadneedles** Map p.64-65④C2 ✉5 Threadneedle St., EC2R 8AY TEL (020) 76578080 URL www.hotelthreadneedles.co.uk	第五马克多斯大街酒店 **No.5 Maddox Street** Map p.58-59①B2 ✉5 Maddox St., W1S 2QD TEL (020) 76470200 URL www.living-rooms.co.uk
坎伯兰酒店 **Cumberland** Map p.70-71⑦D3 ✉Great Cumberland Pl., W1H 7DL TEL (020) 75235053 FAX (020) 75235073 URL www.guoman.com	公爵酒店 **Dukes** Map p.58-59①B3 ✉35 St. James's Pl., SW1A 1NY TEL (020) 74914840 FAX (020) 74931264 URL www.dukeshotel.com	里程碑酒店 **Milestone** Map p.76-77⑩C3 ✉1 Kensington Court, W8 5DL TEL (020) 79171000 URL www.milestonehotel.com
首都酒店 **Capital** Map p.74-75⑨C3 ✉22-24 Basil St., SW3 1AT TEL (020) 75895171 FAX (020) 72250011 URL www.capitalhotel.co.uk	公园塔骑士桥酒店 **Park Tower Knightsbridge** Map p.60-61②A1 ✉101 Knightsbridge, SW1X 7RN TEL (020) 72358050 URL www.theparktowerknightsbridge.com	朗廷酒店 **Langahm** Map p.58-59①B1 ✉1C Portland Pl., Regent St., W1B 1JA TEL (020) 76361000 FAX (020) 73232340 URL www.langhamhotels.com

查令十字安巴酒店
Amba Hotel Charing Cross

查令十字站 Charing Cross

高档 239 间 Map p.58-59 ① D2

所有房间 所有房间 申请可有 所有房间 无 免费

◆酒店与查令十字站共处一栋建筑内，是一栋创办于 1865 年历史悠久的酒店。维多利亚王朝风格的高档装修和最新式的设备无缝融合。酒店内同时设有餐馆和酒吧，也可以享用下午茶。

✉ The Strand., WC2N 5HX
TEL（020）75235052
URL www.amba-hotel.com
S W £185~
C/C A D M V

萨姆那酒店
The Sumner

大理石拱门站 Marble Arch

高档 19 间 Map p.70-71 ⑦ D3

所有房间 所有房间 申请可有 所有房间 无 免费

◆**传统与现代相结合的小型酒店** 酒店所处的建筑物是建于 1830 年的乔治王朝风格的建筑，规模不大，共有 19 间客房。曾经被评选为 2008 年伦敦最小酒店金奖，2009 年伦敦最闪耀 B&B。每年被改造后的客房都色调各异，酒店虽小功能齐全。酒店内没有餐馆，但是有早餐专用的餐馆。

✉ 54 Upr. Berkeley St., W1H 7QR
TEL（020）77232244 FAX 08707058767
URL www.thesumner.com
S W £171~ C/C A M V

红色康乃馨蒙塔古花园酒店
Montague on the Gardens

霍尔本站 Holborn

高档 100 间 Map p.66-67 ⑤ B3

所有房间 所有房间 申请可有 所有房间 无 免费

◆**装修成美术馆般的酒店** 这里是装修复古魅力无穷的洋房酒店。酒店面朝美丽的花园，几乎所有的房间都可以欣赏到花园的景色。此外，酒店的下午茶也非常受欢迎。客房内配备了最新式的设备，每一间客房的装修都有所不同。早餐的费用是 £18~20。

餐馆 酒店内设有小酒馆和烧烤餐馆。

✉ 15 Montague St., WC1B 5BJ
TEL（020）76371001 FAX（020）76372516
URL www.montaguehotel.com
S £216~
W £240~
C/C A D M V
餐馆 开 12:30~14:30 17:30~22:00（周日 13:00~14:30 17:30~21:30）

H10 酒店
H10

北兰贝斯站 Lambeth North

高档 177 间 Map p.62-63 ③ D3

所有房间 所有房间 申请可有 所有房间 无 免费

◆**装修风格超赞的酒店** 这家酒店是西班牙系的时尚酒店。客房的装修风格是统一的单色调，地面铺装的是木质地板。可以望到碎片大厦的房间和带有浴缸的房间各半。每个房间还有欢迎饮品，西班牙产的起泡酒。

餐馆 & 酒吧 地中海菜比较拿手，屋顶还设有酒吧。

✉ 284-302 Waterloo Rd., SE1 8RQ
TEL（020）79284062
FAX（020）79282264
URL www.h10hotels.com
S £121~
W £139~
C/C A D M V
餐馆 开 18:00~22:30

Number 16 酒店

Number 16

南肯辛顿站 South Kensington

最高档 41 间 Map p.72-73 ⑧ B2

TV 所有房间 所有房间 申请可有 所有房间 P 无 Wi-Fi 免费

◆酒店的外观建筑是优雅的乳白色建筑。每个房间装修各异，与复古的外观有所不同，这里酒店的内部装饰是时尚而具有功能性的。酒店后院还有带喷泉的美丽花园。早餐价格是 £18~。

16 Sumner Pl., SW7 3EG

TEL（020）75895232 FAX（020）75848615

URL www.firmdalehotels.com

S £180~ W £276

C/C A D J M V

阿斯特酒店

Aster House

南肯辛顿站 South Kensington

高档 13 间 Map p.72-73 ⑧ B2

TV 所有房间 所有房间 申请可有 所有房间 P 无 Wi-Fi 免费

◆这是一家高档的 B&B，位于安静的、时尚酒店林立的萨姆那大道。曾经获得过多项酒店大奖，服务热情贴心。自助式早餐的品类丰富。

3 Sumner Pl., SW7 3EE

TEL（020）75815888 FAX（020）75844925

URL www.asterhouse.com

S £180~ W £240~

C/C A M V

圣大卫公寓酒店

St. David's Hotels

帕丁顿站 Paddington

中档 75 间 Map p.70-71 ⑦ C3

TV 所有房间 所有房间 申请可有 所有房间 P 无 Wi-Fi 免费

◆这是一家由家族经营的公寓式酒店，位于诺福克广场附近。客房虽小但功能齐全。酒店前台为方便旅行者而专门提供了旅行地图。前台周围有 Wi-Fi 信号，可以免费使用。

14-20 Norfolk Sq., W2 1RS

TEL（020）77233856 URL www.stdavid-shotels.com S £40~70

S £70~120

W £80~170 C/C A M V

新林登酒店

The New Linden Hotel

Recommended

贝斯沃特站 Bayswater

中档 50 间 Map p.70-71 ⑦ A3

TV 所有房间 所有房间 申请可有 所有房间 P 无 Wi-Fi 免费

◆**地处伦敦却富有民族特色的酒店** 位于贝斯沃特的精品酒店。公共区域放置了一尊黄金佛像，有一种异域风情。每个房间的装修风格都别具特色，设备也都使用的是液晶电视等最新式的。早餐是欧陆式早餐。

58-60 Leinster Sq., W2 4PS

TEL（020）72214321

FAX（020）77273156

URL newlinden.com

S £75~

W £99~

C/C A M V

新月酒店

Crescent Hotel

Recommended

拉塞尔广场站 Russell Square

中档 27 间 Map p.66-67 ⑤ B2

TV 所有房间 所有房间 申请可有 所有房间 P 无 Wi-Fi 免费

◆**利用 19 世纪的建筑物改建而成** 创办于 1956 年的家族经营式酒店，客房的种类很多，可以看到院子里风景的房间很是不错。

49-50 Cartwright Gdns., WC1H 9EL

TEL（020）73871515

URL www.crescenthoteloflondon.com

S £76 S £87

S £117 W £147

C/C J M V

哈灵佛德酒店

Harlingford Hotel

拉塞尔广场 站 Russell Square

◆**传统** 酒店所在的建筑是建于1807年的老房子，不过客房都采用了现代的设计风格。房间以白色为基调，部分地方使用紫色作为装点，十分时尚。

中档 44 间 Map p.66-67 ⑤ B2

所有房间 所有房间 申请可有 无 无 免费

61-63 Cartwright Gdns., WC1H 9EL

TEL (020) 73871551

FAX (020) 73874616

URL www.harlingfordhotel.com

S £93~

W £128~ C/C M V

B+B 贝尔格莱维亚

B+B Belgravia

维多利亚 站 Victoria

◆酒店地理位置方便，距离维多利亚站仅需徒步5分钟。不过酒店的入口处没有明显的看板和标志，所以很难找。客房内以白色为基调，整体给人的感觉很干净整洁，设备也都不错。另外，酒店还可以免费租借自行车给住宿的客人。

中档 17 间 Map p.60-61 ② B2

所有房间 所有房间 部分 无 无 免费

64-66 Ebury St., SW1W 9QD

TEL (020) 72598570 FAX (020) 72598591

URL www.bb-belgravia.com

S W £99~

C/C A M V

谢里夫旅馆酒店

Sheriff Hotel

维多利亚站 Victoria

◆这是一家由家族经营的小旅馆。客房虽小但都是重新装修过的。客房是根据主题的不同而颜色各异，家具的颜色也都是相互匹配的。早餐是欧陆式早餐。

中档 25 间 Map p.60-61 ② B3

所有房间 所有房间 所有房间 所有房间 无 免费

115 Warwick Way, SW1V 4HT

TEL (020) 78340134

URL www.sheriffhotel.com

S £65~75 W £120~140 C/C A D M V

乔治亚宅邸酒店

Georgian House Hotel

维多利亚站 Victoria

◆**哈利波特风格的客房** 创办于19世纪的历史悠久的中档酒店。地下有以魔法世界为主题的6间客房，仿佛住进了哈利·波特的学生宿舍。

中档 60 间 Map p.60-61 ② B3

所有房间 所有房间 所有房间 无 无 免费

35-39 St. George's Drive, SW1V 4DG

TEL (020) 78341438

URL georgianhousehotel.co.uk

S £99~

W £118~ C/C A M V

恩科里克酒店

Enrico Hotel

维多利亚站 Victoria

◆酒店位于维多利亚站民宿一条街的一角处。定价比其他酒店稍微便宜一些，所有客房都有些狭窄，设施也都是最低限度的。不过，这里因为待客热情，服务生十分亲切而备受好评，因此在旅行者中也很受欢迎。前台位于地下。

中档 30 间 Map p.60-61 ② B3

所有房间 所有房间 申请可有 申请可有 无 免费

77-79 Warwick Way, SW1V 1QP

TEL (020) 78349538 FAX (020) 72339995

URL www.enricohotel.com S £30~55 W £45~65

W £55~85 C/C M V

斯坦利别墅酒店

Stanley House

维多利亚站 Victoria

◆酒店位于贝尔格雷路，是一家由家族经营的中档酒店。位于维多利亚站附近，住宿价格设定便宜。客房功能齐全，酒店小而简洁，收拾得十分整洁。

中档 45 间 Map p.60-61 ② C2

所有房间 所有房间 无 无 无 免费

19-21 Belgrave Rd., SW1V 1RB

TEL (020) 78345042 FAX (020) 78348439

URL www.londonbudgethotels.co.uk

S £60 W £85

C/C A D J M V

纳德勒肯辛顿酒店
The Nadler Kensington Hotel

Recommended

伯爵府 Earl's Court

中档 65 间 Map p.72-73 ⑧ A2

所有房间 所有房间 所有房间 所有房间 付费 免费

◆适合长期居住的附带厨房的酒店 客房虽小但却附带了厨房，微波炉、电冰箱等设备也比较完善，非常适合长期居住的游客。早餐的价格是 £9.50（需要预约）。

✉ 25 Courtfield Gdns., SW5 0PG
TEL（020）72442255
URL www.thenadler.com
S £100~
W £140~ C/C A M V

伦敦的旅舍与青年旅馆

伦敦中心国际青年旅舍 YHA London Central
Map p.68-69 ⑥D3 56间
大波特兰街站
✉ 104 Bolsover St., W1W 5NU TEL 03453719154
URL www.yha.org.uk D £15~ S W £69~
C/C M V

公平点旅馆 Equity Point
Map p.70-71 ⑦B2 68间
帕丁顿站
✉ 100-102 Westbourne Ter., W2 6QE
TEL（020）70878001 URL www.equity-point.com
S W £50~ C/C M V

牛津大街青年旅舍 YHA Oxford Street
Map p.58-59①C2 40间
牛津广场站
✉ 14 Noel St., W1F 8GJ TEL 03453719133
URL www.yha.org.uk D £20~ W £55~
C/C M V

吉斯通房屋酒店 Keystone House Hostel
Map p.66-67 ⑤C1 42间
国王十字站 / 圣潘克拉斯站
✉ 272-276 Pentonville Rd., N1 9JY
TEL（020）78376444 URL www.keystone-house.com
D £18.85~ S W £57.90~ C/C M V

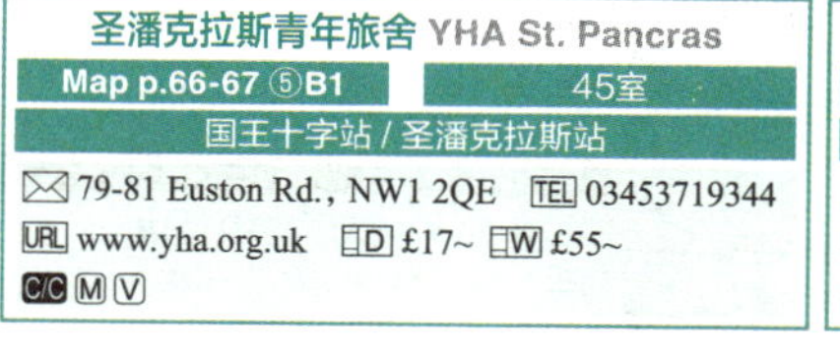

伦敦圣保罗青年旅舍 YHA St.Paul's
Map p.64-65 ④A2 49间
圣保罗站
✉ 36 Carter Ln., EC4V 5AB TEL 03453719012
URL www.yha.org.uk D £16~ S W £49~
C/C M V

伦敦家庭旅馆 Home London Hostel
Map p.66-67 ⑤C1 21间
国王十字站 / 圣潘克拉斯站
✉ 54-58 Caledonian Rd., N1 9DP
TEL（020）78333893 URL www.journeys.hostel.com
D £13.99~ S W £39.99~ C/C A J M V

圣潘克拉斯青年旅舍 YHA St. Pancras
Map p.66-67 ⑤B1 45室
国王十字站 / 圣潘克拉斯站
✉ 79-81 Euston Rd., NW1 2QE TEL 03453719344
URL www.yha.org.uk D £17~ W £55~
C/C M V

克林科78旅舍 Clink 78
Map p.66-67 ⑤C1 125室
国王十字站 / 圣潘克拉斯站
✉ 78 King's Cross Rd., WC1X 9QG
TEL（020）71839400 URL www.clinkhostel.com
D £14.85~ S W £63~ C/C M V

餐馆
Restaurant

在伦敦可以品尝到世界各国的菜肴，餐馆的种类也是多种多样。

唐人街 位于苏豪区 Map p.58-59 ① C2，街道区两旁既有高档餐馆又有自助餐馆，餐馆数量超过 100 间。

莱斯特广场 伦敦餐馆最集中的区域是莱斯特广场附近。这里餐馆的种类也比较丰富，从意大利菜到法国菜、中国菜，口味多样。

印度菜 因为伦敦有许多来自印度的移民，因此正宗的印度菜馆也不少。印度菜馆比较集中的地区是砖巷 Brick Ln. Map p.64-65 ④ D1 周边。

现代英式 最近因为知名大厨和各类美食节目的频繁播出，融入了法餐和亚洲菜等精华元素的现代英国菜的餐馆如雨后春笋般出现。

苏豪的唐人街

露兹餐馆
Rules

⊖ 考文特花园 Covent Garden

◆创业于1798年的老字号，在这里可以品尝到地道的英国菜。许多社会名流经常来此就餐。此外，餐馆还有专属的狩猎场，可以品尝到传统的狩猎肉类菜肴。店内装饰了大量的艺术品，非常值得鉴赏。需要预约。

英国菜　Map p.58-59 ① D2

✉ 35 Maiden Ln., WC2E 7LB
TEL（020）78365314
URL rules.co.uk
开 12:00~23:00（周日 ~ 22:30）
休 无休
C/C A J M V
店内有信号

OXO 大厦餐馆
OXO Tower Restaurant

⊖ 萨瑟克站 Southwark

◆餐馆位于泰晤士河南岸OXO大厦的顶层，可以一边欣赏美丽的风景一边享用美食。这里的下午茶（£53~）比较有人气，建议提早预约。午餐的价格是£35，晚餐主菜的价格是$21~。

英国菜　现代英式　Map p.62-63 ③ D1

✉ Bargehouse St., SE1 9PH
TEL（020）78033888
URL www.oxotower.co.uk
开 11:00~23:00（周五、周六 11:00~24:00，周日 12:00~22:30）
休 无休
C/C A D J M V　店内有信号

邦尼海鸥海鲜餐馆
Bonnie Gull Seafood Shack

⊖ 高尔街 Goodge Street

◆餐馆每天都从海鲜市场采买新鲜的海产品。根据采买的食材烹制相应的菜肴，因此每隔两天更换一次菜谱。主菜的价格在£15~25。

英国菜　海鲜　Map p.66-67 ⑤ A3

✉ 21A Foley St., W1W 6DS
TEL（020）74360921
URL www.bonniegullseafoodshack.com
开 12:00~14:45、18:00~21:45（周六12:00~15:45、18:00~21:45、周日12:00~16:00、18:00~20:45）
休 无休　C/C A M V　店内有信号

肯辛顿花园餐馆
Kensington Place

⊖ 诺丁山门站 Notting Hill Gate

◆这是一家以海鲜为主的现代英式菜馆，并兼作酒吧。餐馆属于D&D伦敦旗下的店铺，因此店内的装修时尚且简约。隔壁的店铺是同店经营的海鲜店，专用各类新鲜的食材。

英国菜　海鲜　Map p.76-77 ⑩ B2

✉ 201-209 Kensington Church St., Kensington, W8 7LX
TEL（020）77273184
URL www.kensingtonplace-restaurant.co.uk
开 12:00~14:30　18:30~22:00
休 无休
C/C A M V　店内有信号

安格斯牛排屋
Angus Steakhouse

⊖ 皮卡迪利广场站 Piccadilly Circus

◆拥有50多年历史的牛排屋。店内使用安格斯地区直送的牛肉，牛排的价格是£18.25~25.50。伦敦市内共有6家分店。

英国菜　牛排　Map p.58-59 ① C2

✉ 21 Coventry St., W1D 7AE
TEL（020）78391059
URL www.angussteakhouse.co.uk
开 10:00~次日1:00（周日 10:00~24:00）
休 无休
C/C A D M V　店内有信号

M. 曼泽餐馆
M. Manze

Recommended

⊖ 伦敦桥站 London Bridge

◆伦敦的B级美食，鳗鱼料理的老字号　创办于1891年的老店。深受伦敦当地人喜欢的专营鳗鱼料理的快餐店。炖鳗鱼（照片）和鳗鱼冻店内吃价格是£4.40~，外卖£3.30~。

英国菜　快餐　Map p.64-65 ④ D3 外

✉ 87 Tower Bridge Rd, SE1 4TW
TEL（020）4072985
URL www.manze.co.uk
开 周一 11:00~14:00、周二、周三、周四 10:30~14:00、周五 10:00~14:15、周六 10:00~14:45
休 周日　C/C M V　店内无信号

贝果中心餐馆

Belgo Centraal

Recommended

考文特站 Covent Garden

◆**与比利时啤酒共享海虹** 这是一家可以品尝到美味比利时啤酒的人气餐馆，店内共有60种品牌的比利时啤酒，此外还有店内特制的啤酒。使用白葡萄酒蒸制的海虹（£14）等菜肴种类也很丰富。结账时会单独收取12.5%的服务费。

比利时菜 海鲜 Map p.58-59 ① D2

✉ 50 Earlham St., WC2H 9LJ
TEL（020）78132233
URL www.belgo.com
开 12:00~23:00（周日～22:30）
休 无休
C/C A J M V
店内有信号

圣托里尼餐馆

Santorini

贝斯沃特站 Bayswater

◆在当地非常受欢迎的希腊菜餐馆。菜品主要有鱼卵沙拉、塔拉莫沙拉£6、希腊烤串£13.75~16.25等。结账时会单独收取10%服务费。

希腊菜 Map p.70-71 ⑧ A3

✉ 10-12 Moscow Rd., W2 4BT
TEL（020）77277112
URL santoriniw2.com
开 12:30~23:00
休 无休
C/C A D M V
店内无信号

盖伊胡萨尔餐馆

Gay Hussar

托特纳姆考特站 Tottenham Court

◆开业于1953年，是一家拥有60多年历史的、一直坚守传统匈牙利菜的名店。主菜的价格是£13.50~22.90。店内的葡萄酒都是产自匈牙利，共有20多种，著名的贵腐甜酒——都凯甜酒 Tokaj 也包含在其中。

匈牙利菜 Map p.58-59 ① C1

✉ 2 Greek St., W1D 4NB
TEL（020）74370973
URL gayhussar.co.uk
开 12:15~14:30，17:30~22:45
休 周日、法定节假日
C/C A M V
店内有信号

水月巴山

Bar Shu

莱斯特广场站 Leicester Square

◆位于苏豪唐人街稍偏北地区的川菜馆。这里大部分的菜肴都是用了辣椒，喜欢吃辣的游客不妨来过瘾。菜单上附带照片，点菜很方便。主菜的价格是£10.90~32.90。

中国菜 川菜 Map p.58-59 ① C2

✉ 28 Frith St., W1D 5LF
TEL（020）72878822
URL www.barshurestaurant.co.uk
开 12:00~23:00（周五、周六～23:30）
休 无休
C/C A J M V
店内有信号

乒乓餐馆

Ping Pong

Recommended

滑铁卢站 Waterloo

◆**点心非常受欢迎** 这是一家广式早茶店，在伦敦市内还有分店。点心的味道十分正宗，点心笼里整齐摆放的混合点心种类也很丰富。花茶的价格是£3.75，十分受欢迎。平日里午餐时间有套餐提供。

中国菜 早茶 Map p.62-63 ③ C2

✉ Festival Ter., SE1 8XX
TEL（020）79604160
URL www.pingpongdimsum.com
开 11:00~24:00（周日 11:00~23:00）
休 无休
C/C A D M V
店内有信号

石锅拌饭餐馆
Bibimbabcafe

托特纳姆考特站 Tottenham Court

◆位于大英博物馆附近的韩国料理餐店。店内推荐的菜肴是石锅拌饭，价格是 £7~10.50，非常亲民。此外，还有其他富有韩国特色的菜肴，例如韩式海苔卷、冷面、韩式炒粉丝等。菜肴还可以打包带走。店铺对面是同店经营的鱼和薯条的店。

韩国菜 Map p.58-59 ① D1

✉ 37 Museum St., WC1A 1LP
TEL（020）74048880
URL www.bibimbabcafe.com
开 10:00~19:30
休 12/24~26、1/1
C/C A J M V
店内无信号

旁遮普餐馆
Punjab

Recommended

考文特花园站 Covent Garden

◆**开业于 1946 年的老字号北印度菜馆** 专营印度北部旁遮普地区菜肴的餐馆。使用坦都炉烹制的料理有坦都炉烤鸡、香料烤鸡块等，咖喱也都非常有特色，尤其是羊肉咖喱。主菜的价格是 £12.75~15.95。

印度菜 Map p.58-59 ① D1

✉ 80 Neal St., WC2H 9PA
TEL（020）78369787
URL www.punjab.co.uk
开 12:00~23:00（周日 12:00~22:00）
休 无休
C/C M V
店内无信号

福尔餐馆
Fora

Recommended

奥德门站 Aldgate

◆**在舒适的空间内享用土耳其菜肴** 这家土耳其餐馆位于金融城附近，食客大都是西装笔挺的商务人士。店内装修时尚，给人的感觉十分高档，但是主菜的价格却出奇得亲民，£11.95~19.25。每周六还有肚皮舞表演。

土耳其菜 Map p.64-65 ④ D1

✉ 34-36 Houndsditch St., EC3A 7DB
TEL（020）76262222
URL www.forarestaurants.co.uk
开 9:30~23:00（周六 12:00~23:00）
休 周日
C/C A M V
店内有信号

阿里巴巴餐馆
Ali Baba

Recommended

贝克大街站 Baker Street

◆**可以品尝到用意面和米饭烹制而成的"Koshari"** 位于马里波恩的老字号店铺，开业于 1979 年。如果想要品尝道地的埃及菜，选择这家就没错了！埃及菜肴必点的小吃豆拌饭 Koshari（照片）。烧烤、小菜等也都种类丰富。

埃及菜 Map p.68-69 ⑥ B3

✉ 32 Ivor Pl., off the Gloucester Pl., NW1 6DA
TEL（020）7237474
开 12:00~24:00
休 无休
C/C 不可
店内无信号

西伦敦普雷图餐馆
Preto West End

莱斯特广场站 Leicester Square

◆巴西菜馆，主营巴西烤肉（在大块的肉上撒上岩盐烤制而成）。巴西菜自助的价格是 £19.95~ £21.95

埃及菜 Map p.58-59 ① C2

✉ 73 Shaftesbury Av., W1D 6LN
TEL（020）72875995
URL rodiziopreto.co.uk
开 12:00~23:30（周五、周六 ~ 24:00；周日 ~ 23:00）
休 无休 C/C A D M V 店内无信号

老主教酒吧
Ye Olde Mitre

大法官法庭街 Chancery Lane

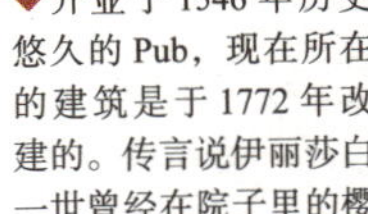

◆开业于 1546 年历史悠久的 Pub，现在所在的建筑是于 1772 年改建的。传言说伊丽莎白一世曾经在院子里的樱桃树下跳过舞。菜肴主要以三明治、意面、香肠等轻食为主。

Pub Map p.66-67 ⑤ D3

✉ 1 Ely Court, Ely Pl., EC1N 6SJ
TEL（020）74054751
URL www.yeoldemitreholborn.co.uk
开 11:00~23:00
休 周六、周日
C/C A M V
店内有信号

夏洛克 · 福尔摩斯餐馆

Shrlock Holmes

Recommended

⊖ 查令十字站 Charing Cross

◆**一边守望着福尔摩斯的家，一边喝啤酒** 这家 Pub 刚好位于查令十字站与泰晤士河畔站的正中间。1 层是 Pub，2 层是餐馆和再现夏洛克 · 福尔摩斯之家的展厅。店内还有以“福尔摩斯”的名字命名的精酿啤酒。

Pub 英国菜 Map p.62-63 ③ B2

✉ 10-11 Northumberland St., WC2N 5DB

TEL（020）79302644

URL www.sherlockholmespub.com

开 10:00~23:00（周五、周六 10:00~24:00）

休 无休 C/C A D M V

店内有信号

竖琴

The Harp

⊖ 查令十字站 Charing Cross

◆这里是伦敦比较有代表性的 Pub，曾经被 CAMRA 评选为“英国年度 Pub”。店内汇集了来自英国各地的艾尔啤酒。此外，这里热狗也很受欢迎。

Pub Map p.58-59 ① D2

✉ 47 Chandos Pl., WC2N 4HS

TEL（020）78360291

URL www.harpcoventgarden.com

开 10:30~23:30（周五、周六 10:30~24:00，周日 12:00~22:30）

休 无休 C/C M V 店内无信号

古巴酒吧

Cubana

⊖ 滑铁卢站 Warterloo

◆店内播放着拉丁音乐，在这里喝酒有一种仿佛置身于加勒比海的海边一般的清爽。除了加勒比菜肴之外，鸡尾酒的种类也很丰富。

Pub Map p.62-63 ③ D2

✉ 48 Lower Marsh, SE1 7RG

TEL（020）79288778

URL cubana.co.uk

开 12:00~24:00（周三、周四 12:00~次日 1:00、周五 12:00~次日 3:00、周六 13:00~次日 3:00，周日 14:00~23:00）

休 无休 C/C A J M V 店内有信号

奶酪之家

La Fromagerie

⊖ 贝克大街站 Baker Street

◆奶酪专卖店并设的葡萄酒吧。菜谱上都是店家严选的、与奶酪味道相匹配的葡萄酒。这家店的奶酪都是摆放在玻璃门内奶酪储藏室售卖的。

葡萄酒酒吧 Map p.68-69 ⑥ C3

✉ 2-6 Moxon St., W1U 4EW

TEL（020）79350341

URL www.lafromagerie.co.uk

开 8:00~19:30（周六 9:00~19:00、周日 10:00~18:00）

休 无休 C/C A M V

店内有信号

佩奇 · 波辛面包店

Peggy Porschen

⊖ 维多利亚站 Victoria

◆以粉红色为基调的开放式面包咖啡馆。杯子蛋糕、曲奇的橱窗装饰得十分可爱，是晒朋友圈的绝佳打卡地。店主出版了多本烘焙教程，不妨选上几本，来此消费的顾客有很多都是社会名流。

蛋糕店、咖啡馆 Map p.60-61 ② B2

✉ 116 Ebury St., Belgravia, SW1W 9QQ

TEL（020）77301316

URL www.peggyporschen.com

开 8:00~20:00

休 无休

C/C A M V

店内无信号

西饼咖啡馆

Biscuiteers Boutique and Icing Café

⊖ 肯辛顿高街站 High Street Kensington

◆专营皇家骑兵卫队外形姜饼，深受女性顾客的喜爱。店内并设有咖啡馆，共有 19 个座席。蛋糕的价格是 £1.90~。下午茶的价格是 £28.50。地下有烹饪教室。

蛋糕店、咖啡馆 Map p.76-77 ⑩ A1

✉ 194 Kensington Park Rd., W11 2ES

TEL（020）77278096

URL www.biscuiteers.com

开 10:00~18:00（周日 11:00~17:00）

休 无休

C/C A M V

店内有信号

伦敦郊外一日游

伦敦近郊

Days out from London

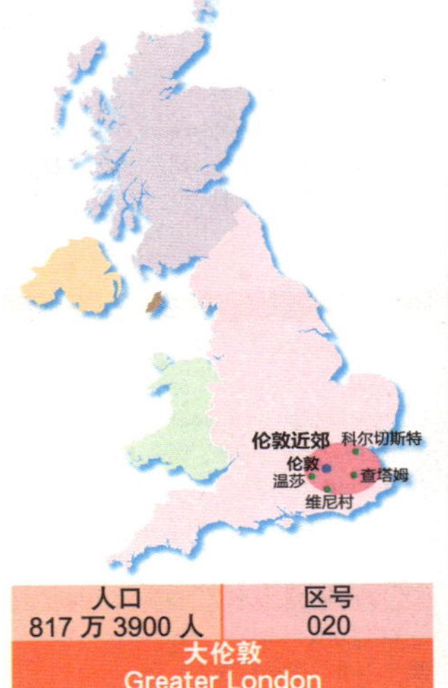

人口	区号
817 万 3900 人	020

大伦敦
Greater London

城堡周围是祥和宁静的小镇温莎

伦敦近郊拥有与伦敦市中心完全不同的魅力。无论是拥有英国王室宫殿的温莎，还是汉普顿宫、被列入世界遗产的海港城市格林尼治、收集了全球 1/8 植物种类的世界上首屈一指的植物园邱园等，都非常值得一去。

伦敦近郊 游览热点

海韦尔城堡（→ p.169）

格林尼治（→ p.160）

英国皇家植物园（邱园）（→ p.164）

伦敦近郊区域内的交通

地铁与铁路

无论是郊外的那座小镇或者景点，都可以从伦敦市中心乘坐地铁或者当天往返。不过这些景点是呈放射状分布的，如果准备一天中游览多个景点比较困难。参加从伦敦出发的团体游项目 p.102 会比较高效一些。

观光船

夏季的时候有从伦敦市中心出发的游河观光船 p.100。可以沿着泰晤士河乘坐游览，到达格林尼治、邱园、汉普顿宫等地。

Information

方便近郊旅行的车票

牡蛎卡（→p.87）

格林尼治、码头区属于区域2。温布尔登、邱园属于区域3。淡季与旺季的票价虽然有差异，但是花上￡10左右便可以在一天中任意乘坐。

英国国铁联票（→p.549）

这张联票虽然不能在伦敦乘坐地铁时使用，但是如果去往剑桥、帕斯、埃文河畔斯特拉特福等地，或是去坎特伯雷、朴次茅斯等伦敦周边以及南部地区可以任意乘坐火车。此外，还附带希思罗快线的往返车票。

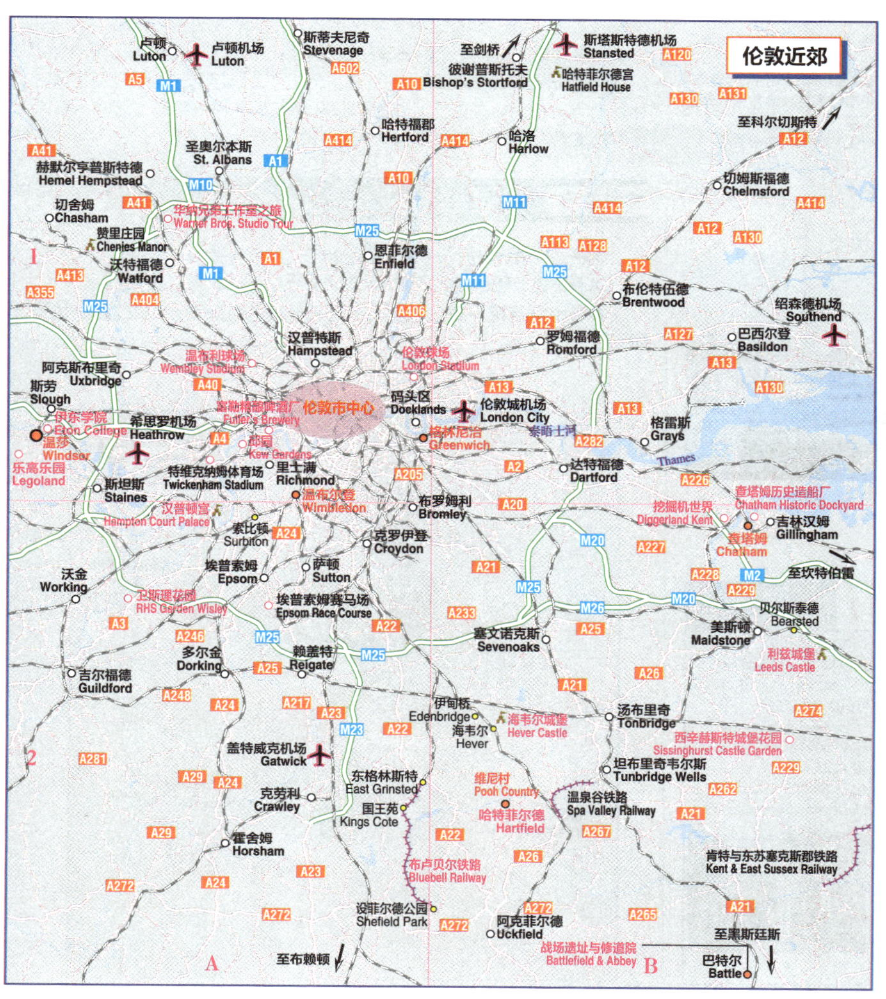

从伦敦的查令十字站出发最快 15 分钟

支配七大洋的大英帝国的象征

格林尼治 Greenwich

克里斯托弗·雷恩的杰作旧皇家海军学校

格林尼治不仅是世界时间的起点，还是可以见证曾经统治世界各大洋之大英帝国荣光的城镇。19 世纪时这里开设了海军学院，为大英帝国的发展做出了重要的贡献。城镇里以旧天文台为首的，以及大建筑师克里斯托弗·雷恩☞ p.573亲手设计的旧皇家海军学院等都被列入了世界遗产名录。

■ 伦敦至格林尼治

🚃 从查令十字站出发，经由滑铁卢站、伦敦桥站后，在格林尼治站下车

所需时间：15 分钟

🚃 乘坐码头区轻轨（DLR），在 Cutty Sark 站下车

⛴ 从堤岸码头经由伦敦塔、千禧码头等在格林尼治码头下船

所需时间：约 40 分钟

格林尼治 漫 步

城市漫步可以从放置有卡蒂萨克号的卡蒂萨克公园（Cutty Sark Gdns.）广场开始。旧皇家海军学校就位于卡蒂萨克公园的东侧。

旧皇家海军学校南侧的建筑物是国家海洋博物馆，再往南是格林尼治公园（Greenwich Park），位于公园内小山丘的旧天文台便是著名的格林尼治天文台。站在这里可以俯瞰旧皇家海军学院和泰晤士河的风景，还可以眺望码头区和 The O2（旧千禧穹顶）。

格林尼治 交通信息

铁路　从格林尼治站至卡蒂萨克公园，徒步约需 15 分钟。

DLR　在卡蒂萨克号近在咫尺的卡蒂萨克公园站下车比较近。

泰晤士河与游河船　夏季的时候有从伦敦中心地区出发的游河船p.100。

格林尼治码头

i 格林尼治 Tourist Information Centre

Map p.160A1

✉ Old Royal Naval College, 2 Cutty Sark Gdns., SE10 9LW

TEL 08706082000

URL www.visitgreenwich.org.uk

开 10:00~17:00

休 12/25 · 26

位于格林尼治发现中心（Discover Greenwich）内

ⓘ 的入口位于西侧

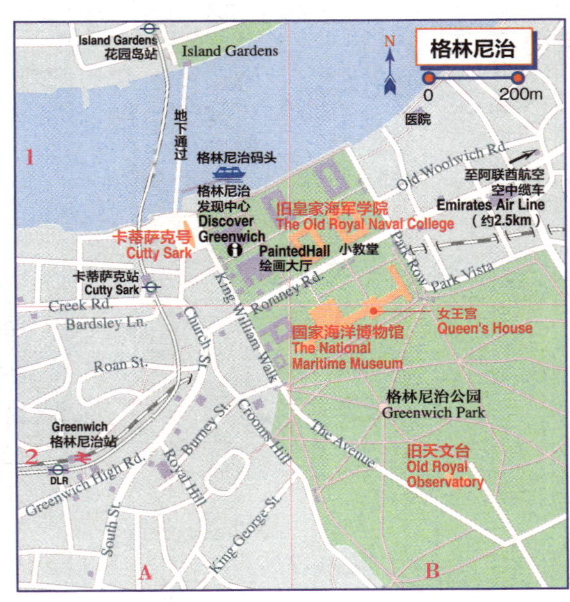

格林尼治 主要景点

克里斯托弗·雷恩的杰作

旧皇家海军学院

世界遗产 Map p.160B1

The Old Royal Naval College

旧皇家海军学院里有很多克里斯托弗·雷恩→p.573设计的巴洛克式建筑。美丽的建筑整齐排列，看上去十分壮观。这些建筑最初为医院，1873年交由皇家海军学院使用，现在是一所大学的校舍。

可进入建筑内部参观的只限有圆屋顶的绘画大厅（Painted Hall）、小教堂Chapel以及史蒂芬·劳伦斯画廊Stephen Lawrence Gallery这三处。

绘画大厅的天井画

规定世界各地时间的

旧天文台

世界遗产 Map p.160B2

Old Royal Observatory

说到格林尼治，首先想到的应该就是格林尼治标准时间。零度经线穿过格林尼治天文台的正中。也就是说，站在这里就意味着一只脚站在东半球，另一只脚站在西半球。这里还有最新型的天象仪，参观要收费。

天文台前的时钟

讲述英国海事史

国家海洋博物馆与女王宫

世界遗产 Map p.160B1~2

The National Maritime Museum & Queen's House

位于旧皇家海军学院以南与格林尼治公园之间的地带。博物馆内展品丰富，从这里可以了解到英国海军的详细历史。西侧的建筑为王后宫Queen's House。帕拉第奥式的建筑正面墙壁十分美丽。馆内有许多有关英国海军的绘画。

王后宫

■旧皇家海军学院
✉ Old Royal Naval College，SE10 9NN
TEL（020）82694747
URL www.ornc.org
开 10:00~17:00
休 12/24~26
费 免费
禁止使用闪光灯
●绘画大厅团体游
开 10:00~16:00 期间开始
所需时间：50分钟 费 £10

绘画大厅与小教堂在两座建筑中

■旧天文台
✉ Greenwich Park，SE10 8XJ
URL www.rmg.co.uk
开 10:00~17:00 入场截至16:30
休 12/24~26
费 免费（子午线穿过的中庭为£10，学生£9）
内部禁止拍照
禁止使用闪光灯

■国家海洋博物馆
✉ Park Row，SE10 9NF
TEL（020）88584422
URL www.rmg.co.uk
开 10:00~17:00 休 12/24~26
费 免费（特别展收费）
内部禁止拍照
禁止使用闪光灯

■女王宫
✉ Park Row，SE10 9NF
URL www.rmg.co.uk
开 10:00~17:00
休 12/24~26 费 免费

面积很大的国家海洋博物馆

曾为世界上速度最快的帆船

卡蒂萨克号

Map p.160A1

Cutty Sark　　格林尼治

卡蒂萨克号建造于1869年，是当时世界上速度最快的大型帆船。曾活跃在印度航线上，运送中国的红茶及澳大利亚的羊毛等货物，1954年停靠到现在的位置。

从那之后，卡蒂萨克号就开始作为博物馆向人们介绍航海时的情形，但2007年遭遇火灾，船体严重受损。火灾时该船正值修理时期，修理费用花费了2500万英镑，所以非常可惜。不过，也正因为修理，船内大量物品被移出，因此免于被毁，这也算是不幸中的万幸。

■卡蒂萨克号

✉ Cutty Sark，King William Walk，SE10 9HT

TEL（020）83126608

URL www.rmg.co.uk

开 10:00~17:00 入场截至16:15

休 12/24~26

费 £13.50 学生 £12.50

禁止使用闪光灯

位于市中心的卡蒂萨克号

在90米的高空俯瞰泰晤士河

阿联酋航空空中缆车

Map p.160B1外

Emirates Air Line　　格林尼治

横跨泰晤士河两岸的缆车，2012年开通。索道将格林尼治东北2.5公里处、The O2附近的埃米尔格林尼治半岛 Emirates Greenwich Peninsula 与对岸的埃米尔皇家码头 Emirates Royal Docks 连接起来，全长约1.1公里，缆车开行时间5~10分钟。最高点约90米，可以观赏到泰晤士河、格林尼治以及码头区的美景。

从高达90米的地方俯瞰泰晤士河

■阿联酋航空空中缆车

🚗 在地铁北格林尼治站 North Greenwich 或码头区轻轨铁路（DLR）皇家维多利亚站 Royal Victoria 下车

TEL 03432221234

URL www.emiratesairline.co.uk

开 4~9月 7:00~21:00（周六 8:00~21:00、周日 9:00~21:00）10月~次年3月 7:00~20:00（周六 8:00~20:00、周日 9:00~20:00）

休 无休

费 £4.50（使用牡蛎卡 £3.50）

从 The O2 旁边通过

activity

“伦敦最惊险刺激的游乐设施”

攀登伦敦“The O2”体验空中漫步

在安全绳的保护下登上观景台

现在，在已成为体育馆的 The O2 的圆顶上行走特别游览项目很受关注。开始前，要进行有关安全的讲解，然后游客换上带安全绳的服装。在导游的指引下，登上设置于圆顶之上的步道（脚下会感到颤动，非常惊险刺激！）。空中风较大，步道也较陡，在上面行走需要一定的勇气。观景台位于距离地面160英尺（约48米）的地方，很适合拍照。

■O2之上　Up at The O2

URL tickets.aegeurope.com/uppaththeo2

开 团体游约90分钟，每隔15分钟开始

6~9月 10:00~20:30

10月~次年5月 12:00~18:00

※ 每日可能不同。需通过上述网站确认开始时间。有强风时停止

休 1/9~2/8 的周一~周三、5/1、12/24~26

费 £30~36

※ 允许拍照，但仅限使用可放入衣服口袋内的相机（可以使用手机）

从地铁厄尔斯考特站最快 35 分钟可达

网球胜地

温布尔登 Wimbledon

说到网球胜地就不能不提温布尔登。每年 6 月都要举行的温布尔登网球公开赛（也称全英公开赛），很多人都会熬夜观看比赛直播。位于伦敦西南的温布尔登有草地网球博物馆等网球迷们不能错过的景点。

温布尔登 漫 步

温布尔登中心区域有可乘坐地铁及火车的温布尔登站，举办温布尔登网球公开赛的球场则还要往北走 2 公里左右。

温布尔登 交通信息

如果前往温布尔登草地网球博物馆，可在地铁区域线南菲尔德站换乘巴士。在温布尔登站下车的话，反而会远一些。

温布尔登 主要景点

采用了最新科技的网球殿堂

温布尔登草地网球博物馆 Wimbledon Lawn Tennis Museum

Map p.163 温布尔登

介绍网球的起源以及各个时期的网球用具、服装，从多个角度展现网球的魅力。

采用了最新科技的展出 通过大型银幕、触摸屏等最新科技来介绍网球的历史。有复原的 20 世纪 80 年代男选手更衣室，有过去的优秀网球选手、现从事网球解说的约翰·麦肯罗的影像为观众进行讲解，还有各个时期的冠军奖杯展示。另外，有一个区域，展出过去的选手们曾经穿过的球衣。

参观中心球场的团体游 全程约 1 小时，可观看举行温网决赛的中心球场并参观选手与媒体见面的新闻发布区。

馆内设置了许多触摸屏，可以帮助观众更深入地了解相关历史

温布尔登草地网球博物馆

■从伦敦前往温布尔登

🚇 在地铁区域线南菲尔德站 Southfields 下车，换乘 493 路巴士。或者从滑铁卢站乘车，在帕特尼站 Putney 下车，换乘 39 路巴士。

■温布尔登草地网球博物馆

✉ Church Rd., SW19 5AE
TEL（020）89466131
URL www.wimbledon.com
开 10:00~17:00
入场截至闭馆前 30 分钟
※ 开赛期间有可能无法参加团体游及参观博物馆
休 1/1、12/24~26
费 £13　学生 £11
包含语音导览设备费用

● 团体游 + 博物馆
开 团体游在 10:30、11:30、13:00、14:30 举行
费 £25　学生 £21

世界上最大的植物园

世界遗产 邱园

园内种植着来自世界各地的植物，四季都有相应的花卉开放，任何时候都适合参观。2009 年该园迎来了建园 200 周年。现在园内有 4 万多种植物，植物标本数量超过 700 万件。可以说这里是名副其实的世界上最大的植物园。园内有多家餐馆及咖啡馆，可以在里面很惬意地待上一天。

植物园的建立

正式名称为皇家植物园（邱园）Royal Botanic Gardens，Kew。1759 年，乔治三世的母亲奥格斯特公主命园艺师 W. 艾顿建园。之后，随库克船长到世界各地旅行的班克斯采集了各种植物并移植于此，园中的植物种类不断丰富。

邱园的标志性建筑——温室

方便在园内移动的游览车

如果想更加快速地在广阔的植物园内移动，可以在购买门票的同时购买游览车 Kew Explorer 的车票。游览车用时 40 分钟，在园内开行一周，中途在 8 个地点停车。车票在一天之内有效，可以任意乘车。

十层塔

中国宝塔 Chinese Pagoda

这座位于植物园西南部边缘的宝塔，高达 50 米。建成于 1762 年，过去塔上曾经有 80 条金龙。登上塔顶，一共要走 253 级台阶，会有些吃力，但站在塔顶能看到美丽的风景。

园内最老的建筑

邱宫

Kew Palace

邱园曾为英国王室领地，所以园内建有名为邱宫的王室公馆。这座建筑建于1631年，是邱园内最古老的建筑。在乔治三世统治时期的1802年进行了改建，因此成了现在的样子。通过建筑内部的各种展品，参观者可以了解到乔治三世与其妻子夏洛特的日常家庭生活以及他们与当时英国政治的关系。

三角形重叠的设计

威尔士王妃的温室

Princess of Wales Conservatory

已故的戴安娜王妃于1982年建造的温室。里面的植物主要为来自美洲大陆的仙人掌类植物及来自亚洲的睡莲等。

侍女蛋糕的发源地

纽恩斯

Newens

从正门进入后徒步5分钟可至的咖啡馆。这家店非常有名，发明了类似于烤芝士蛋糕的侍女蛋糕 Maids of Honour。

✉288 Kew Rd., Kew Gardens Surrey，TW9 3DU
TEL（020）89402752
URL www.theoriginalmaidsofhonour.co.uk
开 9:00（周六、周日 8:30）~17:30　休 无休

DATA

■邱园 Map p.159A1

在地铁区域线邱园站 Kew Gardens 下车

从威斯敏斯特千禧码头出发，在邱码头下船

4月上旬~9月运行，每天4班 所需时间：约1小时30分钟

✉Royal Botanic Gardens Kew，TW9 3AB

TEL（020）83325655　URL www.kew.org

开 开园时间全年10:00。以下为闭园时间

5月、7月中旬~8月 18:30（周五~周日~21:00）6~7月中旬 18:30（周五~周日~20:30）7月中旬 17:00、9月 18:30（周五~周日~19:00）10月上旬~下旬 18:00　10月下旬~11月下旬·1月上旬~2月上旬 16:15　11月下旬~新年 15:30　2月中旬~3月下旬 17:45　3月下旬~4月 18:30（周五~周日~19:30）

入园时间截至闭园前30分钟

休 12/24·25　费 £16 学生 £15.50

●邱园游览车

开 开园期间在园内巡回　费 £5

●邱宫

TEL（020）31666000

URL www.hrp.org.uk/kew-palace

开 10:00~17:30　休 11月~次年3月

费 包含在邱园门票内　教堂内禁止拍照

温莎城堡占地广阔

■从伦敦前往温莎

🚃从帕丁顿站乘车在斯劳 Slough 换乘，最后在中央车站 Central 下车。有直达车次。1 小时 2~3 个车次

所需时间：约 35 分钟

🚃从滑铁卢站出发 1 小时 2 个车次。在河岸站 Riverside 下车。

所需时间：约 55 分钟

🚌从位于白金汉宫路的绿线巴士站乘 702 路，1 小时 1 班。周日停运。

所需时间：约 1 小时 30 分钟

i 温莎 Tourist Information Centre

Map p.166 左

✉ The Old Booking Hall, Windsor Royal Shopping SL4 1PJ

TEL（01753）743900

URL www.windsor.gov.uk

开 夏季 9:30~17:30
冬季 10:00~16:00

休 12/25 · 26

从伦敦帕丁顿站最快 35 分钟可达

体现英国气质与传统的

温莎 *Windsor*

温莎城堡是世界上最大的仍被王室使用的城堡之一。自征服者威廉 1066 年征服英格兰至今的 900 多年以来，温莎一直是英国王室的宫殿及要塞。温莎镇是以温莎城堡为中心而形成的一个小镇。这里风景优美，不愧被称为皇家小镇。现在的英国王室叫作温莎王朝。由此可见，英国王室与温莎镇有着极为深厚的渊源。

温莎 漫 步

温莎镇有中央车站和河岸站两个车站。都位于小镇的中心区域，不过 ❶ 设在中央车站附近，所以选择在中央车站下车会更方便一些。温莎城堡的入口位于城堡山 Castle Hill 的山顶。

另一个值得参观的地方是伊顿公学，位于距离镇中心步行 10 分钟可至的地方。跨过泰晤士河上的温莎伊顿桥，继续直行就能到达。途中的道路都是石板路，让人感觉很有味道。

温莎 主要景点

英国王室的住所

温莎城堡 Windsor Castle

Map p.166 右

温莎

在温莎城堡可以俯瞰整个温莎镇，这座城堡的历史悠久，从 1066 年开始，900 多年来一直是英国王室的住所。

现在可以参观的是国宾馆、玛丽女王人偶馆及圣乔治教堂三处。

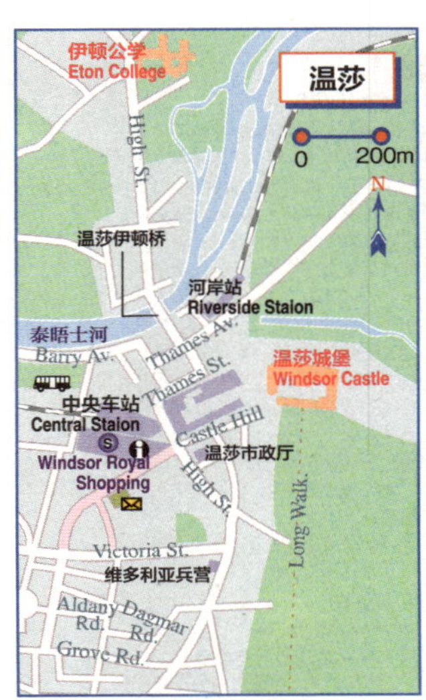

从空中俯瞰温莎城堡

温莎城堡

圣乔治教堂 St Gerorge's Chapel
阿尔伯特纪念教堂
中庭
园塔
国宾馆 State Apartment
前庭
后庭
居住区
迎宾楼
出口
入口

❶语音导览设备租赁处
❷爱德华三世塔
❸温莎城堡解说牌
❹玛丽女王人偶馆
❺诺曼门
❻亨利三世塔
❼亨利八世门

位于城堡中央的圆塔

国宾馆

内部装修豪华，随处可见王室收藏的绘画及各种装饰品。有公务活动举行时无法参观，所以前往时应事先确认。

圣乔治教堂 圣乔治教堂是一座精美的哥特式教堂。亨利八世☞p.576等英国王室成员的墓地也在这里。另外，周日为非参观日，需要注意。

英国顶级名校

伊顿公学

Map p.166 左

Eton College

温莎

15 世纪时，由亨利六世☞p.576所建的一所公学（非公立学校，在英格兰指寄宿制私立学校）。这所学校在英国的公学之中也属于顶级名校，毕业生中产生了沃波尔、格莱斯顿等 19 位英国首相。现在有 11 岁至 18 岁的 1300 多名学生在此学习。

进入大门之后，首先映入眼帘的是位于中央的学校创办者亨利六世的塑像。右侧是哥特式教堂，同样为亨利六世所建，但建造过程中亨利六世遭到废黜，所以实际的建筑规模要远远小于设计。教堂内部保存着中世纪的壁画。校园内还有博物馆，主要介绍学校历史及学校生活。

伊顿公学校舍

乐高玩具主题公园

温莎乐高乐园

Map p.159A1

Legoland Windsor

温莎近郊

英国国内最富人气的主题公园之一。用乐高玩具再现了大本钟、伦敦眼、圣保罗大教堂等建筑。园内分为多个区域，有水上过山车、大型迷宫等游乐设施。

乐高酒店

■温莎城堡

✉ Windsor, SL4 1NJ

URL www.royalcollection.org.uk

开 3~10 月 9:30~17:15（入场截至 16:00）
11 月～次年 2 月 9:45~16:15（入场截至 15:00）

休 温莎城堡 4/14、6/19、12/25·26
国宾馆 4/5·25、6/18·19
圣乔治教堂 周日（全年）
※ 王室成员或国宾入住期间以及举行国务活动时，内部参观区域会受到限制或者停止参观（尤其在6月、12月）。

费 £21.20 学生 £19.30（国宾馆不对外开放时 £11.70，学生 £10.60）

内部部分区域禁止拍照

禁止使用闪光灯

●卫兵换岗

与白金汉宫一样，在温莎城堡也能看到卫兵换岗。通常卫兵换岗在周二、周四、周六举行，但夏季除了周日每天都会举行。也就是说，会因时间和天气等因素出现变动，前往观看时应事先查询。换岗仪式从 11:00 开始，需要 45 分钟。通常，仪式都在圣乔治教堂的前院举行，仅在女王入住城堡期间改至后院举行。参观这些地点都需要持有温莎城堡门票。卫兵从维多利亚兵营行进至温莎城堡的过程，无需门票也能看到。具体时间安排见下边网站。

URL www.householddivision.org.uk

■伊顿公学

✉ Eton High St., SL4 6DW

TEL（01753）390603

URL www.etoncollege.com

导游解说 5/4~9/7 的周五 14:00、16:00 开始。用时约 90 分钟。
人数有限，最好提前预约

费 £10

■温莎乐高乐园

从白金汉宫路的绿线巴士站乘 702 路，1 小时有 1 班。周日停运。
所需时间：约 2 小时

✉ Winkfield Rd., SL4 4AY

URL www.legoland.co.uk

开 3 月中旬～7 月中旬、9 月～10 月下旬
10:00~17:00（周六、周日可能会延长至 18:00）
7 月下旬～8 月 10:00~18:00

休 11 月、12 月下旬～次年 3 月上旬（3~5 月及 9·10·12 月的非休息日有时会闭园，应事前确认）

费 1 日通票 £36~60 ※ 会有变动（网上预订 £32~52）

贴近自然的 伦敦近郊名城之旅

稍微离开伦敦一段距离，就有许多王室、贵族们喜爱的美丽宫殿、城堡以及广阔的大自然。游客可以暂时停下参观博物馆和购物的脚步，前往伦敦郊外放松一下心情。

美丽花园之中的宫殿 汉普顿宫 Hampton Court Palace

汉普顿宫是一座位于大花园之中的宫殿。

钟庭 进入宫殿区域后的第一个广场就是外庭 Base Court。可租借语音导览设备的❶就在这里。再穿过一道门，就能到达钟庭 Clock Court。

亨利八世大钟 中庭的名字缘自亨利八世p.576的大钟。这座大钟使用了当时最先进的技术，甚至可以显示泰晤士河的潮汐变化。

厨房 大钟背后的左侧，有可为超过 1000 人提供饮食的都铎王朝时期的厨房。

亨利八世大钟

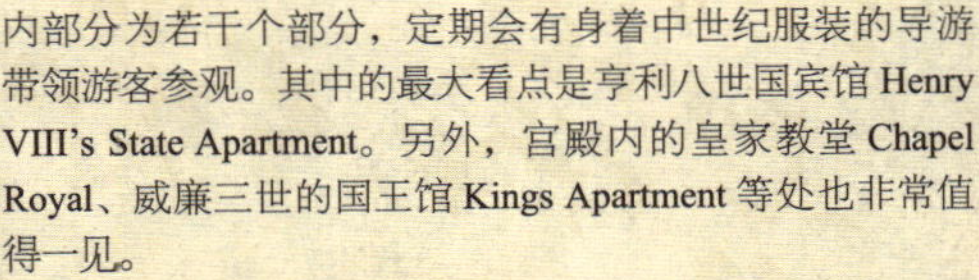

国宾馆 宫殿内部分为若干个部分，定期会有身着中世纪服装的导游带领游客参观。其中的最大看点是亨利八世国宾馆 Henry VIII's State Apartment。另外，宫殿内的皇家教堂 Chapel Royal、威廉三世的国王馆 Kings Apartment 等处也非常值得一见。

花园（详细内容→p.40） 宫殿的周围是整修得非常美丽的花园。在参观宫殿感到有些疲倦时，可以到花园里小憩一下。

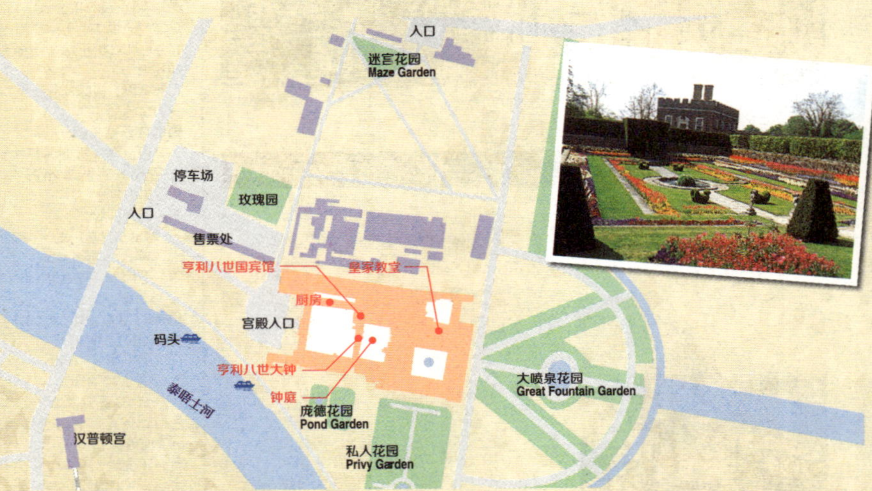

有许多传说轶事的都铎王朝的城堡

海韦尔城堡
Hever Castle

海韦尔城堡是伊丽莎白一世p.573的母亲安妮·博林p.572出生并成长的地方。她被处死后，城堡被英国王室没收，亨利八世p.576与其第五任妻子克里维斯的安妮公主离婚后，城堡开始归克里维斯的安妮公主所有。之后所有者多次变更，最终遭废弃，直到20世纪后，美国富豪将其买下并花费重金整修使城堡恢复到都铎王朝时期的样子。

城堡本身就很壮观，除此之外，在广阔的庭园里还有迷宫、意大利式花园、玫瑰花园、水池等众多景点。夏季，还会不定期举行马上长枪比武表演。

“世界上最可爱的城堡”

利兹城堡
Leeds Castle

利兹城堡被誉为“世界上最可爱的城堡”。这座城堡的历史非常悠久，诺曼征服后的土地赋税调查书p.575中就有记载。最初为要塞，亨利八世p.576为了第一任妻子阿拉贡的凯瑟琳p.573，将要塞改建为宫殿。

在进入口，是一段步道，步行7~8分钟可到达城堡。途中能见到许多不同种类的鸟，环境十分安静惬意。城堡不大，但内部十分奢华。随处可见鸟类的装饰画。占地面积很大，城堡背后有庭园、餐馆、鸟园、迷宫。

DATA

■汉普顿宫　Map p.159A2

从滑铁卢站乘车在汉普顿宫站下车。瑟比顿站 Surbiton 有可换乘的列车。
1小时2班左右　所需时间：约35分钟
从威斯敏斯特千禧码头出发，经由邱码头、里士满码头，到达汉普顿宫码头
仅在夏季开行　每天2班　所需时间：约3小时
Surrey, KT8 9AU
TEL (020) 31666000
URL www.hrp.org.uk
开 3/26~10/28 10:00~18:00　10/29~次年3月下旬 10:00~16:30
入场截至闭馆前1小时
休 12/24·26
费 £22.70　学生 £18.10
包含语音导览的费用
内部禁止拍照　禁止使用闪光灯

■海韦尔城堡　Map p.159B2

从伦敦桥站乘车，1小时1班，在东克罗伊登站 East Croydon 换乘，可以选择在伊甸桥镇站 Edenbridge Town 下车后乘坐出租车，也可以选择在海韦尔站 Hever 下车后步行约30分钟。
Hever, TN8 7NG
TEL (01732) 865224
URL www.hevercastle.co.uk
开 3/26~10/28·12/10~23　12:00~16:30
10/29~11/23·次年2月中旬~3月下旬的周三~周日　12:00~15:00
11/24~12/9的周三~周日　12:00~16:30
12/24·12/27~次年1/1·2月中旬　12:00~15:00
※庭园10:30开门
休 10/29~12/9·2月下旬~3月下旬的周一、周二
12/25·26、次年1/2~2月中旬
费 城堡与庭园 £17.25　学生 £14.50
庭园 £14.50　学生 £12.35　内部禁止拍照

■利兹城堡　Map p.159B2

从维多利亚站乘坐开往阿什福德 Ashford 方向的列车，在梅德斯通 Maidstone 站下车，所需时间约1小时10分钟。大致1小时1班（周六、周日停运）。
Maidstone, Kent, ME17 1PL
TEL (01622) 765400
URL www.leeds-castle.com
开 4~9月 10:30~17:30（庭园 10:00~18:00，城堡入场截至17:00）
10月~次年3月 10:30~17:00（庭园 10:00~17:00，城堡入场截止至15:30）
售票窗口 4~9月 16:30、10月~次年3月 15:00
休 7/8、11/4·5、12/25　费 £24.90　学生 £21.90
内部禁止拍照　禁止使用闪光灯

Town 伦敦近郊 Walk ①

"小熊维尼"的故乡
维尼村
Pooh Country

通向桥的人行道的指示牌

《小熊维尼》(*Winnie-the-Pooh*)的故事背景地，现在被称为维尼村 Pooh Country，克里斯托弗·罗宾奔波的"百亩森林 100 Acre Woods"也在这里。

可以从起点哈特菲尔德 Hartfield 村出发，以孩童的心境在这里漫步。

推荐线路

哈特菲尔德的巴士站
↓
小熊维尼的棍棒桥
↓
小熊维尼专卖区

说到小熊维尼，蜂蜜是最具代表性的周边商品

■从伦敦前往哈特菲尔德

从维多利亚站乘车前往东格林斯特德站 East Grinstead，大概1小时2班，约1小时可达。出站后，在左边的主干道路上乘坐地铁巴士 Metro Bus 291路，行驶25分钟左右。周一～周五 6:23~18:16（周六 6:31~18:10），大约1小时1班。周日 9:41、11:41、13:41、15:41、17:41。

从查令十字站乘车前往坦布里奇韦尔斯站 Tunbridge Wells，大概1小时3班，约1小时可达。乘地铁巴士291路，所需时间约20分钟。周一～周五 7:35（学期内 7:21）~19:16（周六 7:29~19:16），大概1小时1班。周日 10:55、12:55、14:55、16:55。

小熊维尼专卖区
Pooh Corner

对于喜爱小熊维尼的游客来说，这家商店就是一个圣地。里面出售当地生产的蜂蜜。附设的茶室有以跳跳虎、小熊维尼等为主题的餐饮。

✉ High St., TN7 4AE TEL（01892）770456
URL www.pooh-country.co.uk
开 10:00~16:30（周六 9:00~17:00、周日 10:30~17:00）
休 无休 C/C J M V

小熊维尼的棍棒桥
Pooh Bridge

以 A.A. 米尔恩的《小熊维尼的房子》中出现的桥为原型建造，这是故事里小熊维尼进行投棒游戏的地方。有时能见到游客在此模仿绘本上的场景玩投棒游戏，不过折树枝属于违反公德的行为，需要注意。

桥自建成以来已经过多次整修

百亩森林
100 Acre Woods

故事中，小熊维尼居住的地方叫百亩森林。据说，米尔恩 1924 年在阿什当的森林附近建造的别墅并带着儿子克里斯托弗前往。随着小熊维尼的故事广为人知，这里也开始被称为百亩森林。

百亩森林中有许多故事中出现的场所

布卢贝尔铁路
Bluebell Railway

铁路迷一定要去设菲尔德公园站内的商店逛一逛

布卢贝尔铁路利用 1967 年废弃的线路重新开始运营，而且只有蒸汽机车开行。在英国为数不多的历史遗迹铁路中，这条铁路极具人气。

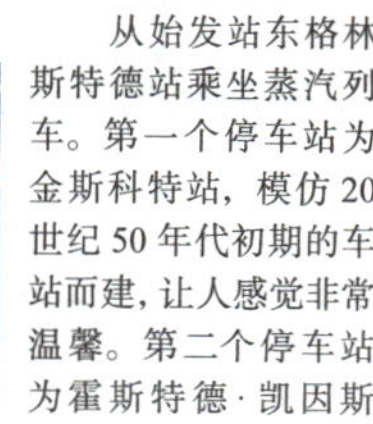

从始发站东格林斯特德站乘坐蒸汽列车。第一个停车站为金斯科特站，模仿 20 世纪 50 年代初期的车站而建，让人感觉非常温馨。第二个停车站为霍斯特德·凯因斯站，车站建筑是铁路繁荣期的 20 世纪 30 年代的风格。这座车站附近有蒸汽机车拍照地点，所以很多铁路迷都在此下车。

车窗正中位置的皮质把手是用来开关车窗的

设菲尔德公园站是该线路上最大的车站，有纪念品商店、小型博物馆以及 PUB。站前有国民托管组织负责管理的庭园。

4~9 月每天 3~8 班，在旅游淡季的冬季周末正常开行。经常举办各种活动，详细日程安排可通过网站查询。

🚌 270 路巴士在东格林斯特德与霍斯特德·凯因斯 Horseted Keynes 之间开行。东格林斯特德发车 6:17~18:35（周六 7:25~17:20、周日 9:25、11:25、14:20、16:20）。

TEL（01825）720800

URL www.bluebell-railway.com

费 3 等全线往返 £19~

蒸汽机车进站

作为实习船航行于泰晤士河上的 HMS 加奈特号

■从伦敦前往查塔姆

🚃 从维多利亚站乘车，大概 1 小时 2 班，行驶时间约 50 分钟。从查令十字站乘车，大概 1 小时 2 班，行驶时间约 1 小时。

■查塔姆历史造船厂

✉ The Historic Dockyard, Kent ME4 4TE

TEL（01634）823800

URL www.thedockyard.co.uk

开 3/25~10/27　10:00~18:00
2 月中旬　10:00~17:00
10/28~12/2、2 月下旬 ~3 月下旬　10:00~16:00

※ 入场截至关门前 45 分钟

休 12/3~ 次年 2 月中旬

费 £24　学生 £21.50

内部禁止拍照

禁止使用闪光灯

■挖掘机世界

🚌 从查塔姆站以北的 Waterfront 巴士车站乘 170 路巴士，大概 1 小时 1 班（周日停运），行驶时间约 20 分钟。在终点站下车。

✉ Medway Valley Leisure Park, Roman Way, Strood, Kent, ME2 2NU

TEL 08712277007

URL www.diggerland.com

开 4 · 7 · 8 月 10:00~17:00
3 · 5 · 6 · 9 · 10 月的周六、周日　10:00~17:00
2/10~18 · 24 · 25 10:00~16:00

休 10 月下旬 ~ 次年 2 月上旬、4 月下旬的周一 ~ 周五
3 · 5 · 6 · 9~10 月中旬的周一 ~ 周五

费 £19.95

查塔姆
查塔姆造船厂历史遗迹入口
N
0　200m
梅德威河
River Medwey
Pentagon
Railway St.
The Paddock
High St.
火车站

从伦敦维多利亚站最快 70 分钟可达

曾为英国海军最大的造船厂

查塔姆 *Chatham*

英国海军曾经称霸世界。伦敦泰晤士河以东的城镇查塔姆就是为当时的海军建造船只的地方。

查塔姆 漫 步

从火车站步行 15 分钟左右即可到达历史造船厂。这里也有巴士开行，但一般都会选择步行前往。

查塔姆 主要景点

曾为英国海军最大的造船厂

查塔姆历史造船厂 Map p.159B2

Chatham Historic Dockyard　　查塔姆

伊丽莎白一世 p.573 在位时期，在查塔姆建立了皇家造船厂。17 世纪之前，这里一直是英国最大的修理基地，但随着战争舞台转移至大西洋，18 世纪以后成了著名的军舰制造厂。

在第二次世界大战中屡立战功的 HMS 骑士号船舱内部

1984 年工厂关闭，现在作为造船厂历史遗迹对外开放。有英国海军各个时期的军舰、潜水艇等舰只，海事博物馆里有船模展出。保存着船坞、宿舍等乔治王朝风格的设施，而且保存状态良好。曾经申请成为世界遗产。

重型机械主题公园

挖掘机世界 Map p.159B2

Diggerland Kent　　查塔姆近郊

英国重型机械企业 JC 班福德挖掘机公司经营的一家主题公园。有许多由重型机械改装成的游乐设施，极具特色。可以体验操作无相应资格就不能驾驶的挖土机、叉车，儿童与大人都能在这里找到乐趣。

操作并不简单，但工作人员会细心指导，很快就能上手

用挖土机改造而成的游乐设施，能高速旋转

从伦敦利物浦大街站最快 45 分钟可达

文献记载中英国最古老的城市

科尔切斯特 Colchester

科尔切斯特是文献记载中英国最古老的城市。其历史可以追溯至凯尔特时期。之后的罗马时期，作为统治不列颠岛的基地，开始在这里建造城墙和神庙。公元 60 年，布立吞人的布狄卡女王p.577发动起义，反抗罗马人的统治。

科尔切斯特 漫 步

从伦敦或伊普斯维奇乘车可到达科切斯特北站 North Station，部分列车可到达科尔切斯特镇站。从北站沿北站路南行 10 分钟可到达镇中心。穿过城墙后继续前行一段就能看见科尔切斯特城堡。

科尔切斯特 主要景点

建于罗马神庙遗迹之上的

科尔切斯特城堡 Colchester Castle

Map p.173 科尔切斯特

建于诺曼王朝统治的 11 世纪

罗马时期，这里建有克劳狄乌斯神庙，象征着罗马对当地的统治。传说，发动起义的布狄卡女王p.577在进攻科尔切斯特时，将逃入神庙的民众全部烧死在里面。

1076 年，征服王威廉p.572下令将这里残存的罗马时期的石材运至别处，在神庙遗迹上建起科尔切斯特城堡。这座城堡在中世纪时曾被当作监狱使用，现在已成为博物馆，展出发掘于当地的各种文物。

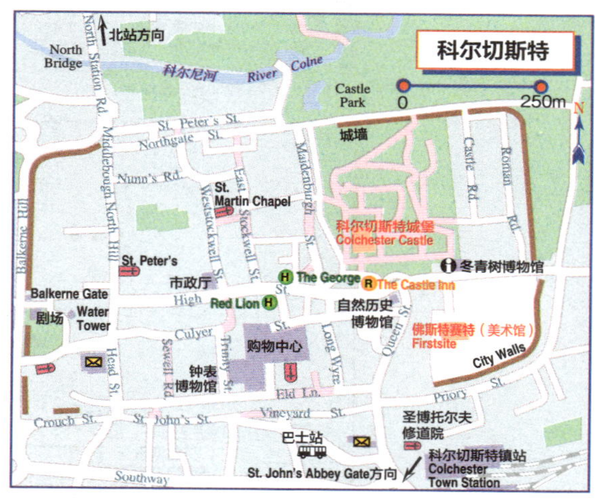

围绕科尔切斯特中心区域的城墙

■从伦敦前往科尔切斯特

从利物浦大街站乘车，车次很多

所需时间：50 分钟 ~1 小时

科尔切斯特北站

i 科尔切斯特 Tourist Information Centre

Map p.173

✉ Hollytrees Museum，Castle Park，CO1 1UG

TEL (01206) 282920

URL www.visitcolchester.com

开 10:00~17:00

休 周日、1/1、12/24~26

■市内步行团体游

所需时间约 90 分钟的步行团体游。可以游览科尔切斯特城堡以及英国现存最大的罗马时期的城门、儿歌《一闪一闪亮晶晶》诞生地等景点。

开 周六 11:00 7~9 月的周三 11:00、7 月的周三 17:00

休 12 月 ~ 次年 1 月上旬

费 £4.50

集合地点为❶前。需在❶预约。

■科尔切斯特城堡

✉ High St.，CO1 1TJ

TEL (01206) 282939

URL www.cimuseums.org.uk

开 10:00~17:00（周日 11:00~17:00）

※ 入场截至 16:30

休 无休 费 £7.75 学生 £4.80

内部禁止拍照

●团体游

开 夏季 12:00、13:00、14:00、15:00 出发

冬季 12:00、14:00 出发

所需时间：1 小时 费 £3

内部禁止拍照

■佛斯特赛特（美术馆）

✉ Lewis Gardens，High St.，CO1 1JH

TEL (01206) 713700

URL firstsite.uk

开 10:00~17:00 休 无休

费 根据具体的展览而定

禁止使用闪光灯

英国考古史上最大的发现

萨顿胡 Sutton Hoo

在伊普斯维奇的郊外，有 7 世纪的古代坟墓萨顿胡 Sutton Hoo。萨顿胡的发现被认为是英国中世纪考古史上最大的成绩，出土的随葬品现陈列于大英博物馆的盎格鲁 - 萨克逊展区。

据推测，萨顿胡中埋葬的人物为萨克逊国王雷德沃尔德，墓室为船形。在游客中心，可以通过坟墓模型以及丰富的历史资料、出土文物等展品了解盎格鲁 - 萨克逊时期的生活和文化。

发现于 1939 年的古代坟墓。墓室为船形

随葬的面具

游客中心的船形墓室模型

可在景区内沿步道行走

■从伦敦前往伊普斯维奇

从利物浦大街站乘车，1 小时 2~3 班。行驶时间约 1 小时 20 分钟。

■从伊普斯维奇前往萨顿胡

从伊普斯维奇站乘车，大概 1 小时 1 班，约 20 分钟后在梅尔顿 Melton 站下车。之后步行约 30 分钟。如在车站乘出租车则 10 分钟可达，£15。

从巴士站到梅尔顿教堂，可乘 65 路（周日为 65B）巴士，1~2 小时 1 班。步行 40 分钟左右可达萨顿胡。

■萨顿胡游客中心

Tranmer House，Sutton Hoo，Woodbridge，Suffolk，IP12 3DJ TEL（01394）389700

URL www.nationaltrust.org.uk 开 10:30~17:00

休 2018 年秋 ~2019 年春 费 £8.90

南海岸地区

Southern Coast

景点透视

城市漫步指南

英国里维埃拉（→ p.222）中心——托基

坎特伯雷大教堂 p.180
英国国教圣地、大本营。被列入世界遗产。

拉伊 p.188
位于小山丘上的古典风格小镇。可以在复古的咖啡馆和Pub里悠闲地享受度假时光。

朴次茅斯造船厂历史遗迹 p.202
位于英国海军基地内，内有博物馆和退役的军舰。

绵延的白色崖壁与各色度假小镇

南海岸地区

沿英吉利海峡的南海岸地区，拥有美丽绵延的度假胜地和热闹的港口地区。

拥有乳白色崖壁的美丽东南部 自然景观除了最著名的七姐妹p.193之外，还有位于多佛尔p.185郊外的白崖，这两处都可以欣赏到美丽壮观的断崖。此外，坎特伯雷p.178、拉伊p.188等历史悠久的城市也是魅力十足。拥有众多时尚小店的布赖顿p.196、因是泰坦尼克号出发的港口而闻名的南安普敦p.209等港口城市也非常值得游览。

康沃尔半岛 位于西南部的康沃尔半岛，是英国著名的度假胜地。彭赞斯p.234、英国里维埃拉p.222的托基p.223等非常有特色的小镇，每逢夏季都会因来此度假的游客而变得非常热闹。

主要城市与景点概要

p.178 被列入世界遗产的大教堂
坎特伯雷

p.188 红砖搭砌的城镇
拉伊

p.200 邂逅历代名舰
朴次茅斯

p.220 残留有远古时代地层的海岸
侏罗纪海岸

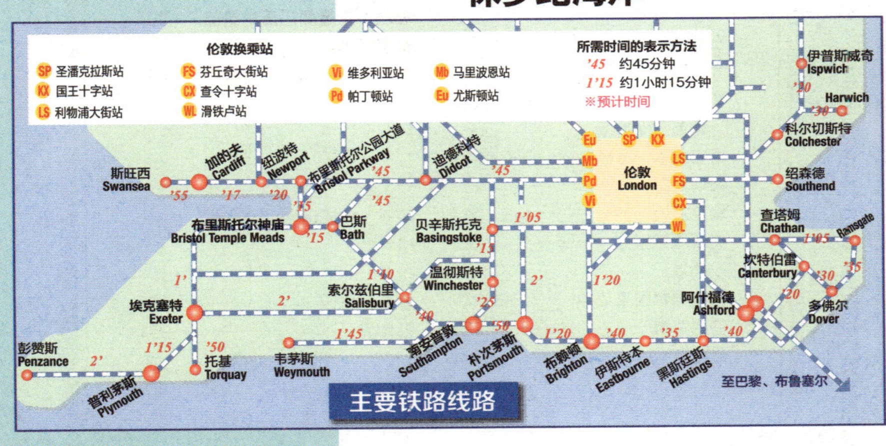

p. 222 与阿加莎·克里斯蒂颇有渊源的
英国里维埃拉

p. 234 意为“神圣海角”的度假胜地
彭赞斯

侏罗纪海岸 p.220

挖掘出大量化石的海岸，拥有天然拱门杜德尔门Durdle Door等众多奇岩怪石。

圣迈克尔山 p.235

浮于彭赞斯郊外的一座小岛。退潮之后徒步可至。

七姐妹 p.193

由于有七座乳白色的断崖相连而得名。海岸沿线是徒步步道。

值得推荐的户外项目

walk

漫步于乳白色的绝壁之上

七姐妹漫步

详细内容 p.195

七姐妹是可以从伦敦出发一日游还能享受徒步远足乐趣的景点。徒步远足分为白崖上漫步欣赏绝景的线路和白崖下漫步的线路。

walk

夏洛克 · 福尔摩斯系列中人气杰作

造访小说《巴斯克维尔的猎犬》的舞台

格里姆斯蒙德→ Map p.226A1

《巴斯克维尔的猎犬》是在柯南 · 道尔的著作《夏洛克 · 福尔摩斯》系列侦探小说中最畅销的。小说中巨大魔犬所居的沼泽地，现在是达特穆尔国家公园。可以徒步至小说中提到的场景。位于波斯特桥近郊的格里姆斯蒙德（Grimspond）残留有福尔摩斯曾经潜伏过的石圈，福尔摩斯粉必到此打卡。

DATA 从普利茅斯乘坐 X1 路巴士，去往 Yelverton 方向，然后换乘 98 路巴士，去往波斯特桥（周一 ~ 周六 9:20 出发，返程是 13:26）。从波斯特桥至格里姆斯蒙德的石圈约有 6.5 公里的路程。

当地美食

gourmet

英国传统的馅饼

康沃尔莱肉馅饼 Cornish Pasty

南部康沃尔半岛的传统馅饼，主要是为了在煤矿工作的矿工们在矿道中可以一边工作一边就餐而制成的。馅饼中有牛肉、土豆、洋葱、芜菁（类似萝卜的一种根茎类蔬菜）等。超市和火车站的便利店都有销售，是最合适的简餐。

gourmet

在英法海峡打捞的牛舌鱼

多佛尔比目鱼 Dover Sole

可以购买的店铺 p.187

使用大量香草烤制的牛舌鱼

这种牛舌鱼属于比目鱼的一种，在多佛尔附近比较常见。使用黄油或者香草跟这种鱼一起烤制非常美味，在当地的餐馆也比较常见。可以品尝到这种鱼的季节主要是夏季。

康沃尔莱肉馅饼

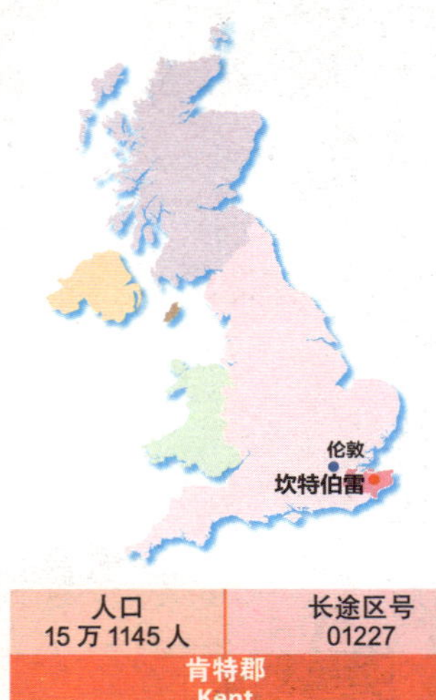

英国宗教首都

坎特伯雷

Canterbury

前往大教堂的门

坎特伯雷是英国国教的朝圣圣地，因坎特伯雷大教堂的存在也可称得上是英国宗教的首都。坎特伯雷距离伦敦大约有 100 公里，教徒们以前来这里朝圣徒步需要 2~3 天的旅程，如今通了火车之后仅需 1 小时 45 分钟的车程。14 世纪的作家杰弗里 · 乔叟的代表作《坎特伯雷故事集》讲的就是一群从伦敦出发至坎特伯雷的朝圣者一行，在晚间轮流讲故事消磨时光。

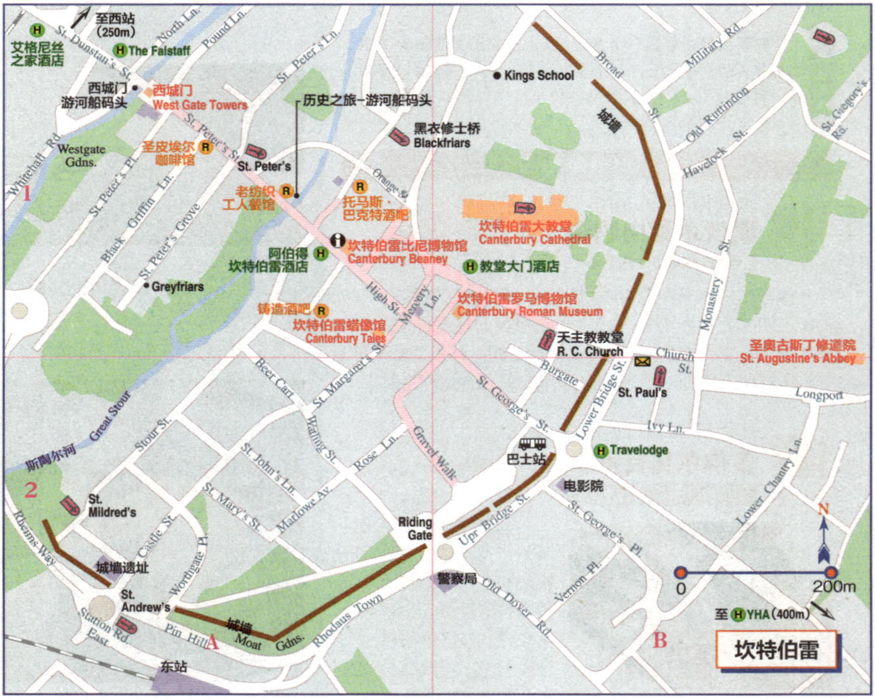

至西站 (250m)
艾格尼丝之家酒店
The Falstaff
西城门游河船码头
西城门 West Gate Towers
历史之旅-游河船码头
Kings School
黑衣修士桥 Blackfriars
城墙
Westgate Gdns.
圣皮埃尔咖啡馆
St. Peter's
老纺织工人餐馆
托马斯·巴克特酒吧
坎特伯雷大教堂 Canterbury Cathedral
坎特伯雷比尼博物馆 Canterbury Beaney
阿伯得坎特伯雷酒店
教堂大门酒店
Greyfriars
坎特伯雷罗马博物馆 Canterbury Roman Museum
铸造酒吧
坎特伯雷蜡像馆 Canterbury Tales
天主教教堂 R. C. Church
圣奥古斯丁修道院 St. Augustine's Abbey
St. Paul's
巴士站
Travelodge
电影院
斯陶尔河 Great Stour
St. Mildred's
城墙遗址
St. Andrew's
Riding Gate
警察局
城墙
东站
至 YHA (400m)
0 200m
坎特伯雷

坎特伯雷 漫 步

位于西城门旁的游河船码头

从西侧的西城门 Map p.178A1 到东侧的巴士站 Map p.178B2 之间有一条贯穿整座城市的道路。这条道路的名称从西到东的名字依次是圣皮特大街（St Peter's St.）、高街（High St.）、圣乔治大街（St George's St.）。城市的中心地区高街上设有❶。

坎特伯雷 交通信息

坎特伯雷共有两个火车站，分别是东站和西站。

坎特伯雷东站

东站 去往市中心，需要经过陆桥，然后沿着城堡大街一直前行便可。

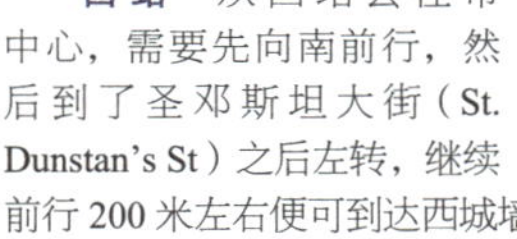

西站 从西站去往市中心，需要先向南前行，然后到了圣邓斯坦大街（St. Dunstan's St）之后左转，继续前行 200 米左右便可到达西城墙。

巴士站 巴士站位于城市的东侧，靠近城墙附近。从车站向西北方向前行，很快就可以到达市中心。

Access Guide 坎特伯雷

从伦敦出发

火车 所需时间：1 小时 45 分钟

周一~周六 从圣潘克拉斯站出发，6:40~23:12（周六 6:37~23:12）期间每 1 小时有 1~2 趟车。从查令十字站出发 5:30（周六 6:02）~23:40 期间每 1 小时有 1~2 趟车。

周日 从圣潘克拉斯站出发，9:09~23:12 期间每 1 小时 1 趟车。从查令十字站出发，8:10~22:10 期间每 1 小时 1 趟车。

巴士 所需时间：2 小时

周一~周日 7:30~23:30 期间每 1 小时 1 趟车

从多佛尔出发

火车 所需时间：约 30 分钟

周一~周六 4:30（周六 5:20）~23:05 期间每 1 小时 1 趟车

周日 7:05~22:35 期间每 1 小时 1 趟车

巴士 所需时间：45 分钟

周一~周五 4:50~20:00 期间每 1~3 小时 1 趟车

周六周日 5:05~20:00 期间每 1~3 小时 1 趟车

i 坎特伯雷 Tourist Information Centre

Map p.178 A1
✉ 18 High St., CT1 2RA
TEL（01227）862162
URL www.canterbury.co.uk
开 9:00~18:00（周四 9:00~20:00、周六 9:00~17:00、周日 10:00~17:00）
休 12/25 · 26、1/1

day out

木质龙骨的房屋鳞次栉比

在充满浓郁中世纪古韵味的奇勒姆村漫步

从坎特伯雷乘坐巴士约 25 分钟便可到达奇勒姆村，一踏入这里便仿佛被时间机器施了魔法一般瞬间进入中世纪。这座小乡村的历史可以追溯到公元前，至今仍旧保留着中世纪庄园的模样。

中世纪庄园形式的特点是，城主的住所门外是广场，村民的房屋是围绕着广场而建造的。这些环绕广场建造的木质龙骨房屋是在中世纪时期建造的，现在已经成了 Pub、古董店和纪念品商店等。在这些可以见证历史的建筑内坐下来品一杯咖啡，也是别有一番韵味的。

保留至今的中世纪街景

奇勒姆城堡的庭园据说是由英国最著名的园艺师修整的（4~9 月期间第二个周二可以入场参观，£5）。由亨利二世建造的城池和詹姆斯一世风格的建筑都像是在诉说着这座小村庄的历史。由于这些建筑现在仍有人居住，所以很遗憾不能参观。

城堡的反方向是圣玛丽教堂 St. Mary's Church，从这里徒步 10 分钟便可看到一片小湖泊、河流和水车小屋等风景。

■去往奇勒姆村的交通方法

火车 西站出发，每小时 1 趟车 所需时间：10 分钟
从奇勒姆站徒步至广场约需 15 分钟

巴士 从巴士的 B5 站台，乘坐 1、1X 路前往 Ashford 站方向的巴士。每小时 1 趟车（周日停运）。
所需时间：25 分钟

具有英国特色的大教堂

世界遗产 坎特伯雷大教堂

坎特伯雷大教堂是英国国教的大本营，也是众多历史事件的舞台。建筑物本身非常有魅力，随后越了解这里的历史就会越发深爱这里。

① 托马斯·贝克特被暗杀的房间

Martyrdom

坎特伯雷大主教托马斯·贝克特☞ p.576因政教之争与当时的国王亨利二世相互对立，由于他经常对国王发表轻率的言论，在国王的暗示下，因头部受伤而被杀害。现如今在他被暗杀的地方仍旧装饰有三把剑。在托马斯·贝克特死后发生了许多不可思议的事情，例如他的遗骨可以治疗不治之症等，因此得到了许多民众的追捧，坎特伯雷也因此成了英国屈指可数的朝圣地。

坎特伯雷的历史

坎特伯雷的历史可以追溯到罗马时代以前，这座城市与基督教开始有密切的关联还要从16世纪开始。当时来英格兰传教的圣奥古斯丁主要以坎特伯雷为中心进行传教，因此这里也成了统治英格兰全境传教士的大主教的所在地。

随后，坎特伯雷作为大主教所在城市逐渐发展起来，直至12世纪时大主教托马斯·贝克特 p.576 在此地被暗杀殉教，使得这里更是蒙上一层神秘的宗教色彩，升级成了英国的朝圣地。16世纪时英国国教的大本营设立于此，这里至今仍旧发挥着重要的作用。

回廊
Cloister

⑤

①

正殿
Nave

入口

出口

DATA

■ 坎特伯雷大教堂　Map p.178B1

✉ The Precincts. CT1 2EH

TEL（01227）762862

URL www.canterbury-cathedral.org

开 夏季 9:00~17:30（周日 12:30~14:30）

冬季 9:00~17:00（周日 12:30~14:30）

入场前 30 分钟截止入场

休 原则上无休，举办仪式时禁止入场。请通过上述电话经行确认。

费 £12.50　学生 £10.50

地下礼拜堂禁止拍照　部分区域禁止使用闪光灯

❷ 地下礼拜堂 *Crypt*

从托马斯·贝克特☞p.576被暗杀的房间转到内部，便可以到达大教堂最古老的地方——地下礼拜堂。这里的建筑是 11 世纪诺曼式建筑风格，充满着神秘的气息。据说东侧的礼拜堂曾经是托马斯·贝克特的墓地。

❸ 三一礼拜堂 *Trinity Chapel*

三一礼拜堂所在的位置在 12 至 16 世纪期间曾经是托马斯·贝克特☞p.576的教堂。内部的教堂被称为是“贝克特王冠（Becket's Crown）”。教堂周围彩绘玻璃中所绘画的是托马斯·贝克特的奇迹故事。教堂旁还有爱德华黑太子和亨利四世的墓地。

❹ 唱诗班位置 *Quire*

做弥撒时神职人员所站的位置。由于 12 世纪起了一场大火，几乎全部崩塌。现在的建筑是哥特式建筑，外观十分壮观，西侧的大理石门是于 14 世纪时期建造的。

❺ 教士礼拜堂 *Chapter House*

建于 14 世纪。这座礼拜堂因是英国最大规模的教士礼拜堂而闻名，内部的彩绘玻璃描绘了从坎特伯雷大教堂创办初期至维多利亚王朝期间的伟人画像。

坎特伯雷 主要景点

英国基督教传教基地之一

圣奥古斯丁修道院 Map p.178 B1~2

St. Augustine's Abbey

这座修道院是在6世纪时由圣奥古斯丁建造的，基督教在英国传教的历史中发挥着重要的作用。修道院历经了几次改建，最终因亨利八世 p.576的命令修道院解散p.574，建筑物也最终解体。现在这片地区基本上只有废墟了，游客中心展示有在这一地区外挖掘出来的文物等。

■ 圣奥古斯丁修道院
✉ Longport., CT1 1PF
TEL（01227）767345
URL www.english-heritage.org.uk
开 4~9月 10:00~18:00
10月 10:00~17:00
11月～次年3月的周六 10:00~16:00
休 11月～次年3月的周一～周五、12/24~26
费 £6.20 学生 £5.60

曾经是英国最具代表性的修道院

再现《坎特伯雷故事集》的情景

坎特伯雷蜡像馆 Map p.178 A1

Canterbury Tales

欢迎光临《坎特伯雷故事集》

将杰弗里·乔叟的杰作《坎特伯雷故事集》的世界用蜡像的形式再现。跟随语音导览的提示，可以看到从伦敦到坎特伯雷朝圣的人群，骑士、修道士、巴斯出身的贵妇等社会各个阶层的人，这里再现了他们将自己所知道的奇闻怪事讲出来的场景。

■ 坎特伯雷故事集
✉ St. Margaret's St., CT1 2TG
TEL（01227）696002
URL canterburytales.org.uk
开 4~8月 10:00~17:00
9月～次年3月 10:00~16:00
休 11月～次年3月的周一、周二、1/1、12/25、26
费 £10.95 学生 £9.95
禁止使用闪光灯

气派的小城入口

西城门 Map p.178 A1

West Gate Towers

在城市西玄关的位置有一栋气派的城门。以前这里是从伦敦来坎特伯雷大教堂朝圣的人们必经之地。城门的内部设有一个小型的博物馆，站在城墙顶上可以俯瞰城市的风景。

■ 西城门
✉ St. Peters St., CT1 2BQ
TEL（01227）458629
URL www.onepoundlane.co.uk
开 11:00~16:00
休 12/24~26，1/1
费 £4 学生 £3

展示有武器和铜像等

坎特伯雷地下展开的罗马世界

坎特伯雷罗马博物馆 Map p.178 B1

Canterbury Roman Museum

老城区中比较突兀的罗马神殿风格建筑便是博物馆的入口

这座博物馆位于城市的东侧，购物中心的附近。虽然入口处很小，但是进入罗马风格门头之后，沿着楼梯向下走，眼前很快便会有一片大型展区呈现。馆内主要展示了罗马时代生活物品的挖掘文物和模型，然后通过视频等辅助说明，让参观者了解罗马时代。罗马时代马赛克等展品非常值得一看。

■ 坎特伯雷罗马博物馆
✉ Butchery Ln., CT1 2JR
TEL（01227）785575
URL canterburymuseums.co.uk
开 10:00~17:00
休 12/25·26、1/1
费 £9 学生 £7

维多利亚式的建筑给人留下深刻的印象

坎特伯雷比尼博物馆

Map p.178 A1

Canterbury Beaney

美术馆所在的建筑物是一栋面朝高街而建的维多利亚式美丽建筑。自 1899 年起这里便被当作博物馆兼图书馆，深受坎特伯雷民众的喜爱。馆内并设有画廊。

坎特伯雷比尼博物馆内的画廊

坎特伯雷比尼博物馆

✉ 18 High St., CT1 2BO
TEL（01227）862162
URL canterburymuseums.co.uk
开 10:00~17:00（周日 12:00~17:00）
休 周一，12/25 · 26、1/1
费 免费

酒店& 餐馆
Hotel & Restaurant

住宿设施的种类齐全，数量繁多。城墙内散布着一些民宿，另外圣邓斯坦大街（St. Dunstan's）附近也有不少民宿。从圣邓斯坦大街到圣皮特大街一带还有不少餐馆和酒吧。

阿伯得坎特伯雷酒店
aBode Canterbury

Recommended

◆**体验英式现代风格** 外国保留着古典的氛围，内装修是现代风格。从个别的客房还可以远眺大教堂的风景。酒店的一层是内部装修时尚的餐馆和酒吧。

高档 72 间 Map p.178 A1

所有房间 所有房间 所有房间 所有房间 付费 免费

✉ 30-33 High St. CT1 2RX
TEL（01227）766266
FAX（01227）7451512
URL www.abodecanterbury.co.uk
S W £79~
C/C A D J M V

福斯塔夫酒店
The Falstaff Hotel

Recommended

◆**利用旧时马车驿站改装的酒店** 这家酒店是利用 15 世纪的马车驿站改建而成的。客房也都各有特色，既有带有华盖床的房间，又有可以欣赏中庭景观的客房。此外酒吧和公共休闲区等设施也很齐全。

中档 45 间 Map p.178 A1

所有房间 所有房间 所有房间 无 免费 免费

✉ 8-10 St. Dunstan's St., CT2 8AF
TEL（01227）462138
URL www.thefalstaffincanterbury.com
S W £75~
C/C A M V

教堂大门酒店
Cathedral Gate

◆酒店大堂位于二层。每间客房的大小不同，价格也各异。还有可以透过窗子望到大教堂风景的客房，不妨在预订的时候备注一下试试。

中档 20 间 Map p.178 B1

所有房间 所有房间 所有房间 无 无 免费

✉ 36 Burgate, CT1 2HA
TEL（01227）464381
URL www.cathgate.co.uk
S £50~
W £81.50~
S W £90~120 C/C M V

艾格尼丝之家酒店
House of Agnes

◆利用建于 13 世纪的旅馆改建而成的住宿设施。客房的名称都是使用各国首都命名的，内装也各有不同。此外，这里选材精致的早餐物美价廉，味道绝美。

旅馆 17 间 Map p.178 A1

所有房间 所有房间 所有房间 无 免费 免费

✉ 71 St. Dunstan's St., CT2 8BN
TEL（01227）472185
URL www.houseofagnes.co.uk
S £80~
W £85~ C/C A M V

老纺织工人餐馆
The Old Weavers House

◆利用建于15世纪的古屋改建而成餐馆。菜谱主要以传统的英国菜肴为主，手作馅饼的价格是£8.95~12.95，牛排的价格是£10.95。

英国菜 Map p.178 A1

✉ 1-3 St. Peter's St., CT1 2AT
TEL（01227）464660
URL www.weaversrestaurant.co.uk
开 9:00~23:00
休 无
C/C A D M V
无信号

铸造酒吧
The Foundry Brew Pub

◆这家当地Pub是利用维多利亚王朝时期的工厂改建而成的。共有十种以上的精酿啤酒，此外下酒小菜的味道也不错。

精酿啤酒 Pub Map p.178 A1

✉ White Horse Ln., CT1 2RU
TEL（01227）455899
URL www.thefoundrycanterbury.co.uk
开 12:00~23:00（周五、周六～次日3:00；周日～23:00）
休 无 C/C M V
店内有信号

托马斯·巴克特酒吧
Thomas Becket

◆白色墙壁外露出的黑色内饰，天井处还装饰有黄铜制的茶壶，很多细节都十彰显了这家酒吧的复古气息。酒吧菜肴有烤鸡、鱼和薯条等。

餐吧 Map p.178 A1

✉ 21 Best Ln., CT1 2JB
TEL（01227）464384
开 10:00~24:00（周五·周六～次日0:30、周日～23:30）
休 无
C/C M V
店内有信号

圣皮埃尔咖啡馆
St. Pierre

◆当地人气很高的法式咖啡馆。在这里享用蛋糕的食客无论男女老少总是客流涌动。此外，还有品种丰富的沙拉、法式咸派、帕尼尼、三明治等。除了店内的座席之外，还有花园餐桌座席。

咖啡馆、蛋糕店 Map p.178 A1

✉ 41 St. Peter's St., CT1 2BG
TEL（01227）456791
开 8:00~18:00（周日 9:00~17:30）
休 无
C/C M V
店内无信号

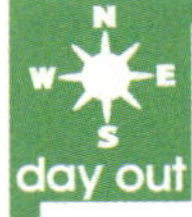

与英国纸币上印刷的简·奥斯汀有渊源的屋子

游览戈德默舍姆公园

英格兰银行2017年发行的面值£10的纸币背面印有简·奥斯汀（→ p.574）的肖像画。肖像画的背景便是戈德默舍姆公园 Godmersham Park。

戈德默舍姆庄园建于1732年，是简·奥斯汀弟弟的庄园，她也经常在这里居住。简·奥斯汀于1814年写《曼斯菲尔德花园》便是以这座庄园为背景创作的，之后《简·奥斯汀的爱玛》等影视作品也都在此拍摄。现如今这里已经变成了学校，内部不可以进入参观，只有到4~10月期间的周三与第一个周一时，遗产中心对外开放。公园的周围设有丰富的徒步步道，十分有乐趣。如果不赶时间，不妨在此漫步，享受美景。

建于宽广草坪上的豪华宅邸

■戈德默舍姆公园
🚌 从巴士站的B5站台，乘坐1、1X路。每小时1趟车（周日停运）。在Village Hall站下车。
所需时间：30分钟

英国与欧洲大陆之桥梁

多佛尔
Dover

位于多佛尔东侧的白色断崖

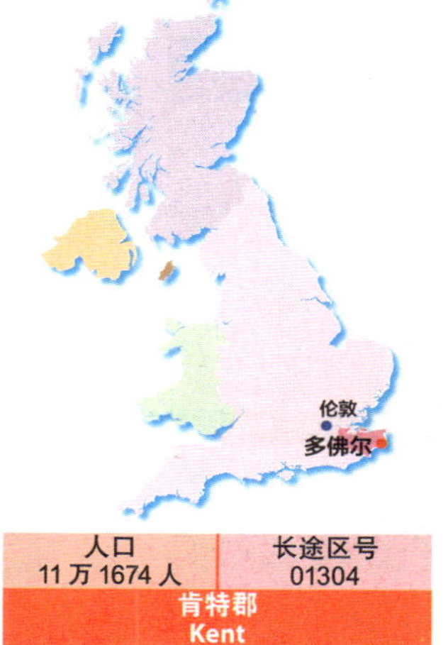

人口	长途区号
11 万 1674 人	01304
肯特郡 Kent	

多佛尔是不列颠岛上距离欧洲大陆最近的港口城市。很早以前这里便是连接英国与欧洲大陆的重要通商口岸，也因此而繁荣。1992 年在这里发现了青铜器时代的船，这是现在已知的最古老的海洋船只。这一发现使人们更能深刻地了解了多佛尔与大海之间的紧密联系。

多佛尔 漫 步

城市的中心是集市广场（Market Sq.），从这里去往市政厅的路上分布着许多商店，也是这座城市的主街。从集市广场向南前行，可以到达沿着海岸线修建的道路。

多佛尔 交通信息

火车站 多佛尔普里奥里站（Dover Priory）是这里的主要火车站。

i 多佛尔 Tourist Information Centre
Map p.185 A
✉ Market Sq. CT16 1PH
TEL（01304）201066
URL www.whitecliffscountry.org.uk
开 4~9 月 9:30~17:00（周日 10:00~15:00）10 月～次年 3 月 9:30~17:00
休 10 月～次年 3 月期间的周日、12/25 · 26、1/1

Access Guide 多佛尔

从伦敦出发

所需时间：1小时10~50分钟

周一~周六 从圣潘克拉斯站出发 7:25（周六 6:37）~23:37，1小时1趟车
从查令十字站出发 5:30（周六 7:40）~23:40，1小时1趟车

周日 从圣潘克拉斯站出发 8:37~22:37，1小时1趟车
从查令十字站出发 8:10~22:10，1小时1趟车

所需时间：2小时15~30分钟

周一~周日 7:30~23:30　1小时1趟车

从坎特伯雷出发

所需时间：约30分钟

周一~周六 5:38（周六 6:37）~23:48，1小时1趟车

周日 9:14~23:14，1小时1趟车

■ **多佛尔城堡**

Stagecoach 公司 15 路有从市中心的巴士站 Stand B 发车的巴士。

✉ Castle Hill，CT16 1HU
TEL（01304）211067
URL www.english-heritage.org.uk
开 4~7·9月　10:00~18:00
8月　9:30~18:00
10月　10:00~17:00
11月→次年3月　10:00~16:00
休 11/1~次年2/17的周一～周五，2/25~3/31的周一、周二，12/24~26
费 £20　学生 £18
馆内部分区域禁止摄影
部分区域禁止使用闪光灯

■ **多佛尔博物馆**

✉ Market Sq.，CT16 1PH
TEL（01304）201066
URL www.dovermuseum.co.uk
开 9:30~17:00（周日～15:00）
休 10月～次年3月的周日、1/1、12/25、26
费 免费　禁止使用闪光灯

■ **多佛尔白崖**

从市中心徒步约需30分钟可达。东码头附近有可以下到断崖的小路，往东走可以到达游客中心。

● **游客中心**

✉ Upper Rd.，CT16 1HJ
TEL（01304）202756
开 3/1~10/29　10:00~17:00
10/30~2/28　11:00~16:00
休 12/24·25
费 免费

渡轮客运中心　有从多佛尔东码头去往法国的加来、敦刻尔克的渡轮。没有公共交通可以去往渡轮客运中心，只能打车前往。

东码头

多佛尔 主要景点

英格兰的钥匙

多佛尔城堡　Map p.185 B

Dover Castle

多佛尔是距离欧洲大陆最近的土地，经常受到来自欧洲大陆的侵袭，多佛尔城堡作为多佛尔防御的中心发挥着重要的作用。如果这座城堡被攻陷就意味着英国的国土受到了广泛的威胁，因此多佛尔城堡也被称为“英格兰的钥匙”，是英国防御的最前沿。

英国防御的要塞

城堡领地内有罗马人在公元1世纪建造的灯塔 Pharos、地下隧道等景点。地下隧道有中世纪挖掘的，还有第二次世界大战时挖掘的，后者在战时曾是海军司令部的所在地。

必看！青铜器时代的船只

多佛尔博物馆　Map p.185 A

Dover Museum

博物馆位于市中心，集市广场附近。藏品主要收集自青铜器时代以来至第二次世界大战期间与多佛尔有关的物品，见证了多佛尔光辉的历史。尤其是据考证距今约2500年前的青铜器时代的船只，据说这是迄今为止世界上最古老的船只，十分珍贵。馆内保存有从这艘船的发掘到保存一系列过程的展品，并且通过影像的形式为游客展示。

位于城市东部的白崖

多佛尔白崖　Map p.185 B 外

The White Cliffs of Dover

沿着断崖而建的徒步步道

从东码头向北望，眼前是一片白色的断崖。虽然没有七姐妹白崖般庞大的规模，但也可以称得上是“多佛尔当地美丽的断崖”。断崖的沿岸由国家信托管理，海岸线沿线设有多条徒步步道。

酒店 & 餐馆
Hotel & Restaurant

民宿大都在多佛尔普里奥里站附近的路边，福克斯顿路（Folkestone Rd.）与多佛尔城堡附近有不少可以就餐的地方，但是中、高档的餐馆比较少。集市广场周边和海岸沿线等区域也有很多餐馆。在多佛尔海峡打捞的多佛尔比目鱼是这里的名产。

多佛尔码头最佳西方酒店
Best Western Dover Marina Hotel

高档　81 间　Map p.185A

◆**多佛尔海峡近在咫尺**　建于路边拐角处的一栋非常应景的酒店。酒店正前方就是多佛尔海峡，论地理位置绝对是多佛尔数一数二的好地方。自助式早餐的价格是£13.95。

✉ Dover Waterfront，CT17 9BP
TEL（01304）203633
FAX（01304）213826
URL www.dovermarinahotel.co.uk
S £70.10~
W £80.10~
C/C A M V

一号旅馆
Number One Guest House

家庭旅馆　6 间

◆这家旅馆位于中心城区，对于游客来说非常方便。外观建筑是一栋乔治王朝样式的房子。早餐会送到客房内。

✉ 1 Castle St.，CT16 1QH
TEL（01304）202007
URL www.number1guesthouse.co.uk
S W £70~
C/C M V

多佛尔背包客旅馆
Dover Backpackers

旅馆　7 间　Map p.185B

◆位于市中心的一栋小旅馆。一层是 Pub，并且这里兼做前台和公共活动空间。早餐是欧陆式早餐。

✉ Rusell St.，CT17 1PY
TEL（01304）202108
D £15~
S W £45~
C/C M V

多佛尔冒险背包客旅馆
Dover Adventure Backpackers

旅馆　5 间　Map p.185B

◆位于渡轮中心附近，乘坐凌晨或者深夜出发的渡轮十分方便。工作人员非常友好，旅馆内还有厨房可供使用。

✉ 57-58 East Cliff，CT16 1LS
TEL（01304）215563
email doveradventurebackpackers@gmail.com
D £17~　C/C A D J M V

柯林斯亚德餐馆
Cullins Yard

海鲜　英国菜　Map p.185A

◆**英国屈指可数的海鲜餐馆**　餐馆位于多佛尔码头最佳西方酒店以西 150 米处。曾经入围英国海鲜餐馆 Best 50。在这里可以品尝到刚刚打捞上岸的新鲜鱼类。夏季的时候有时还会提供多佛尔比目鱼。前菜 + 主菜的价格大约在 £25。

✉ 11 Cambridge Rd.，CT17 9BY
TEL（01304）211666
URL www.cullinsyard.co.uk
开 10:00~24:00（就餐 11:00~21:30）
休 无
C/C A M V
店内有信号

Town 拉伊 Walk ①

来到仿佛时间静止在中世纪般的 拉伊 Rye

ℹ 还兼做拉伊遗产中心

街道两旁尽是可爱的房屋

红砖房子和十字路……一进入这座城市仿佛误入了古老传说中的世界。拉伊也是英国最美丽的小城之一。

圣玛丽教堂立于小城的中心位置，教堂后面的教堂广场（Church Sq.）、钟表大街（Watchbell St.）、美人鱼大街（Mermaid St.）是这里必看的景点。街道两旁拥有灰浆墙壁的木屋是稳重大气的都泽王朝建筑；混搭意大利风格的建筑是美丽的乔治王朝的建筑，这些各种不同样式的建筑交织在一起也是别有一番韵味。高街周边的小路上还有画廊、古董店、杂货铺、时装店等。

Rope Walk
Tower St.
兰德门 Landgate
Fishmarket Rd.
Hilders Cliff
火车站
H Regent
超市 S Jempsons
The Devil R
老古拉玛之家 Old Glammer House
拉伊艺术画廊 Rye Art Gallery
拉伊城堡博物馆 Rye Castle Museum
Ferry Rd.
Cinque Ports St.
Market Rd.
High St.
Lion St.
East St.
H Rye Windmill
市政厅 Town Hall
Market St.
West St.
Wish Ward
Wish St.
农夫市场 Farmers Market
Simon the Pieman R
Fletcher's House R
圣玛丽教堂 Church of St. Mary
Mermaid Inn H
Rye Pottery S
Mermaid St.
拉伊遗产中心 Rye Heritage Centre
羔羊屋 Lamb House
Church Sq.
伊普尔塔 Ypres Tower
Strand Quay
The Strand
The Hope Anchor H
钟表大街 Watchbell St.
South Undercliff
蒂林汉姆河 River Tillingham
N
0 100m

圣玛丽教堂
Church of St. Mary

据说是英国最古老的钟楼

教堂最古老的部分建于1150年前后。教堂顶上有一个巨大的指针，据说早在1377年法国侵略英国之时就已经矗立在那里了，也可以说是英国最古老的钟表。登上教堂钟楼的楼顶可以俯瞰整座城市。此外，这里教堂的玻璃也很漂亮。

✉ Church Sq., TN31 7HF
TEL（01797）222318
URL www.ryeparishchurch.org.uk
开 9:15~17:30（冬季 ~ 16:30）
休 12/25
费 免费　钟楼 £3.50

伊普尔塔
Ypres Tower

为了防御法国的侵略建于1230~1250年期间的城塞的一部分。附近的东大街上还有展示拉伊城堡相关资料、遗物等展品的博物馆。

TEL（01797）226728
URL www.ryemuseum.co.uk
开 4~10月 10:30~17:00
11月 ~ 次年3月 10:30~15:30
休 无休
费 £4　学生 £3

造型厚重的伊普尔塔

农夫市场
Farmers' Market

奶酪的摊位

在蒂林汉姆河畔的停车场内，出售当地的蔬菜、奶酪等乳制品、面包、蛋糕等。

开 周三 10:00~12:00 期间

弗莱彻故居咖啡屋
The Fletcher's House Tea Room

在圣玛丽教堂前，是利用 17 世纪剧作家约翰·弗莱彻的故居改建而成的咖啡屋。附带司康饼的红茶、拉伊奶茶（照片、£5.75）都非常受欢迎。

✉ 2 Lion St., TN31 7LB TEL（01797）222227
URL www.fletchershouse.co.uk 开 10:00~17:00
休 星期二 C/C M V

美人鱼酒店
The Mermaid Inn

酒店所在的建筑据说建于 1420 年，是一栋非常有趣的木造建筑。有 7 间客房不带浴缸，有 8 间客房带有床盖。酒店并设的 Pub 每到晚上都非常热闹。

✉ Marmaid St., TN31 7EY TEL（01797）223065
URL www.mermaidinn.com S £90
W £140~220 C/C A M V

TV 所有房间 所有房间 所有房间 无 P 免费 Wi-Fi 免费

■ 去往拉伊的交通方法
● 从伦敦出发
从查令十字站出发，经由黑斯廷斯，或者从圣潘克拉斯站出发经由阿什福德站
所需时间：1 小时 15 分钟 ~2 小时 10 分钟
● 从多佛尔出发
经由阿什福德站，所需时间约 1 小时 10 分钟
乘坐 102 路巴士，每小时 1 趟车。所需时间约 2 小时。
● 从黑斯廷斯出发
每小时 1 趟车。所需时间约 20 分钟
乘坐 100 路、101 路（The Wave），每小时 1 趟车（周六·周日减少车次）
所需时间：约 50 分钟
■ 拉伊的 i
在拉伊遗产中心内有信息角。可以从这里获得地图、旅游手册等，不过这里没有具体的旅游指南业务。

拉伊遗产中心
Rye Heritage Centre

运用声光电等现代形式将拉伊城市景观制成模型再现。此外，在这里还可以租赁城市漫步用的语音导览。

✉ Strand Quay, TN31 7AY
TEL（01797）226696
URL www.ryeheritage.co.uk
开 4~9 月 10:00~17:00 10 月 ~ 次年 3 月 10:00~16:00
休 11 月 ~ 次年 2 月期间周一 ~ 周五、12/25 · 26、1/1
费 声光电表演 £3.50

拉伊恶魔餐馆
The Devil in Rye

拉伊当地高档的印度菜馆，在 2017 年曾经装修过。主菜的价格是 £14.95~17.95。

✉ 6 High St., TN31 7JE TEL 07377-562625
URL www.thedevilinrye.co.uk
开 12:00~16:00 18:00~22:00
休 周日、周四的晚间、周二、周三 C/C M V

拉伊陶艺店
Rye Pottery

早在 18 世纪时，拉伊就以盛产瓦而闻名。第二次世界大战以后这里的人们重新开始恢复了制陶业。以《坎特伯雷故事集》为主题烧制的陶器和动植物主题的陶器都非常热销。

✉ Wish Ward, TN31 7DH TEL（01797）223038
URL www.ryepottery.co.uk
开 9:00~17:00（周六 10:00~17:00、周日 11:00~16:00）
休 1 月的周一
C/C M V

拉伊风车
Rye Windmill

由过去磨面用的风车磨坊改建而成的 B&B。红砖建筑内有 £190 的客房，房间内配有带华盖的大床，看上去很有情调。周末至少入住两晚才能订房。

✉ Off Ferry Rd., TN31 7DW TEL（01797）224027
URL www.ryewindmill.co.uk S £70~190
W £90~190 C/C M V

留名英史的古战场

黑斯廷斯

Hastings

伦敦

黑斯廷斯

人口	长途区号
9 万 254 人	01424

东苏塞克斯郡
East Sussex

从山丘上俯瞰的黑斯廷斯街景

1066 年，当时的英国国王哈罗德二世与法国的诺曼底公爵威廉（吉约姆二世）在黑斯廷斯的郊外进行了一场激烈的战斗。威廉最终取得了战斗的胜利，成了诺曼王朝的第一代国王，作为威廉一世即位。这场战役最终的结果使得英格兰被诺曼王朝所统治，所有方面都受到了法国的影响。

如今，威廉时代所建造的建筑只剩下黑斯廷斯城堡废墟遗址了，从新城区中心的小山丘上可以俯瞰城堡遗址，也可以欣赏这座新旧交替的魅力小城的风景。

i 黑斯廷斯 Tourist Information Centre

Map p.190A
✉ Muriel Matters House, TN34 3UY
TEL（01424）451111
URL www.visit1066country.com
开 9:00~17:00（周六 · 周日 10:00~15:00）
※ 闭馆时间可能会有变化
休 12/24~26、1/1

黑斯廷斯 漫 步

连接城中小山丘与市街之间的缆车

城市南部有一片狭长的海滩，沿着海岸线的东侧是老城区，西侧是新城区。

哈弗洛克路（Havelock Rd.）是一条从火车站至市中心延伸的道路。新城区的亮丽风景线是剑桥路（Cambridge Rd.）。

老城区的中心街道是乔治大街（George St.）和高街（High St.）。乔治大

街上有可以登上黑斯廷斯城堡的缆车站——西山登上缆车站。

黑斯廷斯 交通信息

火车站 火车站位于城市的西北方。从火车站徒步至新城区大约需要 5 分钟，至老城区约需 15 分钟。

黑斯廷斯 主要景点

从山顶上俯瞰 11 世纪古战场的遗址

黑斯廷斯城堡 Map p.190A-B

Hastings Castle

这座城堡是由威廉一世p.572所建造的。13 世纪时受到暴风雨的袭击，城堡的主干部分已经滑落至海底深处，如今只剩下城墙遗址和教堂遗址了。在城堡辖地内的中世纪风格帐篷屋内，有关于这座城市历史的电影上映。

朽烂的废墟向人们诉说着历史的沧桑

Access Guide 黑斯廷斯

从伦敦出发

所需时间：约 2 小时

周一～周六 从查令十字站出发，6:28～次日 0:22（周六 7:15～23:45）期间每一小时有 1~2 趟车

周日 8:25~23:25 期间每小时 1~2 趟车

换乘信息

● 从多佛尔出发

在阿什福德国际车站换乘。所需时间约 1 小时 40 分钟。

■ 黑斯廷斯城堡

✉ St Clement's Caves, West Hill, TN343HY

TEL（01424）718776

URL www.discoverhastings.co.uk

开 10:00~16:00

休 11 月～次年 3 月

费 £4.95 学生 £4.25

history

罗洛后裔威廉得天下

1066年黑斯廷斯战役

1066 年，罗洛的后裔诺曼底公爵威廉击败了盎格鲁 - 萨克逊人最后的王哈罗德二世。威廉军队登陆黑斯廷斯之后，迅速击败了哈罗德军队的阵容，赢得了良好的开局，使威廉军队一举获胜。战后威廉继承了英格兰王位，成了现在英国王室的先祖。

实际上战争发生在黑斯廷斯近郊的巴特尔。可以一边听语音导游，一边参观古战场和威廉一世建造的修道院遗址。

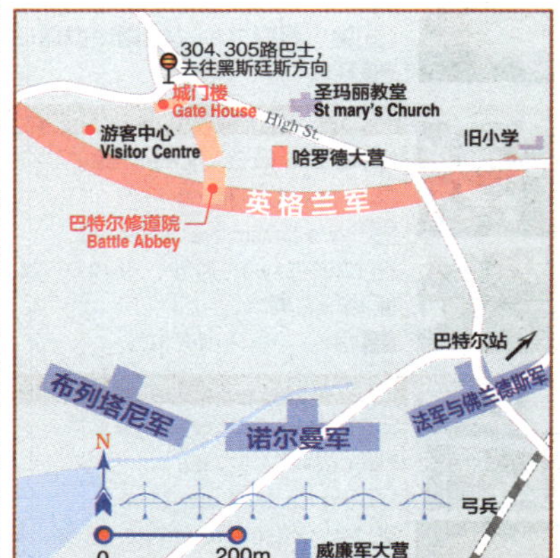

■ 巴特尔古战场与修道院

从黑斯廷斯站出发，乘坐去往伦敦查令十字站方向的列车，大约需要 15 分钟便可到达巴特尔站，徒步 10 分钟可达。

✉ High St., Battle, TN33 0AD

TEL（01424）775705 URL www.english-heritage.org.uk

开 4~9 月 10:00~18:00、10 月 10:00~17:00、11 月～次年 3 月 10:00~16:00

休 11/1~12/23、1/2~2/17 的周一～周五 2/25~3/31 的周一、周二、12/24~26

费 £13 学生 £11.70

位于修道院入口处的城门楼

画有征服英格兰内容的贝叶挂毯

■ 圣克莱门特洞穴

✉ St. Clement's Caves, TN34 3RG TEL (01424) 422964

URL www.smugglersadventure.co.uk

开 4/1~10/30 10:00~17:00
2/11~3/31 10:00~16:00

休 11/1~次年 2/10

费 £8.45 学生 £7.50

内容丰富的特别节目

圣克莱门特洞穴

Map p.190B

St. Clement's Caves

圣克莱门特洞穴是位于黑斯廷斯城堡北侧的洞穴，是 18 世纪时作为藏匿走私商品的地方，第二次世界大战时这里曾经作为防空洞使用。这座自然的洞穴经过多个世纪的冲刷和人为的扩建，如今已经发展到 5157 平方米。现在这里通过音乐和视觉效果，打造成了走私冒险者乐园 Smugglers Adventure 的主题洞穴。

酒店 & 餐馆
Hotel & Restaurant

黑斯廷斯的酒店大都分布在海边的哈弗洛克路、火车站附近的剑广场 Cambridge Gdns. 周围，老城区的高街周边也有不少。乔治大街周围分布着不少餐馆。

查斯沃斯酒店
The Chatsworth Hotel

中档 52 间 Map p.190A

◆建于海边，有一半的房间可以欣赏海景，设备也比较齐全。酒店并设的餐馆 Jali，是英格兰南部最具代表性的印度菜餐馆。

电梯 TV 所有房间 吹风机 所有房间 水壶 所有房间 保险箱 无 停车场 无 Wi-Fi 前台附近免费

✉ Carlisle Pde., TN34 1JG TEL (01424) 720188 FAX (01424) 445865 URL www.chatsworthhotel.com S £55~ W £65~ C/C A D M V

亚历山大旅馆
Alexander's

旅馆 13 间 Map p.190A

◆从市中心徒步 5 分钟便可到达，地理位置优越。有 6 间客房可以望见海景，以白色为基调的内装修也非常应景。早餐是地道的英式早餐，价格是 £9。

TV 所有房间 吹风机 所有房间 水壶 所有房间 保险箱 无 停车场 无 Wi-Fi 免费

✉ 2 Carlisle Pde., TN34 1JG

TEL (01424) 717329 FAX (01424) 401329

URL www.alexandershotelhastings.co.uk

S £42.50~

W £75~ C/C A M V

珍妮雷德客栈
Jenny Lind

客栈 6 间 Map p.190B

◆虽然客栈的一层是开放式的 Pub，但 6 间客房中有 5 间都位于 3 层，所以没有很大的噪声。在 Pub 内可以品尝到黑斯廷斯的精酿啤酒。

TV 所有房间 吹风机 所有房间 水壶 所有房间 保险箱 无 停车场 无 Wi-Fi 免费

✉ 69 High St., TN34 3EW TEL (01424) 421392 URL www.jennylindhastings.co.uk S £45~ W £80~ C/C M V

雷伊萨姆啤酒屋
Lathams Brasserie

海鲜 英国菜 Map p.190B

◆位于老城区的时尚啤酒屋。午餐有蛋包饭、鱼糕、意大利面等，种类丰富。晚餐如果点一个前菜一份主菜价格大约是 £25。另收服务费 10%。经常有现场乐队的表演。

✉ 63 George St., TN34 3EE

TEL (01424) 434960

URL www.lathamsbrasserie.co.uk

开 12:00~21:00（周五、六 10:00~22:00）

休 周一、周二

C/C M V 店内有信号

判断面包房
Judges Bakery

面包房 熟食店 Map p.190B

◆创办于 1826 年的老字号面包房。每天早上都出售刚刚出炉的新鲜面包和饼干，此外还有金枪鱼三明治、苏格兰蛋等。小编推荐可以从这里买一些外卖，拿到海边享用午餐。

✉ 51 High St., TN34 3EN

TEL (01424) 722588

URL www.judgesbakery.com

开 7:45~17:30（周六 7:45~18:00，周日 8:45~17:00） 休 无休 C/C M V

店内无信号

沐浴海边的阳光，欣赏闪亮的白垩断崖

七姐妹
Seven Sisters

七姐妹白崖的徒步步道是非常有人气的徒步线路之一

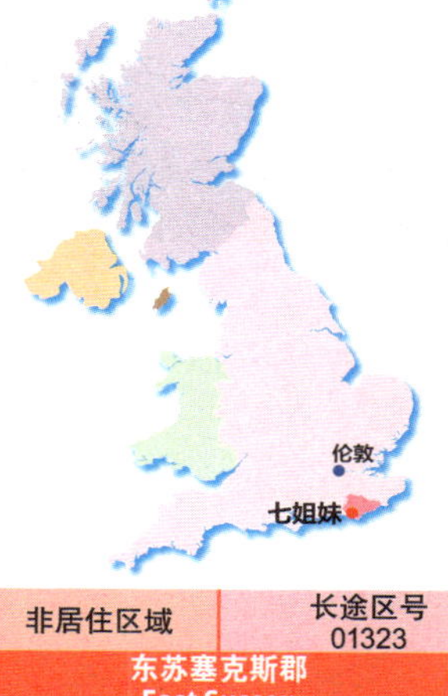

非居住区域	长途区号 01323
东苏塞克斯郡 East Sussex	

七姐妹因独立的七座白崖山头而得名，位于伊斯特本与西福德之间，卡可米尔河的入海口附近。这一带被称为南丘（South Down），在延绵的海岸线上可以看到连绵的白垩断崖，其中七姐妹白崖的景色堪称绝景。断崖的周边是未经人为修饰的自然景观，这里被指定为七姐妹国家公园，这一区域的野鸟、植物等也都是被保护对象。

七姐妹 起点城市

距离七姐妹白崖最近的城市是伊斯特本。如果选择乘坐火车再换乘巴士，可以从伦敦 p.78 或者布赖顿 p.196 到这里来一日游。

起点城市 伊斯特本 Eastbourne

从伦敦或者周围的城市到达伊斯特本的交通十分方便，作为游览七姐妹的起点非常合适。

交通信息 去往布赖顿方向的 12 路、12A 路、12X 路巴士经停七姐妹的游客中心。周日、法定节假日时还有 13X 路运行，这些巴士的线路途经比奇角（Beachy Head）、百伶海崖（Birling Gap）、七姐妹绵羊中心（Seven sisters sheep center）。这是由布赖顿 & 霍夫公司（Brighton & Hove）运营的。车票的种类有单程票、往返票、一日乘车券，去布赖顿方向的人乘坐起来也很方便。

伊斯特本的火车站

The Avenue
Warf Rd.
The Enterprise Shopping Centre
Upperton Rd.
火车站
巴士站
Globe Rd.
N
伊斯特本
0 100m

Access Guide 伊斯特本

从伦敦出发
所需时间：1 小时 30 分钟
周一~周六：维多利亚站 出发 5:32（周六 7:47）~ 22:47 期间每一小时 2 趟车
周日：8:47~22:47 期间每小时 2 趟车

从黑斯廷斯出发
所需时间：约 30 分钟
周一~周六：5:08~23:22（周六 6:26~23:23）期间每小时 2~3 趟车
周日：8:22~23:22 期间每小时 2 趟车

99 路 所需时间：约 1 小时
周一~周六：6:23~20:55 期间每小时 1~3 趟车。也可乘坐 98 路巴士所需时间 2 小时
周日：8:14~18:14 期间每逢 14 分发车。也可乘坐 98 路巴士，所需时间约 1 小时，10:49~16:49 每逢 49 分发车。

从布赖顿出发
所需时间：30~40 分钟
周一~周六：5:12（周六 5:10）~23:28 期间每小时 1 趟车
周日：8:11~22:34 期间每小时 1 趟车

12 路、12A 路、12X 路、13X 路 所需时间：约 1 小时 15 分钟

时刻表 → p.194

西福德海岸线

西福德　西福德与伊斯特本之间隔着七姐妹白崖，从这里徒步可以到达希望角（Hope Gape），只需要向东前行大约30分钟，站在希望角可以远眺七姐妹白崖。也可以从希望角绕道到达七姐妹国家公园游客中心。

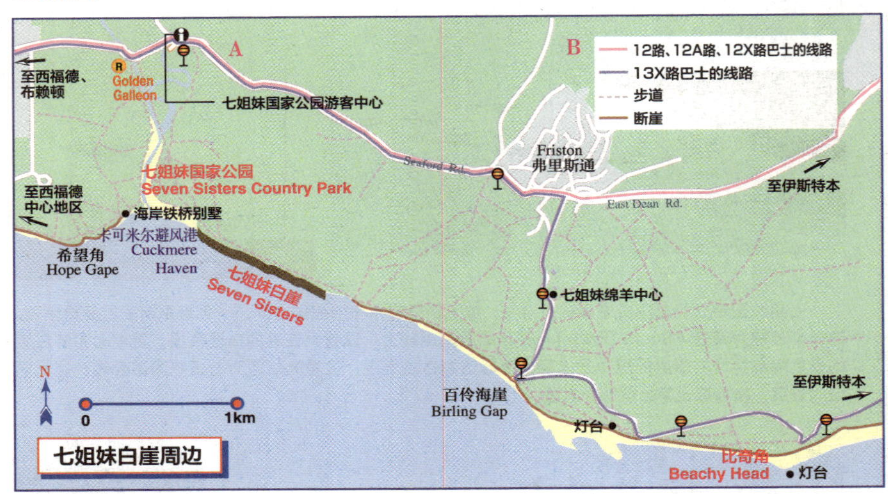

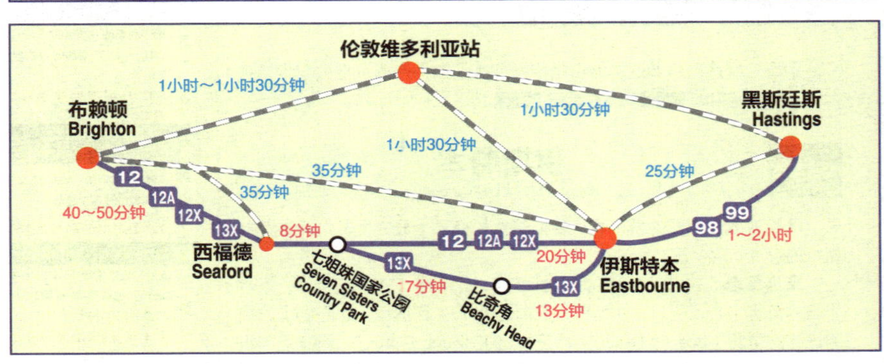

巴士线路班次	线路详情 · 发车频率
12/12A/12X	布赖顿→西福德→七姐妹国家公园→伊斯特本 布赖顿 5:10（周六 5:17）~ 次日 0:18 期间每 5~15 分钟一趟车，周日 7:06~23:48 期间每 10~30 分钟一趟车 伊斯特本 5:34（周六 6:28）~23:18 期间每 10~20 分钟一趟车，周日 8:26~23:18 期间每 10~30 分钟一趟车
13X	布赖顿→西福德→七姐妹国家公园→比奇角→伊斯特本 6/10~9/2 期间每天通车 布赖顿 9:15、12:45、16:15 发车　伊斯特本 11:00、14:30、18:00 发车 6/17~8/27 期间只在周日、法定节假日期间通车 布赖顿 9:40~17:40 期间每逢 10 分、40 分发车　伊斯特本 10:25~18:25 期间每逢 25 分、55 分发车

七姐妹 主要景点

七姐妹七个海角

七姐妹国家公园 Map p.194A

Seven Sisters Country Park

从西福德角眺望的景色

从巴士站至断崖 巴士站位于七姐妹国家公园的停车场附近。周边有游客中心、餐馆等设施。从巴士站至断崖必须要徒步30分钟。

绝景步道 步道分为断崖上的景观线路和断崖下的海岸线线路。退潮时推荐走断崖下的线路。沿途有许多锋利尖锐的碎石，走路的时候一定要小心。

白垩断崖 垂直断面的七姐妹断崖是在白垩纪时形成的悬崖。白崖主要是由白垩石组成的，所谓的白垩石就是泥质石灰岩的一种。由于崖底常年受到海浪的侵蚀，使整个断崖逐渐变得不平衡，再加上暴雨等恶劣天气的侵袭，导致这些白崖在以每年30~40厘米脱落。

震撼力十足的断崖

比奇角 Map p.194B

Beachy Head

比奇角（Beachy Head）位于伊斯特本东南方约5公里处，这里拥有绝不输给七姐妹的白垩石绝壁景观，高约175米。附近的海滩上还有一座小灯塔。

西福德的部分地区是高尔夫球场。在这里打上一局高尔夫也是一件很惬意的事情

比奇角

巍巍矗立的白垩石断崖

■七姐妹国家公园游客中心
✉ Seven Sisters Country Park, Seaford, BN25 4AD
TEL 0345 6080193
URL www.sevensisters.org.uk
开 4~9月 10:30~16:30
2、3、11月的周六、周日、10月 11:00~16:00
休 2、3、11月的周一～周五；12月、1月

Information

七姐妹周边的动植物

七姐妹的断崖周边栖息着燕鸥（Tern）、暴风鹱（Fulmar）、水鹨等野生鸟类。此外，砂砾海滩附近还有野生的卷心菜、非常贵重的黄色海罂粟等植物。

观察周边的动植物也是一件非常有趣的事情

■ 比奇角
🚌 可以从伊斯特本乘坐13X路巴士前往。如果徒步前往大约需要1小时

在这里享受多彩的度假生活

布赖顿
Brighton

站在英航 i360 上俯瞰布赖顿码头的沙滩和街景

布赖顿距离伦敦仅 85 公里，紧邻英吉利海峡，是人气很旺的度假城市。这里也是英国历史最悠久的度假胜地，早在 1750 年时，伦敦上流社会的人们就经常来这里疗养。海滩沿线都铺设有健走步道，各类的度假酒店一家挨着一家好不热闹。对于伦敦人来说这里是承载着儿时记忆的亲切海边小城，每逢夏季的周末都会有很多人来这里度假。

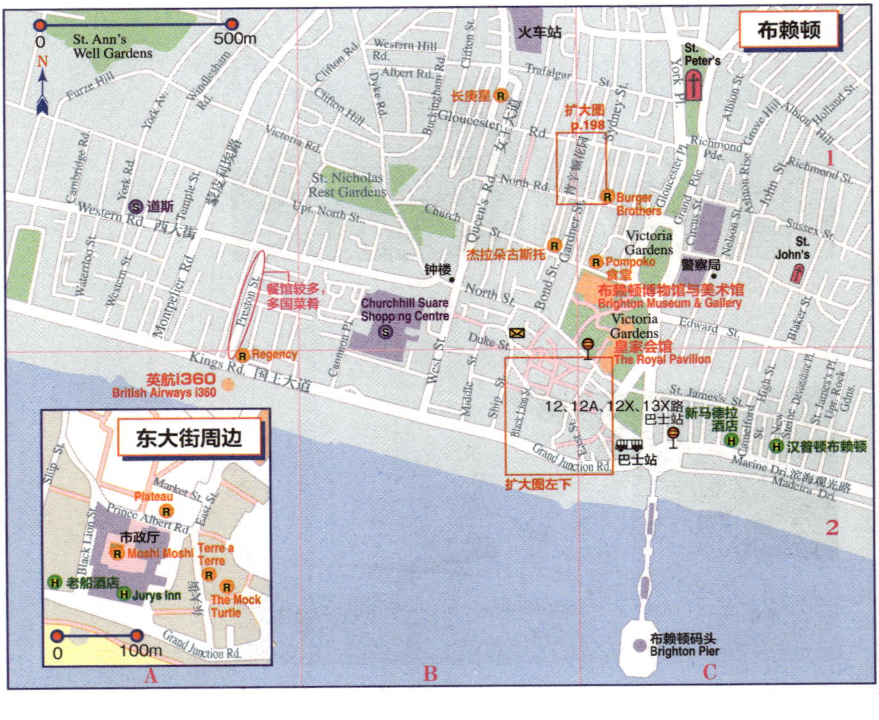

布赖顿

0 500m
St. Ann's Well Gardens
火车站
St. Peter's
长庚星
扩大图 p.198
Burger Brothers
St. Nicholas Rest Gardens
道斯
Western Rd. 西大街
杰拉朵古斯托
Pompoko 食堂
Victoria Gardens
警察局
St. John's
钟楼
餐馆较多，多国菜肴
Churchhill Suare Shopp ng Centre
布赖顿博物馆与美术馆 Brighton Museum & Gallery
皇家会馆 The Royal Pavilion
Regency
Kings Rd. 国王大道
英航i360 British Airways i360
12、12A、12X、13X路巴士站
新马德拉酒店
汉普顿布赖顿
巴士站
扩大图左下
Marine Dri. 滨海观光路
布赖顿码头 Brighton Pier

东大街周边

Plateau
市政厅
Moshi Moshi
Terre a Terre
老船酒店
Jurys Inn
The Mock Turtle
东大街
0 100m

布赖顿 漫 步

沿着火车站向南延伸的大道女王大道（Queen's Rd.）一直到海边以东地区，是布赖顿的中心城区。市政厅位于集市大街（Market St.），东大街（East St.）周边是优雅的餐馆和 Pub 比较集中的地区。

布赖顿码头周边 布赖顿码头（Brighton Pier）拥有 536 米长的栈桥。周边有小型的游乐场、游戏厅、咖啡餐吧等设施。布赖顿码头的东侧有价格实惠的民宿，詹姆斯大街（St. James）是一条位于滨海观光路北侧的并且与之平行的道路，周边有不少便宜的餐馆和杂货铺等，是布赖顿普通民众常来的地方。从布赖顿码头沿着步道往东步行约 2 公里是布赖顿港，这里停靠了许多游艇，周边还有不少小酒馆、Pub、古董店等。

布赖顿 主要景点

奢华至极的豪宅

皇家会馆

Map p.196 B2

The Royal Pavilion

乔治四世花费了 40 年时间建造的离宫。1783 年，当时还是皇太子的乔治四世第一次来到布赖顿这座小城就十分喜欢，并且购买了一处小农家院，计划在这里建造古典式的离宫。1802 年年初，建成初期本来是中式风格的装修，后来从 1815 年至 1822 年委托约翰·纳什进行扩建，才建成了现在的规模。

整栋建筑的外观采用了印度风格，此外还有大宴会厅、大厨房、音乐厅、卧室等东方韵味十足的建筑与欧式风格建筑，十分有特点。其中，大宴会厅的内装非常值得鉴赏，中间的餐桌上摆放着餐具、屋顶上有模仿盘龙形状的吊灯、墙壁上装饰着中国画和雕刻等，可谓是极尽奢华。

东西合壁的建筑物

布赖顿新地标

英航 i360

Map p.196 A2

British Airways i360

2016 年 8 月隆重开业的布赖顿新地标。可以乘坐观景舱，沿着轨道缓缓上升，最终到达 162 米的观景台。观景舱直径 18 米，可容纳 200 人，内部十分宽敞，可以自由地走动、四周观景。站在观景舱内可以将布赖顿的街景以及英吉利海峡的景色 360° 无死角地尽收眼底。

Access Guide 布赖顿

从伦敦出发

所需时间：1 小时 5~20 分钟

周一～周日 从维多利亚站出发 4:00~次日 1:00，每小时 1~2 趟

从朴次茅斯出发

所需时间：1 小时 20~50 分钟

周一～周六 5:28（周六 5:52）~23:36 期间每小时 1 趟车

周日 7:15~22:39 期间每小时 1 趟车

i 布赖顿 Tourist Information Centre

TEL（01273）290337

URL www.visitbrighton.com

布赖顿虽然没有游客中心，但是博物馆、美术馆等设施的服务台设有信息栏，可以从这里领取地图等资料。也可以拨打信息栏中的电话进行咨询（周一～周五 11:00~15:00）。

■ 布赖顿观光巴士

TEL（01273）886200

URL www.city-sightseeing.com

3 月下旬~10 月下旬的 10:00~19:00 期间 30~60 分钟一趟

费 £13 学生 £10

围绕布赖顿码头、皇家会馆、火车站、布赖顿港等行驶。1 圈约需 50 分钟

Information

布赖顿博物馆与美术馆 Brighton Museum&Art Gallery

位于皇家会馆属地内，展品除了新艺术运动与装饰艺术运动时的家具之外，还有在布赖顿生活的人们使用的生活道具展出等。

Map p.196 C1

✉ Royal Pavilion Gdns., BN1 1EE URL brightonmuseums.org.uk 开 10:00~17:00

休 周一、12/25 · 26

费 £5.20 学生 £4.20

企划展禁止拍照

禁止使用闪光灯

■ 皇家会馆

✉ The Royal Pavilion，BN1 1EE

URL brightonmuseums.org.uk

开 4~9 月 9:30~17:45

10 月～次年 3 月 10:00~17:15

闭馆前 45 分钟停止入场

休 12/25 · 26

费 £13.50 学生 £11.50

内部禁止拍照

■ 英航 i360

✉ King's Rd.，BN1 2LN

TEL 03337720360

URL britishairwaysi360.com

开 夏季 10:00~21:00

冬季 12:00~17:00

根据日期有变动需要提前确认

休 无休 费 £16.50 学生 £14.50

Town 布莱顿 Walk ①

布赖顿最潇洒的街道

肯辛顿花园

Kensinton Gardens

从火车站到皇家会馆的沿途有各式各样的小店可以逛。其中，肯辛顿花园这一区域是最洒脱的地方，这里汇集了众多的咖啡馆和Pub，平时也比较热闹。

屋内空间

inhouse Space

收集了布赖顿艺术家作品的商店。主要出售与家居相关的周边产品。明信片和马克杯也十分可爱。

✉28 Gloucester Rd., BN1 4AQ
TEL（01273）682845 URL www.inhousespace.com
开 10:30~18:00（周六 10:00~18:00、周日 11:00~16:30）
休 无休 C/C A M V

阿潘迪芝

Appendage

这是一家首饰杂货店，收集了来自英国各地30多位艺术家的作品。主要以个性化设计的商品为中心，非常独特，在其他地方买不到。店员也都非常亲切。

✉36 Kensington Gdns., BN1 4AL
TEL（01273）605901 URL appendagebrighton.blogspot.com
开 10:00~17:30（周六 10:00~18:00、周日 11:00~17:00）
休 无休 C/C M V

无限食品

Infinity Foods

一家主要经营有机食品的超市。蔬菜、自制面包等都是全有机的食品。面粉、坚果类、谷物等还有自主品牌。

✉25 North Rd., BN1 1YA TEL（01273）603563
URL infinityfoodsretail.coop
开 9:30~18:00（周日 11:00~17:00）
休 无休 C/C J M V

酒店 & 餐馆 & 商店

Hotel & Restaurant & Shop

这里的住宿设施虽说比较多，但是每逢夏季经常会满房，建议提早订房。位于海滨的国王路（Kings Rd.）和海滨观光路（Marine Dri.）附近的度假酒店比较集中。B&B民宿大都集中的新斯坦因（New Steine）附近。集市大街周边的餐馆较多。

老船酒店

The Old Ship Hotel

◆这里最古老的酒店可以追溯到16世纪。客房内的家具和摆设都十分高级。可以观海景的房间共有34间。在面朝大海的露台上还有餐馆和酒吧。

高档 154间 Map p.196 A2

✉ Kings Rd., BN1 1NR TEL（01273）329001 URL www.thecairncollection.co.uk
S W £65~ C/C A M V

新马德拉酒店
New Madeira Hotel

◆位于海滨，可以享受海风的吹拂，大部分客房为海景房。部分客房带浴缸。夏季周末住宿 2 晚以上才能入住。早餐 £10。

中档　32 间　Map p.196 C2

✉ 19-23 Marine Pde., BN2 1TL
TEL（01273）698331　URL newmadeirahotel.com　S £82~
W £106~　C/C M V

汉普顿布赖顿
Hamptons Brighton

◆位于新斯坦因的小旅馆。所在地为城镇中心，但非常安静。内部装修以白色为基调，点缀红色、黑色，为欧洲现代风格。

小旅馆　13 间　Map p.196 C2

✉ 3 New Steine, BN2 1PB
TEL（01273）675436　FAX（01273）602603　URL www.hamptonsbrighton.com
S £33~ S £35~
W £45~ W £50~
C/C A M V

摄政餐馆
The Regency Restaurant

◆创立于 1930 年的海鲜餐馆。位于海滨，室外座位十分舒适。多佛尔鳎 £18.95。牡蛎 12 个 £15.95，炸鱼薯条 £8.20。

海鲜　Map p.196 A2

✉ 131 King's Rd., BN1 2HH
TEL（01273）325014
URL www.theregencyrestaurant.co.uk
开 8:00~22:30
休 无休　C/C A J M V
店内有 Wi-Fi 信号

Pompoko 食堂
Pompoko

◆很受当地人及外国留学生喜爱的餐馆。菜品主要为亲子饭、鳗鱼饭（照片，£8.50）等盖饭类及咖喱饭等，价格为 £5.20~8.50。点餐时付款。

日本料理　Map p.196 C1

✉ 110 Church St., BN1 1UD
TEL 07796001927（手机）
URL www.pompoko.co.uk
开 11:30~23:00
休 无休　C/C 不可　无

长庚星
Evening Star

◆位于布赖顿站附近。不提供菜品，只有酒水。可以品尝到 Dark Star 公司的各种桶装啤酒以及世界各地的瓶装啤酒。

Pub　Map p.196 B1

✉ 55-56 Surrey St., BN1 3PB
TEL（01273）328931
URL www.darkstarpubs.co.uk
开 11:30~23:00（周五 12:00~24:00、周六 11:00~24:00、周日 12:00~23:00）
休 无休　C/C M V　店内有信号

杰拉朵古斯托
Gelato Gusto

◆意式冰激凌杰拉朵的专卖店，店主曾在意大利学习过冰激凌制作。杰拉朵有大中小三种可供选择，还可以搭配华夫饼。

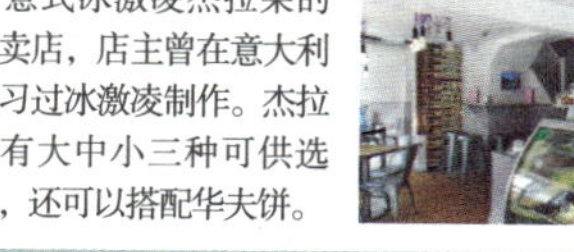

杰拉朵咖啡　Map p.196 B1

✉ 2 Gardner St., BN1 1UP
TEL（01273）673402
URL www.gelatogusto.com
开 11:00~18:00
休 无休　C/C M V
店内有 Wi-Fi

道斯
Dowse

◆出售英国各地精美杂货的店铺。店主是制作铝制饰品的设计师，店内有店主自己的作品。

饰品　杂货　Map p.196 A1

✉ 133 Western Road Hove, BN3 1DA
TEL（01273）730091
URL dowsedesign.co.uk
开 10:30~17:30（周日、周一 10:30~16:00）
休 12/25 · 26、1/1　C/C A M V

英国海军基地所在的

朴次茅斯
Portsmouth

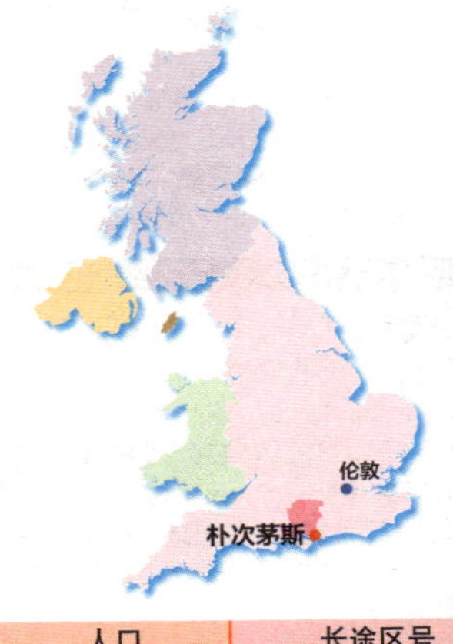

三角帆塔是朴次茅斯港的标志性建筑

15世纪末在此建立了皇家造船厂，之后发展成英国的军港。占地面积广阔的海军基地同时也是名为朴次茅斯造船厂历史遗迹 Portsmouth Historic Dockyard 的游乐设施。另外，近年来海滨的开发建设正在进行，前往综合休闲设施冈沃夫码头 Gunwharf Quays 游览的游客非常多。

Access Guide 朴次茅斯

从伦敦出发

火车 所需时间：2小时20分钟

周一~周六 从滑铁卢站乘车，5:00~23:15 大概每30分钟1班

周日 7:54~22:50 大概每30分钟1班

巴士 所需时间：1小时45分~3小时35分钟

周一~周日 8:00~23:59 大概1小时1班

从南安普敦出发

火车 所需时间：约50分钟

周一~周六 6:53~23:06 大概1小时2~3班

周日 11:03~23:08 大概1小时1~2班

巴士 所需时间：约45分钟~1小时45分钟

周一~周六 4:10~次日1:35 大概1小时1~2班

周日 9:15~18:15 大概1小时1~2班，19:00~次日1:35 大概1~2小时1班

朴次茅斯 漫步

游客前往的区域，大致可以分为海军基地周边、老港及海滩所在的老朴次茅斯周边、商业街所在的朴次茅斯南海站周边三部分。

老朴次茅斯 如果想体验港口小镇的风情，可以从老朴次茅斯的布劳德大街 Broad St. 出发沿海岸步道南行。之后可以到达一个小型游乐场以及开往怀特岛的气垫船码头大厅。

南海 这一带有水族馆、南海城堡等景点，酒店也有很多，是著名的度假地。奥斯本路 Osborne Rd. 周边有不少环境很好的酒吧及餐馆。

朴次茅斯 交通信息

朴次茅斯有两个火车站。较大的一个终点站是靠近海军基地及港口的朴次茅斯港站 Portsmouth Harbour。上一站就是位于小镇中心区域的朴次茅斯南海站 Portsmouth & Southsea。从朴次茅斯南海站经过老朴次茅斯前往南海，可乘坐 23 路巴士。

朴次茅斯 主要景点

朴次茅斯的地标建筑

三角帆塔 Map p.200-1

Emirates Spinnaker Tower

塔高 170 米，位于奥特莱斯购物中心所在的冈沃夫码头。在 100~110 米处，有三层观景平台，可以俯瞰朴次茅斯的街景。最下层观景平台的中央，有玻璃地板，可以看见塔的正下方。

另外，冈沃夫码头还有 90 多家服装店以及 30 多家餐饮店。

2015 年开始与阿联酋航空合作，正式名称变为阿联酋航空三角帆塔

伟大文豪在此诞生

查尔斯·狄更斯出生地故居 Map p.200-1

Charles Dicken's Birthplace Museum

出生地故居内的华盖床

英国著名文豪查尔斯·狄更斯 ☞p.575 的出生地。1812 年狄更斯在此降生并一直居住至 3 岁。现在已被辟为博物馆，房间的装饰及家具均为狄更斯出生时的样式。还展出了狄更斯撰写书稿时使用的墨水瓶、裁纸刀、笔记本等日常物品。

i 朴次茅斯 Tourist Information Centre

Map p.200-1
✉ The Hard, Portsmouth, PO1 3PA
TEL (023) 92826722
URL www.visitportsmouth.co.uk
开 9:30~17:30
休 12/25

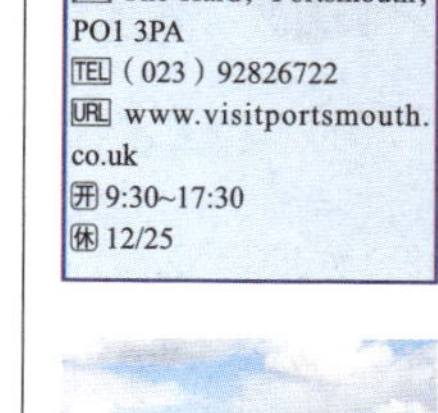

从海上眺望老朴次茅斯

航行于怀特岛与朴次茅斯之间的汽车渡轮

朴次茅斯南海站

■三角帆塔
✉ Gunwharf Quays, PO1 3TT
TEL (023) 92857520
URL www.spinnakertower.co.uk
开 10:00~18:00
闭馆前 30 分钟截至入场
休 12/25
费 £11　学生 £10

■查尔斯·狄更斯出生地故居
✉ 393 Old Commercial Rd., PO1 4QL
TEL (023) 92821879
URL www.charlesdickensbirthplace.co.uk
开 10:00~17:30
闭馆前 30 分钟截至入场
休 周一～周四、10 月～次年 3 月
费 £4.20　学生 £3.20
禁止使用闪光灯

承载英国海军历史的海军基地

朴次茅斯造船厂历史遗迹

位于英国海军基地内的朴次茅斯造船厂历史遗迹有许多介绍英国海军历史的展示及设施。其中包括纳尔逊将军p.576在特拉法尔加海战中乘坐的 HMS 胜利号以及世界上第一艘铁甲战舰 HMS 1860 勇士号等留名于海军史上的著名战舰，非常值得一看。景区内的玛丽玫瑰博物馆为独立景点，通票在此不能使用，需要另外购票。

1 纳尔逊将军的旗舰 HMS胜利号 HMS Victory

发生于 1805 年 10 月 21 日的特拉法尔加海战是拿破仑战争中最大的一次海战。英国取得了海战的胜利，从而阻止了法军侵入英国本土。HMS 胜利号是指挥此次海战的纳尔逊将军p.576乘坐的旗舰，纳尔逊将军在战斗中因中弹而死于船上。

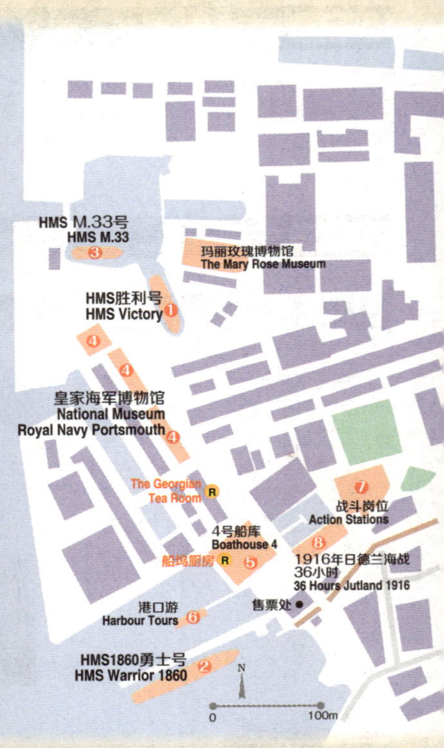

DATA

■朴次茅斯造船厂历史遗迹
✉ Victory Gate，HM Naval Base，PO1 3LJ
TEL（023）92839766
URL www.historicdockyard.co.uk
开 4~9月 10:00~17:30　10月~次年3月 10:00~17:00
　入场截至关门前 1 小时
休 12/24~26、海军节日（可在❶或网上查询）
费 1 个景点 £18，2 个景点 £25，3 个景点 £32
　全部景点通票 £39（1 年有效）
内部禁止拍照　禁止使用闪光灯

■各景点入场截止时间
● HMS 胜利号　17:30（冬季 17:00）
● HMS 1860 勇士号　17:30（冬季 17:00）
● HMS M.33 号　17:30（冬季 17:00）
●皇家海军博物馆　17:30（冬季 17:00）
● 4 号船库　17:30（冬季 17:00）
●港口游　会随日期而变（夏季通常为 16:00，冬季通常为 15:00）
●战斗岗位　17:30（冬季 17:00）

■玛丽玫瑰博物馆
✉ Main Rd.，PO1 3PY
TEL（023）92812931　URL maryrose.org
开 4~9月 10:00~17:30
　10月~次年3月 10:00~17:00
休 12/24~26　费 £16　学生 £14
禁止使用闪光灯

2 现代军舰的鼻祖 HMS 1860勇士号

HMS Warrior 1860

位于造船厂售票处的后面。为了对抗建造于 1859 年的法国铁甲舰光荣号，英国于 1860 年建造了该舰。光荣号是在木质船身外加装铁甲，而勇士号夫人船体均为铁质，无论是吨位还是航行速度，在当时均为世界第一。因此这艘著名的战舰也被称为现代军舰的鼻祖。

3 参加过加里波利之战的军舰 HMS M.33号

HMS M. 33

在惨烈的加里波利之战中该舰成员未死一人，堪称奇迹

M 是浅水重炮舰 Monitor 的缩写。这种军舰的主要功能是对陆炮击，装载有两门 6 英寸火炮。1915 年仅用 7 个月时间便建造完成，之后被派往土耳其，参加加里波利之战。这艘军舰也是现存唯一参加过加里波利之战的军舰。

4 英国著名的海事博物馆 皇家海军博物馆

National Museum of Royal Navy Portsmouth

拿破仑战争中的英雄纳尔逊将军的相关展出

建于 1911 年的博物馆，在英国为数众多的海洋博物馆中，属于馆藏特别丰富的博物馆。整个博物馆由三座建筑组成，展品门类很多。纳尔逊将军的相关展出为该博物馆的特色。有纪念加里波利之战 100 周年的特别展。

5 了解先进的造船技术 4号船库

Boathouse 4

大量的小型船只几乎把整个室内空间占满

有关于小型船只制造技术的展示以及可以体验攀爬桅杆的游乐设施。建筑为第二次世界大战爆发前的 1939 年时所建。

6 可以近距离参观军舰的 港口游

Harbour Tours

港口游的出发地点。在入口处能看到时刻表

乘船 45 分钟巡游朴次茅斯湾的游览项目。朴次茅斯现在仍是英国海军的重要基地，游览途中可以见到服役中的军舰。

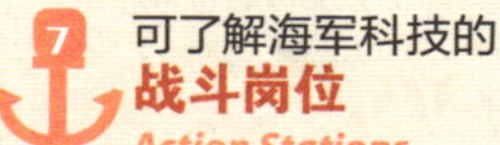

7 可了解海军科技的 战斗岗位

Action Stations

除了介绍现在英国海军拥有的技术，还有可以让游客参与体验的设施。

8 第一次世界大战中最大的海战 1916年日德兰海战36小时

36 Hours Jutland 1916

详细介绍英国与德国主力战舰激战的著名海战。

沉于海底400年的军舰 玛丽玫瑰博物馆

The Mary Rose Museum

用木料再现了玛丽玫瑰号

玛丽玫瑰号是 16 世纪时亨利八世p.576建造的军舰。沉于海底多年，1982 年被打捞出水，经过细致地修复，2013 年作为博物馆开始对外开放。参观需另外购票。

酒店 & 餐馆
Hotel & Restaurant

酒店数量不算很多，住宿最好提前预订。用餐可前往冈沃夫码头、南海的奥斯本路 Osborne Rd.，埃尔姆 · 格罗夫 Elm Grove 等地，在这里能品尝到世界各国的美食。

女王酒店
Queen's Hotel

高级　75 间　Map p.200-2

◆**南海**　门厅装修得像宫殿。客房比较宽敞，海景房 £10 起。还有可以观赏风景的酒吧。

所有房间　所有房间　所有房间　无　免费　免费

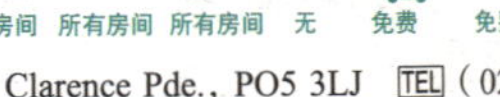

Clarence Pde., PO5 3LJ　TEL (023) 92822466　URL www.queenshotelportsmouth.com　S £50~　W £95~　C/C A M V

皇家海事俱乐部
Royal Maritime Club

中档　100 间　Map p.200-1

◆从朴次茅斯港站步行 7~8 分钟可至的三星级酒店。地理位置非常好，客房也很宽敞。酒店内有餐馆，两道菜的套餐 £15.50~。有包含正餐的住宿价格可供选择。

所有房间　所有房间　所有房间　无　免费　免费

75-80 Queen St., PO1 3HS
TEL (023) 92824231　FAX (023) 92293496
URL www.royalmaritimeclub.co.uk
S £85~　W £120~
C/C A M V

冈沃夫码头快捷假日酒店
Holiday Inn Express Gunwharf Quays

中档　130 间　Map p.200-1

◆位于冈沃夫码头的假日酒店。客房宽敞，设备齐全。餐馆只提供早餐，不过周围有很多餐馆及 Pub，用餐不成问题。

所有房间　所有房间　所有房间　无　收费　免费

The Plaza, Gunwharf Quays, PO1 3FD
TEL (023) 92894240　URL www.hiexportsmouth.co.uk　S W £87.30~
C/C A D J M V

牧场
Rancho　南海

牛排　Map p.200-2

◆使用阿根廷产的牛肉制作的牛排分为三种（225g、300g、400、600g），还可选择肉的部位，£11.50~。T 骨牛排 450g £18.50。还有智利及阿根廷产的葡萄酒。

61 Osborne Rd., PO5 3LS
TEL (023) 92737235
开 12:00~14:00 17:00~23:00（周二 17:00~23:00、周六 12:00~23:00、周日 12:00~21:00）
休 无休
C/C M V　Wi-Fi 无

香料岛
The Spice Island Inn　老朴次茅斯

餐馆酒馆　Map p.200-2

◆1 层为环境轻松的 Pub，2 层为餐馆。可以在店内看到进出港口的船只。主要菜品 £9~15。周日烤肉 £10.49 很受欢迎。还有当地产的艾尔啤酒。

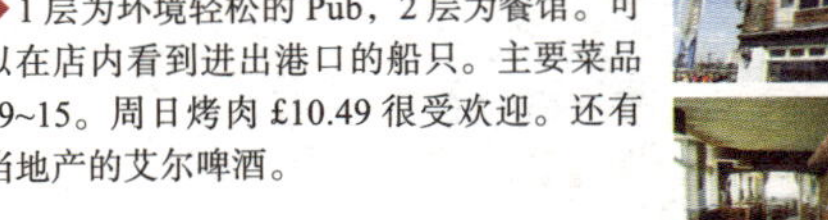

1 Bath Sq., PO1 2JL
TEL (023) 92870543
URL www.spiceisland-portsmouth.co.uk
开 11:00~23:00（周日 ~22:30）
休 无休
C/C M V
Wi-Fi 店内有 Wi-Fi

船坞厨房
Midships Cookhouse

英国菜　Map p.202

◆**造船厂历史遗迹**　位于造船厂内 4 号船库 2 层的餐馆，提供色香味俱全的当代英国菜肴。可以一边观赏 HMS 1860 勇士号，一边悠闲地享用午餐。

Boathouse 4, PO1 3PX
TEL (023) 92826077
URL www.boathouse4.org
开 10:00~16:00
休 无休
C/C M V
Wi-Fi 店内有 Wi-Fi

位于索伦特海峡的度假小岛

怀特岛
Isle of Wight

据说阿勒姆湾断崖有21种颜色

人口	长途区号
13万8265人	01983

怀特岛
Isle of Wight

植被丰富的度假小岛，夏季会有大量游客造访。海滨小镇桑当与尚克林有许多酒店。小岛西部有著名景点尼德尔斯，能看到尖塔状的石灰岩。

怀特岛 起点城市

前往怀特岛，比较方便的地点是朴次茅斯 p.200 与南安普敦 p.209。从朴次茅斯有飞机飞往赖德，从南安普敦有轮船驶往考斯。

交通起点 赖德港 Ryde

从朴次茅斯乘坐高速渡轮或气垫船可以到达赖德。高速渡轮停靠在赖德的渡轮码头皮尔希德 Pier Head，气垫船则直接停靠在海滨站 Esplanade Station 旁边。

Access Guide
赖德港（怀特岛）
从朴次茅斯出发

所需时间：22分钟（高速渡轮）

周一~周六 从朴次茅斯港出发，5:15（周六6:15）~22:45 1小时1~2班，冬季班次减少

周日 7:15~22:15 1小时1~2班

所需时间：10分钟（气垫船）

周一~周日 从南海出发，6:30~21:00 1小时1~3班，冬季班次减少

Access Guide
东考斯港（怀特岛）
从南安普敦出发

所需时间：约1小时（汽车渡轮）

周一~周六 24小时开行，1~2小时1班（白天每逢整点开船）

周日 5:45~22:30 1~2小时1班

Access Guide
西考斯港（怀特岛）
从南安普敦出发

所需时间：25分钟（渡轮）

周一~周六 5:45~23:00（周五、周六~23:45）1小时1~2班

周日 6:45~22:45 每小时的45分时开船

换乘信息

●从伦敦出发

起点为滑铁卢站。有朴次茅斯港→赖德的线路及南安普敦中央站→（城际巴士）→城市码头→西考斯这两条线路可供选择，均可购买通票。均为1小时1班，2个多小时可到达怀特岛。

从皮尔希德至赖德，有步道连接，步行全程需要 10 分钟。

交通信息 皮尔希德有火车站，可乘车直达桑当或尚克林。在海滨站前的巴士总站有开往岛内各地的巴士。

在皮尔希德乘坐火车

交通起点 考斯港 Cowes

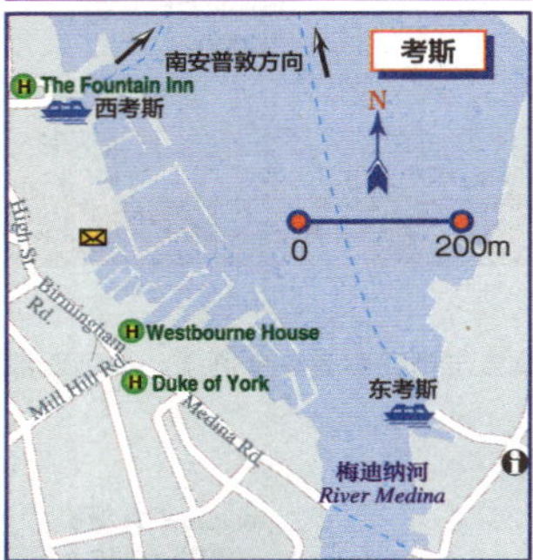

可从南安普敦乘船前往。考斯分为梅迪纳河 River Medina 两岸的东考斯 East Cowes 与西考斯 West Cowes。考斯的中心区域位于西考斯的港口一带，餐馆及商店也多集中在那里。

交通起点 桑当 Sandown

小镇的中心区域为海滩沿线的海滨大道 Eaplanade，有度假酒店以及咖啡馆。从赖德出发的巴士，到达地点为高街 High St.。火车站位于中心区域以西 1 公里处。

交通起点 纽波特 Newport

位于怀特岛的中心，所以城镇的规模也相对较大，不过仅靠步行就能转遍。城镇中心在高街 High St. 与圣詹姆斯大街 St. James St. 一带。巴士站位于南大街 South St.，也有巴士开往岛内各地。

纽波特市政厅

怀特岛 Tourist Information Centre

✉ The Guildhall，High Street
TEL（01983）521555 URL www.visitisleofwight.co.uk
除了纽波特的 ℹ，岛内还有其他的旅游信息服务中心。
开 10:00~15:30（周六 ~14:30） 休 周日
● **东考斯**（Valu 4 U）
✉ Castle St.，East Cowes，PO32 6RD
● **桑当**（The Holiday Shop）
✉ 37 High St.，PO36 8DE
● **雅茅斯**（Yarmouth Harbour Office）
✉ The Quay，PO41 0NT

怀特岛 岛内交通

铁路

赖德的皮尔希德～桑当～尚克林之间有铁路连接，与过去的伦敦地铁使用同型号的列车仍在这里行驶。

巴士

岛内的主要交通工具是南方维克提斯公司 Southern Vectis 的巴士。以纽波特为枢纽，有开往各个城镇的巴士。也有从赖德发车的巴士，但纽波特发车的车次最多。开始游览前，可以在纽波特或赖德的巴士站获取巴士的时刻表以及线路图。

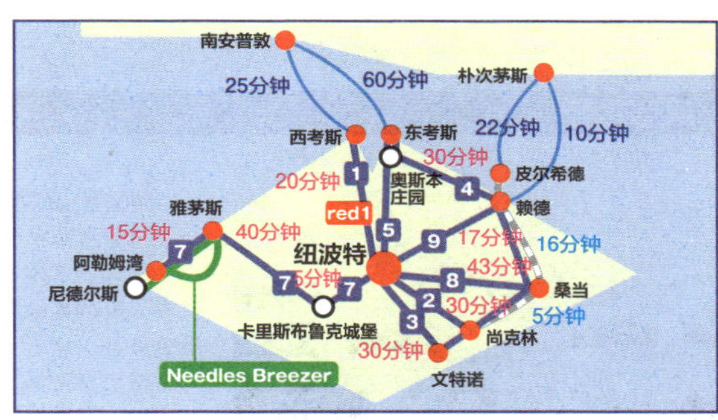

■南方维克提斯巴士
TEL（01983）827000
URL www.islandbuses.info

有 24 小时车票 £10 和 48 小时车票 £15，乘车时购票。下面介绍的主要线路行车时刻表仅适用于非节假日。周日车次减少

● 1 路（纽波特～西考斯～）red 1路（纽波特～西考斯渡轮码头）
5:00～次日 0:30 期间 1 小时 1~2 班，1 路与 red 1 路交替发车，行驶时间 30 分钟

● 2・3 路（纽波特～尚克林～桑当～赖德）
6:25~18:15 期间大概 1 小时 2 班，行驶至赖德需要 1 小时 15~30 分钟

● 4 路（赖德～东考斯）
6:35~22:09 期间大概 1 小时 1 班，行驶时间 20~30 分钟

● 5 路（纽波特～东考斯）
5:50～次日 0:40 期间 1 小时 2~3 班，行驶时间 15 分钟

● 7 路（纽波特～雅茅斯～阿勒姆湾）
7:45~17:25 期间 1 小时 1~2 班，行驶时间 1 小时

● 8 路（纽波特～桑当～赖德）
6:30~22:40 期间 1 小时 1~2 班，行驶至赖德大约需要 1 小时 40 分钟

● 9 路（纽波特～赖德）
5:10~23:40 期间 1 小时 3~6 班，行驶时间 20 分钟

● 尼德尔斯・布里泽 Needles Breezer（雅茅斯～阿勒姆湾～尼德尔斯～阿勒姆湾～雅茅斯）
3 月中旬～10 月下旬，9:50~15:50 期间 1 小时 1~2 班，行驶时间 55 分钟

怀特岛 主要景点

维多利亚女王的别墅

奥斯本庄园 Map p.205

Osborne House

这座建筑曾为维多利亚女王 p.572 与丈夫阿尔伯特公爵的别墅。也是王室度假地，维多利亚女王 82 岁时在此去世。起居室与餐馆的装修和陈设非常奢华，这里收藏着王室的照片与肖像画。

美丽的庭园

■奥斯本庄园
从赖德乘 10 路巴士 10 分钟，从纽波特乘 5 路巴士约 10 分钟，在奥斯本庄园大门下车
TEL（01983）200022
URL www.english-heritage.org.uk
开 4~9 月 10:00~18:00
10 月 10:00~17:00
11 月～次年 3 月 10:00~16:00
休 11 月～次年 3 月的周一～周五、1/1、12/24~26
费 £16.20 学生 £14.60
※冬季时上层关闭，费 £12 学生 预订为 £10.80

田园风光之中的

卡里斯布鲁克城堡 Map p.205

Carisbrooke Castle

卡里斯布鲁克城堡

12 世纪时为伊莎贝拉・雷德弗斯 Isabella de Redvers 所有，清教徒革命后成为软禁查理一世 p.575 的地方并因此广为人知。在广阔的庭园里，有查理一世去世 250 周年的 1904 年时建造的圣尼古拉斯教堂以及介绍查理一世相关历史的博物馆。在城墙的观景台上可以观赏周围的田园风光。

■卡里斯布鲁克城堡
从纽波特乘 6、7、12、38 路巴士约 5 分钟。在锡达希尔 Cedar Hill 下车，步行约 12 分钟
TEL（01983）522107
URL www.english-heritage.org.uk
开 4~9 月 10:00~18:00
10 月 10:00~17:00
11 月～次年 3 月 10:00~16:00
休 11 月～次年 3 月的周一～周五、1/1、12/24~26
费 £9.40 学生 £8.50

开行于岛内的史迹铁路

怀特岛蒸汽机车铁路 Map p.205

Isle of Wight Steam Railway

怀特岛蒸汽机车铁路是条史迹铁路，自1971年以来由致力于保护该铁路的参与者负责经营。从斯莫尔布鲁克·章克申站 Smallbrook Junction 伍顿站 Woctton，全长约8公里，行驶时间1小时。前往斯莫尔布鲁克·章克申站可从赖德乘车。在中途的希文站有一座小型博物馆。

可透过车窗欣赏到岛上的美景

怀特岛最西端的观景点

尼德尔斯 Map p.205

The Needles

乘坐游船近距离观赏尼德尔斯

英国著名的风景名胜 尼德尔斯是位于怀特岛西端的3座石灰岩礁石，也是英国著名的风景名胜。观赏尼德尔斯风景的最佳地点是阿勒姆湾。那里有名为尼德尔斯·兰德马克风景区 The Needles Landmark Attractions 的度假休闲中心，可以徒步或乘坐索道下到断崖下的海滩，夏季那里有开往尼德尔斯的游船。

观景点的炮台 阿勒姆湾以西约1.5公里处、靠近尼德尔斯的半岛尾部，有建于19世纪的老炮台 Old Battery 和新炮台 New Battery。均为可俯瞰尼德尔斯的观景点，尤其是老炮台距离尼德尔斯非常近，景色十分壮观。那里还有可透过大玻璃窗观赏风景的茶室。

■怀特岛蒸汽机车铁路

TEL（01983）882204

URL www.iwsteamrailway.co.uk

开 6~9月基本上每天开行
斯莫尔布鲁克出发 11:05 12:17、13:21、15:11 等时间，每天4~7班

费 1等座 £20　3等座 £13

■尼德尔斯·兰德马克风景区

巴士 从纽波特乘7路巴士在终点阿勒姆湾 Alum Bay 下车

✉ The Needles, Alum Bay, Isle of Wight, PO39 0JD

TEL（01983）752401

URL www.theneedles.co.uk

开 10:00~16:00

休 无休

费 索道往返 £9

乘坐索道下到断崖下的海滩

■尼德尔斯游船

TEL（01983）761587

URL needlespleasurecruises.co.uk

开 每隔15~30分钟出发

休 11月～复活节

费 £6

■尼德尔斯新、老炮台

巴士 仅在3月中旬至10月下旬有从雅茅斯出发经由阿勒姆湾前往新炮台的敞篷巴士尼德尔斯·布里泽开行

TEL（01983）754772

URL www.nationaltrust.org.uk

●老炮台

开 10:30~17:00

休 10/30~复活节　费 免费

●新炮台

开 11:00~16:00

休 10/30~复活节　费 £6.50

酒店 *Hotel*

作为观光起点的话，可入住纽波特的酒店，想在海滩体验水上运动的话，可入住桑当或尚克林的酒店。小岛西部有一些规模不大的B&B，让人有如家的感觉。

皇家海滨酒店

Royal Esplanade　赖德

中档　70间　Map p.206上

◆位于索道乘坐处的对面。从外观看上去很有历史感，但客房是2015年重新装修的。在啤酒餐馆能品尝到怀特岛牛肉。

TV 所有房间　吹风机 所有房间　水壶 所有房间　保险箱 无　P 免费　Wi-Fi 免费仅限大厅

✉ 16 Esplanade, Ryde, PO33 2ED

TEL（01983）562549

URL www.royalesplanadehotel.co.uk

S £55~　W £64~

C/C A M V

泰坦尼克号起航的港口

南安普敦
Southampton

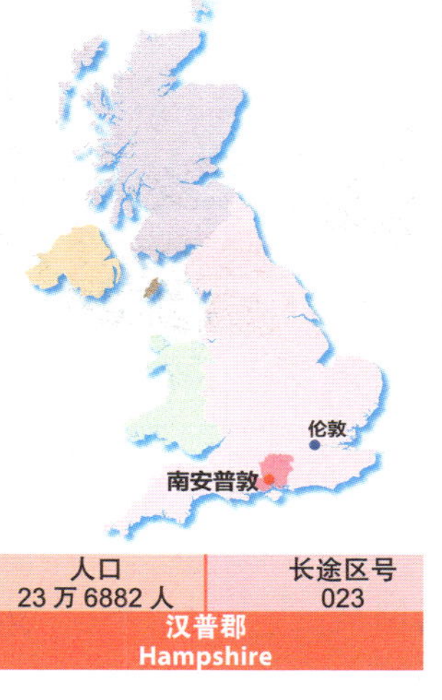

人口	长途区号
23 万 6882 人	023
汉普郡 Hampshire	

老城门是老城区的入口

英国最古老的贸易港口，现在也有大型商船进出。中世纪时因贸易而获得发展，为了抵御外敌，在城镇四周修建了城墙。保存至今的老城门 Bargate，向人们展示了这里中世纪时期的风貌。另外，1912 年 4 月 10 日，豪华客轮泰坦尼克号就是从这里出海驶往美国的。

南安普敦 漫 步

在南安普敦，老城门的北侧为新城区，南侧港口一带为老城区。

新城区 上城门大街（Above Bar St.）为新城区的主要街道。道路两边有很多餐馆及酒馆，但购物中心里店铺数量更多，也更热闹。

老城区 向南穿过老城门后，便进入老城区。新旧建筑都有，在这里可以见到残存的城墙。从与高街（High St.）交会的伯纳德大街（Bernard St.）进入牛津大街（Oxford St.），有许多餐馆和酒馆。

城市码头船坞 客运码头上停靠着来自怀特岛的船只，还有大型客轮进出码头。泰坦尼克号就是在这里出海的。这里也是进行再开发的地区，有手工啤酒厂。

中世纪的城墙与现代化的购物中心。历史与现实并存的城市

港口入口处的泰坦尼克号纪念碑

Access Guide
南安普敦

从伦敦出发

所需时间：约 1 小时 30 分钟

周一～周六 从滑铁卢站乘车，5:30~ 次日 0:05 大概每 30 分钟 1 班

周日 7:54~ 次日 0:05 期间每 30 分钟 1 趟车

从温彻斯特出发

所需时间：约 25 分钟

周一～周六 5:59（周六 6:41）~ 次日 1:13 大概 1 小时 2~4 班

周日 8:08~ 次日 1:13 期间每小时 1~3 趟车

老城区残存的城墙

i 南安普敦 Tourist Information Centre

URL www.discoversouthampton.co.uk

截至 2018 年 4 月，南安普敦没有公办的 ❶。可在博物馆的问询处等地获取旅游手册及地图，另外，在舞者 Pub → p.212 有咨询台。

开行于火车站与城市码头之间的码头摆渡巴士。车票一般为£2，出示红烟囱渡轮船票或火车票便可免费乘车

南安普敦 交通信息

火车站 南安普敦中央车站有开往伦敦、温切斯特、布赖顿等地的列车。出站后步行 10 分钟左右可以到达老城区。

渡轮码头 城市码头的红烟囱航运站有开往怀特岛东考斯的渡轮。航运站有两个，乘船前要确认好自己所乘坐的船只是从哪个航运站出发。有码头摆渡巴士 Quay Connect 可前往火车站。

南安普敦

0 100m

N

1
2
3
A
B

Landguard Rd.
Hill Ln.
Bedford Pl.
London Rd.
Bursey St.
Royal South Hants Hospital
Cumberland Pl.
东部公园 East Park
西部公园 West Park
St. Andrews Rd.
Brinton's Rd.
Commercial Rd.
五月花剧院
市役所
海洋城市博物馆 Seacity Museum
图书馆
美术馆
Millais Gallery
East Park Ter.
火车站
开往城市码头渡轮航运站的摆渡巴士
Western Esplanade
Civic Centre St.
New Rd.
Palmerston Rd.
Ibis
Novotel
Ibis Budget
巴士站
Marlands S. C.（购物中心）
Castle Way
Above Bar St.
Kings Way
St. Mary St.
圣玛丽球场
Saints Megastore
Harbour Pde.
Poundtree Rd.
West Quay Retail Park
Hoglands Park
Houndwell Park
West Quay S. C.（购物中心）
West Quay Rd.
老城门 Bargate
阿伦德尔塔
休闲世界
East St.
East Street S. C.（购物中心）
西部港区 Western Dock
High St.
Queen's Way
Star
Mercure
Dolphin
都铎王朝之家 Tudor House
Terminus Ter.
Central Br.
Rancho
红狮子
Bernard St.
港湾酒店
Holiday Inn
猪在墙上
Oxford St.
牛津西蒙斯
中世纪商人之家 Medieval Marchant's House
Briton St.
Queen Ter.
斯坦利赌场
索伦特天空航空博物馆 The Solent Sky Aviation Museum
五月花公园
舞者Pub
Queen's Park
Town Quay Marina
泰坦尼克号纪念碑
红烟囱渡轮航运站1 Red Funnel Ferry Terminal 1
开往火车站的码头摆渡巴士
城市码头航运站 Town Quay Marina
海斯烟囱渡轮航运站 Hythe Funnel Ferry Terminal
泰坦尼克号码头遗址（禁止入内）
红烟囱渡轮航运站2 Red Funnel Ferry Terminal 2
东部港区 Eastern Dock
泰坦尼克号起航地

南安普敦

有大量泰坦尼克号相关展品的

海洋城市博物馆 Map p.210 A1

Seacity Museum

2012年开业的博物馆。展览分为泰坦尼克号相关展览、南安普敦历史、特别展三个部分。

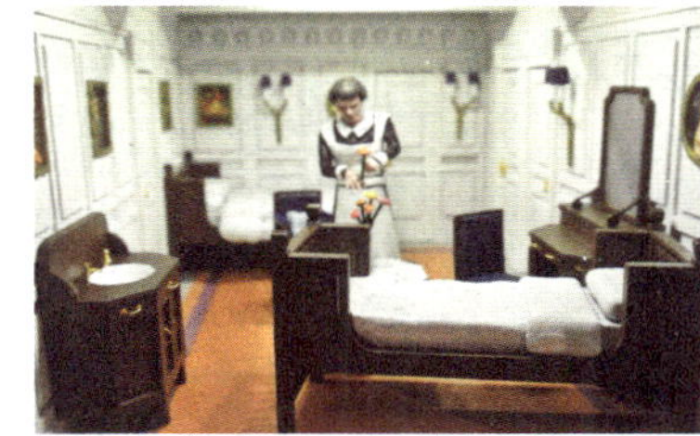

使用人偶再现泰坦尼克号客舱内的情形

尤其值得关注的展品集中在泰坦尼克号相关展品中。1：25的泰坦尼克号模型、与泰坦尼克号一同沉入海底的爱德华·约翰·史密斯（Edward John Simth）船长的英国海军军刀、海难幸存者船员西德尼·塞度那利（Sidney Sedunary）航海时随身携带的怀表等展品都很有人气。

在南安普敦历史展区，主要展出在南安普敦一带发掘的石器时代、罗马时代以及中世纪的文物。

了解南安普敦的历史

都铎王朝之家 Map p.210 A3

Tudor House

自1492年建成以来，一直是南安普敦的标志性建筑。建筑内有过去老城区模型以及从都铎王朝至今的各个时期的生活用品。可以观赏花园景色的咖啡馆也很受欢迎。

老城区的中世纪商人之家

另外，附近还有中世纪商人之家（Medieval Marchant's House），里面也有文物展出。通过参观可以了解南安普敦的风土人情。

航空群英会

索伦特天空航空博物馆 Map p.210 B3

The Solent Sky Aviation Musuem

南安普敦有发达的飞机制造业，很早就开始生产民用、军用飞机。这座博物馆介绍了相关历史。

博物馆内停满了飞机

展品包括在第二次世界大战大显身手且至今仍广受关注的喷火式战机Spitfire，还有当时世界上最大的飞机S25 Sandringham（1943年机型），可以参观飞机内部。

■海洋城市博物馆

✉ Havelock Rd., SO14 7FY
TEL （023）80834536
URL seacitymuseum.co.uk
开 10:00~17:00
※ 入场截至16:00
休 12/25·26、1/1
费 £8.50　学生 £6

海洋城市博物馆。钟楼为标志性建筑

■都铎王朝之家

✉ Bugle St., SO14 2AD
TEL （023）80834242
URL www.tudorhouseandgarden.com
开 10:00~15:00（周六、周日、法定节假日~17:00）
※ 入场截至该馆前30分钟
休 周五、12/24~1/1
费 £5　学生 £4
禁止使用闪光灯

典型的都铎式木结构住宅

■中世纪商人之家

Map p.210 A3
✉ 58 French St., SO14 2AT
TEL （023）80221503
URL www.english-heritage.org.uk
开 4~9月的周六、周日 11:00~16:00
休 4~9月的周一~周五、10月~次年3月
费 £4.80　学生 £4.30

■索伦特天空航空博物馆

✉ Albert Rd. South, SO14 3FR
TEL （023）80635830
URL www.solentskymuseum.org
开 10:00~17:00（周日12:00~17:00）
※ 入场截至16:00
休 无休，12/25·26·31、1/1
费 £7.50　学生 £6
部分区域禁止拍照

酒店 & 餐馆
Hotel & Restaurant

虽为较大的港口城市，但酒店的数量却不算多。在 Hill Ln. 一带有几家 B&B，不过经常订不到房间。老城区的中档酒店，相对容易找到空房。牛津大街上有很多环境不错的餐馆和咖啡馆。

猪在墙上
The Pig-in the Wall 城市码头

◆室内陈设十分讲究的小旅馆　位于城墙边上的酒店。装修为田园风格，房间里的家具也非常考究。

餐吧　可在优雅的环境中品尝使用天然新鲜食材制作的美食。12:00~20:00 营业。

高档　12 间　Map p.210 A3

所有房间 所有房间 所有房间 所有房间 收费 免费

✉ Western Esplanade, SO14 2AZ
TEL（023）80636900
URL www.thepighotel.com
S W £99~
C/C A D M V

港湾酒店
Grand Harbour 城市码头

◆外观非常现代，是当地最著名的酒店之一。在客房内能看到美丽的风景。有带室内泳池的 SPA 设施以及有室外座位的餐馆。

高档　173 室　Map p.210 A3

所有房间 所有房间 所有房间 无 收费 免费

✉ West Quay Rd., SO15 1AG
TEL（023）80633033　FAX（023）80633066
URL www.grandharbourhotel.co.uk
S W £99~　C/C A M V

海豚美居酒店
Mercure Dolphin 老城区

◆南安普敦历史最悠久的酒店，据说维多利亚女王和纳尔逊将军也曾入住过。除了住宿，还有很多人喜欢在这里喝下午茶。

老店　99 室　Map p.210 B3

所有房间 所有房间 所有房间 所有房间 收费 免费

✉ 34-35 High St., SO14 2HN
TEL（023）80386460　FAX（023）80386470
URL www.dolphin-southampton.com
S W £59~　C/C A J M V

牛津西蒙斯
Simons At Oxfords 牛津大街

◆位于牛津大街的传统餐馆酒吧。主要菜品 £13.50~28。周日 ~ 下周五的 15:00~17:00 提供下午茶，一个人 £17.50。

英国菜肴　酒吧　Map p.210 B3

✉ 35-36 Oxford St., SO14 3DS
TEL（023）80224444
URL www.simonsatoxfords.com
开 11:00~ 次日 1:00（周日 11:00~ 次日 0:30）　休 无休
C/C A M V
店内有 Wi-Fi

红狮子
The Red Lion 老城区

◆据说这家 Pub 建于 14 世纪后期，而且亨利五世曾将这里辟为法庭。当地人很喜欢到这里坐一坐，放松一下。室内的天花板很高，家具陈设非常古朴。有当地生产的艾尔啤酒。

Pub　Map p.210 B3

✉ 55 High St., SO14 2NS
TEL（023）80333595
开 11:00~23:00（周日 12:00~22:00）
用餐 12:00~14:00、18:00~21:00（周日 ~17:00）
休 无休　C/C J M V
店内有 Wi-Fi

舞者 Pub
The Dancing Man 老城区

◆利用建于 14 世纪的羊毛仓库设立的 Pub。店内出售自制啤酒，可以品尝到刚刚酿好的啤酒。IPA 和淡色艾尔最受欢迎。

Pub　Map p.210 A3

✉ Town Quay, SO14 2AR
TEL（023）80836666
URL www.dancingmanbrewery.co.uk
开 12:00~23:00（周四 ~ 周六 12:00~24:00）
休 无休
C/C A M V
店内有 Wi-Fi

小河流过的娴静古城

温切斯特
Winchester

周三～周六高街上有集市

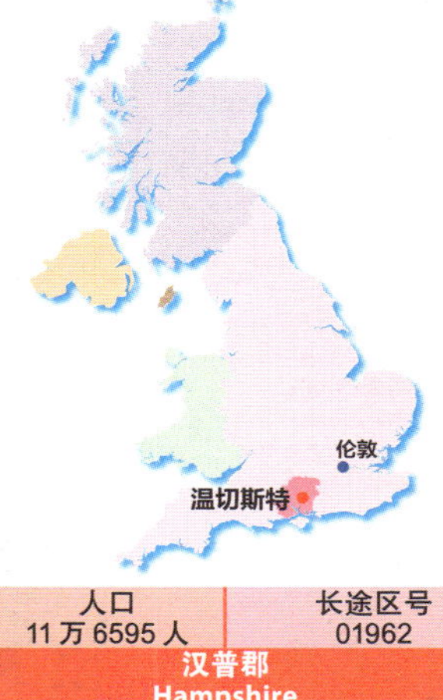

人口	长途区号
11 万 6595 人	01962

汉普郡
Hampshire

在盎格鲁 - 萨克逊时代，温切斯特作为威塞克斯王国的首都，繁华程度比肩伦敦。1554 年，英国女王玛丽一世与西班牙国王腓力二世在这里举行婚礼。在这座保持着中世纪韵味的城市里，有温切斯特大教堂及温切斯特公学等历史遗迹。

温切斯特 漫 步

温切斯特由从市中心高街 High St. 向南至温切斯特大教堂 Winchester Cathedral 的区域、温切斯特公学周边以及北部街区这三部分组成。

从高街前往伊钦河 从高街向东进入通往伊钦河方向的百老汇 Broadway，那里设有 ❶。对面为巴士站，继续向东，在交通环岛前有阿

Access Guide
温切斯特

从伦敦出发

🚆 所需时间：约 1 小时 10 分钟

周一～周六	从滑铁卢站乘车，5:30~ 次日 0:05 期间每 30 分钟 1 趟车
周日	7:54~ 次日 0:05 期间每 30 分钟 1 趟车

🚌 所需时间：1 小时 35 分钟～1 小时 55 分钟

周一～周日	8:00	10:00	12:00	14:30
	16:30	18:30	21:00	23:59

从南安普敦出发

🚆 所需时间：15~30 分钟

周一～周六	5:55（周六 5:12）~23:00 期间每小时 2~4 趟车
周日	6:55~22:55 期间每小时 1~2 趟车

i 温切斯特 Tourist Information Centre

Map p.213 B2
✉ Guildhall，High St.，SO23 9GH
TEL（01962）840500
URL www.visitwinchester.co.uk
开 10:00~17:00（周日 11:00~16:00）
休 10 月～次年 4 月的周日、12/24~1/1

尔弗雷德大帝的雕象。来到伊钦河边，向右转，有步道，前行可到达沃夫西城堡遗址及温切斯特公学。

温切斯特 主要景点

英国著名圣地

温切斯特大教堂

Winchester Cathedral

曾为电影《达·芬奇的密码》的外景地

始建于盎格鲁-萨克逊时代的648年，从1079年至1404年，经过多年的建设形成了如今的样子。建筑内部长度达170米，是欧洲进深最长的大教堂。

内部装修为哥特式，但北侧廊与南侧廊以及地下祭室为比哥特式更早一些的诺曼式，可以推断是在施工的中途改变了建筑风格。

中廊的北侧有《傲慢与偏见》《爱玛》的作者简·奥斯汀☞p.574的坟墓。南侧有雕刻家威廉·沃克的雕像以及艾萨克·沃尔顿的坟墓。

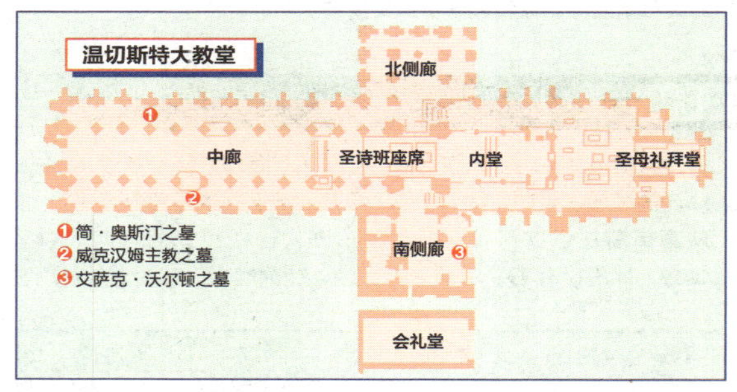

英国历史最悠久的公学

温切斯特公学

Map p.213 A2·B2

Winchester College

克里斯托弗·雷恩设计的多功能厅

温切斯特公学创立于1382年，比伊顿公学早60年，是英国历史最悠久的公学。伊顿公学成立当初，曾经从温切斯特公学招聘职员。只有参加导游带领的团体游才能参观学校内部。可参观食堂、教堂、克里斯托弗·雷恩☞p.573设计的多功能厅等建筑。

曾为温切斯特大主教署所的

沃夫西城堡遗址

Map p.212 B2

Wolvesey Castle

这座城堡遗址位于温切斯特大教堂与温切斯特公学之间。城堡建于12世纪，为诺曼式建筑，现已严重损坏，仅仅能通过遗址上一个个解说

History

阿尔弗雷德大帝（849~899）

英格兰七国时代（Heptarchy）势力最大的国王，是当时的代表人物。871年即位成为威塞克斯国王。他曾与维京人后裔丹麦日耳曼人作战，并且保护了盎格鲁-萨克逊文化。关于他，后世有很多传说，至今，英国人仍把他视为伟大的英雄。

■温切斯特大教堂

✉ 1 The Close，SO23 9LS

TEL（01962）857200

URL www.winchester-cathedral.org.uk

开 9:30~17:00（周日12:30~15:00）

休 无休 费 £8 学生£5

团体游，周一～周六的10:00~15:00

大教堂圣诗班座席及中廊

Information

简·奥斯汀故居

英国著名女作家简·奥斯汀晚年居住的房子位于温切斯特公学旁边。现在这座房子是私人住宅，所以无法参观内部。

另外，南安普敦的海豚美居酒店（→p.212）也与简·奥斯汀有着深厚的渊源。她曾在这家酒店庆祝18岁生日，而且在她搬到南安普敦之后也多次在该酒店举办聚会。

简·奥斯汀的晚年旧居

■温切斯特公学

✉ College St.，SO23 9NA

TEL（01962）621209

URL www.winchestercollege.org

●参观团体游

周一、周三、周五、周六10:15、11:30、14:15出发（4~9月也在15:30出发）

周二、周四10:15、11:30出发

（7、8月14:15、15:30出发）

周日14:15、15:30出发

休 12/25·26、1/1 费 £8 学生£7 内部禁止拍照

牌来了解当时的风貌。

据记载，伊丽莎白一世☞ p.573的同父异母姐姐玛丽一世与西班牙国王腓力二世举行婚礼时，在城堡内的东厅 East Hall 共享了早餐。

城堡的残垣断壁

摆放着与亚瑟王有关的圆桌

大礼堂

Map p.213 A1

Great Hall & Round Table

圆桌被挂在墙上作为装饰物

在西门附近，保存着温切斯特城堡的部分建筑，里面有与亚瑟王☞ p.572有关的圆桌。不过，现在仍不能确定亚瑟王是否是历史上的真实人物。圆桌制造于 13 世纪，在 16 世纪的都铎王朝时期被涂上颜色。直径 6 米的圆桌桌面，像飞镖镖靶一样被涂成白绿相间的颜色，中央画着象征都铎王朝的玫瑰。

从 12 世纪延续至今的救济院

圣十字救济院

Map p.213 B2 外

The Hospital of St. Cross

沿伊钦河边的步道步行 1.5 公里左右可至。救济院建于 12 世纪，是英国最古老的慈善设施，为贫困者提供食宿，现在仍有人在此生活。有人生活的地方不能进去，但可以参观创立于 12 世纪的教堂以及庭园、大厅等处。

藏有盎格鲁 - 萨克逊时代文物的

市立博物馆

Map p.213 A2

City Museum

紧邻大教堂的市立博物馆

位于大教堂中庭内的博物馆。介绍从罗马时代到阿尔弗雷德大帝时代、诺曼时代，直至现在的温切斯特历史。从楼上开始按时代顺序布展。

在最高层，可以看到精美的马赛克等罗马时代的文物。2 层展出 4 个温切斯特的城市模型，时间跨越 650~1500 年，可以借此了解温切斯特在中世纪发展的历程。

出售现磨面粉的

温切斯特城市磨坊

Map p.213 B2

Winchester City Mill

位于河边的磨坊

因伊钦河可进行水运，17 世纪时建立了这家磨坊。现在磨坊仍在运营，在磨坊的商店里可以买到质量很好的面粉。周六、周日的 11:00~15:00 有磨制面粉及制作面食的表演。

■沃夫西城堡遗址
✉ College St., SO23 9NB
URL www.english-heritage.org.uk
开 10:00~17:00
休 10/1~3/30 费 免费

■大礼堂
✉ Castle Av., SO23 8UJ
TEL（01962）846476
开 10:00~17:00
休 12/24~26、1/1
费 接受捐款
内部禁止拍照

大礼堂内的展厅有介绍历代英格兰国王的展览

■圣十字救济院
✉ The Hospital of St. Cross, St. Cross Rd., SO23 9SD
TEL（01962）851375
URL hospitalofstcross.co.uk
开 4~10 月 9:30~17:00
（周日 13:00~17:00）
11 月 ~ 次年 3 月
10:30~15:30
休 11 月 ~ 次年 3 月的周日
费 £4.50 学生 £4
内部禁止拍照
禁止使用闪光灯

■市立博物馆
✉ The Square, SO23 9ES
TEL（01962）863064
开 4~10 月 10:00~17:00
（周日 12:00~17:00）
11 月 ~ 次年 3 月
10:00~16:00
（周日 12:00~16:00）
休 11 月 ~ 次年 3 月的周一、12/25 · 26、1/1
费 欢迎捐款
禁止使用闪光灯

罗马时代的马赛克

■温切斯特城市磨坊
✉ Bridge St., SO23 9BH
TEL（01962）870057
URL www.nationaltrust.org.uk
开 10 月下旬 ~ 次年 2 月中旬
10:00~16:00
2 月中旬 ~10 月下旬
10:00~17:00
※ 入场截至关门前 30 分钟
休 1 月 ~2 月中旬的周四 · 周五、12/25~1/1 费 £4

酒店 & 餐馆
Hotel & Restaurant

城市很小，所以无论住在哪里都很方便。餐馆、商店集中在高街及市立博物馆附近的街道，有很多非常时尚的店铺。

温切斯特韦塞克斯美居酒店
Mercure Winchester Wessex Hotel

高级　94 室　Map p.213 B2

所有房间　所有房间　所有房间　部分　收费　免费

◆从多数高级客房可以看到大教堂。房间内的沙发、床、日用织品等物品质量都很高级且设计典雅。早餐费用 £15.50。还有可观赏风景的酒吧。

✉ Paternoster Row，SO23 9LQ
TEL（01962）312800　TEL（01962）849617
URL www.mercure.com
S W £149~
C/C A D M V

温切斯特皇家酒店
Winchester Royal Hotel

中档　81 间　Map p.213 A1

所有房间　所有房间　所有房间　无　收费　免费

◆利用建于 16 世纪的建筑，于 1870 年创立的酒店。院内有栽种着各季花卉的花园。餐馆曾获奖，当地人会在这里举办婚礼。

✉ St. Peter's St.，SO23 8BS
TEL（01962）840840
URL www.sjhotels.co.uk
S W £95~
C/C A D M V

维克汉姆阿姆斯
The Wykeham Arms

假日酒店　14 室　Map p.213 A2

所有房间　所有房间　所有房间　无　免费　免费

◆创立于 1755 年，各个房间的内部装修不同。酒店同时也是可以品尝当地产艾尔啤酒的 Pub 及餐馆。早餐的餐具也十分讲究。

✉ 75 Kingsgate St.，SO23 9PE
TEL（01962）853834
URL www.wykehamarmswinchester.co.uk
S £69~
W £119~　C/C A M V
※ 不满 14 岁不能入住

切西尔莱克特利
Chesil Rectory

现代英式菜肴　Map p.213 B2

◆利用建于 1450 年的老房子开设的餐馆。菜品使用时令食材烹饪，所以菜单经常变化，但主要为使用法餐及意餐食材制作的英式菜肴。周一～周六的午餐及早餐，2 道菜 £17.95，3 道菜 £21.95。

✉ 1 Chesil St.，SO23 0HU
TEL（01962）851555
URL www.chesilrectory.co.uk
开 12:00~14:20 18:00~21:30（周五、周六 12:00~14:20 18:00~22:00，周日 12:00~15:00 18:00~21:30）
休 无休　C/C A J M V
店内有 Wi-Fi

咖啡蒙德
Cafemonde

现代英式菜肴　Map p.213 A1~2

◆有使用色彩鲜艳的餐具盛放的菜肴以及使用帕尼尼、法棍面包、有机食材制作的甜点。店员很热情，服务态度很好。

✉ 22 The Square，SO23 9EX
TEL（01962）877177
开 8:00~17:00（周日 9:00~17:00）
休 无休
C/C M V
店内有 Wi-Fi

埃克塞河畔的城市

埃克塞特

Exeter

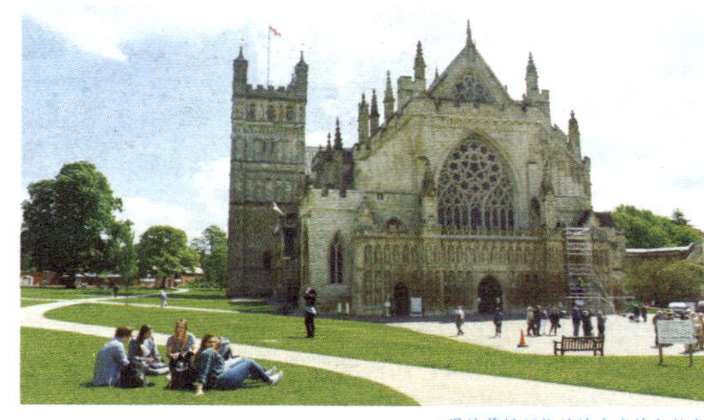

四周被草坪环绕的埃克塞特大教堂

伦敦
埃克塞特

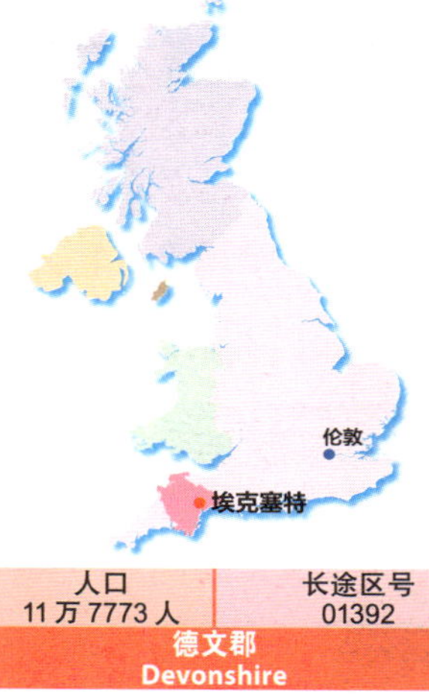

人口	长途区号
11万7773人	01392
德文郡 Devonshire	

埃克塞特是德文郡的首府，是一座位于埃克塞河河畔的宁静城市。这里的历史悠久，早在2世纪的时候便有罗马军队驻扎于此，当时这里被称为Icsca。城市的中心地带至今还被罗马时代的城墙遗址所环绕。位于埃克塞河沿岸的历史码头（Historic Quayside）是18世纪时繁荣的运河贸易码头，至今这里还留着当时繁盛一时的影子，商行、仓库、住家鳞次栉比，河畔还有野鸟嬉戏，风景好不惬意。

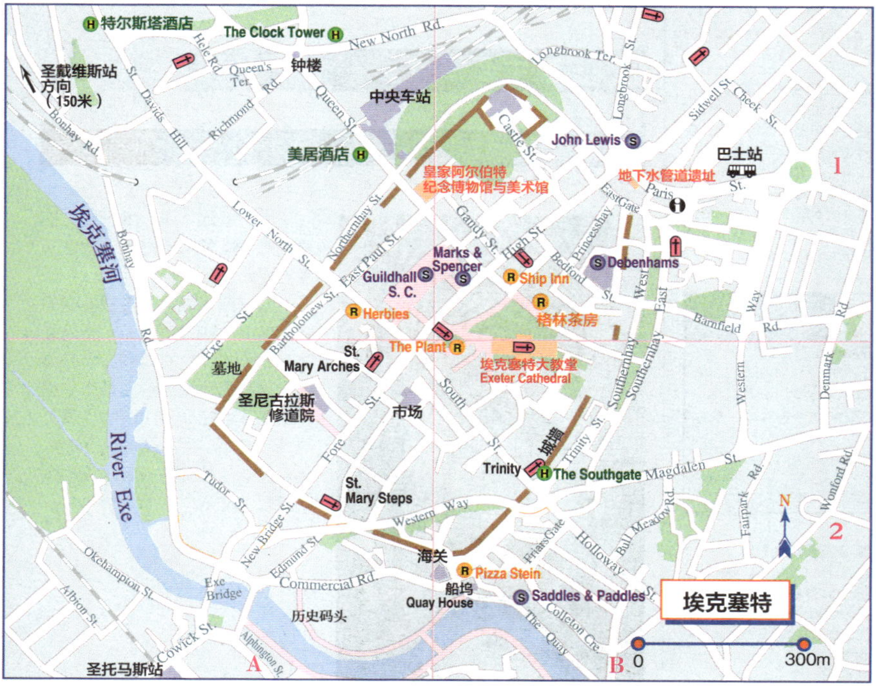

特尔斯塔酒店
The Clock Tower
New North Rd.
钟楼
圣戴维斯站方向（150米）
中央车站
美居酒店
Longbrook Ter.
John Lewis
巴士站
Paris St.
皇家阿尔伯特纪念博物馆与美术馆
地下水管道遗址
埃克塞河
Marks & Spencer
Guildhall S. C.
Ship Inn
Debenhams
Herbies
格林茶房
The Plant
St. Mary Arches
埃克塞特大教堂 Exeter Cathedral
墓地
圣尼古拉斯修道院
市场
城墙
Trinity
The Southgate
River Exe
St. Mary Steps
Western Way
海关
Pizza Stein
船坞 Quay House
Saddles & Paddles
历史码头
圣托马斯站
埃克塞特
0
300m
1
2
A
B
N

埃克塞特 漫 步

历史码头

埃克塞大教堂是市中心，大教堂周围被绿草坪公园所环绕，还有游步道、时尚咖啡馆和餐馆，是市民休闲的好地方。主要的景点大都集中在高街附近（High St.）。

历史码头 从中心街区往南走，便可以到达分布于埃克塞河两畔的历史码头（Historic Quayside）。早在罗马时便在埃克塞河上修筑运河了，18 世纪时这里作为毛织品出口的重要基地而繁荣一时。历史码头至今仍旧有当时繁荣的影子，船坞（Quay House）是这一带的中心，并且兼作游客中心，可以通过影音了解这里的历史。河畔总是有白天鹅等水鸟汇聚于此嬉戏打闹。

埃克塞特 交通信息

圣戴维斯站 矣克塞特虽然共有三个火车站，但大多数的列车都会在位于城市西北侧的圣戴维斯站停靠。

从这里徒步至市中心约需 15 分钟。从车站出来后一直向前走，到圣戴维斯山（St. Davids Hill）后右转，然后继续前行，过了 Guildhall Shopping Centre 后左转，便可以到达埃克塞特大教堂广场。

埃克塞特 主要景点

世界上最长的拱形屋顶

埃克塞特大教堂

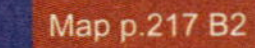

Exeter Cathedral

令人叹为观止的拱形屋顶

大教堂建于 12~15 世纪，这座拥有 850 多年历史的大教堂深受当地人爱戴。

刚一踏入教堂便会被美丽的圆拱形屋顶所吸引，14 世纪装饰的哥特式，左右对称，十分协调。这条绵延的拱形屋顶堪称世界最长。走廊尽头中央的位置是唱诗班座席，两侧是做工细腻、色彩艳丽、并且画有音乐天使图案的教堂玻璃。

Access Guide 埃克塞特

从伦敦出发

所需时间：2 小时 ~2 小时 30 分钟

周一~周六 从帕丁顿站发车 7:06（周六 7:30）~21:45 期间每小时 1~2 趟车，23:45

周日 8:00~20:57 每小时 1~2 趟车左右，23:50

所需时间：约 3 小时 30 分钟

周一~周六 从滑铁卢站发车 7:10、8:20~20:20 期间每小时 1 趟车

周日 8:15~19:15 期间每小时 1 趟车，21:15

从布里斯托尔出发

所需时间：55 分钟 ~1 小时 40 分钟

周一~周六 从神庙站发车 6:34~23:35 期间（周六 6:08~21:44）每小时 1~3 趟车

周日 9:15~21:44 期间每小时 1~2 趟车

从彭赞斯出发

所需时间：约 3 小时

周一~周五 5:05~11:41 期间每小时 2~3 趟车，13:03~17:42 每小时 1 趟车，21:45

周六 5:37~17:40 期间每小时 1~2 趟车

周日 8:30~9:47、11:00~17:31 期间每小时 1~2 趟车，21:15

从索尔兹伯里出发

所需时间：约 2 小时

周一~周五 6:08~22:06 期间每小时 1 趟车

周六 6:15~20:47 期间每小时 1 趟车

周日 7:06 8:51~20:51 期间每到 51 分一趟车，22:51

■ 埃克塞特中央车站

从伦敦滑铁卢站出发，经由索尔兹伯里的列车，在到达圣戴维斯车站之前会先在中心街附近的中央车站停靠。如果准备去市区逛逛，在这站下车比较方便。此外，从托基、埃克斯茅斯出发的列车也会经过中央车站。

i 埃克塞特 Tourist Information Centre

Map p.217 B1
✉ Dix's Field, EX1 1GF
TEL（01392）665700
URL www.visitexeter.com
开 4~9 月 9:00~17:00
10 月 ~ 次年 3 月 9:30~16:30
休 周日、12/25、1/1

■ 埃克塞特大教堂

✉ 1 The Cloisters, EX1 1HS
TEL（01392）285983
URL www.exeter-cathedral.org.uk
开 9:00~17:00（周日 11:30~17:00）
休 无休
费 £7.50 学生 £5

亲身感受埃克塞特的历史

皇家阿尔伯特纪念博物馆与美术馆 Map p.217 A1

Royal Albert Memorial Museum & Art Gallery

这里展示了德文郡的自然与历史，把埃克塞特从罗马时代至今的历史分类展出。二层是当地艺术家的作品展，另外还收集了从亚洲、南美洲、南太平洋、埃及等世界各地收集而来的艺术品。

这里还有城市模型作为展示

保留着 14 世纪时的原型

地下水管道遗址 Map p.217 B1

Exeter's Underground Passages

埃克塞特的地下至今仍保留有管道遗址。这些管道修建于 14 世纪，主要是为了给埃克塞特城里供应饮用水而建。这些管道遗址十分狭窄，刚刚好只能通过一个人，需要在导游的带领下进行参观。在入口处购买门票，进入后在导览团开始之前可以先自行参观介绍埃克塞特地下水管道历史以及当时城市的模型，然后跟随导游参观管道（所需时间约 35 分钟）。

■ **皇家阿尔伯特纪念博物馆与美术馆**

✉ Queen St., EX4 3RX

TEL（01392）265858

URL www.rammuseum.org.uk

开 10:00~17:00

休 周一 · 法定节假日　费 免费

馆内部分区域禁止拍照

部分区域禁止使用闪光灯

■ **地下水管道遗址**

✉ 2 Paris St., EX1 1GA

TEL（01392）665887

URL www.exeter.gov.uk

开 10 月～次年 5 月 10:30~16:30（周六 9:30~17:30、周日 11:30~16:00）

6~9 月 9:30~17:30（周日 10:30~16:00）

※ 导览团最终时间是闭馆前 1 小时　休 10 月～次年 5 月期间的周一、12/25 · 26、1/1　费 £6　学生 £5

地下水管道遗址的入口位于一栋建筑物的一层

酒店 & 餐馆

Hotel & Restaurant

埃克塞特的住宿设施并不多，尤其是夏季一定要提前预约。比较便宜的住宿设施集中在圣戴维斯大楼和钟塔附近。高街附近有很多餐馆。素食餐馆 Herbies 是比较受当地人喜欢的人气餐馆。

美居酒店

Mercure Rougemont

高档　98 间　Map p.217 A1

◆位于中央车站对面的四星级酒店。客房设计时尚，功能齐全，公共区域是传统装修样式比较厚重、典雅。

所有房间　所有房间　所有房间　无　付费　免费

✉ Queen St., EX4 3SP

TEL 08713769018　FAX 08713769118

URL www.mercure.com

S W £99~　C/C A D M V

特尔斯塔酒店

Telstar Hotel

旅馆　21 间　Map p.217 A1

◆从圣戴维斯车站徒步 5 分钟可达。在这一带众多的旅馆中，这一间算是规模最大的。早餐可以选择素食。

所有房间　所有房间　所有房间　无　免费　免费

✉ 75-77 St. Davids Hill, EX4 4DW

TEL（01392）272466

URL www.telstar-hotel.co.uk

S £35~40　S £37.50~50　W £60~70　W £70~85　C/C J M V

格林茶房

Tea on the Green

咖啡馆　Map p.217 B1

◆这家茶房位于埃克塞特大教堂旁边。主营当地产的咖啡、红茶、乳酪和酒类。餐谱每天更替，每份在 £5~10。

✉ 2 Cathedral Close, EX1 1EZ

TEL（01392）276913

URL www.teaonthegreen.com

开 8:00~18:00（周日 9:00~17:00）

休 12/25

C/C M V

店内有信号

详细导览

残留有恐龙栖息时代的地层

世界遗产 侏罗纪海岸

侏罗纪海岸是由“多塞特郡和东德文郡海岸”所构成的，并且被列入了世界遗产。世界遗产的区域非常宽广，沿海岸线足足有153公里。这里的断崖是标准的地层年代化石，中生代时期栖息着大量的恐龙，因此这里发现了大量恐龙化石。曾经在这片海滩收集化石的少女玛丽·安宁（1799~1847年）长大后成了一名古生物学家，也是伦敦地质学会的名誉会员。

最古老的地层 西德茅斯 Sidmouth

侏罗纪海岸沿线有许多度假城市，这里也是其中之一。人们可以在这里悠闲地享受假期。城市边缘是绵延的海岸线，这一地带的地层也是侏罗纪海岸中最古老的地层，属于三叠纪，据说恐龙就是在这一时期出现的。

复杂的海岸线 拉德勒姆湾 Ladram Bay

拉德勒姆湾是从西德茅斯开始绵延的三叠纪海岸线中地形最复杂，奇景最多的地带。埋藏有化石的砂砾岩被每日的潮汐所侵蚀，因此形成了复杂的地形。

如果想要参观化石!
查茅斯遗产海岸中心
Charmouth Heritage Coast Centre

这座游客中心内展示有在侏罗纪海岸发掘的化石标本。另外，这里还有发掘化石之旅等健步走团体游项目。

看上去像恐龙的岩石
杜德尔门
Durdle Door

杜德尔门是天然形成的石拱，从远处看外形酷似一只恐龙将头伸进海里，因此这里也是侏罗纪海岸的地标岩石。附近的诗黛尔洞（Stair Hole）因常年被海水侵蚀外表变松软的石层逐渐削掉，只剩下周边的石灰岩，形成酷似一个大碗的奇观。

DATA

■ **侏罗纪海岸**

侏罗纪海岸东西绵延共155公里，全程步行游览很难实现，建议可以巧妙地利用当地巴士。

URL jurassiccoast.org

■ **侏罗纪海岸**

Fast公司的X51、X53、X54、X55线路巴士统称侏罗纪海岸巴士。X51与X53是从5月初至9月下旬期间运行，阿克明斯特～布里德波特之间是每30分钟一趟车，布里德波特～韦茅斯之间是每小时一趟车。

■ **从埃克斯茅斯至侏罗纪海岸的渡轮**

有从埃克斯茅斯出发2~3小时航程的渡轮。可以乘坐轮船在海上远眺海岸。夏季的时候不定期开船（每月4~10班船。）详情请参考下述官网。

URL www.stuartlinecruises.co.uk

● **埃克斯茅斯**

巴士 Stage Coach公司从埃克塞特巴士站出发的56、57路巴士。6:50（周日8:40）~23:15期间每小时1~4趟车。

● **阿克明斯特**

巴士 Stage Coach公司从埃克塞特巴士站出发的4、4B路巴士，6:55~17:10期间每小时1趟车。周日停运。

● **西德茅斯**

巴士 Stage Coach公司从埃克塞特巴士站出发的9、9A路巴士，15~30分钟一趟车，车程35分钟。

● **拉德勒姆湾**

巴士 Stage Coach公司从西德茅斯出发的157路巴士，开往奥特顿（Otterton）方向，车程30分钟。10:30、12:30、15:30、17:30发车（只在4~8月期间运行）。从这里步行至海岸约需30分钟。

● **查茅斯遗产海岸中心**

巴士 乘坐X53路巴士在查茅斯站下车，然后沿着Lower Sea Ln一直向大海的方向前行约10分钟，便可以到达海岸。

✉ Lower Sea Ln., Charmouth, Dorset, DT6 6LL

TEL（01297）560772 URL www.charmouth.org/chcc

开 10:30~16:30 休 11月～次年3月期间周一～周三

费 欢迎捐赠

化石之旅主要以周末为中心不定期举办。可以通过上述网站查询日程，并预订。费用£8。

● **杜德尔门**

巴士 乘坐X54、X55路巴士，乌尔站发车10:49、12:49（平日停运）、14:10、15:29（平日15:47）、17:10（平日停运）。车程20分钟。

英国首屈一指的疗养胜地

英国里维埃拉
English Riviera

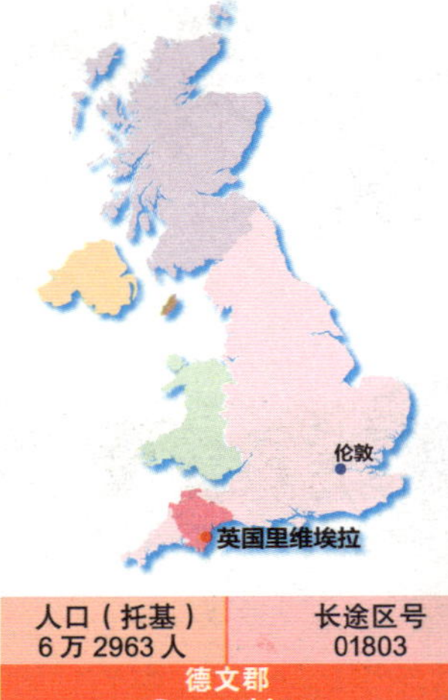

人口（托基）	长途区号
6万2963人	01803

德文郡
Devonshire

建于小山坡上的景观别墅是托基具有代表性的街景

英国的西南部、德文郡南岸地区自19世纪以来就是英国贵族、富裕阶层争先购买别墅的高人气度假胜地。英国里维埃拉是模仿尼斯、戛纳、摩纳哥等地中海度假胜地而建的度假区。

英国里维埃拉 区域指南

观光旅游的主要区域是托尔湾（Tor Bay）和达特河（River Dart）一带。从旅游中心城市托基去往布里克瑟姆的12路巴士班次比较频繁，此外还可选择乘坐观光渡轮出行。如果要去往达特茅斯城可以乘坐120路巴士到位于河对岸的金斯维尔（Kings Wear）下车。

托基的海滨

站在有很多船只整齐停放的码头眺望托基街景

与阿加莎·克里斯蒂颇有渊源的城市，在很多地方都可以看到这种看板

英国里维埃拉 起点城市

中心城市虽说是托基，但也可以从埃克塞特 p.217 出发一日游。还可以顺便游览一下周边的达特穆尔（Dartmoor）。

起点城市 托基 Torquay

托基被称为是“英国里维埃拉的女王”，是这片度假区的中心地带。海岸沿线有巍巍耸立的断崖，在这些白垩纪断崖之上建造着度假别墅，整座城市给人的感觉很舒服。

英国里维埃拉 漫步

火车站位于城市的西边。出了车站一直走便可以到达沿海的道路，然后向东前行。从公主剧院（Princess Theatre）向南延伸的码头是公主码头（Princess Pier）。整座城市的中心是公主花园周边，这里还有 ℹ。

十二世纪的修道院遗址

托雷修道院 Map p.223-A1

Torre Abbey Historic House & Gallery

以修道院为中心周边建有许多具有历史意义的建筑物。庭园中的一部分是“阿加莎·克里斯蒂的花园（Agatha Christie Potent Plants Garden）”，园内种植有在其作品中出现的植物，包括部分毒药。茶室的下午茶也十分有人气。

Access Guide 托基

从埃克塞特出发 所需时间：50 分钟

周一~周五 从圣戴维斯车站，经由中央车站 5:34~22:49 期间每小时 2 趟车

周六 5:18~20:56 期间每小时 2 趟车

周日 8:43~22:02 期间每小时 1 趟车

换乘信息

●从普利茅斯出发

在牛顿阿伯特站换乘，所需时间 1 小时

托基 Tourist Information Centre

Map p.223 B2

✉ 5 Vaughan Pde.，TQ2 5JG

TEL（01803）211211

URL www.englishriviera.co.uk

开 10:00~17:00

休 周四 · 周日

■ 托雷修道院

✉ The King's Drive，TQ2 5JE

TEL（01803）293593

URL www.torre-abbey.org.uk

开 10:00~17:00 入场截止 16:00

休 法定节假日　12/24~1/2

费 £8　学生 £7

庭园 £2.50　学生 £2

禁止使用闪光灯

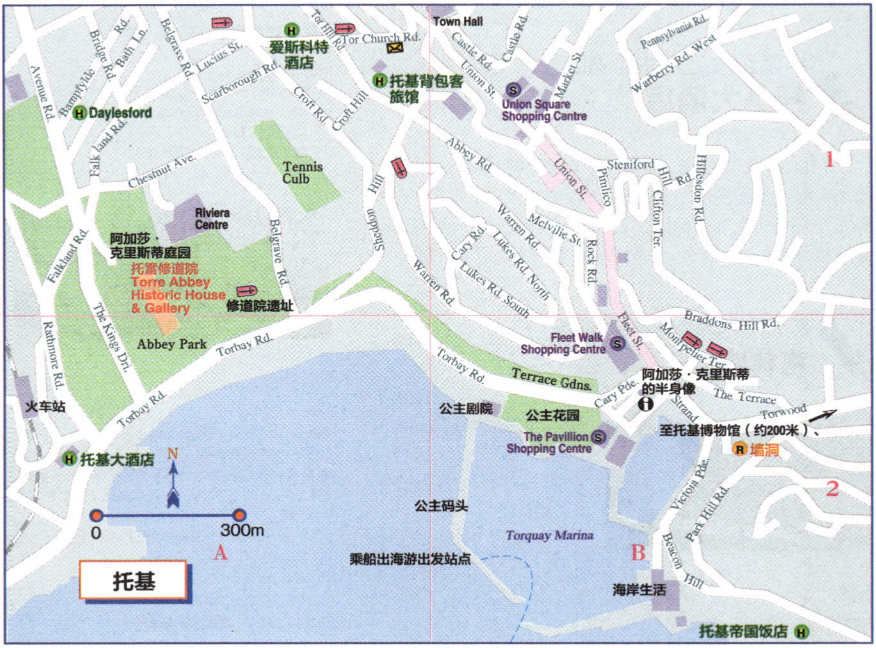

托基

被众人所喜爱的推理小说女王

探寻阿加莎·克里斯蒂的足迹

1890 年 9 月 15 日，弗雷德里克·阿尔瓦·米勒（Frederick Alvah Miller）与克拉丽莎夫人的二女儿在托基出生，她便是日后的推理小说女王阿加莎·克里斯蒂 ☞ p.572。在她所撰写的《悬崖山庄奇案》《藏书室女尸之谜》《啤酒谋杀案》等众多作品中，尽管背景城市的名称变了，但仍旧离不开托基和其周边的地方。在《ABC 谋杀案》中也曾有“不能理解为什么英国人喜欢渡海去其他国家的度假地。我周游世界，从没见过像托基这么美丽的地方。”这样的台词。

小说中出现的酒店原型

托基帝国饭店

Torquay Imperial Hotel

设施齐备的度假酒店

在小说《悬崖山庄奇案》与《藏书室女尸之谜》中使用的是堂皇酒店的名字，而在《神秘的别墅》中则使用了酒店的原名“托基帝国饭店”。正如在《悬崖山庄奇案》中所描述的一样，从酒店可以俯瞰大海，在建筑物与大海之间隔着花园。

Map p.223 B2

✉ Park Hill Rd., TQ1 2DG

TEL（01803）294301

URL www.theimperialtorquay.co.uk

S W £63~190 CC A D J M V

结婚纪念日入住的酒店

托基大酒店

Torquay Grand Hotel

1914 年 12 月 24 日，阿加莎·克里斯蒂与第一人丈夫阿奇博尔德·克里斯蒂举行婚礼时下榻的酒店。二人是在布里斯托尔郊外的克里夫顿举行了结婚仪式，之后移动至托基，在这家酒店入住。次日，与阿加莎的亲戚们一起过圣诞。

Map p.223 A2

✉ Seafront, TQ2 6NT TEL（01803）296677

URL www.grandtorquay.co.uk

S £84~

S £109~ CC M V

位于托基车站旁的的老牌酒店

阿加莎·克里斯蒂的别墅

格林威 *Greenway*

英国屈指可数的美丽庄园

从 1938 年至 1959 年期间，这里作为阿加莎·克里斯蒂与第二任丈夫考古学者马克斯·马洛温的夏季别墅被使用。

庄园的内部还原了当时的样子，主要展示了阿加莎·克里斯蒂及其家族的私人物品。诺达的庄园内还是很有看点的。

Map p.222-2

从达特茅斯（Dartmouth）乘坐渡船，开馆日每天有 5~8 班船通航。

在佩恩顿与达特茅斯蒸汽机车铁路（p.225）的 Churston 站或者 Greenway Halt 站下车，然后换乘区间车。

✉ Greenway Rd., Galmpton, TQ5 0ES

TEL（01803）842382

URL www.nationaltrust.org.uk

开 10:30~17:00 休 10/30~2/12

费 £11.60 馆内禁止摄影

了解托基

托基博物馆

Map p.222-1

Torquay Museum

托基的综合博物馆，分为自然史部门、阿加莎·克里斯蒂 p.572、埃及相关等区域。最顶层是埃及展厅，其下方的中二层是阿加莎·克里斯蒂的展区，这个展区内有关于她的生平、作品等的介绍。此外，还有从大约 4 亿年前泥盆纪地层中发掘的化石、复原的 19 世纪的民居等。

■ 托基博物馆
✉ 529 Babbacombe Rd., TQ1 1HG TEL (01803) 293975
URL www.torquaymuseum.org
开 10:00~16:00
※ 15:00 停止入场
休 周日、12/24~26、1/1
费 £6.70 学生 £4.90

因展品涉猎较广而闻名

英国里维埃拉的古老铁路

佩恩顿与达特茅斯蒸汽机车铁路

Map p.222-2

Paington and Dartmouth Steam Railway

从托基乘坐火车向南 5 公里可以到达一处叫作彭恩顿的度假小镇。小镇上有专门可以到达港口城市达特茅斯的老式蒸汽机车。这条火车道是沿海而建的，因风景优美而知名，可以透过车窗眺望海景。

进站的蒸汽机车

■佩恩顿与达特茅斯蒸汽机车铁路
TEL (01803) 555872
URL www.dartmouthrailriver.co.uk
开 4~10 月下旬期间每天通车。3 月也几乎每天通车。每天 4~9 趟车。

车窗非常宽广可以尽情地欣赏风景

酒店 & 餐馆
Hotel & Restaurant

度假胜地特有的酒店、旅馆、民宿等种类比较丰富。车站以北的 Avenue Rd. 和 Belgrave Rd. 是旅馆 B&B 比较集中的地区。海滨沿线是中高档酒店相对集中的地区。餐馆主要分布在市中心地区，有些 B&B 也可以为客人准备晚餐，不过需要单付费。

爱斯科特酒店
Ascot House

高档 5 间 Map p.223 A1

◆一家高档的古老酒店，所在的建筑是一栋建于 19 世纪 40 年代的维多利亚式建筑。所有客房都是套房的形式，早餐可选择的范围也比较充实。7、8 月份必须连住 2 晚以上才能预订。

TV 所有房间　吹风机 所有房间　茶具 所有房间　保险箱 无　P 免费　Wi-Fi 免费

✉ 7 Tor Church Rd., TQ2 5UR
TEL (01803) 295142
URL www.ascothousetorquay.co.uk
S £55~105
W £75~125 C/C M V

托基背包客旅馆
Torquay Backpacker's

旅馆 8 间 Map p.223 A1

◆在度假胜地比较罕见的青年旅馆。有部分房间带有淋浴、卫生间等。虽然不提供早餐，但是厨房可以自由使用。还设有洗衣房。

TV 无　吹风机 无　茶具 无　保险箱 无　P 无　Wi-Fi 免费

✉ 119 Abbey Rd., TQ2 5NP
TEL (01803) 299924
URL www.torquaybackpackers.co.uk
D £17~18
S W £38 C/C M V

墙洞
Hall in the wall

Map p.223 B2

◆位于维多利亚纪念碑附近的小路内，创业于 1540 年，是托基最古老的 Pub。餐桌座席比较多，菜肴多为海鲜类。啤酒多为当地产的自酿啤酒，Otter Amber 是最受欢迎的。

✉ 6 Park Ln., TQ1 2AU
TEL (01803) 200755
URL www.holeinthewalltorquay.co.uk
开 11:30~24:00
休 免费
C/C A M V
Wi-Fi 店内有信号

深度体验英国南部的自然风光

达特穆尔国家公园
Dartmoor National Park

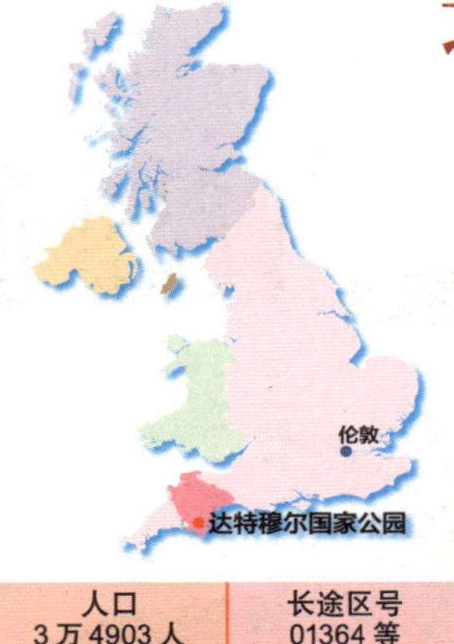

人口	长途区号
3 万 4903 人	01364 等

德文郡
Devonshire

黑特尔与达特穆尔

达特穆尔国家公园位于埃克塞特与普利茅斯之间，面积大约有 770 平方公里，高地海拔超过 600 米。“穆尔（Moor）”的意思是几乎寸草不生的、大多是裸露岩石地面的荒野。达特穆尔国家公园内的地形千变万化，既有平坦的荒野，又有深谷、沼泽，更有被称之为“特尔（Tor）”的奇岩怪石等独特的奇光异景。这一地带在众多英国小说中经常出现，比如在夏洛特 · 福尔摩斯系列中最畅销的《巴斯克维尔的猎犬》中、在阿加莎 · 克里斯蒂p.572的众多小说都曾经描写过这里的风景。

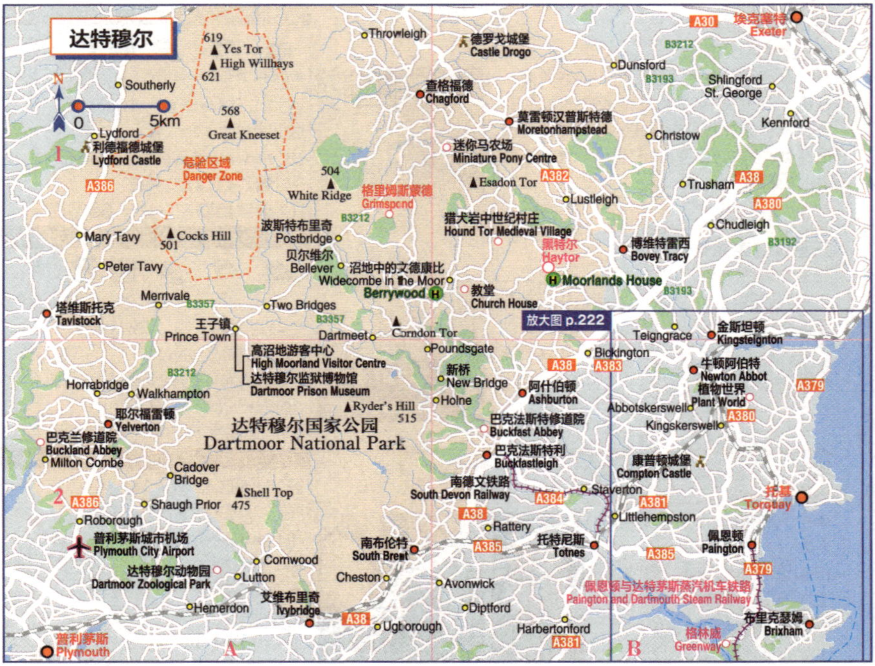

达特穆尔国家公园 区域指南

沿途尽是闲适的田园风光

辽阔的达特穆尔高地分布于牛顿阿伯特的西侧，黑特尔、沼地中的文德康比周边，普利茅斯的东北部，以及王子镇、波斯特布里奇附近。文德康比村与波斯特布里奇之间虽然没有公共交通相连接，但仅相隔 8 公里，可以步行前往，沿途还可以欣赏到达特穆尔壮美的自然风光。

达特穆尔国家公园 起点城市

牛顿阿伯特是国家公园的门户城镇。夏季时的周末有去往黑特尔方向的巴士（参考下图），此外这里作为乘坐出租的上下车地点也非常方便。从牛顿阿伯特去往托基 p.223、埃克塞特 p.217、普利茅斯 p.229 的交通也十分便捷。如果准备去往波斯特布里奇、王子镇可以从塔维斯托克 Tavistock 乘车。

达特穆尔国家公园 区域内交通

虽说这里是人气很高的国家公园，但园内的交通却不是很方便。如果非想要乘坐巴士周游园内的话，只能选在夏季周六的时候出游。很多巴士线路都只在这天通车。尤其是从牛顿阿伯特出发去往黑特尔、沼地中的文德康比方向的 271 路巴士（Haytor Hoppa）非常方便。此外，从塔维斯托克去往波斯特布里奇方向的 98 路巴士在每周一至周六期间每天有一趟车，夏季时 23 路巴士也会在塔维斯托克与埃克塞特之间每日一往返。如果可以有效地使用这些巴士，利用价值还是很高的。

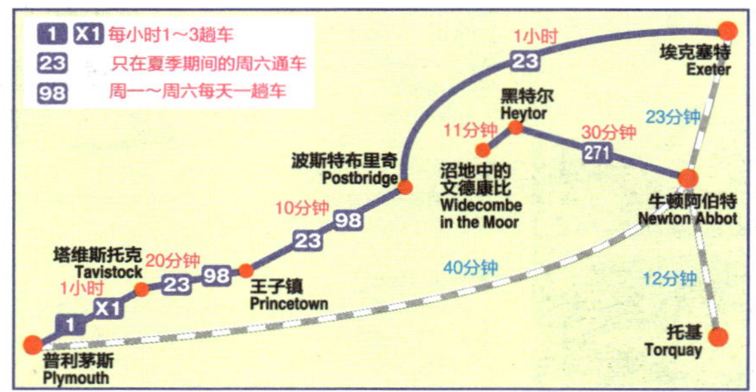

在达特穆尔被称为克拉帕桥的石桥有很多座。上图中的石桥是位于波斯特布里奇的一座克拉帕桥

Information

日侨经营的住宿设施 Berrywood Cottage

沼地中的文德康比村是游览达特穆尔的旅游集散地，这里有一间住宿设施是一位女性日侨经营的，刚好位于小山坡的正中间。透过房间的窗户就可以远眺达特穆尔壮丽的风景，到了夜晚满天的繁星令人很震撼。客房是标准间，设备比较齐全，厨房也可以自由使用。从最近的车站接送客人仅需 £15。参加这里的达特穆尔半日游每人 £75，一日游 £140。

✉ Widecombe in the Moor, TQ13 7TH
TEL（01364）621302
URL www.homestayengland.net
£85~
CC A M V
※ 至少入住 2 晚。单人间需单独与老板沟通

Access Guide 牛顿阿伯特

从托基出发 所需时间：10~20 分钟
周一~周六 6:08~23:59（周六 6:18~21:58）期间每小时 1~3 趟车
周日 9:54~23:05 期间每小时 1~2 趟车

从普利茅斯出发 所需时间：40~45 分钟
周一~周六 5:53~23:54（周六 5:40~21:15）期间每小时 1~3 趟车
周日 8:40~23:20 期间每小时 1~3 趟车

从埃克塞特出发 所需时间：20~25 分钟
周一~周六 6:28~23:08（周六 6:53~22:39）期间每小时 1~3 趟车
周日 9:05~22:36 期间每小时 1~3 趟车

■ 乡间巴士
TEL（01626）833664
URL www.countrybusdevon.co.uk

● 271 路（牛顿阿伯特 ~ 黑特尔）

只在夏季期间的周六通车

牛顿阿伯特发车
8:55、10:55、13:40、16:10 发车

黑特尔发车
9:30、11:30、14:15、16:45 发车

从黑特尔岩眺望达特穆尔的壮丽风景！

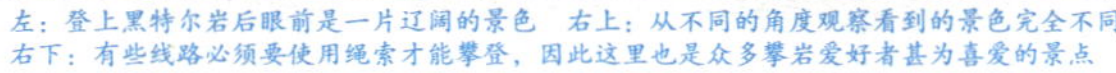
左：登上黑特尔岩后眼前是一片辽阔的景色　右上：从不同的角度观察看到的景色完全不同
右下：有些线路必须要使用绳索才能攀登，因此这里也是众多攀岩爱好者甚为喜爱的景点

开在特尔上的花朵

达特穆尔特有的奇岩怪石被称为是“特尔（Tor）”，这些怪石是太古时期固化的岩浆慢慢隆起而形成的，之后又遇到冰河期等温度的变化表面逐渐形成了龟裂。虽说登山岩石不是一件难事，但还是要注意穿着防滑的鞋子。

穆尔兰德庄园

Moorlands House

位于黑特尔山脚下的一栋拥有 100 多年历史的酒店。阿加莎·克里斯蒂 ☞p.572 在幼年时跟随家人多次造访达特穆尔。1917 年在母亲的强烈推荐下人住于此，并且在这里写下了处女作《斯泰尔斯庄园奇案》（1920 年）。

■ 黑特尔游客中心

✉ Haytor Vale，TQ13 9XT
TEL（01364）661520
URL www.dartmoor.gov.uk
开 4/1~10/29　10:00~17:00
10/30~次年 3 月下旬的周四 ~ 周日　10:00~16:00
休 10/30~ 次年 3 月下旬期间周一 ~ 周三、2 月下旬 ~ 3 月上旬
※ 波斯特布里奇游客中心的分店。波斯特布里奇游客中心也有相同的展示

■ 穆尔兰德庄园

穆尔兰德庄园目前处于换主期，2018 年 4 月时还处于闭馆中，啤酒餐馆先行开业中，后续酒店也会重新开业。
URL www.tinpickleandrhum.com

美丽的港口城市

普利茅斯
Plymouth

建于普利茅斯高地之上的斯密顿塔

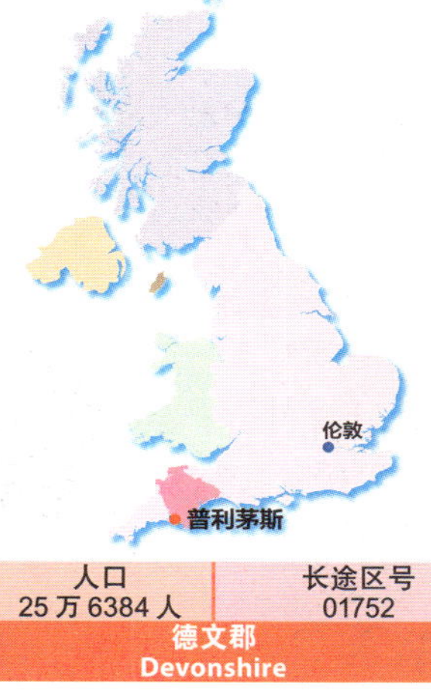

人口	长途区号
25 万 6384 人	01752

德文郡
Devonshire

普利茅斯是康沃尔半岛最大的港口城市。1577 年德雷克船长在此出海，开始环游世界的航行，1588 年的阿玛达海战 p.572，英格拉海军从这里起航迎击西班牙的无敌舰队，17 世纪时，清教徒们乘坐的五月花号从这里出发驶往美洲大陆。

普利茅斯 漫 步

游览区域大致可分为老城区的巴比肯、市区南侧的普利茅斯高地、从火车站向南延伸的商业街阿玛达街（Armada Way）这三部分。ⓘ位于五月花号出港纪念碑的斜对面。

阿玛达街

另外，在塔维斯托克路 Tavistock Rd.，可能因为有普利茅斯大学，所以有很多餐馆、咖啡馆及杂货店。

普利茅斯 交通信息

火车站 普利茅斯站位于市区的北部。前往市中心，可沿步道南行，然后进入阿玛达街，步行时间 10 分钟左右。

火车站位于市区北部

市内巴士 市区到周边各城镇，有法斯特公司及城市巴士公司经营的巴士开行。火车站的巴士站位于火车站外道路的斜对面，但没有直达巴比肯的巴士，需要在皇家帕雷德换乘。

Access Guide 普利茅斯

从伦敦出发

所需时间：约 3 小时 40 分钟

周一~周五	从帕丁顿站乘车，7:06~20:35 大概 1 小时 1~2 班 23:45
周六	7:30 7:30 9:06~20:06 期间每小时 1 班
周日	8:00~19:57 大概每小时 1 班 23:50

从埃克塞特出发

所需时间：约 1 小时 15 分钟

周一~周五	从圣戴维兹站乘车，4:33 及 6:28~22:39 大概 1 小时 1~3 班
周六	6:53~22:39 大约每小时 1~3 班
周日	9:05~22:36 大概每小时 1~2 班

从彭赞斯出发

所需时间：约 2 小时

周一~周五	5:05~17:42 期间每小时 1~3 班 19:16 20:18 21:45 22:10
周六	5:27~17:40 大概每小时 1 班 19:06 21:29
周日	8:30~21:15 大概每小时 1 班

i 普利茅斯 Tourist Information Centre

Map p.231
✉ 3-5 The Barbican，PL1 2LR
TEL（01752）306330
URL www.visitplymouth.co.uk
开 4~10 月 9:00~17:00（周日 10:00~16:00）
11 月～次年 3 月 9:00~17:00（周六 10:00~16:00）
休 11 月～次年 3 月的周日

■ 斯密顿塔
开 4~9 月　10:00~17:00
10 月～次年 3 月 10:00~15:00
休 无休、12/25 · 26、1/1
费 £4　学生 £3

■ 皇家城堡（军事要塞）
URL www.english-heritage.org.uk
团体游 4~10 月的周二 · 周四 · 周日 14:30 出发
需在下边网站预约
URL citadel.yapsody.com
费 £6　**内部禁止拍照**

军港游船 1 hour Scenic & Naval Harbour Cruise
4~10 月 11:00 12:30 14:00 15:00 出发
所需时间：1 小时　费 £8.50
中途经过普利茅斯高地、德雷克岛等景点，可以近距离观看军舰及海军造船厂。

萨恩德托马尔游船
Sound & Tomar Cruising
TEL（01752）253153
URL tamarcruising.com

普利茅斯　主要景点

当地人常走的散步小道

普利茅斯高地

Map p.230 A2

Plymouth Hoe

在普利茅斯高地上眺望皇家城堡

普利茅斯的地标建筑、红白相间的斯密顿塔 Smeaton's Tower 屹立于这个被草坪覆盖的公园。这里是位于市区以南的高地，可以眺望普利茅斯海峡。塔旁立有德雷克船长的铜像。弗朗西斯 · 德雷克是第一个环游地球的英国人，普利茅斯是他当年出海的地方。之后，他还担任过普利茅斯的市长，与当地有着很深的渊源。

在普利茅斯高地的东侧，有 1670 年查理二世修建的要塞皇家城堡 Royal Citadel。

普利茅斯

火车站
皇家帕雷德方面
Stuart Rd.
North Rd.
Saltash Rd.
Portland Sq.
Tavistock Rd.
0　200m
N
Cobourg St.
普利茅斯博物馆与美术馆
Plymouth City Museum & Art Gallery
Wyndham St.
Western Approach
阿玛达街
Mayflower St.
Armada Centre（购物中心）
Drake Circus（购物中心）
Charles St.
Lipson Rd.
Cecil St.
Cornwall St.
长途巴士站
Armada Way
New George St.
Old Town St.
Exeter St.
Manor St.
Union St.
Royal Pde.
火车站方面
皇家剧院 Theatre Royal
St. Andrew's
New Quay
Cattedown Rd.
Phoenix St.
普利茅斯展览馆 Plymouth Pavilions
巴比肯意面吧
Sutton Harbour
Millbay
Notte St.
巴比肯扩大图 p.231
渡轮码头方向
康沃尔公爵酒店
Alfred St.
The Ship
Southside St.
五月花号出港纪念碑 Mayflower Stone & Steps
Citadel Rd.
Athenaeum St.
波比家庭旅馆
都铎老屋酒店
普利茅斯金酒厂 Plymouth Gin
New St.
因维克塔酒店
伊丽莎白时代民居 Elizabethan House Museum
普利茅斯国家水族馆 The National Marine Aquarium
West Hoe Rd.
高地公园 Hoe Park
Lambhay St.
游船之旅出发地
The Promenade
Cliff Rd.
普利茅斯高地 Plymouth Hoe
斯密顿塔 Smeaton's Tower
皇家城堡 Royal Citadel
普利茅斯巨蛋 Plymouth Dome
Grand Pde.
Gt. Western Rd.
Madeira Rd.
罗斯科夫（法国）、桑坦德（西班牙）方向
1　2　A　B

Town Walk 普利茅斯 ①

16~17 世纪繁荣一时的古老街区 巴比肯 Barbican

老街区巴比肯立有五月花号出港纪念碑，还有许多很有情调的街道。另外，在港口一带，还有可以品尝到美味鱼鲜的餐馆以及咖啡馆、服装店、杂货店等商铺，很适合闲逛。

巴比肯港

有许多环境氛围很好的店铺

五月花号博物馆的展厅

伊丽莎白时代民居
Elizabethan House Museum

位于僻静的小巷里

建于 16 世纪后期的船长住宅。后面有庭园。房间面积虽然不大，但是保存着过去的陈设，通过参观可以了解到当时人们的日常生活。

✉ 32 New St.，Barbican，PL1 2NA

五月花号博物馆
Mayflower Museum

位于 ⓘ 上层的博物馆。介绍五月花号以及移民美洲大陆的相关历史。

✉ 3-5 The Barbican，PL1 2LR
TEL（01752）306330
开 9:00~17:00（周日 10:00~16:00）
休 11 月～次年 3 月的周日、12/25~ 次年 1/1 费 £3 学生 £2.50

普利茅斯金酒厂
Plymouth Gin

烟囱是酒厂的标志性建筑

英格兰历史上最久的仍在生产的金酒厂。这家酒厂受到以普利茅斯为基地的英国海军的支持，所以一度占据了绝大部分的市场份额。

有多种团体游项目，参观酒厂 £7，品酒 £20，体验调制金酒 £40。

2 层的酒吧、餐馆 The Refectory 提供 25 种以上的鸡尾酒，1 杯 £7 左右。有非常珍贵的金酒。

✉ 60 Southside St.，PL1 2LQ
TEL（01752）665292
URL plymouthdistillery.com
●团体游
开 10:30~16:30（周日 11:30~15:30），通常情况参观酒厂的团体游从 13:30 开始每个半点出发。其他团体游需提前 3 周预约。
休 无休 费 £7（参观）
内部禁止拍照
●餐馆（2 层）
开 11:00~23:00（周五 · 周六 11:00~24:00、周日 12:00~16:30）
休 无休

■ 普利茅斯国家水族馆
✉ Rope Walk, Coxside, PL4 0LF
TEL 08448937938
URL www.national-aquarium.co.uk
开 10:00~17:00 入场截至16:00
休 12/25 · 26
费 £16.95 学生 £14.50
禁止使用闪光灯

善于伪装的海马

■ 伊甸园工程
距离伊甸园工程最近的火车站为圣奥斯特尔 St. Austell 站。从那里换乘法斯特公司的 101 路巴士，约 20 分钟可达。从普利茅斯开往圣奥斯特尔的列车，大概每小时 1~2 班，行驶时间 1 小时左右。从彭赞斯开往圣奥斯特尔的列车，大概每小时 1~2 班，行驶时间 1 小时左右。
✉ Bodelva, St. Austell, PL24 2SG
TEL（01726）811911
URL www.edenproject.com
开 夏季 9:30~18:00
冬季 9:30~16:00
入场截至闭园前 1 小时 30 分钟
休 12/24 · 25
费 £27.50 学生 £22.50
（乘公共交通工具前往时，购票时出示车票则门票价格为 £23.50 学生 £18.50）
禁止使用闪光灯

园内活动丰富，夏季举办演唱会，冬季开设滑冰场，任何时候都能给游客带来欢乐

气势恢宏的大型水槽

普利茅斯国家水族馆

Map p.230 B2

The National Marine Aquarium

从荒野上流淌的到汪洋大海，在这座学习型水族馆里可以按照水循环的顺序，观察淡水鱼类及海洋生物。这里也是英国最大的水族馆，有全欧洲最深的大型水槽，在此参观犹如置身深海之中，水族馆内的生物以栖息于近海的鱼类为主，包括南太平洋的珊瑚叶形鱼等 4000 多种珍稀生物。尤其是饲养海马的水槽，非常值得一看。纪念品店内的商品种类也很多。

普利茅斯 近郊景点

思考与大自然共生

Days out from Plymouth

伊甸园工程

地图外

Eden Project

伊甸园工程（Eden Project）位于普利茅斯与彭赞斯之间，所在地过去曾为陶土采掘场，2001 年被辟为面向 21 世纪的植物园对外开放。

在陶土采掘场上修建的大型植物园

生态馆 在广阔的植物园内，有被称为生态馆的巨大球形多体建筑，样子看上去宛如一个个连接在一起的高尔夫球。这样的建筑园内共有两座，大一些的是热带雨林温室，小一些的是模仿地中海、非洲局部、加利福尼亚的气候而建的暖温带温室。

因为植物园位于英国气候最温暖的康沃尔半岛，所以温室外也种植着各种植物，每个季节都会呈现出不同的景观。

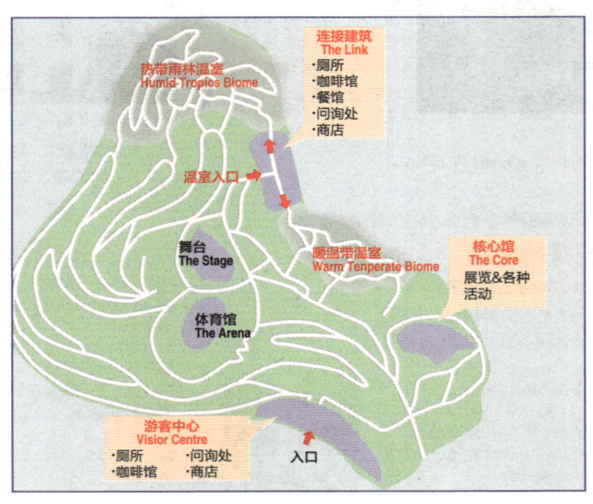

酒店 & 餐馆
Hotel & Restaurant

酒店一条街位于高地公园西侧的 Citadel Rd. 和 Athenaeum St. 周边。车站距离 Citadel Rd. 大约有 1 公里远，这个距离徒步也可以到达，也可以选择从车站西南侧的巴士站乘坐去往酒店一条街北侧皇家大道 Royal Pde. 的巴士，车次还是比较多的，如果行李比较多乘巴士前往是一个不错的选择。餐馆主要集中在巴比肯周边和皇家大道周边。

康沃尔公爵酒店
The Duke of Cornwall

◆这家酒店是利用建于 19 世纪的厚重老房子改建而成的。最值得一提的是这里有一间从 150 年前就开始使用的舞厅。客房的面积比较宽敞、豪华间的床还带有华盖。

高档 73 间 Map p.230 A2

所有房间 所有房间 所有房间 所有房间 前台 免费 免费

✉ Millbay Rd., PL1 3LG TEL (01752) 275850 URL www.thedukeofcornwall.co.uk S £84~ W £89~ C/C A M V

因维克塔酒店
Invicta Hotel

◆酒店的地理位置优越，位于酒店一条街。所在建筑是一栋维多利亚式的建筑。每个房间的色调都各不相同，十分讲究。这里的餐馆评价也不错。

中档 23 间 Map p.230 A2

所有房间 所有房间 所有房间 无 免费 免费

✉ 11-12 Osborne Pl., Lockyer St., PL1 2PU TEL (01752) 664997 URL www.invictahotel.co.uk S £65~ W £75~ C/C A J M V

波比家庭旅馆
Poppy's Guest House

◆地理位置优越，环境舒适安静，徒步至高地公园仅需 5 分钟。老板娘服务周到体贴。早餐是自选式的，虽然盘子不大，但是分量很足。

旅馆 6 间 Map p.230 A2

所有房间 所有房间 所有房间 无 付费 免费

✉ 4 Alfred St., PL1 2RP TEL (01752) 670452 URL www.poppysguesthouse.co.uk S £48~ W £60~ C/C J M V

都铎老屋酒店
The Tudor House Hotel

◆酒店位于城堡路 Citadel Rd，是一家开了 20 年的老店。价格便宜，客房干净整洁，很受游客欢迎。早餐选用当地时令食材，味道很好。连住 2 晚以上可以预约。

民宿 8 间 Map p.230 A2

所有房间 所有房间 所有房间 无 付费 免费

✉ 105 Citadel Rd., PL1 2RN TEL (01752) 661557 URL www.tudorhouseplymouth.co.uk S £48~ W £60~ C/C M V

巴比肯意面吧
Barbican Pasta Bar

◆深受当地人喜爱的餐馆，曾经被评选为普利茅斯最佳餐馆。菜谱主要以意面和比萨为中心，此外还有各类烧烤。最受欢迎的菜肴是 Cordon Bleu（午餐 £7.95、晚餐 £10.50）。

意大利菜 Map p.230 B2

✉ 40 Southside St., PL1 2LE
TEL (01752) 671299
URL www.barbicanpastabar.co.uk
开 11:30~22:30（周五 ~ 周日 11:30~23:00）
休 无休 C/C M V
店内有信号

老船 Pub
The Ship

◆位于巴比肯港沿岸的 Pub。一楼是 Pub，二楼是餐馆，不过一楼跟二楼的菜谱一样都可以点（就餐时间 12:00~21:00）。主菜是鱼和薯条 £13，辣椒牛肉末 £11 等。

Pub Map p.230 B2

✉ The Barbican, PL1 2JZ
TEL (01752) 667604
URL www.theshipplymouth.co.uk
开 10:00~23:00（周五 · 周六 ~ 24:00）
休 无休
C/C M V
店内有信号

阳光明媚的圣地

彭赞斯

Penzance

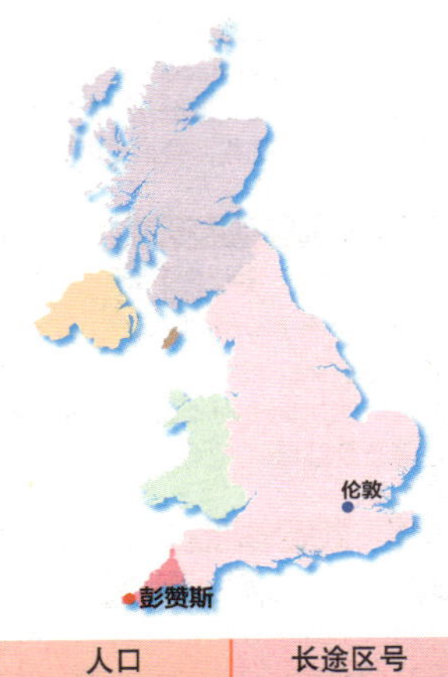

断崖延绵的兰兹角

彭赞斯位于康沃尔半岛的顶端，面对迈克尔湾。这里也是去往兰兹角及圣艾夫斯的起点城市。全年气候温暖，是英国著名的度假胜地。即便只小住几日，也会因当地人的热情而感受到当地的生活气息。彭赞斯在康沃尔语中意为“神圣的海角”，自古以来就被视为圣地。有史前时期的遗迹被发现，因此这里也很受考古学家的关注。

Access Guide 彭赞斯

从伦敦出发

所需时间：5小时30分钟~8小时10分钟

周一~周五　从帕丁顿站乘车，7:06 7:30 23:45 发车，9:06~19:03 期间大概每小时 1 班

周六　7:30 23:30 发车，9:06~18:06 期间大概每小时 1 班

周日　8:00~17:57 期间大概每小时 1 班

从普利茅斯出发

所需时间：约 2 小时

周一~周六　5:43~22:42（周六 ~21:21）期间每小时 1~2 班

周日　9:11~21:35 期间大概每小时 1~2 班

彭赞斯 Tourist Information Centre

Map p.234 B1

✉ Station Approach，TR18 2NF

TEL（01736）335530

URL www.visitcornwall.com

开 夏季 10:00~16:00（周日 10:00~14:00）

冬季 10:00~16:00（周日 10:00~13:00）

休 冬季的周日、12月下旬~次年1月上旬

彭赞斯 漫步

整个小镇坐落于港口的西面。主街道为北部的犹太市场大街 Market Jew St.。从火车站方向沿街步行，花 5 分钟时间走过一段缓坡，就能

看见位于道路中央的市场大楼 Market Building。从那里向北延伸的堤头 Causeway Head 是比较平民化的商业街。而从那里向南走，可以进入从 13 世纪延续至今的教堂大街 Chapel St.。那一带保存着许多历史建筑，很适合徒步游览。有经营了三代的酒馆以及非常不错的服装店。

彭赞斯 主要景点

英国的圣米歇尔山

圣迈克尔山

地图外

St. Michael's Mount

位于彭赞斯以东约 5 公里处的一座小岛，距离马拉辛恩 Marazion 约 350 米。从本土前往小岛，一般都要乘船，但退潮时有可能徒步登岛。

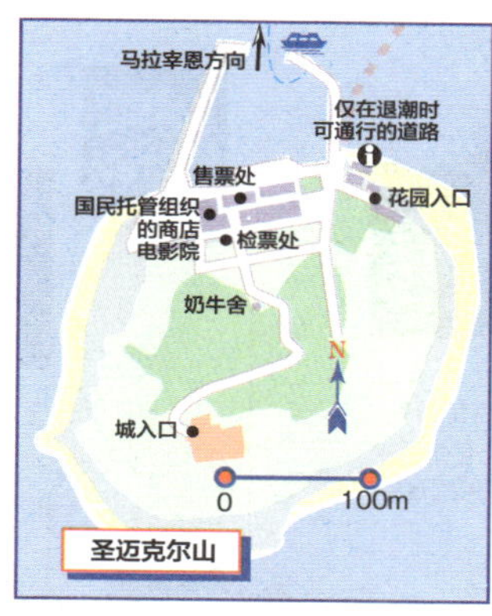

小岛的形状为一座小山，岛上建有城堡，很像法国的世界遗产圣米歇尔山，而且两地确有很深的渊源，12 世纪至 15 世纪，这座小岛属于修道院，受圣米歇尔山修道院管辖。15 世纪后，小岛的所有者经常变更，在英格兰清教徒革命时期的内乱中，这里是保皇派对抗议会派的要塞。17 世纪中叶，小岛被圣奥尔本斯家族买下，之前的要塞被改建成供人居住的城堡，而且还在城堡旁修建了花园，种植了来自外国的珍稀植物。前往城堡需要经过岩石路，所以要穿上便于行走的鞋。

■ 圣迈克尔山

🚌 从巴士站乘坐开往海尔斯顿 Helston 方面的 2 路巴士（1 小时 1 班），10 分钟可达。在马拉辛恩下车。

⛴ 从马拉辛恩前往小岛，涨潮时有渡船通航。单程 £2~3。退潮时可步行登岛。

TEL（01736）710265

URL www.stmichaelsmount.co.uk

费 城堡与花园通票 £15

● 城堡

开 3 月中旬 ~6 月、9/2~10/26 10:30~17:00
7/1~9/1 10:30~17:30

休 周六、10/27~ 次年 3 月中旬

费 £10

禁止使用闪光灯

● 花园

开 4/16~6/30 的周一 ~ 周五
9/7~9/29 的周四 10:30~17:00
7/6~9/1 10:30~17:30

休 4/17~7/2 的周六 · 周日；7/2~9 月的周五 ~ 下周三；10 月 ~ 次年 4 月上旬

费 £8

退潮时可步行登岛

上：涨潮时乘船登岛

左：初夏鲜花盛开的圣迈克尔山

世界遗产
详细导览

曾为英国工业革命做出巨大贡献的

康沃尔与西德文矿区景观

Cornwall and West Devon Mining Landscape

从16世纪开始，很长一段时间里，康沃尔都是锡矿的开采地，到了18世纪才真正开始铜矿开采。而且，随着蒸汽机的发明，劳动效率大幅度提高，据说在这里铜矿开采的鼎盛时期，全世界有三分之二的铜都产自这里。

被列为世界遗产的是达特穆尔以西的广阔区域，遗产资源很多。

圣加斯特矿山

CORNISH MINING WORLD HERITAGE

格文纳普矿 Gwennap Pit

从彭赞斯乘坐火车前往雷德鲁斯，下车后向东步行2公里左右。有循道宗创始人约翰·卫斯理修建的圆形剧场。

波尔达克矿山 Poldark Mine

从彭赞斯前往雷德鲁斯，乘37路巴士，用时20分钟。是康沃尔地区唯一完全对外开放的矿山。

莫威拉姆码头 Morwellham Quay

从普利茅斯乘巴士前往塔维斯托克（→p.227），然后乘出租车行驶约10分钟。曾为西德文铜矿的核心设施，在英国工业现代化的过程中发挥过巨大的作用。

塔维斯托克 Tavistock
普利茅斯 Plymouth
雷德鲁斯 Redruth
彭赞斯 Penzance

威尔马丁博物馆 Wheal Martyn Museum

从彭赞斯或普利茅斯乘车前往圣奥斯特尔 St. Austell，然后向北步行3公里，这是英国唯一一家以陶瓷原料高岭土为主题的博物馆，现在仍进行高岭土的开采。

❶圣加斯特矿山

St. Just Ming District

兰兹角北侧的圣加斯特有很多矿山及工业遗址。国民托管组织在这里修建了步道，游客可以在参观矿山的同时欣赏海景。

❷坎伯恩与德雷鲁斯

Camborne & Redruth Mining District

位于德雷鲁斯西侧的工业遗址群。有哈特兰 Hartland、爱德华国王 King Edward、东普尔等矿山可以参观。

DATA

■ 矿区景观网站

URL www.cornish-mining.org.uk

统一介绍各个工业遗址的相关信息，非常方便。在彭赞斯与雷德鲁斯等地的❶可获取带地图的游览资料。

■ 圣加斯特矿山（黎凡特矿山）

前往主要景点的黎凡特矿山，可从彭赞斯的巴士站乘坐10路、10A路巴士，行驶时间约30分钟。

■ 坎伯恩与雷德鲁斯

从彭赞斯乘火车前往雷德鲁斯，然后乘18路巴士前往哈特兰矿及东普尔矿，行驶时间约10分钟。爱德华国王矿位于雷德鲁斯以南3公里处。

彭赞斯 近郊景点

具有艺术气息的美丽度假地 Days out from Plymouth

圣艾夫斯 St. Ives

折页地图 A7

曾获雕刻家芭芭拉·赫普沃斯、陶艺家伯纳德·利奇、作家弗吉尼亚·伍尔夫等众多艺术家赞赏的美丽小镇。小镇周围有三个海滩，小巷中有许多小画廊及商店。还有伦敦泰特美术馆的分馆——泰特圣艾夫斯 Tate St. Ives。

夏季游客很多

可以观赏壮丽的大海与地平线的 Days out from Penzance

兰兹角 Land's End

折页地图 A7

兰兹角是康沃尔半岛的顶端，位于彭赞斯以西约 16 公里，强烈的海风不断吹拂海岸线上的断崖绝壁，正像地名表述的那样，这里的风景就像是传说中的"天涯海角"。

传奇兰兹角 Legendary Land's End

位于兰兹角的主题公园。园内有通过大银幕观看大型演出的设施等游乐设施。

米纳克剧场 Minack Theatre 位于兰兹角东南约 5 公里海岸的石结构露天剧场。剧场以大海为背景，与周围的断崖融为一体，非常值得参观。令人吃惊的是，这座剧场是一位叫罗文娜·凯德 Rowena Cade 的女子用了 50 年的时间在断崖绝壁上开凿出来的。

米纳克剧场

兰兹角的夕阳

■ 从彭赞斯前往圣艾夫斯

🚉 大概 1 小时 1 班。通常要在圣厄斯 St. Erth 换乘。
所需时间：25~50 分钟
🚌 16、17 路大概每小时 1~2 班
所需时间：约 30 分钟

■ 从彭赞斯前往兰兹角

🚌 从彭赞斯的巴士站乘 A1 在终点下车。6:30 8:45 10:45 12:45 15:20 16:45 17:45（周日 10:05 12:35 15:05）
所需时间：1 小时

■ 传奇兰兹角

TEL（01736）871501
URL www.landsend-landmark.co.uk
开 10:00~
※ 闭园时间因时而异
休 12/24 · 25
费 各游乐设施不同
内部禁止拍照
禁止使用闪光灯

■ 米纳克剧场

🚌 从彭赞斯的巴士站乘坐开往兰兹角的 A1，在波斯科诺 Porthcurno 下车。
周一～周六每天 4 班，周日每天 2 班。所需时间：约 45 分钟
✉ Porthcurno，TR19 6JU
TEL（01736）810181
URL www.minack.com
开 3~10 月 9:30~17:30
11 月～次年 2 月 10:00~16:30
入场截至关门前 30 分钟
休 无休 费 入场费用 £5
观看演出费用 £10~19
禁止使用闪光灯
彭赞斯的酒店里一般都有介绍这里演出剧目的宣传册，也可以在网站上查询。剧场的办公室也出售当天门票。

酒店 & 餐馆 Hotel & Restaurant

酒店集中在教堂大街 Chapel St. 及莫拉伯路 Morrab Rd. 等地。客房数量较少，很容易客满，应提前订房。

康沃尔的著名美食是肉馅饼。在小镇上随处都能看到肉馅饼店的招牌。在 Pub 或餐馆能吃到手工制作的肉馅饼，据说当地人都有自己偏爱的店铺。

女王酒店 Queen's Hotel

中档 72 间 Map p.234 A2

◆面向芒茨湾而建，历史悠久，创立于 1862 年。餐馆使用精选当地食材制作的菜肴很受欢迎。

所有房间 所有房间 所有房间 无 免费 免费

✉ The Promenade，TR18 4HG
TEL（01736）362371 FAX（01736）350033
URL www.queens-hotel.com
S £90~
W £180~ C/C M V

南海岸地区 · 彭赞斯

亲爱的旅馆

Con Amore Guest House

◆旅馆距离车站徒步仅需 10 分钟。客房的装修很有品位，公共空间也很时尚。早餐有欧陆式早餐和素食早餐。连住 3 晚以上可以预订。

旅馆　7 间　　Map p.234 A2

所有房间　所有房间　所有房间　无　无　免费

✉ 38 Morrab Rd.，TR18 4EX
TEL（01736）363423
URL www.con-amore.co.uk
S £40~
S £45~
W £65~75
C/C A M V

长船旅馆

The Longboat Inn

◆旅馆位于彭赞斯火车站前。客房小巧精炼，设施齐全。一层是 Pub，可提供的食物种类也比较丰富，店内还有当地的艾尔啤酒。

客栈　18 间　　Map p.234 B1

所有房间　所有房间　所有房间　无　无　免费

✉ Market Jew St.，TR18 2HZ
TEL（01736）364137
URL www.longboatinn.co.uk
S £60~
W £100~
C/C A M V

皇冠 Pub

The Crown

◆店内酿造的特制艾尔啤酒“Cornish Crown”是这里最有特色的啤酒。这里是由一家家族经营的小店，丈夫酿酒，妻子看店。虽然店内只提供酒水饮料，但可以自带食物。

Pub　只提供酒水　　Map p.234 B1

✉ 1 Victoria Sq.，TR18 2EP
TEL（01736）351070
URL www.thecrownpenzance.co.uk
开 12:00~23:00（周日 ~22:30）
休 无休
C/C M V
店内有信号

本鲍上校

Admiral Benbow

◆这家 Pub 的店名与史蒂文森《金银岛》（又译《宝岛》）中的“本鲍上校”同名，也有说这里就是小说的原型。店内有前代店主从海底打捞上来的各种物品作为装饰，略有杂乱感但十分热闹。

Pub　　Map p.234 B2

✉ 46 Chapel St.，TR18 4AF
TEL（01736）363448
URL thebenbow.com
开 11:00~23:00（周日 12:00~24:00）
休 无休
C/C M V
店内有信号

华伦思烘焙店

Warrens Bakery

◆这家面包房位于彭赞斯中心地区，是英国南海岸地区比较普遍的出售康沃尔馅饼的连锁店。店铺创始于 1860 年，号称是“世界上最古老的康沃尔馅饼烘焙店”。格林市场也设有分店。

烘焙馅饼　　Map p.234 B1

✉ 10-11 Market Jew St.，TR18 2HN
TEL（01736）362746
开 8:30~17:00
休 无休
C/C M V
店内有信号

英格兰中部地区

Central England

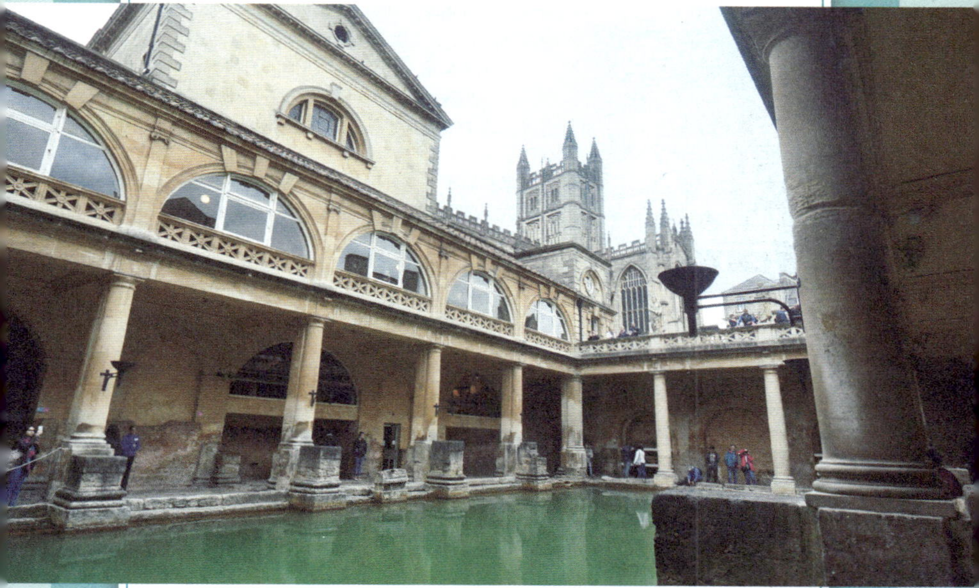

景点详细介绍

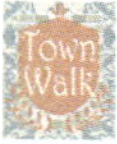

城市漫步指南

大教堂与温泉之城巴斯

巨石阵 p.244

由巨石组成的环形遗址。关于搭建方法等至今仍留有很多谜团。

罗马浴场 p.250

罗马人建造的大浴场。这里曾经是古罗马规模较大的疗养胜地。

拥有静谧自然风光与历史悠久的地区

英格兰中部地区

英格兰中部地区大致可以分为三个区域。分别是位于伦敦西南方的索尔兹伯里p.242与巴斯p.248周边地区、包含科茨沃尔德p.259与伯明翰p.314周边的米德兰地区、伦敦东北部剑桥周边，即东安格利亚地区。

科茨沃尔德 英格兰中部地区最值得一去的地方便是科茨沃尔德p.259。这一区域位于丘陵地带，小村落散落在各处，周边被巴斯、埃文河畔斯特拉特福、牛津等城市所环绕。

学院城市 这一区域拥有英国两所世界顶级大学——剑桥大学p.335与牛津大学p.293。这两所大学会聚了来自世界各地的顶尖学者，还拥有许多气派古老的校舍，内部装修也是美不胜收。

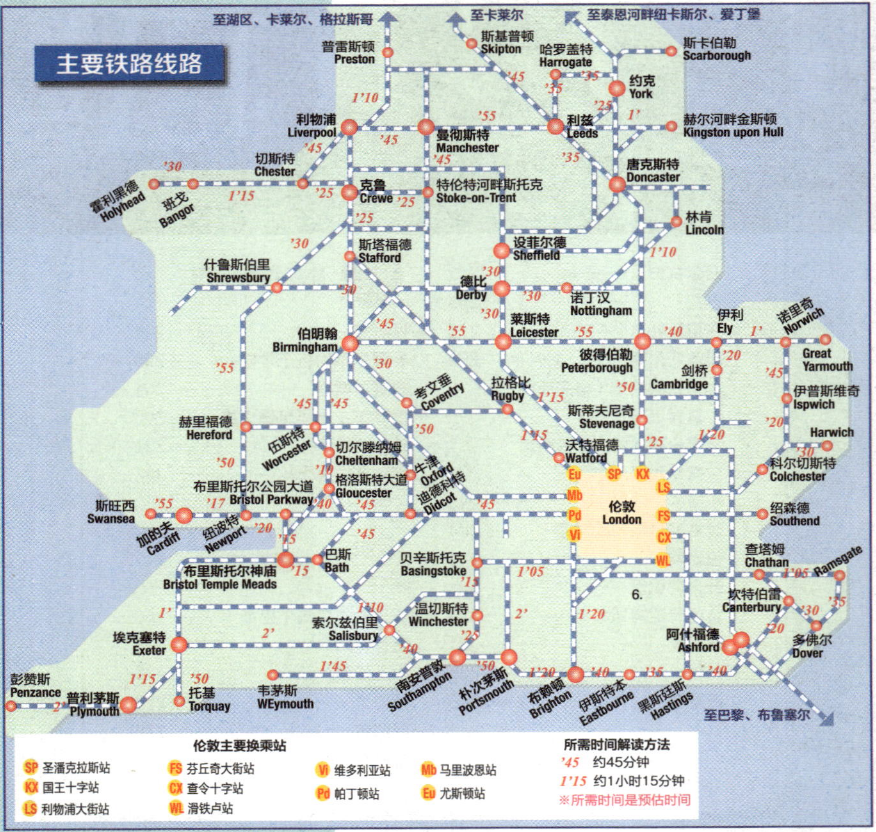

主要铁路线路

至湖区、卡莱尔、格拉斯哥
至卡莱尔
至泰恩河畔纽卡斯尔、爱丁堡
普雷斯顿 Preston
斯基普顿 Skipton
哈罗盖特 Harrogate
斯卡伯勒 Scarborough
约克 York
利物浦 Liverpool
曼彻斯特 Manchester
利兹 Leeds
赫尔河畔金斯顿 Kingston upon Hull
切斯特 Chester
霍利黑德 Holyhead
班戈 Bangor
克鲁 Crewe
特伦特河畔斯托克 Stoke-on-Trent
唐克斯特 Doncaster
林肯 Lincoln
斯塔福德 Stafford
设菲尔德 Sheffield
什鲁斯伯里 Shrewsbury
德比 Derby
诺丁汉 Nottingham
伯明翰 Birmingham
莱斯特 Leicester
伊利 Ely
诺里奇 Norwich
Great Yarmouth
彼得伯勒 Peterborough
剑桥 Cambridge
伊普斯维奇 Ipswich
考文垂 Coventry
拉格比 Rugby
斯蒂夫尼奇 Stevenage
Harwich
赫里福德 Hereford
伍斯特 Worcester
切尔滕纳姆 Cheltenham
牛津 Oxford
沃特福德 Watford
科尔切斯特 Colchester
布里斯托尔公园大道 Bristol Parkway
格洛斯特大道 Gloucester
迪德科特 Didcot
伦敦 London
绍森德 Southend
斯旺西 Swansea
加的夫 Cardiff
纽波特 Newport
巴斯 Bath
贝辛斯托克 Basingstoke
查塔姆 Chatham
Ramsgate
布里斯托尔神庙 Bristol Temple Meads
坎特伯雷 Canterbury
温切斯特 Winchester
索尔兹伯里 Salisbury
阿什福德 Ashford
多佛尔 Dover
埃克塞特 Exeter
彭赞斯 Penzance
普利茅斯 Plymouth
托基 Torquay
韦茅斯 WEymouth
南安普敦 Southampton
朴次茅斯 Portsmouth
布赖顿 Brighton
伊斯特本 Eastbourne
黑斯廷斯 Hastings
至巴黎、布鲁塞尔

伦敦主要换乘站

SP 圣潘克拉斯站	FS 芬丘奇大街站	Vi 维多利亚站	Mb 马里波恩站
KX 国王十字站	CX 查令十字站	Pd 帕丁顿站	Eu 尤斯顿站
LS 利物浦大街站	WL 滑铁卢站		

所需时间解读方法

'45 约45分钟

1'15 约1小时15分钟

※所需时间是预估时间

主要城市与景点概要

名特产 · 手工艺品

handcraft

可以参观工厂

骨瓷 Bone china

详情介绍 p.326

骨质瓷是英国众多瓷器中比较受欢迎的种类。骨质瓷器的特点是呈半透明乳白色、釉面光洁明亮润滑。特伦特河畔斯托克一带是世界知名骨质瓷工厂比较集中的地方。如果你是一位陶器爱好者一定要去这里的直营店或者奥特莱斯店逛一逛。

当地美食

gourmet

英国的咖喱料理

巴尔蒂（Balti）

详情介绍 p.316

使用一种类似中华炒锅的圆形铁锅炒煮而成的咖喱菜肴。巴尔蒂锅的发祥地是伯明翰，但如今早已是遍布全英各地的美食。伯明翰的巴尔蒂三角地和巴尔蒂麦尔一带是人气较高的美食区。

基督教会学院 p.296

大教堂与学院共存，系列电影《哈利·波特》的取景地

莎士比亚故居 p.306

英国大文豪莎士比亚出生的地方，内部保留了16世纪当时的模样。

格莱斯顿陶瓷博物馆 Gladstone Pottery Museum p.329

亲手体验陶器制作。

巴尔蒂 p.316

伯明翰的知名咖喱。

巍巍耸立的大教堂守护着城市

索尔兹伯里

Salisbury

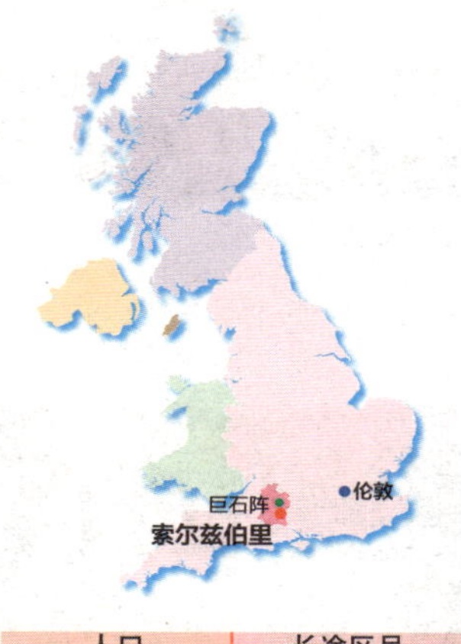

人口	长途区号
11万4613人	01722

维尔特郡
Wiltshire

在城市的任何一个角落都可以看到大教堂

索尔兹伯里是一座弥漫着中世纪味道的城市，地标建筑是高耸入云的索尔兹伯里大教堂。这座大教堂是英国最高的教堂，教堂内保存有四部原版《英国大宪章》其中的一本。另外，索尔兹伯里还是去往世界遗产巨石阵的起点城市。

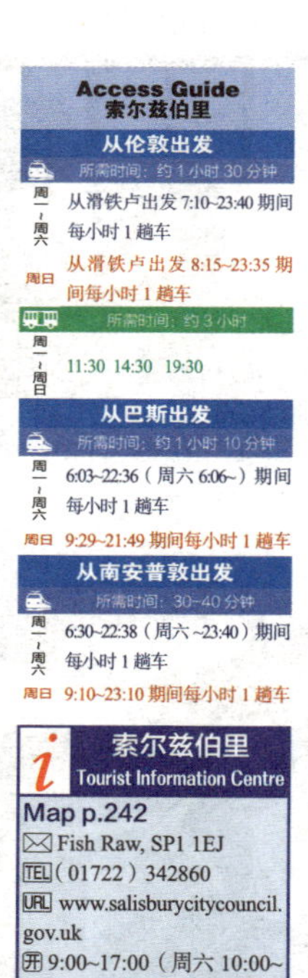

Access Guide
索尔兹伯里

从伦敦出发

所需时间：约1小时30分钟

周一~周六 从滑铁卢出发 7:10~23:40 期间每小时1趟车

周日 从滑铁卢出发 8:15~23:35 期间每小时1趟车

所需时间：约3小时

周一~周日 11:30 14:30 19:30

从巴斯出发

所需时间：约1小时10分钟

周一~周六 6:03~22:36（周六 6:06~）期间每小时1趟车

周日 9:29~21:49 期间每小时1趟车

从南安普敦出发

所需时间：30~40分钟

周一~周六 6:30~22:38（周六~23:40）期间每小时1趟车

周日 9:10~23:10 期间每小时1趟车

i 索尔兹伯里 Tourist Information Centre

Map p.242

✉ Fish Raw, SP1 1EJ

TEL（01722）342860

URL www.salisburycitycouncil.gov.uk

开 9:00~17:00（周六 10:00~16:00，周日·法定节假日 10:00~14:00）

休 1/1、12/25·26

索尔兹伯里 漫步

集市广场（Market Sq.）是城市的中心地带，ⓘ也位于这附近。景点比较集中的地区位于集市广场以南，徒步5分钟的索尔兹伯里大教堂周围，这一区域也被称为是克罗斯。

从集市广场沿着凯瑟琳大街（Catherine St.）南下，可以从圣安门（St. Ann's Gate）方向进入大教堂，沿途的街景让人仿佛穿越到中世纪一般。

索尔兹伯里 交通信息

火车站 距离市中心稍微有些距离，如果要去市中心出了车站右转，直行 5 分钟。

巨石阵观光巴士 这趟车从火车站出发经由新卡纳尔大街，前往巨石阵和老塞勒姆。一般来说去往巨石阵是需要提前预约的，但是如果乘坐这趟巴士就不需要预约了，十分方便。

■ 巨石阵观光巴士
TEL（01202）338420
URL www.thestonehengetour.info
运行：6/3~8/31
9:30~17:00 期间 30 分钟 ~ 每小时一趟
3/30~6/2 · 9/1~10/13
期间 10:00~16:00 期间每小时一趟
10/14~ 次年 3/29
10:00~14:00 期间每小时一趟
所需时间：约 33 分钟
票价：£29（包含巨石阵与老塞勒姆的门票）

巴士从索尔兹伯里火车站出发，经由 New Canal St.

索尔兹伯里 主要景点

城市地标建筑

索尔兹伯里大教堂

Map p.342

Salisbury Cathedral

高耸入云的索尔兹伯里大教堂是英国最具特色的大教堂。塔楼高 123 米是英国最高的教堂。

中世纪的大教堂大多需要历经百年以上才能竣工，期间经常会发生改建、增建等，因此建成之后经常都是多种建筑风格相互交叠的。不过，索尔兹伯里大教堂的建筑工期较短，从 1220 年至 1258 年就竣工完成，因此建筑风格比较统一是英国早期哥特式样式。

壮丽的大教堂的主厅和唱诗班席

Chapter House 是这里最大的看点。这里收藏有四本原始《大宪章》p.577其中的一册，此外还展示了教会所有的各类珍宝。Chapter House 墙壁上的雕刻主题取材于旧约《圣经》，有亚当和夏娃、该隐与亚伯、诺亚方舟等，完成度相当高。

■ 索尔兹伯里大教堂
✉ 6 The Close, SP1 2EF
TEL（01722）555120
URL www.salisburycathedral.org.uk
开 9:30~17:30
休 无 费 欢迎寄付
禁止使用闪光灯
● Chapter House
开 3/28~10/30
9:30~17:00（周日 12:00~16:00）
10/31~3/27
10:00~16:30（周日 12:00~16:00）
《英国大宪章》禁止拍照
● 塔楼
开 每日有 2~5 次导览团，必须参加导览团进行参观。（一定要提前确认时间）
费 £13.50

索尔兹伯里博物馆

Salisbury Museum

利用 17 世纪的建筑物改建而成的博物馆

展示了周边地区的历史与考古方面的展品。除了罗马时代以及中世纪相关的展品之外，还有巨石阵及其周边地区的发掘文物。

Map p.242
✉ The King's House, 65 The Close, SP1 2EN
TEL（01722）332151 URL www.salisburymuseum.org.uk 开 10:00~17:00（周日 12:00~17:00）
休 10 月 ~ 次年 5 月期间的周日，12/25 · 26、1/1
费 £8 部分区域禁止拍照 部分地区禁止使用闪光灯

蒙佩森宅邸

Mompesson House

由议员 Thomas Mompesson 建造的房子

这栋房屋建于 1701 年，是电影 95 版《理智与情感》的取景地。馆内有精美的家具和玻璃制品。

Map p.242
✉ 9 The Close, SP1 2EL TEL（01722）335659
URL www.nationaltrust.org.uk
开 3 月中旬 ~11/4 11:00~17:00
11/24~12/23 期间的周四 ~ 周日 11:00~15:30
休 11/24~12/23 期间的周一 ~ 周三；11/5~11/23、12/24~ 次年 3 月中旬 费 £6.80 禁止使用闪光灯

满含谜团的石柱群

世界遗产 巨石阵

巨石阵至今仍留有众多谜团，这里的巨大环状石柱是新石器时代的。1986 年这里被列入了世界遗产，每年有超过 1000 万人到访这里，可以说是英国最具代表性的景点之一。

参观巨石阵的流程

① 乘坐从索尔兹伯里火车站前出发的观光巴士（→ p.243）

② 到达游客中心停车场之后跟司机取票

③ 然后开始个人参观游览。可以从游客中心领取语音导览

④ 从游客中心商店旁乘坐敞篷车（根据游客状况可能会变更时间）

⑤ 根据语音导览参观巨石阵（30~40 分钟）

⑥ 返回游客中心，选择合适的时间乘坐巴士返回索尔兹伯里

在语音导览的提示下参观巨石阵

敞篷车
游客中心
停车场
索尔兹伯里

游客中心 *Visitor Centre*

附设的咖啡馆内也可以用餐

耗费 46 亿元巨资搭建的游客中心，最大的亮点是 360° 的巨屏，在这里可以全方位地欣赏巨石阵。既可以欣赏巨石阵的日出和日落，又可以了解巨石常年的变化。

除了有周边古代遗址的展示之外，中心的旁边还再现搭建了新石器时代的房屋。此外还展示了与巨石阵相同的石材，以及搬运这些石材的方法以及最新的研究成果等。

游客中心内的 360° 巨屏有十分震撼的临场感

不由得感叹新石器时代的人类技术

连接游客中心与巨石阵之间的敞篷车，出示门后可以乘坐

巨石阵 *Stonehenge*

最高的巨石有 7.3 米高

巨石阵大约是从公元前 3000 年左右开始建造的，然后随着时间的推移逐渐扩大了规模。最初这里只有圆形的沟渠和墓地，到了公元前 2900 年前后沿着墓地树立起了 56 根木桩，现在巨石所在的位置就是当时用木桩搭建的祭坛。

巨石阵的谜团

因何而建?

现在普遍认为这里是作为祭坛被使用的。早在石柱没有立起来之前应该摆放着动物的骨头等祭品，这里也曾作为一座环形沟渠墓地被使用，在各个不同的时代用途也各有不同。不过共同点是这里都是作为神圣的场所被人们所膜拜。

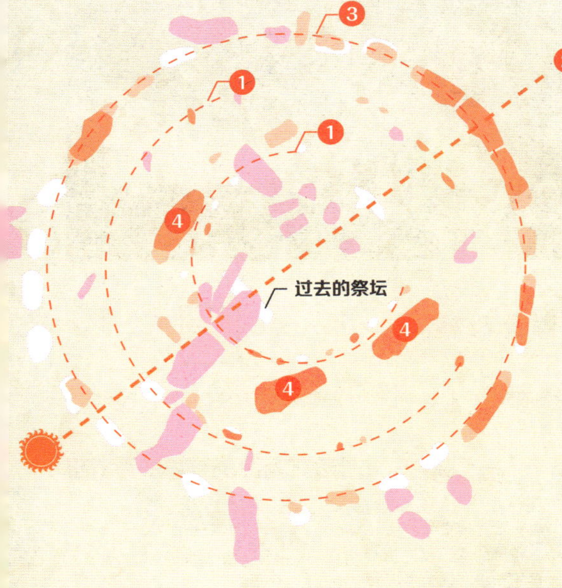

梁石（门楣）
…… 水平放置于两根支柱上的石头

至今仍旧矗立的石柱

现在已经崩倒的石柱

1 蓝砂石石柱
…… 公元前 2600 年前后，在中央挖掘了洞穴，并且开始在洞穴周围开始放置 80 根石柱。之后调整过位置和石头的种类，形成了现在的马蹄形。专家称这些石头是从威尔士运送过来的。

2 Heelstone
……夏至那一天太阳会在这条延长线上缓缓升起，石圈的中央部分刚好可以有光线透过。专家说这里曾经作为天文台使用。

3 巨大的砂岩（萨尔森石）
……萨尔森石极有可能是从巨石阵北方 40 公里左右的威尔特郡莫尔伯勒丘陵（Marlborough Downs, Wiltshire）搬运过来的，并且被摆置成了圆形。

4 三石塔
……与上述大砂岩在同一时期搭建的，三块巨石搭建成门的模样排列。

DATA

■巨石阵

✉ Nr Amesbury, Wiltshire, SP4 7DE
TEL 03703331181 URL www.english-heritage.org.uk
开 4 · 5 月、9/1~10/15 期间 9:30~19:00
6~8 月 期间 9:00~20:00
10/16~ 次年 3/31 期间 9:30~17:00
休 12/24 · 25 费 £17.50 学生 £15.80
※ 参观巨石阵需要预约时间，请提前通过官网进行预约。不过如果乘坐巨石阵观光巴士，或者参加团体游项目就不需要预约

曾经的市中心

老塞勒姆 Map p.242 外

Old Sarum

老塞勒姆曾经是这一地区的中心地带。索尔兹伯里之所以被称为是新塞勒姆，也是为了表示该地区是老塞勒姆的新市区。

考古发现老塞勒姆从旧石器时代便开始有人类居住了，但由于地处于一个小山丘之上，城市的发展最终受到了限制，因此在 13 世纪修建索尔兹伯里大教堂时期，开始集体迁居至地处平原的、更加宽敞的索尔兹伯里。如今老塞勒姆已经变为一片废墟，不过仍旧残留有城池、大教堂、宫殿等向人们诉说着这里往日的故事。此外，因为这里地处山丘之上还可以俯瞰索尔兹伯里。

老塞勒姆

巴士 巨石阵观光巴士返回索尔兹伯里时会经过老城遗址的入口。每小时有 1~2 趟车。返回时还可以选择乘坐观光巴士或者市内巴士（凭巨石阵观光巴士的车票可以直接乘车）。

TEL（01722）335398

URL www.english-heritage.org.uk

开 4~9 月 10:00~18:00
10/1~11/4 10:00~17:00
11/5~ 次年 3/31 11:00~16:00

休 12/24~26

费 £5.20 学生 £4.70

还是可以感受到曾经的繁华

另一个石圈

埃夫伯里 世界遗产 Map p.263C4

Avebury

这里的巨石遗址与巨石阵齐名也被列入了世界遗产。虽然是在公元前 26 世纪左右建设的，但却早在青铜器时代就已变为废墟。巨石遗址的附近有一个博物馆——亚历山大 · 凯勒博物馆 Alexander Keiller Museum 展示了在附近发掘的文物。

巍巍矗立在田园风光之中的巨石

■ **埃夫伯里**

巴士 从 Swindon 乘坐 49 路巴士大约 30 分钟。

URL www.english-heritage.org.uk

开 随时 休 无休 费 免费

● **亚历山大 · 凯勒博物馆**

TEL 03703331181

开 4~10 月 10:00~18:00
11 月 ~ 次年 3 月 10:00~17:00

休 无

费 £4.40

禁止使用闪光灯

酒店 & 餐馆
Hotel & Restaurant

市中心外围有不少民宿，尤其是向北延伸的城堡路（Castle Rd.）的沿途较为集中。餐馆和 Pub 比较集中的区域在集市广场附近。

传统玫瑰与王冠酒店
The Legacy Rose & Crown Hotel

高档 34 间 Map p.242

◆ **利用建于 13 世纪的房屋改建而成的酒店** 从索尔兹伯里大教堂南下，过河便是这家酒店。酒店分为两个部分，传统的本馆和近几年刚刚竣工的新馆。院子里有盛开的玫瑰花，美艳至极，从河对岸还可以眺望到大教堂的风景。

餐馆 温室风格的，可以一边欣赏埃文河畔美景一边享用美餐。这里的下午茶也是备受好评（£15.95）。

✉ Harnham Rd., SP2 8JQ

TEL 08444 119046

FAX 08444 119047

URL www.legacy-hotels.co.uk

S W £160~

C/C A M V

餐馆 开 7:00（周六 · 周日 8:00）~21:30

旧磨坊酒店
The Old Mill Hotel

Recommended

高档 11 间 Map p.242 外

所有房间 所有房间 所有房间 无 免费 付费

◆**在潺潺的流水声中享受悠闲的假期** 从市中心沿着游步道徒步约 30 分钟可达。这栋酒店是利用建于 16 世纪的造纸厂改建而成的，刚好建在河的上方。

餐馆 这栋房子最古老的部分，餐馆的中央还保留有水路。主要使用当地的食材，例如威尔特郡产的汉姆等。

✉ Town Path, SP2 8EU
TEL (01722) 327517
URL www.oldmillhotelsalisbury.co.uk
S £58~
W £64~
C/C M V
餐馆 开 12:00~15:00 18:00~21:00（周六·周日 12:00~21:00）

红狮酒店
The Red Lion Hotel

中档 60 间 Map p.242

所有房间 所有房间 所有房间 无 付费 免费

◆据说这里是为了给在 13 世纪时索尔兹伯里大教堂的设计师而建造的住房。酒店内的家具都是古董家具，无论是座钟还是其他陈设品都非常有品位。

✉ 4 Milford St., SP1 2AN
TEL (01722) 323334
FAX (01722) 325756
URL www.the-redlion.co.uk
S £90~ W £150~ C/C A M V

观景民宿
Cathedral View

民宿 4 间 Map p.242

所有房间 所有房间 所有房间 无 免费 免费

◆索尔兹伯里比较少见的民宿。位于大教堂正东侧，从个别房间可以享受教堂的景观。自家制的果酱和使用当地食材烹制的早餐味道好极了。

✉ 83 Exeter St., SP1 2SE
TEL (01722) 502254
URL www.cathedral-viewbandb.co.uk
S W £90~ C/C A M V

索尔兹伯里阿姆斯
Salisbury Arms

Pub 英国菜 Map p.242

◆由家族经营的 Pub。店铺的精选啤酒很受好评，品牌是每周更替的。热狗是这里最受欢迎的食物，与啤酒搭配起来也非常合适。

✉ 31-35 Endless St., SP1 1DP
TEL (01722) 411700
URL thecraftbar.wordpress.com
开 16:00~23:00（周五·周六 12:00~24:00）
休 周日 C/C A M V
店内有信号

鹿腿
Haunch of Venison

Pub 英国菜 Map p.242

◆这家 Pub 创办于 1320 年，是索尔兹伯里最古老的 Pub，一进店就可以感受到这家店铺的历史感。使用鹿肉 Venison 烹制的菜肴味道不错，主菜的价格大约是 £12.95~19.95。威士忌的品种也比较齐全。

✉ 1 Minster St., SP1 1TB
TEL (01722) 411313
URL haunchpub.co.uk
开 11:00~23:00（周五·周六 11:00~24:00、周日 11:00~22:00）
休 无 C/C M V 店内有信号

优雅建筑物环抱下的温泉乡

巴斯

Bath

巴斯
伦敦

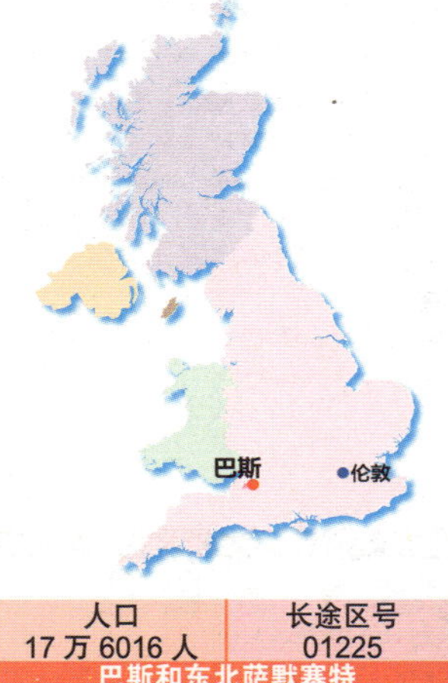

人口	长途区号
17 万 6016 人	01225

巴斯和东北萨默塞特
Bath and North East Somerset

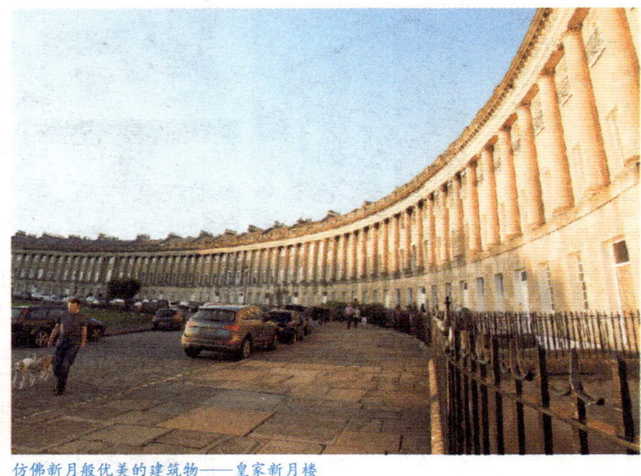

仿佛新月般优美的建筑物——皇家新月楼

巴斯早在罗马时代就是一座十分繁华的温泉之城，也是英国著名的旅游城市。18 世纪时期上流社会的人们争相在这里修建度假别墅，逐渐形成了现在这种高端度假区的规模，有众多社会名流造访这座城市。整座城市到处都是使用就地取材的褐色石材而搭建的房屋，建筑风格是优雅的乔治王朝式。

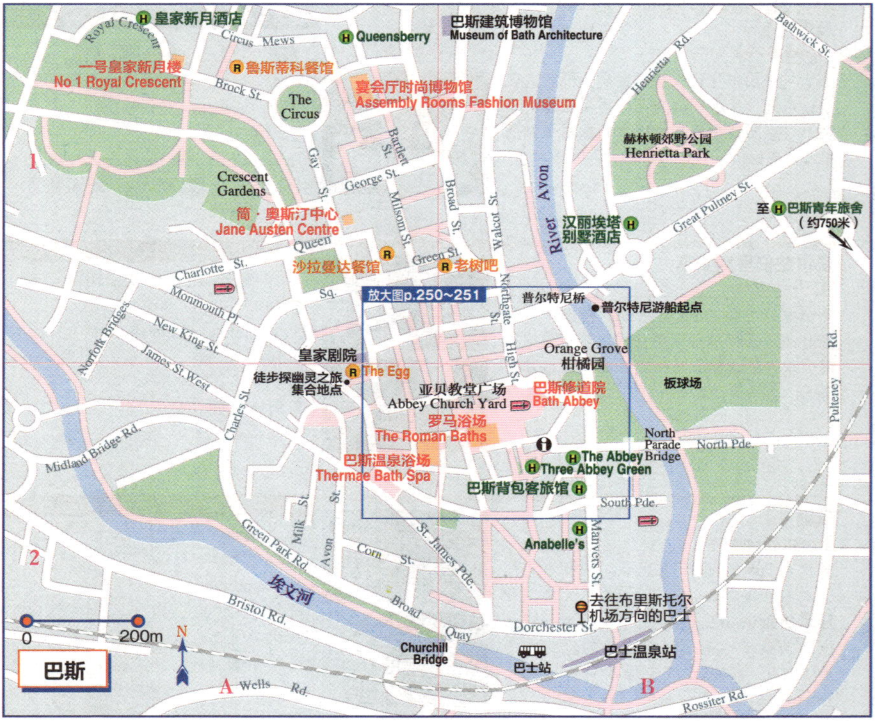

皇家新月酒店
Royal Crescent
Circus Mews
Queensberry
巴斯建筑博物馆
Museum of Bath Architecture
Bathwick St.
一号皇家新月楼
No 1 Royal Crescent
鲁斯蒂科餐馆
Brock St.
The Circus
宴会厅时尚博物馆
Assembly Rooms Fashion Museum
Henrietta Rd.
Bartlett St.
赫林顿郊野公园
Henrietta Park
1
Gay St.
George St.
Crescent Gardens
Broad St.
Walcot St.
Avon
Milsom St.
简·奥斯汀中心
Jane Austen Centre
River
汉丽埃塔别墅酒店
Great Pulteney St.
至巴斯青年旅舍（约750米）
Queen
沙拉曼达餐馆
Green St.
老树吧
Charlotte St.
Sq.
Monmouth Pl.
放大图p.250~251
Northgate St.
普尔特尼桥
普尔特尼游船起点
New King St.
Norfolk Bridges
皇家剧院
Orange Grove
柑橘园
James St. West
徒步探幽灵之旅集合地点
The Egg
High St.
板球场
亚贝教堂广场
Abbey Church Yard
巴斯修道院
Bath Abbey
Charles St.
罗马浴场
The Roman Baths
North Parade Bridge
North Pde.
Pulteney Rd.
Midland Bridge Rd.
巴斯温泉浴场
Thermae Bath Spa
The Abbey
Three Abbey Green
巴斯背包客旅馆
South Pde.
Milk St.
St.
Green Park Rd.
Avon St.
Corn St.
St. James Pde.
Anabelle's
Manvers St.
2
埃文河
Broad
去往布里斯托尔机场方向的巴士
Bristol Rd.
Quay
Dorchester St.
0
200m
N
Churchill Bridge
巴士站
巴士温泉站
巴斯
A
Wells Rd.
B
Rossiter Rd.

巴斯 漫 步

亚贝教堂广场的南侧是南门，这一地区经过再开发后成了购物休闲区

巴斯温泉浴场、罗马浴场等著名景点都集中在亚贝教堂广场（Abbey Church Yard）附近，这一地区也是巴斯的市中心，周围分布有不少餐馆和咖啡馆。

服饰博物馆、皇家新月楼等景点位于城北。虽然这些景点都在可以徒步范围之内，不过乘坐巴士可以更加高效。

巴斯 交通信息

全景线会围绕城市外围巡游

巴士温泉站 巴斯的火车站叫作巴斯温泉站。巴士站就位于火车站旁边，去往奇彭纳姆、布里斯托尔方向的巴士从这里发车。从火车站徒步至亚贝教堂广场大约需要5分钟。

观光巴士 City Sightseeing公司的巴士共有两条线路，分别是城市线和全景线，车票可以互通。城市线环城一周，经停皇家新月楼等17站。全景线会经停郊外的一些景点，全程40~50分钟。

当地出发的团体游

（去往科茨沃尔德的团体游请参考 p.273）

免费徒步之旅 Free Walking Tours of Bath

5~8月 10:30、14:00（周二·周四 10:30、14:00、18:00、周六 10:30）
9月~次年4月 10:30、14:00（周六 10:30） 所需时间：2小时 费 免费

免费巡游巴斯的徒步团体游项目。开始游览之前不妨参加一下。在志愿者的带领下初步了解一下这座拥有2000年历史的古老城市的故事。集合地点位于亚贝教堂广场。

URL www.bathguides.org.uk

徒步探幽灵之旅 Ghost Walks of Bath

周四~周六 20:00出发 所需时间：1小时30分钟 费 £8 学生 £6

夜间在巴斯市区内巡游，一边听奇闻怪谈一边漫步在这古老市街之中。集合地点位于皇家剧院附近的一所叫作Garrick Hesd的店铺外。

TEL（01225）350512 URL www.ghostwalksofbath.co.uk

巴斯怪谈 Bizarre Bath

3/28~10/27 20:00出发
所需时间：1小时30分钟 费 £10 学生 £7

夜幕降临之后一边聊这座古城的历史一边漫步的团体游项目。集合地点是Sally Lunn's（→ p.251）旁的Pub Huntsman Inn。

URL www.bizarrebath.co.uk

普尔特尼游船之旅 Palteney Cruisers

3月~5月中旬、10月 10:00~16:40
5月中旬~9月 10:00~17:20
所需时间：1小时 休 11月~次年2月 费 £9

从普尔特尼桥旁的码头出发，历时1小时乘船巡游埃文河的旅游项目。

TEL（01225）312900 URL www.bathboating.com

Access Guide 巴斯

从伦敦出发

火车 所需时间：约1小时30分钟
周一~周六 从帕丁顿站出发 5:19（周六 6:30）~23:30 期间每小时1~2趟车
周日 从帕丁顿站出发 8:00~23:37 期间每小时1~2趟车

巴士 所需时间：2小时40分钟~3小时
周一~周日 7:30 9:00 10:00 11:30 12:30 14:00 15:00 16:30 17:30 18:00 18:30 19:30 21:00 22:00 23:00

从索尔兹伯里出发

火车 所需时间：约1小时
周一~周六 6:10~21:53（周六 6:07~22:04）期间每小时1趟车
周日 10:26~22:04 期间每2小时1趟车

从布里斯托尔出发

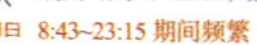

火车 所需时间：约15分钟
周一~周六 从庙宇草地站出发 5:30~23:20 期间（周六~23:10）频繁
周日 8:43~23:15 期间频繁

i 巴斯 Tourist Information Centre

Map p.248B2
✉ 2 Terrace Walk, BA1 1LN
TEL 0844 8475256
URL visitbath.co.uk
开 9:30~17:30（周日 10:00~16:00）
休 冬季的周日，12/25·26，1/1

■ **巴斯的旅行公司**

● **Experience Bath**
TEL 07879620627
URL www.experiencebath.com
这家公司有许多特色旅游项目，还可以预约附带英语课的Homestay。所有旅游项目必须要提前预约。

■ **City Sightseeing**

● **城市线（6~30分钟一趟）**

1·2月	10:00~15:30
3/1~4/7·12月	10:00~17:00
4/8~5/31·10·11月	9:30~17:30
6~9月	9:40~18:30

● **全景线（15~60分钟一趟）**

1/2~4/7	11:00~16:00
4/8~5/31·10~12月	10:30~17:00
6~9月	10:30~17:30

URL www.city-sightseeing.com
休 12/25·26，1/1 费 £15~

Town 巴斯 Walk ①

世界遗产"巴士市街"的中心
亚贝教堂广场
Abbey Church Yard

巴斯早在罗马时代便是著名的温泉乡。市中心地区有许多与有关温泉的景点，餐馆也比较集中。

现在也可以品尝温泉水的味道

关注一下罗马浴场的装饰物

世界遗产

罗马浴场
The Roman Baths

罗马浴场是公元前 1 世纪古罗马人建造的大浴场，也是阿尔卑斯以北保存状态最好的罗马遗址。内部还有一座祭奠女神弥涅尔瓦（与希腊神话中的雅典娜同样都被视为智慧、工艺、战斗的女神）的神殿，据说是因为在古罗马时代人们认为温泉的治愈能力是神力，因此要供奉神。虽然罗马人在各地兴建公共浴场，但是中间带有泳池的却十分罕见。中世纪时浴场的大部分都被埋在了地下，直到 19 世纪末期才被发现，重新受到了瞩目。博物馆内保存有女神弥涅尔瓦的半身像和月神的浮花雕饰，还有当时人们为了祈祷向温泉中投掷的各式各样的钱币等，以及大量的可以反映古罗马人生活的照片。

✉ Stall St., BA1 1LZ
TEL（01225）477785
URL www.romanbaths.co.uk
开 3~6 月中旬 · 9 月 · 10 月　9:00~18:00
6 月中旬 ~8 月　9:00~22:00
11 月 ~ 次年 2 月　9:30~18:00
※ 闭馆前 1 小时截止入场　休 12/25 · 26、1/1
费 £16.50~17.50　学生 £14.50 与服饰博物馆的通票

巴斯温泉浴场
Thermae Bath Spa

传统的英式 SPA。位于地下的时尚皇家浴场使用了纯天然的温泉，屋顶上的鲁夫温泉可以将整座城市的景色尽收眼底。店内还提供各式按摩服务。

一边游泳一边将古老的温泉之城风景尽收眼底

✉ Hot Bath St., BA1 1SJ　TEL（01225）331234
URL www.thermaebathspa.com
开 9:00~21:30　休 12/25 · 26，1/1
费 2 小时 £36（周六 · 周日 £40），延长 1 小时 £10
按摩根据时间和种类，价格各有不同
内部严禁拍照

亚贝教堂广场总是会聚着很多人

皇家泵房
Royal Pump Room

18 世纪时，这座城市作为上流社会的疗养胜地而繁荣，这里曾经是当时的社交场所。如今已经改建成了餐馆，可以在这里享用早餐和下午茶。

✉ Stall St., BA1 1LZ　URL romanbathssearcys.co.uk
开 9:30~17:00（1 · 2 月 10:00~17:00）只在夏季提供晚餐
休 12/25 · 26　CC A M V　无信号

Royal Pump Room R
罗马浴场 The Roman Baths
Bath St.
Stall St.
巴斯温泉浴场 Thermae Bath Spa
Beau St.
盖恩斯伯勒温泉浴场酒店 H

世界遗产

巴斯修道院
Bath Abbey

拱廊兼天井效果

993 年，英国历史上第一位统一英格兰的国王埃德加就是在这里举行加冕仪式的。现在的教堂是在 1499 年修建的，也就是在亨利八世 p.576 宣布解散修道院之前，因此历史价值颇具意义。内部的扇形穹顶由上自下从柱体逐渐渐变成扇形，特别壮观。两侧几乎 80% 的墙壁是通透的大玻璃，因此教堂内部非常敞亮，素来拥有"英格兰西部的灯火"的美誉。位于西侧的正面的外观雕刻有"通往天堂的梯子"。

✉ Bath Abbey, BA1 1LT　TEL（01225）422462
URL www.bathabbey.org
开 周一 9:30~17:30　周二～周五 9:00~17:30
周六 9:00~18:00　周日 13:00~14:30，16:30~17:30
休 不定期　费 £4　学生 £2
● 塔楼
开 必须跟随导览团进入内部参观（每小时出发）
4~8 月 10:00~17:00　9 · 10 月 10:00~16:00
11 月～次年 3 月　11:00~16:00
休 周日 1/23、12/24~26、圣周五　费 £8

萨利伦恩茶房
Sally Lunn's

这家茶房所在的建筑是巴斯现存最古老的建筑，建于 1680 年。另外，这里作为萨利伦恩面包（见照片）的发祥地，也是巴斯古城的一大旅游景点。店内提供早餐、下午茶、晚餐正餐等各类餐食。地下的区域还兼作博物馆。

✉ 4 North Parade Passage, BA1 1NX
TEL（01225）461634　URL www.sallylunns.co.uk
开 10:00~21:30（周五 · 周六 10:00~22:00）
休 无休　C/C M V　店内有信号

巴斯名物萨利伦恩面包

萨利伦恩面包是一种使用布里欧底（黄油鸡蛋底"brioche"）烘焙而成的大面包。据说是在十七世纪时由一位叫作"萨利伦恩"的法国女性传入巴斯的，但是可以考证的历史资料比较少。不过，在 19 世纪初期有一些关于在巴斯沿街售卖的记录，足以证明这种面包是巴斯自古以来的名物。

巴斯帮
The Bath Bun

这种巴斯圆面包是使用牛奶和砂糖，并将葛缕子（caraway）的干籽撒在表面烤制而成的面包。18 世纪时，由里欧巴博士考证过的巴斯又一名物。来这家茶房可以点上一份巴斯圆面包和一杯茶，悠闲地享受下午茶时光。

✉ 2 Abbey Green, BA1 1NW
TEL（01225）463928　URL www.thebathbun.com
开 9:30~17:00（周日 · 周一 11:00~17:00）
休 无休　C/C 不可　无信号

夏洛克 · 布伦斯维克
Charlotte Brunswick

夏洛克 · 布伦斯维克是 17 世纪时居住在巴斯的一位巧克力师。这家店铺沿用了她的名字，并且出售使用她的食谱制成的各类巧克力，贝壳形状的巧克力等各种形状的巧克力品种繁多。

✉ 3 Church St., BA1 1NL　TEL（01225）287669
URL www.charlottebrunswick.co.uk
开 10:00~18:00（周日 11:00~16:00）
休 无休　C/C M V

■ 宴会厅
✉ Bennett St., BA1 2QH
TEL（01225）477789
URL www.nationaltrust.org.uk
开 3~10月 10:30~18:00
11月~次年2月 10:30~17:00
休 不定期
费 免费
● 时尚博物馆
URL www.fashionmuseum.co.uk
开 3~10月 10:30~17:00
11月~次年2月 10:30~16:00
休 12/25 · 26
费 £9 学生 £8
与罗马浴场的通票
£22.50 学生 £19.50
禁止使用闪光灯

时尚博物馆内展示了各个年代的连衣裙

■ 一号皇家新月楼
✉ No.1 Royal Cres., BA1 2LR
TEL（01225）428126
URL no1royalcrescent.org.uk
开 10:00~17:00
休 12/25、26
费 £10.30 学生 £8.80
馆内部分区域禁止拍照
禁止使用闪光灯

东侧的宅邸现在是博物馆

巴斯 主要景点

巴斯社交界华丽的象征

宴会厅

世界遗产 Map p.248A1

Assembly Rooms

曾经是巴斯社交场所的宴会厅

这里是在1771年由约翰·伍德（儿子）p.574设计建造的，一直都是巴斯社交界的中心集会地点，经常举办舞会、茶会等社交活动。曾经一度毁于第二次世界大战的战火之中，但后来又被人们完全复原了。地下的部分是时尚博物馆，这里展示了从16世纪后半叶至现代的各种服装，还有首饰等展品。

拥有令人陶醉的优美曲线的建筑

皇家新月楼

世界遗产 Map p.248A1

Royal Crescent

描绘出优美曲线的建筑物

Crescent在英文中是新月的意思，这栋建筑的外形也正如其名拥有宛如新月般的优美曲线。这栋优美的建筑是由约翰·伍德（儿子）p.574设计建造的，从1767年开始历经74年，也是巴斯最具代表性的意大利式建筑。整栋建筑中的一间一号皇家新月楼No.1 Royal Crescent被改建成了博物馆。建筑的内装统一使用了都铎王朝样式，由此可以了解建造之初人们在此生活的场景。

info

伟大的女作家在此度过的5年

简·奥斯汀与巴斯

书迷必看

简·奥斯汀是创作了《傲慢与偏见》《爱玛》等众多作品的著名英国小说家。她的作品主要以18世纪后半叶英国中流社会阶层的女性，在我国也拥有众多的读者。

从1801年开始，简·奥斯汀在巴斯生活了5年。位于市中心的简·奥斯汀中心（Jane Austen Centre）展示了她在巴斯的生活以及巴斯对她的影响等，喜欢奥斯汀的游客一定要来看看。

■ 简·奥斯汀中心 Map p.248A1
✉ 40 Gay St., BA1 2NT TEL（01225）443000
URL www.janeausten.co.uk
开 4/3~6/30、9/1~10/29 9:45~17:30
7·8月 9:00~18:00
10/30~次年3月 10:00~16:30（周六 9:45~17:30）
休 12/25 · 26、1/1 费 £12 学生 £9.50
部分区域禁止使用闪光灯

酒店 & 餐馆
Hotel & Restaurant

因为这里是旅游城市，所以有不少住宿设施，不过老城区没有太多的大型酒店和 B&B。每逢夏季时都会有大量的游客涌入这里，以致住宿设施爆满，请提早预订房间。亚贝教堂广场附近有不少餐馆和咖啡馆。

皇家新月酒店
The Royal Crescent Hotel

Recommended

最高档 45 间 Map p.248A1

所有房间 所有房间 申请 所有房间 免费 免费

◆**住进被评为世界遗产的优雅建筑内** 利用皇家新月楼改建而成的高档酒店。酒店内的陈设完全保留了 18 世纪的装饰，还装饰有与巴斯有渊源的人物肖像。

餐馆 Dower House Restaurant 曾获得 AA Rosette 殊荣，可以最大限度地展现各种食材的魅力。

SPA 酒店内设有桑拿房、蒸汽房、哈马姆（土耳其桑拿）等设施，美容按摩的项目也很丰富。

16 Royal Cres., BA1 2LS
TEL (01225) 823333
FAX (01225) 339401
URL www.royalcrescent.co.uk
S W £250~
C/C A D M V
餐馆 开 7:00~10:00 11:00~17:00 19:00~21:30

盖恩斯伯勒温泉浴场酒店
The Gainsborough Bath Spa

高档 99 间 Map p.250

所有房间 所有房间 所有房间 所有房间 付费 免费

◆**英国唯一一家使用天然温泉的温泉酒店** 这家酒店是 YTL 旗下的酒店，YTL 集团在全世界各地投资高档酒店和度假村。有些客房可以直通 SPA。选择在这里入住可以享受温泉的乐趣。

Beau St., BA1 1QY
TEL (01225) 358888 FAX 08005298000
URL www.thegainsboroughbathspa.co.uk
S W £290~
C/C A D J M V

修道院酒店
The Abbey Hotel

中档酒店 62 间 Map p.251

所有房间 所有房间 所有房间 无 无 免费

◆酒店位于巴斯修道院附近。客房功能齐全。酒店内还设有由英国莱著名大厨监制的餐馆，备受各类美食评论机构的好评，也获得了众多奖项。

North Parade, BA1 1LF
TEL (01225) 461603
URL www.abbeyhotelbath.co.uk
S W £100~400
C/C A M V

汉丽埃塔别墅酒店
Henrietta House

中档 23 间 Map p.248B1

所有房间 所有房间 所有房间 所有房间 付费 免费

◆酒店位于一栋都铎王朝样式的建筑内，客房内放有水果和手工蛋糕。部分房间内还设有浴缸。早餐共有 8 种以上的品种可供选择。

33 Henrietta St., BA2 6LR
TEL (01225) 632632
URL www.henriettahouse.co.uk
S W £117~215
C/C A M V

巴斯青年旅舍
YHA Bath

◆位于距离市中心东侧1公里处的小山坡上。如果有大行李可以乘坐U1巴士前往，大约需要8分钟。餐馆内可以点比萨等食物。

青年旅舍　Map p.248B1 外

无　申请　无　所有房间　无　前台免费

✉ Bathwick Hill, BA2 6LA
TEL (01225) 465674　URL www.yha.org.uk
D £15~27　W £39~75　W £45~95
YH 会员 £3　C/C M V

巴斯背包客旅馆
Bath Backpacker's

◆旅馆的地理位置优越，距离车站徒步仅需5分钟。旅游城市巴斯的住宿费十分昂贵，这里却是奇迹般的存在。所有客房都是多人间类型的，没有单人间。旅馆内设有厨房可以自炊。

旅馆　Map p.248B2

无　无　无　所有房间　无　前台免费

✉ 13 Pierrepont St., BA1 1LA
TEL (01225) 446787
URL www.hostels.co.uk
D £13~
C/C M V

鲁斯蒂科餐馆
Rustico Bistro

◆餐馆位于皇家新月楼附近，在这里可以品尝到意大利厨师长烹制的正宗的意大利菜。菜肴主要以意大利家常菜和传统菜为主。黑板上写着的“今日推荐菜式”一定要关注一下哦。意面的价格大约是£9.95~，主菜的价格是£15.95~。

意大利菜　Map p.248A1

✉ 2 Margaret's Buildings Brock St., BA1 2LP
TEL (01225) 310064
URL www.rusticobistroitaliano.co.uk
开 12:00~14:30　18:00~22:00
休 周一　C/C M V
无信号

老树吧
Old Green Tree

◆这家Pub是一家英国风的传统Pub，内装使用了橡树材质，整体呈古典风格。除了可以品尝到产自当地的各种啤酒之外，还有以店名“Green Tree”冠名的精酿啤酒。只提供午餐（周日除外），主菜的价格是£9~10.50。

Pub　Map p.248B1

✉ 12 Green St., BA1 2JZ
TEL (01225) 448259
开 11:00~23:00（周日 12:00~16:00）
休 无休
C/C 不可
无信号

沙拉曼达餐馆
The Salamander

◆**在巴斯品尝当地的精酿啤酒！**　既可以品尝美味的啤酒又可以就餐的啤酒餐吧。2017年还被评选为巴斯美食冠军。店内有巴斯艾尔啤酒公司的各种啤酒，尤其是GEM这个系列十分受欢迎。

Pub　英国菜　Map p.248A1

✉ 3 John St., BA1 2JL
TEL (01904) 428889
URL www.salamanderbath.co.uk
开 Pub 11:00~24:00（周五·周六～次日 1:00，周日 ~23:00）
餐馆　12:00~15:00　17:00~21:00（周六 12:00~21:00、周日 12:00~18:00）
休 无休
C/C M V
店内有信号

新旧融合的贸易港

布里斯托尔

由英国著名工程师布鲁内尔设计的大不列颠号

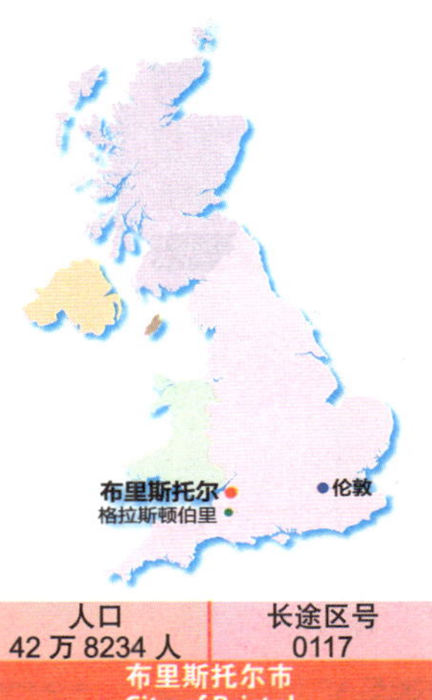

人口	长途区号
42 万 8234 人	0117

布里斯托尔市
City of Bristol

布里斯托尔位于埃文河河口，是著名的港口，曾经有一种说法是“全欧洲的船泊都在此停靠”。1497 年，约翰·卡伯特从这里扬帆出海，发现了纽芬兰岛，之后布里斯托尔通过与北美的贸易获得了巨大的财富。19 世纪初，因工业革命的发生以及奴隶贸易的废止，这里曾一度衰落，不过随着 1841 年大西部铁路的开通，这里又重获生机，现在仍为英国的重要港口城市。

布里斯托尔 漫 步

城市的中心区域在中央散步道 Centre Promenade 一带。❶位于渡轮码头附近的 E-Shed 内。

城市中心渡轮码头附近

Access Guide
布里斯托尔

从伦敦出发

火车 所需时间：约2小时10分钟

周一~周六 从帕丁顿站乘车，5:18~23:30（周六 6:30~23:30）期间1小时2班

周日 从帕丁顿站乘车，8:00~23:37 期间1小时1班

巴士 所需时间：2小时30~45分钟

周一~周六 7:30~23:59 期间1小时1~2班

从巴斯出发

火车 所需时间：约15分钟

周一~周六 6:28~23:02（周六 7:08~23:09）车次较多

周日 10:22~22:25 车次较多

从切尔滕纳姆出发

火车 所需时间：50分钟

周一~周六 7:21~22:51（周六 7:24~21:50）期间1小时2班

周日 10:08~22:52 期间1小时1班

从加的夫出发

火车 所需时间：约1小时

周一~周六 6:28~23:27（周六 6:30~22:47）期间1小时2班

周日 8:08~23:07 期间1小时1班

i 布里斯托尔 Tourist Information Centre

Map p.255B2

✉ E-Shed, 1 Canons Rd., BS1 5TX

TEL 0906 7112191

URL www.visitbristol.co.uk

开 10:00~17:00

休 12/25 · 26、1/1

布里斯托尔 交通信息

布里斯托尔庙宇草地站

火车站 英格兰中西部的铁路枢纽站庙宇草地站 Temple Meads 位于布里斯托尔的东部。距离市中心约1公里。步行可至，但巴士的车次却很多。从庙宇草地站向西步行5分钟左右，有圣玛丽雷德克里夫教堂。

巴士站 巴士站位于城市的北部。与从火车站下车后一样，可以从巴士站步行或乘巴士前往市中心。8路、9路市内巴士可从火车站开往巴士站、中央散步道以及位于城市西部的克里夫顿悬索桥。

观光巴士 乘坐布里斯托尔观光巴士，不仅可以游览市中心的景点，还可以前往克里夫顿悬索桥、大不列颠号等距离市中心稍远的景点，非常方便。

布里斯托尔 主要景点

"英格兰最美的教堂"

圣玛丽雷德克里夫教堂 Map p.255C2

St. Mary Redcliffe Church

高高耸立的美丽塔楼

从庙宇草地站前往市中心的途中会经过这座教堂。高耸的塔楼是教堂的标志性建筑，这里是英国最大的教区教堂 Parish Church。1574年，造访布里斯托尔的伊丽莎白一世p.572曾夸赞该教堂为"英国最美的教堂"。也许是为了表示纪念，教堂内也放置了伊丽莎白一世的塑像。

埃文河游船

庙宇草地~城市中心
Temple Meads-City Centre

10:00~17:20 大概1小时1班　所需时间：航行1周需40分钟

费 单程 £1.80~2.50　学生 £1.40~2.10，往返 £3~4.40　学生 £2~3.40，1日通票 £6.60　学生 £5.60

从庙宇草地出发，经由城市中心、大不列颠号，最后返回庙宇草地。可以在中途下船。

城市中心~霍特威尔斯
City Centre-Hotwells

9:56~18:56 大概1小时1班　所需时间：航行1周需40分钟

费 单程 £1.80~2.50　学生 £1.40~2.10，往返 £3~4.40　学生 £2~3.40，1日通票 £6.60　学生 £5.60

从城市中心向西航行，经由大不列颠号、布里斯托尔码头，开往商人桥前、霍特威尔斯，然后折返。可以在中途下船。

布里斯托尔渡船公司 Bristol Ferry Boat Co.

TEL（0117）9273416　URL www.bristolferry.com

■**布里斯托尔观光巴士**
Bristol In Sight

TEL（0117）9719279

URL www.bristolinsight.co.uk

开 3月下旬~9月、10月的周六·周日、10月下旬 9:15~16:35（周六、周日~17:15或17:45）
10月~次年3月下旬 10:00~16:15

休 11月~次年2月上旬的周一~周四

费 £15　学生 £13（24小时有效）

■**圣玛丽雷德克里夫教堂**

✉ 12 Colston Pde., BS1 6RA

TEL（0117）2310061

URL www.stmaryredcliffe.co.uk

开 8:30~17:00（周日 13:00~17:00）

休 圣周五

费 欢迎捐款

史上第一艘钢铁远洋船

大不列颠号

Map p.255A2

ss Great Britain

可以从下方仰视船体

大不列颠号在 1843 年由布鲁内尔建造，是史上第一艘钢铁材质且安装了螺旋桨的远洋船。可以说这艘船是近代造船史上的一座丰碑。可以进入船的内部参观，还可以参观船的螺旋桨部分。2018 年在船内开设了以布鲁内尔为主题的新博物馆 Being Brunel。

布里斯托尔的象征

克里夫顿悬索桥

Map p.255A1 外

Clifton Suspension Bridge

横跨埃文河谷的大桥，与大不列颠号一样，都由布鲁内尔设计，1864 年建成。距离市中心有一点距离，但前往参观的游客很多。夜间会亮起灯光。大桥的北侧设有游客中心，里面有介绍大桥修建过程的展板，还会放映相关的 DVD。

埃文河谷上的克里夫顿悬索桥

布里斯托尔 近郊景点

充满了能量的村庄

Day out from Bristol

格拉斯顿伯里

地图外

Glastonbury

格拉斯顿伯里与巨石阵一样，都是著名的英国能量点。自古以来被认为是蕴藏着巨大能量的地方，传说亚瑟王☞ p.572也埋葬于此。由于这里有众多神奇的传说，因此也就多了一些神秘的氛围。

格拉斯顿伯里修道院 Glastonbury Abbey

据说，12 世纪时，在位于当地中心区域的格拉斯顿伯里修道院的地下，发现了亚瑟王☞ p.572的棺椁。历史记录显示，7 世纪时这里就有了宗教设施。之后修建了基督教的教堂，16 世纪时，修道院解散。现在保存下来的仅为残缺不全的建筑，但设有博物馆可供游客参观。

修道院在 16 世纪时就已解散，但建筑的保存状态尚可

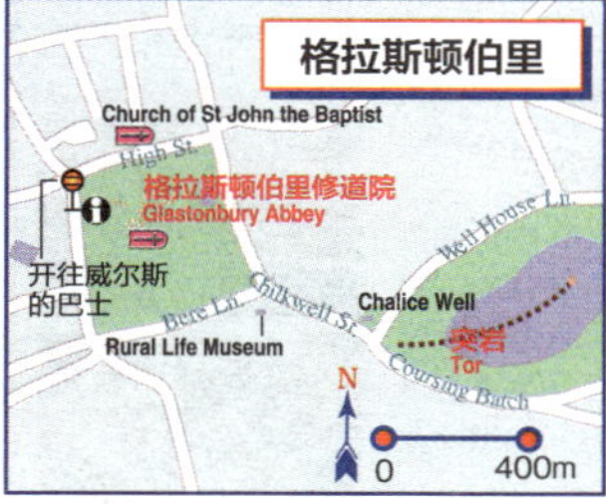

■**大不列颠号**
✉ Great Western Dockyard, Gas Ferry Rd., BS1 6TY
TEL (0117) 9260680
URL www.ssgreatbritain.org
开 3/23~10/31 10:00~18:00
11 月～次年 3 月 10:00~16:30
※ 入场截至关门前 1 小时
休 12/24 · 25、1 月的第二个周一
费 £16.50 学生 14.50

Information

蒙面艺术家班克西的"裸男"

卡利基格林一带的楼房墙壁上画有涂鸦，描绘一个裸男吊挂在浴室窗户外面。该作品出自生于布里斯托尔的涂鸦艺术家班克西之手。画作虽为作者擅自绘于墙壁之上，但经当地政府批准，得以保留，现在已成为著名的景点。

男子痛苦的表情十分特别

■**克里夫顿悬索桥**
🚌 从中央散步道乘 8 · 9 路巴士 20~40 分钟可达
TEL (0117) 9744664
URL www.cliftonbridge.org.uk
开 无休
休 随时
费 步行者与骑自行车者免费，驾驶汽车、摩托 £1
●**游客中心**
开 10:00~17:00 (12/26~16:00)
休 12/24 · 25、1/1
费 免费

■**前往格拉斯顿伯里的方法**
🚌 从庙宇草地站下车后乘坐 376 路巴士。大概 1 小时 2 班，行驶时间约 1 小时 30 分钟。有时需要在中途的威尔斯 Wells 换乘。

i 格拉斯顿伯里 Tourist Information Centre
Map p.257
✉ St Dunstan's House, 1 Magdalene St., BA6 9EL
TEL (01458) 832954
URL www.glastonburytic.co.uk
开 夏季 10:00~16:00
冬季 10:00~15:30
休 周日

■格拉斯顿伯里修道院
✉ Gatehouse, Magdalene St., BA6 9EL
TEL（01458）832267
URL www.glastonburyabbey.com
开 3~5・9・10 月 9:00~18:00
6~8 月 9:00~20:00
11 月～次年 2 月 9:00~16:00
休 12/25 费 £7.50 学生 £6.50

突岩 Tor

位于村庄东南的突岩，据说曾为海上的岛屿，人们相信这里蕴藏着神奇的力量。山丘顶部的圣迈克尔塔 St. Michael's Tower 建于 14 世纪。虽然海拔不超过 158 米，但是由于周围没有任何遮挡，所以这里是非常不错的观景地点。

山丘顶部的圣迈克尔塔

酒店 & 餐馆
Hotel & Restaurant

布里斯托尔市中心有很多高级酒店及连锁商务酒店，但价格便宜的小旅馆及 B&B 则比较少。餐馆及 Pub 大多集中在市中心的中央散步道和公园路 Park Row 一带。

布鲁克斯旅馆
Brooks Guesthouse Bristol

◆紧邻圣尼古拉斯市场。内部的装修素朴，屋顶有用房车改装而成的名为制动火箭的个性化房间。

中档 23 间 Map p.255B1

所有房间 所有房间 所有房间 无 无 部分免费

✉ St. Nicholas St., BS1 1UB
TEL（0117）9300066
URL www.brooksguesthousebristol.com
S W £83~ C/C A M V

布里斯托尔青年旅舍
YHA Bristol

◆位于市中心的极佳位置。一个房间平均有 4~6 张床，男女分住。有洗衣房和厨房，设备齐全。

青年旅舍 37 间 Map p.255B2

无 申请 无 所有房间 无 免费

✉ 14 Narrow Quay, BS1 4QA
TEL（0117）9221659 URL www.yha.org.uk
D £13~35 S W £35~ S W £45~ C/C M V

宜必思庙宇草地码头
Ibis Temple Meads Quay

✉ Avon St., BS2 0PS
TEL（0117）3199001 FAX（0117）9543610 URL www.ibis.com

141 室 Map p.255C2

所有房间 所有房间 所有房间 无 无 免费

S W £45~ 早餐另付 C/C A D J M V

布里斯托尔希尔顿逸林酒店
Double Tree by Hilton Hotel Bristol City Centre

✉ Redcliffe Way, BS1 6NJ
TEL（0117）9260041 FAX（0117）9230089 URL doubletree3.hilton.com

201 室 Map p.255C2

所有房间 所有房间 所有房间 所有房间 收费 收费

S W £179~ 早餐另付 C/C A M V

零度
Zerodegrees

Recommended

◆**自制啤酒与比萨美味至极** 有酿造啤酒设备的餐馆。可以品尝到店内现做的啤酒和比萨。非休息日 16:00~19:00 为限时特价时间，喝啤酒可以享受优惠。主要餐品意大利面 £9.95~，比萨 £9.50~。啤酒 1 品脱（约 568 毫米）£4~。

餐馆酒吧 比萨 Map p.255B1

✉ 53 Colston St., BS1 5BA
TEL（0117）9252706
URL www.zerodegrees.co.uk
开 10:00~24:00（周日 ~23:00）
休 无休
C/C A D J M V
店内有 Wi-Fi

有许多美丽村庄的

科茨沃尔德

Cotswolds

依靠毛织物而获得繁荣的山地斯托

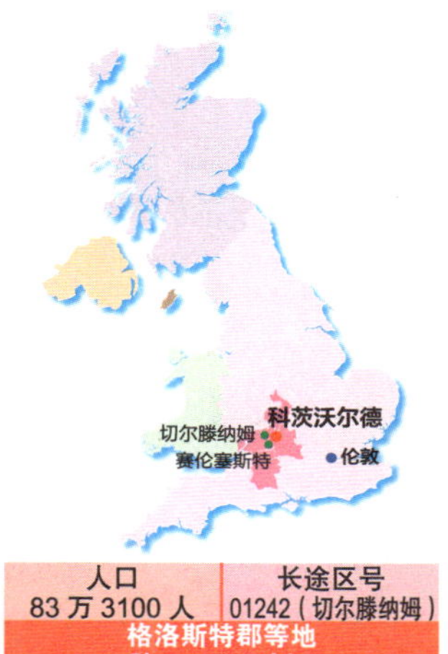

人口	长途区号
83 万 3100 人	01242（切尔滕纳姆）

格洛斯特郡等地
Gloucestershire

科茨沃尔德是英国最美的乡村地区之一。在淡绿色的自然中，有白色的羊群在吃草，景色十分美丽。

给科茨沃尔德增添色彩的是当地的一种石灰岩 Limestone。东北部的石灰岩为蜂蜜色，到了中部则为金黄色，向西南方向又逐渐变为珍珠般的柔和的白色。可以远眺覆盖着茅草的民居，度过安静的时光，这也是游览科茨沃尔德的乐趣之一。

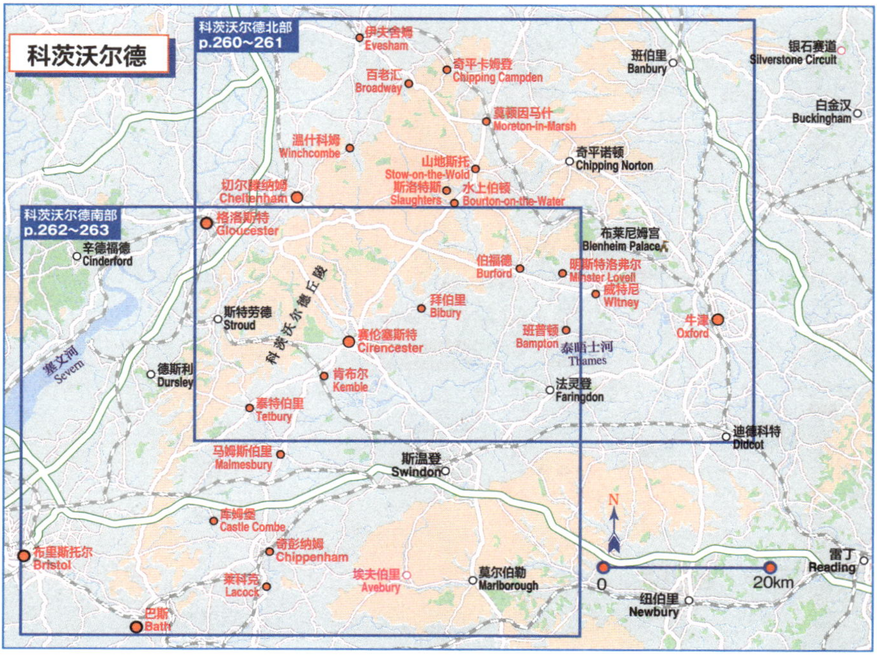

科茨沃尔德

科茨沃尔德北部 p.260~261
科茨沃尔德南部 p.262~263

伊夫舍姆 Evesham
奇平卡姆登 Chipping Campden
百老汇 Broadway
班伯里 Banbury
银石赛道 Silverstone Circuit
白金汉 Buckingham
莫顿因马什 Moreton-in-Marsh
温什科姆 Winchcombe
奇平诺顿 Chipping Norton
山地斯托 Stow-on-the-Wold
切尔滕纳姆 Cheltenham
斯洛特斯 Slaughters
水上伯顿 Bourton-on-the-Water
格洛斯特 Gloucester
布莱尼姆宫 Blenheim Palace
辛德福德 Cinderford
伯福德 Burford
明斯特洛弗尔 Minster Lovell
威特尼 Witney
科茨沃尔德丘陵
拜伯里 Bibury
斯特劳德 Stroud
牛津 Oxford
赛伦塞斯特 Cirencester
班普顿 Bampton
泰晤士河 Thames
塞文河 Severn
德斯利 Dursley
肯布尔 Kemble
法灵登 Faringdon
泰特伯里 Tetbury
迪德科特 Didcot
马姆斯伯里 Malmesbury
斯温登 Swindon
库姆堡 Castle Combe
奇彭纳姆 Chippenham
布里斯托尔 Bristol
雷丁 Reading
埃夫伯里 Avebury
莫尔伯勒 Marlborough
莱科克 Lacock
纽伯里 Newbury
巴斯 Bath
N
0 20km

科茨沃尔德北部
0
5km
科茨沃尔德丘陵
伊夫舍姆
Evesham
珀肖尔
Pershore
奇平卡姆登
Chipping Campden
百老汇
Broadway
斯诺希尔
Snowshill
科茨沃尔德薰衣草庄园
Cotswold Lavender
蒂克斯伯里
Tewkesbury
格洛斯特郡沃里克郡铁路
Gloucestershire Warwickshire Railway
温什卡姆
Winchcombe
休德利城堡
Sudeley Castle
毕晓普斯克利夫
Bishop's Cleeve
科茨沃尔德野生动物园
Cotswold Wildlife Park
切尔滕纳姆赛马场
Cheltenham Racecourse
吉廷鲍尔
Guiting Power
农顿
Naunton
上斯洛特
Upper Slaughter
下斯洛特
Lower Slaughter
切尔滕纳姆
Cheltenham
水上伯顿
Bourton-on-the-Water
查尔顿金斯
Charlton Kings
莱克汉普顿
Leckhampton
格洛斯特
Gloucester
山上伯顿
Clapton-on-the-Hill
诺斯利奇
Northleach
斯特劳德
Stroud
阿灵顿
Arlington
拜伯里
Bibury
巴恩斯利庄园
Barnsley House
赛伦塞斯特
Cirencester
内尔斯沃思
Nailsworth
泰晤士河源头
Source of The Thames
肯布尔
Kemble
科茨沃尔德水上公园
Cotswold Water Park
泰特伯里
Tetbury
斯温登－克里克莱德铁路
Swindon & Cricklade Railway

Pillerton Priors
Radway
C
D
Wardington
Culworth
Admington
Halford
Oxhill
A422
Lower Tysoe
Hornton
B4100
Williamscot
Upper Wardington
Whatcote
A361
Blackwell
Tredington
Middle Tysoe
Horley
Hanwell
Chacombe
Thorpe Mandeville
Upper Tysoe
B4525
Honnington
Shenington
Alkerton
Darlingscott
Balscote
Thenford
Grimsbury
Shipton on Stour
Winderton
Epwell
班伯里
Banbury
A422
Barcheston
Upper Brailes
Shutford
Farthinghoe
1
Lower Brailes
B4035
M40
Steane
Sibford Gower
Swalcliffe
Broughton
Paxford
Tadmarton
Upper Astrop
A429
A3400
Sibford Ferris
Bodicote
Stourton
King's Sutton
Charlton
Aston Magne
Todenham
科茨沃尔德酿酒厂
Cotswolds Distillery
Twyford
Bloxham
Adderbury
Little Wolford
Whichford
Ascott
Milcombe
A4260
B4100
胡克诺顿啤酒厂
Hook Norton Brewery
Barford St. John
B4031
Hook Norton
莫顿因马什
Moreton-in-Marsh
Long Compton
Wigginton
Aynho
Croughton
Great Rollright
B4031
Deddington
Clifton
A44
Little Compton
Swerford
Hempton
Souldern
A361
Evenlode
Chastleton
Nether Worton
Fritwell
Donnington
Salford
Over Norton
Great Tew
Over Worton
Duns Tew
A436
奇平诺顿
Chipping Norton
Middle Aston
山地斯托
Stow-on-the-Wold
B4022
Sandford St. Martin
B4450
B430
2
B4080
Maugersbury
A361
Lidstone
Churchill
Enstone
Radford
Bucknell
B4030
Caulcott
Sardsden
B4026
Bledington
金厄姆
Kingham
Fulwell
Kiddington
Middleton Stoney
Foscot
Dean
B4030
Rousham Gap
Chadlington
Spelsbury
Northbrook
Lyneham
Glympton
B430
Idbury
A4260
B4027
Tackley
Chilson
Charlbury
Fifield
Ascott-under-Wychwood
A44
Wendlebury
B4437
Wootton
Shipton-under-Wychwood
Great Rissington
Fawler
Stonesfield
A34
B4027
B4437
Finstock
温德拉什河
Windrush
布莱尼姆宫
Blenheim Palace
Shipton-on-Cherwell
A424
A361
Leafield
Ramsden
B4022
B4027
Great Barrington
Taynton
Fordwell
Windrush
斯温布鲁克
Swinbrook
Hailey
基德灵顿
Kidlington
Islip
Little Barrington
伯福德
Burford
Noke
天鹅旅馆
Crawley
New Yatt
Freeland
Woodeaton
明斯特洛弗尔
Minster Lovell
A4095
Water Eaton
Yarnton
3
Westwell
B4425
B4020
A40
Barnard Gate
B4027
怀奇伍德啤酒厂
The Wychwood Brewery
A361
Elsfield
科茨沃尔德野生动物园
Cotswold Wildlife Park
希尔顿
Shilton
Curbridge
威特尼
Witney
Eynsham
Wolvercote
Summertown
B4495
Wytham
Marston
卡特顿
Carterton
Ducklington
Swinford
A34
Headington
B4477
Lew
Farmoor
Eastleach Martin
Kencott
A4095
Sutton
牛津
Oxford
A4142
Fyfield
Yelford
Black Bourton
A415
Southrop
Chawley
South Hinksey
Langford
B4020
班普顿
Bampton
Standlake
Eaton
Little Faringdon
Clanfield
Weald
Littlemore
Shifford
B4017
Boars Hill
Gfarton
A4095
泰晤士河
Thames
Chimney
Appleton
A420
Stanford-on-Thames
A4074
Lechdale
Radcot
Marsh Baldon
Eaton Hastings
Cothill
Radley
Inglesham
Buckland
Kingston Bagpuize
Tubney
Littleworth
Shippon
A417
阿宾登
Abingdon
Pusey
法灵登
Faringdon
B4508
Garford
4
Upper Inglesham
Hatford
B4017
B4019
A415
A361
A420
Lyford
Sutton Wick
Culham
Coleshill
Shellingford
A338
Drayton
Highworth
West Hanney
Appleford
B4508
A417
East Hanney
A34
Fernham
Goosey
Milton
Baulking
Steventon
Watchfield
Grove
C
D
Milton Hill
Shrivenham
Uffington
B4493
B4001
迪德科特 Didcot
South Marshton
Woolstone

科茨沃尔德南部
0
5km
N
Coughton
Kerne Bridge
Hope Mansell
B4224
A
Glasshouse Hill
Huntley
Bulley
Highham
Longford
A40
Birdwood
A40
格洛斯特
Gloucester
B
莱克汉普顿
Leckhampton
Oakle Street
Blaisdon
Northwood Green
Minsterworth
Brockworth
Upper Lydbrook
Brierley
B4227
辛德福德
Cinderford
Edge End
1
A48
A38
B4088
Cowle
M5
Boxbush
Longney
Hardwicke
A46
Cranham
A4
Mile End
B4226
Ruspidge
Rodley
Brookthorpe
Cannop
Arlingham
Haresfield
A4173
Sheepscombe
Syde
B4234
Saul
Edge
Painswick
The Camp
Milkwall
B4008
Parkend
A48
Awre
Whitminster
Pitchcombe
Slad
Sudgrove
Ellwood
Stroud Green
B4070
Edgeworth
Yorkley
Blakeney
Nibley
Randwick
Bream
A38
A419
斯特劳德
Stroud
Bisley
Eastington
B4008
B4231
迪恩森林铁路
Dean Forest Railway
Cambridge
Eastcombe
Slimbridge
科茨沃尔德丘陵
Frocester
Sharpness
Coaley
A419
Aylburton
Wanswell
Hyde
Amberley
Alvington
Lower Cam
Nympsfield
A46
B4066
B4066
内尔斯沃思
Nailsworth
Tarlton
Brookend
塞文河
Severn
Berkeley
Cam
2
Stinchcombe
德斯利
Dursley
B4058
Cherington
Newport
Horsley
Avening
Bevington
B4060
Tiltups End
B4014
Rodmarton
M5
A4135
Kingscote
A433
Woodford
North Nibley
Shepperdine
Stone
Tetbury Upton
Hill
Crudwell
Lasborough
Beverstone
Oldbury Naite
Fakfield
A4135
泰特伯里
Tetbury
Crudwell
Tortworth
Wotton-under-Edge
Oldbury-on-Severn
B4509
Long Newnton
Whitfield
Wortley
Tresham
Leighterton
Doughton
Cromhall
Alderley
Littleton-on-Severn
桑伯里
Thornbury
B4060
A46
Brokenborough
Hillesley
B4461
Elberton
A433
Westonbirt
马姆斯伯里
Malmesbury
Alveston
Tytherington
Wickwar
Knockdown
M48
Easton Grey
Didmarton
Olveston
Itchington
Hawkesbury
Tockington
Sopworth
Sherston
Foxley
Lea
Earthcott Green
A429
B4042
Little Badminton
Horton
Norton
Luckington
Corston
Iron Acton
3
B4427
耶特
Yate
Alderton
Badminton
Startley
帕奇韦
Patchway
奇平索德伯里
Chipping Sodbury
Lower Seagry
Lower Stanton St. Quintin
Upper Seagry
弗兰普顿科特莱尔
Frampton Cotterell
菲尔顿
Filton
Dodington
Burton
M4
Stoke Gifford
Wapley
Dodington Ash
A350
Sutton Benger
A38
M32
Hambrook
Tormarton
库姆堡
Castle Combe
Horfield
Kington Langley
West Kington
Hinton
曼戈茨菲尔德
Mangotsfield
Keynell
Dyrham
North Wraxall
Hardenhuish
Ford
Abson
The Shoe
A46
A420
金斯伍德
Kingswood
奇彭纳姆
Chippenham
Pennsylvania
布里斯托尔
Bristol
Thickwood
Wick
Cold Ashton
Hanham
Nimlet
Cross Keys
Oldland
科舍姆
Corsham
Derry Hill
埃文河谷铁路
Avon Valley Railway
A342
Brisington
A4
Langridge
A4
4
莱科克
Lacock
Sandy La
Whitchurch
Lansdown
Box
Neston
Bowden Hill
Saltford
Batheaston
Queen Charlton
Kelston
Charlcombe
A350
Chittoe
Weston
Bathampton
Bathford
A37
Atworth
Bromha
Monkton Farleigh
Burnett
Corston
Publow
Norrington Common
A36
A36
梅尔克舍姆
Melksham
Belluton
格拉斯顿伯里
40km
Claverton
巴斯
Bath
A39
A
Hunstrete
埃文河畔布拉德福德
Bradford-on-Avon
B
Marksbury

262

查尔顿金斯
Charlton Kings
Salperton
Cold Aston
A429
Idbury
Lyneham
Ascott-under-Wychwood
Chilson
Shipton
C
Foxcote
Hazleton
山上克拉普顿
Clapton-on-the-Hill
Fifield
D
Shipton-under-Wychwood
A436
Seven Springs
Compton Abdale
Great
Rissington
温德拉什河
Windrush
B4437
Coberley
A40
Hampnett
Farmington
A424
A361
Leafield
Withington
诺斯利奇
Northleach
Sherborne
Great
Barrington
Taynton
Fordwell
Yanworth
Eastington
Windrush
Colesbourne
A40
Little
Barrington
伯福德
Burford
1
Elkstone
Chedworth
Crawley
A435
Coln St. Dennis
明斯特洛弗尔
Minster Lovell
Rendcomb
B4425
Westwell
B4020
Aldworth
Foss
Cross
A361
Winstone
Woodmancote
Calmsden
Winson
Curbridge
科茨沃尔德野生动物园
Cotswold Wildlife Park
Shilton
North Cerney
卡特顿
Carterton
Bagendon
A429
阿灵顿
Arlington
拜伯里
Bibury
B4477
Lew
Daglingworth
巴恩斯利庄园
Barnsley House
Hatherop
Eastleach Martin
Kencott
A4095
Baunton
Quenington
Fyfield
Black Bourton
Statton
B4425
Southrop
班普顿
Bampton
Langford
B4020
赛伦塞斯特
Cirencester
Sunhill
Clanfield
Weald
Little Faringdon
Coates
Preston
Fairford
A417
Gfarton
A4095
泰晤士河
Thames
Siddington
Meysey
Hampton
Driffield
Lechdale
Radcot
泰晤士河源头
Source of The Thames
Whelford
Eaton
Hastings
2
肯布尔
Kemble
Down
Ampney
Inglesham
Buckland
A429
A417
Littleworth
法灵登
Faringdon
科茨沃尔德水上公园
Cotswold Water Park
Somerford
Keynes
Upper
Inglesham
Hatford
B4696
B4019
Oaksey
Ashton Keynes
A361
A420
Coleshill
A419
Hannington
Shellingford
Eastcourt
Seven Bridges
Highworth
Leigh
B4508
Fernham
Upper Minety
Baulking
Hankerton
Minety
Purton Stoke
Blundson
St. Andrew
Watchfield
斯温登-克里克莱德铁路
Swindon & Cricklade Railway
B4019
B4040
Shrivenham
Uffington
South
Marshton
B4696
Woolstone
斯特拉顿圣玛格丽特
Stratton St. Margaret
Bourton
B4507
Clevertron
Lydiard Millicent
斯廷（大西部铁路博物馆）
Steam - Museum of the Great Western Railway
Ashbury
Kingston
Warren
Callow Hill
Hook
斯温登
Swindon
Idstone
Bishopstone
M4
伍滕巴塞特
Wooten Bassett
A4289
A4259
Coate
3
B4001
North Wroughton
A3102
B4000
Upper
Lambourn
Elcombe
Wroughton
Badbury
Lyneham
Chiseldon
A4361
Lambourn
Church End
Preston
A346
Broad
Town
Baydon
B4000
Bockhampton
Foxham
Goatacre
Upper Upham
巴伯里城堡
Barbury Castle
M4
B4192
Lambourn
Woodlands
Woodsend
Hilmarton
Aldbourne
Spirthill
Winterbourne
Bassett
Highway
Ogbourne
St. George
Bremhill
A3102
Berwick
Bassett
Stocklane
B4001
Ogbourne
St. Andrew
Winterbourne
Monkton
Ramsbury
Yetesbury
Ogbourne
Maizey
Knighton
卡恩
Calne
Cherhill
埃夫伯里
Avebury
Axford
A4
莫尔伯勒
Marlborough
Mildenhall
Hungerford
Blackland
West Kennet
A4
West
Overton
A4
4
Froxfield
East Kennet
A338
A361
Cadley
Chisbury
Clench
Common
Little Bedwyn
Netherstreet
A346
A345
Great Bedwyn
Bishop Cannings
Durley
Huish
Oare
Shalbourne
Ham
Rowde
迪韦齐斯
Devizes
C
Allington
Alton Priors
Wooton Rivers
D
Wilton

科茨沃尔德
主要景点介绍与区域导览

在科茨沃尔德，分布着许多小村庄。村庄里是一座座用蜂蜜色的科茨沃尔德石建造的房子。如果有时间的话，可以在乡间小路上走一走。可以一边散步一边欣赏周围的风景是游览科茨沃尔德时的一大特色。

斯诺希尔（→p.284）

伯福德
（→p.286）

斯洛特斯
（→p.285）

威特尼（→p.269）

布劳德卡姆登（→p.282）

科茨沃尔德北部

科茨沃尔德丘陵上有许多村庄。如果想参观蜂蜜色的民居，建议前往科茨沃尔德北部。

p.275

温什科姆
Winchcombe

有以玫瑰园闻名的休德利城堡。

p.268

莫顿因马什
Morton-in-Marsh

科茨沃尔德北部的门户，有从伦敦开来的列车。

p.266

切尔滕纳姆
Cheltenham

科茨沃尔德中北部的巴士枢纽站所在地。

p.276

水上伯顿
Bourton-on-the Water

被誉为“科茨沃尔德的威尼斯”，河流与桥梁相映成趣。

p.268

赛伦塞斯特
Cirencester

位于科茨沃尔德中心地带，有很多酒店及B&B。

p.278

拜伯里
Bibury

有很多历史建筑，可以欣赏到典型的科茨沃尔德的风景。

科茨沃尔德南部

有很多保存着石结构古民居的村庄。与北部相比，交通有些不便，最好跟团游览或者自驾。

p.279

库姆堡
Castle Combe

有许多美丽民居的小村庄。还有著名的Manor House。

p.280

莱科克
Lacock

位于村庄边缘的莱科克修道院经常出现在电影和电视节目中。

Access Guide
切尔滕纳姆

从伦敦出发

火车 所需时间：约 2 小时 15 分钟

周一～周六 从帕丁顿站乘车，7:36-19:48（周六 8:15-20:15）期间 2 小时 1 班

周日 从帕丁顿乘车，8:27 10:27 12:27 14:22 16:22 18:22 20:22 发车

巴士 所需时间：2 小时 20 分钟～3 小时 20 分钟

周一～周日 7:30-23:59 期间 1~2 小时 1 班

从希思罗机场出发

巴士 所需时间：约 2 小时 10 分钟

周一～周日 8:15 10:50 13:20 15:00 18:20 20:20 22:40 次日 0:40

从布里斯托尔出发

火车 所需时间：约 50 分钟

周一～周六 从庙宇草地站乘车，6:27~22:00（周六 6:15-20:41）期间 1 小时 2 班

周日 从庙宇草地站乘车，9:15~22:10 期间 1 小时 1~2 班

从伯明翰出发

火车 所需时间：40 分钟～1 小时

周一～周六 从新街站乘车，5:00~22:12（周六 ~21:12）期间发车，车次很多

周日 从新街站乘车，9:30~22:11 期间发车 1 小时 2 班

i 切尔滕纳姆 Tourist Information Centre

Map p.266 左 1
✉ The Wilson, Clarence St., GL50 3JT
TEL（01242）387492
URL www.visitcheltenham.com
开 9:30~17:15（周四 9:30~19:45、周日 11:00~16:00）
休 12/25 · 26、1/1，伊斯特
切尔滕纳姆美术馆与博物馆内

科茨沃尔德 起点城市

起点城市很多，游览北部的话，以切尔滕纳姆和斯特拉特福→ p.304 为起点，交通最便利。游览南部的话，以巴斯为起点。

起点城市 切尔滕纳姆 Cheltenham

切尔滕纳姆的绿地很多

过去是一个以羊毛贸易为主要产业的小村庄，1715 年在此发现温泉后，逐渐发展成了度假地。有希腊-罗马风格的建筑及林荫道、剧场，形成了独特的氛围。

游览方法 从市中心向南北延伸的是散步道 Promenade Map p.266 左 1～2。建于散步道旁帝国花园 Imperial Gdns. 的大楼是市政厅 Town Hall。

以向西南方向延伸的蒙彼利埃大街 Montpellier St. 为中心的蒙彼利埃地区是时尚街区，有很多环境很好的商店、咖啡馆以及餐馆。

交通信息 **火车站** 从火车站步行 20 分钟左右可到达市中心。如果行李较多，最好选择乘坐巴士。从火车站前乘坐 Stagecoach 公司的 D 路市内巴士，行驶 5~10 分钟可到达高街 High St. 的巴士站。相反，从市中心前往切尔滕纳姆温泉站时，可在高街乘坐 B 路或 D 路巴士。

巴士站 在皇家威尔巴士站 Royal Well Bus Station Map p.266 左 1，有 National Express 公司的长途巴士，可去往温什科姆、莫顿因马什等科茨沃尔德中部地区。

酒店 切尔滕纳姆市内有很多酒店及 B&B，住宿非常方便，很适合

切尔滕纳姆的景点

霍尔斯特博物馆➡ p.286
格洛斯特郡沃里克郡铁路➡ p.287

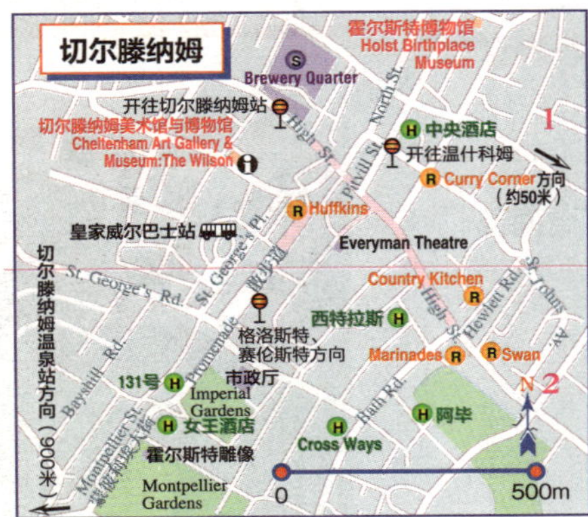

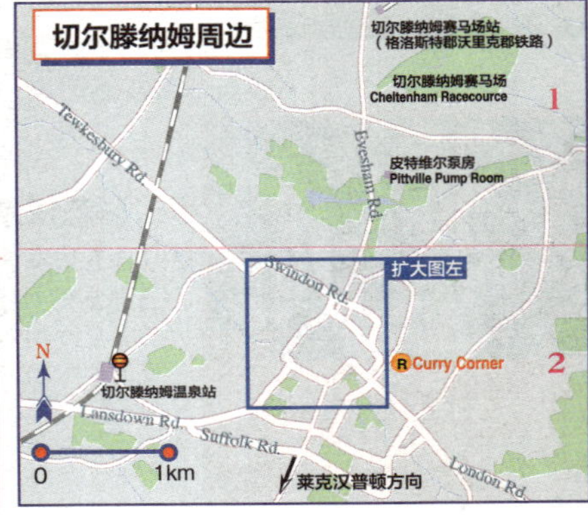

作为游览科茨沃尔德的起点城市。市区北部的皮特维尔公园一带 B&B 及小旅馆有很多。

起点城市 格洛斯特 Gloucester

城市的历史可以追溯到罗马时代，源自中世纪修道院的格洛斯特大教堂见证了城市的发展，工业革命时期成了铁路运输与运河运输的枢纽。彼得兔的作者毕翠克丝·波特笔下的童话《格洛斯特老裁缝的故事》就是以这里为故事背景，电影《哈利·波特与魔法石》中许多镜头也是在格洛斯特大教堂内拍摄的。

游览方法 火车站与巴士站位于城市的东部，步行不到 10 分钟就可到达市中心的十字路口 The Cross。在十字路口附近，每周五上午都有农夫市场 Farmers Markets。

ⓘ位于南门大街 Southgate St. 路口。继续前行就是现代化的格洛斯特码头 Gloucester Docks，旁边有格洛斯特运河博物馆 Gloucester Waterways Museum 及购物中心等设施。

酒店 与切尔滕纳姆相比，酒店数量较少。仅市中心有几家中档酒店。

格洛斯特码头。可看见后面的大教堂

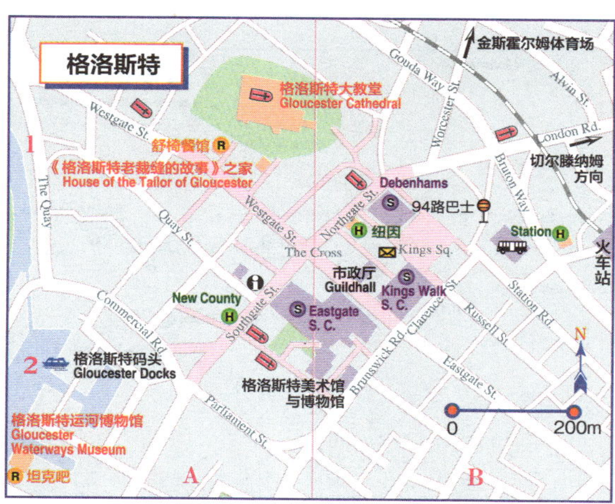

Information

切尔滕纳姆美术馆与博物馆
Cheltenham Art Gallery & Museum: The Wilson

展出切尔滕纳姆当地及其他地方的美术作品，还有乡土历史及地方志等资料，也举办特别展。

Map p.266左1
✉ Clarence St., GL50 3JT
TEL (01242) 387492
URL www.cheltenhammuseum.org.uk
开 9:30~17:15（周四 9:30~19:45、周日 11:00~16:00）
休 12/25·26、1/1、复活节
费 免费 内部部分区域禁止拍照 禁止使用闪光灯

Access Guide 格洛斯特

从伦敦出发

🚆 所需时间：约 1 小时 50 分钟

周一~周六 从帕丁顿站乘车，7:36~18:37（周六 8:15~20:15）期间 2 小时 1 班

周日 从帕丁顿站乘车，8:27 10:27 12:27 14:22 16:22 18:22 20:22 发车

🚌 所需时间：2 小时 35 分钟~3 小时 30 分钟

周一~周日 7:30~23:59 期间 1~2 小时 1 班

从切尔滕纳姆出发

🚌 所需时间：约 40 分钟

周一~周日 从散步道的巴士站乘车，除了周日 22:55~次日 5:00 期间，均为 24 小时运行。大概 1 小时 2~6 班

从伯明翰出发

🚆 所需时间：约 1 小时

周一~周日 从新街站乘车，5:00~21:12 期间 1 小时 1~2 班

i 格洛斯特 Tourist Information Centre

Map p.267A2
✉ 28 Southgate St., GL1 2DP
TEL (01452) 396572
URL www.thecityofgloucester.co.uk
开 9:30~17:00（周 10:00~17:00）
休 周日、12/24~26、1/1

格洛斯特景点

格洛斯特大教堂➡p.287
《格洛斯特老裁缝的故事》之家➡p.287

Information

格洛斯特运河博物馆
Gloucester Waterways Museum

利用过去维多利亚码头的仓库改建而成的博物馆。介绍运河的历史，展出过去使用的船只。

Map p.267A2
✉ Llanthony Warehouse, Docks, GL1 2EH
TEL (01452) 318200
URL www.gloucesterwaterway-smuseum.org.uk
开 10:00~17:00 休 12/25·26、1/1
费 £4.25 学生 £3.75

Access Guide
莫顿因马什

从伦敦出发

所需时间：约 1 小时 40 分钟

周一～周六 从帕丁顿站乘车，5:12~23:20（周六 5:18~21:50）大概 1 小时 1 班

周日 从帕丁顿站乘车，8:00~21:34 大概 1 小时 1 班

换乘信息

●从切尔滕纳姆换乘

经由伍斯特什拉布希尔站 Worcester Shrub Hill，约 3 小时

Map p.268 上

✉ High St., GL56 0AZ

TEL（01608）650881

开 周一 8:45~16:00、
周二～周四 8:45~17:15
周五 8:45~16:45
周六 10:00~13:00
（冬季 ~12:30）

休 周日及法定节假日、12/25 · 26、1/1

起点城市 莫顿因马什 Moreton-in-Marsh

从 13 世纪开始就是一座商业城市。每周二有科茨沃尔德最大规模的露天市场。

交通信息 有通往伦敦、牛津方面的铁路。东大街的巴士站有很多巴士停车。

酒店 城市虽然不大，但住宿设施不少。巴士站周边有比较高级的酒店，B&B 集中在高街至斯托路 Stow Rd. 一带以及东部的伦敦路 London Rd.。

游览北部地区时的起点城市莫顿因马什

起点城市 赛伦塞斯特 Cirencester

城市的历史悠久，在罗马时代被称为“科里尼姆多本诺鲁姆 Corinium Dobunnorum”。可以在科里尼姆博物馆了解当地的历史，❶也设于科里尼姆博物馆。

商业区有科茨沃尔德规模最大的市场

游览方法 商业区 Market Place 位于市中心，有很多商店及餐馆。

交通信息 巴士站位于商业区旁的教区教堂前。那里有开往切尔滕纳姆及拜伯里等地的巴士。National Express 公司的长途巴士的车站位于城市东部的伦敦路 London Rd.，需要注意。

Access Guide
赛伦塞斯特

从伦敦出发

所需时间：2 小时 5 分钟～3 小时 10 分钟

周一～周日 7:30~23:59 期间 2~3 小时 1 班

从切尔滕纳姆出发

所需时间：约 40 分钟

从切尔滕纳姆的巴士站乘 51 路（时刻表→ p.271）

Map p.268 下 A

✉ Park St., GL7 2BX

TEL（01285）654180

开 4~10 月 10:00~17:00
（周日 14:00~17:00）
11 月～次年 3 月
10:00~16:00
（周日 14:00~16:00）

休 12/23~26、1/1

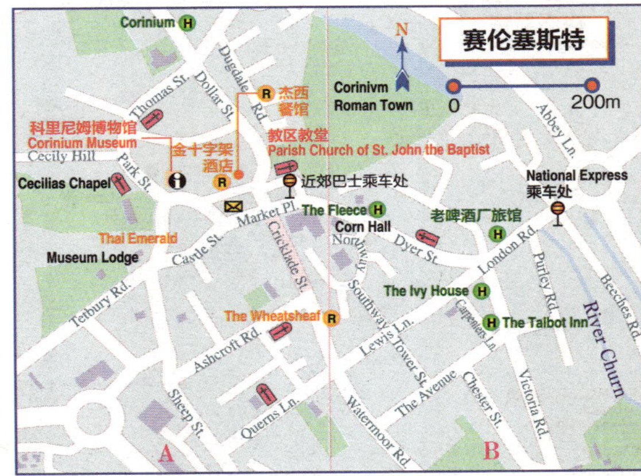

赛伦塞斯特的景点

教区教堂➡ p.288
科里尼姆博物馆➡ p.287

酒店 在教区教堂附近有几家酒店，B&B 集中在城市东部的维多利亚路 Victoria Rd.。

起点城市 奇彭纳姆 Chippenham

为这一地区比较大的城市，历史超过 1000 年。市中心有圣安德鲁教堂 St. Andrew's Church 等老建筑。

游览方法 市中心为高街 High St.。沿着这条街道向南，有商业区 Market Pl.，店铺很多。继续前行，上坡后是巴士站，有开往库姆堡、莱科克、巴斯的巴士。

酒店 商业区周边有几家酒店。要是 B&B 的话，马什菲尔德路 Marshfield Rd. 及与其相连的布里斯托尔路 Bristol Rd. 上较多。

位于市中心的圣安德鲁教堂

Access Guide 奇彭纳姆

从伦敦出发

所需时间：约 1 小时 20 分钟

周一~周六 从帕丁顿站乘车，5:19（周六 6:30）~23:30 期间 1 小时 1~2 班

周日 从帕丁顿站乘车，7:57~23:37 期间 1 小时 1~2 班

从巴斯出发

所需时间：约 15 分钟

周一~周六 5:43~22:48（周六 5:43~22:45）期间 1 小时 2 班

周日 7:58~22:22 期间 1 小时 1~2 班

起点城市 威特尼 Witney

位于牛津以西约 20 公里处，是游览伯福德、班普顿等牛津郡各村庄的起点城市。威特尼自古以来就因羊毛产业的发展而获得繁荣，近些年来，Hobgoblin 等当地的啤酒产业也开始受到关注。

游览方法 市中心为集市广场 Market Sq.。周围有商店、银行、巴士站。

酒店 市中心有几栋酒店，B&B 散布在城市周边。

Access Guide 威特尼

从牛津出发

所需时间：约 30 分钟

周一~周六 乘坐 S1、S2 等巴士，5:35~次日 0:30（周六 6:35~次日 3:30）每 15~30 分钟 1 班

周日 7:50~次日 0:30 期间 1 小时 1~2 班

从切尔滕纳姆出发

所需时间：约 40 分钟

853 路巴士（时刻表→p.271）

i 威特尼 Tourist Information Centre

Map p.269 下 A

✉ Town Centre Shop, 3 Welch Way, OX28 6JH

TEL（01993）775802

开 9:00~17:00（周六 9:30~17:00）

休 周日、12/25 · 26、1/1

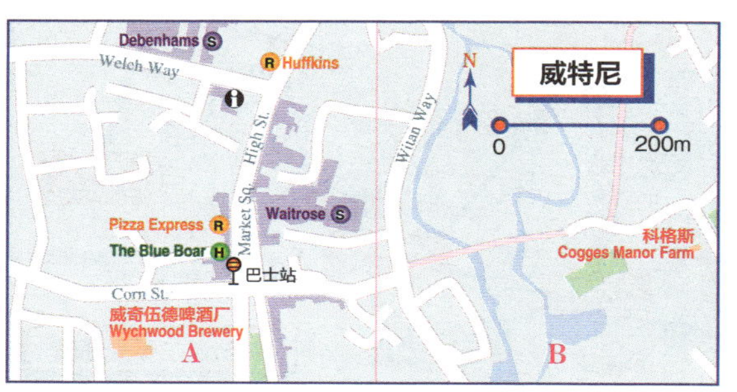

商业区

> **Information**
>
> **骑行游览科茨沃尔德**
>
> 步行游览的话，花费的时间太多，如果想前往巴士无法到达的村庄或者想去发现有趣的地方，建议选择骑自行车游览。地处丘陵地带，坡路较多，不过也正因为如此，骑行中看到的景色更富于变化。❶出售骑行地图。另外，有与步行游差不多的骑行游项目。科茨沃尔德乡村骑行游中，没有导游带领，但提供地图、行李托运以及自行车租赁服务。参加Simpley Cotswold团体游，2晚3天，£285（两人参团时一个人的费用）。
>
> **科茨沃尔德乡村骑行**
>
> URL www.cotswoldcountrycycles.com

科茨沃尔德区域交通

铁路

有蜿蜒于科茨沃尔德丘陵的铁路线，虽然交通并不算太方便，但是周日也正常开行是其最大的优点。

巴士

开行于科茨沃尔德地区的巴士，车次并不多，不过只要合理乘坐，就能顺利前往各个小村庄游览。

租车

因为很多村庄交通不便，所以租车自驾也是一个不错的选择。但是，租车公司不多，仅在切尔滕纳姆和格洛斯特有几家。距离伦敦比较近，所以也可以从希思罗机场租车。

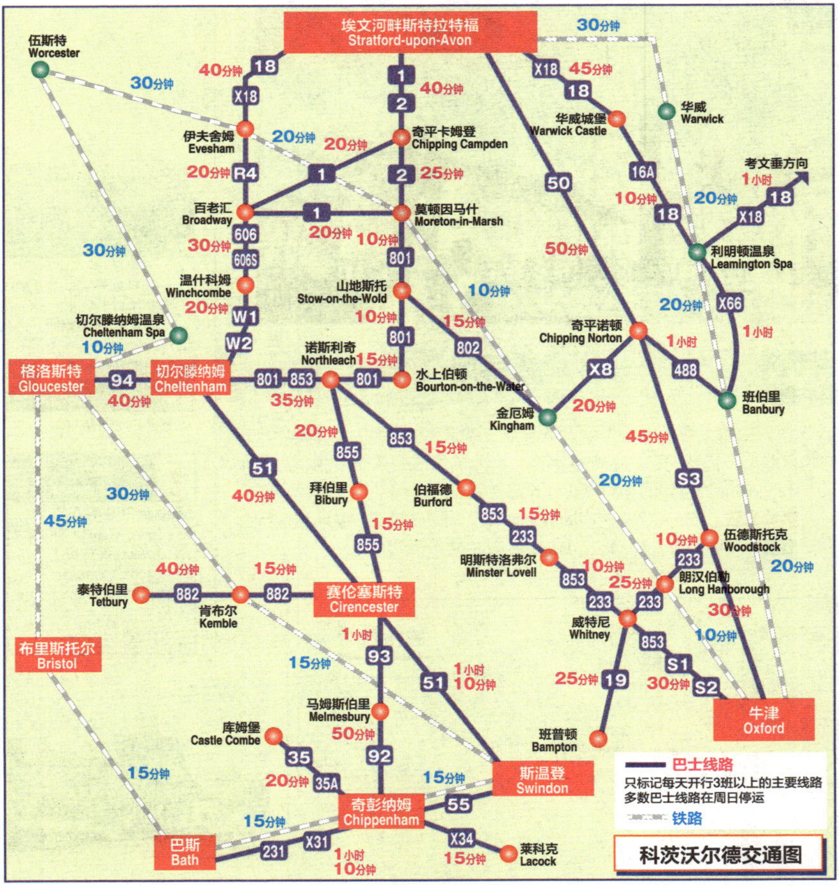

科茨沃尔德交通图

巴士线路
只标记每天开行3班以上的主要线路
多数巴士线路在周日停运
铁路

巴士线路号	详细线路 · 车次
1 周日停运	埃文河畔斯特拉特福→奇平卡姆登→百老汇→莫顿因马什 埃文河畔斯特拉特福 9:05 13:05 16:50 发车 莫顿因马什 9:30 13:30 17:15 发车
2 周日停运	埃文河畔斯特拉特福→奇平卡姆登→莫顿因马什 埃文河畔斯特拉特福 7:40 11:05 14:45 15:42（仅限周六）18:20 发车 莫顿因马什 10:45 15:03 15:23（仅限周六）18:30
18/X18	埃文河畔斯特拉特福→伊夫舍姆 埃文河畔斯特拉特福 5:40~18:20（周六 6:55~17:47）期间 1 小时 2 班，周日 9:15 10:55 12:55 14:55 17:10 发车 伊夫舍姆 7:01~19:18（周六 7:43~18:54）期间 1 小时 2 班，周日 10:36 11:44 13:44 15:44 18:24 发车
801 周日停运	莫顿因马什→山地斯托→下斯洛特（最近巴士站）→水上伯顿→诺斯利奇（部分车次）→切尔滕纳姆 莫顿因马什 7:00 8:05 9:25 10:55 12:25 13:50 15:15 16:40 17:50 18:55 20:00 发车 切尔滕纳姆 7:40（周六停运）8:40 10:10 11:40 13:10 14:40 16:10 17:10 18:30 发车
606/606S	（切尔滕纳姆→）温什卡姆→百老汇（→奇平卡姆登） 温什卡姆 8:35 11:35 15:05 18:02（周日 9:50 15:05）发车 百老汇 7:02（周六停运）9:35 12:55 16:35 18:35（周日 11:45 17:00）发车
802 周日停运	金厄姆→山地斯托 金厄姆 7:20 8:35 10:48 12:55 13:50 17:20 19:25（周六 11:00 13:00 16:00 18:00）发车 山地斯托 5:58 7:00 8:00 10:28 12:38 13:35 14:58 19:08 周六 10:05 12:05 15:05 17:05 发车
19 周日停运	威特尼→班普顿 威特尼 6:32（周六 6:27）7:43（土 7:53）9:50 11:50 13:50 14:50 16:50 18:47 发车 班普顿 6:35（周六 6:55）8:30 10:30 12:30 13:30 15:30 17:45 18:50（土 18:40）发车
233 周日停运	伍德斯托克→布莱尼姆宫→威特尼→明斯特洛弗尔→伯福德 威特尼 6:45~18:55（周六 6:50~18:50）期间 1 小时 2 班 伯福德 6:37~19:34（周六 6:47~19:29）期间 1 小时 2 班
853	牛津→威特尼→明斯特洛弗尔→伯福德→诺斯利奇→切尔滕纳姆 牛津 9:00 12:45 18:00（周六 9:00 11:45 16:10 18:00 周日 19:00）发车 切尔滕纳姆 7:00 11:00 16:10（周六 7:00 10:00 12:30 16:10 周日 17:15）发车
W1/W2 周日停运	切尔滕纳姆（皮特威尔街）→温什卡姆 切尔滕纳姆 6:30~18:30 期间每 30 分钟 1 班 温什卡姆 6:50~18:50 期间每 50 分钟 1 班
51	切尔滕纳姆（散步道）→赛伦塞斯特 切尔滕纳姆 6:55~18:35（周六 8:10~19:15）期间 1 小时 1 班（周日 10:10 12:10 14:10 16:10 18:10） 赛伦塞斯特 6:15~18:25（周六 7:10~18:25）期间 1 小时 1 班（周日 9:20 11:20 13:20 15:20 17:20）
882 周日停运	赛伦塞斯特→肯布尔→泰特伯里（ⓚ=在肯布尔停车） 赛伦塞斯特 6:20 ⓚ 6:55 8:58 ⓚ 10:53 12:05 14:05 ⓚ 15:52 16:35 ⓚ 17:40（周六 8:00 11:15 14:30）发车 泰特伯里 7:30 11:35 12:40 16:55 18:40（周日 9:00 12:20 15:15）发车
855 周日停运	赛伦塞斯特→拜伯里→诺斯利奇 赛伦塞斯特 9:00 11:00 13:00 15:00（学期以外）17:30 发车 诺斯利奇 7:15（学期以外 7:40）10:15 14:00 16:30 发车
35/35A 周日停运	奇彭纳姆→库姆堡 奇彭纳姆 10:10 12:10 14:20 16:40 17:40（周六 11:15 14:30 17:05）发车 库姆堡 9:00 10:40 12:43 17:10（周六 9:05 11:55 15:10 17:36）发车
X34 周日停运	奇彭纳姆→莱科克 奇彭纳姆 7:35~17:30（周六 8:05~17:25）期间 1 小时 1~2 班 莱科克 7:12~18:01（周六 7:40~18:13）期间 1 小时 1~2 班
92 周日停运	奇彭纳姆→马姆斯伯里 奇彭纳姆 7:55~18:45（周六 9:05~18:05）期间 1 小时 1 班 马姆斯伯里 7:20~18:00（周六 7:30~17:10）期间 1 小时 1 班

※随着时间推移可能发生改变。最新信息可在URL www.traveline.info等处查询

科茨沃尔德经典旅游线路

可乘坐的公共交通工具车次较少，所以最好选择参加从伦敦或巴斯出发的团体游（→ p.273）。乘坐巴士的话，可把切尔滕纳姆或巴斯作为起点。

乘坐从切尔滕纳姆出发的公共交通工具游览
科茨沃尔德北部 1 日游

上午

08:00 切尔滕纳姆 → 巴士 51 路 → 08:50 赛伦塞斯特 11:00 巴士 855 路 →
11:17 拜伯里

从散步道乘坐开往赛伦塞斯特的 51 路巴士，在终点下车。去往拜伯里之前，可以参观科里尼姆博物馆及教区教堂。乘坐 11:00 发车、开往拜伯里的 855 路巴士，在天鹅酒店前下车。拜伯里在绿色环抱之中，艺术与工艺运动的领导者威廉·莫里斯曾对拜伯里大加赞美。可以在阿灵顿排屋拍照留念，在拜伯里鳟鱼农场散步，度过美好的时光。巴士站天鹅酒店的午餐也很值得品尝。

开行于各村庄之间的巴士在教区教堂停车

下午

13:17 拜伯里 → 巴士 855 路 → 13:37 诺斯利奇 13:52 → 巴士 801 路 →
14:10 水上伯顿 15:40 → 巴士 801 路 → 16:40 切尔滕纳姆

乘坐 855 路巴士并换乘 801 路巴士，前往水上伯顿。有温德拉什河流过，是一个美丽的河畔村庄。坐在岸边的绿地上，欣赏周围的风景，会感到心旷神怡。有模型村庄、科茨沃尔德汽车博物馆、鸟园等景点。

被水路环绕的美丽村庄

乘坐从巴斯出发的公共交通工具游览
科茨沃尔德南部 1 日游

上午

09:43 巴斯 → 火车 → 09:54 奇彭纳姆 10:16 → 巴士 35 路 → 10:36 库姆堡

从巴斯温泉站乘火车前往奇彭纳姆。然后换乘 35 路巴士，在终点市场十字路口 Market Cross 下车。开往库姆堡的巴士车次较少，乘车时注意不要错过。库姆堡是一个保存着传统民居的美丽村庄。下一班巴士到达之前有两小时的时间，足够在村庄内游览。如果行程安排比较宽松，还可以沿步道步行前往上库姆堡。

村庄不大，很快就能走完一圈

下午

12:39 库姆堡 → 巴士 35 路 → 13:19 奇彭纳姆 14:05 → 巴士 X34 路 →
14:25 莱科克 17:00 → 巴士 X34 路 → 17:13 奇彭纳姆 → 17:46 火车 18:00 巴斯

下午乘巴士前往奇彭纳姆。在奇彭纳姆吃过简单的午饭后，乘坐开往弗罗姆 Frome 的 X34 路巴士，在莱科克的乔治旅馆 George Inn 前下车。可以游览莱科克最大的景点莱科克修道院。返程巴士的末班车在 18:00 期间发车，有充足的时间参观。

莱科克修道院

科茨沃尔德 当地出发并到达的团体游

有从附近城市巴斯和牛津出发的团体游，从伦敦出发的一日游也很受欢迎。

巴斯出发并到达

科茨沃尔德探险A

周二·周四 9:00 出发　所需时间：9 小时　费 £42

一定会前往拜伯里、库姆堡等地，在下斯洛特吃午餐，还可以徒步游览。

巨石阵与莱科克半日游

周二·周六·周日 8:30 出发　所需时间：5 小时 30 分钟　费 £28

可游览莱科克村及巨石阵的半日游。巨石阵门票费用需另行支付。

狮子旅行社 Lion Tours
TEL 07769 668668　URL www.liontours.co.uk
集合地点为巴斯的修道院酒店（→p.253）门前

科茨沃尔德之心

3~10 月的周一·周三·周五 9:00 出发　所需时间：8 小时 45 分钟　费 £42

乘坐小型巴士游览的人数较少的 1 日游。游览地点每天都会变化，但大多数情况会前往库姆堡、拜伯里、山地斯托等地。

巨石阵与科茨沃尔德的村庄

每天 8:30 出发　所需时间：8~9 小时　费 £42

先游览巨石阵，然后前往库姆堡、位于埃夫伯里的石环。经过几个拍照地点后，前往莱科克。团体游费用中不包含巨石阵的门票费用。

埃夫伯里与科茨沃尔德的村庄

4~9 月的周二·周六 8:30 出发　所需时间：5 小时　费 £35

游览埃夫伯里以及科茨沃尔德的库姆堡、莱科克的半日游，乘坐小型巴士。

疯狂的麦克斯旅行社 Mad Max Tours
TEL 07990505970　URL www.madmaxtours.co.uk

斯特劳德、莫顿因马什出发并到达

科茨沃尔德经典私人游

10:00出发　所需时间：8小时　费 £350（团体）

游览山地斯托、水上伯顿、奇平卡姆登等地。参团人数限 7 人以内，可免费到北科茨沃尔德地区的酒店接送。

科茨沃尔德骑行游

周六10:00出发　所需时间：6小时　费 £75

从莫顿因马什站出发。费用中包含自行车、头盔、雨具的租赁费。在导游的带领下游览奇平卡姆登、布劳德卡姆登、埃布灵顿等地。有标准游和豪华游两种形式可供选择。

科茨沃尔德冒险
Cotswolds Advemtures
TEL（01453）790725　URL www.cotswoldsadventures.co.uk

伦敦出发并到达

科茨沃尔德一日游

每天8:10出发　所需时间：10小时20分钟　费 £57

游览伯福德、拜伯里、水上伯顿、山地斯托这四个科茨沃尔德地区最重要的景点。有导游。

两个世界遗产 巨石阵、巴斯及莱科克村庄1日游

周二·周六 8:00 出发（4~10 月的周四也举行）
所需时间：11小时　费 £77

只用 1 天时间就可游览著名的世界遗产及科茨沃尔德地区的景点，性价比很高（包含巨石阵门票）。上午游览巨石阵，下午前往巴斯。午餐后前往莱科克。

MYU
TEL（020）76305666　URL www.myushop.net
在伦敦的维多利亚站内 1 号进站口前集合，应比出发时间提前 10 分钟到达。返回后在维多利亚站附近解散。受理预约的办公室位于维多利亚站后面的 Shopping & Eating Arcade 内。

科茨沃尔德村庄一日游

周二·周四·周日 8:00 出发　所需时间：10 小时　费 £55

游览拜伯里、水上伯顿、山地斯托、奇平卡姆登 4 个村庄。午餐费用另付。出发前 15 分钟在地铁格洛斯特站 Gloucester Arcade 入口处集合。

斯特拉特福与科茨沃尔德一日游

周二·周六 8:00 出发　所需时间：10 小时 30 分钟　费 £84

可游览埃文河畔斯特拉特福的景点（包含景点门票）。之后，前往科茨沃尔德地区的拍照地点。出发前 15 分钟在维多利亚站南边的 Golden Tours 办公室前集合。

我的巴士旅行社 My Bus Tour
TEL（020）79761191

巨石阵、巴斯、斯特拉特福、科茨沃尔德一日游

周三·周六·周日（夏季周一·周四也举行）7:45 出发
所需时间：12小时45分钟　费 £105　学生£102

可游览世界遗产巨石阵、巴斯、埃文河畔斯特拉特福（包含巨石阵等景点的门票）。还可透过车窗观赏科茨沃尔德的风光。

带午餐的科茨沃尔德一日游

周二·周日（夏季周三·周五也举行）8:15 出发
所需时间：10小时15分钟　费 £92　学生£89

上午游览伯福德，然后在拜伯里吃午饭。下午游览水上伯顿、山地斯托。

豪华旅行社 Premium Tours
TEL（020）77131311　URL www.premiumtours.co.uk
在维多利亚巴士站的 18~20 号入口处集合

从伦敦出发 科茨沃尔德一日游

1 号线检票口位于站内最边缘处

从伦敦出发

8:00 在维多利亚站内的 1 号线检票口前集合。全员到齐后，前往车站背后的巴士站。8:10 左右出发，从伦敦到科茨沃尔德大概需要 2 小时，根据路况，行驶时间会有一些变化。

旅游巴士等待游客乘车

在坡路旁有许多 PUB 和商店

伯福德

到达科茨沃尔德后，首先前往有古董店等各色店铺的伯福德。科茨沃尔德曾因羊毛产业繁荣一时，那里至今仍保持着科茨沃尔德过去的样子。有 40 分钟的自由活动时间，可以好好地逛一逛商店。

可以在 PUB 里小憩一下

阿灵顿排屋

拜伯里

因艺术与工艺运动而广为人知的设计师威廉·莫里斯曾赞美过拜伯里。村庄里有鳟鱼农场，用鳟鱼制作的菜肴是这里的特色美食。可以在村庄里走上一圈，仔细欣赏一下这里的风景。

天鹅酒店（→ p.278）

在河边休息

水上伯顿

温德拉什河从水上伯顿流过，因此这里被称为“科茨沃尔德的威尼斯”。有 90 分钟的自由活动时间，并且在这里吃午餐。

河中戏水也别有一番情趣

小镇中心的集市广场

山地斯托

14:40 左右到达山地斯托。这座小镇曾因羊毛贸易而繁荣，有户外运动用品店等若干家商店。最终在 18:20 左右到达伦敦。

被认定为英格兰最古老的旅馆的“门廊小屋”

Town 科茨沃尔德 Walk ①

玫瑰花围绕的美丽城堡 温什科姆 *Winchcombe*

温什科姆是一座小村庄，位于切尔滕纳姆东北约 8 公里处的山丘上。不远处有亨利八世最后的妻子凯瑟琳·帕尔曾经居住的修德利城堡，温什科姆也因此而闻名。从温什科姆到修德利城堡有步道，方便游客前往。

圣彼得教堂是村庄的标志性建筑

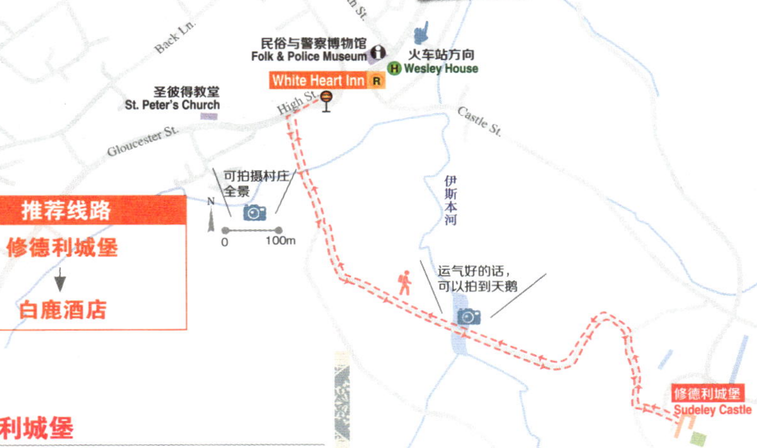

推荐线路

修德利城堡
↓
白鹿酒店

修德利城堡 Sudeley Castle

从温什科姆向东步行 1 公里，可以到达这座美丽的城堡。历史可以追溯到 12 世纪，现存建筑建于 15 世纪。亨利八世p.576最后的妻子凯瑟琳·帕尔p.573曾居住在这座城堡，死后她被安葬于城堡内的教堂里。

温什科姆的象征——修德利城堡

修德利城堡旁边，有被修剪得很好的花园。在紫杉围绕的王后花园 Queen's Garden 里，种植着 800 多种玫瑰，是城堡景区最大的看点。园内还有饲养绿雉的小房子，汇集了来自世界各地的 294 种绿雉及其他雉属鸟类。

TEL (01285) 604244 URL www.sudeleycastle.co.uk
开 10:00~17:00 休 12/22~次年 3 月上旬
费 £16.50

白鹿酒店 The White Hart Inn

在设有葡萄酒商店的酒吧，提供多种可单杯品尝的葡萄酒。餐馆的菜单每日变更，前菜加主菜 £20~30 左右。上层为酒店，£59~。

✉ High St., GL54 5LJ TEL (01242) 602359
URL www.whitehartwinchcombe.co.uk
开 8:00~21:30（餐馆用餐需要预约） 休 无休
CC M V 店内有 Wi-Fi

■前往温什科姆的方法
从切尔滕纳姆乘坐 W1 路巴士（时刻表→ p.271）
■温什科姆的 ℹ
✉ High St., GL54 5LJ TEL (01242) 602925
开 10:00~16:00（周日 10:00~15:00）
休 11 月～复活节的周一～周五

科茨沃尔德的威尼斯 水上伯顿 *Bourton-on-the-Water*

水上伯顿位于温德拉什河畔。河流与小桥相映成趣，是科茨沃尔德人气极高的景点。可以在 Pub 里坐下来小憩，欣赏窗外的美丽风景。如果时间充裕，可以去参观科茨沃尔德汽车博物馆、再现古民居风貌的模型村庄以及鸟园。

静静的温德拉什河

推荐线路

科茨沃尔德汽车博物馆
↓
模型村庄
↓
闲谈

闲谈 Small Talk

位于巴士站旁，等车时可以顺便进去看一看。店内有很多陶瓷装饰品。奶油茶点£3.90，可以带走。

✉ Bourton-on-the-Water, GL54 2AP
TEL（01451）822678　开 10:00~16:15　休 无休
C/C M V　无信号

■前往水上伯顿的方法
从切尔滕纳姆、莫顿因马什乘坐 801 路巴士（时刻表→p.271）
■水上伯顿的 ℹ
✉ Victoria St., GL54 2BU　TEL（01451）820211
开 夏季 9:30~17:00（周日 10:00~14:00）
冬季 9:30~16:00
休 冬季的周日

模型村庄 Model Village

按 1∶9 的比例修建的水上伯顿民居的微缩复制品。感觉就像是从空中俯瞰这座村庄。游客会在这里拍照留念，在微缩房屋的映衬下把自己拍成巨人。

修建这些微缩房屋的是旁边的新旧酒店的老板。这个景点历史悠久，修建过程用了 5 年时间，1937 年建成。

一座座微缩房屋

TEL（01451）820467　URL www.themodelvillage.com
开 4-9月 10:00~17:45　10月~次年3月 10:00~15:45
休 12/25　费 £3.60

科茨沃尔德汽车博物馆
Cotswold Motoring Museum

充满怀旧情调的博物馆

博物馆内展出20世纪60年代年代的老爷车以及令人怀念的汽车模型，分为7个展厅，有跑车、自行车等相关主题的展区。商店内有很多会让人感到心动的商品。

TEL（01451）821255 URL www.cotswoldmotoringmuseum.co.uk 开 10:00~18:00
休 12月下旬~次年2月上旬 费 £6

鸟园
Birdland Park and Gardens

有很多帝企鹅

位于温德拉什河边的小型动物园，专门饲养鸟类，种类在50种以上。最有人气的是火烈鸟区和企鹅区。每天11:00和14:30，可以看到工作人员给企鹅喂食。距离很近，非常吸引人。

TEL（01451）820480 URL www.birdland.co.uk
开 4~10月 10:00~17:00
11月~次年3月 10:00~16:00
休 12/25 费 £9.95 学生 £8.95

国王桥酒店
Kingsbridge Inn

位于桥边的PUB。吧台有Hobgoblin的生啤酒，可以一边欣赏温德拉什河的美景，一边品尝艾尔啤酒。还提供多种简餐，以汉堡及烧烤类食品为主。

✉ Riverside, GL54 2BS TEL（01451）824119
URL www.kingsbridgepub.co.uk
开 11:00~23:00（周日 ~22:30）
休 无休 C/C M V 有信号

科茨沃尔德香水店
Cotswold Perfumery

1966年，香水师约翰·斯蒂芬创立的香水专卖店。同时设有工作室和学校，有1~3天的课程教授香水制作。店内出售独自开发的12种香水。

✉ Victoria St., GL54 2BU TEL（01451）820698
URL www.cotswold-perfumery.co.uk
开 9:30~17:00（周日 10:30~17:00）
休 12/24~26、1/1·2 C/C J M V

walk

河流与植物交相辉映的美丽步道

漫步于水上伯顿的河畔

步行游览水乡伯顿的旅游项目。步道大多沿岸修建，可以看到很多水鸟。

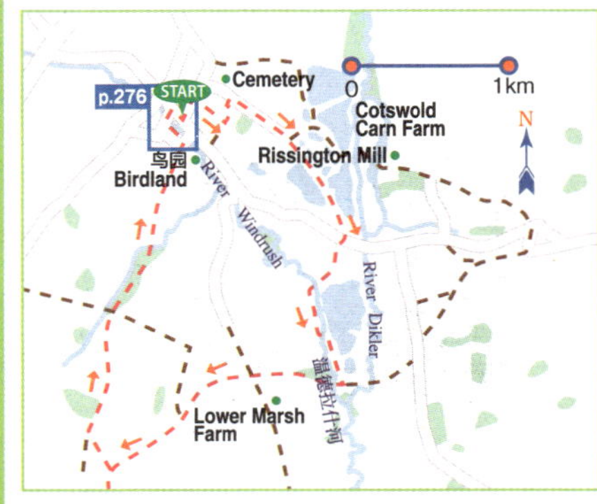

起点为温德拉什河

■ 线路详情
起点：高街
往返所需时间：2小时30分钟~3小时
总长度：8公里

Town Walk ③ 科茨沃尔德

科茨沃尔德的人气景点

拜伯里 *Bibury*

艺术家、思想家威廉·莫里斯称赞拜伯里是“英国最美丽的村庄”。其魅力至今不减，有很多游客造访。在草地旁一边散步，一边欣赏景色也别有一番风趣。

建于14世纪的阿灵顿排屋

时间充裕的话，一定要漫步游览一下

拜伯里鳟鱼农场
Bibury Trout Farm

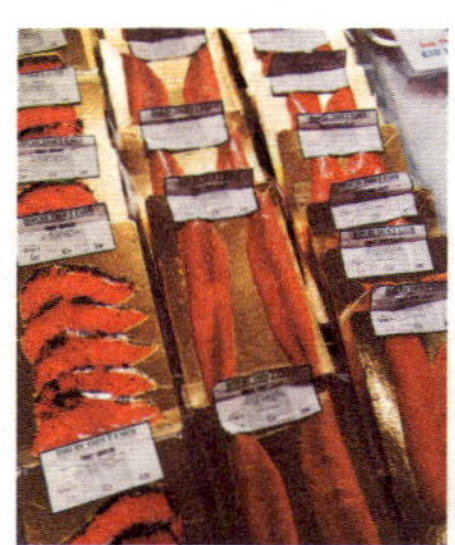

有多种鳟鱼产品

村庄里的大型鳟鱼养殖场。4~10月鳟鱼被放出，游入旁边的科恩河 River Coln。入口处有商店，出售这里的鲜鱼片以及熏鱼等商品。通过收银台旁边的门，可以进入鳟鱼农场，进入前要购买门票。

✉ Bibury, GL7 5NL
TEL（01285）740212
URL www.biburytroutfarm.co.uk
开 4~9月 8:00~18:00 3·10月 8:00~17:00
11月~次年2月 8:00~16:00
休 12/25 费 £4.50

■前往拜伯里的方法
从赛伦塞斯特、诺斯利奇乘坐855路巴士（时刻表→ p.271）
■拜伯里的 ❶
拜伯里没有 ❶，可在赛伦塞斯特的 ❶ 获取必要的信息。

推荐线路

拜伯里鳟鱼农场
↓
阿灵顿排屋
↓
圣玛丽教堂
↓
天鹅酒店

天鹅酒店（酒店详情→ p.290）
The Swan Hotel

位于拜伯里鳟鱼农场旁的人气酒店。酒店内的咖啡厅提供下午茶，巴士旅游团也经常光顾。

✉ Bibury, GL7 5NW TEL（01285）740695
URL www.cotswold-inns-hotels.co.uk
开 7:00~21:00 休 无休
CC A M V 无

Town Walk 科茨沃尔德 ④

保存着最古老民居群落的村庄

库姆堡 Castle Combe

库姆堡是"保存着最古老民居群落的村庄"，并因此广为人知。中心为建于 14 世纪的市场十字路口 Market Cross。后面是圣安德鲁教堂 St. Andrew's Church。继续向前，就是演街道 The Street 而建的美丽民居。河边的道路是人们经常选择的登山郊游线路。

库姆堡是山丘环绕的寂静村庄

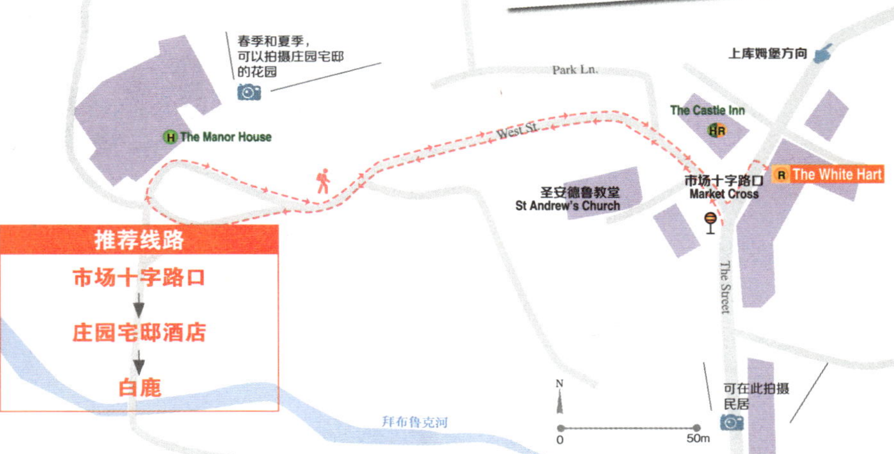

推荐线路

市场十字路口
↓
庄园宅邸酒店
↓
白鹿

白鹿 The White Hart

位于市场十字路口。很适合在等巴士时小憩。有写着当日菜单的牌子。还有多种当地产啤酒。

✉ Castle Combe, SN14 7HS
TEL（01249）782295
开 酒水 11:00~23:00
用餐 12:00~15:00　18:00~21:00（周六 · 周日 12:00~21:00）
休 无休　CC M V　无

■**前往库姆堡的方法**
从奇彭纳姆乘坐 35 路、35A 路巴士（时刻表→ p.271）
■**库姆堡的 ⓘ**
村庄内没有 ⓘ，可在奇彭纳姆获取必要的信息。

城堡酒店 The Castle Inn Hotel

位于村庄入口，巴士在酒店门前停车。1 层为咖啡酒吧。提供奶油茶点 £7.95，适合在此稍事休息。仅限周日的午餐套餐分为 £17.50、£22、£26 三种。客房在楼上。

✉ Castle Combe, SN14 7HN　TEL（01249）783030
URL www.thecastleinn.co.uk
开 酒吧 9:30~23:00
餐馆 12:00~14:15（周六 · 周日 15:00）18:00~20:45
休 无休　CC A M V　有信号

Town 科茨沃尔德 Walk ⑤

成为许多电影拍摄基地的村庄

莱科克
Lacock

高街上的古建筑

村庄的标志性建筑莱科克修道院 Lacock Abbey 曾为电影《哈利 · 波特与魔法石》的拍摄地。

从巴士站所在的西大街 West St. 进入高街 High St.，继续前行就能看见莱科克修道院的入口。在返回高街的途中，进入东大街 East St.，在教堂大街 Church St. 右转，直行就能看见位于路右边的圣西里阿克教堂 St. Cyriac' s Church。

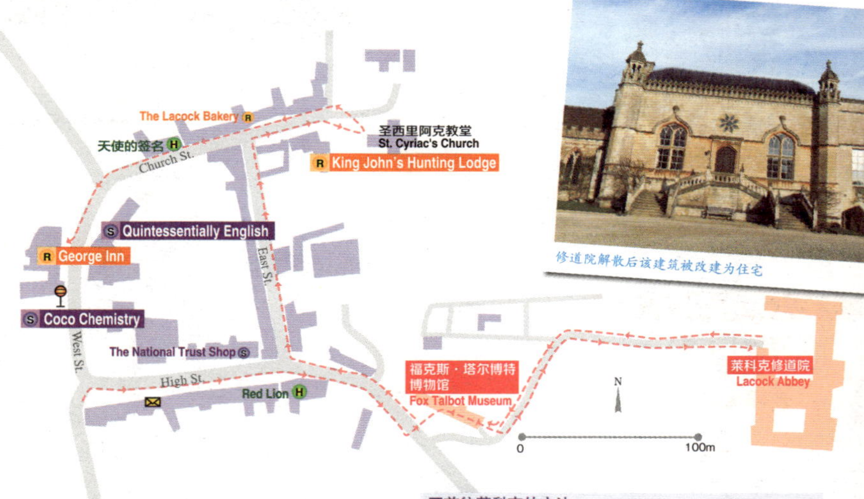

修道院解散后该建筑被改建为住宅

■前往莱科克的方法
从奇彭纳姆乘坐 X34 路巴士（时刻表→ p.271）
■莱科克的 ℹ
村庄内没有 ℹ，可在奇彭纳姆获取需要的信息。

莱科克修道院
Lacock Abbey

电影《哈利 · 波特》中的霍格沃茨魔法学校的回廊

莱科克修道院建于 13 世纪，最初为女子修道院。16 世纪修道院解散☞ p.574后，建筑被改为住宅，东南的回廊 Cloister 现在仍保持着修道院时期的样子。另外，这个回廊也是电影《哈利 · 波特》的拍摄地点之一。

19 世纪对摄影技术的诞生做出过卓越贡献的福克斯 · 塔尔博特买下了这座住宅。现在住宅被辟为修道院展厅对外开放，展出当时使用的家具等物品。除此之外，还有美丽的花园以及展出与福克斯 · 塔尔博特有关物品的博物馆。

✉ High St., SN15 2LG　TEL（01249）730459　URL www.nationaltrust.org.uk
开 2 月上旬 ~10 月下旬 10:30~17:30、10 月下旬 ~ 次年 2 月上旬 11:00~16:00
休 12/25 · 26、1/1　费 通票 £13.40 在福克斯 · 塔尔博特博物馆购买门票　禁止使用闪光灯
●修道院展厅
开 2 月上旬 ~10 月下旬 11:00~17:00　10 月下旬 ~ 次年 2 月上旬 12:00~16:00
休 10 月下旬 ~11 月下旬 · 12 月的周一 ~ 周四、1 月上旬 ~2 月上旬的周一 ~ 周五　费 包含在通票中
禁止使用闪光灯

约翰王狩猎客栈
King John's Hunting Lodge

利用建于 13 世纪的古建筑设立的茶室，这是莱科克最古老的建筑。据说约翰王狩猎时曾到过这里，茶室因此命名。奶油茶点 £7.75。约翰王皇家下午茶 £18（2 人份 £34），分量很足。

✉21 Church St., SN15 2LB
TEL（01249）730313 开 10:30~17:00
休 冬季的周一·周二
C/C A M V 有信号

乔治酒店
The George Inn

莱科克历史最久的 PUB。创立于 14 世纪。午餐时间为 12:00~14:30，晚餐时间为 18:00~21:00。主要提供酒馆简餐，£11.50~20.50。吧台有当地生产的艾尔啤酒。距离巴士站很近，等车时可以到此小坐。

✉4 West St., SN15 2LH
TEL（01249）730263 URL www.georgeinnlacock.co.uk
开 11:00~15:00 18:00~23:00（周六 11:00~23:00、周日 11:00~22:30） 休 无休 C/C M V 有信号

可可凯米斯特利
Coco Chemistry

面积不大的巧克力店，曾经获奖。保持着传统的制作工艺，但也有机器人、嘴唇等形状的颇具个性的商品。夏季前往时可以品尝一下冰激凌，冬季前往时可以品尝一下热巧克力。

✉West St., SN15 2LH TEL 07836375115（携带）
URL www.cocochemistry.co.uk
开 10:30~17:00 休 无休 C/C M V

典型英国人
Quintessentially English

出售手工制造天然香皂的店铺。使用传统工艺制造的香皂，造型很可爱，使用了花卉和其他植物做原料。店内还有其他天然化妆品及香水等商品。

✉West St., SN15 2LH TEL（01249）730100
URL quintessentially-english.co.uk
开 10:30~17:00
休 12/25、11 月 ~ 次年 2 月的周二·周四 C/C J M V

walk

在漫步中观赏修道院

在莱科克步行游览河畔

从圣西里阿克教堂出发并步行游览莱科克周边的游览线路。道路全程起伏不大，经验不多的游客也可放心前往。

位于村庄东部的圣西里阿克教堂

■线路详情
出发地点：圣西里阿克教堂
往返用时：2 小时 30 分钟 ~3 小时
总长度：8.8 公里

建有蜂蜜色民居的

奇平卡姆登

Map p.260B1

Chipping Campden

Access Guide
奇平卡姆登

从埃文河畔斯特拉特福出发

所需时间：约30分钟

乘坐1、2路巴士（时刻表→p271）

从莫顿因马什出发

所需时间：1小时~1小时40分钟

乘坐1、2路巴士（时刻表→p271）

奇平卡姆登 Tourist Information Centre

Map p.282
✉ The Old Police Station, High St., GL55 6HB
TEL（01386）841206
URL www.chippingcampdenonline.org
开 夏季 9:30~17:00
冬季 9:30 ~ 13:00（周五~周日 9:30~16:00）
休 12/25 · 26、1/1

History

科茨沃尔德奥运会 Cotswold Olympic Games

奇平卡姆登最著名的活动就是罗伯特·多佛尔奥运会 Robert Dover's Olympic Games。该活动由罗伯特·多佛尔于1612年首次举办，对后来现代奥林匹克运动的出现具有一定的影响。这项活动持续了200多年，逐渐变成了赌博和饮酒的盛会，最终在1852年落下帷幕。

1963年，罗伯特·多佛尔运动会协会成立，1966年恢复举办运动会。每年在春季银行假日之后的周五举行。

中世纪时，依靠羊毛织物发展起来的奇平卡姆登被誉为“王冠上的钻石”。高街两边有使用蜂蜜色科茨沃尔德石建造的一栋栋房屋。

市场大厅

游览方法 来到巴斯，在市场大厅 Market Hall 旁停车，那里是建于1627年的乳制品交易所。大厅正对的就是 ❶，向东前行可以看见圣詹姆斯教堂 St. James' Church。从红狮酒店 Red Lion Inn 南行1.5公里左右，便可以到达有可爱的茅草屋顶房屋的布劳德卡姆登 Broad Campden。这里的风景非常有科茨沃尔德当地的特点。

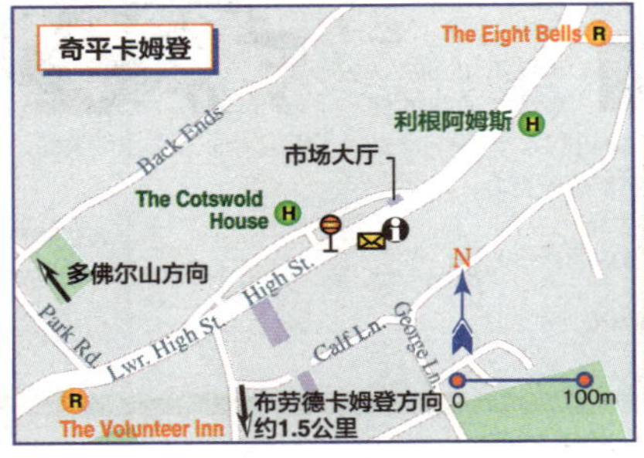

布劳德卡姆登

walk

步行游览现代奥林匹克运动的发源地

从奇平卡姆登到多佛尔山

奇平卡姆登的西北方向，有多佛尔山，可以远眺整个科茨沃尔德，能看到可爱的蜂蜜色房屋。

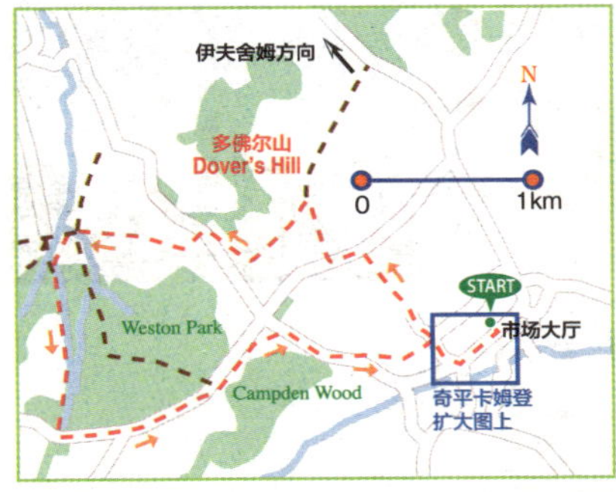

步行游览多佛尔山

线路详情
出发地点：市场大厅
往返用时：2小时~2小时30分钟
总长度：8公里

埃文河畔的村庄

科茨沃尔德的村庄

伊夫舍姆

Map p.260B1

Evesham

伊夫舍姆位于科茨沃尔德西北部的边缘。有从伦敦出发，经由莫顿因马什到达这里的列车。娱乐项目很多，可以在埃文河上乘船或钓鱼。可以在游览科茨沃尔德各地景点的途中顺便造访。

科茨沃尔德的宝石

科茨沃尔德的村庄

百老汇

Map p.260B1

Broadway

百老汇的高街两边有用暖色系科茨沃尔德石建造的房屋，这里属于典型的科茨沃尔德村庄。沿科茨沃尔德路 Cotswold Way 向东南方向前行 2 公里左右，有百老汇塔 Broadway Tower 矗立于山丘之上。可以在山丘上远眺伊夫舍姆河谷。

高街旁边的商铺

Access Guide 伊夫舍姆

从埃文河畔斯特拉特福出发

所需时间：约 40 分钟

乘坐 18、18X 路巴士（时刻表→p.271）

阿尔莫尼建于 8 世纪，最初为本笃会修道院，14 世纪时被改建为宅邸

Access Guide 百老汇

从埃文河畔斯特拉特福出发

所需时间：2 小时 50 分钟~3 小时 10 分钟

乘坐 1 路巴士（时刻表→p.271）

从温奇科姆出发

所需时间：约 30 分钟

乘坐 606、606S 路巴士（时刻→p.271）

百老汇 Tourist Information Centre

Map p.283 下

✉ Unit 14, Russell Sq., WR12 7AP

TEL（01386）852937

URL www.broadway-cotswolds.co.uk

开 10:00~17:00（周日 11:00~15:00）

休 12/24~次年 2 月上旬

walk

登上立有塔楼的山丘

前往可远眺河谷的百老汇塔

百老汇有一座座蜂蜜色房屋整齐排列着。可以步行登上村庄附近的山丘。从山丘顶部的百老汇塔可以远眺整个伊夫舍姆河谷。

百老汇塔内部有商店及展览区

■线路详情

出发地点：利根阿姆斯酒店 Lygon Arms Hotel

往返用时：2 小时 30 分钟

总长度：8 公里

英格兰中部地区

科茨沃尔德

Access Guide 山地斯托

从莫顿因马什出发

所需时间：约 10 分钟

乘坐 801 路巴士（时刻表→ p.271）

从切尔滕纳姆出发

所需时间：约 50 分钟

乘坐 801 路巴士（时刻表→ p.271）

当地最主要的古玩市场

山地斯托

Map p.261C2

Stow-on-the-Wold

历史可以追溯到史前时代，12 世纪在这里就已经出现了市场。古玩店的数量居科茨沃尔德地区之首，因此有很多来此购买古玩的游客。始于 14 世纪的马匹市场每年开设一次。

周围有很多住宿设施的集市广场

Cycling

可在不通巴士的小路上骑行游览

从水上伯顿出发游览美丽村庄

水上伯顿→斯洛特斯　从伯顿出发向山地斯托方向骑行，会碰到通往下斯洛特的岔路。按照写有“The Slaughters”的标识的指示前行。

斯洛特斯→农顿→吉廷鲍尔　从上斯洛特出发，按“Cheltenham”的标识所指在小路上前行。不一会儿变为两车道的道路，再按“Cheltenham”标识的指示左转。随后出现 4 个前行方向，按写有“Naunton”的标识指示骑行。农顿村就在这条道路边。经过这个村庄后，有通往吉廷鲍尔 Guiting Power 的岔路，选择右转。继续前行不到 3 公里，就可以到达村庄。道路两侧均为典型的科茨沃尔德地区的村庄。有可以吃午饭的餐馆。

吉廷鲍尔→斯诺希尔　从吉廷鲍尔出发，经过坦普尔吉廷 Temple Guiting 后，继续向北沿僻静的小路前行。见到科茨沃尔德薰衣草庄园 Cotswald Lavender 的牌子，就离斯诺希尔 Snowshill 不远了。

骑行中远眺吉廷鲍尔的山丘

农顿的主要街道

斯诺希尔的房屋

■自行车租赁 Hartwells Cotswold Cycle Hire

Map p.276（水上伯顿）

✉ High St., GL54 2AJ　TEL（01451）820405

URL www.hartwells.supanet.com

开 夏季 9:00~18:00（周日 10:30~18:00）

冬季 9:30~17:30（周日 10:30~17:00）

休 无休　费 1 天（当天还车）£16

■线路详情

出发 · 到达地点：水上伯顿

用时：8 小时　总长度：45 公里

眼睛河边的两座小村落　　科茨沃尔德的村庄

斯洛特斯 Map p.260B2

The Slaughters

有小河流过的上斯洛特

有一种说法认为村庄名称源自沼泽（Slough），不过现在这里已经没有沼泽，只是在眼睛河边有一座座外形可爱的房屋。位于东南方向的是下斯洛特 Lower Slaughter。可以看到水车、庄园宅邸，风景美丽如画。在通往上斯洛特 Upper Slaughter 的小路上漫步也很有趣。

Access Guide 斯洛特斯

从莫顿因马什出发

所需时间：约 15 分钟

乘坐 801 路巴士（时刻表→p.271）。步行 30 分钟左右可到达上斯洛特。

从水上伯顿出发

所需时间：约 5 分钟

乘坐 801 路巴士（时刻表→p.271）。步行 30 分钟左右可到达上斯洛特。

下斯洛特

深受查尔斯王子喜爱的　　科茨沃尔德的村庄

泰特伯里 Map p.262B2

Tetbury

位于连接赛伦塞斯特与巴斯的道路的中间地点。7 世纪时，萨克逊人在此建立修道院，泰特伯里因此诞生。整个中世纪，这里依靠羊毛贸易而繁荣，据说很多人都从伦敦或巴斯前来购买货物。

现在，泰特伯里因安妮公主和查尔斯王子的别墅都坐落于此而广为人知。有哥特式的圣玛丽教堂以及长街 Long St. 一带的老街道，整个村庄并不大，但徒步游览会感到这里很有趣。

市场区为小镇的中心

Access Guide 泰特伯里

从赛伦塞斯特出发

所需时间：约 55 分钟

乘坐 882 路巴士（时刻表→p.271）

泰特伯里 Tourist Information Centre

Map p.285 上

✉ 33 Church St., GL8 8JG

TEL（01666）503552

URL www.visittetbury.co.uk

开 4~10 月 10:00~16:00
11 月～次年 3 月 10:00~14:00

休 周日、12/25~1/1

戴森公司总部所在地　　科茨沃尔德的村庄

马姆斯伯里 Map p.262B3

Malmesbury

7 世纪在此创立马姆斯伯里修道院 Malmesbury Abbey，之后发展为一个宗教小镇。市场十字路口 Market Cross 仍保留着中世纪的建筑。另外，知名度很高的戴森公司的总部也设在这里。

位于小镇中心的马姆斯伯里修道遗址

Access Guide 马姆斯伯里

从赛伦塞斯特出发

93 路 用时：约 50 分钟

周一～周六 周一～周六 8:20~17:10（周六~17:20）期间 2 小时 1 班 ※周日停运

从奇彭纳姆出发

所需时间：约 50 分钟

乘坐 92 路巴士（时刻表→p.271）

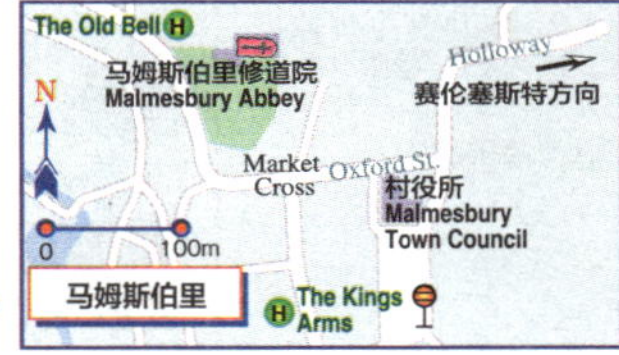

Access Guide
伯福德

从切尔滕纳姆出发

所需时间：约45分钟

乘坐853路巴士（时刻表→p.271）

从牛津出发

所需时间：约45分钟

乘坐853路巴士（时刻表→p.271）

从威特尼出发

所需时间：约20分钟

乘坐233路巴士（时刻表→p.271）

坡路上有很多商铺　　科茨沃尔德的村庄

伯福德

Map p.261C3

Burford

伯福德的景色最特别的是蜂蜜色房屋像阶梯一样层层相叠。从14世纪到17世纪，这里是进行手工纺织品贸易的地方，高街High St.一带的建筑仍保持着过去的风貌。有很多咖啡馆及出售当地特色商品的店铺，古董店也有不少。

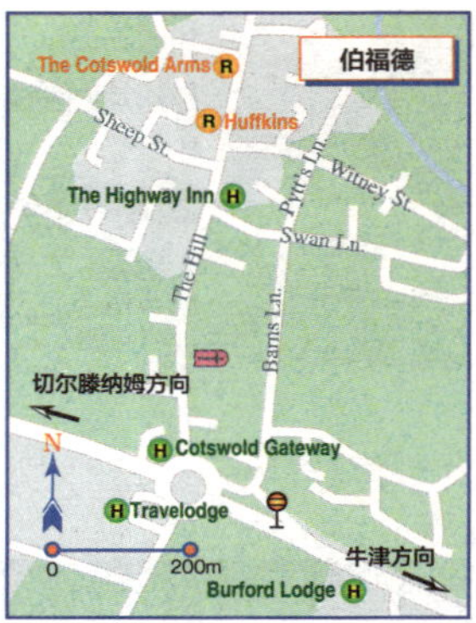

坡路两旁有许多PUB和酒店

Access Guide
明斯特洛弗尔

从威特尼出发

所需时间：约10分钟

乘坐233路巴士（时刻表→p.271）

从伯福德出发

所需时间：约15分钟

乘坐853路巴士（时刻表→p.271）

茅草屋顶构成了美丽的风景　　科茨沃尔德的村庄

明斯特洛弗尔

Map p.261C3

Minster Lovell

据说过去这里是一个以教堂为中心的村庄，因此被称为明斯特（意为修道院附属教堂）。村庄里有名为"Hall"的庄园宅邸遗址。主要街道两旁是一座座茅草屋顶的房子，形成了极具科茨沃尔德特色的风景。

明斯特洛弗尔的房屋

Access Guide
班普顿

从威特尼出发

所需时间：约25分钟

乘坐19路巴士（时刻表→p.271）

《唐顿庄园》的拍摄地　　科茨沃尔德的村庄

班普顿

Map p.261C4

Bampton

著名英国电视剧《唐顿庄园》曾在此拍摄，这里也因此广为人知。这座村庄过去是有名的集市小镇，位于中心区域的教区教堂中历史最久的建筑建于13世纪。当地的图书馆里展出《唐顿庄园》中使用过的道具。

■霍尔斯特博物馆

✉ 4 Clarence Rd., GL52 2AY

TEL（01242）524846

URL holstmuseum.org.uk

开 2~6月·10月~12月中旬 10:00~16:00

7~9月 10:00~17:00

（周日13:30~17:00）

休 周一、部分法定节假日、1~6月·10~12月中旬的周日、12月中旬~次年1月

费 £6 学生£5.50

禁止使用闪光灯

古斯塔夫·霍尔斯特在此出生

霍尔斯特博物馆

Map p.266左1

Holst Birthplace Museum　　切尔滕纳姆

古斯塔夫·霍尔斯特是创作了《行星》组曲的著名作曲家。他出生在一个音乐世家，家里几代人都是音乐家。1874年，古斯塔夫出生，7岁之前一直居住在这里。1882年他的母亲克拉拉去世，之后全家从这里搬走。现在，这里已被辟为展出霍尔斯特相关史料的博物馆并对外开放。里面有使用当时原物进行布置的房间，可以通过展出了解19世纪后期人们的日常生活方式。

创作《行星》组曲时使用的钢琴

科茨沃尔德北部的史迹铁路

格洛斯特郡沃里克郡铁路 Map p.260A2~B2

Gloucestershire Warwickshire Railway　切尔滕纳姆

周末游客很多

可以乘坐30多年前开行于科茨沃尔德地区的蒸汽火车。从切尔滕纳姆的赛马场站出发，经由温奇科姆站到达托丁顿Toddington，全程用时30分钟。现在在科茨沃尔德地区出行多乘坐巴士，但乘坐在火车上一路观赏美丽的风景则别有一番情趣。

会做衣服的老鼠的故事

《格洛斯特老裁缝的故事》之家 Map p.267A1

House of the Tailor of Gloucester　格洛斯特

著名童话《格洛斯特老裁缝的故事》中的“老裁缝之家”位于格洛斯特大教堂旁边，童话作者毕翠克丝·波特 ☞p.576 也曾居住于此。内部有纪念品商店，还有再现故事场景的房间。

《格洛斯特老裁缝的故事》之家里有许多与故事有关的物品

因哈利·波特而闻名的

格洛斯特大教堂 Map p.267A1

Gloucester Cathedral　格洛斯特

塔高130米

这里是电影《哈利·波特与魔法石》中霍格沃茨魔法学院的外景地。始建于11世纪后期，最初为圣彼得修道院的教堂，建筑风格为诺曼式，后来经过多次改建成为现在的样子。16世纪修道院解散 ☞p.574 后，成为大教堂。有许多花窗玻璃以及与大教堂有关的人物雕像，可以仔细参观。

寻找“科茨沃尔德的珍宝”

科里尼姆博物馆 Map p.268下A

Corinium Museum　赛伦塞斯特

以“寻找科茨沃尔德的珍宝”为主题。赛伦塞斯特在罗马时代为英国第二大城市，所以在此发现了许多历史遗迹。馆内有从史前时代到19世纪的各种有关科茨沃尔德历史的展品，并且通过人偶等形式以通俗易懂的方式为参观者进行讲解。尤其是展品中的马赛克，极为精美，证明了这里当时的繁荣程度。

■格洛斯特郡沃里克郡铁路

✉ The Rail Station, Toddington, GL54 5DT
TEL (01242) 621405
URL www.gwsr.com
运行：3月的周六·周日；每天6班
4~7·9月的周二·周三·周六·周日；每天6班~
8月的周二~周日；每天6班~
10月的周二·周三·周六·周日；每天6班~
冬季有时也会开行，可事先在切尔滕纳姆的❶或网站上查询。
休 11月~次年2月
费 单程£13　1日通票£18

■《格洛斯特老裁缝的故事》之家

✉ 9 College Court,GL1 2HJ
TEL (01452) 422856
URL www.tailor-of-gloucester.org.uk
开 10:00~16:00（周日12:00~16:00）
休 12月下旬~复活节、12/25·26、1/1
费 免费

■格洛斯特大教堂

✉ 12 College Green., GL1 2LX
TEL (01452) 528095
URL www.gloucestercathedral.org.uk
开 7:30~18:00（周日11:45~14:45）
休 无休
费 欢迎捐款 拍照£3
参观图书馆£3
参观地窖£3 参观塔楼£7

■科里尼姆博物馆

✉ Park St., GL7 2BX
TEL (01285) 655611
URL coriniummuseum.org
开 4~10月 10:00~17:00
（周日14:00~17:00）
11月~次年3月 10:00~16:00
（周日14:00~16:00）
休 12/24~26、1/1
费 £5.60 学生£3.65

罗马时代的马赛克

■教区教堂

✉ Market Sq., GL7 2NX

TEL（01285）659317

开 夏季 9:30~17:00

冬季 9:30~16:00

休 无休　费 免费

■科茨沃尔德酿酒厂

🚗 最近的火车站为莫顿因马什站。但是，酿酒厂距离火车站 10 多公里，所以一般都会租车自驾或乘坐出租车前往。

✉ Phillip's Field, Whichford Rd.,Stourton, Shipston-on-Stour,CV36 5HG

TEL（01608）238533

URL www.cotswoldsdistillery.com

开 游客中心

9:00~17:00（周日 11:00~16:00）

团体游

11:00、14:00（需要预约）

休 12/25 · 26、1/1

费 团体游 £6~10

游客中心提供试饮

被称为“科茨沃尔德大教堂”的

教区教堂

Map p.268 下 A

Parish Church of St. John the Baptist　　赛伦塞斯特

美丽的扇形穹顶

赛伦塞斯特的标志性建筑，在当地从任何方向都能看到。依靠羊毛织物生产立足的科茨沃尔德中世纪的村庄，因具有较强的经济实力，所以都建造了大型教堂，可容纳人数远远超过当地的人口，这些教堂也被称为 Wool Church，即羊毛教堂的意思。而赛伦塞斯特教堂又是其中最大的一座，里面分为 4 个小教堂。

出产于美丽自然环境中的威士忌

科茨沃尔德酿酒厂

Map p.261C1

The Cotswolds Distillery　　斯托顿

英格兰的威士忌酒厂并不多，科茨沃尔德酿酒厂是其中之一。该酒厂创立于 2014 年，2017 年 10 月生产出第一批威士忌。除了威士忌，这里还用科茨沃尔德的薰衣草酿造金酒。

酒店

Hotel

131 号

No.131　　切尔滕纳姆

高档　11 间　Map p.266 左 2

TV 所有房间　根据需求　所有房间　无　P 免费　Wi-Fi 免费

◆**典雅的室内陈设**　由约翰王时期的建筑改建而成的酒店。每个房间都有独自的主题，家具陈设非常典雅。1 层为咖啡厅和酒吧，使用有机食材。

✉ 131 The Promenade, GL50 1NW

TEL（01242）822939

URL theluckyonion.com

S W £130~410

C/C A M V

女王酒店

Queens Hotel　　切尔滕纳姆

高档　84 间　Map p.266 左 2

所有房间　所有房间　所有房间　所有房间　P 收费　Wi-Fi 免费

◆为当地中心区域最大的酒店，也是当地的标志性建筑。建筑的建造年代很久，所以内部结构与现代的建筑有一些区别，房间位于天井阶梯的周围。

✉ The Promenade, GL50 1NN

TEL（01242）514754

URL www.queenshotelcheltenham.co.uk

S W £90~　C/C M V

西特拉斯
Citrus Cheltenham 切尔滕纳姆

◆位于当地中心区域的三星级大型酒店。原来名为 Big Sleep。客房布置简洁、时尚，较为宽敞。

大型 59 间 Map p.266 左 2

所有房间 所有房间 所有房间 所有房间 所有房间 收费 免费

✉ Wellington St., GL50 1XZ
TEL (01242) 696999
FAX (01242) 695325
URL www.citrushotelcheltenham.co.uk
S W £42~ C/C A M V

中央酒店
Central Hotel 切尔滕纳姆

◆位于市中心区域的中档酒店，设备齐全。在切尔滕纳姆有很多同系列的公寓，房间大小及内部设备不一。

中档 23 间 Map p.266 左 1

所有房间 所有房间 所有房间 无 免费 免费

✉ 7 Portland St., GL52 2NZ
TEL (01242) 582172
URL roomsbooked.com
S £40~
W £55~ C/C M V

阿毕
Abbey 切尔滕纳姆

◆位于高街附近。周围有酒吧及商店，非常方便。每个房间的床上用品的花色都不一样。

客栈 13 间 Map p.266 左 2

所有房间 所有房间 所有房间 无 免费 免费

✉ 14-16 Bath Pde., GL53 7HN
TEL (01242) 516053
URL www.abbeyhotel-cheltenham.com
S £50~54 S £65~80 W £95~130
C/C A M V

纽因
The New Inn Hotel Gloucester 格洛斯特

◆建于 15 世纪，最初为朝圣团的住宿设施。典型的白色墙壁搭配黑色装饰的外观风格，非常美观。有的房间内配有华盖床。早餐 £7。

中档 36 间 Map p.267B1

所有房间 所有房间 所有房间 无 无 免费

✉ 16 Northgate St., GL1 1SF
TEL (01452) 522177
URL newinn.relaxinnz.co.uk
S W £50~ C/C M V

雷德斯代阿姆斯
Redesdale Arms 莫顿因马什

◆极具科茨沃尔德风格的旅馆，外观为蜂蜜色，设有传统的 PUB。每个房间都有不同花色的床上用品及窗帘，布置得非常周到细致。

旅馆 32 间 Map p.268 上

所有房间 所有房间 所有房间 无 免费 免费

✉ High St., GL56 0AW
TEL (01608) 650308
URL www.redesdalearms.com
S W £69~210 C/C A M V

老啤酒厂旅馆
The Old Brewhouse B&B 赛伦塞斯特

◆建筑建于 19 世纪初。大门很大，反映了当时的建筑风格。位于后院的建筑里有 3 间客房，设备比普通房间更好一些。周末住宿 2 天以上方能入住。

B&B 9 间 Map p.268 下 B

所有房间 所有房间 所有房间 无 免费 免费

✉ 5-7 London Rd., GL7 2PU
TEL (01285) 656099
URL www.theoldbrewhouse.com
S £90~
W £100~ C/C M V

天鹅酒店 Recommended
The Swan Hotel 拜伯里

高档 22 间 Map p.278

TV 所有房间 | 吹风机 所有房间 | 水壶 所有房间 | 保险箱 所有房间 | P 免费 | Wi-Fi 无

◆**位于大自然之中的传统酒店** 设有咖啡厅（→ p.278），旅游团也经常光顾。酒店的网站上有每间客房的照片，可以自己选择房间。

✉ Bibury, GL7 5NW
TEL（01285）740695
URL www.cotswold-inns-hotels.co.uk
S £139~
W £149~
C/C A M V

庄园酒店 Recommended
The Manor House Hotel 库姆堡

庄园宅邸 48 间 Map p.279

TV 所有房间 | 吹风机 所有房间 | 水壶 所有房间 | 保险箱 前台 | P 免费 | Wi-Fi 免费

◆**体验贵族生活** 位于库姆堡的大型庄园宅邸。房间布置厚重而明快。庭园很大，在村庄外围还有私属高尔夫球场。

餐馆 拜布鲁克 The Bybrook 是一家多次获奖的著名餐馆。在这里可以品尝到高级英国菜肴。3 道菜的套餐 £66。The Avenue 有下午茶 £32.50。

✉ Castle Combe, SN14 7HR
TEL（01249）782206
URL www.exclusive.co.uk/the-manor-house
S W £180~
C/C A D J M V
餐馆 开 周三～周五 · 周日 12:30~14:00
晚餐 19:00~21:30

天使的签名 
Sign of the Angel 莱科克

中档 5 间 Map p.280

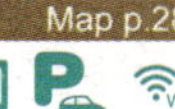

TV 无 | 吹风机 所有房间 | 水壶 所有房间 | 保险箱 无 | P 免费 | Wi-Fi 免费

◆**由羊毛商人住宅改建而成的** 由 15 世纪的羊毛商人住宅改建而成的酒店。客房内有很多古董陈设，有很强的历史感。1 层设有餐馆。

✉ 6 Church St., SN15 2LB
TEL（01249）730230
URL www.signoftheangel.co.uk
S £80~
W £120~
C/C A J M V

利根阿姆斯（奇平卡姆登）
Lygon Arms 奇平卡姆登

旅馆 10 间 Map p.282

TV 所有房间 | 吹风机 所有房间 | 水壶 所有房间 | 保险箱 无 | P 免费 | Wi-Fi 部分免费

◆位于高街旁边的旅馆。沿街建筑内设有 PUB，大多数客房位于后面的建筑，不受噪声影响。

✉ High St., GL55 6HB
TEL（01386）840318
URL www.lygonarms.co.uk
S W £70~ C/C A M V

利根阿姆斯（百老汇）
The Lygon Arms

百老汇

◆ **历代王室都曾入住的** 科茨沃尔德历史非常悠久的旅馆，都铎王朝时期就是马车驿站（Coaching Inn）。客房、大厅、PUB 都保持着过去的风格，整个酒店仿佛就是一座博物馆。

餐馆 Great Hall 有传统的英国菜肴，在 Barrington 可以品尝到新式英国菜。均使用当地食材。

高档 77 间 Map p.283（专栏内地图）

TV 所有房间 | 吹风机 所有房间 | 水壶 所有房间 | 保险箱 前台 | 停车 免费 | Wi-Fi 免费

✉ High St., WR12 7DU
TEL（01386）852255
URL www.lygonarmshotel.co.uk
S W £225~
C/C A M V

天鹅旅馆
The Swan Inn

斯文布鲁克

◆**《唐顿庄园》的拍摄地** 位于伯福德与明斯特洛弗尔之间，从两地步行 40 分钟左右均可到达。具有浓厚的科茨沃尔德风格，也是电视剧《唐顿庄园》的拍摄地。第二季中，西比尔与布兰森私奔后曾投宿于此。

Pub 1 层为 Pub，有各种葡萄酒。使用时令食材制作的菜肴也很受欢迎，有时还能尝到熟成赫里福德牛肉。点餐时间截至闭店前 2 小时。

旅馆 6 间 Map p.261C3

TV 所有房间 | 吹风机 所有房间 | 水壶 所有房间 | 保险箱 无 | 停车 免费 | Wi-Fi 免费

✉ Swinbrook, Near Burford, OX18 4DY
TEL（01993）823339
URL www.theswanswinbrook.co.uk
S W £125~
C/C M V
PUB 开 11:00~23:00（周五 11:00~23:30、周六 11:30~23:30、周日 12:00~22:30）

餐馆
Restaurant

舒椅餐馆
Comfy Pew

格洛斯特

◆ 位于大教堂前，周边都是古建筑群，餐馆所在的建筑已经有 150 年以上的历史了。食材使用当地产的乳酪、以及周边种植的新鲜蔬菜，烹制的菜肴也深受当地人的好评。店内总是十分热闹。

英国菜 咖啡餐吧 Map p.267A1

✉ 11 College St., GL1 2NE
TEL（01452）524296
URL www.thecomfypew.co.uk
开 10:00~16:00（周日 11:00~）
休 12/25，1/1
C/C M V
Wi-Fi 无信号

杰西餐馆

Jesse's 赛伦塞斯特

◆科茨沃尔德最具代表性的餐馆。肉类和蔬菜类的食材都来自当地，鱼类食材是每天从康沃尔运送过来的，选材注重时令，非常严格。

现代英式料理 Map p.268 下 A

✉ The Stableyard, Black Jack St., GL7 2AA

TEL（01285）641497

URL www.jessesbistro.co.uk

开 11:45~14:45（周日 ~16:45）18:45~21:45

休 周日 · 周一的夜间 C/C A M V

店内有信号

坦克吧

Tank Bar 格洛斯特

◆这家酒吧是附近格洛斯特精酿啤酒厂直营的 Pub。共有 6 种当地的精酿啤酒出售，菜谱上的乳酪拼盘价格是 £5.95，肉肠拼盘是 £6.50。

Pub 当地啤酒 Map p.267 A2

✉ 12-14 Llanthony Rd., GL1 2EH

TEL（01452）690541

URL www.tankgloucester.com

开 11:00~23:00

休 无休

C/C M V

有信号

金十字架酒店

Golden Cross Inn 赛伦塞斯特

◆这家餐馆最热销的是使用科茨沃尔德产的牛肉以及产自当地的食材烹制的美食。周末的午餐时间段总是客满为患。菜谱是根据时令变更的，主菜的价格是 £10~。楼上还有住宿设施，单人间 £45~，双人间 £70~。

食堂 英国菜 Map p.268 下 A

✉ 20 Black Jack St., GL7 2AA

TEL（01285）652137

URL www.thegoldencrossinn.com

开 11:00~22:30（周日 9:30~21:00）

休 无休

C/C M V

店内有信号

黑熊酒店

The Black Bear Inn 莫顿因马什

◆在当地非常受欢迎的 Pub，可以为客人提供产自山地斯托的精酿啤酒 Donnington。使用当地新鲜食材烹制的菜肴也深受好评。

Pub Map p.268 上

✉ High St., GL56 0AX

TEL（01608）652992

URL www.blackbearinnmoreton.co.uk

开 10:30~23:00

休 免费

C/C M V

店内有 Wi-Fi

科茨沃尔德茶屋

The Cotswold Tearoom 莫顿因马什

◆店内使用色彩绚丽的彩绘盘子做装饰，十分可爱温馨。手工烘焙的蛋糕和司康饼是这里的特色。下午茶双人份的价格是 £24.95。

茶房 英国菜 Map p.268 上

✉ 4 High St., GL56 0AH

TEL（01608）238123

URL www.thecotswoldtearoom.co.uk

开 9:00~17:00（周二 ~ 16:00）

休 无休

C/C M V

店内有 Wi-Fi

汇集了世界各地学生的小镇

牛津
Oxford

在众多学院之中，最值得参观的就是基督教会学院

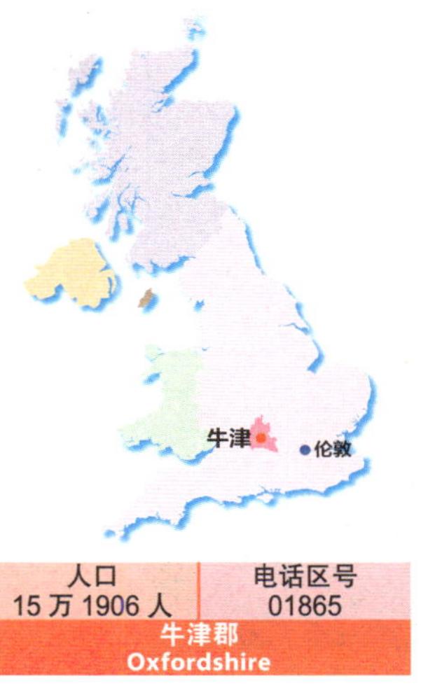

人口	电话区号
15 万 1906 人	01865
牛津郡 Oxfordshire	

据说，8 世纪时，萨克逊公主弗丽德丝维德 Frideswide 在此建立了修道院，也就是现在牛津大学基督教会学院的前身。为追求公主来到这里的国王遭雷击而失明，但弗丽德丝维德进行祈祷让国王神奇般地恢复了视力。

13 世纪开始，这里逐渐成为大学城，但有一段时期，学生与当地居民之间产生对立，因此影响了声誉。现在这里是英国最高学府之一，学生来自世界各地，让这里充满了国际氛围，同时这里也有具有厚重历史感的校舍，二者在这座小镇中完美地结合在一起。

牛津 漫步

卡法克斯塔

位于城镇中心的是卡法克斯塔 Carfax Tower，在塔上可以眺望整个城镇。卡法克斯塔的东侧分布着牛津大学的各所学院，西侧有巴士站、购物中心等设施。跨过运河后，就是火车站。这些地点步行均可到达。

高街 从卡法克斯塔向东沿高街 High St. 前行，有林肯学院、王后学院等众多的学院 p.296。

布劳德大街 进入女王巷 Queen's Ln. 后，沿新学院外的蜿蜒道路前行，可以到达博德利

Access Guide 牛津

从伦敦出发

🚆 所需时间：约 1 小时 10 分钟

周一~周六 从帕丁顿站乘车 5:12~次日 0:22（周六 5:18~23:33）大概 1 小时 1~2 班

周日 8:00~21:34 大概 1 小时 1 班

🚌 所需时间：约 1 小时 40 分钟

周一~周日 从维多利亚站乘车，有 X90、Oxford Tube 24 小时开行

从希思罗机场（中央巴士站）出发

🚌 所需时间：约 1 小时 30 分钟

周一~周日 大概 1 小时 1~4 班，部分车次经由 5 号航站楼

从盖特威克机场（南航站楼）出发

🚌 所需时间：约 2 小时 30 分钟

1 小时 1 班，深夜 2 小时 1 班

从切尔滕纳姆出发

🚌 所需时间：约 1 小时 35 分钟

周一~周六 乘坐 Swanbrook 的 853 路 7:00 11:00 16:10（周六 7:00 10:00 12:30 16:10）

周日 17:15

从莫顿因马什出发

🚆 所需时间：约 35 分钟

周一~周六 5:47~23:26（周六 6:48~21:52）期间每 30 分钟 ~1 小时 30 分钟有 1 班

周日 10:16~22:08 大概 1 小时 1 班

牛津 Tourist Information Centre

Map p.295C2
✉ 15-16 Broad St., OX1 3AS
TEL（01865）686430
URL experienceoxfordshire.org
开 9月~次年6月 9:30~17:00（周日 9:30~16:00）
7·8月 9:00~17:30（周日 9:30~16:00）
休 12/25·26、1/1

在河边散步

图书馆。返回卡法克斯塔时途经的谷物市场大街 Cornmarket St. 总是非常热闹。

基督教会学院周边 从卡法克斯塔向南，有牛津博物馆，继续南行是基督教会学院以及可租借 Punt（平底船）的佛利桥 Folly Br.。

格洛斯特·格林巴士站

牛津 交通信息

火车站 火车站位于城镇的西部。步行10分钟左右可到达卡法克斯塔。

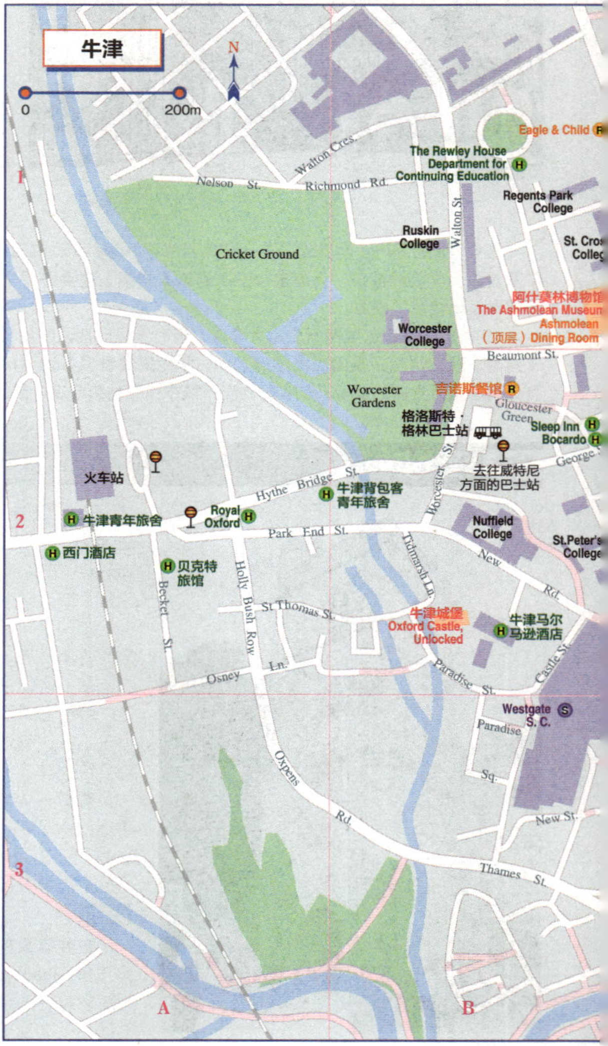

牛津

0 200m

N

Walton Cres.
Nelson St.
Richmond Rd.
Eagle & Child R
The Rewley House Department for Continuing Education H
Regents Park College
Ruskin College
Walton St.
St. Cross College
Cricket Ground
阿什莫林博物馆 The Ashmolean Museum
Ashmolean（顶层）Dining Room
Worcester College
Beaumont St.
Worcester Gardens
吉诺斯餐馆 R
Gloucester Green
格洛斯特·格林巴士站
Sleep Inn H
Bocardo H
George St.
去往威特尼方面的巴士站
火车站
Hythe Bridge St.
H 牛津背包客青年旅舍
Worcester St.
H 牛津青年旅舍
Royal Oxford H
Park End St.
Nuffield College
St.Peter's College
H 西门酒店
H 贝克特旅馆
Tidmarsh Ln.
New Rd.
Becket St.
Holly Bush Row
St Thomas St.
牛津城堡 Oxford Castle, Unlocked
H 牛津马尔马逊酒店
Osney Ln.
Paradise St.
Castle St.
Westgate S.C. S
Paradise Sq.
Oxpens Rd.
New St.
Thames St.
1
2
3
A
B

■城市旅游公司
City Sightseeing
TEL（01865）790522
URL www.citysightseeingoxford.com

徒步游览

城镇及大学游
University and City Tour

10:45、13:00、14:00 出发
6~9月 10:45、11:15、13:00、14:00 出发　冬季 10:45、13:00 出发
所需时间：2小时　费 £14　学生 £13（包含学院门票）

各游览项目前往参观的学院不同，有机会参观通常不对外开放的学院。很受欢迎，最好提前预约。

摩斯警长之旅
Inspector Morse Tour

4~9月的周一、周三、周日 13:30
4~9月的周五、周六 10:45、13:30 出发
所需时间：2小时　费 £16　学生 £15

游览以牛津为故事背景拍摄的人气电视剧《摩斯警长》的相关景点。

牛津的 ❶
TEL（01865）686441
URL experienceoxfordshire.org

所有团体游项目均在 ❶ 前报名并出发。除此之外，还会不定期举办哈利·波特拍摄地之旅。可以在 ❶ 直接预约，也可以通过电话、网站（出发的48小时之前）预约。

巴士站 有从希思罗机场、盖特威克机场以及伦敦出发的巴士（Oxford Bus、Oxford Tube），开往位于牛津中心城区格洛斯特·格林巴士站 Gloucester Green Bus Station。去往牛津近郊的巴士也从这里发车。

市内巴士 市内巴士的起点及终点多在火车站前。在市中心乘车的话，高街附近的巴士站比较近。

观光巴士 城市旅游公司的巴士从火车站出发，经由巴士站，去往各主要景点及学院，用 1 小时的时间环游牛津。4~10 月期间，有从基督教会学院继续向南行驶 30 分钟的梅多斯与布里奇斯线路。可以自由乘车及下车，提供语音导览。

●城市与大学线路
4~9 月 9:30~18:00 每隔 10~30 分钟发车
10 月～次年 3 月 9:30~16:00 每隔 15~30 分钟发车
●梅多斯与布里奇斯线路
4~9 月 9:45~17:45 每隔 30 分钟发车
10 月 9:45~16:45 每隔 30 分钟发车
费 24 小时通票
£15 学生 £13
48 小时通票
£17 学生 £15

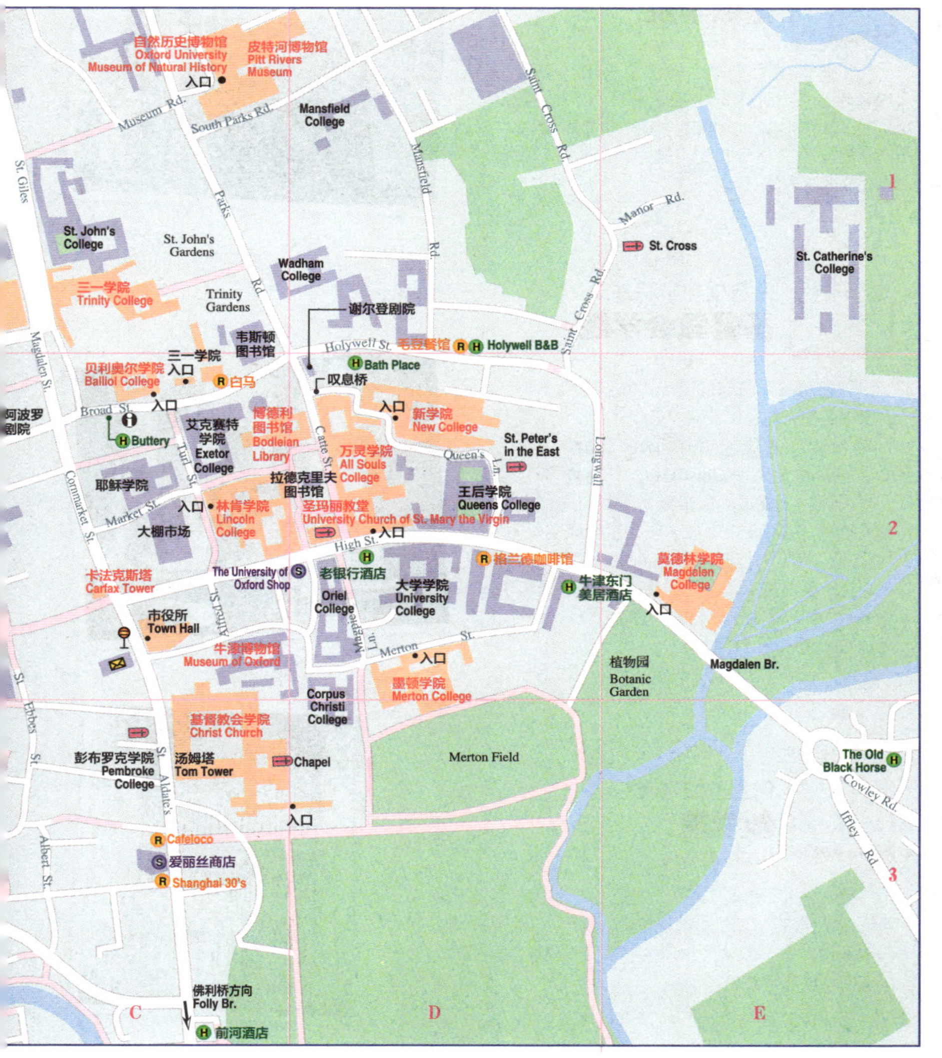

参观牛津的各个学院

牛津最重要的景点当然是牛津大学的各个学院。学院很多，以至于牛津被称为“存在于大学之中的城市”。不少学院都允许游客进入校园参观，但上午一般都不对外开放。建议参加❶组织的团体游。

历史最久的常设学院

墨顿学院

Merton College

牛津大学历史最久的常设学院，创立于1264年。在此之前的学院都没有固定的用地，之后，大学学院、贝利奥尔学院也相继成为常设学院。建于1370年的英格兰最古老的图书馆也在该学院内。

大教堂与学院并立

基督教会学院

Christ Church

大教堂与学院共同组成了基督教会学院。大教堂里有漂亮的花窗玻璃。来此参观，一定要听一听唱诗班动人的歌声。每天18:00开始。

学院食堂大厅Great Hall，一整面墙上挂着许多肖像画，屋顶的装饰极为华丽。这里也是电影《哈利·波特》中魔法学院食堂的原型。另外，学院还设有美术馆Picture Gallery，收藏有凡·戴克、达·芬奇等人的作品。塔楼名为汤姆塔Tom Tower，为克里斯托弗·雷恩p.573设计，塔内的大钟Great Bell可以报时。

创立于1379年

新学院

New College

新学院的历史其实很久，创立于1379年。正式名称为圣玛丽新学院。在此之前，已经有奥里尔学院是为尊崇圣玛丽而建，为了加以区分，这座学院便被称为新学院。学院的唱诗班非常有名。

前身为杜伦学院

三一学院

Trinity College

三一学院所在地最初为达勒姆（→p.428）的修道士创立的杜伦学院。1555年，所有权被三一学院获得，校园内保存着建于15世纪的图书馆。三一学院与旁边的贝利奥尔学院相互视对方为竞争对手。

位于牛津大学区域最东部

莫德林学院

Magadlen College

由温彻斯特主教威廉·韦恩福利特创建于1458年。英国国王爱德华八世与奥斯卡·王尔德都毕业于这里。校园的面积很大，可在查韦尔河边散步。

没有学生的学院

万灵学院

All Souls College

创立于1438年的学院。学院中没有学生，只有名额极为有限的研究员。建筑师克里斯托弗·雷恩p.573曾任这里的研究员。有著名的万灵图书馆，也就是人们熟悉的科德灵顿图书馆 Codrington Library。

政治家辈出

贝利奥尔学院

Balliol College

自1263年创立以来，都是牛津大学最负盛名的学院之一，毕业生中有英国首相爱德华·希斯以及德国总统魏茨泽克等许多著名的政治家。哲学家亚当·斯密也毕业于这里。

创立于1427年

林肯学院

Loncoln College

循道宗创始人约翰·卫斯理就毕业于林肯学院。大致位于牛津大学区域的中心。学院内有建于17世纪的建筑。学院图书馆所在建筑最初为建于18世纪的全圣教堂。1975年成为图书馆。

DATA

■墨顿学院 Map p.295D2
✉ Merton St., OX1 4JD　TEL（01865）276310
URL www.merton.ox.ac.uk
开 14:00~17:00（周六·周日 10:00~17:00）
※ 入场时间截至16:30　休 不定期　费 £3

■基督教会学院 Map p.295C3
✉ Christ Church, OX1 1DP　TEL（01865）276573
URL www.chch.ox.ac.uk
●学院
开 10:00~17:00（周日 14:00~17:00）
休 12/25、不定期
费 会有变化 £8~10　学生 £7~9
●大厅
开 10:00~11:30 14:30~17:00
（周六·周日 14:30~17:00）
休 12/25　费 包含在参观学院费用中
●美术馆
开 6~9月 10:30~17:00（周日 14:00~17:00）
10月~次年5月 10:30~13:00 14:30~16:30
（周日 14:00~16:30）
休 10月~次年6月的周二、12/25、不定期
费 £4　学生£2　内部禁止拍照

■新学院 Map p.295D2
✉ Holywell St., OX1 3BN　TEL（01865）279500
URL www.new.ox.ac.uk
开 3月中旬~10月中旬 11:00~17:00
10月中旬~次年3月中旬 14:00~16:00
休 不定期　费 £5（冬季免费）　内部禁止拍照

■三一学院 Map p.295C1
✉ Broad St., OX1 3BH
TEL（01865）279900　URL www.trinity.ox.ac.uk
开 9:30~12:00 14:00~17:30
（7·8月 9:30~18:00）　休 不定期　费 £3　学生 £2

■莫德林学院 Map p.295E2
✉ High St., OX1 4AU
TEL（01865）276000　URL www.magd.ox.ac.uk
开 7·8月 10:00~19:00
9月 12:00~19:00　10月~次年6月 13:00~18:00
休 12/25~1/1、不定期　费 £6　学生 £5

■万灵学院 Map p.295D2
✉ High St., OX1 4AL
TEL（01865）279379　URL www.asc.ox.ac.uk
开 14:00~16:00　休 周六、复活节假期、8月、12月下旬~次年1月上旬、不定期　费 免费

■贝利奥尔学院 Map p.295C2
✉ Broad St., OX1 3BJ　TEL（01865）277777
URL www.balliol.ox.ac.uk　开 10:00~17:00
休 不定期　费 £3　学生 £1

■林肯学院 Map p.295C2
✉ Turl St., OX1 3DR　TEL（01865）279800
开 14:00~17:00（周六·周日 11:00~17:00）
休 无休　费 免费
※即便未到规定的关门时间，各学院也经常会在日落随即关门，游客在冬季需要特别注意这一点

■阿什莫林博物馆
✉ Beaumont St., OX1 2PH
TEL（01865）278000
URL www.ashmolean.org
开 10:00~17:00 休 周一
费 建议最少捐款金额 £5
部分区域禁止拍照
禁止使用闪光灯

英国著名的博物馆

阿什莫林博物馆

Map p.294B1

The Ashmolean Museum

历史悠久，创立于 1683 年，是世界上最大的大学博物馆。有来自北塞浦路斯的萨拉米斯遗址、埃及的哈瓦拉遗址的相关展品，数量很多，其中包括阿瑟·埃文斯在克诺索斯遗址发掘的珍贵文物。

展馆内的展品

克诺索斯遗址相关展出

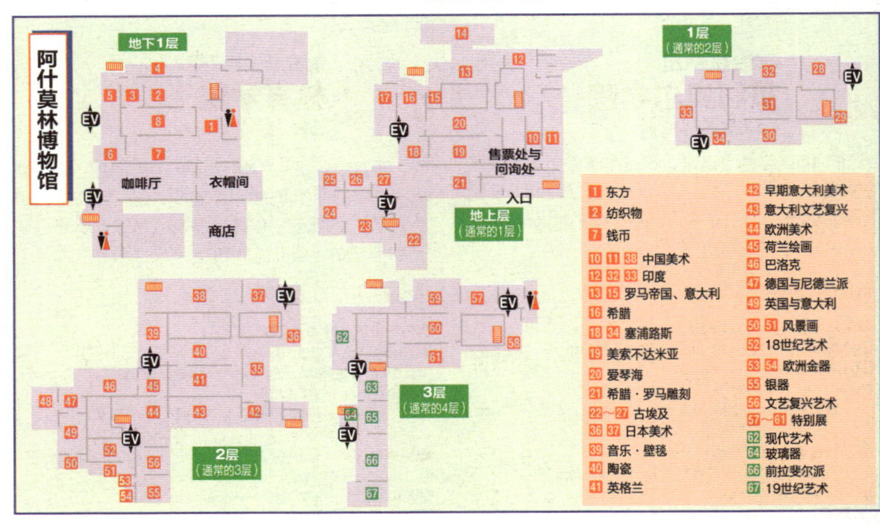

■博德利图书馆
✉ Broad St., OX1 3BG
TEL（01865）287400
URL www.bodleian.ox.ac.uk/bodley
开 9:00~17:00（周六 9:00~16:30 周日 11:00~17:00）
休 无休
费 £2.50（包含语音导览费用）
●团体游
开 每天开始时间不一
费 30 分钟 £6　1 小时 £8
　1 小时 30 分钟 £14

博德利图书馆总馆

牛津著名图书馆

博德利图书馆

Map p.295C~D2

Bodleian Library

藏书量达到 1100 万册，仅次于伦敦的大英图书馆。除了总馆，还有拉德克里夫图书馆 Radcliffe Camera、克拉伦登楼 Clarendon Building、新馆 New Bodleian Library 等处也收藏有大量的图书。建筑中最引人注目的是建于 1749 年的拉德克里夫图书馆。这座圆顶建筑是为收藏科学类图书而建。

参加图书馆团体游可以参观馆内的会议室。17 世纪英格兰内乱战时期，被赶出伦敦的查理一世将王宫设在牛津，英国议会就是用这个会议室开会。2 层的阅览室的装饰风格为 Jacobean 式（17 世纪前期），电影《哈利·波特》曾在此拍摄。

登塔观赏美景

卡法克斯塔 Map p.295C2

Carfax Tower

在卡法克斯塔上观赏风景

“卡法克斯”意为“十字路口”，所以登上这座塔就能从十字路口的上空观赏美景。塔高23米左右，有100级台阶。最初为圣马丁教堂的一部分，但该教堂的建筑只有这座塔保存至今。每逢整点，塔上的时钟就会鸣响报时。

可观赏牛津全貌的

圣玛丽教堂 Map p.295D2

University Church of St. Mary the Virgin

可以在塔上眺望各个学院

关于圣玛丽教堂的起源，现在并不十分清楚，据说建于萨克逊时期。

教堂中最古老的建筑是建于1280年的塔楼。站在塔楼上可以看到美丽的风景，所以很多游客都要登上塔顶，亲自看一看。可以将拉德克里夫图书馆等牛津的著名建筑尽收眼底，感觉十分畅快。

曾为监狱的城堡

牛津城堡 Map p.294B2

Oxford Castle, Unlocked

1071年诺曼征服后修建。据文献记载，12世纪时，征服王威廉p.572的孙女玛蒂尔达（Maud）曾被软禁于此。城堡大部分建筑毁于17世纪英国内战期间，但诺曼式地下室得以保存。1700年前后至1996年，城堡建筑被作为监狱使用。参观时，首先观看介绍城堡历史的影片，之后在身着看守服装的导游的带领下，依次参观塔楼、地下室和监狱。

牛津城堡的城墙

■卡法克斯塔

TEL（01865）792653

开 4~9月 10:00~16:30
3月 10:00~16:00
10月~次年2月 10:00~15:00

休 12/25・26、1/1

费 £2.70

卡法克斯塔的机关人偶

■圣玛丽教堂

✉ High St., OX1 4BJ

TEL（01865）279111

URL www.university-church.ox.ac.uk

开 9月~次年6月 9:30~17:00（周日 11:30~17:00）
7・8月 9:00~18:00（周日 11:30~17:00）

休 12/25

费 免费、塔 £4

Information

爱丽丝商店

位于基督教会学院前。在《爱丽丝镜中奇遇记》中，爱丽丝与绵羊在此相遇。现在出售各种与爱丽丝的相关商品。店门口有醒目的红色招牌。

Map p.295C3

✉ 83 St. Aldates, OX1 1RA

TEL（01865）240338

URL aliceinwonderlandshop.com

开 7・8月 9:30~18:00
9月~次年6月 10:00~18:00

休 12/25・26

C/C A M V

■牛津城堡

✉ 44-46 Oxford Castle, OX1 1AY

TEL（01865）260666

URL www.oxfordcastleunlocked.co.uk

开 10:00~16:20

休 12/24~26

费 £11.50 学生 £9.75

禁止使用闪光灯

了解牛津的历史

牛津博物馆

Map p.295C2

Museum of Oxford

位于牛津市役所内，给人印象的是一个很小的博物馆，但其实展品非常丰富，详细介绍了牛津地区自史前时期以来的历史。还设有美术馆。

牛津博物馆

■牛津博物馆
✉ St. Aldates, OX1 1BK
TEL（01865）252334
URL www.oxford.gov.uk
※截至2018年5月，仍处于闭馆整修状态

非常值得一看的新哥特式建筑

自然历史博物馆

Map p.295C1

Oxford University Museum of Natural History

博物馆内有极为珍贵的渡渡鸟（17世纪时灭绝）标本以及恐龙骨骼标本等与生物相关的展品，还有包括矿物、地质方面展品在内的其他自然科学相关展品。

除了展品，博物馆的建筑也很值得关注。新哥特式的博物馆建于维多利亚时期，使用了钢铁、玻璃等当时最先进的建筑材料，是著名的自然科学博物馆。

■自然历史博物館
✉ Parks Rd., OX1 3PW
TEL（01865）272950
URL www.oum.ox.ac.uk
开 10:00~17:00
休 12/25
费 建议最低捐款金额 £5

《爱丽丝梦游仙境》中描述过的渡渡鸟

藏品极为丰富

皮特河博物馆

Map p.295C1

Pitt Rivers Museum

紧邻自然历史博物馆。入口位于自然历史博物馆内，从专门的通道进入。

有来自世界各地的不同年代的藏品超过50万件，被展出的只占全部藏品的三分之一左右。按主题分为多个展区，展台上摆满了各种文物。

■皮特河博物馆
✉ South Parks Rd., OX1 3PP
TEL（01865）270927
URL www.prm.ox.ac.uk
开 10:00~16:30（周一 12:00~16:30）
休 12/25·26·31、1/1
费 免费

藏品的数量惊人

英国著名汽车厂

MINI 牛津工厂

无地图

MINI Plant Oxford

英国最大的汽车厂。这家工厂从2001年开始组装"MINI"汽车，可以参加团体游（需要预约），参观组装汽车的过程，用时约2.5小时。

工厂内有500个机器人工作，生产线上用68秒就可以生产出一辆新车。另外，2012年伦敦奥运会时，这家工厂是圣火传递地点之一。

工厂门口的牌子上写着各国语言的"欢迎"

■ MINI 牛津工厂
巴士 从市役所前的巴士站乘坐5路巴士，在霍斯帕斯路 Horspath Rd. 下车
✉ Eastern By-Pass Rd., Cowley, OX4 6NL
TEL（01865）825750
URL www.visit-mini.com
●游客中心
开 9:00~18:00（周五 ~13:00）
休 周六·周日
●参观（需要预约）
开 9:30 13:30 等时间，每天 1~3 次
休 周六·周日
费 £19　内部禁止拍照
※参观者需年满10岁

世界遗产 详细导览

丘吉尔首相的出生地

布莱尼姆宫 Blenheim Palace

表彰战功的宫殿 西班牙王位继承战争期间的 1704 年，发生于德国多瑙河畔布林德海姆 Blindheim 的战斗中，约翰·丘吉尔公爵大败法军。为了表彰其战功，安妮女王将这座宫殿赐予约翰·丘吉尔，并用布林德海姆的英文发音布莱尼姆给宫殿命名。此后，丘吉尔家族便居住于此，1873 年，英国著名首相温斯顿·丘吉尔p.572就出生在这里。

从牛津乘巴士约 30 分钟可至。车站位于汉辛顿门旁。从汉辛顿门直行，可以到达售票处，继续向前，就是宫殿的入口。整个建筑气势恢宏。

游览广阔的庭园 可以参观温斯顿·丘吉尔出生的房间，除此之外，体现英国贵族奢华生活的室内陈设以及得到精心维护的庭园也非常值得仔细参观。还有蝴蝶农场、玫瑰园、迷宫等设施，可以花一整天时间在此游览。

庭园内的湖水

公园内有小火车开行

汉辛顿门方向
Oxfordshire Pantry
Orangery
Champagne Bar
Water Terrace Cafe
Indian Room
宫殿
布莱尼姆铁路
Bleinhaim Park Railway
蝴蝶馆
Presure Gardens Deli
欢乐花园
迷宫

DATA

■布莱尼姆宫

🚌 从格洛斯特·格林巴士站乘坐巴士 S3，在伍德斯托克 Woodstock 下车。5:45~23:45 期间大概 1 小时 3 班，用时 30 分钟。

✉ Woodstock, OX20 1PP　TEL（01993）810530

URL www.blenheimpalace.com

●宫殿

开 10:00~17:30 ※ 入场截至 16:45

休 12/25、不定期

费 £24.90 学生 £20.90（宫殿、庭园、公园通票）

宫殿内禁止拍照　禁止使用闪光灯

●庭园与公园

开 庭园 10:00~18:00
　 公园 9:00~18:00

休 12/25、不定期

费 £26 学生 £23（庭园与公园通票）

酒店 & 餐馆
Hotel & Restaurant

虽然有众多来自世界各地的游客造访牛津，但市中心一带的酒店数量并不多。有部分学生宿舍及大学设施也对游客开放。火车站西侧及查韦尔河东侧有价格比较便宜的 B&B。因为有世界各国的学生在此求学，所以当地的餐馆和咖啡馆也颇具国际特色。

牛津马尔马逊酒店 Recommended
Malmaison Oxford

◆**由过去的监狱改建而成的酒店** 利用过去的监狱改建而成的酒店。将 3 间牢房改为 1 间客房，内部设备齐全，陈设美观时尚。早餐 £14~16。

高档 95 间 Map p.294B2

所有房间 所有房间 所有房间 所有房间 收费 免费

✉ 3 New Rd., OX1 1AY
TEL (01865) 689949
URL www.malmaison.com
S W £119~
C/C A D M V

老银行酒店

Old Bank Hotel

◆**周围有众多学院** 有宽敞的休息厅等公共空间。客房的装饰均采用素雅的色调。部分房间没有浴缸。早餐 £20。有下午茶。

高档 42 间 Map p.295D2

所有房间 所有房间 根据需要 所有房间 免费 免费

✉ 92-94 High St., OX1 4BJ
TEL (01865) 799599
FAX (01865) 799598
URL www.oldbank-hotel.co.uk
S W £210~
C/C A M V V

牛津东门美居酒店
Mercure Oxford Eastgate

◆由从前的客栈改建而成的酒店。客房均已重新装修。客人可以选择远离街道及酒吧的房间。

高档 64 间 Map p.295D2

所有房间 所有房间 所有房间 无 收费 免费

✉ 73 High St., OX1 4BE
TEL (01865) 248332 FAX (01865) 791681
URL www.mercure.com
S W £100~ C/C A D M V

前河酒店
Head of The River

◆位于横跨泰晤士河的佛利桥旁。2017 年重新装修。在 1 层的酒吧办理入住手续。酒吧的营业时间为 11:00~23:00。

旅馆 12 间 Map p.295C3

所有房间 所有房间 所有房间 无 无 免费

✉ Folly Bridge, OX1 4LB
TEL (01865) 721600
URL headoftheriveroxford.co.uk
S W £125~ C/C A M V

西门酒店
Westgate Hotel

◆由家庭经营的酒店，历史悠久。位置很好，价格便宜，设备也还不错。在街道北面不远处还有另外一栋建筑，内有 8 间客房（浴室、厕所为公用）。

中档 20 间 Map p.294A2

所有房间 所有房间 所有房间 无 免费 免费

✉ 1 Botley Rd., OX2 0AA
TEL (01865) 726721
URL www.westgatehoteloxford.co.uk
S £75~ S £80~
W £85~ W £100~
C/C A J M V

贝克特旅馆
Becket Guest House

◆距离火车站很近，交通便利，而且价格不贵，因此很受欢迎。老板也很热情。虽然客房的装修一般，但是比较干净。

旅馆　10 间　Map p.294A2

TV 所有房间　吹风机 所有房间　水壶 所有房间　保险箱 无　停车场 无　Wi-Fi 免费

住 5 Becket St., OX1 1PP　TEL (01865) 724675　email becketguesthouse@yahoo.co.uk
S £65~　S £70~
W £75~　W £85~
C/C J M V

牛津背包客青年旅舍
Oxford Backpacker's

◆位于大路旁，所以室外噪声可能略大。1 个房间有 4~18 个床位。设有厨房。有洗衣房可供客人使用。还有酒吧。

青年旅舍　12 间　Map p.294A2

TV 无　吹风机 无　水壶 无　保险箱 无　停车场 无　Wi-Fi 免费

✉ 9a Hythe Bridge St., OX1 2EW
TEL (01865) 721761　URL www.hostels.co.uk
D £13~　C/C M V

牛津青年旅舍
YHA Oxford

◆建筑较新，设备齐全。有厨房、洗衣房、咖啡馆、餐馆。所在位置很好，很受欢迎，应提前预订。

青年旅舍　40 间　Map p.294A2

TV 无　吹风机 无　水壶 无　保险箱 无　停车场 无　Wi-Fi 1 层免费

✉ 2a Botley St., OX2 0AB
TEL (01865) 727275　FAX 08707705971
URL www.yha.org.uk
D £15~　W £49~
W £55~　C/C M V

吉诺斯餐馆
Gino's Spaghetti House

◆位于格洛斯特·格林巴士站前。佩斯卡托里、卡布纳拉等意大利面 £7.20~9.50，比萨 7.60~9.20，主菜 £12.50~15.50。非休息日的午餐，两盘 £9.99。店内的氛围很好。

意大利菜　Map p.294B2

✉ 94 Gloucester Green, OX1 2BU
TEL (01865) 794446
URL www.ginos-oxford.com
开 12:00~14:30 18:00~22:30
休 无休　C/C A J M V
Wi-Fi 店内有 Wi-Fi

毛豆餐馆
Edamame

◆午餐以套餐为主。猪排咖喱饭、炒面、拉面等 £7~10.50。最有人气的是味噌拉面 £9.50。晚餐在一星期之中每天有不同的菜单，周四提供寿司，7 个寿司的套餐 £8。周五、周六主要是居酒屋式菜品 £3~9。

日本料理　Map p.295D1

✉ 15 Holywell St., OX1 3SA
TEL (01865) 246916　URL www.edamame.co.uk　开 11:30~14:30 17:00~20:30（周日 12:00~ 15:30）
休 周三·周日的晚餐、周一·周二
C/C M V　Wi-Fi 无

格兰德咖啡馆
The Grand Café

◆创立于 1651 年，是英国历史最久的咖啡馆。午餐提供 £12.50~13.95，三明治、沙拉、汤等简餐。下午茶 £7.95~26.45。需要另付 10% 的服务费。

咖啡　Map p.295D2

✉ 84 High St., OX1 4BG
TEL (01865) 204463
URL www.thegrandcafe.co.uk
开 9:00~18:30
休 无休　C/C M V
Wi-Fi 无

白马
White Horse

◆有几个世纪的历史，至少在 15 世纪时就已经有名为白色美人鱼的 PUB。小店并不起眼，但每到傍晚时分就会有大量的客人来此消费。主要菜品酒水 £8.95~12.45。随时都能喝到在当地生产的艾尔啤酒。

Pub 老店　Map p.295C2

✉ 52 Broad St., OX1 3BB
TEL (01865) 204801
URL www.whitehorseoxford.co.uk
开 12:00~23:00（周日 ~21:00）
休 无休
C/C J M V（£5 以上）　Wi-Fi 无

莎士比亚的出生地

埃文河畔斯特拉特福

Stratford-upon-Avon

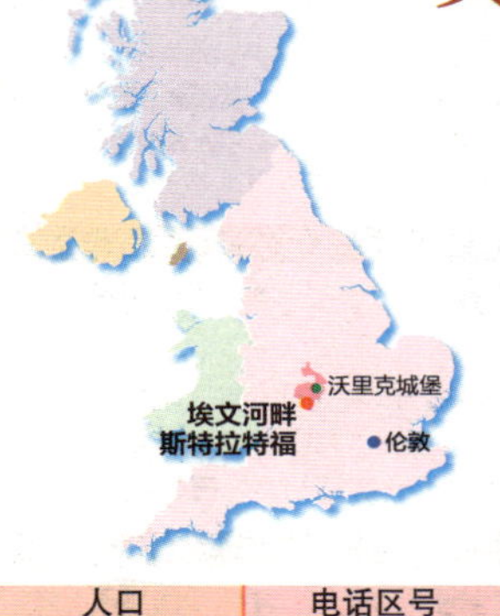

人口	电话区号
12 万 485 人	01789
沃里克郡 Warwickshire	

莎士比亚出生的房子

威廉 · 莎士比亚 p.572是商人约翰 · 莎士比亚的长子，1564 年出生在这里。之后他成了享誉世界的伟大剧作家。因此，作为他出生及埋葬之地，这座名为“埃文河畔斯特拉特福”的小城从一个默默无名之地变成了人们关注的焦点。莎士比亚隐退之后于 1613 年回到这里。3 年后的 1616 年在此去世。市内有莎士比亚出生地及其墓葬所在的教堂等多处与莎士比亚家族有关的地点。经常连续上演莎士比亚戏剧，可以说，400 年前就已经离世的莎士比亚仍然在这里的日常生活中占有极为重要的位置。

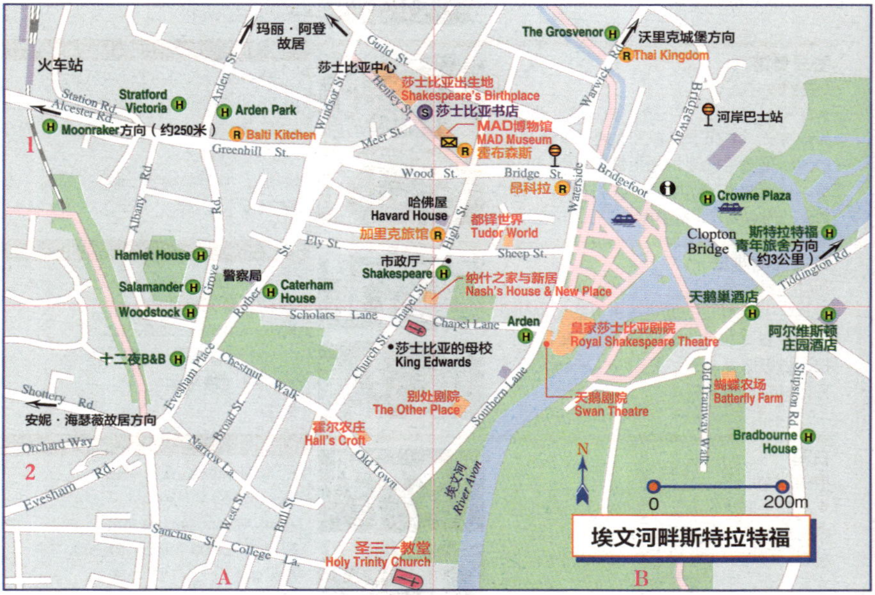

埃文河畔斯特拉特福 漫 步

游客众多的亨利大街

景点基本上都位于市中心。伍德大街（Wood St.）与布里奇大街（Bridge St.）一带有很多餐馆、商店以及银行。莎士比亚出生故居所在的亨利大街（Henley St.）上游客很多，还有不少纪念品商店。

埃文河畔斯特拉特福 交通信息

位于市区西部的火车站

火车站 位于市区西部。走出车站后，沿站前道路前行，可以到达市中心。

巴士站 长途巴士到达的车站为河岸巴士站（Riverside Bus Station）。从奇平卡姆登、考文垂等开行至此的中近距离巴士在布里奇大街（Bridge St.）的巴士站停车。

市内巴士 开行于市内及近郊的巴士从布里奇大街的巴士站出发。

观光巴士 乘坐City Sightseeing公司的巴士可巡游市内各景点以及普通的公交巴士不去的安妮·海瑟薇故居、玛丽·阿登故居。开行一周用时约1小时。部分景点凭观光巴士车票在购买门票时可以享受打折优惠。

方便去郊外游览

i 埃文河畔斯特拉特福 Tourist Information Centre

Map p.304B1
✉ Bridgefoot, CV37 6GW
TEL（01789）264293
URL www.shakespeare-country.co.uk
开 9:00~17:30（周日 10:00~16:00）
休 12/25·26、1/1

Access Guide 埃文河畔斯特拉特福

从伦敦出发

🚆 所需时间：约2小时10分钟

周一～周六 从马里波恩站乘车，6:17~20:43（周六7:00~20:10）大概2小时1班

周日 从马里波恩站乘车 9:43 12:10 14:10 16:10 18:10

🚌 用时：3小时~3小时15分钟

周一～周日 8:30 14:00 19:00

从伯明翰出发

🚆 所需时间：2小时10分钟

周一～周六 从摩尔大街站乘车，5:56~22:28（周六7:28~22:31）期间1小时1班

周日 从摩尔大街乘车，9:30~18:30期间1小时1班

换乘信息

●从牛津出发

🚆经由伯明翰或班伯里（Bunbury），用时约1小时40分钟

●从切尔滕纳姆出发

🚆经由伯明翰，用时约2小时10分钟

■城市观光公司 City Sightseeing

TEL（01789）412680
URL www.city-sightseeing.com
出发：3/21~4/29 · 9/26~10/31
9:30~16:00 每隔30分钟发车
4/30~7/22 9:30~17:00 每隔30分钟发车
7/23~9/25
9:00~17:30 每隔20~30分钟发车
11/1~次年3月下旬
10:00~15:00 每隔1小时发车（周六·周日 9:30~15:00 每隔30分钟发车）
休 12/15·26、1/1
费 24小时通票 £13.90
学生 £11.90
48小时通票 £20.50
学生 £17.50

当地的团体游

斯特拉特福城市步行游 Stratford Town Walk

周一～周五 11:00 周六·周日 11:00 14:00 出发
所需时间：2小时 费 £6 学生 £5

在埃文河畔漫步，观赏沿途的皇家莎士比亚剧院、圣三一大教堂等景点。很适合想仔细欣赏街景的游客。新年前后也正常举行。

斯特拉特福鬼怪游 The Stratford Town Ghost Walk

周六 19:30 出发 所需时间：1小时30分钟 费 £7

夜晚在身着黑衣的导游的带领下步行游览，途中有幽灵、魔女、杀人等主题。

TEL 07855760377 URL www.stratfordtownwalk.co.uk

班克罗夫特游船 Bancroft Cruisers

11:00~16:00 每隔1小时出发 所需时间：45分钟
休 冬季的周一、周二 费 £6

在埃文河上乘游船游览。在假日酒店附近出发。

TEL（01789）269669 URL www.bancroftcruisers.co.uk

运河与埃文河之旅 Canal & River Tours

11:10~16:10 每隔1小时出发 所需时间：45分钟
休 冬季 费 £6

乘船在埃文河上观赏风景。从布里奇福特南侧的码头出发。

TEL（01789）295173 URL www.canalandrivertours.com

详细导览

探寻莎士比亚足迹之旅

威廉·莎士比亚被认为是英国文学史上最伟大的作家。他1564年生于斯特拉特福，18岁时与玛丽·阿登结婚并生育了3个子女。1592年开始，他在伦敦戏剧界崭露头角。一直到1613年，他创作了包括历史剧、戏剧、悲剧在内的大量戏剧作品（关于具体数量有多种不同说法）及诗歌。之后他返回了故乡斯特拉特福，开始隐居生活，1616年在当地去世。

大文豪的出生地 莎士比亚出生地 *Shakespeare's Birthplace*

威廉·莎士比亚1564年4月23日出生在这里。入口位于旁边的莎士比亚中心，游客先在中心参观介绍莎士比亚生平及其所处时代的展览，之后进入出生故居。故居内通过实物及复制品再现了莎士比亚出生时的生活场景。莎士比亚出生的房间里有非常美观的华盖床，由此可见，他的家庭是非常富有的。

莎士比亚之谜①
真的是这里的毕业生吗？

据说莎士比亚曾就读于市中心的文法学校，但没有留下任何记录，所以也有人对此持怀疑态度。不过，大部分人认为他确实是在这一时期掌握了拉丁语。

孙女夫妇的居所 纳什之家 *Nash's House*

位于教堂大街

莎士比亚的孙女伊丽莎白与其丈夫托马斯·纳什居住的地方。托马斯·纳什是莎士比亚好朋友的儿子，曾担任过郡长助理。房子里有介绍斯特拉特福历史的展览。

最后的居所 新居 *New Place*

现在已成为花园

莎士比亚隐退后直到去世居住的地方位于纳什之家的花园里。因前来参观的游客过多，当时的房主于1759年将房屋拆毁，现在只有地基。新居遗址所在诺特花园（Knott Garden），每到春天都会开满鲜花。

莎士比亚墓葬所在的

圣三一教堂

Holy Trinity Church

莎士比亚半身像下面有他的墓葬

建于13世纪的教堂，莎士比亚及其家人都安葬于此。莎士比亚的墓葬位于内殿，墓边有他的半身像。

母亲的娘家

玛丽·阿登故居

Mary Arden's House

莎士比亚的母亲玛丽·阿登成长的地方。因早已被改建为爱德华式建筑，所以2000年之前，人们一直认为位于同一区域的帕玛农庄就是玛丽·阿登故居。有仓库、小屋，用石头建造的古老鸽舍内有600多个鸽子窝。还有莎士比亚故乡博物馆 Shakespeare Coutryside Museum。

> 莎士比亚之谜②
> **真有此人吗？**
> 因为他没有留下任何信札及日记，所以有一种说法认为真正的莎士比亚另有其人，甚至有人认为莎士比亚不过是匿名作家使用的一个笔名而已。

妻子的娘家

安妮·海瑟薇之家

Anne Hathaway's Cottage

非常显眼的茅草屋顶

莎士比亚的妻子安妮·海瑟薇结婚之前与家人居住的地方。两个人于1582年结婚，当时莎士比亚18岁，安妮26岁。安妮的娘家是农民，房子很大，有茅草屋顶，外观为典型的都铎王朝时期的建筑风格。建筑内有12个房间，里面都摆放着16世纪的家具，厨房里有大壁炉以及烤面包用的烤箱，均为当时的原物，很值得一看。

女儿夫妇的居所

霍尔农庄

Hall's Croft

霍尔农庄的起居室

莎士比亚的女儿苏珊娜与其丈夫约翰·霍尔医生的居所。外观非常漂亮，室内有伊丽莎白一世时期的诊室。起居室等生活区域里摆放着当时的家具，室内的装饰也很有格调。围墙内是宽敞的院子，栽种着许多树木及花卉。

DATA

■莎士比亚相关景点通票

URL www.shakespeare.org.uk

莎士比亚出生地、霍尔农庄、纳什之家与新居、安妮·海瑟薇故居、玛丽·阿登故居等景点均由莎士比亚出生地信托机构负责管理，在以上各景点都能购买5处景点的通票。有效期为1年。

●5处景点通票The Full Story Ticket

费 £22.50　学生 £21

■莎士比亚出生地　Map p.304A1

✉ Henley St., CV37 6QW

TEL (01789) 204016

开 3/20~10/29 9:00~17:00

10/30~次年3月下旬 10:00~16:00

休 12/25　费 £17.50　学生 £16.50

禁止使用闪光灯

■纳什之家与新居　Map p.304A1~B1

✉ Chapel St., CV37 6EP

TEL (01789) 338536

开 3/20~10/29 9:00~17:00

10/30~次年3下旬 10:00~16:00

休 12/25 · 26

费 £12.50　学生 £11.50

禁止使用闪光灯

■圣三一教堂　Map p.304A2

✉ Old Town, CV37 6BG

TEL (01789) 266316

开 4~9月 8:30~17:40（周日 12:30~16:40）

11月~次年2月 9:00~15:40（周日 12:30~16:40）

3·10月 9:00~16:40（周日 12:30~16:40）

休 12/25 · 26、1/1、圣周五　费 免费，内殿 £3　学生 £2

■安妮·海瑟薇故居　Map p.304A2外

✉ 22 Cottage Ln., CV37 9HH

TEL (01789) 338532

开 3/20~10/29 9:00~17:00

10/30~次年3月下旬 10:00~16:00

休 12/25 · 26

费 £12.50　学生 £11.50　禁止使用闪光灯

■玛丽·阿登故居　Map p.304A1外

在威姆考特站 Wilmcote 下车后徒步10分钟

✉ Station Rd., Wilmcote, CV37 9UN

TEL (01789) 338535

开 10:00~17:00　休 10/30~次年3月下旬

费 £15　学生£14　禁止使用闪光灯

■霍尔农庄　Map p.304A2

✉ Old Town, CV37 6BG

TEL (01789) 338533

开 3/20~10/29 10:00~17:00

10/30~次年3月下旬 11:00~16:00

休 12/25 · 26　费 £8.50　学生 £8

禁止使用闪光灯

埃文河畔斯特拉特福 主要景点

参观新奇机械

MAD 博物馆 Map p.304B1

MAD (Mechanical Art & Design) Museum

馆内有许多非常新奇的机械

该博物馆非常特别，展出来自世界各地的动态艺术（Kinetic Art）作品以及自动人偶（Automata）。在这里机械也是艺术品，只要按下按钮，每个作品都会以非常新奇的形式开始运转。无论是孩子还是大人都能在这里找到乐趣。商店里出售博物馆原创的智力游戏及立体迷宫等商品。

了解莎士比亚生活的时代

都铎世界 Map p.304B1

Tudor World

介绍莎士比亚p.572生活的都铎王朝时期斯特拉特福的日常生活。博物馆位于都铎王朝时期的建筑内，因此建筑本身就非常值得一看。有馆内团体游，身着都铎王朝时期服装的导游会为参观者讲解莎士比亚的生平。

纪念品区

彩蝶飞舞的

蝴蝶农场 Map p.304B2

Batterfly Farm

可以近距离观察蝴蝶

模仿热带雨林环境而建的大型温室中饲养着许多蝴蝶。种类超过250种。内有人工挖掘的河流，非常适合全家前往。

埃文河畔斯特拉特福 近郊景点

埃文河畔的中世纪城堡　Day out from Stratford-upon-Avon

沃里克城堡 Map p.309 左

Warwick Castle

沃里克是位于埃文河畔斯特拉特福与考文垂之间的一个小镇。这里最著名的是以这个地名命名的城堡。

城堡的历史可以追溯到914年。阿尔弗雷德大帝p.572的女儿在沃里克修建防卫要塞，随之逐

最初为要塞，所以城堡的外墙十分坚固

■ MAD 博物馆
✉ 4-5 Henley St., CV37 6PT
TEL（01789）269356
URL themadmuseum.co.uk
开 4~9 月 10:00~17:00
（周六・周日 ~17:00）
10 月 ~ 次年 3 月 10:30~16:00
（周六・周日 ~17:30）
休 10 月 ~ 次年 3 月的周三、12/25・26、1/1
费 £7.80 学生 £6.30

■都铎世界
✉ 40 Sheep St., CV37 6EE
TEL（01789）298070
URL www.tudorworld.com
开 10:30~17:30
休 12/25
费 £6 学生 £5
●徒步游
开 周六 14:00
休 12/25
费 £5 学生 £4

■蝴蝶农场
✉ Swan's Nest Ln., CV37 7LS
TEL（01789）299288
URL www.butterflyfarm.co.uk
开 4~9 月 9:00~18:00
3・10 月 10:00~17:30
11 月 ~ 次年 2 月 9:00~ 16:00
休 12/25
费 £7.25 学生 £6.75

Access Guide 沃里克

从埃文河畔斯特拉特福出发
所需时间：乘 X18 路 50 分钟
周一～周六 7:03（周六 7:49）~23:30 大概 1 小时 2 班
周日 8:30~18:58 大概 1 小时 1 班

从伯明翰出发
所需时间：约 35 分钟
周一～周六 从摩尔大街站乘车，5:15（周六 6:15）~21:18 期间 1 小时 2 班
周日 从摩尔大街站乘车，8:25~21:18 期间 1 小时 2 班

■沃里克城堡
TEL（01926）495421
URL www.warwick-castle.co.uk
开 夏季 10:00~17:00
冬季 10:00~16:00
休 12/25 费 £27.60
与城堡地牢的通票 £32.60
在线购票可享受打折优惠
冬季票价便宜 25%
禁止使用闪光灯

雄伟的城门

渐形成了城镇。在之后的历史中，经历了多次扩建、改建，形成了现在的雄伟城堡。现在可以在参观中了解城堡的历史变迁。有中世纪的武器及反映贵族奢华生活的展品，游客可以通过这些来感受漫长的历史。另外，在建于14世纪的塔（Guy's Tower）上还可以看到美丽的风景。城堡内有名为城堡地牢（The Castle Dungeon）的"鬼屋"。

在沃里克城堡还会举行被称为Joste的马上长枪比武

THEATRE

RSC（皇家莎士比亚剧团）的所在地为埃文河畔斯特拉特福。在下面介绍的3个剧院都有演出。

皇家莎士比亚剧院 *Royal Shakespeare Theatre*

RSC（皇家莎士比亚剧团）的主要演出场地。设有餐馆，演出开始前和结束后用餐的客人非常多。

除了观赏戏剧，还可以在剧院里的商店购买RSC周边商品以及登上塔楼眺望小镇的风景。

天鹅剧院 *Swan Theatre*

剧院的历史很久，但原来的建筑毁于1928年的火灾，后来剧院重建，于1986年重新开放。不过，无论是舞台还是观众席，都有厚重的历史感。

别处剧院 *The Other Place*

利用排练厅改建而成的小剧场，可以容纳200名观众，2005年时关闭。2016年3月，为纪念莎士比亚逝世400周年而重新开放。

■皇家莎士比亚剧院
Map p.304B2
URL www.rsc.org.uk
●售票点
TEL（01789）403493
开 10:00~20:00（周日~17:00）
休 无休
●塔
开 夏季10:00~18:15
冬季10:00~18:15
休 周六
费 £2.50
■天鹅剧院
Map p.304B2
■别处剧院
Map p.304B2

皇家莎士比亚剧院

酒店
Hote

埃文河畔斯特拉特福有很多酒店及 B&B。酒店集中在市中心，B&B 多在格罗夫路 Grove Rd.、伊夫舍姆广场 Evesham Pl. 以及东部的希普斯顿路 Shipston Rd. 一带。

阿尔维斯顿庄园酒店
Alveston Manor

庄园宅邸 113 间 Map p.304B2

◆位于市中心的庄园宅邸　非常少见的地处市中心附近的庄园。普通客房在酒店的现代建筑中。庄园宅邸里是套房及行政房。有带干蒸桑拿的 SPA 设施及室内游泳池。

餐馆　庄园餐馆 Manor Restaurant 曾获得 AA 玫瑰花星级奖。主要制作传统的英国菜肴。前菜加主菜大概 £25 左右。

✉ Clopton Bridge, CV37 7HP
TEL (01789) 205478
URL www.macdonaldhotels.co.uk
S £89~　W £100~
C/C A M V　餐馆 开 18:00~21:00

天鹅巢酒店
Swan's Nest Hotel

高档 68 间 Map p.304B2

TV　所有房间 所有房间 所有房间 无 付费 Wi-Fi 付费

◆自 17 世纪开始传承的老店　酒店位于埃文河畔，历史可以追溯到 17 世纪。酒店的客房分成新馆和老馆，房间的氛围完全不同。酒店内设有专营法国菜的小酒馆和经营传统英国菜的 Pub。

✉ Bridgefoot, CV37 7LT
TEL (01789) 266804
FAX (01789) 414547
URL www.macdonaldhotels.co.uk
S W £88~
C/C A M V

十二夜 B&B

Twelfth Night B&B

B&B 7 间 Map p.304A2

◆这家民宿的名字取自莎士比亚的《第十二夜》。客房内的装修十分温馨可爱。入住后每天 17:30 前需要在申请表上填写次日早上想要吃的早餐。

✉ 13 Evesham Pl., CV37 6HT
TEL (01789) 414595
URL www.twelfthnight.co.uk
S £55~120
W £70~140　C/C M V

斯特拉特福青年旅舍
YHA Stratford-upon-Avon

青年旅舍 29 间 Map p.304B1 外

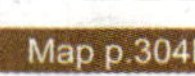

◆这家青年旅舍距离市中心 3 公里，乘坐从布里奇大街（Bridge St.）至出发的 18、X18 路巴士大约需要 10 分钟。因为刚刚进行过改建和重装，因此设施还是比较新的。多人间是男女分开的。旅舍内并设的餐馆有比萨、意大利面等简餐。

✉ Hemmingford House, Alveston, CV37 7RG
TEL 08453719661　URL www.yha.org.uk
D £18~

W £29~　C/C M V

餐馆 & 商店
Restaurant & Shop

虽然这里不算是大城市，但是餐馆和酒吧的数量却不少。羊市街 Sheep St. 附近汇集了不少咖啡馆和酒吧，许多建筑都是木质的小屋，十分可爱。如果想要购买与莎士比亚相关的产品，可以去亨利大街 Henry St. 周边的一些商店看看。

昂科拉
The Encore

◆ 建于河畔的 Pub。一层是酒吧 + 餐吧的形式，二层是餐馆，菜谱是通用的，菜肴主要以意大利菜为主，有意大利面和比萨。此外，还有鱼和薯条等适合在 Pub 食用的简餐。主菜的价格是 £10.95~23.95。

餐吧、Pub、意大利菜 Map p.304B1

✉ 1 Bridge St., CV37 6AB
TEL（01789）269462
URL www.theencorestratford.co.uk
开 9:30~22:30（周五 · 周六 ~24:00）
休 无休
C/C A M V
有信号

加里克旅馆
The Garrick Inn

◆ 这家旅馆位于哈佛屋南侧。旅馆所在的建筑建于 1594 年，可以说是埃文河畔斯特拉特福历史最悠久的 Inn。旅馆名字缘由 18 世纪的著名戏剧演员大卫 · 加里克（David Garrick）。

旅馆　英国菜 Map p.304B1

✉ 25 High St., CV37 6AU
TEL（01789）292186
URL www.oldenglishinns.co.uk
开 11:00~23:00（周日 9:00~23:00）
休 无
C/C M V
有信号

霍布森斯
Hobsons

◆ 无论是当地人还是游客都非常喜欢这家咖啡馆。这里的名物是奶油茶（右图），也可以换成咖啡套餐。三明治、派、法式馅饼等各式点心的味道也不错。

咖啡馆 Map p.304 B1

✉ 1 Henley St., CV37 6PT
TEL（01789）293330
URL hobsonspatisseries.com
开 9:30~17:30
休 无休
C/C M V
有信号

莎士比亚书店
The Shakespeare Bookshop

◆ 这家店铺专门收集了各类与莎士比亚相关的商品。马克杯、杯垫等都采用了时尚的设计，十分受欢迎，有些还印有莎士比亚名言的商品。

书籍、杂货、纪念品 Map p.304A1

✉ Hornby Cottage, 39 Henley St., CV37 6QW
TEL（01789）292176
开 夏季 9:00~17:00　冬季 9:00~16:00
休 12/25
C/C A M V

畅游运河

窄船之旅

运河就在身边

英国的运河网非常密集，总长度达到3000公里。运河最为集中的就是作为工业地区发展起来的英格兰中部，尤其是伯明翰和曼彻斯特。伯明翰市中心的水路实际上是伍斯特-伯明翰运河的一部分，伦敦的小威尼斯-卡姆登市场观光船航行的摄政运河也是连接伯明翰与伦敦、全长250公里的大联盟运河的一部分。

游客可以自己驾驶船只在庞大的运河网中旅行。

住在窄船上畅游

英国的运河之旅大多乘坐一种名为“窄船”的特殊船只。船宽仅2.1米。所以被称为Narrow（窄）Boat。船虽然很窄，但长度却很长，比较小的船也有5米长，大的长度将近25米。在工业革命时期，这种船被用于运输煤炭。

现在，在过去用来堆放煤炭的甲板上有Cabin（船屋），里面有电视机、沙发、餐馆、厨房、厕所等。厨房里有冰箱、燃气灶以及盘子、锅、刀叉等用品。另外，船上还有热水淋浴设备、床、洗面盆。基本上就是一个在水上移动的住宅。

尝试驾船

可以像租车一样，租窄船自己驾驶。而且不需要任何资质及过往经验。允许游客自由驾船的水域不仅限于运河，几乎所有的水路都可以。这是因为这种船极易操纵且行驶速度很慢。租船时，首先要接受30分钟的培训，之后马上就能掌握驾船方法。

有时需要手动抬起运河上的桥，然后才能通过

伯明翰运河

■如何租船?

全英国有100多家租船公司Hire Company。现在有很多公司都有自己的网站，可以在网上直接预约。费用根据船的大小及租船的季节而异。可乘坐人数越多、船的尺寸越大则租赁费越高。同样一艘船，8月份时租赁费最高。租船公司每年3月至10月期间营业，刚开始租船和即将停止租船的季节费用最便宜。

另外，租船公司基本上都以周（7晚8天）为单位出租船只。一般都是周六的15:00左右开始租船，下周六的9:00左右还船。不过针对那些没有时间租满一周的游客，租船公司也准备了3晚4天或4晚5天的“Short Breaks”租船方案。

■运河信息

● Canal Holidays

URL www.canalholidays.com

本系列已出版丛书：

涵盖世界70个国家和地区

英国第二大城市

伯明翰

Birmingham

伯明翰
考文垂
伦敦

人口	电话号码
107 万 3045 人	0121

西米德兰兹郡West Midlands

这座运河之城在工业革命中发挥了重要作用

伯明翰为英国第二大城市，在工业革命中具有非常重要的地位。工业革命期间，这里开凿了多条运河，成为一个著名的水城。这里在第二次世界大战中遭受空袭，老建筑基本上都被炸毁，现在除了在战火中幸免于难的文艺复兴式建筑市政住宅，还有斗牛场购物中心 Bull Ring 及邮箱百货 The Mail Box 等现代建筑。

Access Guide 伯明翰

从伦敦出发

所需时间：1 小时 30 分钟 ~2 小时 30 分钟

周一~周六　从尤斯顿站乘车，6:20~21:43 期间 1 小时 2~5 班及 22:30 23:30 新街站出发并到达

周日　8:50~23:25 期间 1 小时 1~4 班

所需时间：2 小时 30 分钟 ~3 小时

6:00~23:30 期间 1 小时 1~2 班

从埃文河畔斯特拉特福出发

所需时间：35 分钟 ~1 小时

周一~周六　6:26（周六 7:00）~23:30 期间 1 小时 1~3 班。经由摩尔大街站到达斯诺希尔站

周日　9:29~19:29 期间每小时的 29 分发车

从剑桥出发

所需时间：2 小时 40 分钟

周一~周六　5:15、5:55、6:56、8:01~21:01 期间每小时的第 1 分发车到达新街站

周日　11:00~20:00 每个整点发车

从布里斯托尔出发

所需时间：约 1 小时 30 分钟

周一~周六　从庙宇草地站乘车，6:27、7:00~20:30 每半点时、22:00 发车到达新街站

周日　9:15~20:30 大概 1 小时 1~2 班、22:10

伯明翰 漫步

伯明翰是一个大城市，但完全可以徒步游览市中心。

斗牛场购物中心前的公牛铜像

新街　伯明翰最热闹的区域是新街 New St.。有百货商场及服装店，人总是很多。这条街道的东端有一座公牛铜像，旁边是规模很大的斗牛场购物中心。从购物中心旁边的坡路上可以看见圣马丁教堂 St. Martin's Church。教堂最初建于 13 世纪，但现在的建筑为 19 世纪时重建的。

维多利亚广场　位于新街西端的维多利亚 Victoria Sq，有文艺复兴式的市政住宅 Council House、法国文艺复兴式的中央邮局以及模仿希腊神殿而建的市政厅 Town Hall 等雄伟的建筑。

维多利亚广场

运河周边　从维多利亚广场进入布劳德大街 Broad St.，有伯明翰图书馆及交响音乐厅。继续前行，可以到达运河。有运

河游船，可以乘船顺河而下。

唐人街 新街站的南侧是唐人街 Chinese Quarter。有中餐馆、出售中餐食材的超市以及中国杂货店。

伯明翰 交通信息

机场 伯明翰国际机场有飞往欧洲各地的航班。紧邻火车站（伯明翰国际站），10~20 分钟可以到达新街站。

新街站 伯明翰的枢纽车站，有从伦敦尤斯顿站及其他车站驶往这里的列车。车站很大，2 层为美食广场。

摩尔大街站 有从埃文河畔斯特拉特福及伦敦的马里波恩站驶往这里的列车。

巴士站 National Express 公司的长途巴士车站位于城市东南的迪格贝斯巴士站。摩尔大街站也有开往近郊地区的巴士。

米德兰德轻轨 以新街站为起点，开往布尔大街 Bull St.、斯诺希尔站、珠宝店街及伯明翰近郊的轻轨列车。票价因乘车距离及乘车时间段而异，单程 £1~4.20，往返 £2~6.70。

新街站

伯明翰 Tourist Information Centre

URL visitbirmingham.com

截至 2018 年 3 月，伯明翰没有公营的ⓘ。可在伯明翰博物馆与美术馆、伯明翰图书馆以及各酒店获取旅游宣传册及当地的地图。

Information

莎士比亚图书室

伯明翰图书馆的最顶层为莎士比亚纪念图书室，展出与莎士比亚有关的资料。该图书室创立于 1881 年，新图书馆建成后，移至此处。有观景台，可以观赏伯明翰的街景。

■伯明翰国际机场

TEL 08712220072

URL www.birminghamairport.co.uk

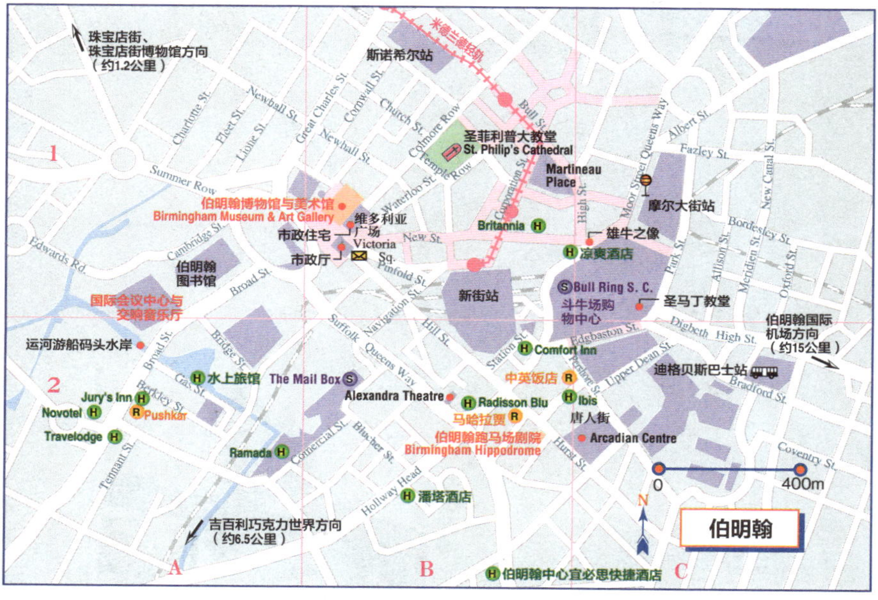

伯明翰

英国著名的印度餐馆集中地

巴尔蒂三角地

balti traiangle

巴尔蒂与卡拉希　二者均为使用特殊的锅制作的咖喱菜肴，在英国的印度餐馆里很常见。卡拉希是一种铁锅，巴尔蒂是尺寸比卡拉希大一圈的不锈钢锅。两种咖喱菜肴在西红柿等食材的处理方法以及调味方法等方面都有区别。

据说巴尔蒂锅咖喱是 20 世纪 80 年代一个居住在伯明翰的巴基斯坦人将其推广开的。在伯明翰南部的巴尔蒂三角地有多家专门制作巴尔蒂锅咖喱的餐馆。

前面的为卡拉希锅，后面的为巴尔蒂锅

新街站
Mossley Rd.
Stratford Rd.
巴尔蒂三角地

Stratford Rd.
2路、37路巴士
Highgate Rd.
Ombersley Rd.
Old Field Rd.
Ladypool Rd.
Alfred St.
St. Paul's Rd.
Brunswick Rd.
Imran's
Clifton Rd.
Chesterton Rd.
Wilton Rd.
Grameen Khana
Brighton Rd.
Taunton Rd.
Durham Rd.
Alcester Rd.
Church Rd.
Stoney Ln.
Trafalgar Rd.
Kababish
Woodbridge Rd.
1路、34路巴士

巴尔蒂锅咖喱的发祥地

伊姆兰兹 Imran's

创立于 1971 年的老店，一直是伯明翰巴尔蒂锅咖喱餐馆中的翘楚。店主借鉴自己家乡巴基斯坦拉合尔的菜肴发明了这道美食。有羊肉、鸡肉、混合肉末的巴尔蒂锅咖喱可供选择，价格均为 £6.95。拉合尔风味卡拉希锅咖喱有羊肉、鸡肉、鱼肉三种，£7.50~8.50。

✉ 262-266 Ladypool Rd., B12 8JU
TEL (0121) 4491370 URL imrans.com
开 12:00~ 次日 2:00
休 无休 CC D M V

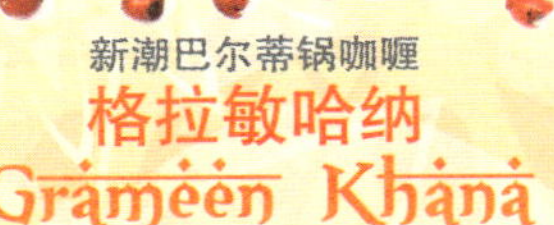

2004 年开业，厨师为手艺很好的孟加拉人。有很多孟加拉东北部锡莱特地区的菜肴，£5.50~7.75。各种巴尔蒂锅咖喱 £5.95~8.50。像融合菜系一样盛放菜品，该店已成为巴尔蒂三角地的人气店铺。

✉ 310-312 Ladypool Rd., B12 8JY
TEL (0121) 4499994 URL www.grameenkhana.co.uk
开 17:30~ 次日 1:30
休 无休
CC J M V (£10~)

旁遮普菜老店

卡巴比什 Kababish

主要提供巴基斯坦旁遮普地区的菜肴，1983 年开业，是巴尔蒂三角地享有很高声誉的老店。除了招牌菜鸡肉巴尔蒂锅咖喱 £7.75，还有混合马萨拉 £9.95 等也很受欢迎。巴尔蒂锅咖喱和卡拉希锅咖喱还可以应客人的要求而特制。

✉ 29 Woodbridge Rd., B13 8EH TEL (0121) 4495556
URL www.kababish.co.uk
开 17:30~23:30（周日 13:30~21:00）
休 无休
CC A M V

前往巴尔蒂三角地的方法 从摩尔大街女王路的巴士站乘 2 路、37 路巴士在斯特拉特福路下车。

巴尔蒂三角地的游览方法 被雷迪普尔路 Ladypool Rd.、斯托尼巷 Stoney Ln. 及斯特拉特福路 Stratford Rd. 包围起来的区域。除了餐馆和快餐店，还有伊斯兰教的清真寺及许多时尚品店、小商品店很值得一去。

■伯明翰博物馆与美术馆
✉ Chamberlain Sq., B3 3DH
TEL (0121) 3488038
URL www.birminghammuseums.org.uk
开 10:00(周五 10:30)~17:00
休 12/25·26、1/1
费 欢迎捐款
馆内部分区域禁止拍照
部分区域禁止使用闪光灯

以展品门类很多而著称的博物馆

伯明翰 主要景点

极富娱乐性的展出内容

伯明翰博物馆与美术馆 Map p.315B1

Birmingham Museum & Art Gallery

位于维多利亚广场旁的市政住宅后面。展出内容涉及范围很广，包括伯明翰的乡土历史、自然历史以及考古学、民族史等方面。其中，在来自埃及、非洲、南美、印度等世界各地的艺术品的展厅里，有高 2.3 米的佛像，气氛十分庄严肃穆。绘画中有很多前拉斐尔派的作品。

有大量精美艺术品的展厅

2009 年，发现于斯塔福德郡的盎格鲁 - 萨克逊七国时代 p.574 的金质装饰品展以及斯塔福德郡宝藏 Staffordshire hoard 展也很受欢迎。与特伦特河畔斯托克的陶瓷博物馆与美术馆（→ p.229）接受同一管理主体的管理，所以有时可能出现馆内没有任何展出的情况。

馆内设有爱德华王朝风格的茶室 Edwardian Tearoom，可以在参观之余小坐一下。

■吉百利巧克力世界
🚃 从新街站乘车，在伯恩维勒站 Bournville 下车。所需时间约 15 分钟。下车后步行 15 分钟左右可到达入口。
✉ Linden Rd., Bournville, B30 1JR
TEL 08448807667
URL www.cadburyworld.co.uk
开 9 月 ~ 次年 7 月 10:00~15:00
（周六 · 周日 9:30~16:00）
8 月 9:00~16:30
※ 复活节等连休时会延长开放时间
休 12/10 · 14 · 17 · 24~26、12/31~ 次年 1/23
费 £17 学生 £12.85
可能因满员而无法进入，最好事先通过上述网站查询。

伯明翰 近郊景点

巧克力爱好者必去之处 Days out from Birmingham

吉百利巧克力世界 Map p.318

Cadbury World

英国王室御用的“吉百利”巧克力就发源于伯明翰。伯明翰郊外的伯恩维勒 Bournville 有吉百利巧克力世界，每到周末游客都非常多。

在那里，除了介绍吉百利巧克力的历史，还有巧克力制作演示，游客可以品尝刚做好的巧克力。有室内游乐设施，可乘坐游览车参观童话世界，很受全家游玩的游客喜欢。

吉百利巧克力世界的吉祥物迎接游客到来

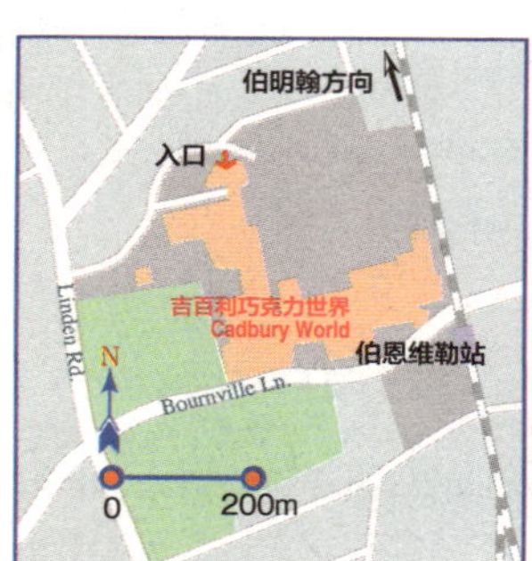

有折扣商店

再现工业革命时期的伯明翰　Days out from Birmingham

布莱克地区生活博物馆

Map p.319 上

Black Country Living Museum

位于伯明翰郊外的露天博物馆。占地面积 26 英亩（约 10.52 公顷），再现工业革命时期的运河之城伯明翰的街景。身着传统服装的工作人员会为参观者讲解当时的日常生活。

运河隧道游　19 世纪时，为了方便运输物资，开凿了穿过山丘的运河隧道。现在可以乘坐有照明设备的窄船游览运河隧道（游览费用不包括在租船费用中）。

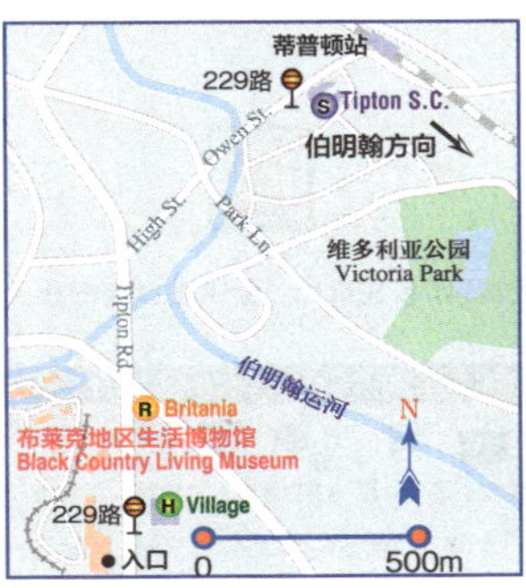

传统民居中的女子在进行编织

■布莱克地区生活博物馆
从新街站乘车，在蒂普顿 Tipton 站下车。用时约 20 分钟。也可乘坐 229 路巴士
✉ Tipton Rd., Dudley, DY1 4SQ
TEL（0121）5579643
URL www.bclm.co.uk
开 夏季　10:00~17:00
冬季　10:00~16:00
休 11 月上旬 ~12 月下旬的周一・周二、12/25・26、1/7~22
费 £17.95
馆内部分区域禁止拍照
部分区域禁止使用闪光灯

■从伯明翰前往考文垂
从新街站乘车，用时 30 分钟
从迪格贝斯巴士站乘车，1 小时 1~4 班。用时 40 分钟。

■考文垂大教堂
✉ 1 Hill Top, CV1 5AB
TEL（024）76521200
URL www.coventrycathedral.org.uk
开 10:00~17:00（周日 12:00~16:00）
休 无休　费 £6　学生 £5

■考文垂交通博物馆
✉ Millennium Pl., Hales St., CV1 1JD
TEL（024）76234270
URL www.transport-museum.com
开 10:00~17:00
休 12/24~26、1/1
费 部分展区需另行支付费用（4D Simulator £5）

与利奥弗里克伯爵有关的　Days out from Birmingham

考文垂大教堂

Map p.319 下 1

Coventry Cathedral

最初为利奥弗里克伯爵和戈黛娃夫人建立的大教堂。14 世纪时进行过重建，之后一直见证着考文垂的发展。在第二次世界大战期间的 1940 年，教堂毁于空袭。现在的建筑是战后重建的。之前的建筑遗存被称为 Ruins（遗址），位于现在的大教堂旁边。

老爷车是当时最先进的机动车　Days out from Birmingham

考文垂交通博物馆

Map p.319 下 1

Coventry Transport Museum

考文垂是汽车工业之城，世界著名汽车生产企业捷豹公司的总部就在这里。博物馆内有介绍考文垂工业发展史及与汽车有关的各种展览。搭载喷气式发动机的推进 2 号 Thrust2 及推进 SSC 号 ThrustSSC 是最富人气的展出。

右：考文垂交通博物馆收藏的推进 SSC 号，曾创造了 1227.985 公里的最高时速纪录　左：毁于空袭的大教堂遗址

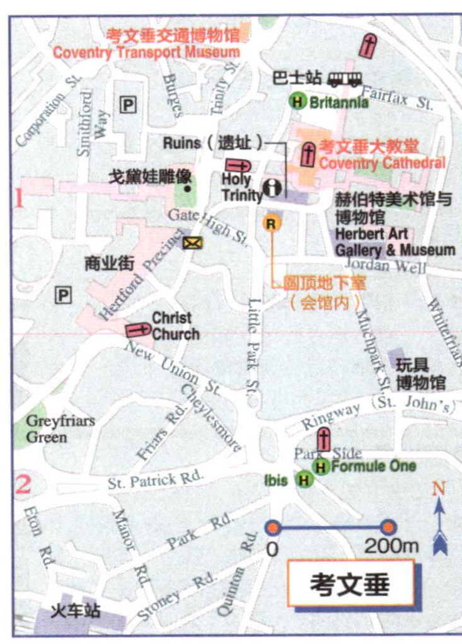

■交响音乐厅
Map p.315A1
✉ CBSO Centre, Berkley St., B1 2LF
TEL（0121）6166500
URL cbso.co.uk

■伯明翰跑马场剧院
Map p.315B2
✉ Hurst St., B5 4TB
TEL 08443385000
URL www.birminghamhippodrome.com

交响音乐厅
Symphony Hall

世界著名的伯明翰市立交响乐团所在地。这座音乐厅以音响效果著称，建议古典音乐爱好者一定要去参观。

伯明翰跑马场剧院
Birmingham Hippodrome

位于唐人街附近的剧院。除了上演伦敦西区的著名音乐剧，还有伯明翰皇家芭蕾舞团的演出。

酒店 & 餐馆
Hotel & Restaurant

市中心有很多连锁商务酒店，周末的住宿价格一般都比较便宜。B&B 则多在市郊。新街站以南的唐人街，有很多价格便宜的中餐馆。

凉爽酒店
Staying Cool

◆位于新街站后面的罗通达大厦最顶层的酒店式公寓。景色很好，所有房间均有厨房设备。

高档　27 间　Map p.315B1

所有房间　所有房间　所有房间　无　收费　免费

✉ 150 New St., B2 4PA　TEL（0121）2851290　URL www.stayingcool.com
S W £129~　C/C A D M V

水上旅馆
Boatel Birmingham

◆2017 年开业，使用停泊于伯明翰市中心的窄船运营的旅馆。有厨房，可以自己做饭。

船　4 间　Map p.315A2

无　根据需要　无　所有房间　无　无

✉ Gas Street Basin, 42A Gas St., B1 2JT
TEL 07743797546　URL www.hotelboatel.co.uk
S W £85~　S W £95~　C/C 不能使用

潘塔酒店
Pentahotel Birmingham

✉ Ernest St., B1 1NS　TEL（0121）6228800
URL www.pentahotels.com

131 间　Map p.315B2

所有房间　所有房间　所有房间　无　收费　免费

S W £114~ 早餐费用另付　C/C A M V

伯明翰中心宜必思快捷酒店
Ibis Budget Birmingham Centre

✉ 1 Great Colmore St., B15 2AP　TEL（0121）6227575
FAX（0121）6227576　URL www.ibis.com

250 间　Map p.315B2

所有房间　根据需要　无　无　收费　免费

S W £40~ 早餐费用另付　C/C A M V

马哈拉贾
Maharaja

◆位于伯明翰跑马场剧院附近。1971 年开业，一直是咖喱餐馆众多的伯明翰的知名店铺。明虾马德拉斯咖喱很受欢迎，炭火泥炉烤制的菜肴也非常不错。

南印度菜　Map p.315B2

✉ 23-25 Hurst Rd., B5 4AS
TEL（0121）6222641
URL www.maharajarestaurant.co.uk
开 12:00~14:00 17:00~23:00
休 周日　C/C M V　店内有 Wi-Fi

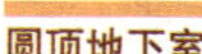

圆顶地下室
The Undercroft at St Mary's　考文垂

◆位于圣玛丽会馆之内，圣玛丽会馆建于 1340~1460 年。下午茶提供三明治，外加司康饼、蛋糕，£9。午餐也提供汉堡等食品。会馆的参观时间为夏季的周日 ~ 下周四 10:00~16:00。

南印度菜　Map p.319 下 1

✉ St Mary's Guildhall, Bayley Ln., CV1 5RN
TEL（024）76833315
URL www.stmarysguildhall.co.uk
开 9:30~16:00　休 无休
C/C M V　店内有 Wi-Fi

都铎式建筑的城镇

什鲁斯伯里
Shrewsbury

市中心的广场及集市大厅

人口	电话区号
9 万 6500 人	01743

什罗普郡
Shropshire

什鲁斯伯里距离威尔士很近，保存着许多 15 世纪黑白相间的都铎式建筑，是一座保持着中世纪风貌的美丽小镇。这里有呈马蹄形蜿蜒流淌的塞文河，萨克逊人的部落就发源于此，同时这里也是前往世界首座铁桥所在的铁桥峡谷的起点。

另外，每年 8 月都会在这里举办什鲁斯伯里花卉展 Shrewsbury Flower Show，活动十分盛大，届时会有 5 万人参加。

什鲁斯伯里 漫 步

从火车站出来后，正面是建于 11 世纪的什鲁斯伯里城堡，内有什罗普郡军团博物馆 Shropshire Regimental Museum。城堡旁边的城堡大街 Castle St. 沿线都是非常美丽的传统住宅。老城区位于巴彻路 Bucher Row 与费什大街 Fish St. 一带，保存着中世纪的城市风貌。❶位于音乐厅内。

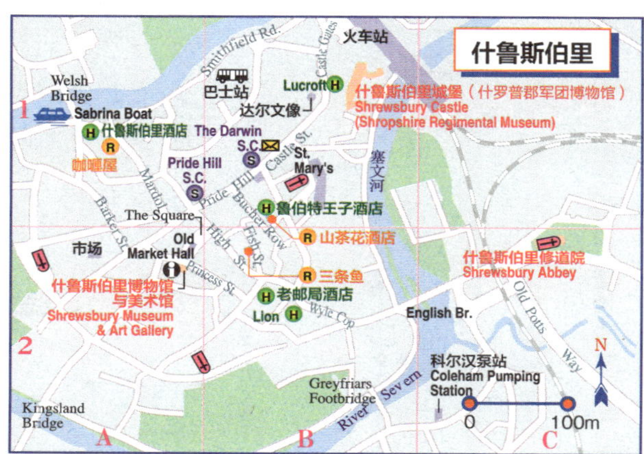

塞文河边的步道

Access Guide
什鲁斯伯里

从伯明翰出发

所需时间：约 1 小时

周一~周六　从新街站乘车，6:25、7:23~21:25 期间 1 小时 2~3 班及 22:35 23:35

周日　10:04、11:05、12:24~23:24 期间每小时的 24 分

从切斯特出发

所需时间：约 1 小时

周一~周六　5:30~22:28 大概 1 小时 1 班

周日　9:22 11:31 12:21 13:31 15:31 17:31 18:24 19:26 21:26

从雷克瑟姆出发

所需时间：约 40 分钟

周一~周六　从将军站乘车，5:46~22:44 期间 1 小时 1 班

周日　9:38 11:31 12:38 13:48 15:48 17:48 18:41 19:42 21:44

世界遗产

大型工业革命主题公园 铁桥峡谷

可以说铁桥峡谷就是一个工业革命的主题公园。塞文河上的铁桥建于1779年。当时这里的钢铁产业十分兴盛，有很多工厂，是工业革命的中心。进入20世纪之后，这里的产业逐渐衰退，成为废墟的工厂被改建为博物馆及游乐设施，实现了向观光地的转变。

塞文河上世界上最古老的铁桥

现存世界上最古老的铁结构桥梁 铁桥 Ironbridge

这座桥梁是世界上第一座使用铸铁建造的铁桥，也是现存最古老的铁桥。采用了在铁桥中并不常用的拱结构，但这是因为当时还没有针对铁质建材的建桥技术，所以只能继续使用修建木桥的技术。

首先在这里了解铁与峡谷 铁博物馆 Coalbrookdale Museum of Iron

铁桥地区的主要产业为制铁业，博物馆内收集了大量与当地制铁有关的资料。通过人像与各种模型为参观者深入浅出地进行介绍。可以在这里了解一下铁桥峡谷的历史。

再现18世纪末的生活
峡谷博物馆
Museum of the Gorge

展品简介讲述了当时人们的精神风貌

通过影像资料及模型向参观者讲解铁桥峡谷过去的产业发展及日常生活。再现1796年情形的模型非常逼真，很值得一看。

铁桥之父的居所
达比公馆
Darby House

按达比三世居住时的样子恢复的房间

下令修建铁桥的达比三世的居所。现在里面展出服装与家具，还有大量有关达比家族的资料。

维多利亚时代的村庄
布利斯茨山维多利亚小镇
Blists Hill Victorian Town

再现了维多利亚时代乡村风貌及人们日常生活、穿着打扮的露天博物馆。置身其中，会让人感觉自己仿佛穿越到了维多利亚时代。店铺中的商品，有很多可以直接购买。

蜡烛作坊

工业革命之前，有很多蜡烛工匠居住在铁桥地区。在维多利亚小镇，工作人员会演示传统的蜡烛制作工艺。游客可以自己制作，不妨一试。

泰尔福德、伯明翰方向
布利斯茨山维多利亚小镇
Blists Hill Victorian Town
Shropshire Canal
Coalport Rd.
N
The Lloyds
0 500m
杰克菲尔德瓷砖博物馆
Jackfield Tile Museum
Maws Craft Centre
Tar Tunnel
YHA Coalport H
科尔波特瓷器博物馆
Coalport China Museum

DATA

■前往铁桥的方法

从S巴士站乘坐开往泰尔福德（Telford）的96路巴士。8:40、10:40、12:35、14:40、15:40、16:35、17:35发车，行驶35分钟。周日停运。也有从泰尔福德出发的巴士，周日停运。

■铁桥

Ironbridge, Telford
TEL（01952）433424
URL www.ironbridge.org.uk
开 10:00~16:00
（因季节及具体的博物馆而异）
休 12/24 · 25、1/1
费 博物馆全年通票 £26.50
峡谷博物馆 £4.50
铁博物馆 £9
达比公馆 £5.65
布利斯茨山 £17.95

什鲁斯伯里 主要景点

现为博物馆

什鲁斯伯里城堡（什罗普郡军团博物馆） Map p.321B1

Shrewsbury Castle（Shropshire Regimental Museum）

建于 1067 年，当时为与威尔士对峙的最前线。之后经过多次扩建，成为现在的样子。从入口进入，看到的建筑为军事博物馆。

这座城堡更像是一座要塞

介绍什罗普郡的历史

什鲁斯伯里博物馆与美术馆 Map p.321A2

Shrewsbury Museum & Art Gallery

2014 年博物馆迁至音乐厅内。馆内介绍什罗普郡的历史，展出史前时期及罗马时期的出土文物，还有都铎王朝之后的绘画作品和装饰艺术。

《卡德法尔修士》的故事背景

什鲁斯伯里修道院 Map p.321C2

Shrewsbury Abbey

卡德法尔所在的修道院

埃利斯·彼得斯（Ellis Peters）创作的以 12 世纪的什鲁斯伯里修道院为故事背景的推理小说《卡德法尔修士》让这里变得非常有名。16 世纪时修道院被解散，不过建于 11 世纪的教堂则被沿用至今。

history

每年2月举行诞辰纪念

达尔文的故乡

什鲁斯伯里图书馆前面的达尔文铜像

在《物种起源》中提出进化论的查尔斯·达尔文于 1809 年 2 月在什鲁斯伯里出生。他就读的学校现为什鲁斯伯里图书馆，这里立有他的铜像。

每年 2 月 12 日，也就是达尔文诞辰纪念日前后，都会举办达尔文文化节，在整个 2 月份里，会有其他多种纪念活动。

URL www.originalshrewsbury.co.uk/darwin-shrewsbury-festival

什鲁斯伯里 Tourist Information Centre

Map p.321A2

✉ The Music Hall, The Square, SY1 1LH

TEL（01743）258888

URL www.visitshrewsbury.co.uk

开 10:00~16:00（周日 11:00~15:00）

休 11 月 ~ 次年 3 月的周一、12/25 · 26、1/1

塞文河45分钟游船

45 Minuite Cruise

3~10月11:00 12:00 13:00 14:00 16:00

所需时间：45分钟

费 £8 学生£6.50

从威尔士桥附近的维多利亚码头（Victoria Quay）出发。在塞文河上绕什鲁斯伯里缓慢行驶半周，然后开往什鲁斯伯里修道院。

塞布利纳游船Sabrina Boat

TEL（01743)369741

URL www.sabrinaboat.co.uk

■什鲁斯伯里城堡（什罗普郡军团博物馆）

✉ Castle St., SY1 2AT

TEL（01743）358516

URL www.shropshireregimentalmuseum.co.uk

开 5/26~9/9 10:30~17:00（周日 10:30~16:00）
2/19~5/25、9/10~12/17 10:30~16:00

休 周四、2/19~5/25 · 9/10~12/17 的周日、12/18~ 次年 2/17

费 £4

内部禁止拍照

■什鲁斯伯里博物馆与美术馆

✉ The Music Hall, The Square, SY1 1LH

TEL（01743）258885

URL www.shrewsburymuseum.org.uk

开 10:00~17:00（周日 11:00~16:00）
入场截至闭馆前 1 小时

休 冬季的周一、12/25 · 26、1/1

费 £4.50 学生 £3.60

禁止使用闪光灯

■什鲁斯伯里修道院

✉ Abbey Foregate, SY2 6BS

TEL（01743）232723

URL www.shrewsburyabbey.com

开 4~10 月 10:00~16:00
11 月 ~ 次年 3 月 10:30~15:00
入场截至关门前 15 分钟

休 12/25 · 26

费 欢迎捐款 拍照 £1

酒店 & 餐馆
Hotel & Restaurant

因为城镇面积不大，所以酒店的数量不多。老城区及火车站一带有几家。铁桥地区也有酒店及餐馆，可制订 1 晚 2 天的行程前往游览。

鲁伯特王子酒店
Prince Rupert Hotel

◆位置与设备均属当地第一　有桑拿房、健身房等设施。酒店内餐馆的 Royalist 很受欢迎。使用当地产有机食材制作的早餐也很不错。

高档　70 间　Map p.321B1

所有房间　所有房间　所有房间　无　收费　免费

✉ Butcher Row, SY1 1UQ
TEL（01743）499955
URL www.princeruperthotel.co.uk
S £89~
W £125~　C/C A D M V

什鲁斯伯里酒店
Shrewsbury Hotel

◆位于威尔士桥旁，由大型酒吧连锁企业 Wetherspoon 经营的酒店。1 层为 Pub，7:00~24:00 营业。

中档　22 间　Map p.321A1

所有房间　所有房间　所有房间　无　免费　免费

✉ Bridge Pl., SY1 1PU
TEL（01743）236203
URL www.jdwetherspoon.co.uk
S W £72~　C/C A D M V

老邮局酒店
Old Post Office

◆位于城区中心，选择入住这里可以体验什鲁斯伯里最具特色的木质结构民居。因为客房不带浴室，因此房间里仅有一个洗脸池。

旅馆　6 间　Map p.321B2

所有房间　根据需要　所有房间　无　无　部分区域免费

✉ 1 Milk St., SY1 1SZ　TEL（01743）236019　URL www.oldpostofficepub.co.uk
S £44~　S £49~
W £59~　W £69~
C/C M V

山茶花酒店
Camellias Tea Rooms

◆紧邻鲁伯特王子酒店的茶室。人气下午茶 £11.95。蛋糕 £2.35~2.95，还有每周更新的蛋糕。

茶室　Map p.321B1

✉ St. Alkmonds Pl,. SY1 1UJ
TEL（01743）369037
开 9:15~18:00（周日 11:00~17:00）
休 无休
C/C M V
Wi-Fi 无

咖喱屋
Curry House

◆追求时尚的印度餐馆。菜品共分为 3 种辣度，“2”就已经很辣了。咖喱 £6.15~，上菜时会在客人面前给菜二次加热。

印度菜　Map p.321A1

✉ 29 Mardol, SY1 1PU
TEL（01743）249909
URL thecurryhouseshrewsbury.co.uk
开 17:00~23:30（周五 · 周六 17:00~ 次日 0:30）
休 无休　C/C M V
Wi-Fi 无

三条鱼
Three Fishes

◆利用 15 世纪的建筑改建而成的 Pub，紧邻 B&B 都铎屋。主要菜品 £10~15。有六七种英国各地的艾尔啤酒，可以进行品尝、比较。还有当地产的艾尔啤酒。

印度菜　Map p.321B2

✉ 4-5 Fish St., SY1 1UR
TEL（01743）344793
开 11:30~15:00 17:00~23:00（周五 · 周六 11:30~23:00、周日 12:00~22:30）
休 无休　C/C J M V
Wi-Fi 店内有 Wi-Fi

英国陶瓷之乡

特伦特河畔斯托克

Stoke-on-Trent

特伦特河畔斯托克

伦敦

人口	电话区号
24 万 9008 人	01782

斯塔福德郡
Staffordshire

观摩制瓷工厂的工人手工制瓷

特伦特河畔斯托克是英国著名瓷器骨瓷的发祥地。骨瓷是将牛骨灰、骨磷与陶土混合后制成的半透明乳白色瓷器。可在韦奇伍德等制瓷工厂参观瓷器生产，还可以在直营店购买瓷器。

Access Guide 特伦特河畔斯托克

从伦敦出发

火车 所需时间：1 小时 30 分钟

周一～周六 从尤斯顿站乘车，6:16~23:00（周六 6:36~20:20）大概 1 小时 2 班

周日 8:25~21:25 大概 1 小时 1 班

巴士 所需时间：3 小时 45 分钟 ~4 小时 50 分钟

周一～周六 10:30 13:30 18:30 23:30

周日 18:30 20:30 23:30

从伯明翰出发

火车 所需时间：45 分钟 ~1 小时

周一～周六 从新街站乘车，5:57~22:30（周六 22:31）期间 1 小时 1~2 班

周日 9:01~21:57 期间 1 小时 1 班

从曼彻斯特出发

火车 所需时间：约 45 分钟

周一～周六 从皮卡迪利站乘车，5:11~22:07（周六 21:46）期间 1 小时 1~2 班

周日 8:20~22:05 期间 1 小时 1~2 班

特伦特河畔斯托克 漫 步

热闹的汉利中心区域

特伦特河畔斯托克从北向南分为坦斯特尔（Tunstall）、伯斯勒姆（Burslem）、汉利（Hanley）、斯托克（Stoke）、芬顿（Fenton）、朗顿（Longton）六个地区。

中心城镇汉利 中心城镇为汉利，有 ❶ 及巴士站。特伦特河畔斯托克火车站有开往汉利的市内巴士，车次很多。所以到达特伦特河畔斯托克后，可先前往汉利。

特伦特河畔斯托克 交通信息

火车站 火车站位于汉利以南的斯托克。可从火车站前的巴士站乘车前往汉利。基本上任何一班巴士都会途经汉利。行驶时间 10 分钟。

巴士站 各地开往这里的巴士都会到达位于汉利的巴士站。也有开往朗顿、韦奇伍德等周边城镇的巴士。去往各地区的巴士乘车及到下车地点都不同，可以事先到 ❶ 或巴士站的问询处咨询应该在何地乘车、下车。

规模很大的汉利巴士站

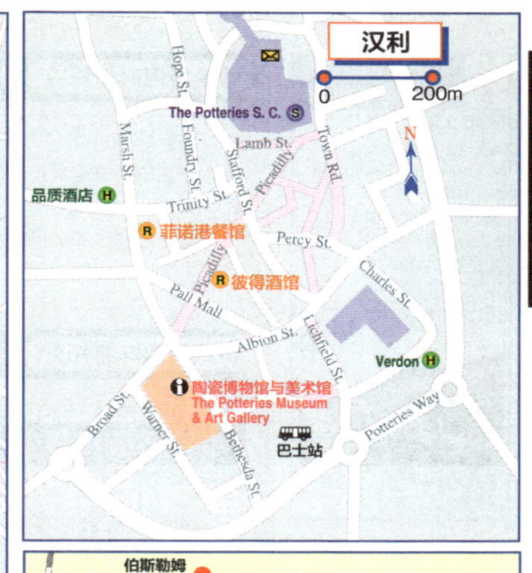

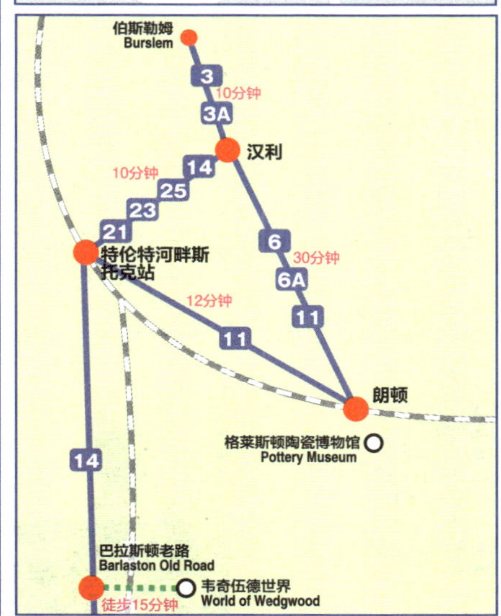

巴士线路	线路详情・运行车次
6/6A	汉利→朗顿 汉利 5:25（周六 6:30~）~23:00 期间 1 小时 1~3 班，周日 8:36~18:31 期间 1 小时 1~2 班 朗顿 5:11（周六 6:42~）~22:42 期间 1 小时 1~3 班，周日 7:16~18:39 期间 1 小时 1~2 班
11	汉利→朗顿→斯托克站（教堂大街巴士站） 汉利 5:59~21:15（周六 7:10~23:46）期间每 20 分钟 ~1 小时 1 班，周日 9:03~16:03 期间大概 1 小时 1 班 斯托克站 7:04（周六 7:22）~22:22 期间每 20 分钟 ~1 小时 1 班，周日 9:52~17:52 期间大概 1 小时 1 班
3/3A	汉利→伯斯勒姆 汉利 5:36（周六 6:38~）~23:30 期间 1 小时 2~6 班，周日 8:30~23:00 期间 1 小时 1~2 班 伯斯勒姆 5:15（周六 6:57~）~23:15 期间 1 小时 2~6 班，周日 8:18~22:45 期间 1 小时 1~2 班
14/14A/14B 周日停运	汉利→韦奇伍德游客中心（巴拉斯顿老路巴士站） 汉利 5:55~17:30 期间 1~1.5 小时 1 班，周六 7:45~17:30 期间 50 分钟 ~1 小时 40 分钟 1 班 巴拉斯顿老路 7:23~18:03 期间 1 小时 ~1 小时 50 分钟 1 班

Map p.327 右上
✉ The Potteries Museum & Art Gallery, Bethesda St., ST1 3DW
TEL (01782) 236000
URL www.visitstoke.co.uk
开 10:00~17:00
（周日 11:00~16:00）
休 12/24~1/1

位于汉利的陶瓷博物馆与美术馆内

特伦特河畔斯托克 收集信息

如果想去参观烧制瓷器的窑，应先前往 ❶。那里有标记了各个窑的具体位置的免费地图，可以在参观陶瓷博物馆与美术馆时顺便前往并获取地图。

需要注意，参观规模较小的窑，一般都要提前预约。另外，制瓷工厂的休息日不接待参观。

特伦特河畔斯托克 主要景点

可在韦奇伍德体验制瓷　　巴拉斯顿

韦奇伍德世界 World of Wedgwood

Map p.327 左 3

由英国陶瓷之父乔赛亚·韦奇伍德 ☞ p.574 成立的韦奇伍德制瓷工厂生产 Jasper Ware 等独具特色的瓷器，拥有大量忠实的爱好者。

在演示区近距离地观看制瓷过程

韦奇伍德制瓷工厂的游客中心位于特伦特河畔斯托克六大地区以南的地方，距离稍远，但公司占地面积很大，设有餐馆及商店。

工厂的厂房为一个开放式大厅，游客参加团体游可以近距离观看工匠们制作陶瓷及进行彩绘的过程。游客还可以亲自体验制瓷，将拉坯机上瓷坯塑造成形。之后，工作人员会把成形的瓷坯送入窑里烧制，烧好后邮寄给游客。可以寄往国外（需另付邮寄费）。在工厂里的商店可以买到最新的韦奇伍德瓷器，折扣店里瓷器的品种也很齐全。餐馆与咖啡馆均使用工厂生产的瓷器。

位于韦奇伍德世界内的乔赛亚·韦奇伍德像

韦奇伍德博物馆　游客中心旁还设有博物馆，展出韦奇伍德 18~21 世纪的代表作品。除了瓷器作品，馆内还有乔赛亚·韦奇伍德研制 Jasper Ware 时烧制的试验瓷片以及其家族成员的肖像画等珍贵文物。

旗舰店　瓷器种类极为丰富。追求时尚的陈列也能给人很好的购物体验。

■**韦奇伍德世界**
🚌 从汉利乘坐 14 路巴士，1~1.5 小时 1 班（周日停运）。均途经斯托克站。在巴拉斯顿老路 Barlaston Old Road 巴士站下车。徒步 15 分钟
🚕 从斯托克站乘坐出租车约 15 分钟
✉ Barlaston, ST12 9ER
TEL (01782) 282986
URL www.worldofwedgwood.com
开 10:00~17:00
休 12/25 · 26、1/1
费 免费
●**工厂团体游**
开 每天 1~5 次
休 周六 · 周日
费 £10　学生 £8
●**韦奇伍德博物馆**
费 免费

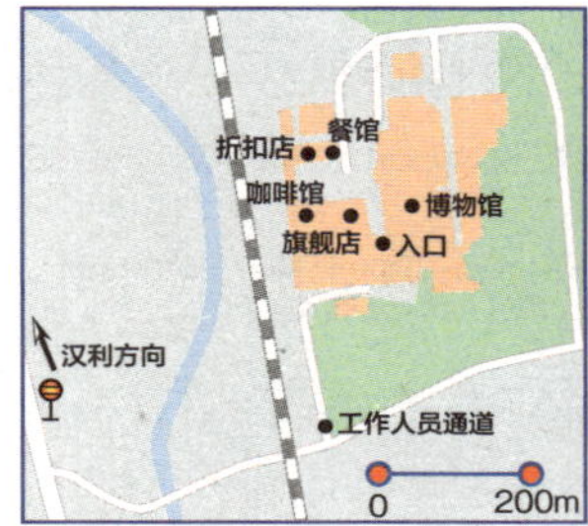

游客中心旁的博物馆

深入了解陶瓷　　朗顿

格莱斯顿陶瓷博物馆 Map p.327 左 2

Gladstone Pottery Museum

有众多瓶式窑（烟囱像瓶子的窑）的博物馆。英国于1956年制定了清洁空气法，之后陶瓷业开始采用以电或燃气为能源的窑来烧制陶瓷，因此过去在特伦特河畔斯托克被广泛使用的瓶式窑便被拆毁。

可以进入瓶式窑内部参观

这家博物馆再现了维多利亚时代的陶瓷工厂，可以进入窑内参观，可以观看工人们将陶泥制成陶坯的过程。动力车间也对外开放，除此之外，还能体验制作陶罐、仿真花。馆内还设有纪念品店及茶室。

宛如绘画的陶瓷　　伯斯勒姆

莫克罗夫特文化遗产游客中心 Map p.327 左 1

Moorcroft Heritage Visitor Centre

莫克罗夫特被称为“王后的陶瓷工匠”，世界上有很多喜欢收藏莫克罗夫特瓷器的爱好者。现在特伦特河畔斯托克的工厂在生产这种瓷器，参加工厂团体游可观看瓷器的制作过程。另外，直营店旁有一个小博物馆。在博物馆里可以欣赏各个时期的陶瓷艺术品。

陶瓷展品丰富　　汉利

陶瓷博物馆与美术馆 Map p.327 右上

The Potteries Museum & Art Gallery

明顿公司提供的孔雀像。制作极其精美

通过人偶及文物来介绍当地从史前时代到现在的历史。被称为斯塔福德郡宝藏 Staffordshire Hoard 的盎格鲁-萨克逊七国时代 p.574 的金饰是镇馆之宝，不过这些文物为该馆与伯明翰博物馆与美术馆（→p.318）共同管理，所以展览规模时有变化。另外，在陶瓷及陶瓷相关展览区域，还有韦奇伍德及明顿生产的陶瓷作品。

■格莱斯顿陶瓷博物馆

🚌 可从汉利乘坐 Fast 公司的 6A 路等巴士前往朗顿，也有从特伦特河畔斯托克站出发的列车。从火车站下车后步行约10分钟，从巴士站下车后步行约7分钟。

✉ Uttoxeter Rd., Longston, ST3 1PQ

URL www.stokemuseums.org.uk

TEL（01782）237777

开 4~9月 10:00~17:00
10月～次年3月 10:00~16:00

休 周日·周一、12/25~次年1/1

费 £7.50 学生 £6

可以体验制作仿真花

■莫克罗夫特文化遗产游客中心

🚌 可从汉利乘坐 Fast 公司的3路、3A路等开往伯斯勒姆方面的巴士。在埃尔德路 Elder Rd. 下车。之后步行约15分钟。

✉ Sandbach Rd., ST6 2DQ

TEL（01782）820515

URL www.moorcroft.com

开 10:30~16:30

休 周日、12/25~次年1/1

费 免费

内部禁止拍照

●工厂团体游（需要预约）

开 周一～周五 11:00、13:00

休 周六·周日、复活节、6月下旬~7月上旬、8月下旬、12/25~次年1/1

费 £7.50 学生 £6.50

■陶瓷博物馆与美术馆

✉ Bethesda St., Hanley, ST1 3DW

TEL（01782）232323

URL www.stokemuseums.org.uk

开 10:00~17:00（周日 11:00~14:00）

休 12/24~1/1

费 欢迎捐款

斯塔福德郡宝藏展厅

酒店 & 餐馆
Hotel & Restaurant

特伦特河畔斯托克的住宿设施很少。只在斯托克站周边及汉利各有几家。旅游季节的周末所有住宿设施都会客满，需尽早订房。郊外有连锁酒店。

餐馆大多在汉利市中心，瓷窑的游客中心一般都有咖啡馆，而且都使用自家品牌的瓷器，很值得品尝。

莫特豪斯　节庆公园
Best Western Plus Stoke-on-Trent Moat House

◆位于幽静的公园之中　从汉利乘坐4路、4A路巴士约5分钟。因为有较大的停车场，所以租车自驾前往停车也很方便。内有健身房、游泳池、按摩式浴缸，费用均包含在住宿费中。

高档　147间　Map p.327 左1

所有房间　所有房间　所有房间　无　免费　免费

✉ Festival Way, Etruria, ST1 5BQ
TEL (01782) 609988　FAX (01782) 284500
URL www.bestwestern.co.uk
S W £60~　C/C A D M V
餐馆 开 18:00~21:00（周日休息）

北斯塔福德酒店　斯托克
North Stafford Hotel

◆紧邻斯托克火车站，很适合起早出发及到达时间较晚的游客。建于1849年，当时为铁路公司所有。建筑较老，但内部已经重新装修过。

中档　80间　Map p.327 左2

所有房间　所有房间　所有房间　无　免费　免费

✉ Station Rd., ST4 2AE
TEL 0871 2220097
URL www.britanniahotels.com
S £36~　W £41~
C/C A M V

品质酒店　汉利
Quality Hotel Stoke-on-Trent

✉ 66 Trinity St., Hanley, ST1 5NB
TEL (01782) 202361
URL www.qualityhotelstoke.com

135间　Map p.327 右上

所有房间　所有房间　所有房间　无　免费　免费

S £39~　W £44.17~　早餐另付
C/C A M V

普莱米尔　汉利
Premier Inn Stoke on Trent Hanley

✉ Etruria Rd, Hanley, ST1 5NH
TEL 0871 5279476　FAX (01782) 2948823
URL www.premierinn.com

96间　Map p.327 左1

所有房间　所有房间　所有房间　无　免费　收费

S W £56~　早餐另付
C/C A M V

菲诺港餐馆　汉利
Portofino

◆深受当地人喜欢的正宗意大利餐馆。店内环境良好，店员服务也很不错。午餐£6.95。意面£9.55~19.95，比萨£8.45~11.50。烧烤£14.75~。

意大利菜　Map p.327 右上

✉ 38 Marsh St., Hanley, ST1 1JD
TEL (01782) 209444
URL www.portofino-italiana.co.uk
开 12:00~14:30 17:30~22:00
（周六 12:00~22:00、周日 ~21:30）
休 无休　C/C A D M V
店内有 Wi-Fi

彼得酒馆　汉利
Peter's Tavern

◆较为少见的提供中欧菜肴的咖啡餐馆。有用土豆与面粉制作的Halušky £4.50~、Gulasch £4.99等捷克、斯洛伐克、匈牙利的菜肴。还有斯洛伐克啤酒。

咖啡　中欧菜　Map p.327 右上

✉ 43 Piccadilly St., ST1 1EN
TEL (07827) 772590
开 11:30~22:00（周五·周六 ~24:00，周日 12:00~20:00）
休 无休
C/C A M V
店内有 Wi-Fi

罗宾汉的故乡

诺丁汉
Nottingham

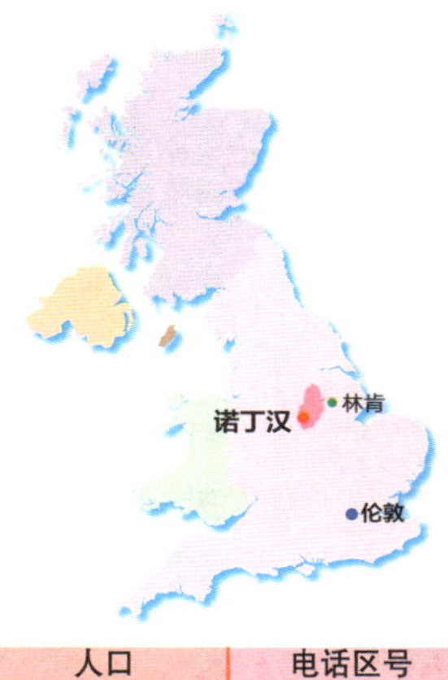

人口	电话区号
30 万 5680 人	0115

诺丁汉郡
Nottinghamshire

位于市中心的老集市广场非常热闹

诺丁汉为罗宾汉p.577的故乡。传说中的侠盗罗宾汉就是在诺丁汉附近的舍伍德森林发动了起义。诺丁汉在英国工业革命中发挥着重要的作用，在世界上拥有很高的知名度，至今这里仍是英国著名的工业城市。

诺丁汉 漫 步

市中心为市政住宅 Council House 所在的老集市广场 Old Market Sq.。周边是繁华的商业区。有有轨电车站，线路与火车站相连。

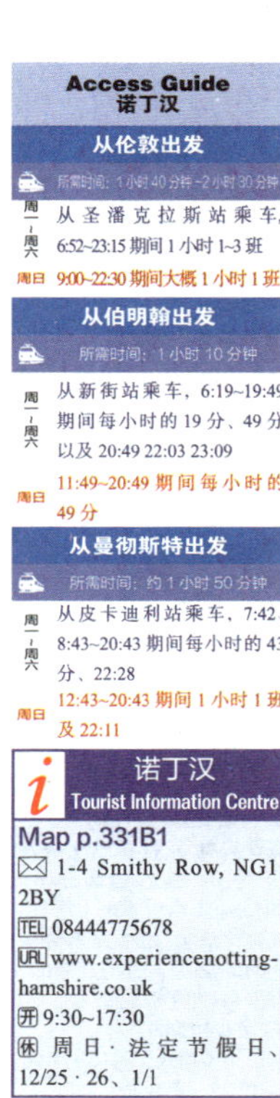

Access Guide 诺丁汉

从伦敦出发

所需时间：1 小时 40 分钟 ~2 小时 30 分钟

周一~周六 从圣潘克拉斯站乘车，6:52~23:15 期间 1 小时 1~3 班

周日 9:00~22:30 期间大概 1 小时 1 班

从伯明翰出发

所需时间：1 小时 10 分钟

周一~周六 从新街站乘车，6:19~19:49 期间每小时的 19 分、49 分以及 20:49 22:03 23:09

周日 11:49~20:49 期间每小时的 49 分

从曼彻斯特出发

所需时间：约 1 小时 50 分钟

周一~周六 从皮卡迪利站乘车，7:42、8:43~20:43 期间每小时的 43 分、22:28

周日 12:43~20:43 期间 1 小时 1 班及 22:11

i 诺丁汉 Tourist Information Centre

Map p.331B1

✉ 1-4 Smithy Row, NG1 2BY

TEL 08444775678

URL www.experiencenottinghamshire.co.uk

开 9:30~17:30

休 周日·法定节假日、12/25·26、1/1

诺丁汉 交通信息

火车站位于城市南部，过了桥之后可以到达布劳德湿地巴士站 Broadmarsh Bus Station。长途巴士及部分短途巴士从那里发车。开往近郊的巴士则从城市北部的维多利亚巴士站 Victoria Bus Station 发车。另外，从火车站出站后可以乘坐有轨电车，巴士站之间有免费的中心连接线巴士开行。

诺丁汉 主要景点

高高耸立于城市之中的

诺丁汉城堡 Map p.331A2

Nottingham Castle

诺丁汉城堡是罗宾汉 p.577 曾经战斗过的地方。1068 年征服王威廉 p.572 下令修建了这座城堡。罗宾汉的对头菲利普·马克郡长在 13 世纪初时进驻这里。19 世纪时被辟为当地首个博物馆并对外开放。现在，博物馆内的展览向参观者介绍诺丁汉的历史以及各种相关知识。

现为藏品丰富的博物馆

诺丁汉 近郊景点

拜伦也在这里住过　Days out from Notingham

纽斯特德修道院 地图外

Newstead Abbey

16 世纪之前为修道院

大诗人拜伦 p.576 是诺丁汉的著名人物。纽斯特德修道院所在的建筑曾为拜伦一家的居所。该建筑从 12 世纪开始曾长时间为一所修道院，1539 年修道院解散后成为拜伦家所有。

充满传说的　Days out from Notingham

舍伍德森林 地图外

Sherwood Forest

传说中罗宾汉 p.577 曾活跃于此。森林里建有步道，周末游客很多。新的游客中心于 2018 年夏季开放。

据说是英国树龄最长的橡树

■诺丁汉的市内交通

URL www.thetram.net

●有轨电车

6:00~24:00（周日 23:00）期间运行

费 £2.20　1 日通票 £4

在各车站的自动售票机上购买车票。车票有效时间为自购票时起 90 分钟，所以不要提前购票。

●中心连接线

7:00~19:00 期间开行　费 免费

■诺丁汉城堡

✉ Lenton Rd., NG1 6EL

TEL（0115）8761400

URL www.nottinghamcastle.org.uk

开 2/13~11/5　10:00~17:00

11/6~次年 2/11　10:00~16:00

休 11 月 ~ 次年 2 月的周一 · 周二、12/24-26、1/1　费 £8

内部部分区域禁止拍照

禁止使用闪光灯

Information

诺丁汉生活博物馆

Museum of Nottingham Life

博物馆位于诺丁汉城堡以南，利用建于 17 世纪的住宅改建而成。从外观看就是一座普通的民居，但内有第二次世界大战时修建的防空洞，而且现在也能进入。馆内各个房间里有 20 世纪 20 年代的商店，有的商店甚至还可以出售商品。

Map p.331A2

开 周六 · 周日 12:00~16:00

费 包含在诺丁汉城堡门票中

单独购买博物馆门票 £2.50

■纽斯特德修道院

巴士 可以从维多利亚巴士站乘坐被称为 Pronto 的巴士，车次很多（周日大概 30~60 分钟 1 班）。用时 25 分钟。下车的车站位于纽斯特德修道院入口处，之后步行 30 分钟左右。

TEL（01623）455900

URL www.newsteadabbey.org.uk

开 周六、周日　12:00~16:00

休 周一 ~ 周五、圣周五、12/25　费 £10

●庭园

开 9:00~17:00

休 12/24~26、1/1　费 £1

■舍伍德森林游客中心

巴士 从维多利亚巴士站乘坐舍伍德之箭 Sherwood Arrow，1 小时 1 班（周日 2 小时 1 班），用时 55 分钟

✉ Edwinstowe, NG21 9HN

TEL（01623）823202

开 10:00~16:00

（周六、周日 ~17:00）

休 12/25　费 免费

保存大宪章的地点之一　Days out from Notingham

林肯大教堂

Map p.333-1

Lincoln Cathedral

大教堂的中廊

坐落于城镇中地势较高的地方，为英国具有代表性的哥特式建筑。历史很久，威廉一世p.572于1072年下令修建，之后因火灾、地震而毁坏。现在的建筑建于12世纪。中世纪的林肯是一座羊毛贸易城市，林肯主教曾在英格兰拥有最大的权力。

林肯小恶魔　林肯大教堂的墙面上有很多浮雕，参观时一定不容错过的是位于天使唱诗团席位The Angel Choir的"林肯小恶魔Lincoln Imp"。关于这个浮雕有很多传说，最为著名的是小恶魔在天使唱诗团席位捣乱，被降临的天使训斥后却继续挑战天使，最终被天使变成了石像。另外，小恶魔的首饰也被认为能给人带来好运，所以很受欢迎。有团体游，可参观屋檐、塔楼及大教堂内部。

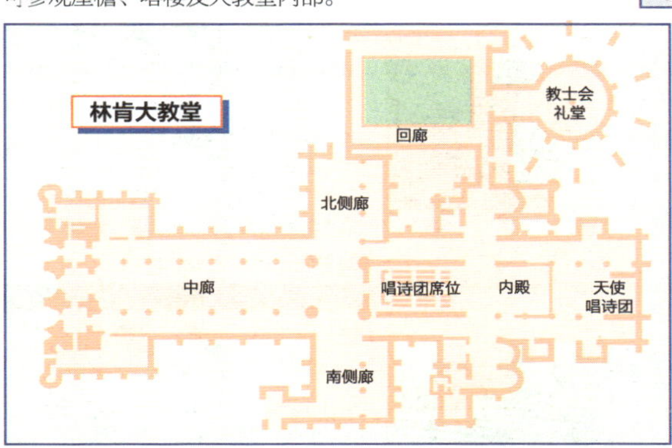

雄伟的大门

出现于电视剧《唐顿庄园》　Days out from Notingham

林肯城堡

Map p.333-1

Lincoln Castle

林肯城堡入口处前面的广场

左边的红砖建筑就是维多利亚时代的监狱

威廉一世p.572下令在罗马时代的要塞遗址上修建的城堡。

《大宪章》p.577　2015年为《大宪章》签署800周年。这里展出大宪章的一个抄本。

监狱旧址与城墙　穿过城门，出现在眼前的是维多利亚时代的监狱。电视剧《唐顿庄园》曾在这里取景。另外，城墙的保存状态很好，可以登上城墙漫步。城墙为制高点，可以观赏美景。

■前往林肯的方法

🚗 大概1小时1班。用时1小时10分钟左右。从林肯站步行约30分钟。

■林肯大教堂

TEL（01522）561600
URL lincolncathedral.com
开 7·8月　7:15~20:00
（周六·周日~18:00）
9月~次年6月
7:15~18:00（周日~17:00）
休 无休
费 £8　学生 £6.40

■林肯城堡

TEL（01522）554559
URL www.lincolncastle.com
开 4~9月　10:00~17:00
10月~次年3月 10:00~16:00
费 城内设施通票　£13.50
城内+大教堂通票　£17.20
仅限城墙漫步游　£7.50

酒店 & 餐馆
Hotel & Restaurant

诺丁汉的住宿设施很多，从大型国际连锁酒店到客栈都有，住宿条件都不错。如果说有什么缺点的话，也就是市中心的小型 B&B 数量较少。价格便宜的酒店大多在火车站附近，老城区一带的大型酒店较多。Pub 和咖啡馆集中在老城区。

圣詹姆斯酒店
St. James Hotel

◆紧邻诺丁汉城堡。客房已重新装修，非常舒适。有带华盖床的房间。有时尚 Pub No.6。

中档 87 间 Map p.331A2

所有房间 所有房间 所有房间 部分房间 收费 免费

1 Rutland St., NG1 6FL
TEL (0115) 9451114 FAX (0115) 9410014
URL www.stjames-hotel.com
S £55~ W £70~
C/C A D M V

诺丁汉美居酒店
Mercure Nottingham

◆最初为创立于 19 世纪前半期的乔治酒店，该建筑曾为当地的地标建筑，2011 年开始由大型连锁酒店集团接手经营。房间明亮，设备齐全。

大型 75 间 Map p.331B1

所有房间 所有房间 所有房间 部分房间 无 免费

2 George St., Lace Market, NG1 3BP
TEL (0115) 9599777
URL www.mercurenottingham.com
S W £59.49~ C/C A M V

杨树酒店
Poplars 林肯

◆位于通往林肯城堡的一条陡坡道路旁。由相邻而建的两座建筑组成，但入口不同，需要注意。有可以眺望整个城镇的房间。

客栈 6 间 Map p.333-1

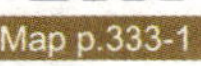

所有房间 所有房间 所有房间 无 免费 免费

Beaumont Fee, Lincoln, LN1 1EZ
TEL (01552) 510170
URL www.thepoplarslincoln.co.uk
S £39~ W £55~
W £49~ W £65~
C/C M V

雪屋合住旅馆
Igloo Hybrid Hostel

◆诺丁汉历史悠久的小旅馆于 2015 年开设的新馆。合住房间内有每个人可各自使用的电源及 USB 插口以及柜子。

小旅馆 17 间 Map p.331A2

部分房间 无 无 无 无 免费

4-6 Eldon Chambers, Wheeler Gate, NG1 2NS TEL (0115) 9483822
URL www.igloohostel.co.uk
D £19~ S £32~ W £36~ C/C A M V

古老的耶路撒冷之旅
Ye Olde Trip to Jerusalem

◆因建筑上留有 1189 年的日期，所以被认为是英格兰最古老的旅馆，但根据调查，其实至少在 11 世纪时这里曾为一家酿酒作坊。可以在这里品尝艾尔啤酒，体验当年十字军造访这里时的心境。

Pub Map p.331A2

1 Brewhouse Yard, NG1 6AD
TEL (0115) 9473171
URL www.triptojerusalem.com
开 11:00~23:00（周五、周六 ~24:00）
休 无休 C/C A M V（至少 £5）
店内有 Wi-Fi

奇诺拉蒂诺
Chino Latino

◆提供大胆融合了日餐、中餐、东南亚餐的时尚菜肴。店内陈设简洁，但拉丁风格的装修让人感觉很轻松。

亚洲菜 Map p.331A2

41 Maid Marian Way, NG1 6GD
TEL (0115) 9477444
URL www.chinolatino.eu
开 12:00~22:30 休 周日 C/C M V
店内有 Wi-Fi

美丽建筑装点的学术之城

剑桥
Cambridge

多个历史悠久的学院所在的国王大道

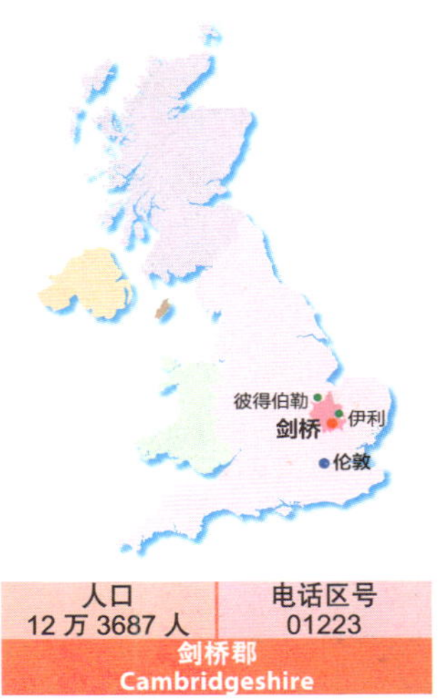

人口	电话区号
12 万 3687 人	01223
剑桥郡 Cambridgeshire	

说到剑桥，首先想到的可能就是剑桥大学。剑桥大学与牛津大学同为英国最具权威的大学。有26 位英国首相毕业于这里，培养出了艾萨克 · 牛顿、查尔斯 · 达尔文等众多自然科学领域的大家，有 88 名诺贝尔奖获得者出自这里。

大学在剑桥出现始自 13 世纪。当时在牛津，大学与地方的对立激化，从牛津出走的学者创立了剑桥大学。之后由于获得了亨利六世☞ p.576及其妻子玛格丽特等王室、贵族的援助，在剑桥陆续建起了多个学院。

剑桥 漫 步

剑桥的主要景点集中在剑河 River Cam 及国王大道 Kings Pde.。河与大道平行，均为南北走向，各学院→ p.338 都位于河与大道之间的地带。剑河西岸是被称为后园 The Backs 的公园，里面植物很多。

剑桥 交通信息

火车站 火车站位于城镇东南，步行前往市中心需要 20~30 分钟。从火车站出来后，左边就是巴士站，乘坐 1 路、3 路、7 路巴士，5 分钟左右便可到达市中心。

巴士站 所有巴士均在位于市中心的巴士站出发并到达。

观光巴士 城市观光公司的观光巴士从火车站出发，开往市内 20 多个地点。

从火车站开往市内的巴士

Access Guide 剑桥

从伦敦出发

🚆 所需时间：46 分钟~1 小时 32 分钟

周一~周六：从国王十字站乘车，5:03~ 次日 0:32（周六 5:44~ 次日 0:10）期间 1 小时 1~2 班
从利物浦大街站乘车，5:28（周六 5:20）~23:58 期间 1 小时 2 班

周日：从国王十字站乘车，6:31~23:08 期间 1 小时 1 班
从利物浦大街乘车，7:42~23:13 期间 1 小时 1~2 班

🚌 所需时间：1 小时 55 分钟 ~3 小时

7:00 8:30 9:30 11:00 12:30 15:00 17:30 19:00 21:00 22:00 23:30

从伯明翰出发

🚆 所需时间：2 小时 48 分钟

周一~周六：从新街站乘车，5:19~20:25（周六 5:22~20:22）期间 1 小时 1 班

周日：11:22~20:22 期间每小时的 22 分

换乘信息

从约克、彼得伯勒、诺丁汉方面前往时，在伊利 Ely 换乘，用时约 20 分钟

剑桥 Tourist Information Centre

Map p.336 下 A2

✉ The Guildhall, Peas Hill, CB2 3AD

TEL（01223）791500

URL www.visitcambridge.org

开 9:30~17:00（周日 11:00~15:00）

休 11 月～次年 3 月的周日、12/25・26

剑桥的 ❶ 举办的步行团体游

国王学院与后园游

Kings College and The Backs

11:00、14:00 出发

所需时间：2 小时

费 £23 学生 £20

剑桥主要景点游

Cambridge Highlights Tour

13:00 出发

所需时间：1 小时 30 分钟

费 £15 学生 £12

均在 ❶ 门前出发。

URL www.visitcambridge.org

■城市观光公司 City Sightseeing

TEL（01223）433250

URL www.city-sightseeing.com

4 月上旬～9 月 10:00~17:00 每隔 20 分钟发车

10 月～次年 4 月上旬 10:10~13:40 每隔 40 分钟发车

费 £16 学生 £13

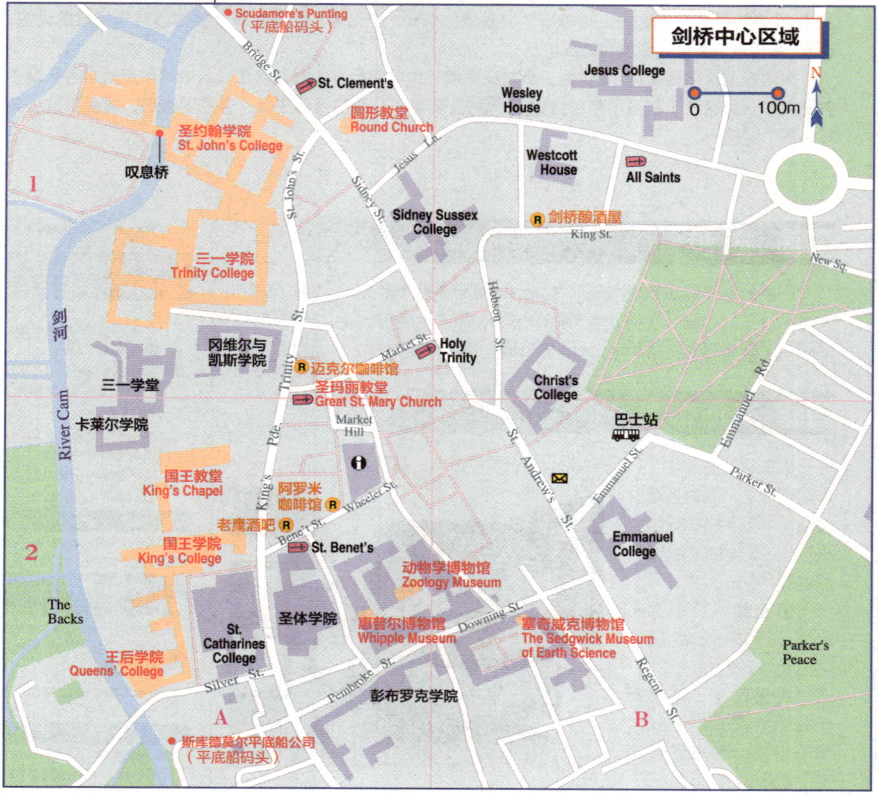

剑桥

阿伦德尔官邸酒店 H
Chesterton Rd.
茶壶院子 Kettle's Yard
R 河畔酒吧
剑桥瓦尔斯蒂酒店 H
Victoria Av.
剑河 River Cam
Elizabeth Way
Butt Green
放大图下
Newmarket Rd.
Sidney St.
Market St.
Market Hill
St. Andrew's St.
Parker St.
警察局
East Rd.
Queen's Rd.
Pembroke St.
Park Terrace
Parker's Peace
Double Tree H
菲茨威廉博物馆 Fitzwilliam Museum
Trumpington St.
Tennis Court Rd.
Regent St.
Gonville Pl.
Mill Rd.
Newnham Rd.
The Fen Causeway
Lensfield Rd.
Hills Rd.
H 剑桥青年旅舍
剑桥A&B宾馆 H
Tenison Towers H
Tenison Rd.
H 剑桥宜必思酒店
格兰切斯特方向 2公里
剑河 River Cam
N
0 400m
出入口
出入口
植物园 Botanic Garden
Station Rd.
火车站
1 2 A B

剑桥中心区域

Scudamore's Punting（平底船码头）
Bridge St.
St. Clement's
Jesus College
Wesley House
0 100m
N
圆形教堂 Round Church
圣约翰学院 St. John's College
叹息桥
St. John's St.
Jesus Ln.
Sidney St.
Westcott House
All Saints
Sidney Sussex College
R 剑桥酿酒屋
King St.
New Sq.
三一学院 Trinity College
剑河 River Cam
Hobson St.
冈维尔与凯斯学院
Trinity St.
R 迈克尔咖啡馆
Market St.
Holy Trinity
三一学堂
圣玛丽教堂 Great St. Mary Church
Christ's College
卡莱尔学院
Market Hill
巴士站
Emmanuel Rd.
King's Pde.
国王教堂 King's Chapel
阿罗米咖啡馆 R
Wheeler St.
St. Andrew's St.
Emmanuel St.
Parker St.
老鹰酒吧 R
Bene't St.
国王学院 King's College
St. Benet's
Emmanuel College
动物学博物馆 Zoology Museum
The Backs
St. Catharines College
圣体学院
惠普尔博物馆 Whipple Museum
Downing St.
塞奇威克博物馆 The Sedgwick Museum of Earth Science
Parker's Peace
王后学院 Queens' College
Silver St.
Pembroke St.
彭布罗克学院
Regent St.
斯库德莫尔平底船公司（平底船码头）
1 2 A B

游览剑桥的主要景点

乘坐平底船在剑河上游览

坐平底船在剑河上游览是剑桥旅游的一大特色。西边有广阔的后园，东边是雄伟的学院建筑群。从南边乘船的话，可依次穿过数学桥、卡莱尔桥、叹息桥。来到剑桥一定要坐上平底船观赏两岸的美景。

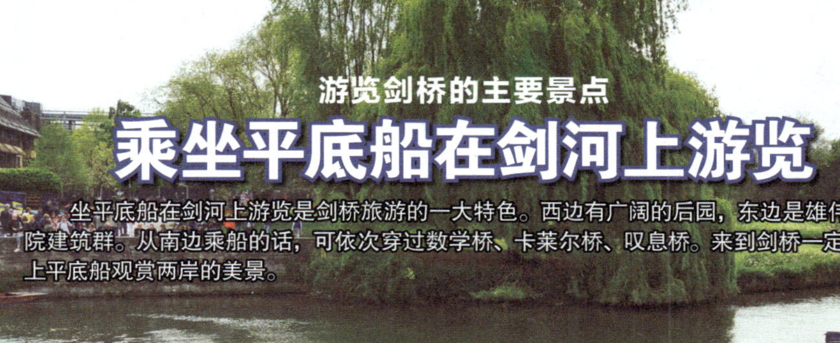

平底船码头

Bridge St.

圣约翰学院
St. John's College

叹息桥

三一学院

叹息桥

三一学院
Trinity College

国王学院

卡莱尔学院
Clare College

国王学院
King's College

王后学院的数学桥

可以租借划艇和皮艇

王后学院
Queens' College

数学桥

平底船码头

■剑河乘船游览
●斯库德莫尔平底船公司
Scudamore's Punting
Map p.336下A1·A2
TEL（01223）359750　URL www.scudamores.co.uk
开 9:00~日落　休 无休
费 45 分钟含划船人费用 £20　学生 £18.50

剑河沿岸的 剑桥各学院之旅

剑桥，顾名思义，就是剑河上的桥梁。历史悠久的各个学院建在剑河沿岸，河流静静地在学生穿行的校园内流淌，构成了美丽的景色。剑桥大学各学院在特定时期（9~12 月及 1~5 月为学期）可能不接受游客参观，所以应事先到 ❶ 确认可参观的学院。

曾经只招收伊顿公学毕业生的 国王学院 King's College

1441 年，为接收伊顿公学（→ p.167）毕业生，亨利六世 p.576 下令建立了国王学院。在之后的 400 年里，只有伊顿公学的毕业生能够走进这里求学。

亨利六世像

穿过雄伟的门楼，右侧的建筑就是该学院最著名的国王教堂（Kings Chapel）。这座教堂始建于 1446 年，后因玫瑰战争及亨利六世被废黜而停止建设，到了玫瑰战争结束后的都铎王朝时期才得以完工。

国王教堂的花窗玻璃

横跨数学桥两侧的 王后学院 Queens' College

建于 15 世纪的古老图书馆内收藏了大量古书

建于 1446 年，之后得到亨利六世 p.576 的妻子安茹的玛格丽特及爱德华四世的妻子伊丽莎白·伍德维尔这两位王后的资助，学院进行了重建，也因此得名王后学院。

校园横跨剑河两岸，建筑众多，由数学桥将两岸的校园连接在一起。这座桥很好地利用了桁架结构，造型很美，所以被命名为数学桥。有传说其设计来自牛顿，但现在这种说法已被否定。

培养出多名首相及诺贝尔奖得主的

三一学院

Trinity College

三一学院大门

亨利八世p.576于1546年创立的学院。已培养出6名英国首相及31名诺贝尔奖得主，弗朗西斯·培根、艾萨克·牛顿、乔治·戈登·拜伦p.576都毕业于此。学院内有克里斯托弗·雷恩p.573设计的雷恩图书馆。

三一学院的教堂

教堂唱诗班也非常著名的

圣约翰学院

St. John's College

圣乔治教堂

自1511年建院以来，经历了多次扩建，校园已跨过剑河向西延伸。剑河上的叹息桥是一座带屋檐的美丽桥梁。名字是模仿威尼斯的叹息桥而起。旁边的圣约翰教堂也非常美丽。

DATA

■国王学院
Map p.336下A2
✉ King's Pde., CB2 1ST
TEL (01223) 331100　URL www.kings.cam.ac.uk
开 学期内 9:30~15:30（周六 ~15:15，周日 13:15~14:30）
学期外 9:30~16:30
休 考试期间（不包括国王教堂）
国王教堂在考试期间也对外开放，但全年都有临时性的停止对外开放的情况。需事先查询确认。
费 £9　学生 £6
内部部分区禁止拍照　部分区域禁止使用闪光灯

■王后学院
Map p.336下A2
✉ Silver St., CB3 9ET
TEL (01223) 335511　URL www.queens.cam.ac.uk
开 3/3~10/28 10:00~16:30
10/29~3/2 10:00~15:00
休 10/29~3/2 的周六·周日、4/23~6/15、6/20·24·28、7/5·6　费 £3.50

■三一学院
Map p.336下A1
✉ Trinity St., CB2 1TQ
TEL (01223) 338400　URL www.trin.cam.ac.uk
开 3~10月 10:00~16:30
11月~次年2月 10:00~15:30
休 12/22~1/1　费 £3
●雷恩图书馆
开 12:00~14:00（学期内的周六 10:30~12:30）
休 雷恩图书馆为周日与学期外的周六
费 包含在学院门票内
内部禁止拍照

■圣约翰学院
Map p.336下A1
✉ St. John's St., CB2 1TP
TEL (01223) 338606　URL www.joh.cam.ac.uk
开 3~10月 10:00~17:00　11月~次年2月 10:00~15:30
休 12/25~1/1、6/17~24　费 £10　学生 £5
内部部分区域禁止拍照

■菲茨威廉博物馆
✉ Trumpington St., CB2 IRB
TEL (01223) 332900
URL www.fitzmuseum.cam.ac.uk
开 10:00~17:00（周日·法定节假日 12:00~17:00）
休 周一、12/24~26·31、1/1、圣周五 费 欢迎捐款
内部部分区域禁止拍照
禁止使用闪光灯

希腊神殿风格的建筑

■圣玛丽教堂
✉ St Mary's Passage, CB2 3PQ
TEL (01223) 741720
URL www.gsm.cam.ac.uk
开 夏季 9:30~17:30（周日 12:45~17:00）
冬季 9:30~16:00（周日 12:45~16:00）
塔楼 10:00 开放
休 12/25·26
费 免费 塔楼 £4 学生 £3.50

在圣玛丽教堂塔楼上看到的风景

■圆形教堂
✉ Bridge St., CB2 1UB
TEL (01223) 311602
URL www.christianheritage.org.uk
开 10:00~17:00（周日 13:30~ 17:00）
休 12 月下旬～次年 1 月上旬
费 £3.50 学生 £1

Information

格兰切斯特Grantchester

位于剑桥西南 4 公里处的僻静村庄。从前拜伦、弥尔顿等文人曾在此思考问题。有从剑桥通往这里的步道，每到周末会有学生来此郊游。

Map p.336上A2外
🚌 Stage Coach 公司的 18 路巴士 1 小时 1 班。周日停运。所需时间约 15 分钟。

剑桥 主要景点

藏品种类丰富

菲茨威廉博物馆

Map p.336 上 A2

Fitzwilliam Museum

有大量关于古埃及的展品

由剑桥大学负责运营的博物馆。有来自世界各地的藏品，数量超过 50 万件，包括埃及的木乃伊以及陶瓷、钱币、凡·戴克及毕加索的绘画作品，种类很多。经常举办特别展，可以事先查询。

塔楼上风光无限

圣玛丽教堂

Map p.336 下 A2

Great St. Mary Church

剑桥大学的官方教堂。这里 13 世纪时就有的教堂，随着大学规模扩大，经过多次改建，现在的建筑建于 15 世纪。从建成于 1608 年的塔楼上可以俯瞰整个剑桥。不过，塔楼的楼梯很陡，登塔会比较吃力。

圣玛丽教堂后面的市场

英国少见的圆形教堂

圆形教堂

Map p.336 下 A1

Round Church

建立于 1130 年的诺曼式教堂。英国绝大部分教堂的建筑布局都呈十字架形，但这座教堂则为圆形。这是因为修建这座教堂的宗教团体与十字军有着很深的关系，模仿了耶路撒冷的圆形圣墓教堂。

说到英国其他的圆形教堂，比较著名的就是曾出现在电影《达·芬奇密码》p.575中的伦敦圣殿教堂。圣殿教堂是由诞生于十字军东征中的圣殿骑士团p.575创建的教堂。教堂内放映名为《剑桥故事 The Cambridge Story》的影像资料，介绍当地的历史。

少见的圆形教堂

位于剑桥南部的植物园

植物园 Map p.336 上 B2

Botanic Garden

在园内休闲的游客很多

位于剑桥市中心以南 1 公里处的大型植物园。周末游客很多。由剑桥大学负责管理，园内种植的植物种类超过 8000 种。建有温室，可以观赏到亚马孙王莲及兰花等热带植物。

收藏了来自世界各地动物的相关资料

动物学博物馆 Map p.336 下 A2

Zoology Museum

收藏动物标本、骨骼标本的博物馆。1 层展出哺乳动物、昆虫、海洋生物的标本，地下 1 层展出哺乳动物的骨骼标本。博物馆一处建筑的顶层展出巨大的鲸鱼骨骼。

展出各种动物标本

收藏科学家的科研器具

惠普尔博物馆 Map p.336 下 A2

Whipple Museum

1944 年由罗伯特 · 惠普尔（Robert Whipple）创立。主要收藏科学家使用过的科研器具。现在展出 2000 多件科学家们捐赠的展品。

展出科学家们曾经使用过的科研器具

了解地球

塞奇威克博物馆 Map p.336 下 B2

The Sedgwick Museum of Earth Science

剑桥大学校内的博物馆。主题为“地球科学”，通过化石标本、矿石等展品详细介绍地球 55 亿年的历史。规模不大，但有数量很大的动物化石及动物标本展品，非常值得一看。尤其是位于入口附近的禽龙化石很有震撼力。

展出当代艺术

茶壶院子 Map p.336 上 A1

Kettle's Yard

展出 20 世纪当代艺术的美术馆。分为画廊和展馆两部分，展馆内主要展出 20 世纪前期的艺术作品，画廊则展出新近的作品。

■植物园
✉ 1 Brookside, CB2 1JE
TEL（01223）336265
URL www.botanic.cam.ac.uk
开 4~9 月 10:00~18:00
2 · 3 · 10 月 10:00~17:00
11 月 ~ 次年 1 月 10:00~16:00
※ 入园截至闭园前 30 分钟
休 12/24~ 次年 1/1
费 £6
学生 £5.50

■动物学博物馆
住 Downing St., CB2 3EJ
TEL（01223）336650
URL www.museum.zoo.cam.ac.uk
开 10:00~16:30（周日 12:00~16:30）
休 周一、法定节假日
禁止使用闪光灯

■惠普尔博物馆
✉ Free shcool Ln., CB2 3RH
TEL（01223）330906
URL www.hps.cam.ac.uk/whipple
开 12:30~16:30
休 周六 · 周日、12 月上旬 ~ 次年 1 月上旬
费 欢迎捐款
禁止使用闪光灯

■塞奇威克博物馆
✉ Downing St., CB2 3EQ
TEL（01223）333456
URL www.sedgwickmuseum.org
开 10:00~13:00 14:00~17:00（周六 10:00~16:00）
休 周日、12/23~1/9、圣周五
费 欢迎捐款

禽龙化石是博物馆的最大亮点

■茶壶院子
✉ Castle St., CB3 0AQ
TEL（01223）748100
URL www.kettlesyard.co.uk
开 11:00~17:00
展馆 12:00 开门
休 周一 费 欢迎捐款

■前往纽马基特的方法

🚌 6:42~22:44 期间 1 小时 1 班。周日 9:12~22:50 期间大概 2 小时 1 班

🚌 可乘坐 Stage Coach 公司的 10 路、10A 路、11 路、12 路巴士，车次很多，周日停运。

■纽马基特的 ℹ

✉ 63 Guineas, CB8 8HT

TEL（01638）719749

开 9:00~17:00
（周六 10:00~ 16:00）

休 周日 · 法定节假日、1/1、12/25 · 26

■国家赛马博物馆

✉ Palace House, Palace St., CB8 8EP

TEL（01638）667333

URL www.palacehousenewmarket.co.uk 开 10:00~17:00

休 12/25 费 £12

内部禁止拍照

■国家种马场

参观马场的团体游需预约。出发前 15 分钟集合。

🚌 乘坐 Stage Coach 公司的 11 路、12 路巴士，在七月赛马场（July Racecourse）下车。

✉ The National Stud, Newmarket, CB8 0XE

TEL（01638）663464

URL www.nationalstud.co.uk

开 2~9 月 · 10 月的周五 ~ 周日 11:15 出发
（3~10 月的周六 · 周日 14:00 也有团出发）

休 2~9 月的周一 · 周二、10 月的周一 ~ 周四、11 月 ~ 次年 1 月 费 £11

■前往伊利的方法

剑桥和伊利的火车站都与各自的市中心距离稍远，所以乘坐开行于两地市中心的巴士则不需要换乘，比较方便。

🚌 6:05（周六 6:07）~22:55 期间车次很多（周日 8:52~22:06 期间大概 1 小时 1 班）
用时：20 分钟

🚌 Stage Coach 公司的 9 路巴士 7:45~16:50 期间 1 小时 1~2 班。12 路 7:05~18:55 期间 1 小时 1~2 班。（周日均停运）

英国赛马界的中心 Days out from Notingham

纽马基特

Newmarket

折页地图 D6

纽马基特位于剑桥西北，喜欢马的游客一定要去看一看。詹姆士一世将这里定为赛马中心，现在有 30 多个赛马场及牧场。

饲养赛马的国家种马场

宫殿（Palace House）内的国家赛马博物馆（National Horseracing Museum）通过影像及模拟器来详细介绍赛马的历史。

另外，还可以乘坐巴士前往饲养赛马的国家种马场（Natonal Stud）参观。

埃塞德丽达公主建立的 Days out from Notingham

伊利大教堂

Ely Cathedral

Map p.342

位于剑桥以北约 20 公里处。耸立于山丘之上的小镇伊利的大型修道院。7 世纪时，由躲避了政治婚姻的埃塞德丽达公主建立。10 世纪时，本笃会进行了重建，1351 年成为现在的样子，不过在亨利八世解散修道院p.574时，许多雕像及教堂建筑都被毁坏。19 世纪开始修复工作，2000 年完工。

高 66 米的西塔

大教堂内部 从有精美装饰的入口进入教堂，是建于 12 世纪、长约 76 米的中廊。天花板上有壁画描绘了从创世纪到基督升天的故事。

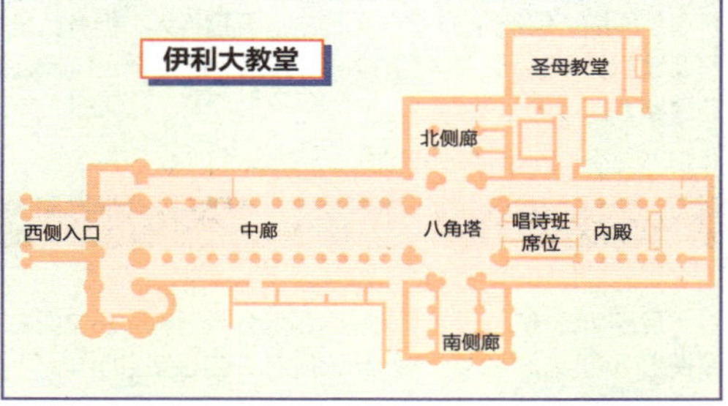

中廊的尽头处是位于大教堂中央的八角塔 The Octagon。建造这个美丽的八角形屋顶装饰用了 12 年的时间。最里面的内殿 The Presbytery 建于 13 世纪。这里供奉着圣埃塞德丽达的塑像，中世纪时有许多朝圣者前来拜祭，但遗憾的是在宗教改革中塑像被毁。

圣母教堂 位于大教堂南侧的圣母教堂 The Lady Chapel 建成于 1349 年，是英国最大的大教堂附属礼拜堂。

安葬着命运悲惨的女子　　Days out from Cambridge

彼得伯勒大教堂

Map p.343

Peterborough Cathedral

彼得伯勒大教堂是中世纪的朝圣地，造访这里的人非常多。这里还埋葬着阿拉贡的凯瑟琳p.573和玛丽·斯图亚特p.575这两位都铎王朝时期命运悲惨的女性。

大教堂的西门的样式非常少见，由 3 个巨大的拱门组成。狭长中廊的屋顶上有装饰结构，主祭坛东边有扩建的哥特式扇形屋顶，可看之处非常多。

亨利八世首任妻子阿拉贡的凯瑟琳的墓葬就在北侧廊。南侧廊则曾经安葬着玛丽·斯图亚特。伊丽莎白一世p.573去世后，继承王位的詹姆士一世将其母亲玛丽的遗骨移葬至威斯敏斯特修道院，原来埋葬其遗骨的地点现立有标识牌。

组成西门的 3 个拱门上分别有圣保罗、圣彼得、圣安德烈的雕像

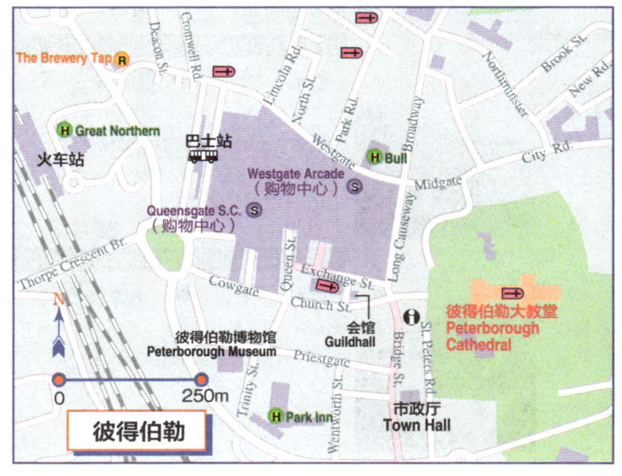

用时：9 路 55 分钟、12 路 1 小时 30 分钟

■伊利大教堂

✉ The College, CB7 4DL

TEL（01353）667735

URL www.elycathedral.org

开 7:00~18:30（冬季周日 ~17:30）

休 无休　费 £9　学生 £6

八角塔、西塔、花窗玻璃博物馆通票 £19.50　学生 £16

大教堂屋顶的壁画非常值得欣赏

■前往彼得伯勒的方法

●从剑桥出发

🚗 5:15~21:01（周日 11:00~20:00）期间大概 1 小时 1 班

用时：50 分钟

●从伊利出发

🚗 5:30~21:15（周日 11:15~20:15）期间 1 小时 1~3 班

用时：40 分钟

●从林肯出发

🚗 8:00~16:00 期间 1 小时 1 班（周日停运）

用时：1 小时 30 分钟

■彼得伯勒大教堂

✉ Peterborough, PE1 1XA

TEL（01733）355315

URL www.peterborough-cathedral.org.uk

开 9:00~17:00（周日 12:00~15:00）

免费团体游周一 ~ 周六 11:30、14:00 出发

休 无休

费 欢迎捐款　拍照 £3

阿拉贡的凯瑟琳的墓葬

酒店
Hotel

剑桥的中心城区有许多高档酒店，B&B 和大型酒店大多分布在城市边缘。康河北侧、火车站周边也是 B&B 比较集中的地区。此外，剑桥离伦敦不算远，可以当天往返。也可以选择在在彼得伯勒和伊利住宿，住宿费用会比在剑桥便宜一些。

剑桥瓦尔斯蒂酒店
The Varsity Hotel & Spa, Cambridge

高档　48 间　Map p.336 上 A1

◆人气很高的古董酒店。SPA、按摩推拿、美体等项目也比较充实。可以站在客房的阳台俯瞰剑桥的街景。

所有房间　所有房间　所有房间　所有房间　付费　免费

Thompson's Ln., CB5 8AQ

TEL (01223) 306030　FAX (01223) 305070

URL www.thevarsityhotel.co.uk　S W £159~600　C/C A D M V

阿伦德尔官邸酒店
Arundel House Hotel

中档　103 间　Map p.336 上 A1

◆酒店的地理位置稍微有些僻静，不过环境优美安静。浴室内的设备因房间而异。酒店内并设有餐馆和酒吧。早餐是欧陆式早餐。酒店在该地区还设有分店。

所有房间　所有房间　所有房间　无　免费　免费

Chesterton Rd., CB4 3AN

TEL (01223) 367701　FAX (01223) 367721

URL www.arundelhousehotels.co.uk

S £115~

W £177~　C/C M V

剑桥宜必思酒店
Ibis Cambridge

中档　231 间　Map p.336 上 B2

◆这家大型连锁酒店位于火车站旁边，地理位置优越。前台位于入口处，并且兼作咖啡吧。客房是现代式的装修风格，简洁大方，功能齐全。

所有房间　所有房间　所有房间　无　无　免费

2 Station Sq., CB1 2GA

TEL (01223) 320960　URL www.ibis.com

S W £80~160

C/C A M V

剑桥 A & B 宾馆
A&B Guest House

旅馆　11 间　Map p.336 上 B2

◆酒店距离火车站徒步仅需 3 分钟，对面是青年旅舍，近几年刚刚进行过内装修。早餐的内容十分丰富，既有欧陆早餐，也有适合素食主义者的餐食。

所有房间　部分　所有房间　无　付费　免费

124 Tenison Rd., CB1 2DP

TEL (01223) 315702

S £55~

W £85~　C/C A M V

剑桥青年旅舍
YHA Cambridge

青年旅舍　32 间　Map p.336 上 B2

◆馆内在 2014 年进行了全面改装，厨房、洗衣房等设施齐全。多人间是男女分房的，每个房间有 4~6 张床。早餐是自助式的。

无　无　无　所有房间　无　只有一层免费

97 Tenison Rd., CB1 2DN

TEL (01223) 354601　URL www.yha.org.uk

D £15~

S W £49~　C/C M V

伊利旅馆
Ely Guesthouse　伊利

旅馆　10 间　Map p.342 左

◆旅馆位于伊利大教堂正前方，地理位置优越。酒店一层还有一家在当地深受好评的泰国菜餐馆，一层也兼做前台。

所有房间　申请有　所有房间　无　无　付费

6 St Mary's St. Ely, CB7 4ES

TEL (01353) 665011

URL www.elyguesthouse.co.uk

S £35　W £55~60　W £60　C/C M V

餐馆
Restaurant

这座城市汇集了来自世界各地的学生，因此餐馆的种类也是各式各样。有中餐馆和日本料理店等亚系餐馆。餐馆和快餐店比较多的地区是摄政大街 Regent St. 附近。此外，大学附近的市场大街 Market St. 附近也有不少餐馆。

河畔酒吧
The River Bar

◆这是一家位于康河畔的牛排屋。从靠窗的座席可以看到河畔的风景，同时还可以享受美味的牛排。招牌的食谱是牛排价格在 £17.50~36。

肉排 Map p.336 上 A1

✉ Quayside, CB5 8AQ
TEL（01223）307030
URL www.riverbarsteakhouse.com
开 17:30~23:30（周五 17:30~ 次日 0:30，周六 12:00~ 次日 0:30，周日 12:00~23:30）
休 无休 C/C M V 无信号

阿罗米咖啡馆
Aromi

◆这是一家意大利西西里风的咖啡馆，橱窗内展示着刚刚出炉的比萨、提拉米苏、蛋挞等。店内还有地下就餐区，菜肴可以外卖。如果在店内就餐，会非常热闹，经常有学生团体来这里就餐。

咖啡馆、意大利菜 Map p.336 下 A2

✉ 1 Bene' t St., CB2 3QN
TEL（01223）300117
URL www.aromi.co.uk
开 9:00~19:00（周五 · 周六 9:00~22:00）
休 无休
C/C J M V
店内有信号

迈克尔咖啡馆
Michaelhouse Café

◆利用教堂改建而成的咖啡馆，天井挑高，开放感十足。这里也可以做正规的礼拜。还可以品尝到司康饼、蛋糕等美味的甜品。午餐时间是 11:30~15:00。三明治拼盘的价格是 £6~7，每日更替的比萨是 £6.60。

咖啡馆 Map p.336 下 A1

✉ St. Michael's Church, Trinity St., CB2 1SU
TEL（01223）309147
URL www.michaelhousecafe.co.uk
开 8:00~17:00 休 周日
C/C A J M V
无信号

老鹰酒吧
Eagle

◆这里曾经兼作旅馆，据记载在 1602 年的时候莎士比亚剧团在此地的中院内上演过哈姆雷特。1950 年，确定了 DNA 双螺旋结构的沃森（J · D · Wadtson）和克里克（F · H · C · Crick）也曾在此进行过讨论。主菜的价格是 £9.75~。

Pub 英国菜 Map p.336 下 A2

✉ 9 Bene't St., CB2 3QN
TEL（01223）505020
URL www.eagle-cambridge.co.uk
开 11:00~23:00（周四 ~ 周六 11:00~ 24:00）
休 无休 C/C M V 店内有信号

剑桥酿酒屋
The Cambridge Brew House

◆于 2013 年开的酿酒坊兼 Pub。共有 5 种特酿的艾尔啤酒，还有传统的英国菜肴、小菜等。最受欢迎的汉堡肉饼价格是 £10~，其他类的小吃也有很多选择。

食堂 精酿啤酒 Map p.336 下 B1

✉ 1 King St., CB1 1LH
TEL（01223）855185
URL www.thecambridgebrewhouse.com
开 11:00~23:30（周五 · 周六 ~24:00）
休 无休
C/C A M V 店内有信号

保存着中世纪印迹的要塞城市

诺里奇
Norwich

人口	电话区号
13 万 2512 人	01603

诺福克郡
Norfork

诺里奇城堡里有各种展览

盎格鲁 - 萨克逊人在此建立了第一个城市叫“诺里奇 Northwic”。之后不断地扩建，中世纪时这里成为英格兰最大的要塞城市。现存大量诺曼王朝时期至都铎王朝时期的建筑，教堂的数量很多。这里教堂的数量曾多达 57 座，其中，建于 11 世纪的诺里奇大教堂是当地的标志性建筑。

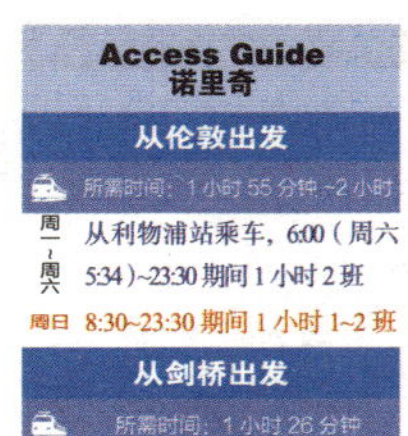

Access Guide
诺里奇

从伦敦出发

所需时间：1 小时 55 分钟～2 小时

周一～周六　从利物浦站乘车，6:00（周六 5:34）~23:30 期间 1 小时 2 班

周日　8:30~23:30 期间 1 小时 1~2 班

从剑桥出发

所需时间：1 小时 26 分钟

周一～周六　6:05~22:55 期间 1 小时 1~2 班

周日　8:52 10:52~22:06 期间 1 小时 1 班

诺里奇 漫 步

火车站位于城市东部。从车站出来，过桥后直行，即可到达当地的标志性建筑诺里奇城堡。诺里奇城堡与诺里奇大教堂之间有一条由石板铺成的埃尔姆希尔 Elm Hill 大街，路边有很多都铎王朝时期的建筑。

由石板铺成的埃尔姆希尔大街

城堡以西的区域比较热闹，有

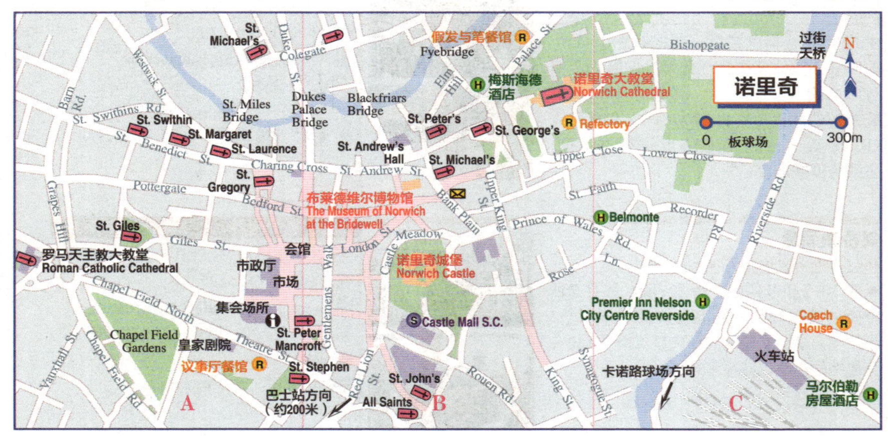

英国规模最大的露天市场

很多商店，特别值得一提的是市政厅与会馆之间的市场，这个市场是英国最大的露天市场。除周日外，每天都营业。❶在市政厅南侧名为集会场所Forum的现代建筑中。

位于市中心的庄严建筑

诺里奇城堡

Map p.346B

Norwich Castle

馆内的展厅很大

诺曼征服的第二年，也就是1067年，征服王威廉 ☞p.572在这里修建了诺里奇城堡。最初的城堡为木结构，12世纪时被改建为石结构的建筑并保存至今。现在已被辟为博物馆，有介绍东盎格利亚历史的展览，还有欧洲绘画、本土画家作品、古埃及文物、狮子及鹈鹕等动物标本的展览，展品的种类丰富。博物馆外的区域可参加两种团体游参观游览。

屋顶装饰着精美雕刻

诺里奇大教堂

Map p.346B

Norwich Cathedral

高耸的尖塔

这座雄伟的大教堂建于1096年。尖塔高93米，仅次于索尔兹伯里大教堂，为英国第二高的教堂。同时这座教堂也是英国回廊规模最大的教堂。

屋顶装饰着1000多个中世纪的雕刻，每一个造型都非常独特且精美。

回廊环绕的中庭里有被称为Labyrinth的迷宫。

介绍诺里奇历史

布莱德维尔博物馆

Map p.346B

The Museum of Norwich at the Bridewell

介绍诺里奇16世纪以后历史的博物馆。有很多20世纪前半期的展品，还有再现当时杂货店及药店的展区。

i 诺里奇 Tourist Information Centre

Map p.346A
✉ The Forum, Millennium Plain, NR2 1TF
TEL (01603) 213999
URL www.visitnorwich.co.uk
开 9:30~17:30
（周日 10:30~15:30）
休 9月~次年6月的周日、12/25~次年1/1

■诺里奇城堡

✉ Castle Meadow, NR1 3JU
TEL (01603) 493625
URL www.museums.norfolk.gov.uk
开 9/23~次年6/22 10:00~16:30
（周日 13:00~16:30）
6/23~9/22 10:00~17:00
（周日 13:00~17:00）
入场截至关门前30分钟
休 12/24~26、1/1
费 £9.50 学生 £9
团体游均为 £3.70 学生 £3.50
禁止使用闪光灯

位于山坡上的城堡

■诺里奇大教堂

✉ 65 The Close, NR1 4EH
TEL (01603) 218300
URL www.cathedral.org.uk
开 7:30~18:00
休 无休
费 欢迎捐款

■布莱德维尔博物馆

✉ Bridewell Alley, NR2 1AQ
TEL (01603) 629127
URL www.museums.norfolk.gov.uk
开 10:00~16:30
休 周日・周一、12/26
费 £5.96 学生 £5.65
禁止使用闪光灯

再现了20世纪初的杂货店

酒店 & 餐馆
Hotel & Restaurant

中心城区住宿设施比较集中，尤其是车站以东的斯特雷奇路 Stracey Rd. 附近。餐馆比较集中的地区是威尔士亲王路 Prince of Wales Rd. 和会馆周围。购物中心和市场汇集在诺里奇城堡 Norwich Castle 周边。

梅斯海德酒店
The Maids Head Hotel

Recommended

中档 84 间 Map p.346B

TV 所有房间 · 吹风机 所有房间 · 水壶 所有房间 · 保险箱 无 · P 免费 · Wi-Fi 免费

◆**利用拥有数百年历史的建筑物改建而成的酒店** 酒店位于诺里奇大教堂旁，是利用一栋建于 13 世纪的老房子改建而成的，内装修也充分地利用了这里古色古香的特点，并且功能齐全。

餐馆 & 酒吧 红酒单的内容十分丰富，主要以法国红酒为主，此外还有英国、南美、非洲等世界各地的葡萄酒共 40 多种。5 品菜肴试吃这道菜非常适合搭配红酒一起。

✉ Tombland, NR3 1LB
TEL (01603) 209955
FAX (01603) 613688
URL www.maidsheadhotel.co.uk
S W £85~198
C/C A M V
餐馆 开 12:00~14:00 18:30~21:30

马尔伯勒房屋酒店
Marlborough House Hotel

旅馆 17 间 Map p.346C

TV 所有房间 · 吹风机 部分 · 水壶 所有房间 · 保险箱 无 · P 免费 · Wi-Fi 免费

◆从车站出来以后，向与市中心相反的方向前行，经过一个邮局之后右转，然后再继续前行 100 米左右，在路的左侧便是了。这条街是民宿比较集中的地区，这家酒店是客房数相对多规模比较大的一家。客房也是近期改装过的。

✉ 22 Stracey Rd., NR1 1EZ
TEL (01603) 628005
URL marlboroughguesthouse.co.uk
S £45~ S £60~
W £80~ C/C M V

假发与笔餐馆
Wig & Pen

Pub 有客房 Map p.346B

◆当地人气最高的 Pub，常设 6 种精酿的艾尔啤酒。自制的汉堡肉饼（£10）和牛排馅饼（£13）等是比较受欢迎的食谱。三明治的坯子可以选择白面包或者烤饼，价格是 £5 左右。楼上是客房，共有 2 间。

✉ 6 St. Martins at Palace Plain, NR3 1RN
TEL (01603) 625891
URL www.thewigandpen.com
开 11:30~23:00（周日 11:30~18:00）
休 免费
C/C M V
店内有信号

议事厅餐馆
The Assembly House

下午茶 英国菜 Map p.346A

◆餐馆所在的建筑自 1754 年被建成以来，一直都是诺里奇的社交中心，这里经常举办音乐会、舞会等活动。餐馆的下午茶是每人 £20.95，剧院食谱的价格是 2 品 £16，3 品 £20。

✉ Theatre St., NR2 1RQ
TEL (01603) 626402
URL www.assemblyhousenorwich.co.uk
开 7:30~20:00（周六 · 周日 8:00~20:00）
休 免费
C/C A M V
店内有信号

英格兰北部地区

Northern England

景点详细介绍

城市漫步指南

从约克大教堂（p.436）的塔楼俯拍的城市景观

雄伟的自然景观和田园风光

英格兰北部地区

英格兰北部地区分为许多区域。首当其冲的是拥有英格兰风光的著名旅游胜地湖区p.383，这一地区分布着众多著名景点。西部有甲壳虫乐队的故乡利物浦p.358，还有工业革命的代名词般存在的曼彻斯特p.370等大城市。山峰地区国家公园p.375可以从曼彻斯特出发一日游。哈德良长城p.412世界遗产所在的北部与苏格兰相接壤，这一地区还有著名的达勒姆城堡遗址p.428等北部地区著名的景点。东侧是以古都约克p.434为中心的约克郡。西侧是自然景观较多的约克郡河谷国家公园p.442。

主要城市与景点概要

p. 358 甲壳虫乐队的故乡
利物浦

p. 383 山川与湖泊相互交织的田园风光
湖区

p. 412 见证古罗马人睿智文明遗址
哈德良长城

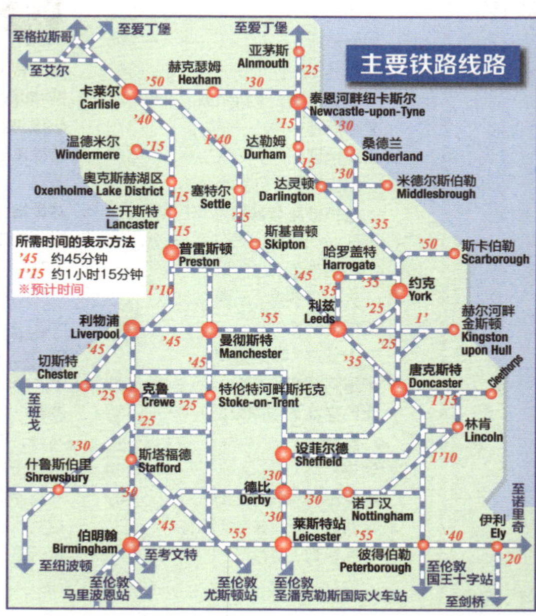

利物浦 p.358
甲壳虫乐队成员出生的港口城市。这里也被列入了世界遗产

山顶农庄 p.400
《彼得兔》的作者毕翠克丝•波特曾经居住过的家

哈德良长城 p.412
城墙的周围是游步道，可以近距离接触世界遗产，在这里徒步是一件非常享受的事情

达勒姆大教堂 p.428
从11世纪开始建造，时至今日拥有2座巨型高塔

p.434 城墙包裹下的历史古城
约克

p.452 《呼啸山庄》的故事背景
霍沃思

值得推荐的户外项目

cruise

迎着风前行
温德米尔湖游船
详细内容 p.393

如果想要尽情地享受湖区风景，推荐乘船游览。既可以选择乘坐豪华游轮，也可以选择乘坐夏季时各个湖的景区为游客准备的观光船。

walk

说不定会遇到幽灵？
约克的幽灵之旅
详细内容 p.436

约克这座古城拥有2000多年的历史，在城区的各地都有流传下来的怪谈和灵异事件等。如果参加幽灵之旅，可以到在导览人的带领下体验分布于城区各处的怪谈景点。

football

世界顶级足球俱乐部云集
看球 & 参观球场
相关内容 p.46、130、364

英格兰北部地区是曼彻斯特联队、利物浦足球俱乐部p.364等英超传统强队的大本营，拥有这些强队的主场球场。不妨观看一场英超比赛，感受一下主场的氛围。

■ 球场之旅（曼联）
● 老特拉福德球场　Map p.371 下 A
这里是曼彻斯特联队的大本营。参加球场之旅，可以跟随导游参观，在讲解完共有23名曼联相关人员罹难的1958年“慕尼黑空难”之后，便会去参观球员更衣室。还可以跟自己喜欢的球员的队服合影留念，之后从球员通道进入球场内。
乘坐去往Altrincham方向的轻轨（Metro Link），在老特拉福德站（Old Trafford）下车。 URL www.manutd.com 开 比赛以外 9:40~16:30（周日~15:30） 费 £18 学生 £12
● 阿提哈德球场　p.371 下 C
曼彻斯特城队的大本营。参加球场之旅，在导游介绍完球队历史和赛绩之后，还会参观场内球员通道，更衣室，新闻发布厅等。
乘坐去往Ashton Under Lyne方向的轻轨，在Etihad Campus站下车。
URL www.mancity.com 开 10:30~16:00每30分钟一组 费 £17.50 学生 £12

当地美食

gourmet

Pub出品的不带甜味的布丁
约克郡布丁
Yorkshire Pudding

虽说这款布丁在英国各地都可以品尝到，但约克郡是源头。这种酥皮口感的布丁，经常会搭配牛排一起食用。在正规的餐馆通常是搭配香肠和蔬菜一起，作为主菜来食用。

约克大教堂 p.436
英格兰北部地区最具代表性的大教堂。这里拥有世界上最大型的教堂玻璃

温德米尔湖游船 p.393
这里是湖区最大的湖。可以在观光船上享受湖光山色

老特拉福德球场
曼彻斯特联队的主场球场

约克郡布丁

罗马时代的要塞城市

切斯特

Chester

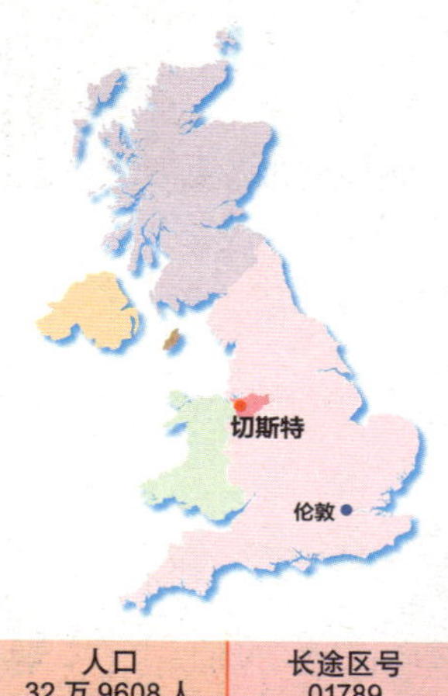

人口	长途区号
32 万 9608 人	01789

柴郡 Cheshire

东门是老城区的正门，门上有时钟

切斯特的历史很久，可以追溯到罗马时代。中世纪时，曾遭受维京人的入侵，阿尔弗雷德大帝 p.572**的女儿埃赛尔弗雷达 Aethelflaeda 将维京人赶走并加固了城墙。之后，利用流经当地的迪河 River Dee 开展水运，使得这里发展成为繁荣的贸易城市。老城区有很多白墙加黑色框架的建筑，证明了这里当时的繁荣程度。切斯特被认为是最能体现中世纪英格兰风貌的城市。**

Access Guide 切斯特

从伦敦出发

所需时间：约 2 小时 5 分钟

周一～周六 从尤斯顿站乘车，8:10~20:10（周六 ~18:10）期间每小时的 10 分发车

周日 8:15~19:08 期间大概 1 小时 1 班

所需时间：5 小时 ~5 小时 50 分钟

周一～周六 16:30 23:30

从曼彻斯特出发

所需时间：1 小时 ~1 小时 30 分钟

周一～周六 从皮卡迪利站乘车，5:48~23:17 期间大概 1 小时 1~2 班

周日 9:04~23:25 期间大概 1~2 小时 1 班

从利物浦出发

所需时间：45 分钟

周一～周六 从莱姆大街站乘车，5:38~23:43 期间每 30 分钟大概 1~2 班

周日 8:13~23:43 期间每 30 分钟 1 班

所需时间：1 小时 10 分钟 ~1 小时 40 分钟

周一～周六 7:33~22:35 期间 1 小时 2~3 班

周日 8:53~22:20 期间 1 小时 1~3 班

从兰迪德诺出发

所需时间：约 1 小时 10 分钟

周一～周六 6:46（周六 6:34）~21:45 期间大概 1 小时 1 班

周日 在兰迪德诺交叉路口换乘

切斯特 漫 步

切斯特四周有城墙，只要在四个城门的主干道交会的十字路口，就不会迷路。

十字路口 老城区的城墙有东侧的东门 Eastgate、西侧的水门 Watergate、南侧的桥门 Bridgegate、北侧的北门 Northgate 四座主要城门，以这四座城门命名的街道向城中心延伸。这些街道的交会处为十字路口 The Cross，也是城中心。以十字路口为中心，有被称为罗斯 Rows 的商业街向东南西北延伸。

在城墙上漫步很有乐趣

城墙 可从城门旁边及其他地方的入口处登上城墙观看美丽的风景。从北门向东门方向步行，可以到达大教堂的后院。如果想看一看老城区的美丽街景，东门最适合。可以从高处俯瞰木结构房屋。如果想看迪河，则可以从新门登上城墙，然后前往桥门。

迪河周边 从新门走出老城区，就是罗马圆形剧场遗址。迪河岸边还有游船码头。

切斯特 交通信息

火车站 切斯特站位于城市的东北部，至老城区，步行需 20 分钟左右。沿火车站前的霍尔路 Hoole Way 前行，经过交通环岛后进入弗罗德舍姆大街 Frodsham St.，然后可到达东门。4 路、40 路市内巴士开行于火车站与东门以东的巴士站之间。

巴士站 老城区东北部新建了切斯特巴士枢纽站 Chester Bus Interchange。市内巴士以及开往利物浦、切斯特动物园等地的中距离巴士 · 近郊巴士、National Express 公司的长途巴士都在此发车。

观光巴士 城市观光公司的巴士从火车站前发车，在老城区及城墙周边开行，全程行驶时间 55 分钟。4~10 月期间，周日的行车线路略有变动。

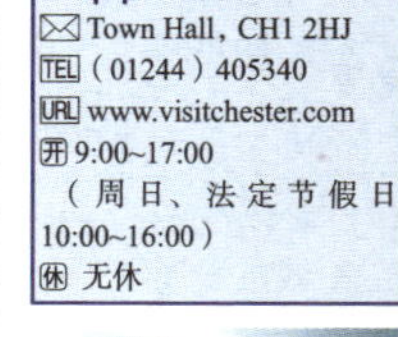

i 切斯特
Tourist Information Centre

Map p.353 A1
✉ Town Hall, CH1 2HJ
TEL（01244）405340
URL www.visitchester.com
开 9:00~17:00
（周日、法定节假日 10:00~16:00）
休 无休

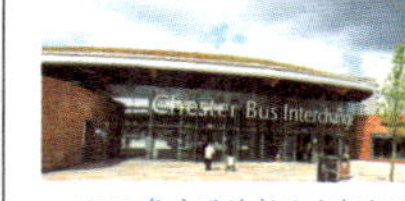

Chester Bus Interchange
2017 年启用的新巴士枢纽站

■城市观光公司
City Sightseeing
TEL（01244）381461
URL www.city-sightseeing.com
9:30~17:41 期间每隔 30 分钟发车
休 11 月～次年 3 月
费 24 小时通票 £12 学生 £10
48 小时通票 £15 学生 £12

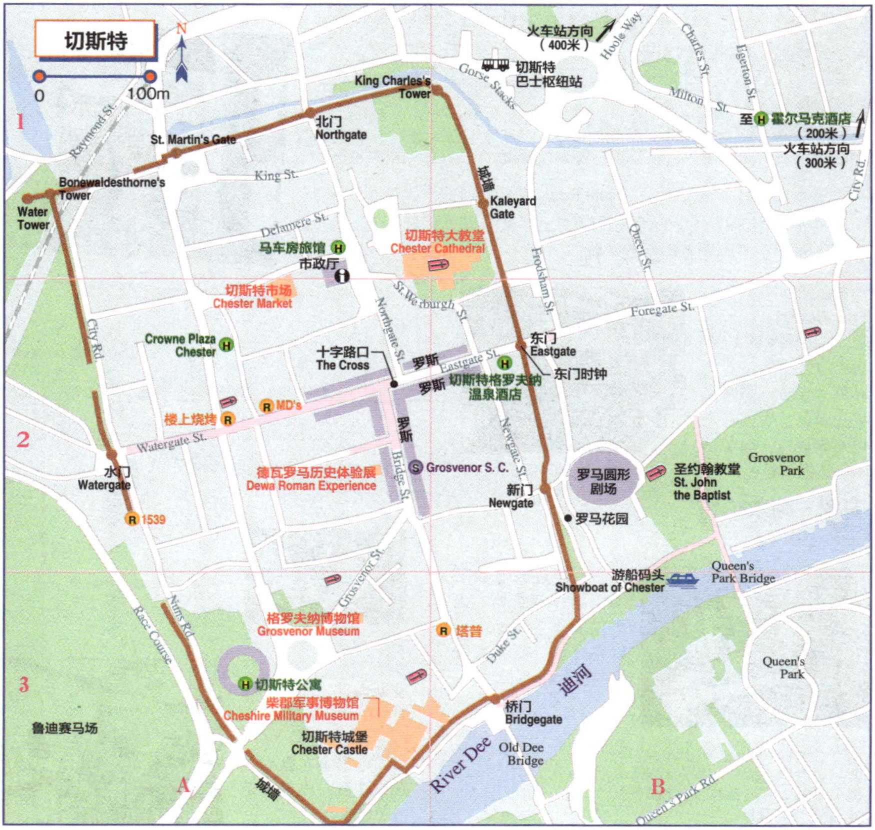
切斯特
0
100m
N
1
2
3
A
B
火车站方向（400米）
Hoole Way
切斯特巴士枢纽站
Gorse Stacks
Charles St.
Egerton St.
Milton St.
至 H 霍尔马克酒店（200米）
火车站方向（300米）
City Rd.
King Charles's Tower
北门 Northgate
St. Martin's Gate
Raymond St.
King St.
Bonewaldesthorne's Tower
Water Tower
城墙
Kaleyard Gate
Delamere St.
马车房旅馆
市政厅
切斯特大教堂 Chester Cathedral
Queen St.
Frodsham St.
切斯特市场 Chester Market
St.Werburgh St.
Northgate St.
Foregate St.
City Rd.
Crowne Plaza Chester
十字路口 The Cross
罗斯
Eastgate St.
东门 Eastgate
东门时钟
切斯特格罗夫纳温泉酒店
MD's
楼上烧烤
Watergate St.
Bridge St.
Grosvenor S. C.
Newgate St.
水门 Watergate
德瓦罗马历史体验展 Dewa Roman Experience
新门 Newgate
罗马圆形剧场
罗马花园
圣约翰教堂 St. John the Baptist
Grosvenor Park
1539
游船码头 Showboat of Chester
Queen's Park Bridge
Grosvenor St.
格罗夫纳博物馆 Grosvenor Museum
塔普
Duke St.
Nuns Rd.
Race Course
切斯特公寓
柴郡军事博物馆 Cheshire Military Museum
切斯特城堡 Chester Castle
桥门 Bridgegate
迪河
River Dee
Old Dee Bridge
Queen's Park
鲁迪赛马场
Queen's Park Rd.

 从当地出发的团体游

有城墙游、老城区游等步行团体游项目，还有迪河游船可供游客乘坐。

切斯特游
The Chester Tour

每天 10:30 出发，复活节～10 月期间 14:00 也有团出发
所需时间：1 小时 30 分钟　费 £7　学生 £6

可游览切斯特主要景点。在 ❶ 前出发

城市怪谈游
Ghost City

19:30 出发 12 月～次年 5 月的周六、6~8 月的周五·周六、9~11 月的周四～周六　用时：1 小时 30 分钟　费 £10　学生 £9

游览一些城市怪谈中所说的地点。在 ❶ 前出发

切斯特旅游　URL www.chestertours.org.uk

罗马士兵游
Roman Soldier Tour

12:00、15:00 出发　用时：1 小时 30 分钟　费 £7~

身穿罗马士兵服装在导游的带领下游览罗马时代留下的景点。在 ❶ 前出发

罗马旅游　URL www.romantoursuk.com

城市游船
Daily City Cruise

3/24~11/4 11:00~17:00 期间每隔 30 分钟出发
2/10~25、3/12~23 11:00~16:00 期间每隔 1 小时出发
3/3~11、12/10~31 的周六、周日 11:00~16:00 期间每隔 1 小时出发　所需时间：约 30 分钟　费 £7.50　学生 £6.50

从格罗夫纳公园的吊桥下穿过，航行于迪河之上。很适合悠闲地观赏街景

铁桥游船
Ironbridge Cruise

7/1~9/7 每天 12:00、14:30
6/2~30 · 9/8~30 的周六、周日 12:00、14:30
用时：约 2 小时　费 £16　学生 £14

开往世界遗产铁桥的游船。途中经常能见到野生鸟类

迪河游船 Chester Boat
TEL (01244) 325394　URL chesterboat.co.uk
从离开桥门向左的码头出发。

Town Walk 切斯特 ①
带木质屋顶的商业街 罗斯 *The Rows*

有木质屋顶的商业街罗斯 The Rows 是切斯特的一大特色。商业街内从中世纪保存至今的传统建筑的上半部分都连接在一起，是为了下雨时可不打雨伞就能在此购物。

建筑之间互通，不用担心下雨

维多利亚
The Victoria

位于建筑的上层。历史悠久，在 13 世纪时就是 Pub。房间高度比较低，客人需要蜷缩着进入。除了酒水，还提供餐食。

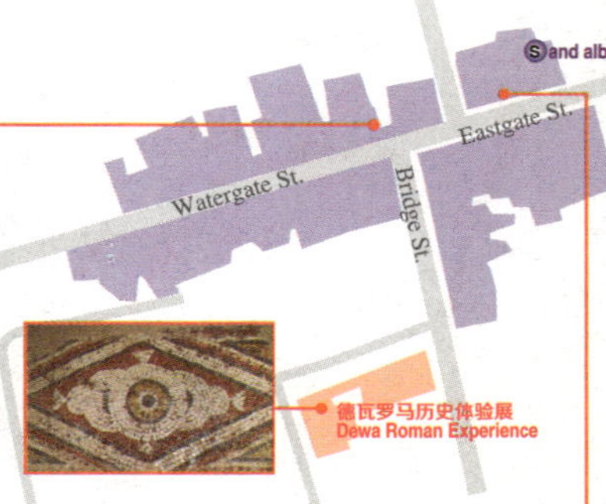

安德·阿尔伯特
and albert

有经过改造的手工小物件及首饰、无添加熏香等商品。可以在这里寻找精美可爱的纪念品。

✉ 11 Eastgate Row, CH1 1LQ（上层）
TEL (01244) 345835　URL andalbert.com
开 9:30~17:30（周日 11:00~17:00）
休 无休　CC M V

罗斯咖啡
The Rows Cafe

位于建筑的上层，可以坐在露台上观赏街景。提供三明治等简餐。

切斯特 主要景点

位于市中心的雄伟建筑

切斯特大教堂 Map p.353A~B1

Chester Cathedral

10 世纪时，因担心丹麦日耳曼人入侵，圣沃伯拉 Werburgh 的遗体被从斯塔福德郡运至切斯特并在切斯特建立了教堂。1092 年教堂成为本笃会的修道院。之后经过多次改建，1250 年为最后一次，当时的建筑保持至今。因亨利八世☞ p.576解散修道院，1541 年，成为大教堂。

大教堂内的咖啡馆过去是修道士们的食堂 Refectory。屋顶很高，座位也很多。

修道院被解散之前，当地的大教堂为现在已成为教区教堂的圣约翰教堂，位于城外东南。圣约翰教堂建立于盎格鲁 - 萨克逊时代的 689 年，也非常值得参观。

当地的标志性建筑——切斯特大教堂

■切斯特大教堂
✉ 12 Abbey Sq., CH1 2HU
TEL（01244）500979
URL www.chestercathedral.com
开 9:00~17:00（周日 11:00~16:00）
休 12/25
费 地上建筑免费 塔楼只能通过参加团体游的方式参观，£6~8

●大教堂内的咖啡馆
开 9:30~16:30（周日 12:00~16:00）
休 12/25

红褐色的外观十分特别

挑选著名乳酪

切斯特市场 Map p.353 A2

Chester Market

自古地处交通要道之上的切斯特在 12 世纪时就设立了市场。之后市场获得亨利三世的认可，变得更加繁荣。

现在的市场是 1967 年从市政厅旁边迁移至此，店铺数量超过 100 家。市场内出售包括著名的柴郡乳酪在内的各种生鲜食品以及玩具等商品，种类十分丰富。

■切斯特市场
✉ 6 Princess St., CH1 2HH
开 8:00~17:00（各店铺不一）
休 周日

柴郡乳酪非常有名，有红、白、蓝三种

柴郡军事博物馆

Cheshire Military Museum

位于切斯特城堡旁边的博物馆。由建于 19 世纪的兵营改建而成，主要展出柴郡团 The Cheshire Regiment、第五皇家伊尼斯基灵龙骑兵卫队 The 5th Royal Iniskilling Dragoon Guards 等部队的军服、勋章等展品。切斯特城堡建于 19 世纪，由托马斯 · 哈里森设计，1810 年完工。

Map p.353 A3
✉ The Castle, CH1 2DN
TEL（01244）327617
URL www.cheshiremilitarymuseum.co.uk
开 10:00~17:00 休 12 月下旬 ~ 次年 1 月上旬
费 £4 学生 £2 禁止使用闪光灯

格罗夫纳博物馆

Grosvenor Museum

通过各种有趣的展品来介绍切斯特从罗马时代至今漫长的历史。有按时代顺序介绍当地历史的切斯特历史展厅 Chester Time-line Gallery。还有展出维多利亚时期房间装饰、音乐、银制品的展区。

Map p.353A3
✉ 27 Grosvenor St., CH1 2DD
URL westcheshiremuseums.co.uk
TEL（01244）972197
开 10:30~17:00（周日 13:00~16:00）
休 12/24~26、1/1、圣周五
费 免费 拍照 £1

■德瓦罗马历史体验展

✉ Pierpoint Ln., off Bridge St., CH1 1NL

TEL (01244) 343407

✉www.dewaromanexperience.co.uk

开 2~11 月　9:00~17:00（周日 10:00~17:00）
12 · 次年 1 月 10:00~16:00

休 12/24~26、1/1

费 £5.50　学生 £4.95

■切斯特动物园

🚌 乘 1 路巴士约 15 分钟

URL www.chesterzoo.org

开 开园时间全年 10:00
春 · 秋 17:00 闭园
夏 18:00 闭园
冬 16:00 闭园
※ 入园截至闭园前 30 分钟

休 12/25 · 26、1/1

费 £26~

观赏在水中游动的企鹅

展出罗马时代的文物

德瓦罗马历史体验展

Map p.353 A2

Dewa Roman Experience

德瓦 Dewa 是切斯特在罗马时代的名字。展出在切斯特出土的古罗马陶器及铠甲等文物，参观者可以亲手触摸。

切斯特 近郊景点

英国最大的动物园之一　Day out from Chester

切斯特动物园

Map p.471C

Chester Zoo

可以看到苏门答腊虎

占地面积很大，有 400 多种动物，总数量超过 7000，是英国最大的动物园之一。该园的特色是动物并不是生活在笼子里，而是被放养。如果想把所有动物看遍，可能几个小时也看不完。饲养的动物数量会经常发生变化，所以可多次参观。每天都有与动物相关的活动，具体情况可在动物园网站上查询。切斯特动物园还特别致力于“拯救亚洲象”的活动，有饲养大象的馆舍。美洲豹馆由英国捷豹汽车公司提供赞助。

酒店 & 餐馆
Hotel & Restaurant

从火车站向市中心延伸的城市路 City Rd. 沿线有几家中档酒店。迪河南岸有一些 B&B。从东门向东，有多家快餐店。

切斯特格罗夫纳温泉酒店
The Chester Grosvenor & Spa

高档　80 间　Map p.353 B2

◆**位于罗斯的高档酒店**　2015 年迎来了开业 150 周年。精美的木结构建筑，房间内装饰的风格与外观保持一致，有厚重感。内有获米其林评级的餐馆。

下午茶　历史可以追溯至 1882 年，餐饮种类丰富，需要预约。

SPA　使用笛梵、REN 等品牌的护肤品，可选的套餐种类很多，从 30 分钟 £40 到每天 £250 都有。

✉ Eastgate, CH1 1LT

TEL (01244) 324024

URL www.chestergrosvenor.com

S W £150~

C/C A D J M V

餐馆 开 11:30~21:00

马车房旅馆
The Coach House Inn

旅馆　8 间　Map p.353 A1

TV　Wi-Fi
所有房间　所有房间　所有房间　所有房间　收费　免费

◆由建于 1840 年的马车房改建而成的旅馆。紧邻罗斯。餐馆也很有名，非常受欢迎的汉堡 £9.50~。

✉ 39 Northgate St., CH1 2HQ

TEL (01244) 351900

URL www.coachhousechester.co.uk

S W £105~

C/C A M V

切斯特公寓
ABode Chester

◆位于切斯特城堡附近的形似体育场的圆形建筑。客房装饰自然，面积较大，功能齐全。还有可以观赏风景的餐馆及酒吧。

高档　84 间　Map p.353 A3

所有房间 所有房间 所有房间 所有房间 所有房间 收费 免费

✉ Grosvenor Rd., CH1 2DJ
TEL（01244）347000
URL www.abodechester.co.uk
S W £72~
C/C A M V

霍尔马克酒店
Hallmark Inn Chester

◆步行 3 分钟可至火车站的连锁酒店（旧称威斯敏斯特酒店）。设备略陈旧，但客房宽敞且舒适。设有餐馆及酒吧。

中档　75 间　Map p.353B1 外

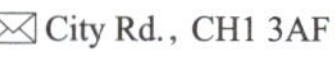

所有房间 所有房间 所有房间 无 收费 免费

✉ City Rd., CH1 3AF
TEL 0330 0283424
URL www.hallmarkhotels.co.uk
S £48.60~
W £53.10~
C/C A M V

楼上烧烤
Upstairs at the Grill

◆店内布置简洁明快，曾多次获奖。肉类、鱼类的烧烤店，在食材的挑选及摆放上都很讲究。午餐 £11，仅在周日可以吃到的星期日烤肉 Sunday Roast £13.95~。

英国菜　Map p.353 A2

✉ 70 Watergate St., CH1 2LA
TEL（01244）344883
URL upostairsatthegrill.co.uk
开 12:00~22:30（周一～周三 17:00~22:30）
休 无休
C/C A M V
店内有信号

1539
1539

◆赛马场旁边的餐馆酒吧。主打现代英式菜肴，将传统的英国菜进行了现代改良。两道菜的午餐 £15.39~。赛马时很难预订到座位。

英国菜　酒吧　Map p.353 A2

✉ Nuns Rd., CH1 2LY
TEL（01244）304611
URL www.restaurant1539.co.uk
开 12:00~21:00（周五 · 周六 12:00~ 次日 1:00、周日 11:30~23:30）
休 无休
C/C A D M V
无

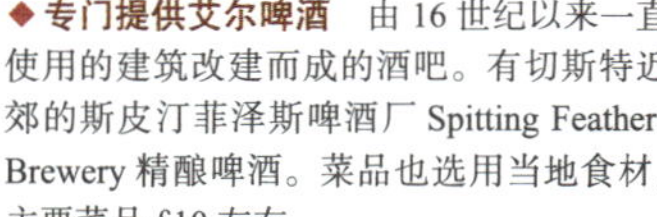

塔普
The Brewery Tap Ale House

Recommended

◆**专门提供艾尔啤酒**　由 16 世纪以来一直使用的建筑改建而成的酒吧。有切斯特近郊的斯皮汀菲泽斯啤酒厂 Spitting Feathers Brewery 精酿啤酒。菜品也选用当地食材，主要菜品 £10 左右。

酒吧　英国菜　Map p.353 B3

✉ 52-54 Lower Bridge St., CH1 1RU
TEL（01244）340999
URL www.the-tap.co.uk
开 12:00~23:00（周日 12:00~22:30）
　点餐截止 ~ 21:30（周日 21:00）
休 无休
C/C A M V
店内有信号

不朽的甲壳虫乐队

利物浦

Liverpool

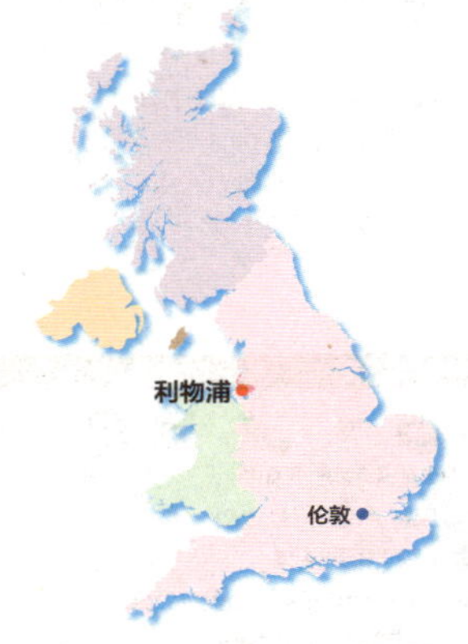

东门是老城区的正门，门上有时钟

利物浦在 17 世纪之前只是一个港口小镇，因与美国弗吉尼亚州及西印度群岛进行贸易，在 18 世纪时有了很大的发展。为大英帝国的崛起做出了贡献。但是在第二次世界大战之后，这里的失业者数量开始增加，逐渐失去了活力。

为这座城市重新注入活力的是旅游业。这里原本就有博物馆、美术馆等丰富的文化资源，港湾地区还被列入世界遗产名录，2008 年这里成为欧洲的文化首都，可以说利物浦正在经历着巨大的变革。

Access Guide
利物浦

从伦敦出发

所需时间：2 小时 15 分钟

周一~周六　从尤斯顿站乘车，5:27~21:07（周六 7:07~20:11）期间 1 小时 1 班

周日　从尤斯顿站乘车，8:15~21:21 期间 1 小时 1 班

所需时间：4 小时 40 分钟 ~6 小时 30 分钟

周一~周六　7:00 10:00 12:00 14:00 16:30 18:30 23:30

周日　7:00 10:00 12:00 12:30 14:00 16:30 18:30 20:30 23:30

从曼彻斯特出发

所需时间：45 分钟 ~1 小时 30 分钟

周一~周六　从皮卡迪利站乘车，4:49（周六 4:50）~23:07 期间车次很多

周日　从皮卡迪利站乘车，8:59~23:08 期间 1 小时 1 班

从约克出发

所需时间：约 2 小时 15 分钟

周一~周六　6:16~21:40 期间 1 小时 1 班

周日　8:50~21:45 期间 1 小时 1 班

利物浦　漫　步

被灯光照亮的艾伯特码头

利物浦的主要景点集中在莱姆大街站周边以及默西河边的艾伯特码头 Albert Dock。位于两地之间的马修大街 Mathew St. 有很多与甲壳虫乐队有关的景点。如果只在这些地方游览，徒步即可。

艾伯特码头　这里是利物浦再开发地区具有代表性的综合休闲区。有商店、餐馆、酒店以及各种景点，可以游览一整天。

利物浦　交通信息

机场　从利物浦约翰·列侬国际机场前往市内，有 Arriva 公司的 500 路巴士，每隔 30 分钟发车。

莱姆大街站　为当地的枢纽站，几乎所有列车都在此发车并到达。位于城市的西北部。

中央站 近郊火车默西铁路 Merseyrail 在 Central Station 出发并到达。有从这里直达切斯特的列车。

巴士站 National Express 公司的长途巴士在位于艾伯特码头附近的利物浦 ONE 巴士站出发并到达。

利物浦 市内交通

市北巴士 主要巴士枢纽站为女王广场 Queen Sq. 及有长途巴士出发并到达的利物浦 ONE 巴士站。两个车站均设有市内交通 ℹ。从这些地方乘车的机会并不多，但去往郊外甲壳虫乐队相关景点时可以乘坐这些巴士。

位于女王广场的市内巴士枢纽站

近郊火车 在市内行动可能不需要乘坐，但去郊外时乘坐则非常便捷。可以直达切斯特。

观光巴士 从艾伯特码头地区出发，经过利物浦大教堂等景点，在市内行驶一周。在多坡路的利物浦是很方便的交通工具。

从当地出发的团体游

神奇探秘之旅 Magical Mistery Tour

每天举办 2~6 次。详情在下面所示网站上查询。

所需时间 2 小时 休 1/1、12/25 · 26 费 £18.95

有英语讲解，乘坐小型巴士游览便士巷、草莓园等甲壳虫乐队有关的地方。可在 ℹ 或卡文 Pub 购票。从艾伯特码头出发。ℹ 旁边有巴士站。

卡文城市旅游 Cavern City Tours

TEL (0151) 7039100 URL ww.cavernclub.org

河流探险游船之旅 River Explorer Cruises

10:00~16:00（4~10 月的周六 · 周日 ~18:00）期间整点出发

所需时间 50 分钟 费 £10 学生 £9

在默西河上航行 50 分钟，可在船上观赏利物浦的风景。航行途中会经过空间港 Space Port 所在的西库姆 Seacombe 与伍德赛德 Woodside。

默西渡轮 Mersey Ferries

✉ Pier Head TEL (0151) 3301444 URL www.merseyferries.co.uk

霍普大街颤栗之旅 The Hope Street Shivers

周四 ~ 周六 21:30（冬季 20:30）出发 所需时间：约 1 小时 30 分钟

休 周日 ~ 下周三 费 £15.50 学生 £12.50

步行游览利物浦的所谓的灵异地点。从爱乐餐馆 Philharmonic Dining Rooms（p.366）前出发。

TEL (0151) 7092030 URL www.shiverpool.co.uk

莱姆大街站

利物浦 Tourist Information Centre

URL www.visitliverpool.com

●中央图书馆的 ℹ

Map p.361 D1

✉ Liverpool Central Library, William Brown St., L3 8EW

TEL 未公开

开 9:30~17:30 休 无休

●英国音乐体验馆

Map p.360 B1

✉ British Music Experience, Cunard Building, Pier Head, L3 1DS

TEL (0151) 2330090

开 10:00~17:00 休 无休

■**利物浦城市探险 City Explorer Liverpool**

TEL (0151) 9332324

URL cityexplorerliverpool.co.uk

夏季 10:00~16:30 期间每隔 30 分钟出发

冬季 10:00~15:30 期间每隔 30 分钟出发

费 £11 学生 £8

车身上绘有当地特产

Information

城市的象征——利弗鸟

利物浦的纪念商品上经常会出现利弗鸟的形象。从 14 世纪开始，这种鸟就已成为利物浦的象征，现在很多大楼的屋顶上都有利弗鸟的标志。世界闻名的利物浦足球俱乐部的吉祥物也是利弗鸟。

以河鹅为原型的雕塑

■艾伯特码头
URL www.albertdock.com
●泰特美术馆
TEL（0151）7027400
URL www.tate.org.uk
开 10:00~17:50
休 圣周五、12/24~26
费 欢迎捐款（特别展收费）
馆内部分区域禁止拍照
禁止使用闪光灯
●默西赛德海事博物馆
TEL（0151）4784499
URL www.liverpoolmuseums.org.uk
开 10:00~17:00
休 1/1、12/25 · 26
费 欢迎捐款
●甲壳虫乐队纪念馆
TEL（0151）7091963
URL www.beatlesstory.com

建有博物馆、美术馆的

艾伯特码头

世界遗产 Map p.360 B2

Albert Dock

泰特美术馆 Tate Gallery

泰特不列颠美术馆的分馆。有 16 世纪至今的画家作品的常设展，特别展多展出话题性较高的画家作品。有可以用餐的咖啡馆，还有商店。

默西赛德海事博物馆 Merseyside Maritime Museum

利物浦港曾为世界上名列前茅的大港，这家博物馆主要介绍利物浦港的历史。展览的内容十分生动，包括臭名昭著的奴隶贸易、由此乘船去往新世界的数百万移民的历史以及泰坦尼克号、卢西塔尼亚号等海难事故的介绍等。

甲壳虫乐队纪念馆内复制了当年的卡文俱乐部

泰特美术馆内展出很多当代艺术家的作品

甲壳虫乐队纪念馆 Beatles Story

纪念馆不算大，但不管是不是甲壳虫乐队的歌迷，这里都很值得一看。参观时随着语音导览的解说顺序前行，按照年代，了解甲壳虫乐队从结成到解散的历史。展品丰富，有约翰·列侬的圆眼镜。

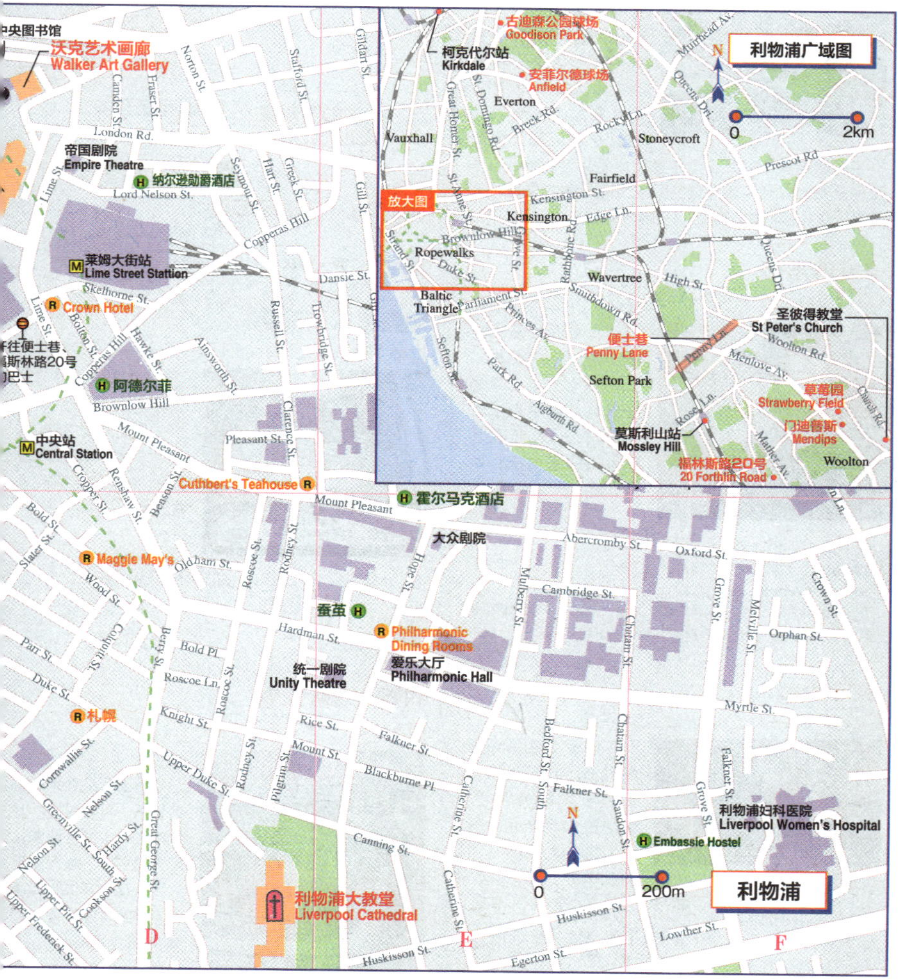

默西赛德海事博物馆内的泰坦尼克号展区

开 4·5·10月 9:00~19:00
6~9月 9:00~20:00（周一~周三 9:00~19:00）
11月~次年3月 10:00~18:00
※ 入馆截至闭馆前1小时
休 12/25·26
费 £16.95 学生 £12.50

利物浦广域图

0 2km

古迪森公园球场 Goodison Park
柯克代尔站 Kirkdale
安菲尔德球场 Anfield
Everton
Vauxhall
Stoneycroft
Fairfield
放大图
Kensington
Ropewalks
Baltic Triangle
Wavertree
圣彼得教堂 St Peter's Church
便士巷 Penny Lane
Sefton Park
草莓园 Strawberry Field
门迪普斯 Mendips
莫斯利山站 Mossley Hill
福林斯路20号 20 Forthlin Road
Woolton

利物浦

0 200m

中央图书馆
沃克艺术画廊 Walker Art Gallery
帝国剧院 Empire Theatre
纳尔逊勋爵酒店
莱姆大街站 Lime Street Station
Crown Hotel
往便士巷、福林斯路20号的巴士
阿德尔菲
中央站 Central Station
Cuthbert's Teahouse
霍尔马克酒店
大众剧院
Maggie May's
蚕茧
Philharmonic Dining Rooms
爱乐大厅 Philharmonic Hall
统一剧院 Unity Theatre
札幌
利物浦妇科医院 Liverpool Women's Hospital
Embassie Hostel
利物浦大教堂 Liverpool Cathedral

甲壳虫乐队歌迷的胜地
马修大街
Mathew Street

Town Walk 利物浦 ①

著名的马修大街是利物浦之声的胜地，甲壳虫乐队就诞生于此，也是利物浦的著名景点。

埃莉诺·里格比铜像
Statue of Eleanor Rigby

埃莉诺·里格比是甲壳虫乐队 1966 年 8 月对推出的歌曲《埃莉诺·里格比》中虚构的女主人公。在甲壳虫乐队众多曲目中，这首歌尤其受到欢迎，所以在斯坦利大街就有了这座铜像。另外，位于郊外伍尔顿 Woolton 的圣彼得教堂，有名叫埃莉诺·里格比的女性的坟墓，也是甲壳虫乐队歌迷们趋之若鹜的地方。

卡文俱乐部
Cavern Club

卡文俱乐部 Cavern Club 是一家 Pub，自 1973 年开业，甲壳虫乐队在此举行了首次演出，1984 年在马修大街的卡文沃克斯旁重建。

✉ 1 Mathew St., L2 6RE
TEL（0151）2361965
URL www.cavernclub.org
开 10:00~24:00（周四～次日 1:30、周五·周六～次日 2:00）
休 12/25 C/C M V 店内有 Wi-Fi

卡文 Pub
Cavern Pub

位于卡文俱乐部斜对面。会现场演奏甲壳虫乐队的曲目。内部装饰也全是甲壳虫乐队风格。

✉ 5 Mathew St., L2 6RE TEL（0151）2364041
URL www.cavernclub.org
开 11:00~24:00（周四·周日～次日 1:00、周五·周六～次日 2:00）休 12/25 C/C M V 店内有信号

马修大街旁的约翰·列侬铜像

甲壳虫乐队商店
The Beatles Shop

这家店出售与最负盛名的甲壳虫乐队相关商品。有老唱片。商品种类丰富，即使只看一看也会感到非常有趣。

✉ 31 Mathew St., L2 6RE TEL（0151）2368066
开 9:30~17:30（周日 10:30~16:30）
休 12/25·26、1/1
C/C A J M V

约翰·列侬铜像
Statue of John Lenon

进入马修大街，马上就能看见青年形象的约翰·列侬铜像。旁边的红砖上刻有许多音乐人的名字，这些音乐人都曾在卡文俱乐部演出。数量十分惊人，共有 1800 个乐队。

约翰与保罗的美好回忆

寻访甲壳虫乐队的足迹

便士巷
Penny Lane

与伦敦的阿比路一样，因甲壳虫乐队而闻名世界。据说约翰·列侬曾居住在这一带。歌词中出现的理发店、银行、交通环岛等都真实存在。

便士巷的标识牌

草莓园
Strawberry Field

《永远的草莓园》（*Strawberry Field Forever*）是甲壳虫乐队众多歌曲中特别受欢迎的一首，里面所说的草莓园就指这里。此处曾为一家孤儿院，列侬儿时经常来这里。2007 年被关闭，2011 年安装了大门。2017 年，该土地的所有者救世军宣布将在这里开设青年时期约翰·列侬的展览及咖啡馆。

有大量歌迷来此，墙上布满了留言

门迪普斯
Mendips

门迪普斯是约翰·列侬 1945 年至 1963 年期间居住的房子。现在由国民托管组织分负责管理。

列侬少年时期居住的房子

福斯林路20号
20 Forthlin Road

保罗·麦卡特尼跟家人一起居住的房子。保罗与约翰曾经常在这里进行音乐创作。现在跟门迪普斯一样，由国民托管组织负责管理。

保罗与约翰曾在此进行音乐创作

■便士巷

🚌 从埃利奥特大街的巴士站乘坐 86 · 86A 路巴士在便士巷下车　用时：约 30 分钟

■草莓园

🚌 从利物浦 ONE 的巴士站乘坐 76 路巴士可到达目的地附近。在曼洛夫街 Menlove Av. 旁边的贝肯斯菲尔德路 Beaconsfield Rd. 附近下车。用时：约 35 分钟

✉ Beaconsfield Rd.，L25 6LJ

URL www.strawberryfieldliverpool.com

■门迪普斯与福斯林路 20 号

✉ 251 Menlove Av.（门迪普斯）

✉ 20 Forthlin Rd.（福斯林路 20 号）

TEL 08448004791　URL www.nationaltrust.org.uk

开 2 月下旬 ~11/26　休 周一 · 周二、11/27~ 次年 2 月下旬

费 £23　仅能通过参加国民托管组织的团体游的形式参观

■利物浦大教堂
✉ St., James Mount, L1 7AZ
TEL（0151）7096271
URL www.liverpoolcathedral.org.uk
开 8:00~18:00（周日 12:00~18:00）
休 12/25　费 欢迎捐款
●大教堂塔楼
开 10:00~17:00
（周六 9:00~17:00、周日 12:00~16:00）
2~10 月的周四晚间也开放
※ 入场截至关门前 30 分钟
休 12/25 · 26、1/1
费 £5.50　学生 £4.50
可观看电影，有语音导览

世界上第 5 大的大教堂

■利物浦博物馆
✉ Pier Head, L3 1DG
TEL（0151）4784545
URL www.liverpoolmuseums.org.uk/mol
开 10:00~17:00
休 1/1、12/25 · 26
费 欢迎捐款

英国国教最大的大教堂

利物浦大教堂

Map p.361 D2

Liverpool Cathedral

利物浦的标志建筑。气势宏伟，为世界上最大的英国国教大教堂。1904 年开始建设，1978 年完工。内有英国最大的管风琴。可以在高达 101 米的塔楼上俯瞰利物浦的街景。

了解利物浦的历史

利物浦博物馆

Map p.360 A·B2

Museum of Liverpool

展览涉及领域很广，从历史到娱乐都有

位于艾伯特码头北部。博物馆内有很多有趣的展览，可以让参观者充分了解曾为世界著名港口城市的利物浦的历史。

展览的主题多样，包括有关甲壳虫乐队、利物浦足球俱乐部、埃弗顿足球俱乐部的内容。

英国摇滚乐主题公园

英国音乐体验馆

Map p.360 B1

British Music Experience

利物浦海滨有 3 座代表性建筑，被称为美惠三女神 Three Graces，英国音乐体验馆就是其中之一，位于丘纳德大厦 Cunard Building 内。是一座以 1945 年至现在的英国音乐为主题的博物馆。展出甲壳虫乐队、皇后

50年来一直上演的默西赛德德比之战

利物浦的足球场

安菲尔德球场
Anfield Stadium
利物浦足球俱乐部

世界上很多球迷都会唱 "You'll Never Walk Alone" 这首歌曲，第一个将其作为助威歌曲的就是利物浦俱乐部。20 世纪 70~80 年代，这首歌共有 35 个歌名。

参加球场团体游可参观新闻中心、更衣室，之后前往场地。在新闻中心可拍照留念（还可穿上球衣拍照）。有介绍俱乐部历史及展示俱乐部所获各种奖杯的博物馆。另外，还有 2015 年之前效力于利物浦队的史蒂文·杰拉德的相关展区，很受球迷欢迎。

古迪森公园球场
Goodison Park Stadium
埃弗顿足球俱乐部

安菲尔德球场原为球队的主场，但 1892 年转移至此。1894 年以来，与利物浦队在此进行了 200 多场德比大战。

参加团体游可以参观更衣室及进入场地的通道。

●安菲尔德球场　Map p.361 E1
🚌 从女王广场乘 17 路巴士在 Walton Breck Rd. 下车。
URL stadiumtours.liverpoolfc.com
开 10:00~15:00（夏季延长）
休 12/25 · 26、1/1、4/15
费 £20~
●古迪森公园球场　Map p.361 E1
🚌 从女王广场乘 19 路巴士在 Walton Ln. 下车
URL www.evertonfc.com
开 10:00~14:30
费 £15

乐队、绿洲乐队、辣妹组合成员等明星的服装、乐器、亲笔文稿等珍贵的藏品，对于喜欢英国摇滚的歌迷来说，这里就是一座宝藏。还有可以体验乐器演奏的区域。

展出大量欧洲绘画

沃克艺术画廊

Map p.361 D1

Walker Art Gallery

主要收藏 14 世纪至 20 世纪的欧洲绘画，其中意大利绘画与荷兰绘画尤其丰富。包括许多伦勃朗、鲁本斯、德加等大师的作品。

丰富的绘画馆藏

有大量来自世界各地的珍贵藏品

利物浦世界博物馆

Map p.360 C1

World Museum Liverpool

位于沃克艺术画廊旁边的大型博物馆。藏品涉及考古学、民俗学、自然科学、物理学等领域，特别是有关古埃及的藏品数量在英国居第二位，仅次于大英博物馆。这里不仅有只供观看的藏品，还有可让参观者亲自参与的体验项目。

■英国音乐体验馆
✉ Cunard Building, L3 1DS
TEL（0151）5190915
URL www.britishmusicexperience.com
开 9:00~18:00　休 不定期
费 £14　学生 £10
禁止使用闪光灯

■沃克艺术画廊
✉ William Brown St., L3 8EL
TEL（0151）4784199
URL www.liverpoolmuseums.org.uk/walker
开 10:00~17:00
休 1/1、12/25 · 26　费 欢迎捐款
禁止使用闪光灯

■利物浦世界博物馆
✉ William Brown St., L3 8EN
TEL（0151）4784393
URL www.liverpoolmuseums.org.uk/wml
费 欢迎捐款　天象仪 £2.50
部分区域禁止使用闪光灯

2017 年整修后的古埃及展厅

酒店 & 餐馆

大型酒店集中在莱姆大街站周边及艾伯特码头一带。市中心几乎没有客栈，在芒特布莱森特 Mount Pleasant 可以找到几家。餐馆多在莱姆大街站南侧，位于艾伯特码头与利物浦大教堂之间的是唐人街。

一夜狂欢

Hard Days Night

Recommended

◆以甲壳虫乐队歌曲的名称命名的酒店。位于马修大街附近。酒店以甲壳虫乐队为主题，大厅、楼梯、客房都装饰着乐队成员的招贴画及关联物品。

餐馆　布莱克斯餐馆内装饰着彼得 · 布莱克以甲壳虫乐队为主题创作的绘画作品。

高档　110 间　Map p.362

✉ Central Buildings, North John St., L2 6RR
TEL（0151）6680477
FAX（0151）2551263
URL www.harddaysnighthotel.com
S W £80~250
C/C A J M V
餐馆 开 12:00~22:00（周六 · 周日 ~20:30）

霍尔马克酒店

Hallmark Inn

◆曾多次获奖，客人对酒店的评价也很高。原来名为菲泽斯。客房内装饰着甲壳虫乐队的照片。早餐为自助式 £10。

中档　81 间　Map p.361 E2

✉ 115-125 Mount Pleasant, L3 5TF
TEL（0151）7099655
URL www.hallmarkhotels.co.uk
S £52.50~
W £70~　C/C A J M V

纳尔逊勋爵酒店
Lord Nelson Hotel

◆位于火车站附近的中档酒店，价格便宜。客房陈设比较简单，但很干净，还有带浴缸的房间。早餐为欧陆式。

中档　55 间　Map p.361 D1

所有房间　根据需要　所有房间　无　无　免费

✉ Hotham St., L3 5PD　TEL（0151）7095161　FAX（0151）7099093

URL www.lordnelsonhotel.uk

S £45~

W £70~　C/C J M V

蚕茧
Cocoon@the International Inn

◆位于哈德曼大街上距离入口处不远的地方。房间铺有地板，清洁且宽敞。家具及装饰也很质朴。

旅馆　32 间　Map p.361E2

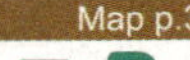

无　无　无　所有房间　无　免费

✉ 4 South Hunter St., L1 9JG

TEL & FAX（0151）7098135

URL www.cocoonliverpool.co.uk

D £22~

W £45~55　C/C M V

利物浦青年旅舍
YHA Liverpool

◆每层都有与甲壳虫乐队有关的名称，如“草莓园”“马修大街”等。早餐为欧陆式 £6.25。

青年旅舍　26 间　Map p.360 C2

无　无　无　所有房间　无　免费

✉ 25 Tabley St., off Wapping, L1 8EE

TEL（0151）7098888　URL www.yha.org.uk

费 D £11~35

W £29~109

YH 会员可减 £3　C/C J M V

阿德尔菲
Adelphi Hotel & Spa

◆位于莱姆大街旁，地处市中心，为当地的标志性建筑。设有餐馆及酒吧。

大型　402 间　Map p.361 D1

所有房间　所有房间　所有房间　无　无　部分收费

✉ Ranelagh Pl., L3 5UL　TEL（0151）7097200　URL www.britanniahotels.com

费 S W £65~　C/C A M V

札幌
Sapporo Teppanyaki

◆每年都获得多个奖项，深受当地人欢迎。主厨的手艺很好，曾在日本的酒店学习。有仅在周一～周五的 12:00~18:00 提供的 £16.50~ 的早晚餐菜单。

日本料理　Map p.361 D2

✉ 134 Duke St., L1 5AG

TEL（0151）7053005

URL www.sapporo.co.uk

开 12:00~22:30（周五 · 周六 12:00~23:00、12:00~22:00）

休 无休　C/C A M V

店内有 Wi-Fi

哈布
The Hub Alehouse & Kirchen

◆每到傍晚都有很多当地人来光顾。提供 5 种当地的艾尔啤酒，还有种类丰富的杯装葡萄酒。主要菜品、酒水 £9.95~20.95。

餐馆 Pub　当地啤酒　Map p.360 C2

✉ 16 Hanover St., L1 4AA

TEL（0151）7092401

URL www.thehub-liverpool.com

开 10:00~23:00（周四 · 周五 10:00~24:00、周六 9:00~24:00、周日 9:00~23:00）

休 无休　C/C M V

店内有 Wi-Fi

爱乐餐厅
Philharmonic Dining Rooms

◆内部装饰为维多利亚风格，一进门就会感到仿佛回到了 100 年前。装饰精美的男洗手间还被誉为当地著名的景点。主要菜品 £9.25~12.95。

Pub　Map p.361 E2

✉ 36 Hope St., L1 9BX

TEL（0151）7072837

URL www.nicholsonspubs.co.uk

开 11:00~24:00（周日 11:00~23:00）

休 无休　C/C A M V　店内有 Wi-Fi

孕育了独特传统文化的

马恩岛
Isle of Man

马恩岛最高峰斯奈菲尔山的海拔 621 米，可乘登山火车去往山顶

人口	长途区号
7 万 3900 人	01624

马恩岛
Isle of Man

马恩岛因受维京人和凯尔特人的影响，孕育出了独特的传统文化。现在岛上有独立的法律、议会以及独立的货币、邮政系统，与英国本土保持着很大的差异。

马恩岛 起点城市

有从希舍姆出发的渡轮可至岛上中心城市道格拉斯，全年运行。从利物浦港出发的航班冬季停运。岛上的机场位于道格拉斯与卡斯尔敦之间，可乘 1 路、2 路、10 路巴士前往这两个城市，车次很多。

交通起点 希舍姆港 Heysham

希舍姆港 Heysham 是该岛距离不列颠岛最近的港口。从英国各地前往希舍姆可先乘火车前往兰开斯特 Lancaster。从兰开斯特开往希舍姆的渡轮的出发时间可与火车到达时间对接。

起点城市 道格拉斯 Douglas

道格拉斯是马恩岛上最大的城市，也是旅游的起点城市。渡轮码头有 ⓘ。

游览方法 来自不列岛及爱尔兰的船只都停靠道格拉斯东南部的港口。向北是海岸公路 Promenade，向西是有车开往马恩岛各地的巴士站及火车站。沿 Promenade 徒步向北，没过多长时间就能到达德比卡斯尔站，有蒸汽火车开行。

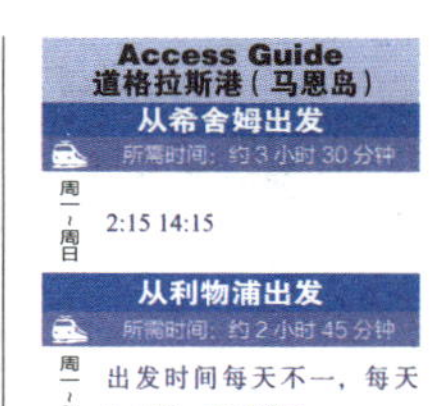

Access Guide
道格拉斯港（马恩岛）

从希舍姆出发
所需时间：约 3 小时 30 分钟
周一～周日 2:15 14:15

从利物浦出发
所需时间：约 2 小时 45 分钟
周一～周日 出发时间每天不一，每天 1~3 班。冬季停运

道格拉斯 Tourist Information Centre

Map p.367
✉ Sea Terminal, Douglas, IM1 2BX
TEL (01624) 686766
URL www.visitisleofman.com
开 8:00~18:00（周日 9:00~14:00）
休 9 月上旬～次年 5 月中旬的周日、1/1、12/25 · 26

起点城市 卡斯尔敦 Castletown

从道格拉斯乘坐巴士约 30 分钟可到达。位于马恩岛南部的港口城市卡斯尔敦在 19 世纪中叶之前为马恩岛的首府。城市规模不大，1 小时就能游遍全城。

当地的标志性建筑鲁绅城堡 Castle Rushen 是英国保存最完好的城堡之一，曾为马恩岛领主的居城。除此之外，马恩岛的议事厅 Old House of Keys 以及建于 13 世纪的老文法学校 Old Grammar School 也是主要的景点。

起点城市 皮尔 Peel

皮尔是马恩岛西岸的港口城市。最重要的景点是位于圣帕特里克岛的皮尔城堡，有桥与皮尔中心区域相连。

马恩岛 区域交通

面向港口的鲁绅城堡

■**探险卡**
Go Explore card

可凭卡乘坐马恩岛上的巴士、有轨马车、有轨电车以及绝大部分火车。

费 1 日通票 £16
3 日通票 £32
5 日通票 £39
7 日通票 £47

铁路

从北部的拉姆齐出发，经由道格拉斯，到达厄林港，铺设有铁路，但全线均为历史遗迹铁路，冬季停运。

巴士

岛内最主要的交通工具为巴士。开行于道格拉斯与卡斯尔敦之间的巴士车次很多，但是其他线路则车次较少，而且周日还有停运的线路，乘坐时需要注意。游客会经常乘坐的是开行于道格拉斯与皮尔之间的 5 路、6 路巴士。从皮尔至卡斯尔敦，非休息日没有直达巴士，需要在中途换乘。

马恩岛 主要景点

人气“鬼屋”

马恩岛博物馆

Map p.367

道格拉斯

从道格拉斯市中心沿 Promenade 北上，可以到达这座马恩岛上的国家博物馆。展览以维京人及马恩岛 TT 赛道等为主题，综合介绍马恩岛的历史及文化。

现存最古老的议会

廷沃尔德山

Map p.368 左下

Tynwald Hill

圣约翰郊外

位于圣约翰郊外的廷沃尔德山是马恩岛的议会。在一直保持运转的议会中，这里是全世界最古老的一个。也有一种说法，认为冰岛的辛格韦德利是世界上最古老的议会，不过，无论是廷沃尔德还是辛格韦德利都源自古挪威语中“议会平原”一词。由此可见，马恩岛深受北欧文化的影响。

保存着过去的领主城堡

圣帕特里克岛

Map p.368 中

皮尔

位于皮尔以西的圣帕特里克岛早在 7000 年前就有人类活动。建于这里的皮尔城堡 Peel Castle 在马恩岛领主搬迁至卡斯尔敦的城堡之前一直都是其居城。连接着皮尔和圣帕特里克岛的桥旁边，有名为马纳南宅邸 House of Manannan 的博物馆。馆内关于凯尔特人、维京人以及马恩岛周边海域历史的展览。

■马恩岛博物馆

✉ Kingswood Grove., IM1 3LY

TEL (01624) 648000

URL www.manxnationalheritage.im

开 10:00~17:00

休 1/1、7/5、12/25 · 26

费 欢迎捐款

■廷沃尔德山

🚌 从道格拉斯前往圣约翰可乘坐 4 · 5 · 5A · 5C · 5J · 6 · 6A · 6C 路巴士。

■圣帕特里克岛

URL www.manxnationalheritage.im

●皮尔城堡

开 5 月下旬 ~9 月上旬 10:00~17:00

4~5 月下旬、9 月上旬 ~11 月上旬 10:00~16:00

休 11 月上旬 ~ 次年 3 月

费 £6

●马纳南宅邸

开 10:00~17:00

休 1/1、12/25 · 26 费 £10

圣帕特里克岛上的皮尔城堡

史迹铁路·蒸汽机车

马恩岛蒸汽铁路 Isle of Man Steam Railway

3/9~11/5 运行 每天 4~7 班

停运日：3/12~14 · 20 · 21 · 27 · 28、4/18 · 19 · 25 · 26、5/2 · 3、9/18 · 25、10 月的周二 · 周三

用时 1 小时 费 往返 £12.40

从道格拉斯出发向南，经由卡斯尔敦，开往南端的厄林港 Port Erlin。

马恩岛电气铁路 Manx Electric Railway

3/16~11/4 运行 每天 4~20 班

停运日：3/19、10 月的周一 · 周五、11/2 用时 1 小时 15 分钟 费 往返 £12.40~

从道格拉斯的德比卡斯尔站出发，经由拉克西站，向北开往拉姆齐 Ramsey。

斯奈菲尔登山铁路 Snaefell Mountain Railway

3/29~11/4 运行 每天 6~20 班

停运日：10 月的周一 · 周五、11/3

用时 30 分钟 费 往返 £14

从拉克西站出发，开往斯奈菲尔山的山顶。在山顶站可以远眺风景，天气好的时候能看到英格兰、苏格兰、威尔士、爱尔兰。

■马恩岛交通局Isle of Man Public Transport

✉ Banks Circus, Douglas, IM1 5PT

TEL (01624) 662525

URL www.rail.im

道格拉斯马拉铁路 Douglas Horse Tramway

3/29~11/4 期间 15~40 分钟 1 班。4~6 月的周一 · 周二、7 · 9 月的周一、10~11 月的周一 · 周二 · 周五停运较多。

用时 1 小时 费 单程 £3 1 日通票 £6

1876 年开始运营，使用马匹作为动力的铁路线。从道格拉斯的渡轮码头出发，沿 Promenade 旁的海岸线缓慢前行，开往德比卡斯尔站。

TEL (01624) 662525 URL www.rail.im

马恩岛电气铁路

道格拉斯马拉铁路

斯奈菲尔登山铁路

工业革命的发源地

曼彻斯特

Manchester

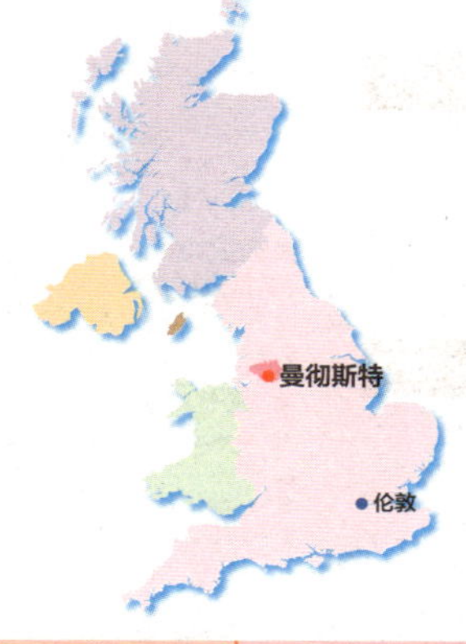

人口	长途区号
53万300人	01789
大曼彻斯特 Greater Manchester	

传统的 Pub 与现代化的大楼交相辉映，形成了独特的景观

曼彻斯特最初为罗马时代的要塞，这个名字源自拉丁语的 Mamcium，意为“形似胸部的山丘”。曼彻斯特得以广为人知是因为工业革命。凭借着机械化的棉纺织工业，曼彻斯特走上了世界历史舞台的中心。

现在这里是英国仅次于伦敦的金融中心，也是流行文化的一个大本营。对于游客来说，这里还是通往湖区的门户以及游览山峰地区的起点城市。

Access Guide 曼彻斯特

从伦敦出发

火车 所需时间：2~3小时

周一~周六 从尤斯顿站乘车，6:16~23:00（周六 6:36~21:00）期间1小时3班。到达皮卡迪利站

周日 8:20~21:51 期间1小时1~2班

长途巴士 所需时间：4小时35分钟~6小时25分钟

7:30~21:30 期间1~2小时1班

从利物浦出发

火车 所需时间：35分钟~1小时

周一~周六 3:37、5:15、6:14~23:38 期间大概1小时3班。到达皮卡迪利站

周日 8:15~23:30 期间1小时1班

从约克出发

火车 所需时间：1~2小时

周一~周六 大概1小时1~2班 到达皮卡迪利站

周日 大概1小时1班

从伯明翰出发

火车 所需时间：1小时30分钟~1小时45分钟

周一~周六 从新街站乘车，5:57˜22:30 期间1小时2~3班。到达皮卡迪利站

周日 10:16~21:57 期间1小时1~2班

换乘信息

如从温德米尔（湖区）出发，可在奥克森霍尔姆湖区站或兰开斯特站换乘，用时约2小时

曼彻斯特 漫 步

曼彻斯特是一个大城市，艾威尔河 River Irwell 与罗奇代尔运河 Rochdale Canal 之间的区域为中心城区。在市区的街道上，有有轨电车 Metrolink 及免费巴士 Metroshuttle 在3条线路上行驶，只在市中心游览的话，也可以选择步行。

皮卡迪利站周边　从皮卡迪利站向西北方向步行5分钟左右，有长途巴士站，巴士站的西南就是唐人街 China Town。长途巴士站北侧是皮卡迪利花园 Piccadilly Gdns.，从那里一直到维多利亚站一带是商业区，也是曼彻斯特流行文化的大本营。

可免费乘坐并游览市中心的 Metroshuttle

卡斯尔菲尔德　位于罗奇代尔运河边，是当地最古老的街区。保存有罗马古城遗址，科学与工业博物馆等地为主要景点。

索尔福德与特拉福德　市中心西部，有帝国战争博物馆及奥特莱斯购物中心所在

的索尔福德 Salford，还有曼彻斯特联队主场所在的特拉福德 Trafford。

曼彻斯特大学周边 大学内有当地最大的博物馆，继续向南，是有很多印度餐馆的咖喱街 Curry Mile。可从皮卡迪利花园乘坐 142 路、143 路巴士前往。

i 曼彻斯特 Tourist Information Centre

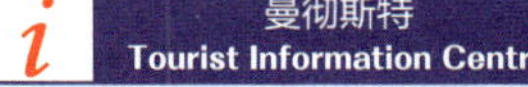

Map p.371 上 C2
✉ 1 Piccadilly, M1 1RG TEL 0871 2228223
URL www.visitmanchester.com 开 9:30~17:00
（周日、法定节假日 10:30~16:30）
休 12/24 · 25、1/1

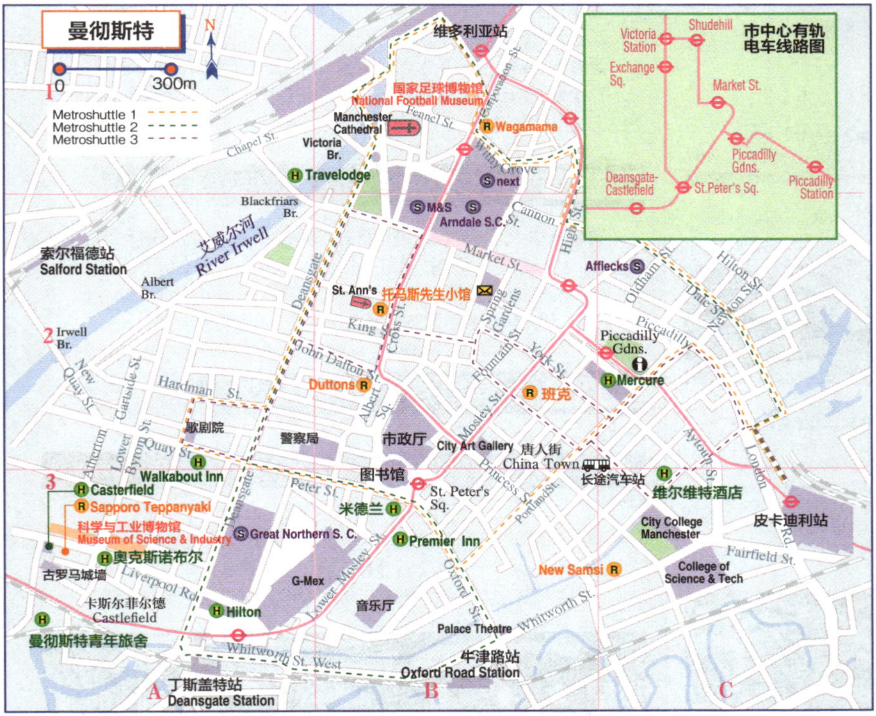

曼彻斯特
0
300m
Metroshuttle 1
Metroshuttle 2
Metroshuttle 3
维多利亚站
国家足球博物馆
National Football Museum
Manchester Cathedral
Wagamama
Victoria Br.
Travelodge
next
M&S
Arndale S.C.
Blackfriars Br.
艾威尔河 River Irwell
索尔福德站 Salford Station
Albert Br.
Irwell Br.
St. Ann's
托马斯先生小馆
Duttons
Afflecks
Piccadilly Gdns.
Mercure
班克
歌剧院
警察局
市政厅
City Art Gallery
唐人街 China Town
长途汽车站
维尔维特酒店
图书馆
St. Peter's Sq.
米德兰
Walkabout Inn
Casterfield
Sapporo Teppanyaki
科学与工业博物馆
Museum of Science & Industry
Great Northern S. C.
Premier Inn
奥克斯诺布尔
古罗马城墙
G-Mex
卡斯尔菲尔德 Castlefield
Hilton
音乐厅
曼彻斯特青年旅舍
Palace Theatre
City College Manchester
皮卡迪利站
New Samsi
College of Science & Tech
丁斯盖特站 Deansgate Station
牛津路站 Oxford Road Station
市中心有轨电车线路图
Victoria Station
Shudehill
Exchange Sq.
Market St.
Piccadilly Gdns.
Deansgate-Castlefield
St.Peter's Sq.
Piccadilly Station
A
B
C
1
2
3

曼彻斯特广域图
0
1km
维多利亚站
Oldham Rd.
Etihad Campus
阿提哈德球场
Etihad Stadium
皮卡迪利站
Media City UK
索尔福德 Salford
放大图上
帝国战争博物馆（北馆）
Imperial War Museum North
足球酒店
特拉福德 Trafford
老特拉福德球场
Old Trafford
Stretford Rd.
曼彻斯特博物馆
Manchester Museum
Upr. Brook St.
Oxford Rd.
朗塞特 Longsight
曼彻斯特大学
咖喱街
穆格利
Talbot Rd.
莫斯赛德 Moss Side
Princess Rd.
Old Trafford
A
B
C

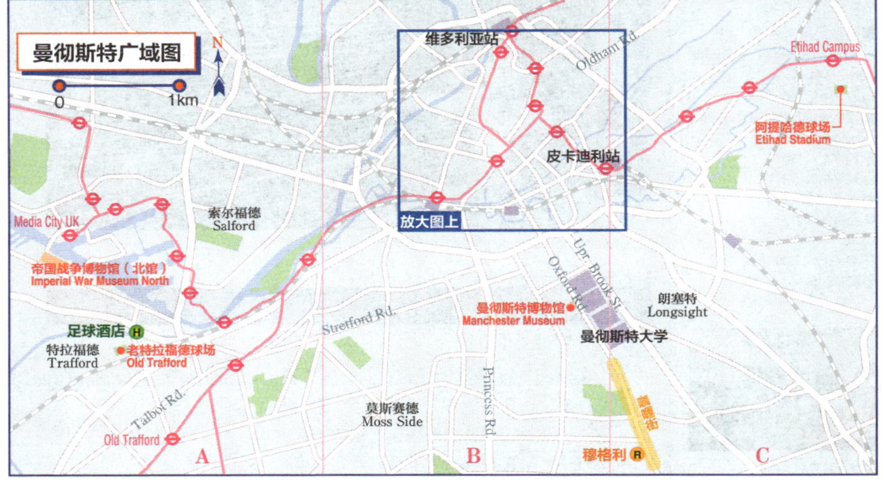

■曼彻斯特国际机场
URL www.manchesterairport.co.uk

曼彻斯特国际机场

■有轨电车
6:00~23:30（周日 6:50~22:30）开行。票价按乘车区间划分。
URL www.metrolink.co.uk

有轨电车

■科学与工业博物馆
✉ Liverpool Rd., M3 4FP
TEL（0161）8322244
URL msimanchester.org.uk
开 10:00~17:00
休 12/24~26、1/1
费 欢迎捐款

飞机完全保持原貌

■国家足球博物馆
✉ Urbis Building，Cathedral Gdns., M4 3BG
TEL（0161）6058200
URL www.nationalfootballmuseum.com
开 10:00~17:00
休 12/24~26、1/1
费 欢迎捐款
●团体游 周一 ~ 周五 10:30、12:30、14:30 出发 周六 · 周日 11:00、15:00 出发
费 £3.50~6

有不同主题的展厅

曼彻斯特 交通信息

曼彻斯特国际机场 曼彻斯特国际机场是仅次于伦敦希思罗机场的英国第二大机场，有 3 个航站楼。从欧洲各主要城市飞往这里的航班很多。从机场站乘坐火车，15~30 分钟可到达位于市中心的皮卡迪利站。每隔 15 分钟发车。

皮卡迪利站 曼彻斯特的枢纽车站，有开往伦敦、伯明翰、湖区、格拉斯哥方向的列车。

维多利亚站 有开往约克、利兹、利物浦等地的区域列车。

巴士站 National Express 等公司的长途巴士在皮卡迪利站西北的长途巴士站出发并到达。

曼彻斯特 市内交通

有轨电车 连接曼彻斯特市区与郊外，方便去往皮卡迪利站至维多利亚站一线以及去往老特拉福德、帝国战争博物馆所在的媒体城。

Metroshuttle 每隔 8~10 分钟发车并开行于市中心的免费巴士。有 3 条线路，以不同的颜色区分。很适合在乘车沿途观看街景。

曼彻斯特 主要景点

收藏有大量珍贵餐品的

科学与工业博物馆

Map p.371 上 A3

Museum of Science & Industry

利用 1830 年开通的曼彻斯特 - 利物浦铁路的车站改建而成的博物馆，这条铁路也是世界上首条客运铁路。除了与铁路有关的展览，还有包括飞机在内的交通工具以及水力、天然气、电力等能源领域的展览。

展示蒸汽机车的内部结构

足球起源地的特色展览

国家足球博物馆

Map p.371 上 B1

National Football Museum

主要展出与英格兰足球有关的展品。其中包括改建前的温布利球场的座椅以及马拉多纳依靠“上帝之手”进球时所穿的球衣。

另外，博物馆的背景音乐还会播放球迷的欢呼声以及在球场内齐唱的《You'll Never Walk Alone》《圣者的行进》等球迷歌曲，有很强的临场感。

以暴龙化石而闻名的

曼彻斯特博物馆

Map p.371 下 B

The Manchester Museum

暴龙化石标本

由曼彻斯特大学负责管理、运营的博物馆。曼彻斯特一位富豪的遗产是该博物馆最初的展品，但是现在这里已经发展成为拥有 600 万件文物的大型博物馆。展览的主题范围很广，古埃及文物及化石展品尤为丰富。馆藏暴龙化石标本，看上去栩栩如生。

多角度讲解战争

帝国战争博物馆（北馆）

Map p.371 下 A

Imperial War Museum North

该馆为现代建筑，是伦敦帝国战争博物馆的姊妹馆。分为战争与科学、战争与女性、战争影响等多个主题，从不同的视角对战争进行分析。展览包括第一次世界大战前夜至第二次世界大战、东西冷战时期、“9 · 11”恐怖袭击事件、2008 年空袭加沙等内容，可以让参观者重新思考何为战争。

■曼彻斯特博物馆

✉ Oxford Rd., M13 9PL

TEL（0161）2752648

URL www.museum.manchester.ac.uk

开 10:00~17:00 休 12/24~26、1/1

费 欢迎捐款

部分区域禁止拍照

古埃及展厅内有木乃伊

■帝国战争博物馆（北馆）

乘坐有轨电车在媒体城 UK 站 Media City UK 下车，步行 5 分钟

✉ Trafford Wharf Rd., M17 1TZ

TEL（0161）8364000

URL www.iwm.org.uk

开 10:00~17:00 休 12/24~26

费 欢迎捐款

以船为建筑造型的帝国战争博物馆

酒店 & 餐馆

Hotel & Restaurant

大型连锁商务酒店位于市中心地区，沿牛津路向东南前行 1.5 公里处的咖喱街 Curry Mile 一带有 B&B。中餐馆集中在唐人街，咖喱街上有许多印度餐馆。其他地区也有不少中餐馆及印度餐馆。

米德兰

The Midland

市政厅附近

高档 312 间 Map p.371 上 B3

所有房间 所有房间 所有房间 所有房间 所有房间 无 免费

◆历史悠久、格调高雅的老店 位于市中心。现为大型连锁酒店的加盟店，但酒店的历史悠久。建于 20 世纪初的爱德华式建筑，外观十分庄重。**餐馆** 于 1903 年开业的法国餐馆。从第一版米其林指南开始就被收录，名气非常大。用餐需提前预约。

✉ 16 Peter St., M60 2DS

TEL（0161）2363333

FAX（0161）9324100

URL www.qhotels.co.uk

S W £125~

C/C A J M V

餐馆 开 6:30~23:00

维尔维特酒店

Velvet Hotel

皮卡迪利周边

高档 19 间 Map p.371 上 C3

所有房间 所有房间 所有房间 所有房间 无 免费

◆曼彻斯特的酒店中独具个性的一家。客房有 3 种类型，而且每个房间都有各自的主题。设有餐馆及酒吧。早餐费用另付，有多种菜品可供选择。

✉ 2 Canal St., M1 3HE

TEL（0161）2369003

FAX（0161）2367127

URL www.velvetmanchester.com

S W £110~

C/C A M V

足球酒店

Hotel Football 特拉福德周边

中档 133 间 Map p.371 下 A

所有房间 所有房间 所有房间 无 收费 免费

◆建于足球场对面的足球主题酒店。老板拥有很多曼彻斯特联队的头衔，如果您是足球迷一定要选择入住这里。

✉ 99 Sir Matt Busby Way, M16 0SZ

TEL（0161）7510430

URL hotelfootball.com

S W £75~

C/C A J M V

奥克斯诺布尔

The Oxnoble 卡斯尔菲尔德

Inn 10 间 Map p.371 上 A3

所有房间 无 所有房间 无 无 免费

◆位于科学与工业博物馆的斜对面。客房刚刚重新装修过。内设的餐馆酒吧，曾多次获奖，广泛使用当地产食材。

✉ 71 Liverpool Rd., Castle Field, M3 4NQ TEL（0161）8343321

URL www.oxnoblemanchester.co.uk

S W £79.95~

C/C A M V

曼彻斯特青年旅舍

YHA Manchester 卡斯尔菲尔德

青年旅舍 37 间 Map p.371 上 A3

无 无 无 无 免费 部分免费

◆位于运河边的大型旅馆。设施齐全，有厨房、洗衣机、游戏室、咖啡馆等。早餐£6.25 自助餐形式。左为调查时的实时价格。

✉ Potato Wharf Castlefield, M3 4NB

TEL（0161）8399960 URL www.yha.org.uk

D £18 W £75

C/C J M V

穆格利

Mughli 咖喱街

印度菜 Map p.371 下 C

◆咖喱街上极具人气的一家店。主要提供巴基斯坦风味的菜品，尤其擅长制作卡拉希锅菜肴，这种菜肴据说也是巴尔蒂锅菜肴的最初形态。推荐卡拉希锅菜肴 Karahi £10~。咖喱 £10 左右。印度香饭 £13.50~。

✉ 30 Wilmslow Rd., M14 5TQ

TEL（0161）2480900

URL www.mughli.com

开 17:00~24:00

休 无休

C/C M V

无

班克

The Bank 市政厅附近

Pub Map p.371 上 B2

◆从市政厅步行约 3 分钟可至，深受当地人喜爱的 Pub。所在建筑为新古典风格，建于 1803 年，原为图书馆。人气菜品为香肠，£8.25~。艾尔啤酒的种类根据季节而变化。

✉ 57 Mosley St., Castle Field, M2 3EF

TEL（0161）2287560

URL www.nicholsonspubs.co.uk

开 10:00~23:00（周五·周六 11:00~23:00、周日 10:00~22:30）

休 12/25 C/C D M V

店内有信号

托马斯先生小馆

Mr. Thomas's Chop House 市政厅附近

Pub 英国菜 Map p.371 上 B2

◆创立于 1867 年的维多利亚风格 Pub，完整地保存了当时的样子。菜品选用当地食材制作，1 盘 £7.95~19.95。葡萄酒的种类齐全，深受好评。

✉ 52 Cross St., M2 7AR

TEL（0161）8322245

URL tomschophouse.com

开 12:00~23:00（周五·周六 ~24:00）

休 无休

C/C A M V

店内有信号

英格兰第一个国家公园

山峰地区
Peak District

建于普利茅斯高地之上的斯密顿塔

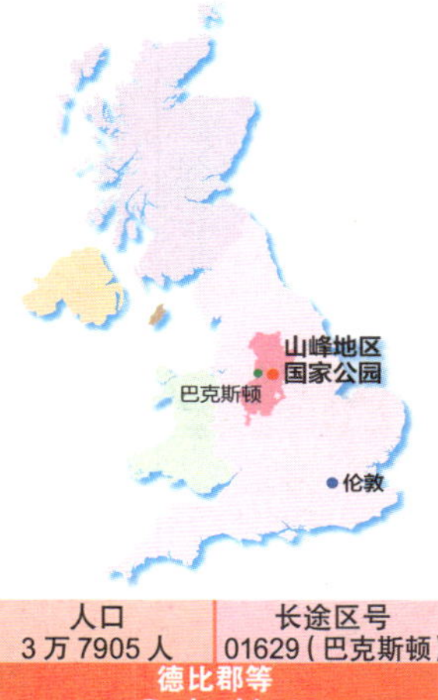

人口	长途区号
3万7905人	01629（巴克斯顿）
德比郡等 Derbyshire	

山峰地区于1951年成为英格兰首个国家公园。虽被称为山区，但海拔高度在600米左右，与人们印象中的山区可能有较大的出入。这一带的自然环境，有北部英格兰特有的Moor（荒野）及Dale（山谷）景观。根据简·奥斯汀p.574的《傲慢与偏见》以及夏洛蒂·勃朗特p.574的《简·爱》等英国文学作品拍摄的电影都曾在这里取景。

山峰地区 旅游指南

山峰地区国家公园一带较大的交通起点城市为北部的曼彻斯特p.394及南部的德比等地。乘火车可以到达的城市不多，所以可以选择从曼彻斯特的长途巴士站乘坐峰区交通（TP）的巴士前往。从曼彻斯特出发后，穿过整个山峰地区，最终到达德比。

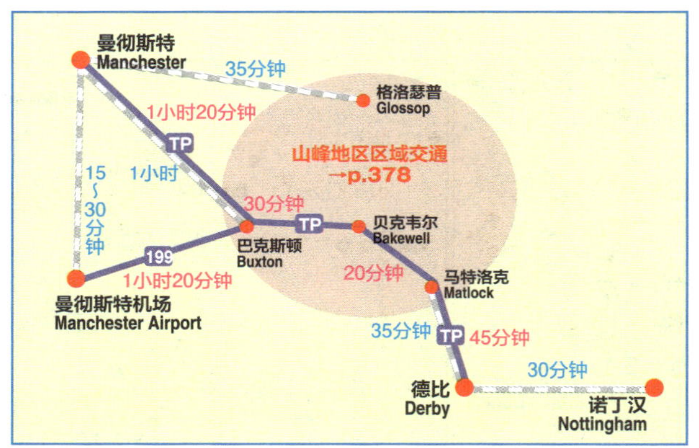

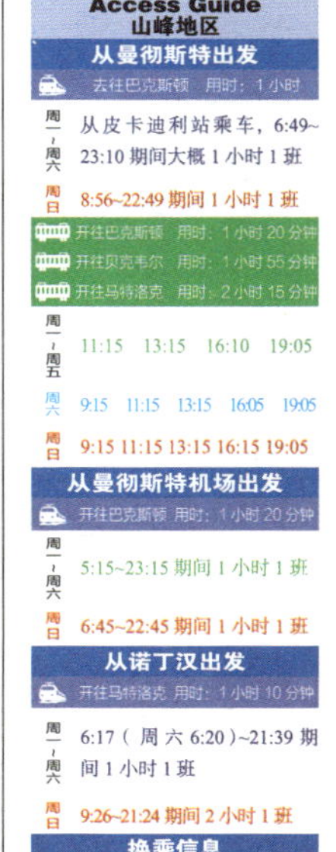

Access Guide 山峰地区

从曼彻斯特出发

去往巴克斯顿　用时：1小时

周一～周六　从皮卡迪利站乘车，6:49~23:10期间大概1小时1班

周日　8:56~22:49期间1小时1班

开往巴克斯顿　用时：1小时20分钟
开往贝克韦尔　用时：1小时55分钟
开往马特洛克　用时：2小时15分钟

周一～周五　11:15　13:15　16:10　19:05

周六　9:15　11:15　13:15　16:05　19:05

周日　9:15 11:15 13:15 16:15 19:05

从曼彻斯特机场出发

开往巴克斯顿 用时：1小时20分钟

周一～周六　5:15~23:15期间1小时1班

周日　6:45~22:45期间1小时1班

从诺丁汉出发

开往马特洛克 用时：1小时10分钟

周一～周六　6:17（周六6:20）~21:39期间1小时1班

周日　9:26~21:24期间2小时1班

换乘信息

从伯明翰、特伦特河畔斯托克方面出发，可在德比Berby换乘，然后去往马特洛克，35分钟可至

山峰地区 起点城市

山峰地区分为北部的黑峰地区 Dark Peak 与南部的白峰 White Peak 地区两部分。起点城市有怀特山区的巴克斯顿 Buxton、贝克韦尔 Bekewell、马特洛克 Matlock 等地，也包括达克山区的格洛瑟普 Glossop。

起点城市 巴克斯顿 Buxton

历史悠久，早在罗马时代就因温泉而闻名。水质非常好，现在英国的矿泉水品牌巴克斯顿 Buxton 在此设有工厂。郊外有被称为普尔洞穴 Pool's Cave 的溶洞。

游览方法　TP 巴士在火车站附近及斯洛普斯公园旁边停车。市中心位于春天花园 Spring Gardens 一带。该道路为当地的主要街道，两边有购物中心及咖啡馆。

酒店　酒店大多位于市中心，从市中心沿泰拉斯路 Terrace Rd. 前行 500 米可以到达格伦路 Gleen Ln.，那里有不少 B&B。

起点城市 贝克韦尔 Bakewell

小镇规模不大，但位于山峰地区中央地带，周围有查茨沃思庄园等众多景点。

游览方法　小镇的中心区域不大，巴士站按开往地点设置于不同的地方。ⓘ位于布里奇大街。

起点城市 马特洛克与马特洛克巴斯 Matlock & Matlock Bath

为去往德文特峡谷旅游的中转地，游客非常多。城镇中心有德文特河流过。当地的主要景点为位于小镇以南其他镇上的马特洛克巴斯 Matlock Bath。

游览方法　与贝克韦尔一样，巴士站根据去往地点分别设置，不过大多数巴士都在马特洛克站前的巴士站停车。距离马特洛克巴斯 2 公里左右，步行约 45 分钟可达。

ⓘ 巴克斯顿 Tourist Information Centre

Map p.376 左
✉ Pavilion Gardens, SK17 6BE
TEL（01298）25106
URL www.paviliongardens.co.uk
开 4~6 月 10:00~17:00（周日 10:30~17:00） 7·8 月 10:00~17:00 9 月 10:30~17:00 10·11 月 10:30~16:00 12·2·3 月 11:00~16:00
休 12/24~次年 1/31

ⓘ 贝克韦尔 Tourist Information Centre

Map p.376 右
✉ The Old Market Hall, Bridge St, DE45 1DS
TEL（01629）816558
URL www.peakdistrict.gov.uk
开 4~10 月 9:30~17:00 1 月~次年 3 月 10:30~16:30
休 12/25·26

贝克韦尔的景点

哈登霍尔➡ p.379
查茨沃思庄园➡ p.379

ⓘ 马特洛克 Tourist Information Point

Map p.377 左上
✉ Matlock Station, DE4 3NA
TEL（01629）761103
URL www.peakrail.co.uk/matlockshoptouristinformation
开 10:00~17:00（周日 10:30~17:00） 休 12/25·26、1/1

ⓘ 马特洛克巴斯 Tourist Information Point

Map p.377 右上
✉ Peak District Mining Museum, DE4 3NR
TEL（01629）583834
URL www.peakdistrictleadminingmuseum.co.uk
开 4~8 月 10:00~17:00 9 月~次年 3 月 11:00~16:00
休 11 月~次年 3 月的周一~周五

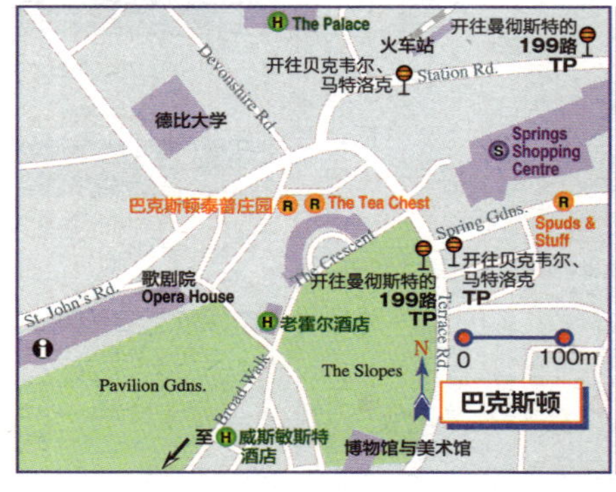

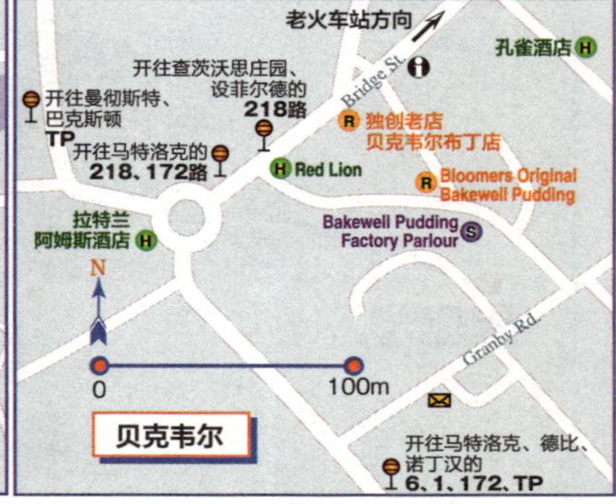

马特洛克巴斯的景点
亚伯拉罕高地➡p.381
德文特河谷工业区➡p.380

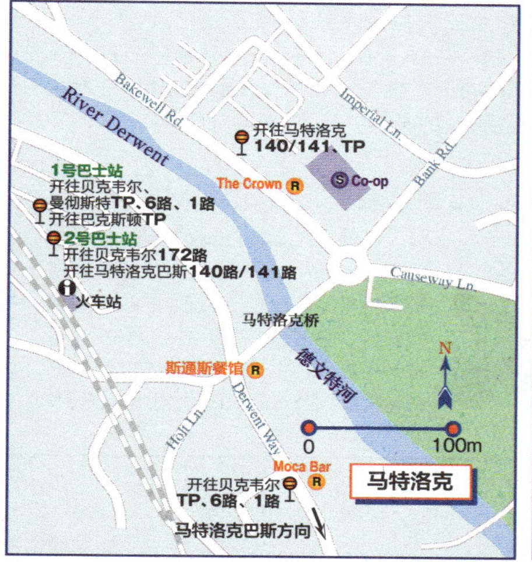

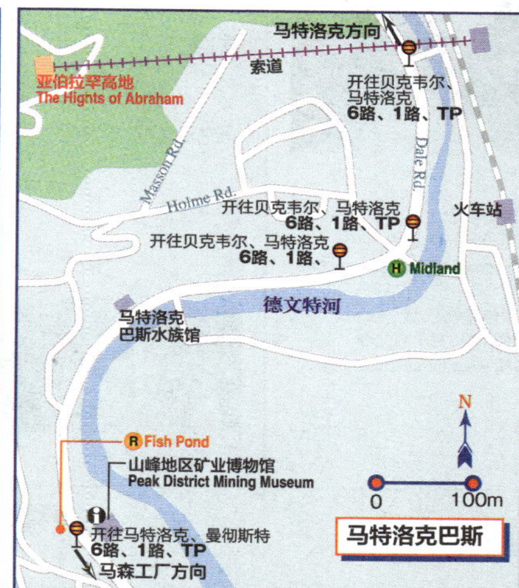

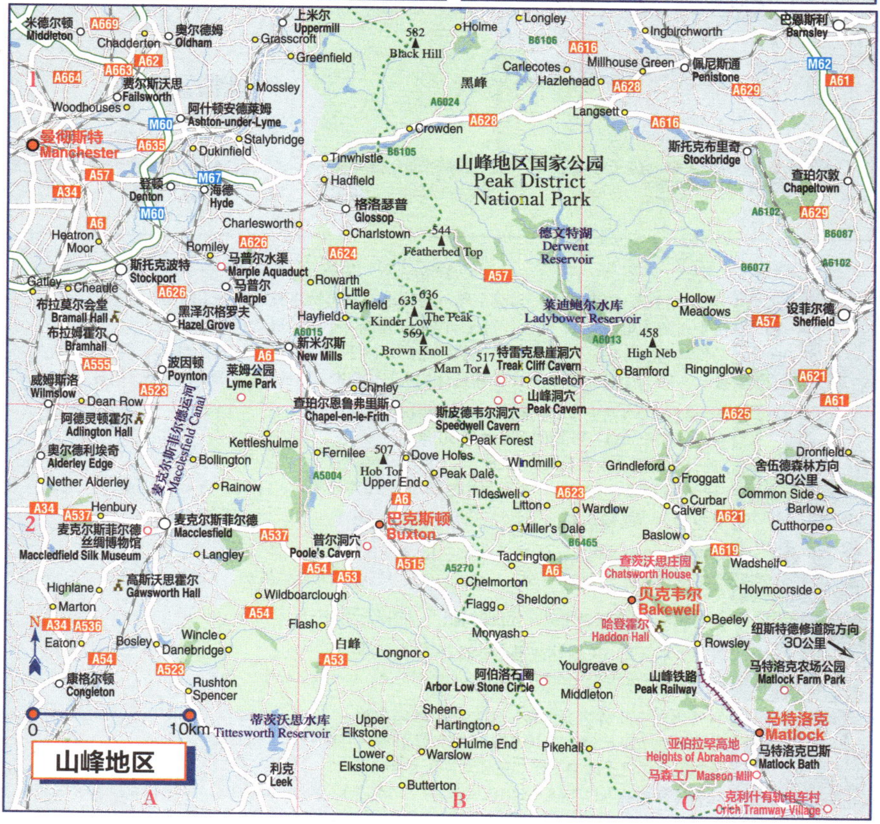

River Derwent
Bakewell Rd.
Imperial Ln.
Bank Rd.
开往马特洛克
140/141、TP
Co-op
The Crown
1号巴士站
开往贝克韦尔、
曼彻斯特TP、6路、1路
开往巴克斯顿TP
2号巴士站
开往贝克韦尔172路
开往马特洛克巴斯140/141路
火车站
Causeway Ln.
马特洛克桥
斯通斯餐馆
德文特河
Holt Ln.
Derwent Way
Moca Bar
开往贝克韦尔
TP、6路、1路
马特洛克巴斯方向
N
0
100m
马特洛克

马特洛克方向
索道
亚伯拉罕高地
The Hights of Abraham
开往贝克韦尔、
马特洛克
6路、1路、TP
Masson Rd.
Holme Rd.
Dale Rd.
开往贝克韦尔、马特洛克
6路、1路、TP
开往贝克韦尔、马特洛克
6路、1路、
火车站
Midland
马特洛克
巴斯水族馆
德文特河
Fish Pond
山峰地区矿业博物馆
Peak District Mining Museum
开往马特洛克、曼彻斯特
6路、1路、TP
马森工厂方向
N
0
100m
马特洛克巴斯

山峰地区国家公园
Peak District
National Park
米德尔顿
Middleton
奥尔德姆
Oldham
上米尔
Uppermill
Chadderton
Grasscroft
Greenfield
582
Black Hill
Holme
Longley
Ingbirchworth
巴恩斯利
Barnsley
黑峰
Carlecotes
Millhouse Green
佩尼斯通
Penistone
Hazlehead
Langsett
费尔斯沃思
Failsworth
Mossley
Woodhouses
阿什顿安德莱姆
Ashton-under-Lyme
Crowden
Stalybridge
曼彻斯特
Manchester
Dukinfield
Tintwistle
斯托克布里奇
Stockbridge
Hadfield
丹顿
Denton
海德
Hyde
格洛瑟普
Glossop
查珀尔敦
Chapeltown
Charlesworth
Charlestown
544
Featherbed Top
德文特湖
Derwent
Reservoir
Heaton
Moor
Romiley
马普尔水渠
Marple Aquaduct
斯托克波特
Stockport
Gatley
Cheadle
马普尔
Marple
Rowarth
Little
Hayfield
633
636
The Peak
Kinder Low
569
Brown Knoll
莱迪鲍尔水库
Ladybower Reservoir
Hollow
Meadows
设菲尔德
Sheffield
布拉莫尔会堂
Bramall Hall
布拉姆霍尔
Bramhall
黑泽尔格罗夫
Hazel Grove
Hayfield
新米尔斯
New Mills
458
High Neb
Bamford
Ringinglow
517
Mam Tor
特雷克悬崖洞穴
Treak Cliff Cavern
Castleton
波因顿
Poynton
莱姆公园
Lyme Park
威姆斯洛
Wilmslow
Dean Row
Chinley
查珀尔恩鲁弗里斯
Chapel-en-le-Frith
山峰洞穴
Peak Cavern
斯皮德韦尔洞穴
Speedwell Cavern
Peak Forest
阿德灵顿霍尔
Adlington Hall
麦克尔斯菲尔德运河
Macclesfield Canal
Kettleshulme
奥尔德利埃奇
Alderley Edge
Bollington
Fernilee
507
Dove Holes
Windmill
Grindleford
Dronfield
舍伍德森林方向
30公里
Nether Alderley
Rainow
Hob Tor
Upper End
Peak Dale
Froggatt
Tideswell
Curbar
Common Side
Litton
Wardlow
Calver
Barlow
Henbury
麦克尔斯菲尔德
Macclesfield
巴克斯顿
Buxton
Miller's Dale
Baslow
Cutthorpe
麦克尔斯菲尔德
丝绸博物馆
Macclesfield Silk Museum
Langley
普尔洞穴
Poole's Cavern
Tadcington
查茨沃思庄园
Chatsworth House
Wadshelf
高斯沃思霍尔
Gawsworth Hall
Highlane
Wildboarclough
Chelmorton
贝克韦尔
Bakewell
Holymoorside
Marton
Flagg
Sheldon
Beeley
Eaton
Flash
Wincle
Danebridge
Monyash
哈登霍尔
Haddon Hall
Rowsley
纽斯特德修道院方向
30公里
Bosley
白峰
Longnor
Youlgreave
山峰铁路
Peak Railway
马特洛克农场公园
Matlock Farm Park
康格尔顿
Congleton
Rushton
Spencer
阿伯洛石圈
Arbor Low Stone Circle
Middleton
蒂茨沃思水库
Titesworth Reservoir
Upper
Elkstone
Sheen
Hartington
马特洛克
Matlock
Hulme End
Pikehall
亚伯拉罕高地
Heights of Abraham
马特洛克巴斯
Matlock Bath
Lower
Elkstone
Warslow
马森工厂 Masson Mill
利克
Leek
Butterton
克利什有轨电车村
Crich Tramway Village
A669
A62
A663
A664
M60
A635
A57
A34
M67
A6
A626
A624
A628
A6024
B6105
B6106
A616
M62
A61
A629
A6102
B6087
B6077
A57
A6013
A621
A625
A555
A523
A5004
A623
B6465
A537
A54
A53
A515
A5270
A619
A536
N
0
10km
山峰地区
A
B
C
1
2

马特洛克火车站

■高峰巴士

TEL 0844 3511120

URL www.highpeakbuses.com

■特伦特巴顿

TEL (01773) 712265

URL www.trentbarton.co.uk

山峰地区 区域交通

铁路

从曼彻斯特皮卡迪利站有开往格洛瑟普、巴克斯顿的列车。也有从德比沿德文特峡谷去往马特洛克的列车。

巴士

曼彻斯特皮卡迪利站

高峰巴士 High Peak Bus 公司运营的峰区交通 Trans Peak（TP）巴士在曼彻斯特与山峰地区国家公园内的城镇之间开行。中途在巴克斯顿、马特洛克等地停车。开行于贝克韦尔与德比之间的特伦特巴顿公司的 6.1 路巴士也很方便。

设菲尔德 Shefield
1小时 218
格洛瑟普 Glossop
曼彻斯特方向
1小时 61
查茨沃思庄园 Chatsworth House
10分钟 218
克利什有轨电车村 Crich Tramway Village
140
22分钟
141
TP
巴克斯顿 Buxton
30分钟 TP
贝克韦尔 Bakewell
12分钟 TP 6.1 172 218
罗斯利 Rowsley
13分钟 TP 6.1 172
马特洛克 Matlock
5分钟 TP 6.1 140 141
马特洛克巴斯 Matlock Bath
TP 6.1 德比方向

巴士线路号	详细线路 · 车次
TP	（曼彻斯特）→巴克斯顿→贝克韦尔→马特洛克→马特洛克巴斯→（德比） 巴克斯顿 7:30~18:00（周六、周日 ~17:40）期间 1 小时 1 班及 20:15 马特洛克巴斯 8:07（周六 8:27、周日 9:27）~18:27 期间 1 小时 1 班、22:25、周日 20:25 曼彻斯特 11:15 13:15 16:10（非休息日）19:05，周六 · 周日 9:15，周六 16:05，周日 16:15
6.1	贝克韦尔→马特洛克→马特洛克巴斯→（德比） 贝克韦尔 6:30~17:30 期间每小时的 30 分 （周日马特洛克始发 8:38、10:38、12:38、14:38、16:38） 马特洛克巴斯 7:50~17:50 期间每小时的 50 分（周日 9:48、11:48、13:48、15:48、17:48）
172 周日停运	贝克韦尔→马特洛克 贝克韦尔 7:35、9:25、11:25、13:25、15:00、16:20、17:15 马特洛克（巴士站 D）7:55、8:43、11:43、12:43、14:43、16:05、17:25、18:28
218 周日停运	贝克韦尔→查茨沃思庄园→（设菲尔德） 贝克韦尔 9:25~17:25 期间每小时的 25 分及 18:20 查茨沃思庄园 9:45~15:45 期间每小时的 45 分、16:46、18:01
140/141 周日停运	马特洛克→马特洛克巴斯→克利什有轨电车村 马特洛克站前 6:30 9:02 10:02 11:02 12:02 13:02 14:02 15:02 17:02 18:02 18:55 马特洛克（巴士站 D）比上述时刻各晚 5 分、16:07 克利什有轨电车村 7:48 9:34 10:34 11:34 12:34 13:34 14:34 15:14 16:34 17:34 18:34 19:07

电影《简·爱》的拍摄地

哈登霍尔

Map p.377 下 C2

Haddon Hall

贝克韦尔周边

建于 11 世纪的宅邸，有典型的中世纪风格。电影《伊丽莎白》《简·爱》曾在此拍摄。伊丽莎白时代的庭园非常值得一看。

从贝克韦尔有沿河步道，单程用时约 1 小时 30 分钟，沿途可以观赏风景。

占地广阔的豪华宅邸

查茨沃思庄园

Map p.377 下 C2

Chatsworth House

贝克韦尔周边

查茨沃思庄园是英国著名的庄园宅邸，历代德文郡公爵都居住于此。现在对外开放，电影《傲慢与偏见》曾在此拍摄。建筑内的餐馆、图书室及各个房间都有雕刻装饰，华丽程度令人惊叹。庭园面积广大，全部参观需要一整天的时间。

现在仍为公爵家宅邸

■哈登霍尔

✉ Haddon Hall，DE45 1LA

TEL（01629）812855

URL www.haddonhall.co.uk

开 3/24~9/30、10/19~31 10:30~17:00

12/1~23 10:30~16:00

※ 入场截至关门前 1 小时

休 5/19 · 20、10/1~18、11 月、12 月下旬 ~ 次年 3 月

费 £15.75 学生 £15

位于自然之中的宅邸

■查茨沃思庄园

从贝克韦尔乘坐 218 路巴士

✉ Chatsworth Bakewell，DE45 1PP

TEL（01246）565300

URL www.chatsworth.org

开 5/25~9/2 10:30~17:00

3/24~5/24、9/3~11/9 11:00~17:00

11/10~1/6 10:00~17:30

休 12/24~26、1/1、1/7~3 月中旬 费 £21（包含庭园）

●庭园

开 5/25~9/2 10:30~18:00

3/24~5/24、9/3~11/9 11:00~17:30

11/10~1/6 10:00~17:30

休 12/24~26、1/1、1/7~3 月中旬 费 £13

可以俯瞰山峰地区丘陵的步道

巴克斯顿乡村公园

位于巴克斯顿中心区域以南约 1 公里处的自然公园。经过名为普尔洞穴的溶洞，进入森林深处，有游览步道。

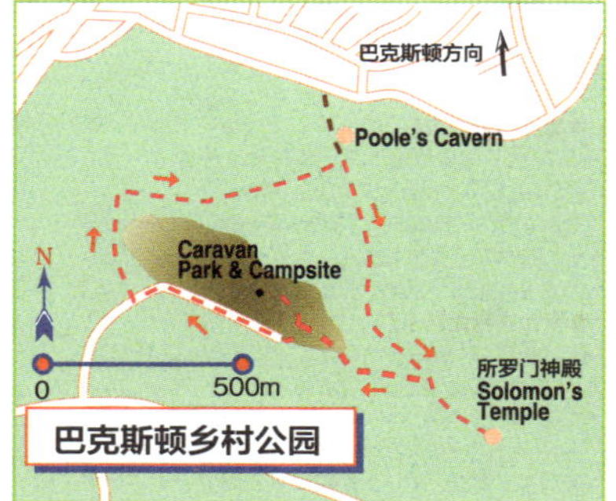

可在所罗门神殿俯瞰街景

最大的景点是位于山丘之上被称为所罗门神殿 Solomon's Temple 的小塔。可以在山丘上小憩，俯瞰整个巴克斯顿。山丘的坡度不大，普通游客也可以轻松登上山顶。

■线路详情

起点：巴克斯顿

往返用时：约 1 小时 30 分钟 总长度：3.2 公里

工业革命初期的工厂群

德文特河谷工业区 *Derwent Valley Mills*

1769 年，发明家理查德 · 阿克赖特 Richard Arkwright 发明了靠水车提供动力的纺织机，在马特洛克至德比的德文特河沿岸地区建立了许多工厂。随后，工人们开始在峡谷地区的各个工厂附近定居，于是就出现了住宅及公共交通工具。现在有 800 多家工厂及其关联设施被列入世界遗产名录。在美丽的自然环境中参观工业革命的遗迹也是山峰地区旅游的一大乐趣。

马森工厂 ①
Masson Mill

马森工厂由发明了大型纺织机的阿克赖特于 1783 年建立，工厂一直运营至 1991 年。现在已被辟为纺织博物馆对外开放，馆内陈列着纺织机，并有织布机的工作演示。

克罗姆福德工厂 ②
Cromford Mill

世界上第一个使用水力的纺织厂。这家工厂也为阿克赖特所建。现在可自由参观厂区室外区域，但参观建筑内部只能参加团体游。

斯特拉特北部工厂 ④
Strutt's North Mill

1776 年，由杰迪戴亚 · 斯特拉特 Jedediah Strutt 建立的棉纺织工厂。现在被辟为游客中心。

DATA

■德文特河谷工业区

URL www.derwentvalleymills.org

事先在贝克韦尔及巴克斯顿的 ❶ 获得旅游信息，能提高游览的效率。

●马森工厂

🚉 在马特洛克巴斯或克罗姆福德 Cromford 站下车，步行约 10 分钟。

✉ Derby Rd.，Matlock Bath，DE4 3PY

TEL（01629）581001 URL www.massonmills.co.uk

开 10:00~16:00（周日 11:00~16:00）

演示时间为 11:00（周日 12:00）、14:00

休 12 月 ~ 次年 1 月上旬、复活节

费 £3 学生 £2.50

●克罗姆福德工厂

🚉 在克罗姆福德站下车，步行约 5 分钟。

✉ Mill Ln.，Cromford，DE4 3RQ

TEL（01629）823256 URL cromfordmills.org.uk

开 9:00~17:00 休 12/25

费 游客中心 £5（游客中心及团体游 £8）

●斯特拉特北部工厂

🚉 在贝尔珀 Belper 站下车，步行约 10 分钟。

✉ Bridgefoot，Belper，DE56 1YD

TEL（01773）880474 URL belpernorthmill.org

开 3~10 月、11 · 12 月的周六 · 周日 11:00~16:00

休 周一 · 周二、11 · 2 月的周一 ~ 周五、12 · 1 月

费 £5 内部禁止拍照

饱览山峰地区的美景

亚伯拉罕高地

Map p.377 右上

The Hights of Abraham

马特洛克巴斯

山峰地区的一大魅力，来自于坐落在这里的一座座山峰。很值得步行山间、仔细游览，但如果想快速观赏风景，建议前往可乘坐缆车的亚伯拉罕高地。山顶有塔、洞穴及餐厅等众多景点。山脚下有德文特峡谷内的工厂。

乘缆车登上山顶

乘坐有轨电车观赏街景

克利什有轨电车村

Map p.377 C2

Crich Tramway Village

马特洛克周边

克利什是位于马特洛克近郊的僻静的村庄。这里有世界上极为少见的有轨电车主题公园。可以乘坐老式有轨电车，在车的上层可以远眺周围的美丽峡谷。

老式有轨电车

■亚伯拉罕高地

在马特洛克巴斯 Matlock Bath 站北侧有缆车乘坐处。

✉ The Heights of Abraham, Matlock Bath, DE4 3NT

TEL（01629）582365

URL www.heightsofabraham.com

开 3/17~11/4、2 月中旬 10:00~16:30

休 11/5~次年 2 月中旬、2 月下旬 ~3 月中旬 费 £17

■克利什有轨电车村

从马特洛克乘 140、141 路巴士

✉ Near Matlock, DE4 5DP

TEL（01773）854321

URL www.tramway.co.uk

开 3/17~31、9/3~10/28 10:00~16:30

4/1~9/2 10:00~17:30

10/29~11/3 10:00~19:30

※入场截至关门前 1 小时 30 分钟

休 11/4~次年 3 月中旬 费 £17

内部部分区域禁止拍照

禁止使用闪光灯

当地美食

弗雷德里克冰激凌

位于克利什有轨电车村的弗雷德里克甜品店 Fredrick's Refreshments 出售冰激凌。这家冰激凌店是创立于 1898 年的老店。一直坚持传统制作工艺。

酒店 & 餐馆

Hotel & Restaurant

拉特兰阿姆斯酒店

Rutland Arms

贝克韦尔

高档 33 间 Map p.376 右

◆创立于 1804 年的老店。据说简·奥斯汀的代表作《傲慢与偏见》就是在这里写成的。可以入住简·奥斯汀住过的房间。

TV 所有房间 | 吹风机 所有房间 | 茶具 所有房间 | 保险箱 所有房间 | 停车 免费 | Wi-Fi 免费

✉ The Square, DE45 1BT TEL（01629）812812 FAX（01629）812309

URL www.rutlandarmsbakewell.co.uk

S £64.71~ W £89.19~ C/C A M V（手续费另付）

老霍尔酒店

The Old Hall Hotel

巴克斯顿

高档 35 间 Map p.376 左

◆创立于 16 世纪的酒店 建筑建于 16 世纪，玛丽·斯图亚特（→ p.575）曾被软禁于此。内部为古典风格。

TV 所有房间 | 吹风机 所有房间 | 茶具 所有房间 | 保险箱 无 | 停车 无 | Wi-Fi 免费

✉ The Square., SK17 6BD

TEL（01298）22841 FAX（01298）72437

URL www.oldhallhotelbuxton.co.uk

S W £79~ C/C A M V

餐馆 开 12:00~14:00 17:30~22:00

孔雀酒店
The Peacock 贝克韦尔

◆由 19 世纪的古建筑改建而成的酒店。部分房间有华盖床。1 层为 Pub，使用当地的山峰艾尔啤 Peak Ale 制作的牛肉派 £14.95，很受欢迎。菜品 £9.95~29.95。

Inn　8 间　Map p.376 右

TV 所有房间　吹风机 所有房间　水壶 所有房间　保险箱 无　P 免费　Wi-Fi 免费

✉ Bridge St., Bakewell, DE45 1DS
TEL (01629) 813635
URL www.peacockbakewell.com
S W £79~
C/C M V

威斯敏斯特酒店
The Westminster Hotel 巴克斯顿

◆位于楼阁花园旁的客栈。可在房间内观赏楼阁花园里的美景。大厅的冰箱里有啤酒和威士忌（要收费）。

客栈　12 间　Map p.376 左外

TV 所有房间　吹风机 所有房间　水壶 所有房间　保险箱 无　P 免费　Wi-Fi 免费

✉ 21 Broad Walk, SK17 6JR
TEL (01298) 23929
URL www.westminsterhotel.co.uk
S £50~　W £72~
C/C J M V

宫殿酒店
Palace Hotel & Spa 巴克斯顿

◆创立于 1868 年的大型酒店，古色古香。紧邻巴克斯顿站，可以作为游览山峰地区的据点。有室内泳池及桑拿浴设施。早餐每人 £10。

中档　122 间　Map p.376 左

TV 所有房间　吹风机 所有房间　水壶 所有房间　保险箱 无　P 收费　Wi-Fi 免费

✉ Palace Rd., SK17 6AG
URL www.britanniahotels.com
S W £55~
C/C A M V

斯通斯餐馆
Stones 马特洛克

◆位于德文特河畔的餐馆。有室外座位。午餐套餐 £22~，晚餐 £32~。周二 ~ 周六提供葡萄酒与乳酪的品尝菜单 £48.50。

现代英式菜　Map p.377 左上

✉ 1C Dales Rd., DE4 3LT
TEL (01629) 56061
URL www.stones-restaurant.co.uk
开 12:00~13:30 18:30~20:30
休 周日 · 周一、周二的午餐
C/C A M V
Wi-Fi 无

巴克斯顿泰普庄园
Buxton Tap House 巴克斯顿

◆以水闻名的巴克斯顿出产精酿啤酒，这里是巴克斯顿啤酒厂的直营店。除了自家品牌的啤酒，还有 18 种当地产啤酒以及多种来自世界各地的啤酒。菜品的种类也很多。

Pub　Map p.376 左

✉ George St., SK17 6AY
TEL (01298) 214085
URL www.buxtonbrewery.co.uk/tap-house
开 11:00~24:00（周五、周六 ~ 次日 1:00）
休 无休
C/C M V
Wi-Fi 店内有 Wi-Fi

独创老店贝克韦尔布丁店
The Old Original Bakewell Pudding Shop 贝克韦尔

◆在派的面皮上抹上果酱、鸡蛋、砂糖，然后烤制而成的著名小吃就是贝克韦尔布丁。当地有多家自称最正宗的店铺，这里就是其中之一。

咖啡馆　面包店　Map p.376 右

✉ The Square DE45 1BT
TEL (01629) 812193
URL www.bakewellpuddingshop.co.uk
开 9:00~18:00
休 无休
C/C J M V
Wi-Fi 店内有 Wi-Fi

深受文人喜爱的风景

湖区

The English Lake District

与华兹华斯有着渊源的格拉斯米尔湖

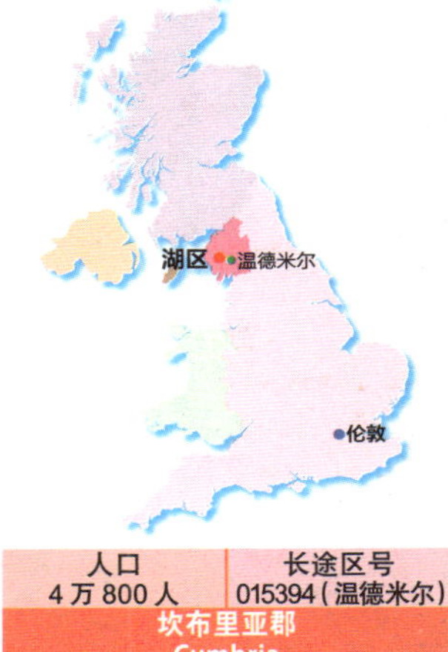

人口	长途区号
4 万 800 人	015394（温德米尔）

坎布里亚郡
Cumbria

湖区顾名思义，有很多湖泊分布于该地区。英国没有太多高山，而这里集中了许多海拔高度近 1000 米的山峰，连绵起伏，整个地貌富于变化。英格兰最高峰斯科费尔峰 Scafell Pike（978 米）以及英国最深的湖泊沃斯特湖 Wast Water 都在这个国家公园内。湖水与青山交相辉映，吸引了大量英国国内以及来自世界各地的游客到此游览。

这样的自然环境对英国人产生了很大的影响。一个典型的例子就是英国著名诗人华兹华斯 p.577 。其风格自然、不拘泥于形式的作品在文学界上引起了轰动，这与他所处的自然环境有很大的关系。彼得兔的作者毕翠克丝 · 波特 p.576 也对这里情有独钟。华兹华斯与波特都非常喜爱的湖区自然景观，200 年来一直都没有什么变化。

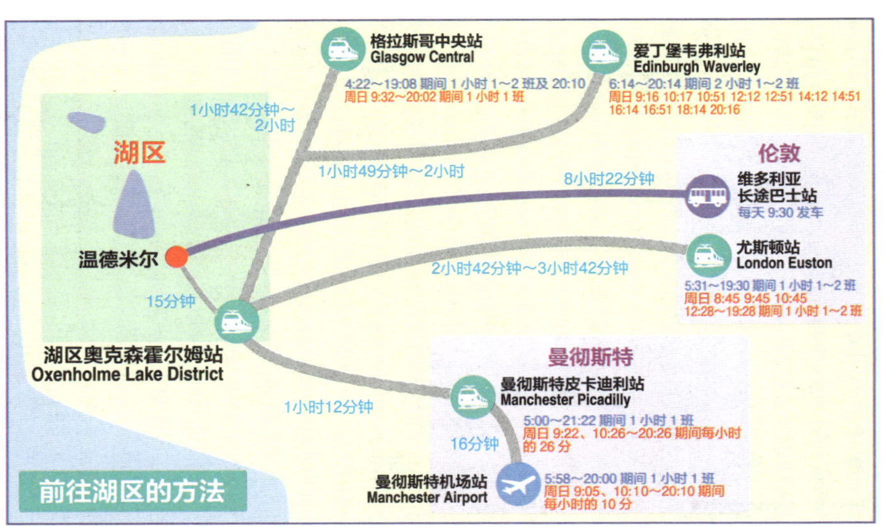

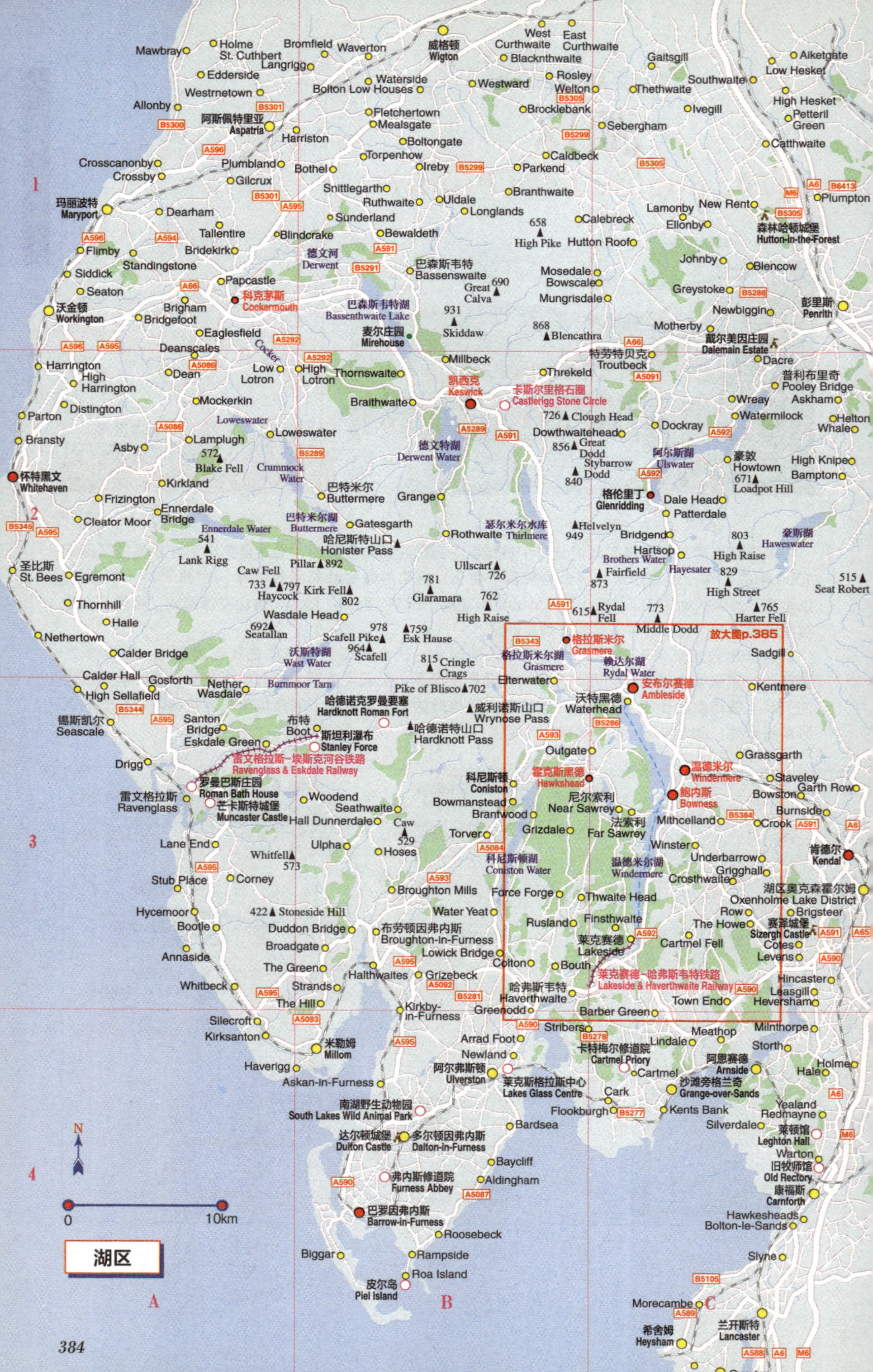
湖区
Mawbray
Holme St. Cuthbert
Bromfield
Waverton
威格顿 Wigton
West Curthwaite
East Curthwaite
Blackmhwaite
Gaitsgill
Aiketgate
Low Hesket
Langrigg
Edderside
Waterside
Bolton Low Houses
Westward
Rosley
Welton
Thethwaite
Southwaite
Westrnetown
Allonby
Brocklebank
Ivegill
High Hesket
Petteril Green
阿斯佩特里亚 Aspatria
Fletchertown
Mealsgate
Harriston
Boltongate
Sebergham
Catthwaite
Crosscanonby
Crossby
Plumbland
Bothel
Torpenhow
Ireby
Caldbeck
Parkend
Gilcrux
Snittlegarth
Ruthwaite
Uldale
Branthwaite
Plumpton
玛丽波特 Maryport
Dearham
Sunderland
Longlands
Lamonby
New Rent
Ellonby
Tallentire
Blindcrake
Bewaldeth
658 High Pike
Calebreck
Hutton Roof
森林哈顿城堡 Hutton-in-the-Forest
Flimby
Bridekirk
Standingstone
德文河 Derwent
巴森斯韦特 Bassenswaite
Great Calva 690
Mosedale
Bowscale
Mungrisdale
Johnby
Blencow
Siddick
Seaton
Papcastle
科克茅斯 Cockermouth
巴森斯韦特湖 Bassenthwaite Lake
931 Skiddaw
Greystoke
彭里斯 Penrith
沃金顿 Workington
Brigham
Bridgefoot
Newbiggin
Eaglesfield
麦尔庄园 Mirehouse
868 Blencathra
Motherby
戴尔美因庄园 Dalemain Estate
Deanscales
Cocker
Millbeck
特劳特贝克 Troutbeck
Dacre
Harrington
High Harrington
Dean
Low Lotron
High Lotron
Thornswaite
凯西克 Keswick
Threkeld
卡斯尔里格石圈 Castlerigg Stone Circle
普利布里奇 Pooley Bridge
Askham
Distington
Mockerkin
Braithwaite
Wreay
Watermilock
Helton
Whale
Parton
Loweswater
726 Clough Head
Dockray
Bransty
Asby
Lamplugh
Dowthwaitehead
856 Great Dodd
德文特湖 Derwent Water
阿尔斯湖 Ulswater
豪敦 Howtown
High Knipe
Bampton
572 Blake Fell
Crummock Water
Stybarrow Dodd
840
671 Loadpot Hill
怀特黑文 Whitehaven
Kirkland
巴特米尔 Buttermere
Grange
格伦里丁 Glenridding
Dale Head
Frizington
Ennerdale Bridge
Patterdale
Cleator Moor
Ennerdale Water
巴特米尔湖 Buttermere
Gatesgarth
瑟尔米尔水库 Thirlmere
Helvelyn 949
Bridgend
豪斯湖 Haweswater
541 Lank Rigg
哈尼斯特山口 Honister Pass
Rothwaite
Hartsop
Brothers Water
Hayesater
803 High Raise
圣比斯 St. Bees
Egremont
Pillar 892
Ullscarf 726
Fairfield 873
829 High Street
515 Seat Robert
Caw Fell
733 Haycock
797 Kirk Fell
802
781 Glaramara
762 High Raise
Thornhill
615 Rydal Fell
773
765 Harter Fell
Haile
Wasdale Head
692 Seatallan
978 Scafell Pike
759 Esk Hause
Middle Dodd
放大图p.385
Nethertown
Calder Bridge
沃斯特湖 Wast Water
964 Scafell
815 Cringle Crags
格拉斯米尔 Grasmere
格拉斯米尔湖 Grasmere
赖达尔湖 Rydal Water
Sadgill
Calder Hall
Gosforth
Nether Wasdale
Burnmoor Tarn
Pike of Blisco 702
Elterwater
安布尔赛德 Ambleside
Kentmere
High Sellafield
哈德诺克罗曼要塞 Hardknott Roman Fort
威利诺斯山口 Wrynose Pass
沃特黑德 Waterhead
锡斯凯尔 Seascale
Santon Bridge
布特 Boot
哈德诺特山口 Hardknott Pass
Eskdale Green
斯坦利瀑布 Stanley Force
Outgate
Grassgarth
Drigg
雷文格拉斯—埃斯克河谷铁路 Ravenglass & Eskdale Railway
科尼斯顿 Coniston
霍克斯黑德 Hawkshead
温德米尔 Windermere
Staveley
罗曼巴斯庄园 Roman Bath House
Garth Row
雷文格拉斯 Ravenglass
芒卡斯特城堡 Muncaster Castle
Woodend
Seathwaite
Bowmanstead
尼尔索利 Near Sawrey
鲍内斯 Bowness
Bowston
Burnside
Hall Dunnerdale
Caw 529
Brantwood
Mithcelland
Crook
Torver
Grizdale
法索利 Far Sawrey
Lane End
Ulpha
Hoses
Winster
肯德尔 Kendal
Whitfell 573
科尼斯顿湖 Coniston Water
温德米尔湖 Windermere
Underbarrow
Grigghall
Stub Place
Corney
Crosthwaite
湖区奥克森霍尔姆 Oxenholme Lake District
Broughton Mills
Force Forge
Thwaite Head
Hycemoor
422 Stoneside Hill
Water Yeat
Row
Brigsteer
Bootle
Duddon Bridge
布劳顿因弗内斯 Broughton-in-Furness
Rusland
Finsthwaite
The Howe
赛泽城堡 Sizergh Castle
Annaside
Broadgate
Lowick Bridge
莱克赛德 Lakeside
Cartmel Fell
Cotes
Levens
The Green
Colton
Bouth
Whitbeck
Strands
Halthwaites
Grizebeck
哈弗斯韦特 Haverthwaite
莱克赛德—哈弗斯韦特铁路 Lakeside & Haverthwaite Railway
Hincaster
Leasgill
The Hill
Kirkby-in-Furness
Greenodd
Barber Green
Town End
Heversham
Silecroft
Stribers
Meathop
Milnthorpe
Kirksanton
米勒姆 Millom
Arrad Foot
卡特梅尔修道院 Cartmel Priory
Lindale
Storth
Haverigg
Newland
阿尔弗斯顿 Ulverston
Cartmel
阿恩赛德 Arnside
Holme
Hale
Askam-in-Furness
莱克斯格拉斯中心 Lakes Glass Centre
沙滩旁格兰奇 Grange-over-Sands
Cark
南湖野生动物园 South Lakes Wild Animal Park
Flookburgh
Kents Bank
Yealand Redmayne
Silverdale
莱顿馆 Leghton Hall
达尔顿城堡 Dulton Castle
多尔顿因弗内斯 Dalton-in-Furness
Bardsea
Warton
旧牧师馆 Old Rectory
Baycliff
弗内斯修道院 Furness Abbey
Aldingham
康福斯 Carnforth
巴罗因弗内斯 Barrow-in-Furness
Roosebeck
Hawkesheads
Bolton-le-Sands
Biggar
Rampside
Slyne
Roa Island
皮尔岛 Piel Island
Morecambe
希舍姆 Heysham
兰开斯特 Lancaster
Overton
N
0
10km
1
2
3
4
A
B
C

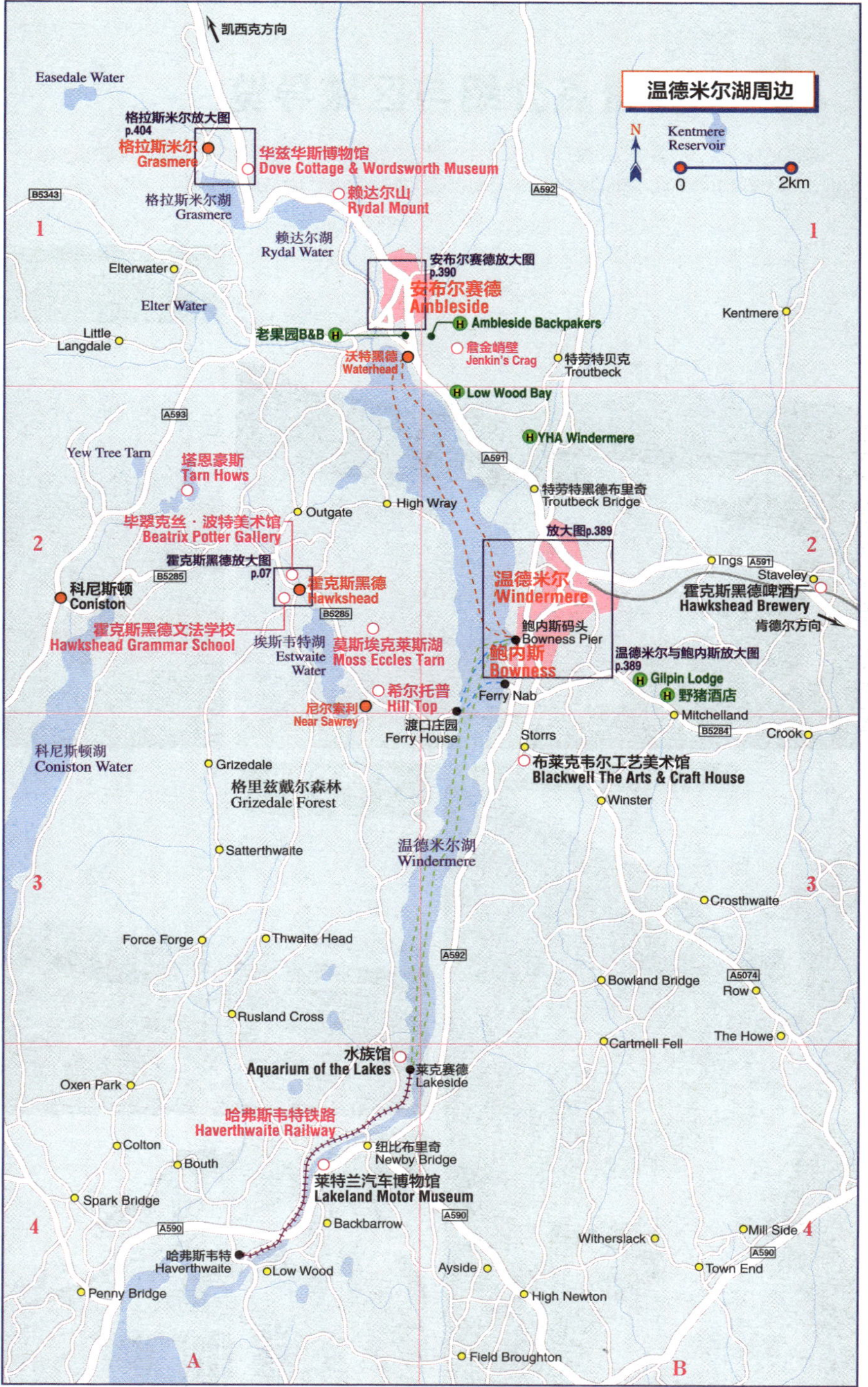
温德米尔湖周边
凯西克方向
Easedale Water
格拉斯米尔放大图 p.404
格拉斯米尔 Grasmere
华兹华斯博物馆 Dove Cottage & Wordsworth Museum
赖达尔山 Rydal Mount
格拉斯米尔湖 Grasmere
赖达尔湖 Rydal Water
安布尔赛德放大图 p.390
安布尔赛德 Ambleside
Ambleside Backpakers
老果园B&B
沃特黑德 Waterhead
詹金峭壁 Jenkin's Crag
特劳特贝克 Troutbeck
Kentmere
Kentmere Reservoir
0 2km
Elterwater
Elter Water
Little Langdale
Low Wood Bay
YHA Windermere
Yew Tree Tarn
塔恩豪斯 Tarn Hows
特劳特黑德布里奇 Troutbeck Bridge
High Wray
Outgate
毕翠克丝·波特美术馆 Beatrix Potter Gallery
霍克斯黑德放大图 p.07
霍克斯黑德 Hawkshead
放大图p.389
温德米尔 Windermere
Ings
Staveley
霍克斯黑德啤酒厂 Hawkshead Brewery
肯德尔方向
科尼斯顿 Coniston
霍克斯黑德文法学校 Hawkshead Grammar School
埃斯韦特湖 Estwaite Water
莫斯埃克莱斯湖 Moss Eccles Tarn
鲍内斯码头 Bowness Pier
鲍内斯 Bowness
温德米尔与鲍内斯放大图 p.389
Gilpin Lodge
野猪酒店
Ferry Nab
希尔托普 Hill Top
尼尔索利 Near Sawrey
渡口庄园 Ferry House
Mitchelland
Crook
Storrs
科尼斯顿湖 Coniston Water
Grizedale
格里兹戴尔森林 Grizedale Forest
布莱克韦尔工艺美术馆 Blackwell The Arts & Craft House
Winster
Satterthwaite
温德米尔湖 Windermere
Crosthwaite
Force Forge
Thwaite Head
Bowland Bridge
Row
Rusland Cross
The Howe
Cartmell Fell
水族馆 Aquarium of the Lakes
莱克赛德 Lakeside
Oxen Park
哈弗斯韦特铁路 Haverthwaite Railway
Colton
Bouth
纽比布里奇 Newby Bridge
莱特兰汽车博物馆 Lakeland Motor Museum
Spark Bridge
Backbarrow
Witherslack
Mill Side
哈弗斯韦特 Haverthwaite
Low Wood
Ayside
Town End
Penny Bridge
High Newton
Field Broughton
B5343
A592
A593
A591
B5285
B5284
A5074
A590
1
2
3
4
A
B

湖区
主要景点介绍与区域导览

湖区地域广大，分布着众多景点。可以在“自然”“华兹华斯”“彼得兔”等主题中选择自己喜爱的，然后按照主题游览。如果时间充裕，还可以选择步行或租赁自行车骑行游览。

格拉斯米尔湖 （→ p.404）

卡斯尔里格石圈 （→ p.408）

希尔托普 （→ p.400）

奥莱斯特黑德 （→ p.388）

赖达尔山 （→ p.403）

p.402

科克茅斯 Cockermouth

位于凯西克西北 13 公里处、德文特河畔的小镇。这里也是华兹华斯的出生地。

p.391

凯西克 Keswick

湖区北部的门户。有开往各地的巴士。

p.404

格拉斯米尔 Grasmere

有很多与华兹华斯有关的景点，建有步道。很适合作为步行游览的起点。

p.388

安布尔赛德 Ambleside

温德米尔湖北岸的小镇。与温德米尔一样，都是当地旅游的起点城市。

格拉斯米尔

格拉斯米尔湖

安布尔赛德

温德米尔

鲍内斯

尼尔索利

科尼斯顿湖

温德米尔湖

p.403

霍克斯黑德 Hawkshead

位于温德米尔湖与科尼斯顿湖之间的村庄。有与毕翠克丝·波特及华兹华斯有关的景点。

p.388

温德米尔 Windermere

湖区南部的门户，为当地旅游的起点城市，有巴士及火车可以乘坐。有多家小型酒店及 B&B。

p.407

尼尔索利 Near Sawrey

一个小村庄，有毕翠克丝·波特曾经居住过的希尔托普。

p.388

鲍内斯 Bowness

从温德米尔步行约 30 分钟可至。有渡轮及游船停靠的码头，是当地旅游的必经之地。

Access Guide
温德米尔

从湖区奥克森霍尔姆出发

所需时间：约20分钟

周一~周六 6:19~22:19（周六6:22~22:00）期间1小时1班

周日 9:45 11:19~21:14 期间1小时1班

换乘信息

●**从伦敦出发**

从尤斯顿站出发，经由湖区奥克森霍尔姆，所需时间3小时10分~4小时

●**从曼彻斯特出发**

从维多利亚站出发，经由湖区奥克森霍尔姆。所需时间约2小时

温德米尔 Tourist Information Centre

Map p.389 上B1
✉ Victoria St., LA23 1AD
TEL（015394）46499
URL www.windermereinfo.co.uk
开 夏季 8:30~18:00
冬季 10:00~17:00
休 12/25 · 26
存包服务4小时£4，1天£7

鲍内斯 Tourist Information Centre

Map p.389 右下2
✉ Glebe Rd., LA23 3HJ
URL www.lakedistrict.gov.uk
开 4~9月 9:30~17:30
10月~次年3月 10:00~16:00
休 12/25

鲍内斯的景点

毕翠克丝·波特乐园
➡ p.400

湖区 起点城市

起点城市 温德米尔 Windermere

湖区南部的门户。火车及巴士的车次都很多，有大量的游客造访。

游览方法 从火车站出来后右转，不远处就是ℹ。市中心位于维多利亚大街 Victoria St. Map p.389 上B1 至主路 Main Rd.、克莱森特路 Crescent Rd. 一带。主路与克莱森特路交汇，路名变为新路 New Rd.、莱克路 Lake Rd.，一直延伸至温德米尔湖畔的鲍内斯。

酒店 有很多B&B，几乎随处可见。不过酒店的数量很少。

起点城市 鲍内斯 Bowness

鲍内斯从18世纪开始逐渐发展成为一个度假地。从温德米尔出发，20~30分钟可至。

游览方法 餐馆与商店集中在克拉格布劳 Crag Brow Map p.389 右下1 至散步路 Promenade Map p.389 右下2 一带。

交通信息 渡轮停靠的鲍内斯码头位于湖畔，该码头以南有汽车渡轮停靠的渡口湿地 Ferry Nab。

酒店 鲍内斯的住宿设施种类很多，从高档酒店到B&B都有。

起点城市 安布尔赛德 Ambleside

位于温德米尔湖北岸。从19世纪开始逐渐发展成为度假地，保存着湖区特有的传统城镇风貌。

walk

到达当地后立即登上山丘俯瞰温德米尔湖

从温德米尔去往奥莱斯特黑德

奥莱斯特黑德是靠近温德米尔的一座山丘，海拔239米。步道始于ℹ的对面，可沿步道轻松地登上山丘。按照路标指引到达山顶后，可以360度俯瞰周围的景色。远眺温德米尔湖以及湖区的大自然，会十分令人激动。即便乘火车在傍晚时分到达，也完全可以登上山顶，很适合时间不够充足的游客。

远眺奥莱斯特黑德

线路详情
起点：温德米尔的ℹ
往返所需时间：30分钟
总长度：1公里 高低落差：小

坐下来观赏风景

温德米尔
0 100m
安布尔赛德方向（约6.6公里）
凯西克方向（约33.6公里）
学校
奥莱斯特黑德方向
Windermere
Mountain Goat Tours
National Express
555路、开往鲍内斯方面的巴士
Rockside
雪松庄园
St. Mary's Church
Lake District Backpackers
Country Lanes Cycle Centre
Booths
火车站
Lakeland
金山餐馆
点灯人餐馆
Queens
Little Chippy Fish & Chips
Magic Wok
Brambles Tea Room
Giotto
Prince of India
弗朗西斯咖啡屋&餐馆
Jerichos
Westbury House
W.C.
Autumn Leaves
鲍内斯方面
Winderemere Suites
鲍内斯方向
消防局
Hilton House
伍德兰兹旅馆
Ambleside Rd.
Church St.
The Terrace
St. Mary's Park
Phoenix Way
Ellerray Rd
High St.
Victoria St.
Crescent Rd.
Main Rd.
College Rd
Old College Ln.
Oak St.
Orrest Dri.
Droomer Dri.
Broad St.
Birthwaite Rd.
Beemire Ln.
Ellerthwaite Rd.
Holly Rd.
Woodland Rd.
Brook Rd.
New Rd
温德米尔与鲍内斯
0 400m
安布尔赛德、凯西克方向
火车站
温德米尔
放大图上
圣约翰山林小屋旅馆
温德米尔湖 Windermere
Windermere Boutique
安布尔赛德方向
Carig Manor
放大图右
鲍内斯
鲍内斯码头
毕翠克丝·波特乐园
渡口屋、莱克赛德方向
渡口屋方向
渡口湿地
Lindeth Howe
Longtail Hill
Glebe Rd.
Kendal Rd
鲍内斯
0 200m
温德米尔方向
电影院
安布尔赛德方向
毕翠克丝·波特乐园 The World of Beatrix Potter Attraction
Vinegar Jones
Huttons
The Old England
Villa Positano
Bodega
鲍内斯码头 Bowness Pier
Windermere Ice Cream
渡口屋方向
莱克赛德方向
Fairfield
租船处
The Belsfield
Nagoya
航船餐馆
Cranleigh
渡口湿地方向
布莱克韦尔工艺美术馆方向
The Burnside
Gilpin Lodge方向
The Wild Boar方向
Kinflands Rd
Craig Brow
Rayrigg Rd.
Fallbarrow Rd
Helm Rd.
Church St.
Ash St.
Lake Rd.
Brantfell Rd.
Promenade
Glebe Rd.
Kendal Rd
Back Belsfield Rd
Rectory Rd

Access Guide
安布尔赛德

从温德米尔出发

所需时间：约15分钟

555路、599路巴士（时刻表→p.395）

从凯西克出发

所需时间：约40分钟

555路巴士（时刻表→p.395）

安布尔赛德
Tourist Information Centre

Map p.390左

✉ Central Buildings, Market Cross, LA22 9BS

TEL（015394）32582

开 夏季 9:00~17:30（周日10:00~17:00）
冬季 10:00~16:00

休 冬季的周日、12/25·26、1/1

安布尔赛德市中心

安布尔赛德的景点

赖达尔山➡ p.403

建于河流之上的桥屋

游览方法 从鲍内斯码头出发的渡轮，开往温德米尔湖北岸的沃特黑德码头 Map p.390右。之后从沃特黑德沿莱克路 Lake Rd. 北上，可以到达安布尔赛德。城镇中心为位于ⓘ所在的市场路口 Market Cross Map p.390左一带，有很多 Pub 及餐馆。城镇中心区域单行线较多，租车自驾的游客应注意观察交通标识。

交通信息 主要的巴士站位于凯尔奇克路 Kelsick Rd. 沿线。凯尔奇克路为单行线，开往温德米尔的巴士与开往凯西克的巴士均从同一个方向驶来。乘车时应确认好巴士开往地点。

酒店 在湖区，很多游客都会选择在这里住宿。酒店集中于城镇中

心区域及温德米尔湖畔的沃特黑德。餐馆大多在马凯特路口及赖达尔路 Rydal Rd. 沿线。

起点城市 凯西克 Keswick

市场地区

湖区北部的中心城市，比较富有活力。也是步行游览周边景点的出发地。

游览方法 ❶设在位于市中心的市场地区 Market Pl. 的钟楼内。

前往德文特湖 距离城区不远的德文特湖畔有许多可以观赏美景的地点。从凯西克出发，沿着德文特湖步行，经过修士峭壁 Friars Crag，到达名为卡斯尔黑德 Castlehead 的山丘，然后返回凯西克的步行游览线路，全长 4.8 公里，景色非常美。

交通信息 巴士站有开往各地的巴士，从❶沿主街 Main St. 前行，在第一个交通环岛左转即至。

巴士站

酒店 B&B 多在市区东部的格蕾塔大街 Greta St. 以及圣约翰大街 St. John's St. 一带。Pub 及餐馆则集中于市场地区 Market Pl. 至主街之间的区域。

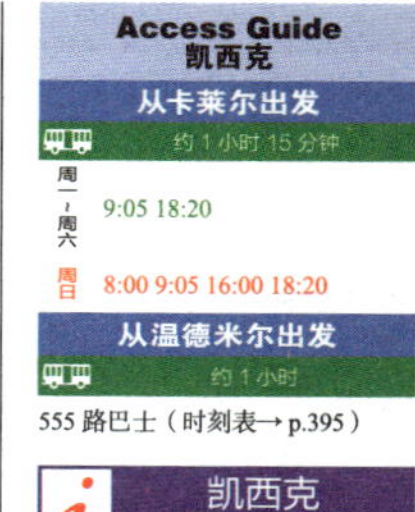
Access Guide 凯西克

从卡莱尔出发

约 1 小时 15 分钟

周一～周六 9:05 18:20

周日 8:00 9:05 16:00 18:20

从温德米尔出发

约 1 小时

555 路巴士（时刻表→ p.395）

凯西克 Tourist Information Centre

Map p.391B2

✉ Moot Hall, Market Sq., CA12 5JR

TEL（01539）724555

URL www.keswick.org

开 4~10 月 9:30~17:30
11 月 ~ 次年 3 月 9:30~16:30

休 12/25 · 26、1/1

凯西克的景点

卡斯尔里格石圈➡ p.408
凯西克博物馆➡ p.408
铅笔博物馆➡ p.408
塔恩豪斯➡ p.401

湖区 区域交通

铁路

湖区线　湖区线铁路从湖区奥克森霍尔姆至温德米尔。

坎布里亚海岸线　在爱尔兰海的海岸线上延伸的坎布里亚海岸线铁路是一条非常著名的景观铁路。

巴士

555 路巴士可到达各主要城镇，非常方便。可以在❶及车内获取巴士时刻表。有仅在夏季开行的线路，所以有了坎布里亚全境的公共交通工具时刻表就能制订详细的旅行日程。505 路巴士从温德米尔出发，经由安布尔赛德，去往霍克斯黑德。

租车自驾

在游客众多的夏季，停车场经常会被停满。温德米尔、凯西克有汽车租赁公司，可在这些地方办理租车。沿途多山路及弯路，应谨慎驾驶。

游览船只

游船　温德米尔湖游船 →p.393 的班次很多，是湖区重要的旅游及交通方式。

渡轮　鲍内斯码头以南的渡口湿地有开往对岸渡口屋的汽车渡轮→参见边栏。

观光船　在德文特湖、阿尔斯湖 Ullswater、科尼斯顿湖 Coniston Water 等主要水域都有观光船 →p.393。

船 + 巴士

穿越湖泊体验　仅在 3 月 24 日 ~10 月 28 日期间开行的游览线路，从鲍内斯的渡轮码头至有去往霍克斯黑德的巴士停车的渡口屋。可从鲍内斯、温德米尔不经由安布尔赛德直接前往希尔托普 →p.400 及霍克斯黑德 →p.407。换乘也很方便，还能对接步行游览线路。

租自行车骑行

可在温德米尔、凯西克等旅游据点城镇租借自行车。不过，湖区的道路狭窄，自行车专用路也不多，所以骑行时应特别注意安全。租车时应同时租借头盔。

店铺位于市中心

Information

方便在湖区旅行的单一票价巴士

可从 Stage Coach 公司运营的 555 路等巴士的司机处购票。

■温德米尔巴士 & 船 Windermere bus and boat

可乘坐去往温德米尔、霍克斯黑德等温德米尔湖北部城镇的巴士。还可乘坐一次温德米尔湖游船（红色或黄色的游船）。

费 1 日通票 £12.50

■探险者 Explorer

在湖区全境有效。

费 1 日通票 £11.30
3 日通票 £25.50
7 日通票 £28.50

在格拉斯米尔停车的 555 路巴士

■温德米尔渡轮

夏季 6:50（周日 8:50）~21:50
冬季 6:50（周日 9:50）~20:50
费 步行者 £0.50　自行车 £1
普通汽车 £4.40

渡口湿地的汽车渡轮

■汽车租赁

●凯西克汽车

Keswick Motor（凯西克）

✉ Lake Rd.，CA12 5BX
TEL（017687）72064
URL keswickmotorcompany.co.uk
开 8:30~17:15
休 周日
费 1 日通票 £36~

湖区的游览船只

红色游船（鲍内斯~安布尔赛德）
Red Cruise- Bowness-Ambleside

3/24~10/28 鲍内斯出发 9:30（仅限 7/23~9/1）10:10~17:40 18:20（仅限 7/23~9/1）、安布尔赛德出发 9:50~17:40 18:20（仅限 7/23~9/1）1 小时 1~2 班
10/29~ 次年 3 月下旬 9:50~17:05 期间 1 小时 1 班
所需时间 30~35 分钟 费 往返 £11.30

黄色游船（鲍内斯~莱克赛德）
Yellow Cruise- Bowness-Lakeside

3/24~10/28 鲍内斯出发 10:30~17:45、莱克赛德出发 9:20~16:50 期间每小时时 1 班
10/29~ 次年 3 月下旬 9:45~16:30 左右 1 天 4 班
所需时间 40 分钟 费 往返 £11.80

岛屿游船
Islands Cruise

3/24~10/28 鲍内斯码头出发 10:45~16:45 期间每隔 30 分钟 1 班
10/29~ 次年 3 月下旬 鲍内斯码头出发 10:30 11:45 12:45
所需时间 45 分钟 费 £8.60

从鲍内斯码头出发的巡游温德米尔湖的游船

温德米尔湖游船
Windermere Lake Cruises
TEL（015395）43360
URL www.windermere-lakecruises.co.uk

24 小时以内有效、可乘坐全部线路游船的湖区通票 Freedom of the Lake £20.80。另外，还有与从莱克赛德出发的哈弗斯韦特铁路列车的通票。

德文特湖观光船
Keswick Launch

3/17~3/29 · 4/8~6/30 · 9/1~10/27 10:00~16:00 期间 1 小时 1 班
3/30~4/7 · 7 · 8 月 10:00~17:00 期间 1 小时 1 班
10/28~11/11 10:00~15:00 期间 1 小时 1 班
11/12~ 次年 2/9 11:30 14:30
2/10~3/17 11:30 14:30 15:30
所需时间 50 分钟 费 单程 £10.50

有顺时针方向线路及逆时针方向线路，可环湖一周（上述出发时间均为顺时针线路船只的出发时间）。冬季经常只在周六、周日开行。

TEL（017687）72263 URL www.keswick-launch.co.uk

阿尔斯湖观光船
Ullswater 'Steamers'

春 · 秋季 10:00~16:50 期间 1~2 小时 1 班
夏季 9:45~16:40 期间大概 1 小时 1 班
冬季 9:30 11:45 13:10
所需时间 约 1 小时 费 单程 £9.85

有蒸汽船开行于格伦里丁与普利布里奇之间。

TEL（01768）482229 URL www.ullswater-steamers.co.uk

北方服务（红色线路）
Northern Service (Red Route)

3/26~9/30 10:45~16:40 期间 1 小时 1 班
3/10~3/25 · 10/1~29 10:45~15:55 期间 1 小时 1 班
所需时间 45 分钟 费 1 日通票 £11.50

游览科尼斯顿湖北部的游船

科尼斯顿湖观光船 Coniston Launch
TEL（01768）775753 URL www.conistonlaunch.co.uk

历史遗迹铁路·蒸汽机车

哈弗斯韦特铁路
The Lakeside & Haverthwaite Railway

4~10 月
哈弗斯韦特出发 10:45 11:50 13:00 14:05 15:10 16:15
莱克赛德出发 11:15 12:30 13:35 14:40 15:45 16:50
所需时间 20 分钟 费 单程 £4.20 往返 £6.80

开行于温德米尔湖南端的莱克赛德 Lakeside 与哈弗斯韦特 Haverthwaite 之间的蒸汽列车。

✉ Haverthwaite Station, Nr Ulverston, LA12 8AL
TEL（015395）31594
URL www.lakesiderailway.co.uk
与黄色游船的通票 £16.70
也可以 24 小时内任意乘坐温德米尔湖游船的通票 £23.80

雷文格拉斯&埃斯克代尔铁路
Ravenglass & Eskdale Railway

3 月中旬 ~10 月 每天 7~13 班
11 月 ~ 次年 3 月中旬 主要在周六 · 周日，大概每天开行 2~5 班
所需时间 45 分钟 费 单程 £8.45

从渔业城市雷文格拉斯行驶 1 公里至埃斯克河谷的蒸汽列车，所需时间 40 分钟。使用轨道间距 15 英寸的小型车厢，是现存历史最久的同类车厢，文化价值非常高。列车穿行于植被茂盛的森林之中，可以观赏海拔 978 米的斯科费尔峰的风景。

TEL（01229）717171
URL ravenglass-railway.co.uk

游船出发的鲍内斯码头

即将驶出莱克赛德站的哈弗斯韦特铁路列车

科尼斯顿湖观光船

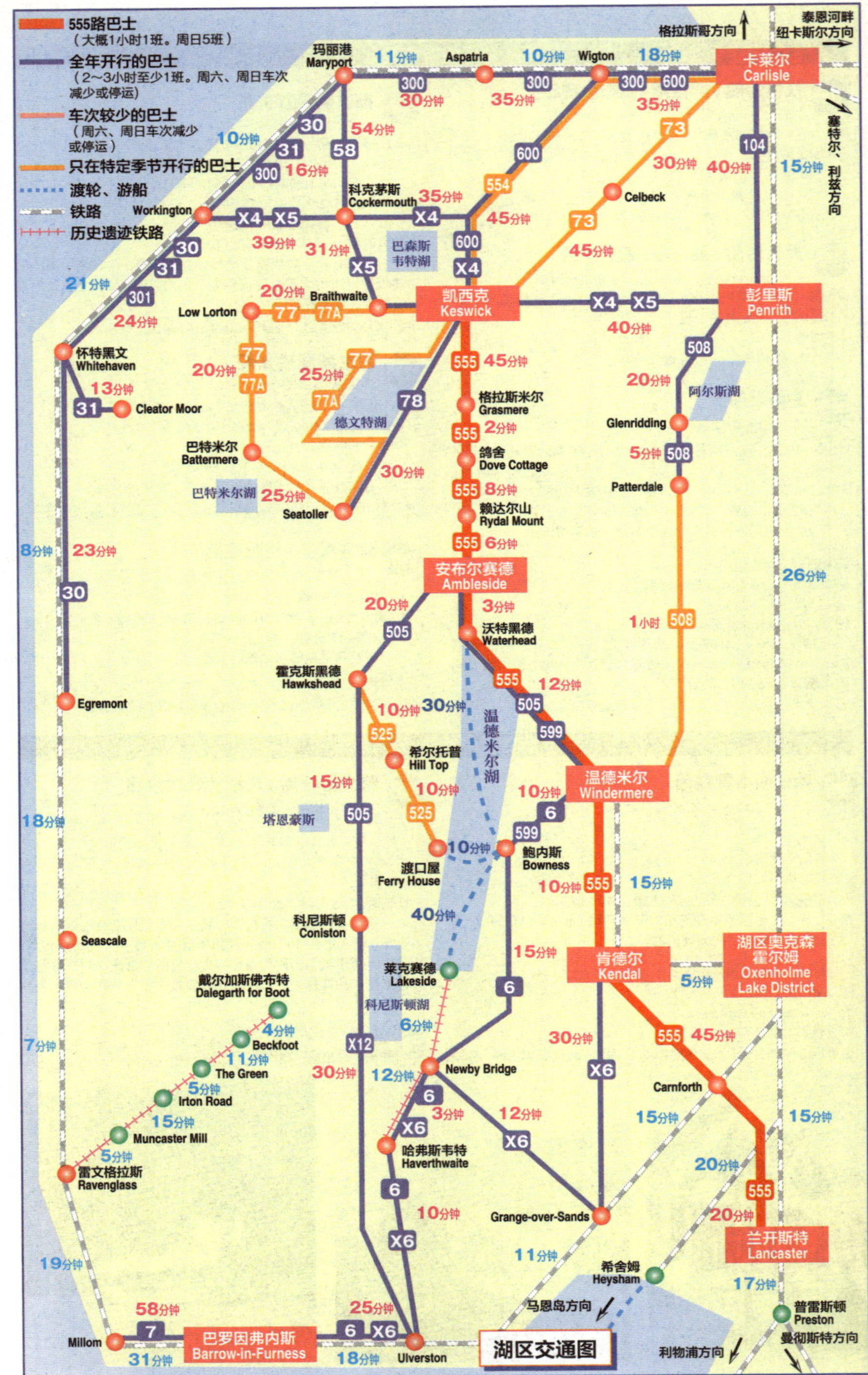

555路巴士
（大概1小时1班。周日5班）
全年开行的巴士
（2～3小时至少1班。周六、周日车次减少或停运）
车次较少的巴士
（周六、周日车次减少或停运）
只在特定季节开行的巴士
渡轮、游船
铁路
历史遗迹铁路
格拉斯哥方向
泰恩河畔纽卡斯尔方向
卡莱尔 Carlisle
玛丽港 Maryport
Aspatria
Wigton
塞特尔、利兹方向
Celbeck
科克茅斯 Cockermouth
Workington
巴森斯韦特湖
凯西克 Keswick
彭里斯 Penrith
Braithwaite
Low Lorton
怀特黑文 Whitehaven
Cleator Moor
德文特湖
格拉斯米尔 Grasmere
鸽舍 Dove Cottage
赖达尔山 Rydal Mount
阿尔斯湖
Glenridding
Patterdale
巴特米尔 Battermere
巴特米尔湖
Seatoller
安布尔赛德 Ambleside
沃特黑德 Waterhead
霍克斯黑德 Hawkshead
Egremont
温德米尔湖
希尔托普 Hill Top
温德米尔 Windermere
塔恩豪斯
渡口屋 Ferry House
鲍内斯 Bowness
科尼斯顿 Coniston
Seascale
莱克赛德 Lakeside
科尼斯顿湖
肯德尔 Kendal
湖区奥克森霍尔姆 Oxenholme Lake District
戴尔加斯佛布特 Dalegarth for Boot
Beckfoot
The Green
Irton Road
Muncaster Mill
雷文格拉斯 Ravenglass
Newby Bridge
Carnforth
哈弗斯韦特 Haverthwaite
Grange-over-Sands
兰开斯特 Lancaster
希舍姆 Heysham
马恩岛方向
普雷斯顿 Preston
曼彻斯特方向
利物浦方向
Millom
巴罗因弗内斯 Barrow-in-Furness
Ulverston
湖区交通图

巴士线路号	详细线路 · 车次（11 月 ~ 次年 3 月车次减少）
555	温德米尔→安布尔赛德→格拉斯米尔→凯西克 温德米尔 6:06~18:15 期间 1 小时 1~2 班（周日 8:09~18:09 期间每小时的 9 分发车） 凯西克 7:10~19:30 期间 1 小时 1~2 班（周日 9:30~19:30 期间每小时的 30 分发车）
599	鲍内斯→温德米尔→安布尔赛德 鲍内斯 8:42~17:52 期间 1 小时 2~3 班、19:00 安布尔赛德 9:48~18:30 期间 1 小时 3 班
505	安布尔赛德→霍克斯黑德→科尼斯顿 安布尔赛德 8:15（学校放假的周六 8:50）~16:53 期间 1 小时 1 班、18:20 科尼斯顿 9:30~17:40 期间 1 小时 1 班、19:08
X4/5	凯西克→科克茅斯 凯西克 7:40~ 次日 0:15 期间 1~2 小时 1 班，周日 10:13~20:11 期间 1 小时 1 班 科克茅斯 5:36~23:36 期间 1~2 小时 1 班，周日 7:37~17:47 期间每小时的 47 分

穿越湖泊体验Cross Lakes Experience

鲍内斯至科尼斯顿的联络时刻表（随着时间推移可能会发生改变）

渡轮	鲍内斯 3 号码头 Bowness Pier 3		10:00 发	10:40 发	11:20 发	12:00 发	12:40 发	14:00 发	14:40 发	15:20 发	16:00 发	16:40 发
渡轮	渡口屋 Ferry House		10:15 发	10:55 发	11:35 发	12:15 发	12:55 发	14:15 发	14:55 发	15:35 发	16:15 发	16:55 发
Mountain Goat	渡口屋 Ferry House		10:20 发	11:00 发	11:40 发	12:20 发	13:00 发	14:20 发	15:00 发	15:40 发	16:20 发	17:00 发
Mountain Goat	希尔托普 Hill Top		10:27	11:07	11:47	12:27	13:07	14:27	15:07	15:47	16:27	17:07
Mountain Goat	霍克斯黑德 Hawkshead		10:35 到	11:15 到	11:55 到	12:35 到	13:15 到	14:35 到	15:15 到	15:55 到	16:35 到	17:15 到
Stage Coach 505 路	霍克斯黑德 Hawkshead	9:48 发	10:48 发	11:48 发		12:48 发	13:48 发	14:48 发	15:53 发		16:53 发	18:30 发
Stage Coach 505 路	霍克斯黑德希尔 Hawkshead Hill	10:13	11:13	12:13		13:13	14:13	15:13	16:18		17:18	18:55
Stage Coach 505 路	蒙克科尼斯顿 Monk Coniston	10:20	11:20	12:20		13:20	14:20	15:20	16:25		17:25	19:02
Stage Coach 505 路	科尼斯顿到达 Coniston	10:24 到	11:24 到	12:24 到		13:24 到	14:24 到	15:24 到	16:29 到		17:29 到	19:06 到
Stage Coach 505 路	科尼斯顿出发 Coniston	9:30 发	10:28 发	11:28 发		13:28 发		15:28 发		16:40 发	17:40 发	19:08 发
Stage Coach 505 路	蒙克科尼斯顿 Monk Coniston	9:36	10:34	11:34		13:34		15:34		16:46	17:46	19:14
Stage Coach 505 路	霍克斯黑德希尔 Hawkshead Hill	9:42	10:40	11:40		13:40		15:40		16:52	17:52	19:20
Stage Coach 505 路	霍克斯黑德 Hawkshead	9:48 到	10:46 到	11:46 到		13:46 到		15:46 到		16:58	17:58	19:26
Mountain Goat	霍克斯黑德 Hawkshead	10:40 发	11:20 发	12:00 发	12:40 发	14:00 发	14:40 发	16:00 发	16:40 发	↓	↓	↓
Mountain Goat	希尔托普 Hill Top	10:47	11:27	12:07	12:47	14:07	14:47	16:07	16:47	↓	安布尔赛德到 18:18	↓
Mountain Goat	渡口屋 Ferry House	10:55 到	11:35 到	12:15 到	12:55 到	14:15 到	14:55 到	16:15 到	16:55 到	↓		↓
渡轮	渡口屋 Ferry House	11:00 发	11:40 发	12:20 发	13:00 发	14:20 发	15:00 发	16:20 发	17:00 发	↓		↓
渡轮	鲍内斯 3 号码头 Bowness Pier 3	11:15 到	11:55 到	12:35 到	13:15 到	14:35 到	15:15 到	16:35 到	17:15 到	温德米尔 17:35		温德米尔 20:03

鲍内斯与霍克斯黑德之间 3/24~10/28 开行

票价表

	目的地	单程	往返
从鲍内斯码头出发	渡口屋	£3.10	£5.20
从鲍内斯码头出发	希尔托普	£6.45	£11.40
从鲍内斯码头出发	霍克斯黑德	£7.70	£13.25
从霍克斯黑德出发	希尔托普	£3.10	£5.20
从霍克斯黑德出发	渡口屋	£6.45	£11.40
从霍克斯黑德出发	鲍内斯码头	£7.70	£13.25

湖区 经典旅游线路

湖区的景点分布很广，但很多都可以乘坐巴士或渡轮前往。

从温德米尔出发　饱览自然风光的 1 日游

上午

09:09 温德米尔 → 555路 → 09:45 格拉斯米尔（午餐）

莎拉·纳尔逊的姜饼

先从温德米尔乘坐开往凯西克的巴士，在格拉斯米尔下车。参观与华兹华斯有关的鸽舍及华兹华斯博物馆，然后在格拉斯米尔湖畔闲游并吃午饭。还要品尝一下格拉斯米尔名吃莎拉·纳尔逊姜饼（→ p.404）。

下午

12:45 格拉斯米尔 → 555路 → 13:14 凯西克

15:30 凯西克 → 555路 → 16:22 沃特黑德码头

17:10 沃特黑德码头 → 红色游船 → 17:40 鲍内斯码头

卡斯尔里格石圈

乘坐开往凯西克的巴士，在终点站下车。在凯西克参观博物馆，之后可以步行前往卡斯尔里格石圈。从凯西克乘坐开往肯德尔的巴士，在沃特黑德下车。从沃特黑德码头乘渡轮前往鲍内斯码头。不过，冬季该渡轮停运。

从温德米尔出发 游览毕翠克丝·波特相关景点的1日游

上午

9:23 温德米尔 → 599路 → 9:31 鲍内斯码头 →

10:00 渡口湿地 → 汽车渡轮 → 10:15 渡口屋 → 555路 →

10:27 尼尔索利 → 10:30 希尔托普

希尔托普

从鲍内斯码头的巴士站步行 20~30 分钟可到达渡口湿地。乘坐汽车渡轮至对岸的渡口屋。之后乘坐开往霍克斯黑德的巴士，在尼尔索利村下车。参观希尔托普有时间上的规定。开门之前，可以先在村庄闲逛，也可以在 Pub 吃午饭。

下午

12:27 尼尔索利 → 525路 → 12:35 霍克斯黑德 → 505路 →

15:50 沃特黑德码头 → 红色游船 → 16:20 鲍内斯码头 →

16:30 毕翠克丝·波特乐园

毕翠克丝·波特乐园

下午乘坐开往霍克斯黑德的巴士，在终点站下车。参观毕翠克丝·波特美术馆及霍克斯黑德文法学校。之后乘坐开往温德米尔的巴士，在安布尔赛德的沃特黑德码头下车。乘坐渡轮前往鲍内码头。在鲍内斯参观毕翠克丝·波特乐园。里面有很多装饰时尚的咖啡馆及餐馆，可以在那里吃饭。

湖区 当地出发并到达的团体游

预约参加温德米尔出发并到达的团体游，车可到酒店接载游客。可在ℹ预约。

温德米尔出发并到达

十湖巡游 Ten Lakes Spectacular

3/25~10/29 9:45 出发　所需时间：7 小时 45 分钟　费 £44
10/30~次年 3/24 9:30 出发　所需时间：6 小时 45 分钟
费 £30

湖区北部旅游的亮点。游览格拉斯米尔湖、德文特湖、巴特米尔湖、瑟尔米尔湖等 10 个湖泊，在德文特湖可以乘坐游船。除此之外，还可以游览卡斯尔里格石圈、格拉斯米尔等地。

毕翠克丝·波特喜爱的乡村 Beatrix Potter's Favourite Countryside Tour

2/24~10/30 12:00 出发　所需时间：4 小时 30 分钟
费 £35.50

下午有游览彼得兔相关景点的半日游。可以游览乘坐公共交通工具不便前往的希尔托普、霍克斯黑德、塔恩豪斯、温德米尔湖（游船）等地。

超级冒险 The High Adventure

3/25~10/29 9:45 出发　所需时间：7 小时 45 分钟　费 £44

游览湖区西部各个景点。可去往埃克斯河谷、芒卡斯塔城堡等地，还可以乘坐雷文格拉斯 - 埃斯克河谷历史遗迹铁路上的列车。

雪羊旅行社Mountain Goat Tours
TEL（015394）45161　URL www.mountain-goat.com
集合地点：温德米尔的ℹ（对从安布尔赛德、格拉斯米尔等地出发的游客提供接送服务）

在温德米尔的ℹ报名

雪羊旅行社的小型巴士

彼得兔故乡与温德米尔湖游船半日游

周一～周五 11:45 温德米尔站出发
所需时间：4 小时　费 £65

包括乘坐温德米尔湖游船以及尼尔索利、霍克斯黑德村等著名景点。

饱览湖区自然风光! 自然之旅

周一 · 周三 · 周五 13:15 温德米尔站出发
所需时间：3 小时 15 分钟　费 £41

接触湖区大自然的旅行。可以到达乘坐巴士时不能前往的地方。

湖区探险之旅

周二 · 周四 · 周五 · 周六 · 周日 9:30 温德米尔站出发
所需时间：7 小时 15 分钟　费 £63

针对时间有限但希望尽可能多地接触湖区不同景观的游客举办的旅游项目。可以前往卡斯尔里格石圈、鸽舍、农场咖啡馆等地。

九湖摄影巡游 9 Lakes Photography Tour

周二 · 周四 · 周五 9:30 温德米尔站出发
所需时间：7 小时　费 £150

包括湖区各主要景点的 1 日游。可前往格拉斯米尔、科尼斯顿湖、凯西克湖等地。

湖区游与健走

每天 9:15 温德米尔站出发
所需时间：7 小时 15 分钟　费 £350

步行游览湖区北部的主要景点。可前往卡斯尔里格石圈及阿尔斯湖等地。

湖区旅行社Lake District Tours
TEL（015395）52106　URL www.lakedistricttours.com
集合地点：温德米尔站或游客入住的酒店

伦敦出发并到达

湖区1日游

4~10 月的周一～周六 8:00、11 月～次年 3 月的周一～周五 8:00
所需时间 13 小时 30 分钟　费 £192~

8:00 在尤斯顿站集合，乘火车去往湖区奥克森霍尔姆站。到达后，在当地英语导游的带领下游览霍克斯黑德（仅在夏季可以参观希尔托普）。之后，乘车游览塔恩豪斯、兰代尔并乘温德米尔湖游船去往鲍内斯。最后，还可以在林德斯豪酒店品尝下午茶。预计 21:25 到达尤斯顿站。也可选择在酒店住宿 1 晚（无接送服务）之后再返回伦敦。

埃文埃文斯旅行社 Evan Evans Tours
TEL（020）79501777
URL evanevanstours.com

从温德米尔出发
迷你巴士 1 日游

1 天游遍湖区北部
十湖巡游

温德米尔出发~阿尔斯湖

从温德米尔的 ❶ 出发。如果事先预约，旅行社可到酒店接游客。从温德米尔向北，穿过柯克斯通山口并经过兄弟湖，10:45 左右到达湖区第二大湖阿尔斯湖。在湖边观赏风景后前往凯西克。

被誉为湖区最美丽的湖

德文特湖游船~午餐

经过华兹华斯度蜜月时住过的赖达尔酒店，去往凯西克。乘坐德文特湖游船后，有 1 小时的午餐时间。之后前往德文特湖西岸的惊喜观景点 Surprise View。从那里可以同时远眺德文特湖与巴森斯韦特湖。

在惊喜观景点观赏壮丽的景色

哈尼斯特山口~石圈

游览过德文特湖之后，前往巴特米尔。中途经过的哈尼斯特山口海拔 356 米，是湖区最险峻的山口之一。穿过山口，就是广阔的巴特米尔湖与克拉莫克湖。之后开始返程，去往凯西克郊外的卡斯尔里格石圈。参观远古人类的巨石遗迹。之后经由萨尔米尔湖，前往格拉斯米尔村。

哈尼斯特山口的最大坡度达 25 度

游览格拉斯米尔村

格拉斯米尔是华兹华斯  p.577 喜爱并因此而出名的村庄，给人感觉非常安逸。在这里有 20 分钟的自由活动时间。这里的莎拉 · 纳尔逊姜饼（→ p.404）很适合作为伴手礼，建议购买。最后返回温德米尔，可以在路上观赏格拉斯米尔湖与赖达尔湖的美景。

最后游览格拉斯米尔村

合作：雪羊旅行社（→ p.397）

从温德米尔出发
迷你巴士1日游

行驶于湖区西部的险峻山路之上!
超级冒险

出发~威利诺斯山口

从温德米尔的❶出发，翻过几个小山岭就到达，行驶时间约1小时。经过几个牧场海拔311米的威利诺斯山口。到达山顶后，可以停下来观赏壮丽的景色并进行茶歇。司机会为游客准备红茶和曲奇。可以在清风的吹拂下悠闲地享受大自然的美景。之后便沿着险峻的山路驶往山下。

威利诺斯山口是当地海拔最高的山口

哈德诺特山口~布特

汽车行驶在广阔的大地上

从威利诺斯山口沿狭窄且起伏很大的山路行驶30分钟左右。这段路最为险峻。游客一般都不会在这段路上睡着。经过山口后，在名为布特 Boot 的小村庄吃午饭。可以选择村庄里名为 Boot Inn 的小型 Pub。

雷文格拉斯–埃斯克河谷铁路

玩具一般的小火车十分可爱

午饭后，乘坐15英尺（约4.6米）轨距的小火车。有敞开式车厢，可360° 观赏沿途美景。从埃斯克河谷至阿顿路，行驶30分钟，能让乘车游客大饱眼福。

沃斯特湖

从阿顿路前往英格兰最深的湖泊——沃斯特湖。湖水深达79米。曾被英国电视节目评选为英国最佳风景之一。在此游览一段时间之后，继续前往芒卡斯特城堡。

具有吸引人的神秘色彩

芒卡斯特城堡

保持着中世纪风貌

芒卡斯特城堡有建于14世纪的美丽庭园。这里还设有以保护猫头鹰闻名的世界猫头鹰基金会 world Owl Trust。在此游览1小时后，经由科尼斯顿湖返回温德米尔。

合作：雪羊旅行社（→p.397）

探寻毕翠克丝·波特足迹的相关景点

毕翠克丝·波特 1866 年生于伦敦的一个富裕家庭，年少时曾与家人一同造访过湖区。当时波特饲养的一只兔子名叫彼得。如果读过波特的作品，可能就会意识到书中的插图背景就是尼尔索利村的景色。可以在游览湖区的过程中寻找插图中描绘的美景。

凯西克
德文特湖
可以看到绘本中风景的
圣赫伯特岛
波特喜爱的
莫斯埃克莱斯湖
曾属于波特的
塔恩豪斯
安布尔赛德
在彼得兔的世界中探险！
毕翠克丝·波特乐园
温德米尔
科尼斯顿
霍克斯黑德
鲍内斯
温德米尔湖
波特故居
山顶农庄

彼得兔迷向往的
毕翠克丝·波特乐园
The World of Beatrix Potter Attraction

鲍内斯　Map p.389 右下 1

可以在这里见到毕翠克丝·波特书中出现的角色以及故事场景，彼得兔迷们绝对不能错过。有介绍绘本背景、故事内容以及波特女士生平的显示屏。还有出售与故事角色相关物品的商店。

波特曾经的住所
希尔托普 *Hill Top*

尼尔索利　Map p.407 下

波特在此居住至 77 岁去世。房子里的客厅及卧室保持着波特生前的原貌，每个房间都有波特的绘本，可以在这里找到插图中的场景。

波特女士喜爱的散步路

莫斯埃克莱斯湖 *Moss Eccles Tarn*

科尼斯顿周边　Map p.385 A2

莫斯埃克莱斯湖是位于尼尔索利村与霍克斯黑德之间的一个面积不大的湖泊。波特把这里称为“我的湖”。

波特丈夫的律师事务所

毕翠克丝·波特美术馆 *Beatrix Potter Gallery*

霍克斯黑德　Map p.407 上

曾为毕翠克丝·波特丈夫的律师事务所，现在称为美术馆，由国民托管组织管理，展出波特的遗物及绘画手稿、照片。

曾属于波特的湖泊

塔恩豪斯 *Tarn Hows*

科尼斯顿周边　Map p.385 A2

塔恩豪斯曾出现在电影《波特小姐》中，这里有湖区屈指可数的美景。波特曾将这里买下。

眼前出现绘本中的风景

圣赫伯特岛 *St. Herbert's Island*

德文特湖　Map p.384 B2

圣赫伯特岛是凯西克以南德文特湖中心的一座小岛，彼得兔系列中的《小松鼠纳特金的故事》就发生在这里。

观光船停泊的霍斯安德 Hawes End 的景色与故事中描绘的几乎完全一致，有兴趣的话，可以把两者进行一下比较。

DATA

■毕翠克丝·波特乐园

住 Crag Brow，LA23 3BX

TEL（015394）88444

URL www.hop-skip-jump.com

开 夏季 10:00~17:30　冬季 10:00~16:30

休 1 月下旬 ~2 月上旬、12/25

费 £7.95

部分区域禁止使用闪光灯

■希尔托普

可乘坐从鲍内斯 3 号码头出发的小艇（主要在夏季开行）或乘坐从鲍内斯码头以南的渡口湿地出发的汽车渡轮（全年开行）去往渡口屋，然后换乘 525 路迷你巴士（主要在夏季开行），在希尔托普下车。

从霍克斯黑德乘坐 525 路巴士（主要在夏季开行），在希尔托普下车。如果步行前往，需要 1 小时。

✉ Near Sawrey，LA22 0LF　TEL（015394）36269

URL www.nationaltrust.org.uk

开 5/26~9/2 10:00~17:30

3 月下旬 ~5/24、9/3~10/28 10:30~16:30

2 月中旬 ~3 月下旬 10:30~15:30

商店与庭园除 12/24~ 次年 2/13 期间以外均正常营业。

休 2 月中旬 ~3 月下旬及 9/7~10/19 期间的周五、10/29~ 次年 2 月中旬　费 £10.90

因文物保护上的需要，对参观人数有限制。夏季游客较多，需在较早时段前往。

内部部分区域禁止拍照

■莫斯埃克莱斯湖

从尼尔索利村步行前往。至中心区域，往返需 2 小时 30 分钟 ~3 小时 30 分钟。

■毕翠克丝·波特美术馆

✉ Main St.，LA22 0NS　TEL（015394）36355

URL www.nationaltrust.org.uk　开 10:30~16:00

休 10/29~ 次年 2 月中旬　费 £6.50

内部禁止拍照

■塔恩豪斯

从科尼斯顿步行前往。至中心区域，往返需 3 小时 30 分钟 ~4 小时 30 分钟。

■圣赫伯特岛

乘坐德文特湖观光船（→ p.393），可以观赏岛的全貌。

详细导览

与浪漫主义诗人华兹华斯相关的景点巡游

著名的浪漫主义诗人威廉·华兹华斯（1770~1850年）☞p.577一生都居住在湖区，这里的自然风光对其作品产生了巨大的影响。

他的作品在当时的文学界引起了轰动，其魅力在于对事物本真的追求以及简洁的表达方式。这种写作形式的出现在当时具有划时代的意义。他是这样赞颂湖区的。

"所有人，只要拥有眼睛和心灵，就有权利来到这里分享这里的一切"。

科克茅斯
威廉与多萝西的出生地
华兹华斯故居
凯西克
华兹华斯喜爱的居所
赖达尔山
华兹华斯的工作地点
鸽舍
保存着诗人手稿
华兹华斯博物馆
格拉斯米尔
安布尔赛德
霍克斯黑德
华兹华斯青年时代在此学习
霍克斯黑德文法学校
温德米尔
鲍内斯

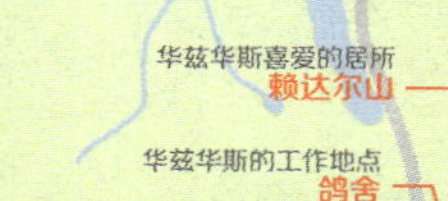

华兹华斯的一生

华兹华斯出生在科克茅斯的一个富裕家庭。他与一生都非常支持他的妹妹多萝西在科克茅斯、彭里斯、霍克斯黑德度过少年时期。进入剑桥大学圣约翰学院之后，在1790年暑假，他赴法国旅行，深受法国大革命的影响。之后，他搬到从前曾为Pub的一栋名为鸽舍的房子里居住，在那里迎来了创作的巅峰时期。与青梅竹马的玛丽结婚并生下孩子之后，便离开这里，搬到更大的房子居住。经过两次搬迁，华兹华斯最终定居赖达尔山，在那里度过了一生。他以及他的妻子玛丽、妹妹多萝西都被埋葬于格拉斯米尔的奥斯瓦尔德教堂墓地。

奥斯瓦尔德教堂墓地内是华兹华斯一家人的坟墓

创作出大量优秀作品的

鸽舍与华兹华斯博物馆

Dove Cottage & Wordsworth Museum

格拉斯米尔　Map p.404

该建筑最初为一家Pub，现在展出华兹华斯的护照、皮箱等遗物，游客可以通过这些展品来了解伟大诗人的日常生活。建筑内还设有华兹华斯博物馆，可以参观他的手稿及当时的绘画作品。鸽舍内有导游讲解（英语），可以在购买门票时询问导游讲解的开始时间。另外，听导游讲解，博物馆还会提供讲解资料（需归还），便于游客理解讲解的内容。当然也可以选择不跟随导游自行参观。

最终的居所

赖达尔山 Rydal Mount

安布尔赛德周边　Map p.405

位于安布尔赛德与格拉斯米尔之间的建筑。华兹华斯在 1813 年与家人一起搬到，直到最后去世，在这里一共居住了 37 年。建筑内有华兹华斯的遗物、肖像画以及他自己创作的绘画。晚年的很多作品，是他在阳台及地下室创作的。花园由他自己设计，反映出他对自然的保有的理念。建筑位于山坡之上，可以眺望赖达尔湖。

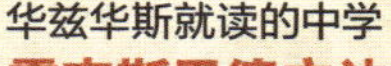

华兹华斯就读的中学

霍克斯黑德文法学校 Hawkshead Grammar School

霍克斯黑德　Map p.407 上

这座华兹华斯曾经就读的学校于 1585 年由约克大主教埃德温 · 桑迪斯 Edwin Sandys 建立。1 层教室内的书桌上有华兹华斯与弟弟刻的字。2 层有校长室与展览室。为了更好地保护建筑，即便对外开放时，这里也是大门紧闭，会让人感觉有些怪异。

橘黄色建筑

华兹华斯故居 Wordsworth House

科克茅斯　Map p.406

位于科克茅斯的华兹华斯出生之地。建筑为乔治王朝风格，华兹华斯与妹妹多萝西都出生在这里，展出华兹华斯的遗物并附有解说。仅在夏季时开放。

DATA

■鸽舍与华兹华斯博物馆

✉ Dove Cottage，LA22 9SH

TEL（015394）35544　URL wordsworth.org.uk

开 3~10 月 9:30~17:30　11 月 ~ 次年 2 月 9:30~16:30

休 12/24~ 次年 1/29

费 £8.95　学生 £7.25

禁止使用闪光灯

■赖达尔山

位于安布尔赛德与格拉斯米尔之间。乘坐 555 路、599 路巴士在赖达尔教堂 Rydal Church 下车。从巴士站沿坡路向上步行 200 米左右，位于路左侧。

✉ Rydal Mount，LA22 9LU

TEL（015394）33002

URL www.rydalmount.co.uk

开 3~10 月 9:30~17:00　11 · 12 · 2 月需要预约

休 1 月　费 £7.50　学生 £6.50　仅参观花园 £5

内部禁止拍照

■霍克斯黑德文法学校

✉ Hawkshead，LA22 0NT

TEL（015394）36735

URL www.hawksheadgrammar.org.uk

开 10:30~13:00、13:30~17:00

休 周日、10 月 ~ 次年 3 月

费 £2.50

■华兹华斯故居

✉ Main St.，CA13 9RX

TEL（01900）824805

URL www.nationaltrust.org.uk

开 11:00~17:00

休 周五、10/29~ 次年 3 月中旬

费 £7.90

内部禁止拍照

Town 湖区 Walk ①

华兹华斯终生最爱之地

格拉斯米尔

Grasmere

这里是华兹华斯p.577终其一生最喜爱的地方，也是他的长眠之地。位于鸽舍南侧桥头的奥斯瓦尔德教堂有华兹华斯以及他的妻子玛丽、妹妹多萝西的墓葬。教堂院内的紫杉是华兹华斯亲手栽种的。奥斯瓦尔德教堂至红狮子广场 Red Lion Sq. 的区域为小镇的中心，有很多纪念品商店。与游船众多并且盛行水上运动的温德米尔湖相比，隐藏于青山之间的格拉斯米尔湖显得格外寂静。如果有时间的话，可以沿着湖边步道散步。

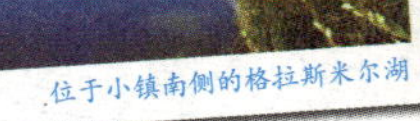
位于小镇南侧的格拉斯米尔湖

推荐线路

鸽舍
↓
华兹华斯博物馆
↓
奥斯瓦尔德教堂
↓
莎拉 · 纳尔逊姜饼

莎拉 · 纳尔逊姜饼
Sarah Nelson's Grasmere Gingerbread

华兹华斯也曾十分喜爱的著名甜品店，这里出售散发着生姜香味的姜饼（与面包相比，更接近红糖糕点）。1854 年开业，也是格拉斯米尔的著名景点。这种当地美食很适合作为伴手礼。

✉ Church Cottage，LA22 9SW
TEL（015394）35428
URL www.grasmeregingerbread.co.uk
开 复活节 ~9 月 9:15~17:30
（周日 12:30~17:30）
10 · 11 月、2 月中旬 ~ 复活节
9:15~17:00（周日 12:30~17:00）
12 月 ~ 次年 2 月中旬 9:15~16:30
（周日 12:30~16:30）
休 圣周五、12/24~26 C/C J M V

格拉斯米尔茶园
Grasmere Tea Gardens

位于罗塞河 River Rothay 畔的自助餐馆，坐在室外座位上，可以观赏旁边的奥斯瓦尔德教堂。很适合旅途中在此小憩，品尝一下美味的司康饼和蛋糕。用餐的话，这里只提供汤、三明治、帕尼尼等简单的食物。

✉ Stock Ln.，LA22 9SN TEL（015394）35590
开 夏季 10:00~16:30 冬季 10:00~16:00
休 无休 C/C J M V 店内有

赫迪
Herdy

赫迪是对湖区饲养的“赫德威克羊”的爱称。这种羊在毕翠克丝·波特等人的努力下才摆脱了灭绝的危机。这家店出售以赫迪为主题的马克杯、厨房用品等小商品，设计十分可爱。还有羊毛制成的围巾、包。部分营业收入会被捐献。

✉ College St.，LA22 9SZ　TEL（015394）35051
URL herdy.co.uk　开 10:00~17:30
休 12/25 · 26、1/1
C/C A M V

前往格拉斯米尔的方法

温德米尔及凯西克有 555 路、599 路巴士开行（时刻表→ p.395）。

奥斯瓦尔德教堂
St Oswald's Church

教堂建于小镇中心，华兹华斯及其家人都葬在这里，教堂也因此广为人知。最早建于此地的教堂出现在 7 世纪，之后经历了多次改扩建，发展成为现在的样子。华兹华斯的坟墓位于墓地的东侧。

鲍德里斯
Baldry's

位于红狮子酒店附近的小茶室。就红茶的种类而言，在格拉斯米尔当地没有其他店能超过这里。也提供餐食，有三明治等多种简餐。还有可供游客住宿的客房。

✉ Red Lion Sq.，LA22 9SP　TEL（015394）35301
URL www.baldryscottage.co.uk
开 10:00~17:00　休 无休　C/C M V
店内有

walk

追寻华兹华斯喜爱的风景

从格拉斯米尔前往赖达尔山

赖达尔湖南岸的步道分为平地与山丘两条线路。可按个人喜好，任选其一。

威廉 · 华兹华斯是一位浪漫主义诗人。他的居所鸽舍与赖达尔山之间有步道连接，而且线路多样。可以选择沿格拉斯米尔湖和赖达尔湖边的小路前行，仔细欣赏华兹华斯曾经赞颂过的湖区自然之美。

首先，走到鸽舍后，向右朝湖的方向前行。走过格拉斯米尔湖后，跨过一条小河，继续向赖达尔湖前行。此后，在中途会遇到岔路，走任意一条都能到达赖达尔山。在赖达尔山前，有巴士经过。

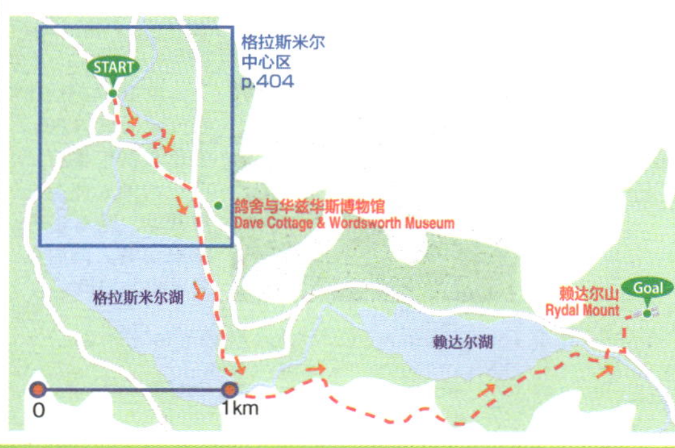

沿小河边的道路从格拉斯米尔湖去往赖达尔湖。中途要穿过树林，所以应注意沿途的路标，不要迷路。

线路详情

起点：格拉斯米尔
往返所需时间：1.5~2.5小时
总长度：5公里
落差：小

湖区北部的商业城市 科克茅斯 Cockermouth

科克茅斯位于凯西克西北 13 公里处的德文特河畔，华兹华斯☞ p.577就诞生在这里。科克茅斯的地名来自科克河。早在罗马时代，这里就已经有了城市，到了中世纪，又出现了市场，城市获得了巨大的发展。

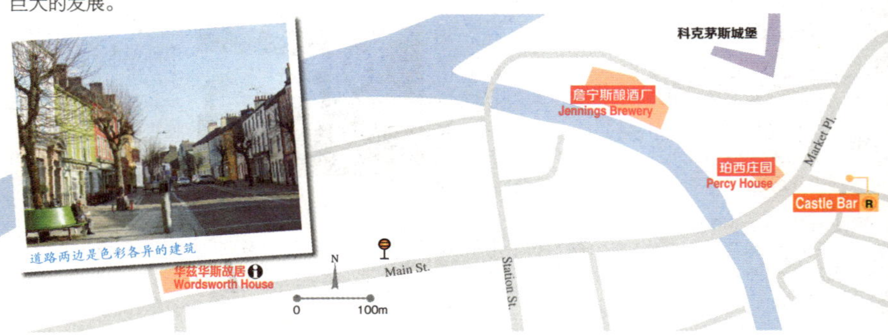

道路两边是色彩各异的建筑

詹宁斯酿酒厂
Jennings Brewery

1828 年由约翰 · 詹宁斯创立的啤酒厂。在湖区及兰开夏郡的 Pub 里备受推崇的坎伯兰艾尔啤酒 Cumberland Ale 就产自这里。酿酒厂有时会举办参观工厂的团体游，游客可以借此机会了解传统的啤酒酿造工艺。还可以品尝仅在这里才能喝到的独创艾尔啤酒。酿酒厂的商店里接受团体游报名。

在团体游的最后可在酒厂的 Pub 里试饮

✉ The Castle Brewery，CA13 9NE
TEL（01900）820362
URL www.jenningsbrewery.co.uk
开 3~10 月的周三 ~ 周六 13:30
11 · 12 · 2 月的周四 ~ 周六 13:30
休 3~10 月的周日 ~ 下周二、11 · 12 · 2 月的周日 ~ 下周三、1 月
费 £9.50

■前往科克茅斯的方法
从凯西克乘坐 X4、X5 路巴士（时刻表→ p.395）

珀西庄园
Percy House

2 层天花板的石膏装饰

之前认为这座建筑是 1598 年由诺森伯兰公爵亨利 · 珀西修建，但是随着研究的深入，现在认为其历史可以追溯至 14 世纪。内部现为画廊，2 层的房梁据说是最初修建房屋时的原物。

✉ 38~42 Market Pl.，CA13 9NG
TEL（01900）829667
URL www.percyhouse.co.uk
开 10:00~17:00 休 周日、12/25~27 费 免费

卡斯尔酒吧
The Castle Bar

由 16 世纪的建筑改建而成的 Pub。常年提供包括詹宁斯在内的 6 种当地产啤酒。还有多种酒吧简餐。最后点餐时间为 21:00。

✉ 14 Market Pl.，CA13 9NQ TEL 07765696679（手机）
URL www.cockermouth.org.uk/castlebar
开 11:00~23:00（周五 · 周六 ~24:00、周日 12:00~23:00）
休 无休 CC M V 无

湖区 主要景点

与波特和华兹华斯有关的 湖区小镇

霍克斯黑德

Map p.385A2

Hawkshead

位于温德米尔湖与科尼斯顿湖之间的小镇。从巴士站沿主街 Main St. 向北前行一段，路右侧就是毕翠克丝·波特美术馆。华兹华斯就读的学校位于小镇的南侧。

彼得兔故事的发生地 湖区小镇

尼尔索利

Map p.385A2

Near Sawrey

出现在《鸭妈妈杰米玛的故事》中的旅馆

毕翠克丝·波特的居所希尔托普所在的尼尔索利是全世界的彼得兔迷们经常造访的地方。包括希尔托普在内，小镇上很多建筑都出现在波特所画的插图中，至今保存完好，看上去简直跟插图中的场景一模一样。当地很多酒店及 Pub 就是在这样的建筑中经营。希尔托普→p.400 对参观人数有限制，所以最好选择早一些的时段前往。

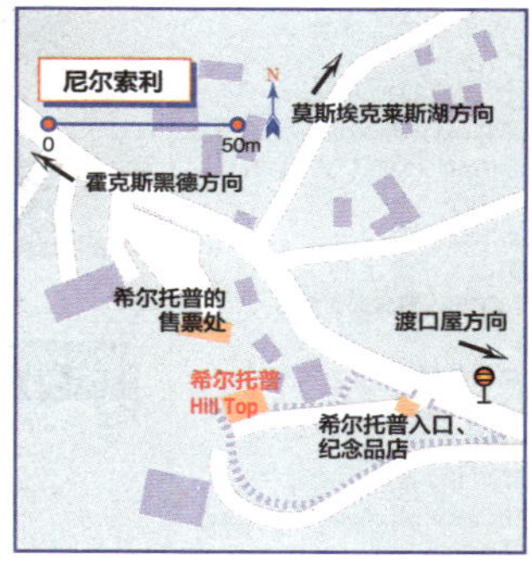

保护美丽自然与文化遗产

何为国民托管组织？

在英国旅行，经常能听到“国民托管组织 National Trust”这个词。国民托管组织是创立于 1895 年的民间非营利团体，其功能为文化保护协会，保护英国的历史建筑、风景优美的庭园以及国家公园。现在，有包括历史建筑、传统英式庭园、自然保护区、工业遗址在内的 350 多个地点由该组织负责保护、运营。会员数超过 390 万，其中包括海外会员。

国民托管组织与众不同之处在于，并非把历史遗迹简单地变成博物馆，而是将其作为酒店、咖啡馆等设施来经营，通过这种方式来达到保护的目的。例如，贵族们曾经居住的庄园宅邸以及中世纪存续至今的酿酒厂等设施，都被当作“活着的遗产”加以保护。

本书介绍的位于湖区的建筑及自然，有很多都由国民托管组织管理。国民托管组织的创始人之一卡农·罗恩斯利就是居住在湖区的一位牧师。《彼得兔》作者毕翠克丝·波特 p.576 用自己出版绘本的收入在湖区购买了土地，并将这些土地交给国民托管组织管理，条件是保持这些土地的原貌。这里所说的原貌，包括 15 个农场、16.19 平方公里的土地以及多个村舍。波特希望保持原貌，就是因为她想让这片她终生挚爱的自然环境免遭破坏。依靠这些保护措施，百年之后的湖区仍然保持着过去的美丽，没有丝毫变化。国民托管组织管理的湖区文化遗产还有位于彭赞斯的圣迈克尔山以及位于约克郡河谷的方廷斯修道院等。

■卡斯尔里格石圈

从凯西克城区步行30分钟左右可至。包括参观，全程大概需要2小时。有巴士可至（仅有周六的73A路），但车次非常少。

开全天候 休无休 费免费

神秘的石圈

山丘之上的石圈

卡斯尔里格石圈

Map p.384 B2

Castlerigg Stone Circle

凯西克

卡斯尔里格是由48块卵形岩石组成的石圈。比巨石阵规模要小一些。据推测，这个石圈建于距今3000~4000年前的斯基多山 Skiddaw 与赫尔韦林山 Helvellyn 之间的山丘上。

■凯西克博物馆

✉ Fitz Pk., Station Rd., CA12 4NF

TEL（017687）73263

URL keswickmuseum.org.uk

开10:00~16:00（入场截至15:30）

休12/24~27、1/1~3

费£4.50 学生£3

馆内部分区域禁止拍照

了解凯西克的工业及文化

凯西克博物馆

Map p.391 B1

Keswick Museum

凯西克

维多利亚女王曾经演奏过的音乐石

收藏维多利亚时期凯西克的历史、文化相关文物以及湖区美术作品的博物馆，这也是湖区历史最悠久的博物馆。介绍湖区成为旅游景区200年来的历史及发展过程。

■铅笔博物馆

✉ Southey Works, CA12 5NG

TEL（017687）73626

URL www.pencilmuseum.co.uk

开9:30~17:00

休12/25、26、1/1

费£4.95 学生£4.50

快速了解铅笔的历史

铅笔博物馆

Map p.391 A1

Pencil Museum

凯西克

坐落于凯西克的德文特铅笔公司的博物馆，这家公司在150年前就开始生产铅笔了。可以参观铅笔的生产过程以及比较稀有的铅笔。最引人注目的是"世界最长的铅笔"。馆内还有纪念品商店，可以在里边发现一些比较少见的铅笔。

walk

轻松步行并观赏美景

从安布尔赛德前往詹金斯峭壁

安布尔赛德最好的观景点是詹金斯峭壁。前往时从安布尔赛德南侧的沃特黑德出发。穿过草地后，有延绵于树林之中的小路，树木非常茂盛，只有詹金斯峭壁周围没有树木，在峭壁上可以远眺温德米尔湖。风景非常美，但岩石表面比较滑，需要格外注意。

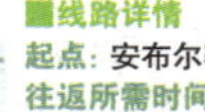

■线路详情

起点：安布尔赛德

往返所需时间：30分钟

总长度：1公里

落差：小

在詹金斯峭壁观景

从沃特黑德开始路边设有路标，可按指示前行

酒店
Hotel

雪松庄园
Cedar Manor

Recommended 温德米尔

◆**绿树环绕下的庄园** 这座庄园建于1854年，名字的由来是院子中的一棵大雪松。客房使用了传统的英式装修风格，家具全部都是当地手工制作。庄园内并设的酒吧氛围也特别好。

餐馆 获得过AA玫瑰奖，使用时令鲜蔬烹制的菜肴十分美味。3品套餐的价格是£45（需要预约）。住客以外的食客在这里吃早餐需要支付£15。

庄园 10间 Map p.389 上A1

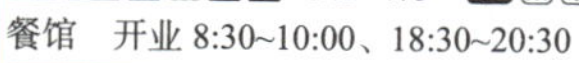

所有房间 所有房间 所有房间 部分房间 免费 免费

✉ Ambleside Rd., LA23 1AX
TEL (015394) 43192
URL www.cedarmanor.co.uk
S W £145~475 C/C M V
餐馆 开业8:30~10:00、18:30~20:30

伍德兰兹旅馆
The Woodlands

温德米尔

◆客房的装修风格每间都各有不同，有些是古典风格，有些是大都市风。早餐室采光特别好很舒服，公共区域也很宽敞。

旅馆 14间 Map p.389 上B3

所有房间 所有房间 所有房间 无 免费 免费

✉ New Rd., LA23 2EE
TEL (015394) 43915
URL www.woodlands-windermere.co.uk
S W £110~ C/C A J M V

圣约翰山林小屋旅馆
St John's Lodge

温德米尔

◆无论是寝具、装饰品，还是房间内各类用品选用的是非常考究的物品，客房的设计也特别用心，总体上可以说，这里是一家非常高级的民宿。早餐共有25种可供挑选，还曾经获得过最佳早餐奖。

民宿 10间 Map p.389 左下

所有房间 所有房间 所有房间 所有房间 免费 免费

✉ Lake Rd., LA23 2EQ
TEL 07827941669 URL hotelinwindermere. net
S W £85~160
C/C A D J M V

林德霍伊酒店
Lindeth Howe

Recommended 鲍内斯近郊

◆**毕翠克丝·波特最喜欢的地方** 从鲍内斯码头步行15分钟可以到达这家酒店。这栋乡村大宅的四周被绿色的植被所环绕。此外，这里还是毕翠克丝·波特母亲的居所，也是她最喜欢的一处居所。健身房、桑拿房、游泳池等设施也比较齐全。必须要入住2晚以上才能预订周末的房间。

餐馆 使用当地的食材烹制美食。14:00~17:00期间的下午茶是£19.95。

高档 34间 Map p.389 左下

所有房间 所有房间 所有房间 前台 免费 免费

✉ Lindeth Drive, Longtail Hill, LA23 3JF
TEL (015394) 45759 URL www.lindeth-howe.co.uk S £74.80~
W £83.60~ C/C A J M V
餐馆 开12:00~21:00

安布尔赛德青年旅舍
YHA Ambleside

沃特黑德

◆面朝栈桥而建的青年旅舍，风景超赞。内设餐馆、酒吧，有汉堡、比萨等简餐。公共洗衣房，洗衣服£2，烘干£1。早餐£6.25。

青年旅舍 64间 Map p.390 右

无 无 无 无 免费 一楼部分区域免费

住 Waterhead, LA22 0EU
TEL (015394) 32304 URL www.yha.org.uk
D £13~ S £25~
W £29~ C/C J M V

野猪酒店 Recommended

The Wild Boar 鲍内斯近郊

高档 34 间 Map p.385 B2

TV 所有房间 | 吹风机 所有房间 | 水壶 所有房间 | 保险箱 无 | 停车 免费 | Wi-Fi 免费

◆**拥有啤酒酿造厂的酒店** 酒店位于鲍内斯城以东 5 公里的地方。因为跟城区隔了一些距离，所以有着不一样的景观，四周围都在大自然的包围之下，环境优雅舒适、占地面积广阔，特别适合散步疗养。酒店内并设的餐馆味道不错，有很多旅游团的团餐都安排在这里。

餐馆 可以品尝到自酿啤酒、在熏制小屋内熏制的三文鱼等手工制作的美食。酒吧有 150 种以上的威士忌可供选择。

✉ Crook Rd.，LA23 3NF

TEL（015394）45225 URL englishlakes.co.uk

S £103~

W £118~ C/C A M V

餐馆 开 12:00~14:00（周日 12:30~14:30）18:30~21:00（周五 · 周六 18:00~21:00）

沃特黑德酒店

The Waterhead Hotel 沃特黑德

高档 44 间 Map p.390 右

TV 所有房间 | 吹风机 所有房间 | 水壶 所有房间 | 保险箱 前台 | 停车 免费 | Wi-Fi 免费

◆**特适合眺望温德米尔湖美景的酒店** 建于沃特黑德最大地段的酒店，就位于码头的正前方。客房的装修整洁大方，家具也很讲究。从大多数的客房都可以观湖景。曾经入选坎布里亚郡最佳酒店。

餐馆 英国菜餐馆、烧烤酒吧并设。坎布里亚牛排的价格 £24~。

✉ Ambleside，LA 22 0ER

TEL（015394）33773 URL englishlakes.co.uk

S £128~

W £142~350 C/C A J M V

餐馆 开 19:00~21:30

老果园 B&B

Elder Grove Bed & Breakfast 安布尔赛德

B&B 10 间 Map p.385 A1

TV 所有房间 | 吹风机 所有房间 | 水壶 所有房间 | 保险箱 无 | 停车 免费 | Wi-Fi 免费

◆从中心城区沿着莱克路向南前行很快可以在路的右侧看到这家 B&B。这里曾经获得过很多奖项，每间客房装修各异，整洁而干净。使用当地产食材烹制的早餐也是这里的特色之一。

✉ Lake Rd.，LA220DB TEL（015394）32504 URL www.eldergrove.co.uk

S £53~ W £106~

C/C J M V

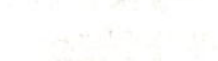

华兹华斯别墅酒店

The Wordsworth Hotel & Spa 格拉斯米尔

高档 39 间 Map p.404

TV 所有房间 | 吹风机 所有房间 | 水壶 所有房间 | 保险箱 无 | 停车 免费 | Wi-Fi 免费

◆**优雅的环境、充实的设施** 这里是湖区比较有代表性的一家酒店，既拥有古典的外观，又拥有 2 家餐馆、室内泳池、桑拿房、按摩浴缸等充实的 SPA 设施。

✉ Gresmere，LA22 9SW

TEL（015394）35592

URL thewordsworthhotel.co.uk

S £118~

W £168~ C/C A M V

格拉斯米尔青年旅舍

YHA Grasmere Butharlyp How 格拉斯米尔

青年旅舍 20 间 Map p.404

TV 无 | 吹风机 无 | 水壶 无 | 保险箱 无 | 停车 免费 | Wi-Fi 前台附近免费

◆沿着巴士站前的道路 Easedale Rd. 前行 150 米，看到青年旅舍的看板后右转道路的尽头便是了。这家青年旅舍所在的建筑是一栋维多利亚风格的石造房屋，四周围被绿色的植被所环绕。

✉ Easedale Rd.，LA22 9QG

TEL 0345 3719319 URL www.yha.org.uk

S £13~

W £29~ C/C M V

餐馆
Restaurant

老邮票之家
The Old Stamp House 安布尔赛德

◆这家餐馆的主厨莱昂，曾经获得过坎布里亚郡最优秀厨师长的称号，擅长使用当地食材烹制美味料理。餐馆所在的建筑过去曾经是出售邮票的店铺，华兹华斯曾经在这里工作，工作的内容是分配邮票。用餐费用参考：主菜 £30~（酒水单算），午餐套餐 2 品 £20，3 品 £25。

英国菜 Map p.390 左

✉ Church St.，LA22 0BU
TEL（015394）32775
URL www.oldstamphouse.com
开 12:30~14:00 18:00~21:00
休 周二只限午餐、周日 · 周一
C/C M V
无信号

弗朗西斯咖啡屋 & 餐馆
Francine's Coffee House & Restaurant 温德米尔

◆这家餐馆的海鲜备受好评，尤其是三文鱼、牡蛎等适合使用地中海料理烹饪方法的食材非常值得推荐。套餐的价格是 2 品 £16.95，3 品 £19.95。菜谱上除了海鲜之外也有不少其他菜肴，门外的黑板上写有每天更替的菜肴。晚餐最晚的下单时间是 21:00。

海鲜 Map p.389 上 C2

✉ 27 Main Rd.，LA23 1DX
TEL（015394）44088
URL www.francinesrestaurantwindermere.co.uk
开 18:00~23:00
休 周一
C/C M V 无信号

金山餐馆
Golden Moutain 温德米尔

◆温德米尔的中餐馆。菜谱上共有 300 多种菜式，有粤菜、川菜，还有素菜。这里的鸭类菜肴很受欢迎，共有 17 种。菜品的价格是 £6.5~，套餐有双人餐 £30.50~ 和多人餐。

中餐 Map p.389 上 B1

✉ 7 Victoria St.，LA 23 1EA
TEL（015394）43429
开 17:00~23:30
（周五 · 周六 17:00~24:00）
休 周一、1 月
C/C J M V
无信号

航船餐馆
The Ship Inn 鲍内斯

◆从 ❶ 出发，沿着湖畔的 Glebe Rd. 大约步行 3 分钟便可到达这家餐馆。店内十分宽敞，每逢有足球比赛的日子，店内的巨幕前都会聚集着许多球迷。牛排、比萨、海鲜等菜肴品种也很丰富。餐食最晚的下单时间是 21:00。

Pub Map p.389 右下 2

✉ Wheelhouse Centre，Glebe Rd.，LA23 3HE
TEL（015394）45001
URL www.shiponnbowness.com
开 10:30~23:00
休 无休
无信号

点灯人餐馆
The Lamplighter Dining-Rooms 温特米尔

◆这里共分成餐馆和酒吧两个部分。在餐馆里可以享受正宗的英式晚餐，主菜的价格在 £16.95~36。酒吧里可以吃午餐，提供鱼和薯条、馅饼等食物，价格大约在 £7.95。

酒吧 英国菜 Map p.389 上 B1

✉ High St.，LA23 1AF
TEL（015394）43547
URL www.lamplighterdiningrooms.com
开 餐馆 17:00~23:00（周日 12:00~23:00）
酒吧 8:00~23:00
休 无休 C/C M V
无信号

露西餐吧
Lucy's 安布尔赛德

◆这里是当地比较受欢迎的一家咖啡餐吧。食材主要选用当地自产自销的为主，菜肴除了英国菜之外，还有来自世界各地的口味。主菜的价格在 £15.95~18.95，在温德米尔郊外的 Staveley 还有经营着一家烹饪学校，提供一日体验的项目。

咖啡馆 创作美食 Map p.390 左

✉ Church St.，LA22 0BU
TEL（015394）32288
URL www.lucysofambleside.co.uk
开 17:00~21:30
（周六、周日 11:00~21:30）
休 12/25 · 26 C/C M V
店内有信号

古罗马人的遗迹

哈德良长城
Hadrian's Wall

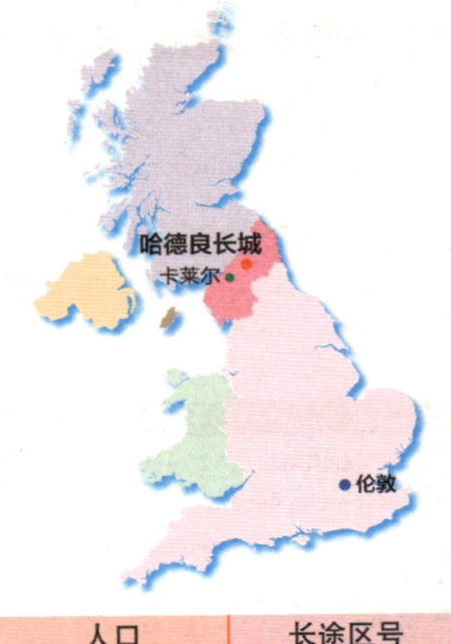

人口	长途区号
2200 人	01434（赫克瑟姆）

诺森伯兰郡等
Northumberland

豪塞斯特兹的城墙遗址

已被列入世界遗产名录的哈德良长城是英格兰现存的规模最大的罗马遗迹。为了抵御北方的皮克特人及斯科特人的入侵，罗马帝国于 122~126 年在这里建起了城墙，东至纽卡斯尔，西至索尔韦湾 Solway Firth，全长 117 公里。但是，随着罗马帝国的国力衰落，在 5 世纪时，这里便被遗弃。

切斯特斯罗马要塞的罗马浴场遗址

哈德良长城 起点城市

从卡莱尔、赫克瑟姆以及泰恩河畔纽卡斯尔 p.418 出发游览长城，均可当天往返。如果打算乘泰恩河谷线 Tyne-Valley Line 列车前往，则从赫克瑟姆或霍特惠斯尔出发会比较方便。

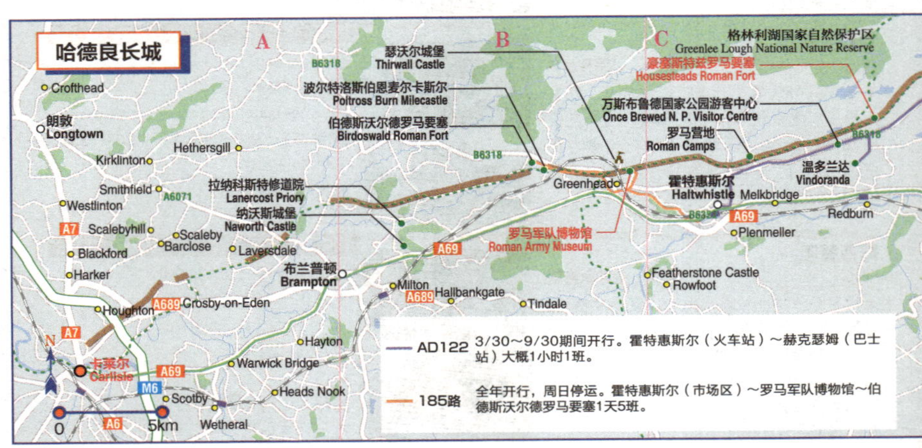

起点城市

卡莱尔
Carlisle

距离苏格兰与英格兰的边境线很近，过去曾被称为边境之城 The Border City。位于哈德良长城的最西端，是防御北方的皮克特人和斯科特人入侵的重要军事据点。火车站附近的要塞 Citadel 及卡莱尔城堡 Carlisle Castle 等雄伟的建筑，表明了这里曾为边境重镇。

游览方法 市中心位于市场区 Market Pl.。从那里到卡莱尔城堡的区域为闹市区，而且有很多景点。

交通信息 从市中心步行可至火车站和巴士站。卡莱尔站有多趟观光列车出发，是铁路迷们非常向往的地方。

酒店 酒店大多在火车站附近，邮局所在的沃里克路 Warwick Rd. 上有几家 B&B。

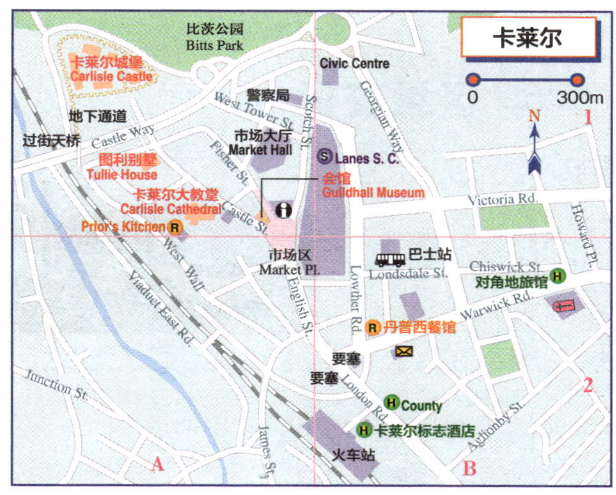

Access Guide
卡莱尔

从伦敦出发

用时：3 小时 20 分钟～4 小时 20 分钟

周一～周五 从尤斯顿站乘车，5:31~19:30 期间 1 小时 1~2 班

周六 6:05~18:30 期间 1 小时 1~2 班

周日 8:45~19:28 期间 1 小时 1 班

所需时间：6 小时 45 分钟～9 小时 10 分钟

每天 8:00 11:30 22:30

格拉斯哥出发

所需时间：1 小时 10 分钟～2 小时 30 分钟

周一～周五 从中央站乘车，4:28~21:26 期间 1 小时 1~3 班

周六 4:26~18:40 期间 1 小时 1~3 班 20:10

周日 9:38~20:08 期间 1 小时 1~3 班

从泰恩河畔纽卡斯尔出发

所需时间：约 1 小时 30 分钟

周一～周六 6:46（周六 6:30）8:24~19:25 期间大概 1 小时 1 班 21:18

周日 9:10~18:10 期间 1 小时 1 班 20:15

卡莱尔
Tourist Information Centre

Map p.413 上 A1

✉ Old Town Hall, Green Market, CA3 8JE

TEL（01228）598596

URL www.discovercarlisle.co.uk

开 3~6 · 9 · 10 月 9:30~17:00
7 · 8 月 9:30~17:30
5~8 月的周日 · 法定节假日 10:30~16:00
11 月～次年 2 月 10:00~16:00

休 9 月～次年 4 月的周日

卡莱尔的景点

卡莱尔城堡➡ p.416
卡莱尔大教堂➡ p.416
图利别墅➡ p.416
会馆➡ p.416

Access Guide
赫克瑟姆

从卡莱尔出发

所需时间：约 50 分钟

周一~周五 6:28~19:41 期间 1 小时 1 班 21:28

周六 6:25~19:41 期间 1 小时 1 班 21:28

周日 9:01~20:15 期间 1 小时 1 班

所需时间：约 1 小时 20 分钟

每天 乘坐 685、85 路巴士（时刻表→ p.414）

从泰恩河畔纽卡斯尔出发

所需时间：30~45 分钟

周一~周五 6:46~22:35 期间 1 小时 1~2 班

周六 6:30~21:18 期间 1 小时 1~3 班

周日 9:10~18:10 期间 1 小时 1 班 20:15

赫克瑟姆 Tourist Information Centre

Map p.414

✉ Beaumont St.，NE46 3LS

TEL（01670）620450

URL www.visitnorthumberland.com

开 4~10 月 10:00~17:00（周日 10:00~16:00）

11 月～次年 3 月 10:00~16:30

休 11 月～次年 3 月的周日

起点城市

赫克瑟姆 Hexam

位于泰恩河畔的赫克瑟姆，源自 7 世纪时约克大主教修建的修道院。中世纪时为重要的商业城市，在 15 世纪的玫瑰战争中，这里反复陷入战乱。现在人口 1 万 2000 人，是游览哈德良长城的起点城市。

游览方法 城市的面积很小，以市场区 Market Pl. 为中心，步行游览全城也只需要 1 小时左右。

酒店 市中心酒店及 B&B 都很少，夏季需提前订房。

哈德良长城 区域交通

铁路

连接泰恩河畔纽卡斯尔与卡莱尔的坦菲尔德铁路，列车班次很多，便于乘坐，但距离长城较远。

开往哈德良长城的 AD122 路巴士

巴士

如果打算游览长城，选择在复活节至 9 月开行的 AD122 路巴士最为方便。其他时间，乘巴士可至的景点只有罗马军队博物馆。

巴士线路号	详细线路・车次
AD122 仅在3/30~9/30期间开行	**霍特惠斯尔（火车站）→罗马军队博物馆→温多兰达→豪塞斯特兹罗马要塞→切斯特斯罗马要塞→赫克瑟姆（火车站）→赫克瑟姆（巴士站）** 霍特惠斯尔（火车站）出发 每天9:08 10:08 11:08 12:08 13:08（豪塞斯特兹停车）15:08 16:08 17:08 赫克瑟姆（巴士站）出发 每天9:10 10:10 11:10 12:10 13:10（温多兰达停车）15:10 16:10 17:10
185 周日停运	**霍特惠斯尔→罗马军队博物馆→伯德斯沃尔德罗马要塞** 霍特惠斯尔出发（市场区）9:35 9:52 11:32 14:35 15:12 罗马军队博物馆出发开往霍特惠斯尔10:41 12:24 14:10 16:00 伯德沃尔德罗马要塞出发10:22 12:05 15:45
685	**卡莱尔→霍特惠斯尔→赫克瑟姆（巴士站）** **※基本上所有车次都直达纽卡斯尔** 卡莱尔出发 6:05（周六 6:20）~20:25 期间每隔 1 小时发车（周日 9:05~17:05 期间每隔 2 小时发车） 赫克瑟姆出发 6:26（周六 6:36）~20:46 期间每隔 1 小时发车（周日 10:34~18:34 期间每隔 2 小时发车）
X84/X85 周日停运	**赫克瑟姆（巴士站）→泰恩河畔纽卡斯尔** 赫克瑟姆出发6:35（周六7:40）~17:50期间每隔30分钟左右发车 纽卡斯尔出发7:25（周六8:40）~18:50期间每隔30分钟左右发车

保存至今的古罗马遗迹

哈德良长城 *Hadrian's Wall*

建于第14代罗马皇帝哈德良时期，全长约117公里。统治不列颠岛达1个世纪的罗马帝国为抵御皮克特人的入侵而修建。罗马士兵在5世纪时从这里撤走，现在仍有部分城墙残存，在豪塞斯特兹、切斯特斯保留有遗址。

豪塞斯特兹罗马要塞
Housesteads Roman Fort

哈德良长城中，目前保存状态最好、能看出往日风貌的是豪塞斯特兹的城墙。绿色的田园风光与绵延不断的城墙交相辉映，由此构成了美丽的图画。除了城墙，还有厕所及石结构的医院等遗迹，可以通过这些残留的建筑来想象当时的士兵（大部分是从罗马帝国本土被派到这里戍边的士兵）。

切斯特斯罗马要塞
Chesters Roman Fort

罗马士兵浴场遗址

没有像豪塞斯特兹那样，保存着延绵的城墙遗迹，但是有驻守此地的士兵们的浴场遗址，包括桑拿浴、大浴池等设施。博物馆内展出雕刻及当时的生活用具。

罗马军队博物馆
The Roman Army Museum

游览之前在此了解一下历史

以诺森伯兰的罗马驻军日常生活为主题的博物馆。有复原的罗马军事设施及罗马士兵人像。还有十分逼真的3D影像。

DATA

■豪塞斯特兹罗马要塞
🚌 夏季AD122路巴士经停遗址，冬季公共交通工具停运
✉ Haydon Bridge，NE47 6NN
TEL（01434）344363
URL www.english-heritage.org.uk
开 4~9月 10:00~18:00　10月 10:00~17:00
11月～次年3月 10:00~16:00
※ 入场截至关门前45分钟
休 1/1、12/24~26　费 £7.80　学生 £7

■切斯特斯罗马要塞
🚌 夏季AD122路巴士经停遗址，冬季公共交通工具停运
✉ Chollerford，NE46 4EU
TEL（01434）681379　URL www.english-heritage.org.uk
开 4~9月 10:00~18:00　10月 10:00~17:00
11月～次年3月 10:00~16:00
※ 入场截至关门前30分钟
休 11月～次年3月的周一～周五、1/1、12/24~26
费 £7　学生 £6.30

■罗马军队博物馆
🚌 185路巴士经停博物馆
✉ Greenhead，Brampton CA8 7JB
TEL（01697）747485　URL www.vindolanda.com
开 4~9月 10:00~18:00
11/1~次年1/1 10:00~16:00
2月上旬~3月 · 10月 10:00~17:00
※ 入场截至关门前1小时
休 冬季的周一～周五、12/25、1/2~2月上旬
费 £5.75　学生 £5　内部禁止拍照

罗马人建立的军事要塞

卡莱尔城堡

Map p.413 A1

Carlisle Castle

卡莱尔

英国被包围次数最多的要塞

矗立于绿色草坪之中的卡莱尔城堡非常挺拔。城堡建于1092年，但在此之前就已经有凯尔特人及罗马人的要塞。凯尔特人到达这里后，把这里称为卡尔鲁埃尔 Caer Luel（山丘要塞），卡莱尔的地名就起源于此。城堡中有边境部队博物馆，这里有介绍卡莱尔的历史。通往城堡的地道内，装饰着艺术品。

花窗玻璃非常壮观

卡莱尔大教堂

Map p.413 上 A1

Carlisle Cathedral

卡莱尔

建于8世纪，1122年毁于火灾，之后经过重建。不仅外观雄伟，室内东侧的14世纪的花窗玻璃也非常壮观。大教堂地下有珍宝库，按照年代分类，展出过去曾经使用过的餐具、雕像等文物。还有由过去的食堂改建而成的餐馆。

建于7世纪的

赫克瑟姆修道院

Map p.414

Hexham Abbey

赫克瑟姆

位于城镇中心

7世纪时，诺森布里亚女王将此地赠与约克大主教圣威尔福德。之后经过多次改扩建，成了人们祈祷的场所。教堂地下有7世纪的建筑遗迹。

■卡莱尔城堡（边境部队博物馆）

从城堡路下面的地下通道或者过街天桥进入。进入城堡后继续前行，左边红褐色的墙壁上有牌子。

✉ Castle Way，CA3 8UR
TEL（01228）591922
URL www.english-heritage.org.uk
开 4~9月 10:00~18:00
10月 10:00~17:00
11月～次年3月 10:00~16:00
休 11/5~2/10 以及 2/23~3/31 的周一～周五、1/1、12/24~26
费 £7.20 学生 £6.50

■卡莱尔大教堂

✉ 7 The Abbey，CA3 8TZ
TEL（01228）548151
URL www.carlislecathedral.org.uk
开 7:30~18:15（周日～17:00）
休 无休 费 欢迎捐款 拍照 £2

●院长厨房（餐馆）
提供午餐及下午茶
TEL（01228）543251
开 9:00~15:30 休 周日

●珍宝库
开 10:00~17:00
休 无休 费 £1

东侧的花窗玻璃，上半部分为14世纪的玻璃，下半部分为19世纪的玻璃

■赫克瑟姆修道院

✉ Beaumont St.，NE46 3NB
TEL（01434）602031
URL www.hexhamabbey.org.uk
开 9:00~17:00（周日 10:00~16:00） 休 12/25 费 欢迎捐款
禁止使用闪光灯

卡莱尔

图利别墅

Tullie House

馆内展品可以帮助参观者了解英格兰与苏格兰历史上的恩恩怨怨。1层为艺术展厅，2层为罗马相关展厅。老图利别墅展出19世纪的绘画、陶瓷及服装。

Map p.413 上 A1 ✉ Castle St.，CA3 8TP
TEL（01228）618718 URL www.tulliehouse.co.uk
开 4~10月 10:00~17:00（周日 11:00~17:00）
11月～次年3月 10:00~16:00（周日 12:00~16:00）
休 1/1、12/25 · 26 费 £6.50 禁止使用闪光灯

卡莱尔

会馆

Guildhall Museum

在市场区闲逛，能见到白墙红砖的古朴建筑。这是一座建于1407年的建筑。会馆是中世纪行会的所在地。内部陈列着当时的手工业者制造的物品以及经商用具。

Map p.413 上 A1 ✉ Fisher St.，CA3 8JE
TEL（01228）618718（图利别墅办公室）
URL www.tulliehouse.co.uk
开 5/4~8/31 的周四 12:00~16:30 休 5/4~8/31 的周五～下周三、9/1~次年 5/3 费 免费

酒店 & 餐馆
Hotel & Restaurant

卡莱尔标志酒店
Hallmark Hotel Carlisle 卡莱尔

◆酒店位于卡莱尔车站附近。内部装修是维多利亚王朝风格的奢华风格。在餐馆里可以品尝到使用当地新鲜食材烹制的美味菜肴。

中档 70 间 Map p.413 上 B2

所有房间 所有房间 所有房间 部分 付费 免费

✉ Court Sq., CA1 1QY
TEL 0330 0283401 FAX (01228) 547799
URL www.hallmarkhotels.co.uk
S £65~ W £75~
C/C A M V

对角地旅馆
Cornerways 卡莱尔

◆这里距离市中心步行仅需 5 分钟，由于周边都是住宅区，因此特别安静。电视休闲区摆放着大大的沙发，非常舒适，可以在这里放松一下，缓解旅途的疲劳。

旅馆 10 间 Map p.413 上 B2

所有房间 所有房间 所有房间 无 免费 免费

✉ 107 Warwick Rd., CA1 1EA
TEL (01228) 521733 URL www.cornerwaysbandb.co.uk S £43.20~
S £56.30 W £54~
W £63~ C/C A M V

贝蒙特酒店
Baeumont Hotel 赫克瑟姆

◆酒店位于市中心的位置，透过客房的玻璃窗可以眺望赫克瑟姆修道院的全景。酒店内并设餐馆和酒吧。

高档 34 间 Map p.414

所有房间 所有房间 所有房间 所有房间 免费 免费

✉ Beaumont St., NE46 3LT
TEL (01434) 602331
FAX (01434) 606184
S W £105~ C/C A M V

车站客栈
The Station Inn 赫克瑟姆

◆这家客栈位于赫克瑟姆车站对面，地理位置优越。房间内的设施虽然简陋，但是价格低廉是这里最大的卖点。酒吧里有烤肉和海鲜等菜肴。

客栈 14 间 Map p.414

所有房间 所有房间 所有房间 无 无 免费

✉ Station Rd., NE46 1EZ TEL (01434) 603155 URL www.stationinnhexham.co.uk
S £39~
W £69~ C/C A M V

丹普西餐馆
Dempsey's 卡莱尔

◆餐馆位于沃里克路。店内风格简约而时尚。一层是酒吧，二层是餐馆。晚餐是烧烤菜单，价格大约在 £14~。葡萄酒的种类也很丰富。午餐的价格大约是 £8~，晚餐大约是 £16~。

英国菜 Map p.413 上 B2

✉ 11 Warwick Rd., CA1 1DH
TEL (01228) 818666
URL www.dempseysrestaurant.co.uk
开 11:00~14:00 17:30~21:30（周五 · 周六 17:30~22:00）
休 周日 · 周一
C/C M V
店内有信号

安特先生
Mr Ant's 赫克瑟姆

◆店内装饰有许多蚂蚁的插画和图案，风格很有个性。菜谱主要以三明治等轻食为主。每周五 20:30 都会有当地的乐队在此现场表演。

咖啡吧 快餐店 Map p.414

✉ 22 Priestpopple, NE46 1PQ
TEL (01434) 606465
开 12:00~23:00（周四 11:30~24:00，周五 11:30~ 次日 0:30，周六 12:00~ 次日 1:00，周日 15:00~23:00）
休 无休
C/C A M V
店内有信号

有 6 座优雅的桥梁相互连接的城市

泰恩河畔纽卡斯尔

Newcastle-upon-Tyne

人口	长途区号
28 万 177 人	0191

泰恩威尔郡
Tyne & Wear

从波罗的海观景台眺望的纽卡斯尔街景

泰恩河畔纽卡斯尔是英格兰北部地区最大的城市，早在罗马时代就在这里的泰恩河上搭建大桥了，此外这里还是哈德良长城的最东端。大约从 11 世纪开始这座城市便被人们称为“纽卡斯尔”，诉说着这座城市悠久历史的城墙遗址就位于火车站的旁边。贯穿整个中世纪，这里曾经是英格兰北部地区的贸易中心，17 世纪由于煤炭的出口业务而繁荣昌盛。这座城市还是工业革命的先驱，工业革命后因制铁业、造船业而繁荣发展。这里还是盛产人才之地，因发明蒸汽机车而闻名于世的乔治·史蒂文森、液压机的发明者阿姆斯特朗都出生在这里。

Access Guide
泰恩河畔纽卡斯尔

从伦敦出发

火车 所需时间：2 小时 45 分钟～4 小时 15 分钟

周一～周六 从国王十字站出发 6:15~22:00（周六 ~21:00）期间每小时 1~2 趟车

周日 8:45~22:00 期间每小时 1~3 趟车

巴士 所需时间：6 小时 25 分钟～7 小时 50 分钟

周日～周一 7:00 9:00 13:00 16:00 23:00

从卡莱尔出发

火车 所需时间：1 小时 40 分钟

周一～周六 6:28（周六 6:25）~19:41 期间每小时 1 趟车，21:28

周日 9:01~18:04 期间每小时 1 趟车，20:15

从约克出发

火车 所需时间：约 1 小时

周一～周六 6:39~次日 0:42（周六 6:34~22:58）期间每小时 1~4 趟车

周日 9:00~次日 0:35 期间每小时 1~4 趟车

从爱丁堡出发

火车 所需时间：约 1 小时 40 分钟

周一～周五 从维多利亚出站出发 5:40~19:35 时间每小时 2~3 趟车，21:00

周六 6:20~19:00 期间每小时 1~3 趟车

周日 9:00~21:00 期间每小时 1~4 趟车

泰恩河畔纽卡斯尔 漫 步

巍巍矗立于市中心的格雷纪念碑

这座城市主要的游览区域分为中心城区、码头区和盖茨黑德 3 个区域。从中心城区步行至码头区仅需 20 分钟。不过沿途道路有角度很大的上下坡，因此往返路程不算轻松。

中心城区 格雷纪念碑（Grey's Monument）周边是市中心，沿着从这里延伸的繁华街道格兰杰大街（Grainger St.）一直往南走可以到达火车站。

码头区 泰恩河畔的区域。从市中心过来是一路下坡。泰恩河上架有泰恩桥（Tyne Bridge）、高架桥（High Level Bridge）等多座桥梁。

盖茨黑德 盖茨黑德是一座为泰恩河对岸的城市，在行政上与纽卡斯尔是属于不同的城市。这里有波罗的海当代艺术中心和圣·盖茨黑德音乐厅（The Saga Gateshead）。

泰恩河畔纽卡斯尔 交通信息

机场 乘坐地铁从纽卡斯尔机场至中央车站约需 25 分钟。从早间至深夜车次比较频繁。

中央车站 位于市中心南部，站前的格兰杰大街直通市中心。

长途巴士 长途汽车站有英国国家快运的长途巴士发车。

近郊巴士 去往达勒姆、赫克瑟姆、卡莱尔方向的巴士从埃尔登广场巴士站发车，去往维多利亚湾、泰恩茅斯等近郊的车次是从干草市场站发车的。

渡轮中心 去往荷兰的渡轮是从位于泰恩河入海口附近发船的。渡

i 泰恩河畔纽卡斯尔 Tourist Information Centre

URL www.newcastlegateshead.com

直至 2018 年 4 月时纽卡斯尔市中心没有国营的 ❶。

■ 纽卡斯尔机场
Map p.413 下 F
TEL 08718821121
URL www.newcastleairport.com

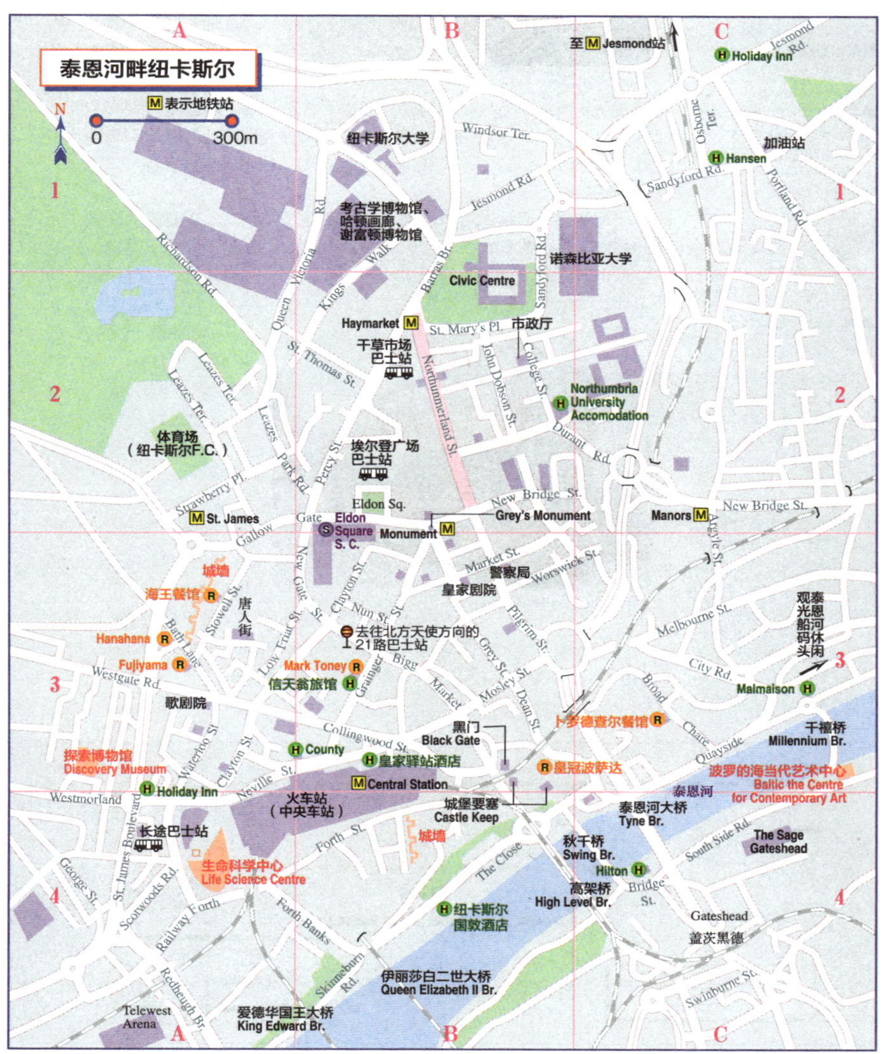

轮码头附近有黄线地铁的地铁站 Meadow Well，乘坐这趟车可以到达市中心纪念碑站（Monument）。

泰恩河畔纽卡斯尔 市内交通

开往近郊的地铁

只是游览市中心的话步行完全没有问题，如果想要移步郊外需要有效地利用地铁等交通工具。

地铁 Jesmond 和 West Jesmond 站附近是酒店和 B&B 比较集中的区域，从这里去往机场也十分方便。地铁共有黄线和绿线两条线路，黄线是由连接火车站（中央车站）和惠特利湾（Whitley Bay）之间的环状线，和在足球场所在的圣詹姆斯（St. James）与南希尔兹（South Shields）之间往返的线路组成的。线路是连接机场与郊区之间的地铁线路。

市内巴士 埃尔登广场和火车站前的是巴士站比较集中的区域。因为市内很多条街都是单行线，因此很多巴士去程和返程时所停靠的车站位置都有所不同，如果选择乘坐巴士需要格外注意。也可以跟司机询问返程时所停靠车站的位置。

特别适合观光旅游的观光巴士

观光巴士 主要是围绕着足球场、考古学博物馆、埃尔登广场等景点之间行驶。巴士还会在泰恩河对面的盖茨黑德停车。观光巴士始发站位于中央车站前。

渡轮 泰恩河河口的 North Shields 与 South Shields 之间有渡轮相互往返。乘坐渡轮去往对岸大约需要 5 分钟。乘船码头就在从 North Shields 和 South Shields 地铁站步行约 10 分钟的河畔。

■地铁
URL www.nexus.org.uk
费 区间车票 £1.80~3.40
Day Saver（一日乘车券）£3~5.10

车票可以在车站的自动售票机处购买。购票时需要从途经各站的名称中选择目的地，只需选择目的地车站的英文字母就可以了。然后接下来再选择种类，从单次票、一日乘车券、一周乘车券中选择。

图中的看板就是地铁标志

■市内巴士
TEL（0191）2020747
URL www.nexus.org.uk

■城市观光 City Sightseeing
TEL（0191）2288900
URL www.city-sightseeing.com
4/21~6/30 与 9/15~10/27 期间周六、周日
7/1~9/14 期间每天 10:30~15:00 每 30 分钟一趟车
休 4/21~6/30 与 9/15~10/27 期间的周一～周五、10/28~ 次年 4 月下旬 费 £8 学生 £6

游轮观光 Sightseeing Cruises

3·4·6·10 月期间周六、周日，5·9 月期间周二·周四·周六·周日，7·8 月期间周二·周四～周日
1 小时航程 12:00 13:00 15:00
2 小时航程 12:30 3 小时航程 12:00（每日航程有所不同）费 1 小时 £7 2 小时 £11 3 小时 £13

River Escapes
TEL（01670）785666 / 785777
URL riverescapes.co.uk

从千禧桥的北岸向东步行 2 分钟，便可到达售票处和乘船码头。由于非常受欢迎，因此需要提前预约。

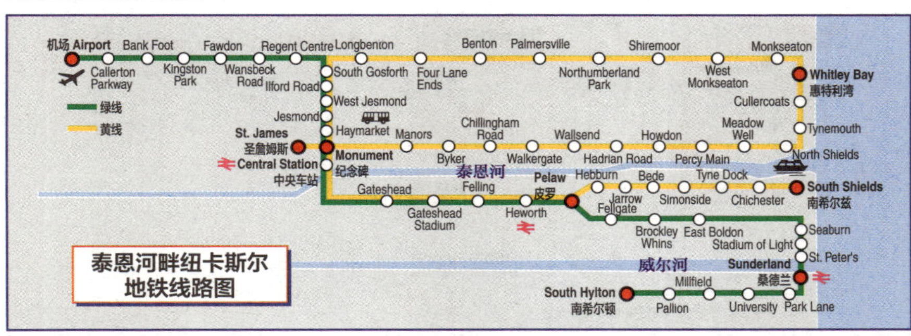

泰恩河畔纽卡斯尔 主要景点

这里有通俗易懂的科学知识！

生命科学中心

Map p.419 A4

Life Science Centre

从火车站前的内维尔大街（Neville St.）向西步行5分钟便可到达这里。馆内将昆虫的神秘世界、有关心脏的秘密、水的实验等比较晦涩的科学知识通过简单易懂且有趣的形式进行展示讲解，就连成年人也会觉得非常有趣。泰晤士广场位于建筑物的中心位置，这里有开放式的露台咖啡馆，深受年轻人的喜爱。每年从11月下旬至2月下旬期间滑冰场也会开放。

新式建筑

汇集了现代艺术的画廊

波罗的海当代艺术中心

Map p.419 C3

Baltic the Centre for Contemporary Art

艺术中心位于千禧桥前，这里汇集了来自英国国内外众多艺术家的杰出作品。艺术商店内还出售设计精美的波罗的海特产商品。此外，从位于中心最顶层的餐馆可以俯瞰千禧桥。

位于河畔十分醒目的建筑

企划展也非常有趣

探索博物馆

Map p.419 A3

Discovery Museum

博物馆位于长途车站附近。这里主要展示了从泰恩河畔纽卡斯尔周边出土的文物以及历史资料等。

矗立于盖茨黑德的天使像

北方天使

Map p.413 下F

Angel of the North

矗立于盖茨黑德郊外的天使像。这座雕像出自于伦敦雕刻家马克·安东（Antony Gormley）之手，他从1994年耗时4年时间才完成这座宽54米、高20米的巨大雕像。这座巨大雕像的震撼力，吸引了很多游客来此参观，也是因为雕像位于主干道的路旁，引得很多游客停车观赏。

前卫的艺术作品

■生命科学中心

✉ Times Sq., NE1 4EP
TEL（0191）2438210
URL www.life.org.uk
开 10:00~17:00（周日 11:00~17:00）入场截至 15:00
休 1/1, 12/25·26
费 £8 学生 £7

History

纽卡斯尔市中心残留的哈德良长城遗址

纽卡斯尔是哈德良长城的最东端。残留在市中心的城墙被称作是 Town Wall，一处位于唐人街内，另一处位于火车站附近。

残留于城区内的部分城墙遗址

■波罗的海当代艺术中心

✉ South Shore Rd., Gateshead, NE8 3BA
TEL（0191）4781810
URL baltic.art
开 10:00~18:00（周二 10:30~18:00）
休 12/25·26, 1/1
费 欢迎捐赠
禁止使用闪光灯

■探索博物馆

✉ Blandford Sq., NE1 4JA
TEL（0191）2326789
URL www.discoverymuseum.org.uk
开 10:00~16:00（周六·周日 11:00~16:00）
休 12/25·26、1/1
费 欢迎捐赠

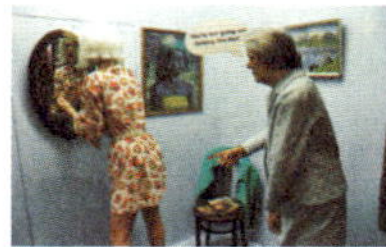
利用人偶再现了人们的生活场景

■北方天使

🚌 从埃尔登广场巴士站乘坐21路巴士，可以在雕像旁的巴士站停车。通车时间1小时2~8趟车（周日是每小时2~6趟车）。在 Harlow Green Bridge 站或者 Birtley Station Lane 站下车。
所需时间：25分钟
URL www.gateshead.gov.uk

■维尔茅斯与贾罗双子修道院

●圣彼得教堂

🚃在地铁 St. Peter's 站下车。步行约 7 分钟。

✉ St. Peter's Way，Sunderland，SR6 0DY

TEL（0191）5160135

URL www.stpeters-wearmouth.org.uk

开 10:00~14:30

休 周六 · 周日

费 欢迎捐赠

●圣保罗教堂

🚃在地铁 Bede 站下车。步行约 15 分钟。

✉ Church Bank，Jarrow，NE32 3DY

TEL（0191）4897052

URL www.english-heritage.org.uk

开 白天随时参观

休 无休

费 欢迎捐赠

●贝德博物馆

🚃在地铁 Bede 站下车。步行约 20 分钟。

✉ Church Bank，Jarrow，NE32 3DY

TEL（0191）4241585

URL www.jarrowhall.org.uk

开 10:00~16:00

休 周一～周四、12 月～次年 1 月

费 £5

■阿尼克城堡

🚃乘坐从泰恩河畔纽卡斯尔至爱丁堡方向的列车约 25 分钟在 Alnmouth（Alnmouth for Alnwick）站下车。然后从车站乘坐 X20 路巴士，每 15 分钟一趟车。可以一直坐到阿尼克城堡的入口处。

🚌从干草市场巴士站乘坐 X15 路巴士，发车时间 7:23 8:33 9:33 10:33 11:33 12:33 13:33 14:33（周日 9:43 11:43 13:43）

所需时间：约 1 小时 20 分钟

✉ Alnwick，NE66 1NQ

TEL（01665）511100

URL www.alnwickcastle.com

开 10:00~17:30

※ 入场截至 15:45

休 11 月～次年 3 月

费 £16　学生 £13

馆内部分区域禁止拍照

部分区域禁止使用闪光灯

●阿尼克花园

URL alnwickgarden.com

开 3/29~10 月 10:00~18:00
2/1~3/28 11:00~16:00
入场截至闭园前 45 分钟

休 11 月～次年 1 月

费 £13.20　学生 £11.55

使用相同方案修建的修道院

维尔茅斯与贾罗双子修道院

Map p.422

The Twin Monastery of Wearmouth Jarrow

圣保罗教堂残留有修道院的遗址

这两座修道院是由出身于诺森比亚贵族的 Benedict Biscop 修士建造的。674 年在维尔茅斯建造了圣彼得修道院，681 年在贾罗修建了圣保罗修道院。这两座修道院使用相同的建筑方案修造的，因此经常被人们称作是“双子修道院”。731 年，撰写《英国教会史》的圣贝德 St.Bede 曾经在这两座修道院中生活过。这两座修道院的教堂部分都还完好地保存着，另外圣保罗教堂北侧的贾罗厅内，还设有贝德博物馆（Bede Museum），专门用来展示挖掘品，并且通过模型再现了当时的模样。

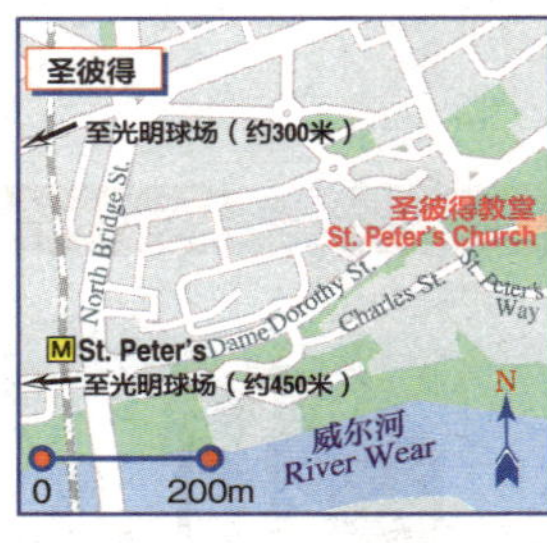

泰恩河畔纽卡斯尔 近郊景点

被称为北方的温莎城堡的名称

Days out from Newcastle-upon-Tyne

阿尼克城堡

地图外

Alnwick Castle

阿尼克城堡也被称为“北方的温莎城堡”，是英格兰北部地区著名的城堡，也是《哈利 · 波特》《罗宾汉》等众多影片的取景地，还是继温莎城堡之后英格兰第二大的可供居住的城堡。城堡是由诺桑伯兰公爵珀西家在 14 世纪时建造的，到了 1750 年才大致形成了现在的规模。

威风凛凛的阿尼克城堡

阿伯特塔（Abbot's Tower）如今已经成为诺桑伯兰禁卫军博物馆，珀斯顿塔（Postern Tower）如今已经成为展示古埃及出土文物的考古博物馆了。

阿尼克花园非常有震撼力的喷泉

阿尼克花园　阿尼克花园（The Alnwick Garden）位于阿尼克城堡隔壁，是按照诺桑伯兰公爵夫人的意愿建造的，2002 年面向公众开放。花园内有大型的喷水池、玫瑰园等，四季都有不同的花卉绽开。毒药花园内汇集了大量毒草毒花，值得一看。

穿越时空

拉姆利城堡的中世纪晚餐会

拉姆利城堡位于切斯特大街，从泰恩河畔纽卡斯尔乘坐火车大约10分钟便可到达切斯特大街。拉姆利城堡是一栋历史悠久的建筑物，达勒姆主教曾经居住在这里。现在这里作为古堡酒店供人们居住使用，每周五晚上举行的中世纪晚餐会深受游客喜爱。

主教曾经居住的地方 拉姆利城堡过去曾经作为市政厅被使用过，14世纪后半期约翰拉姆利爵士在获得主教和理查德二世的许可后将这里改建成了城堡。后来这里曾经作为达勒姆主教的住所、达勒姆大学的学生宿舍，于1976年被改建成了酒店。

伊丽莎白一世时代的晚宴 约翰·拉姆利爵士（Sir John Lumley）（1533~1609年）府用化妆晚宴（人身着1595年时风格的服饰）来招待宾客，这个主题化妆晚宴是在每周五举办的。身着盛装的女性们还会现场进行格拉斯、管风琴等现场表演。

再现中世纪菜肴 还原再现了当时的浓汤、牛排、烤鸡等菜肴，吃法是使用刀子和手抓。此外，酒水单除了葡萄酒和艾尔啤酒之外，还有一种叫作“mead”的使用蜂蜜制成的酒。

除此之外的活动 破解杀人案件谜团的推理活动“城堡杀人事件”等游客可以直接参与的活动。

上：约翰·拉姆利爵士在进行晚宴开始的致辞
左：历代王室也曾在拉姆利城堡居住过

拉姆利城堡

从泰恩河畔纽卡斯尔乘坐去往达勒姆方向的火车，在切斯特大街（Chester-le-Street）站下车，约需10分钟。

乘坐21路巴士等车辆，在切斯特大街站下车，约需30分钟。乘坐78路巴士，在切斯特大街高尔夫球俱乐部站下车，步行约需5分钟。如果从车站打车大约需要5分钟车程。

✉ Lumley Castle Hotel，Chester le St.，DH3 4NX

TEL （0191）3891111

URL www.lumleycastle.com

费 伊丽莎白一世时代的晚宴 £36.50
“城堡杀人事件” £36.50（附带晚餐）

■比米什露天博物馆
🚌从泰恩河畔纽卡斯尔的埃尔登广场巴士站乘坐 28、28A 路巴士，约需 50 分钟
🚌乘坐 21 路巴士去往切斯特大街站（Chester-le-Street）（大约需要 30 分钟），然后换乘去往露天博物馆方向的 8 路车（所需时间 10 分钟）。
TEL（0191）3704000
URL www.beamish.org.uk
开 4/6~10/29 10:00~17:00
10/30~次年 3/23 10:00~16:00
入场截至 15:00
休 冬季的周一、周五、12/25、26、1/1 费 £19 学生 £14

比米什露天博物馆

Map p.413 下 F

Beamish Open Air Museum

商店也再现了当时的氛围

位于恬适的比米什村的博物馆是英国最大型的露天博物馆。这里再现了 19~20 世纪初期时街道的模样，还有直接搬移至此的农场、煤矿等，部分是复原的，游客可以在这里亲身体验当时的时代氛围。博物馆的员工也会身着那个时代的服装来迎接游客。乔治·史蒂芬森的蒸汽机车复制品、20 世纪初期的复古巴士、有轨电车等也可以亲身体验试乘。

酒店 & 餐馆

Hotel & Restaurant

中心街区的酒店不算多，火车站前倒是有几家。便宜一些的住宿设施大多集中在地铁 Jesmond 站周边或者从这里向北延伸的 Osborn Rd. 附近。市中心的大道两旁汇集了不少餐馆，河畔集中了不少时尚的餐馆和咖啡馆。此外，Stowell St. 周边还有一个小规模的唐人街。

唐人街的牌楼

拉姆利城堡酒店

Lumley Castle Recommended 切斯特大街

高档 73 间 Map p.423

所有房间 所有房间 所有房间 无 免费 免费

◆在静谧的古堡中度过悠闲的假期 这家酒店内会举办中世纪晚餐会（→ p.423）。城内摆设有历代城主的肖像画、古董家具，建于 13 世纪的墙壁也保留着，仿佛就是一座美术馆。参加晚餐会需要单独支付费用。

✉ Chester le St., DH3 4NX
TEL（0191）3891111
URL www.lumleycastle.com
S £111~
W £119~
C/C A D J M V

马尔马逊纽卡尔斯酒店

Malmaison Newcastle

泰恩河沿岸

高档 122 间 Map p.419 C3

所有房间 所有房间 所有房间 所有房间 付费 免费

◆尽显奢华 酒店位于千禧桥附近。外观是统一的白色基调给人感觉十分简洁，但是客房的家具搭配却摩登至极。酒店内还设有酒吧和餐馆。

✉ 104 Quayside, NE1 3DX
TEL（0191）2455000
URL www.malmaison.com
S W £75~
C/C A D M V

纽卡斯尔国敦酒店

Copthorne Hotel Newcastle 泰恩河沿岸

高档 156 间 Map p.419 B4

所有房间 所有房间 所有房间 无 付费 免费

◆酒店位于高架桥与伊丽莎白二世桥之间，风景是最棒的。在酒店大堂一边品尝美食一边欣赏泰恩河畔的风景是极好的享受。

✉ The Close, Quayside, NE1 3RT
TEL（0191）2220333
URL www.millenniumhotels.com
S W £107~
C/C A D J M V

皇家驿站酒店

Royal Station Hotel 中央车站

◆酒店地理位置优越，就位于火车站旁。无论酒店建筑物外观还是房间内部都是古典风格的。市内泳池、健身房等设施十分完善，住客可以免费使用。周末的时候住宿费用会上涨。

中档 145 间 Map p.419 B3

所有房间 所有房间 所有房间 无 免费 免费

Neville St., NE1 5DH
TEL（0191）2320781
URL www.royalstationhotel.com
S £65~
W £75~ C/C A D M V

信天翁旅馆

Arbatross Hostel 中央车站

◆这家旅馆是利用一栋拥有 150 多年历史的老房子改建而成的。因为这里十分受欢迎，还曾经获得过最受欢迎旅馆的称号。公用厨房、台球厅等设施也十分完善。

旅馆 26 间 Map p.419 B3

无 根据需要 无 无 无 部分区域免费

51 Grainger St., NE1 5JE
TEL（0191）2331330
URL www.albatrossnewcastle.co.uk
D £16.50~
S W £47~ C/C M V

卜罗德查尔餐馆

The Broad Chare 码头区

◆这里是纽卡斯尔地区评价较高的 Pub，菜肴的味道也很赞。二层还设有餐桌座席，可以在这里享受美味的菜肴。主菜的价格是 £12.50~。

小酒馆、Pub 英国菜 Map p.419 C3

25 Broad Chare, NE1 3DQ
TEL（0191）2112144
URL www.thebroadchare.co.uk
开 11:00~23:00
休 无休
C/C M V
店内有信号

海王餐馆

King Neptune 唐人街

◆这里是唐人街最著名也是最美味的店铺。菜肴充分地发挥了纽卡斯尔的地理优势，使用精湛的烹饪技术烹制的美味海鲜菜肴十分值得推荐。每人的预算是 £20~40。午餐的营业时间较短，准备中午就餐的游客建议提早进店。

中国菜 Map p.419 A3

34-36 Stowell St., NE1 4XQ
TEL（0191）2616657
开 12:00~13:45（周六 ~13:00、周日 ~14:00）18:00~22:45（周六 17:30~23:00）
休 无休
C/C A M V
店内有信号

皇冠波萨达

Crown Posada 码头区

◆拥有 230 年悠久历史的老店，酒店内部的彩绘玻璃、木质的框架都非常值得一看。餐食主要有三明治、薯条等轻食。当地产的啤酒有 75% 以上。

Pub Map p.419 B3

31 The Side, NE1 3JE
TEL（0191）2321269
URL sjf.co.uk
开 12:00~23:00（周四 11:00~23:00、周五 11:00~24:00、周六 12:00~24:00、周日 12:00~22:30）
休 无休
C/C M V
店内有信号

详细导览

朝圣圣地

圣岛

在浮于海面上的小丘之上建造的一座城堡

浮于不列颠岛本土东南侧约 2 公里处的小岛，长久以来一直被北海的浪涛拍打冲刷，自中世纪以来这里便作为朝圣的圣地而繁荣。圣岛的别名叫林迪斯法恩岛，是一座只有 5.2 平方公里的小岛。是否能够登岛还取决于潮汐。

登岛方法

圣岛与本土之间由一条约 2 公里的柏油路所连接，不过在涨潮的时候道路是完全被淹没的，看不到，因此每天能够登岛的时间是极为有限的。退潮的时间可以在特威德河畔贝里克（Berwick-upon-Tweed）的 ❶ 或者在林迪斯法恩遗产中心确认。停车场前的道路有时会积水，需要格外小心。岛上每隔 20 分钟会有一趟巡回巴士发车（通车时间根据潮汐变化），即便不乘坐巴士步行仅需 1 小时左右便可周游全岛。

史努克
The Sn
至特威德河畔贝里克（约17公里）
Lindisfarne Causeway
N
0
1km

基督教传教中心

林迪斯法恩隐修院

Lindisfarne Priory

林迪斯法恩隐修院是在 635 年，由从苏格兰的艾奥娜修道院远道而来的圣艾登所创建的修道院。后来这里因是英格兰基督教传教的中心圣地而繁荣。这里的繁荣要从 7 世纪时修道院院长圣卡斯伯特死后说起，后来由于维京人入侵，居住在这里的人们都逃亡至达勒姆（→ p.428），这里因此而变为废墟。之后，1093 年作为本笃会的修道院重新开放，因此这里作为朝拜圣地再次繁荣起来。13 世纪时重建的部分现如今已经成为废墟。1536 年，因亨利八世p.576下令解散修道院p.574，这里也遭到了破坏，修士们都逃往达勒姆。

圣卡斯伯特的生涯

圣卡斯伯特在 7 世纪末期曾经担任林迪斯法恩隐修院的院长。他死后其遗体 10 年都未曾腐化，因此人们坚信这是奇迹，并将其列为圣者。圣岛曾经作为众人朝圣的圣地而盛极一时，但是自 793 年以后维京海盗屡屡来袭，修道院的修士们最终于 875 年带着圣卡斯伯特的遗体，外出寻找安逸的居所。一行众人行至达勒姆城的时候，装有圣卡斯伯特遗骨的棺椁突然不动了，众人顿时感觉这是圣者的意思。995 年的时候在可以俯瞰全城的高台上修建了一座白色小教堂，以此来纪念圣卡斯伯特。

林迪斯法恩福音书

《林迪斯法恩福音书》是 7~8 世纪期间，伊德弗里斯主教在林迪斯法恩隐修院所制作的，书中页面融汇了凯尔特人和盎格鲁 - 撒克逊人的元素，是英国最具特色的宗教艺术作品。由于维京人的频繁来袭，修道院将这本书转移至达勒姆保存，后来亨利八世下令将这本书转移至伦敦，如今这本书保留在大英博物馆内。

浮于海面上的坚固城堡

林迪斯法恩城堡

Lindisfarne Castle

这座城堡建于圣岛东南部一处布满岩石的地带。在林迪斯法恩隐修院被迫关闭之后，于1549年开始修建的。建造城堡时所使用的石材是取自修道院的。1903年建筑学家艾德温勒琴收购了这座城堡，并将其改造成爱德华王朝样式的乡间别墅。

城堡内并设的花园是，20世纪初期著名的女园艺师特鲁德·杰基尔设计的。这座美丽的花园巧妙地将地形和城堡融合在一起。

将修道院的文化传播于世

林迪斯法恩遗产中心

Lindisfarne Heritage Centre

这座博物馆内主要展示了岛上生活相关资料、维京海盗入侵、圣岛相关的资料等。其中最为瞩目的还要数与《林迪斯法恩福音书》相关的展品。博物馆并设的商店内与福音书相关的产品也有不少。

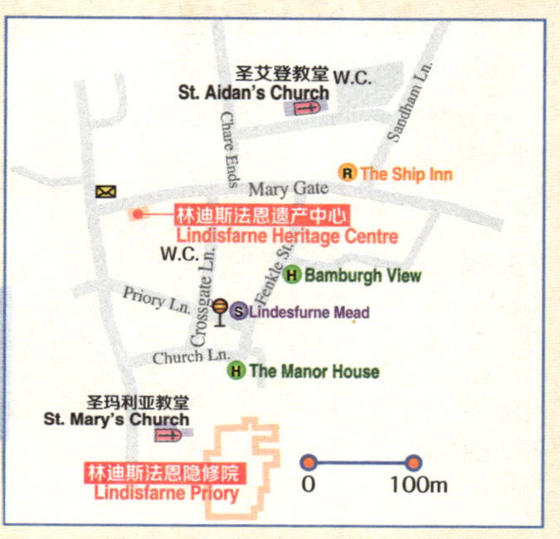

DATA

■去往圣岛的交通方法

距离圣岛最近的车站是特威德河畔贝里克。从纽卡斯尔出发前往特威德河畔贝里克的列车每小时有1~3趟，所需时间45分钟。从爱丁堡出发的列车每小时有1~2趟车，所需时间40分钟。

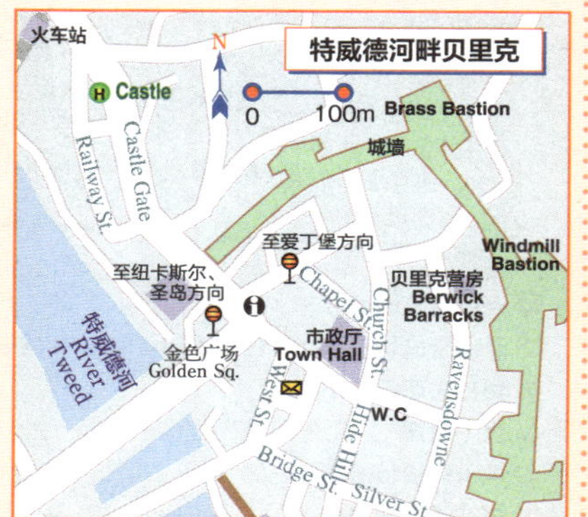

● 从特威德河畔贝里克至圣岛

从火车站或者金色广场出发，夏季时有477路巴士，9:05、15:05等时间每天2趟车，车程35分钟。冬季是每周三、周六都有通车。通车日期和时间每月都有变化，具体时间需要去官网或者 i 确认。

■ 林迪斯法恩修道院

TEL（01289）389200　URL www.english-heritage.org.uk

开 4~9月 10:00~18:00　10月 10:00~17:00

11月～次年3月 10:00~16:00

休 11/1~次年2/12以及2/17~3/29期间的周一、周二、1/1、12/24~26、31

费 £6.50　学生 £5.90

■ 林迪斯法恩城堡

TEL（01289）389244　URL www.nationaltrust.org.uk

开 10:00~16:00（随季节参观时间会缩短或延长）

休 11月～次年3月　费 £8.10

■ 林迪斯法恩遗产中心

TEL（01289）389004　URL www.lindisfarne-centre.com

开 10:00~16:00（根据涨潮时间而变化）

休 无休　费 £4　学生 £3.50

由圣者挑选的北英格兰圣地

详细导览 世界遗产 **达勒姆大教堂与达勒姆城堡**

矗立于布雷兹市场上的罗顿·德利公爵像是这里的地标建筑之一。19世纪时因开发达勒姆煤矿而被众人所熟知

以达勒姆为中心的周边地区，是从10世纪为了祭悼圣卡斯伯特而修建教堂之后发展起来的。这一地区是自治领地，是由世代采邑主教 Prince Bishop 所统管的。达勒姆城堡还是电影《哈利·波特》的取景地，城区内的氛围至今魅力不减，吸引了大量的游客。

管风琴的音色绵长 达勒姆大教堂

Durham Cathedral

公元995年修建的小教堂是这座教堂的原点。大约100年后，在1093年开始修建大教堂，1133年竣工。之后众多的朝圣者来此朝拜，使得这座城市逐渐繁荣起来。

位于大教堂内部的加利利教堂 The Galilee Chapell 是大教堂最为古老的部分，样式属于晚期诺曼式风格。教堂内至今还保留有12世纪时的壁画。中殿 Nave 长廊两旁有巨大的石柱（直径6.6米，高6.5米）并排排列。圣卡斯伯特的墓地位于大教堂最里侧，上面刻有圣者的名字和 Cuthberthus 字样。教士们的房间位于 Cloister 的对面，现如今已经改成了图书馆。

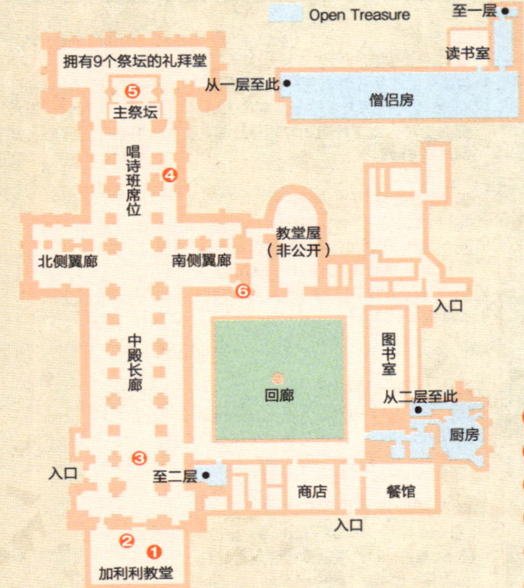

1 圣彼得墓地
2 圣卡斯伯特与沃兹瓦尔德王的肖像（12世纪）
3 黑色大理石的十字架
4 大主教座
5 圣卡斯伯特的棺椁
6 去往塔楼的楼梯

采邑主教

达勒姆这座城市不是由王侯贵族所统治，而是由被称作采邑主教 Prince Bishop 的达勒姆主教世世代代所统治的。主教拥有统治某一地区的权利，在英国历史上也是比较罕见的。采邑主教拥有独立的军队和法院，还可以铸造货币、征收课税。采邑主教的统治在宗教改革期间也得以维持，一直持续至19世纪。

曾经是采邑主教所居住的城堡

达勒姆城堡

Durham Castle

达勒姆城堡就建于大教堂的旁边。据说这里是 11 世纪诺曼底公爵登陆不列颠岛之后所建造的城堡。之后这里又成为采邑主教所居住的城堡，被教会长期占有。自从 1837 年以来，这里开始作为达勒姆学问的中心——达勒姆大学的校园被使用。这座大学的创始人是最后一任采邑主教 Willam Van Mildert。这里还是继牛津、剑桥之后历史最悠久的名校。

DATA

■ 去往达勒姆的交通方法

● 从泰恩河畔纽卡斯尔出发

🚆 4:45~22:46（周六 4:45~21:55，周日 7:45~22:00）期间每小时 1~4 趟车

所需时间：约 15 分钟

🚌 从埃尔登广场乘坐 21 路，5:15~23:42（周六 6:10、周日 8:05）期间每 30 分钟 1~2 趟车

所需时间：约 1 小时

沿着从布雷兹市场延伸的 Saddler St. 向上走便可以到达大教堂

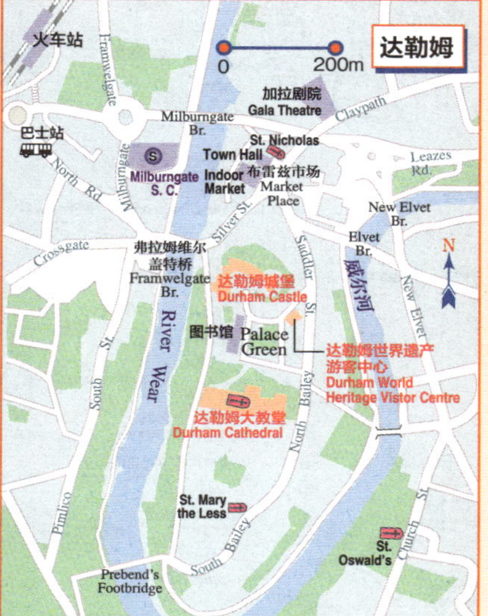

● 从约克出发

🚆 6:26~次日 0:42（周六 6:26~22:20，周日 9:53~22:53）期间每小时 1~5 趟车

所需时间：约 50 分钟

■ 达勒姆大教堂

✉ The College，DH1 3EH

URL www.durhamcathedral.co.uk

开 7:30~18:00（周日 8:00~17:30）

休 无休

费 欢迎捐赠

内部禁止摄影

● Open Treasure

展示僧侣房 The Monk's Dormitory、厨房 Great Kitchen 等地方的空间。

开 10:00~17:00（周日 12:30~17:00）※ 入场截止 16:00

费 £7.50　学生 £6

● 团体游

11:00 14:00 出发（夏季时 10:30 也有一团出发）

费 £5　学生 £4.50

■ 达勒姆城堡

✉ Palace Green，DH1 3RW

TEL（0191）3342932

URL www.dur.ac.uk/durham.castle/visit

参观城堡只能参加为时 45 分钟的参观团。参观团出发的时间虽然每天不同，但大多是在 13:15~16:15 期间每小时一团。参观门票可以在达勒姆城堡附近的图书馆或者达勒姆世界遗产游客中心处购买，出发地在大学入口前。如果学校内有活动，参观团项目将会中止。具体日程可以在官网上确认。

休 不定休

费 £5　学生 £4

内部禁止摄影

■ 达勒姆世界遗产游客中心

✉ 7 Owengate，DH1 3HB

TEL（0191）3343805

URL www.durhamworldheritagesite.com

开 1/2~2/4 9:30~16:30

2/5~12/23 9:30~17:00　12/24、27~31 10:00~14:00

休 12/25、26，1/1

达勒姆没有公立的 ❶，除了可以在这里获得旅游信息之外，还可以在达勒姆城堡售票处获取。此外，这里还可以免费观看介绍达勒姆城的各个景点、历史等方面的电影。

位于广场旁的遗产游客中心

英国最大的国家公园

北约克高沼国家公园

North York Moors National Park

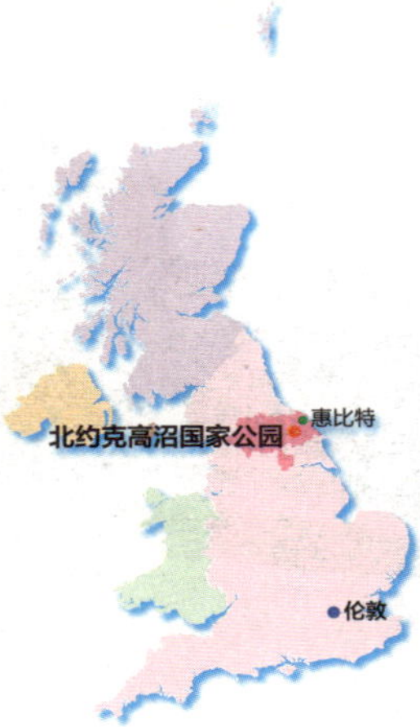

惠比特
北约克高沼国家公园
伦敦

每逢夏季到处都是盛开的石楠花

人口	长途区号
2万3380人	01947（惠特比）
北约克郡 North Yorkshire	

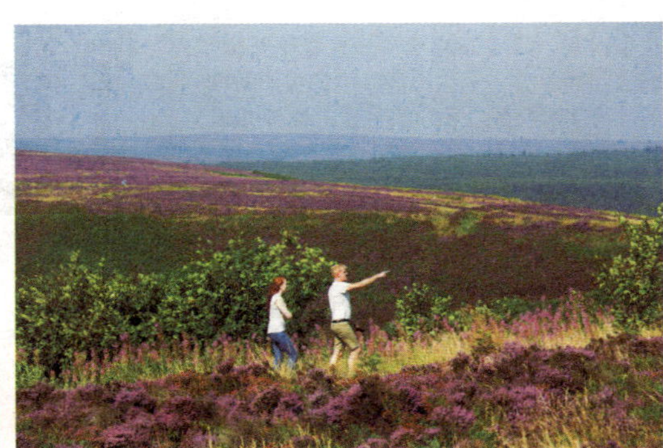

约克郡西部的约克谷地是“溪谷”较多的区域。而位于北侧的北约克高沼是相对比较平坦的“荒野”，占地面积共有1436平方公里。公园内分布了众多步道和自行车道，合计共有2200公里以上，因此吸引了许多步行爱好者和自行车爱好者来此游览。

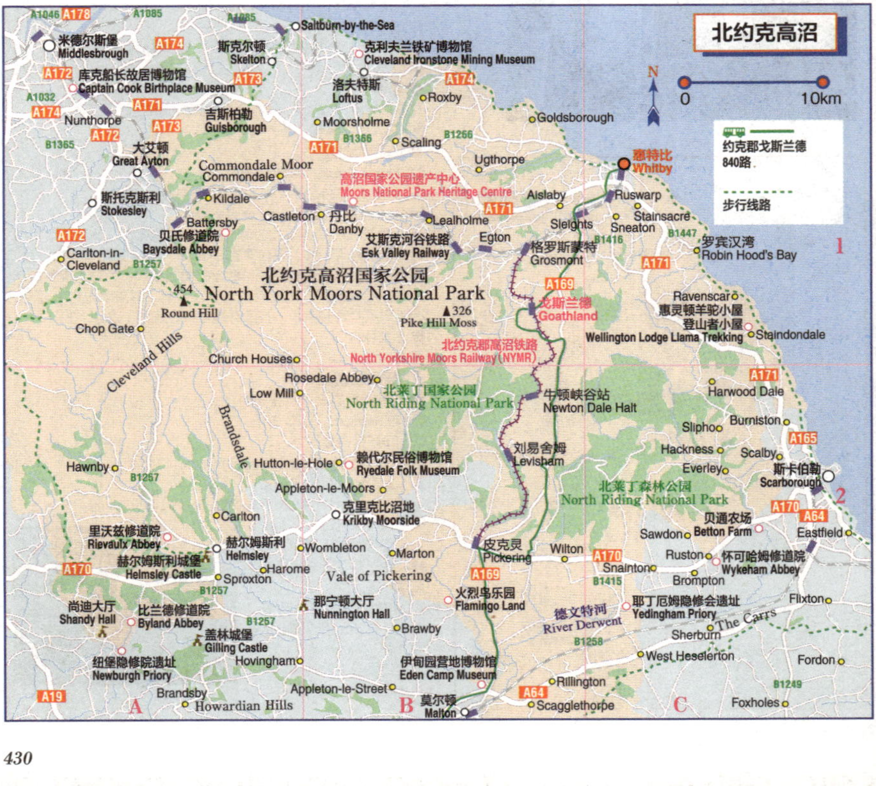

北约克高沼
N
0
10km
约克郡戈斯兰德840路
步行线路
A1046
A178
A1085
A1085
米德尔斯堡 Middlesbrough
A174
斯克尔顿 Skelton
Saltburn-by-the-Sea
克利夫兰铁矿博物馆 Cleveland Ironstone Mining Museum
A172
库克船长故居博物馆 Captain Cook Birthplace Museum
A173
洛夫特斯 Loftus
A174
Roxby
A1032
A174
A171
Nunthorpe
A173
吉斯柏勒 Guisborough
Moorsholme
Goldsborough
A172
B1365
大艾顿 Great Ayton
B1366
A171
Scaling
B1266
Commondale Moor
Commondale
Ugthorpe
高沼国家公园遗产中心 Moors National Park Heritage Centre
惠特比 Whitby
斯托克斯利 Stokesley
Kildale
Aislaby
Ruswarp
Battersby
Castleton
丹比 Danby
Lealholme
A171
Sleights
Stainsacre
贝氏修道院 Baysdale Abbey
Sneaton
A172
艾斯克河谷铁路 Esk Valley Railway
Egton
B1416
B1447
罗宾汉湾 Robin Hood's Bay
Carlton-in-Cleveland
B1257
格罗斯蒙特 Grosmont
A171
1
北约克高沼国家公园 North York Moors National Park
A169
454
Round Hill
326
Pike Hill Moss
戈斯兰德 Goathland
Ravenscar
惠灵顿羊驼小屋 登山者小屋 Wellington Lodge Llama Trekking
Staindondale
Chop Gate
Cleveland Hills
北约克郡高沼铁路 North Yorkshire Moors Railway (NYMR)
Church Houses
Rosedale Abbey
A171
Low Mill
北莱丁国家公园 North Riding National Park
牛顿峡谷站 Newton Dale Halt
Harwood Dale
Brandsdale
Burniston
Suffield
Silpho
A165
Hackness
Scalby
刘易舍姆 Levisham
Hawnby
Hutton-le-Hole
赖代尔民俗博物馆 Ryedale Folk Museum
Everley
斯卡伯勒 Scarborough
B1257
Appleton-le-Moors
北莱丁森林公园 North Riding National Park
2
Carlton
克里克比沼地 Krikby Moorside
A170
A64
贝通农场 Betton Farm
里沃兹修道院 Rievaulx Abbey
赫尔姆斯利 Helmsley
Wombleton
Marton
皮克灵 Pickering
Wilton
Sawdon
Eastfield
赫尔姆斯利城堡 Helmsley Castle
A170
Harome
Vale of Pickering
A170
Snainton
Ruston
怀可哈姆修道院 Wykeham Abbey
Sproxton
A169
Brompton
B1257
B1415
尚迪大厅 Shandy Hall
比兰德修道院 Byland Abbey
那宁顿大厅 Nunnington Hall
火烈鸟乐园 Flamingo Land
德文特河 River Derwent
耶丁厄姆隐修会遗址 Yedingham Priory
Flixton
B1257
盖林城堡 Gilling Castle
Brawby
The Carrs
Sherburn
B1258
纽堡隐修院遗址 Newburgh Priory
Hovingham
伊甸园营地博物馆 Eden Camp Museum
West Heslerton
Fordon
Rillington
A19
Brandsby
Appleton-le-Street
A64
B1249
A
Howardian Hills
B
莫尔顿 Malton
Scagglethorpe
C
Foxholes

北约克高沼 起点城市

如果准备深度游览，位处交通要塞的惠特比是作为起点的最佳选择。从这里无论是去约克 p.434 还是去利兹 p.445 都可以一日游。

起点城市 惠特比 Whitby

詹姆斯·库克船长也就是著名的探险家库克船长（Captain Cook），其所乘坐的“努力”号便是从惠特比的港口出发驶向太平洋的。位于小山丘上的广场便是为了纪念库克船长而修建的，广场上矗立着一座纪念碑。另外，著名的作家布莱姆·斯托克也是从建于修道院旁的圣玛丽亚教堂的墓地处获得灵感，创作出了世界上著名的吸血鬼德古拉这个角色。

矗立有库克船长的小山丘

围绕着艾斯克河河口而展开的城市

北约克高沼 区域内的交通

铁路

透过车窗欣赏北约克高沼沿途的风景，乘坐连接惠特比与米德尔斯堡之间的艾斯克山谷铁路 Esk Valley Railway 的列车，十分方便。除周日以外，全年通车。如果在沿途的丹比站 Danby 下车，可以沿着溪谷向东北方向步行 30 分钟，到达高沼国家公园游客中心 Moors National Park

Access Guide 惠特比

从约克出发

840 路　所需时间：2 小时 20 分钟

周一～周六　8:21 10:22 12:22 14:22

从利兹处

840 路　所需时间：3 小时 30 分钟 ~45 分钟

周一～周六　7:00 9:15 11:55 13:15

惠特比 Tourist Information Centre

Map p.431

✉ Langborne Rd., YO21 1YN　TEL（01723）383636

URL www.discoveryorkshirecoast.com

开 5~10 月 9:30~17:00
11 月～次年 4 月 10:30~16:30

休 12/24~26，1/1

惠特比的景点

惠特比修道院➡ p.432

惠特比博物馆➡ p.433

库克船长纪念博物馆➡ p.432

Information

壮起胆子探索德古拉

惠特比是小说《吸血鬼德古拉》中德古拉伯爵从罗马尼亚乘坐“德美迪尔”号进入英国大陆的港口城市。因此这里有不少以德古拉命名的地名和场所。

惠特比漫步　在身披黑色斗篷的绅士的带领下，探寻德古拉的足迹，沿途绅士还会使用幽默的英语为体验者讲解。

德古拉体验剧　有真人扮演德古拉的鬼屋。在影音的帮助下再现小说德古拉中的场景。

■ **惠特比漫步**

Map p.431

URL www.whitbywalks.com

出发：19:30（在 Whalebone 集合），夏季之外的季节主要在周五、周六的晚上举行，提前需要跟 ❶ 确认。费 £5

■ **吸血鬼体验中心**

Map p.431

✉ 9 Marine Parade，YO21 3PR

TEL（01947）601923

URL www.draculaexperience.co.uk

开 9:45~17:00　休 11 月～复活节的周一～周五　费 £3

■ **艾斯克山谷铁路**

URL www.eskvalleyrailway.co.uk

惠特比发车

8:45 12:15 15:59 19:18（周日 10:22 12:47 15:46 18:31）

至丹比所需时间约 40 分钟

米德尔斯堡发车

7:04 10:28 13:46 16:51（周日 8:42 10:50 13:56 16:17）

至丹比所需时间约 50 分钟

Centre，有从这里出发的多条步行步道可供选择。此外，夏季的时候连接惠特比与皮克灵（Pickering）之间的北约克郡高沼铁路也是每天通车。沿途的戈斯兰德车站（Goathland）附近去往瀑布的步道是最受欢迎的步行线路。

巴士

从约克、利兹方向发车的 840 路巴士（约克郡沿海线）横穿国家公园直达惠特比，这条线路也是区域内最重要的线路。车辆从莫尔顿（Malton）出发经由皮克灵、戈斯兰德进入国家公园。车辆是双层巴士，透过车窗可以欣赏沿途的风景。即便是冬季每天也有 4 趟车发车（周日需要换乘）。

北约克高沼国家公园 主要景点

旅游旺季人满为患的历史遗迹铁路

北约克郡高沼铁路

Map p.430 B1

North Yorkshire Moors Railway

惠特比 ~ 皮克灵

停靠进站的 LNER 3442 型号的蒸汽机车

这条历史遗迹铁路可以饱览北约克高沼地区的美景。《哈利·波特与魔法石》中的霍戈斯米德车站便是在戈斯兰德火车站拍摄的。这条线路中沿途的风景还经常登上各类影视作品的舞台。

纪念伟大的库克船长

库克船长纪念博物馆

Map p.431

Captain Cook Memorial Museum

惠特比

库克船长十几岁的时候曾经在一个大船主家当学徒，这位大船主家现在被改建成了博物馆，专门展示库克船长当时生活的模样。

此外，惠特比还是大型帆船“努力”号出港的地方，在“努力”号出港的港口附近矗立有库克船长纪念碑。总之，在惠特比与库克船长相关的景点真是不少。

矗立于小山丘的静谧修道院遗址

惠特比修道院

Map p.431

Whitby Abbey

惠特比

惠特比修道院

公元 657 年诺森比亚公主、圣希尔达建造了这座修道院。公元 663 年，这里召开了惠特比宗教会议。会议决定诺森比亚王国，在以苏格兰的爱奥那岛为中心的凯尔特基督教典礼与从欧洲大陆流传过来罗马天主教典礼这两种典礼形式之中，选用后者。

■ 高沼国家公园遗产中心

Map p.430B1

✉ Lodge Ln., Danby, YO21 2NB

TEL（01439）772737

URL www.northyorkmoors.org.uk

开 4~7、9、10 月 10:00~17:00
8 月 9:30~17:30
11 月 ~ 次年 3 月 10:30~16:00

休 1~2 月期间工作日、12/24、25

费 免费

■ 约克郡沿海线 Yorkshire Coastliner

TEL（01653）692556

URL www.yorkbus.co.uk

从惠特比出发 去往利兹方向
11:00 13:00 15:00 17:45（周六停运）
周日 12:00 17:00（需要在莫尔顿换乘）

从莫尔顿出发去往惠特比方向
9:15 11:20（周六 11:15）13:15 15:15
周日 10:15 15:15

■ 北约克郡高沼铁路

TEL（01751）472508

URL www.nymr.co.uk

运行：3 月下旬 ~10 月，除了有庆典活动的日子以外，蒸汽机车或者内燃机车通车。8 月期间增加班次。

惠特比出发
10:00 12:45 14:00 17:10（周日 11:30 14:00 16:55）

皮克灵出发
9:25 12:00 15:00（周日 9:30 11:55 15:00）
此外在戈斯兰德 ~ 皮克灵之间也有蒸汽机车通车。

费 惠特比 ~ 皮克灵单程 £17.40~
惠特比 ~ 皮克灵往返 £29~

电影取景地戈斯兰德火车站

■ 库克船长纪念博物馆

✉ Grape Ln., YO22 4BA

TEL（01947）601900

URL www.cookmuseumwhitby.co.uk

开 4~11 月上旬 9:45~17:00
2 月下旬 ~3 月 11:00~15:00
闭馆前 30 分钟入场停止

休 11 月上旬 ~ 次年 2 月上旬

费 £5.90~

馆内部分区域禁止拍照

禁止使用闪光灯

博物馆是曾经雇佣库克船长的大船主的家宅

这座修道院贯穿整个中世纪都作为英格兰东北部地区的宗教中心而繁荣，到了16世纪修道院被解散变为了废墟。不过修道院的建筑物幸免于难，时至今日让人仍然能够感觉到往昔的繁荣与奢华。修道院入口处的博物馆内展示了有关于惠特比修道院调查相关的展品，还有挖掘出来的装饰品等。

■ 惠特比修道院
✉ Whitby Abbey，YO22 4JT
TEL（01947）603568
URL www.english-heritage.org.uk
开 3/30~9/30　10:00~18:00
10/1~11/4　10:00~17:00
11/5~次年3月下旬
10:00~16:00
入场截至闭馆前30分钟
休 11/5~12/26，1/2~2/17期间的周一～周五
2/23~3/31的周一、周二，12/24~26
费 £7.90　学生 £6.10

各种巧妙的展品！

惠特比博物馆

Map p.431

Whitby Museum　惠特比

博物馆位于绿草如茵的庞耐德公园的小山坡上，本来是在1823年由当地的民间历史学家创办的，1923年时搬至公园境内。博物馆内除了收藏了一些历史文物之外，还收集了来自世界各地的各种奇珍异宝，十分有趣。在周边挖掘的化石也是十分值得一看的。

惠特比博物馆位于庞耐德公园的小山丘之上

■ 惠特比博物馆
✉ Pannett Park，YO21 1RE
TEL（01947）602908
URL www.whitbymuseum.org.uk
开 9:30~16:30
※ 入场截至闭馆前30分钟
休 周一、圣诞节～新年
费 £5　学生 £3.50
馆内部分区域禁止拍照
禁止使用闪光灯

酒店 & 餐馆
Hotel & Restaurant

阿伦德尔官邸旅馆

Arundel House　惠特比

◆旅馆位于庞耐德公园南侧。房型中有带床盖的房间，还有附带浴缸的客房。早餐的味道也不错，充分发挥了当地食材的特点。

旅馆　12间　Map p.431

TV 所有房间　吹风机 所有房间　水壶 所有房间　保险箱 无　P 免费　Wi-Fi 免费

✉ Bagdale，YO21 1QJ
TEL（01947）603645　FAX 08703121974
URL www.arundelhousehotel.co.uk
S £50
W £85~100　C/C M V

惠特比青年旅舍

YHA Whitby　惠特比

◆位于惠特比修道院入口的附近。虽然需要爬很多楼梯，但是因为这里位于惠特比地势较高的位置，因此风景是极好的。多人间每个房间有4~10张床，男女分屋。

青年旅舍　22间　Map p.431

TV 无　吹风机 无　水壶 无　保险箱 无　P 付费　Wi-Fi 免费

✉ East Cliff，YO22 4JT
TEL（01947）602878　URL www.yha.org.uk
D £13~
S W £49~　C/C D M V

挖矿人餐馆

Trenchers Restaurant & Takeawey　惠特比

◆午餐时这家店铺外经常排起长队。店内最具人气的菜式是Fish Pie £11.50（右图）。鱼和薯条的价格是£9.95~15.75，店外排队买这个外卖的食客也很多。

海鲜　Map p.431

✉ New Quay Rd.，YO21 1DH
TEL（01947）603212
URL www.trenchersrestaurant.co.uk
开 11:30~20:30
休 无休
C/C A D M V　有信号

哈德利餐馆

Hadleys　惠特比

◆这是一家在当地十分受欢迎的餐馆。点鱼和薯条，还附带红茶和面包，鳕鱼拼盘的价格是小£8.45、中£10.95、大£13.95，黑线鳕拼盘的价格是小£8.95、中£11.45、大£14.45。

海鲜　Map p.431

✉ 11 Bridge St.，YO22 4BG
TEL（01947）604153
URL www.hadleysfishandchips.co.uk
开 11:00~18:00
休 12/25
C/C M V　无信号

英格兰北部地区的古都

约克

York

约克
伦敦

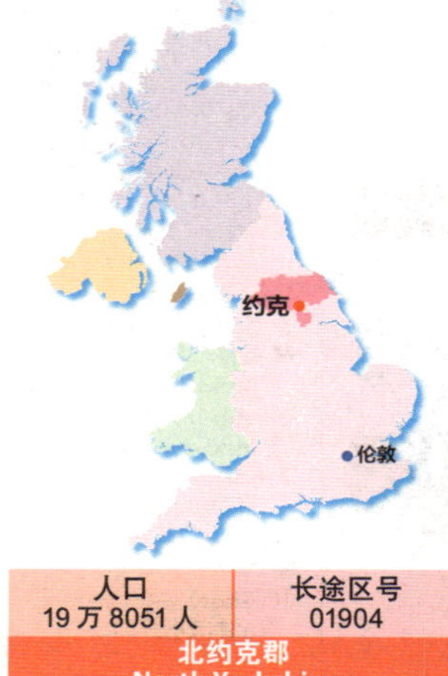

人口	长途区号
19 万 8051 人	01904

北约克郡
North Yorkshire

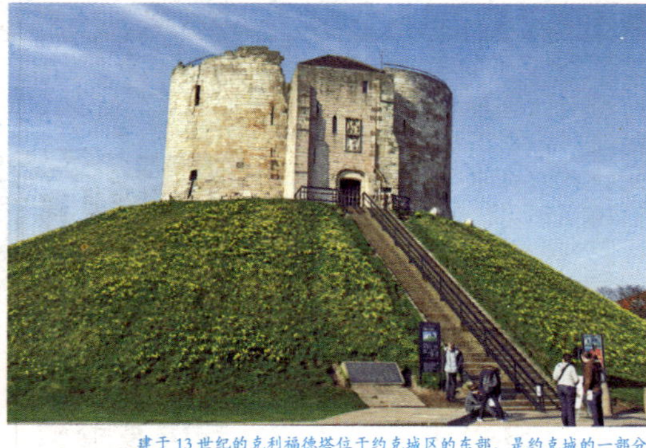

建于 13 世纪的克利福德塔位于约克城区的东部，是约克城的一部分

约克大教堂是英国最大的哥特式教堂，一直默默地守候着约克这座中世纪氛围洋溢的古都。约克这个名字来源于公元 9 世纪时统治这里的维京人，但是他们称这里为 Jorvik。正如乔治六世所说“约克的历史就是英格兰的历史 The history of York is the history of England”，在过去 2000 年多年的历史长河中约克见证了英格兰与罗马、撒克逊、丹麦、日耳曼等民族之间的纷争与交好。

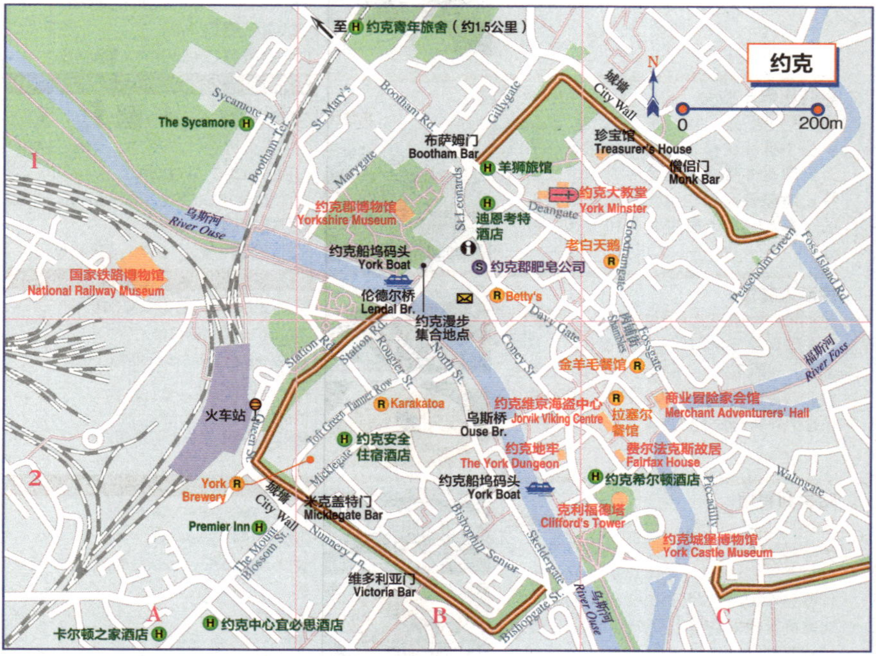

至 H 约克青年旅舍（约1.5公里）
约克
N
0
200m
城墙
City Wall
珍宝馆
Treasurer's House
僧侣门
Monk Bar
布萨姆门
Bootham Bar
H 羊狮旅馆
约克大教堂
York Minster
H 迪恩考特酒店
约克郡博物馆
Yorkshire Museum
The Sycamore H
乌斯河
River Ouse
国家铁路博物馆
National Railway Museum
约克船坞码头
York Boat
伦德尔桥
Lendal Br.
约克漫步集合地点
S 约克郡肥皂公司
老白天鹅 R
R Betty's
金羊毛餐馆 R
火车站
R Karakatoa
H 约克安全住宿酒店
约克维京海盗中心
Jorvik Viking Centre
乌斯桥
Ouse Br.
R 拉塞尔餐馆
商业冒险家会馆
Merchant Adventurers' Hall
费尔法克斯故居
Fairfax House
约克地牢
The York Dungeon
约克船坞码头
York Boat
H 约克希尔顿酒店
克利福德塔
Clifford's Tower
约克城堡博物馆
York Castle Museum
York R
Brewery
城墙
City Wall
米克盖特门
Micklegate Bar
Premier Inn H
维多利亚门
Victoria Bar
卡尔顿之家酒店 H
H 约克中心宜必思酒店
福斯河
River Foss
乌斯河
River Ouse
Sycamore Pl.
Bootham Ter.
St. Mary's
Bootham Rd.
Gillygate
Marygate
St. Leonards
Deangate
Goodramgate
Peasholme Green
Foss Islands Rd.
Davy Gate
Coney St.
Shambles
Fossgate
Station Rd.
Rougier St.
North St.
Tanner Row
Toft Green
Micklegate
Queen St.
Nunnery Ln.
Blossom St.
The Mount
Bishophill Senior
Skeldergate
Bishopgate St.
Piccadilly
Walmgate
A
B
C
1
2

约克 漫步

景点主要集中在城墙内。城墙共有 6 个城门，城门被称为“Bar”。距离 ❶ 最近的城门是布萨姆门（Bootham Bar），距离火车站最近的城门是米克盖特门（Micklegate Bar）。英国最大的教堂约克大教堂位于城墙内以北的一角。

从城墙上眺望的约克大教堂

城墙 罗马时代的城墙主要是围绕着约克大教堂周边 2 公里修建的，现在残留的城墙基本上都是中世纪时期建造的，周长大约是 4.5 公里。城墙沿途虽有三个地方是断开的，但是爬上城墙还是可以绕城一圈的。爬上城墙之后可以从各个角度欣赏约克大教堂，别有一番韵味。最受欢迎的线路是从伦德尔桥（Lendal Br.）登城，经由火车站前，然后从米克盖特门穿出。

约克 交通信息

火车站与巴士站是相邻的，位于市中心的西南方。沿着站前路 Station Rd. 前行，经过架于乌斯河上的伦德尔桥 Lendal Br. 后，不一会儿便可到达约克大教堂。

火车站有去往约克郡各地以及周边景点的列车

近郊巴士 从惠特比等北约克高沼国家公园方向过来的巴士都是从老城区东北角出发，途经乌斯桥（Ouse Br.）行至火车站前的。

观光巴士 City Sightseeing 公司有环城墙一周的观光巴士。

约克 从当地出发的团体游

幽灵之旅的导游

约克是英国最具特色的旅游胜地，因此团体游项目的种类丰富。其中最受欢迎的还要数幽灵之旅。每晚都有多个幽灵之旅的旅游团发团，这座拥有 2000 多年历史的古城内有不少奇闻怪谈。在夜幕降临下的古城内听一听这些奇闻怪谈非常刺激而兴奋。

Access Guide 约克

从伦敦出发

🚆 所需时间：1小时50分钟~2小时20分钟

周一~周六 从国王十字站出发 6:15~22:00（周六 ~21:00）期间每小时 2 趟车

周日 国王十字站 8:45~22:00 期间每小时 2 趟车

🚌 所需时间：约 5 小时 30 分钟

每天 9:30 12:30 13:30

从曼彻斯特出发

🚆 所需时间：1 小时 25 分钟~50 分钟

周一~周六 从皮卡迪利站发车，4:37~23:21 期间每小时 1 趟车

周日 从皮卡迪利站发车，7:47~23:20 期间每小时 1 趟车

从泰恩河畔纽卡斯尔出发

🚆 所需时间：1 小时

周一~周六 4:45~22:46（周六 ~20:43）期间频发

周日 7:55~21:45 期间每小时频发

约克 Tourist Information Centre

Map p.434B1

✉ 1 Museum St.，YO1 7DT

TEL（01904）550099

URL www.visityork.org

开 9:00~17:00（周日 10:00~16:00）

休 12/25、26、1/1

❶ 位于约克大教堂附近

Information

约克通票 York Pass

涵盖约克郡地区 30 多个景点的通票，此外还包含团体游、就餐的优惠券。可以在 ❶ 或者官网购买。

URL www.yorkpass.com

费 一日券 £42、二日券 £60、三日券 £70

■城市观光 City Sightseeing

TEL（01904）633990

URL www.city-sightseeing.com

9:00~17:30（2、3、10、11 月 ~16:30）期间每 30 分钟一趟车

休 12、1 月

费 £14 学生 £11（24 小时有效）

当地出发的团体游

约克要点
Essential York

10:30 出发　周六 10:30、14:15 出发

围绕城墙、历史性建筑等景点巡游的项目。

约克秘密
Secret York

周一、周四 14:15 出发

一边参观古建筑一边了解约克的另一面。

约克罗马
Roman York

周二、周五 14:15 出发

环绕城墙巡游有提供罗马时代的约克历史讲解

Snickelways

周三、周日 14:15 出发

周游具有约克特色的小巷子

约克漫步 York Walk
TEL 07970 848709　URL www.yorkwalk.co.uk
所需时间 1 小时 30 分钟 ~2 小时　费 £6（学生 £5）
2~11 月期间出团。在博物馆花园大门前集合

约克幽灵漫步
The Original Ghost Walk of York

20:00 出发，所需时间：约 1 小时　费 £5　学生 £3

约克幽灵之旅的鼻祖，出发地点位于乌斯桥 Ouse Br. 桥头的 The King's Arm Pub。

TEL（01904）764222
URL www.theoriginalghostwalkofyork.co.uk

鬼爬行
Ghost Creeper

19:30 出发　所需时间：约 1 小时　休 1 月、11 月 ~ 次年 6 月的周日 ~ 下周四、12/25　费 £5　学生 £3

巡游约克的怪谈景点。出发地点是约克维京海盗中心前。不需要预约。

TEL 07947325239（携带）　URL www.ghostcreeper.com

免费步行团
2 Hour Free York Walking Tours

周五 ~ 周日 11:00，14:00 出发　所需时间：2 小时
休 周一 ~ 周四　费 免费

一边巡游约克的老城区，一边讲解历史建筑以及历史人物的故事。

足迹之旅 Footprints Tours
TEL（020）75588706　URL footprints-tours.com
集合地点：Stonegate 的 Links of London 前集合

城市之旅
The City Tour (Inside and Outside the Walls)

10:30（周五 ~ 周日 10:30，14:00）
所需时间：2 小时　费 £22
一边骑着自行车一边巡游约克的景点并且进行解说。

约克自行车之旅 York Cycling Tours
TEL 07866049082（手机）
URL www.yorkcyclingtours.com

约克城市游船
York City Cruise

10:30、12:00、13:30、15:00 出发　休 11/28~1/31
所需时间 45 分钟　费 单程 £9.50　学生 £8.50

从 King's Staith 出发，10 分钟以后便会经过伦德尔桥。这条航线主要是沿着乌斯河乘船参观沿途景点。

傍晚巡游
Early Evening Cruise

4/8~9/3，10/28~11/4 期间每天 19:30 出发
9/8~30 期间的周五 ~ 周日 19:30 出发，10/7~21 期间周日 19:30 出发　休 9/8~30 期间的周一 ~ 周四，10/7~21 期间的周日 ~ 周日，11/28~ 次年 1/31
费 单程 £10　学生 £9　从伦德尔桥出发，一边欣赏夜景一边去往 Bishopthorpe Place。

约克船 York Boat
TEL（01904）628324　URL www.yorkboat.co.uk

■ 约克大教堂
✉ Deangate，YO1 7OH
TEL（01904）557200
URL yorkminster.org
开 9:00~17:00（周日 12:45~16:00）
休 12/25
费 £10　学生 £9
● 塔
开 只能跟团参观（时间每天有变化）
休 12/25
费 £15　学生 £14（包含大教堂的门票）
部分区域不可使用闪光灯

约克 主要景点

英国最大的宗教场所

约克大教堂

Map p.438

York Minster

建筑物本身十分震撼

约克大教堂于 1472 年竣工，是英国最大的哥特式教堂，自 13 世纪初开始历经了近 250 年的历史。大教堂所在的位置就是原来罗马时代的要塞、诺玛王朝时代的大教堂的所在地。这座教堂是继坎特伯雷大教堂之后英国第二大教堂，也是英格兰北部最具代表性的大教堂。

教堂玻璃 教堂内部的精美的彩绘玻璃非常值得一看。尤其是东侧的彩绘玻璃——"大东窗"，高 24 米，是由 311 块彩绘玻璃组成的，也是世界上最大的中世纪欧洲彩绘玻璃。大东窗的附近设有触摸屏，分别详细地介绍每一块彩绘玻璃所描绘的内容。南翼走廊的彩绘玻璃是为了纪念玫瑰战争而制成的，上面绘有都铎王朝的玫瑰。北翼走廊的彩绘玻璃是 13 世纪时制成的。

礼拜堂与塔楼 位于教堂北侧的礼拜堂是用作会议时使用的，细腻的屋顶非常值得注目。位于中间的唱诗班席，有一座由 5300 根音管组成的管风琴。从高 60 米的塔楼可以眺望约克古城的风貌。

唱诗班席入口的装饰物

世界上最大型的铁路博物馆

国家铁路博物馆 Map p.434 A1

National Railway Museum

博物馆位于约克火车站附近，是世界上规模最大的与铁路相关的博物馆。馆藏有 1829 年世界第一辆旅客列车"火箭"号的复刻版、世界上时速最快的蒸汽机车"野鸭"号（时速 202 公里），还有维多利亚女王曾经乘坐过的车辆等。因此这里是铁路控必须打卡的胜地。馆内还有付费可以体验的项目，野鸭快车"野鸭"号是世界上最高速的蒸汽机车，可以亲身体验一下。

博物馆内的展品

■ 国家铁路博物馆
✉ Leeman Rd.，YO26 4XJ
TEL 08448153139
URL www.nrm.org.uk
开 夏季 10:00~18:00
冬季 10:00~17:00
休 12/24~26
费 欢迎捐赠 "野鸭"号 £4
馆内部分区域禁止摄影
部分区域禁止使用闪光灯

曾经是世界上最快的列车——"野鸭"号

考古学控必看

约克郡博物馆 Map p.434 B1

Yorkshire Museum

这是一座专门展示约克郡出土文物的博物馆，位于博物馆花园 Museum Garden 内。馆内展出的有罗马时代的出土文物、维京时代以及中世纪王权贵族们所有的财宝等众多贵重物品，其中最值得关注的是罗马时代的马赛克。展品内容丰富，从上古时代的化石到 20 世纪的展品，件件都诉说着这一地区的历史重要性。圣玛丽亚修道院遗址位于博物馆旁侧，这座修道院建于 1294 年，毁于 1539 年，当时是奉了亨利八世的命令而拆毁的。

从圣玛丽亚修道院遗址中挖掘出来的雕像

■ 约克郡博物馆
✉ Museum Garden，YO1 7FR
TEL（01904）687687
URL www.yorkshiremuseum.org.uk
开 10:00~17:00
休 12/25、26、1/1
费 £6.81
馆内禁止摄影
部分区域禁止使用闪光灯

利用过去的监狱改建而成的博物馆

Town 约克 Walk ①

处处洋溢着中世纪的氛围
约克古城
York City Centre

肉铺街

约克的老城区至今仍旧是城市的中心，分布了不少店铺和餐馆。如果时间允许的话不如在这中世纪古道上感受一下历史的氛围。

肉铺街 Shambles　道路两侧都是古朴的木结构房屋，二层比一层凸起，三层比二层凸起，一间连接一间挨着建，十分有特色。如今道路两旁的店铺大都是售卖艺术品和工艺品的商店，以前这里临街的铺子大多是肉铺，外面挂满了肉。

城墙
City Wall

理查德三世展厅内的展品

现在保留的城墙大多是中世纪时期建造的，有部分城墙还可以登城参观。僧侣门和米克盖特门分别有小型的博物馆。

■ 理查德三世展厅（僧侣门）
✉ Goodramgate，YO1 7LQ　URL richardiiiexperience.com
开 4~10 月 10:00~17:00　11 月～次年 3 月 10:00~16:00
休 12/25、25　费 £5　学生 £3.50（通票）

■ 亨利七世展厅（米克盖特门）
✉ Micklegate，YO1 6JX　URL richardiiiexperience.com
开 4~10 月 10:00~16:00　11 月～次年 3 月 10:00~15:00
休 12/25、26　费 £5　学生 £3.50（通票）

克利福德塔
Clifford's Tower

曾经是约克城的一部分

这座建于高台之上的小塔是 13 世纪时作为约克城的观景塔而修建的。不过，在 17 世纪时屋顶等结构遭到破坏，现在仅剩外墙部分了。登小塔的台阶有点陡峭，但登上去之后可以俯瞰整个老城区的风景。

✉ Tower St.，YO1 9SA　TEL（01904）646940
URL www.english-heritage.org.uk
开 10:00~18:00
休 1/1、12/24~26
费 £5.40　学生 £4.90

从克利福德塔眺望的整个老城区街景

火车站前的铁路拱桥

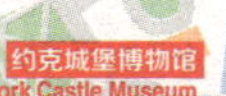

约克地牢
The York Dungeon

这里是一间冒险屋，展示了在约克实际发生过的恐怖事件，例如维京海盗斩首、捕捉巫女等。

✉ 12 Clifford St.，YO19RD
TEL 0871 4232260
URL www.thedungeons.com
开 夏季 10:00~17:00 时
　 冬季 10:00~16:00 时
※ 闭馆时间根据季节和日期有所变化
休 1/1~5、12/25
费 £16.95
内部禁止拍照

贝蒂餐馆
Betty's

这是一家于1919年创办的老店，由于地处市中心总是非常热闹。傍晚18:00时会有现场钢琴演奏。下午茶的价格是£19.95~，主菜的价格是£10.95。店内还有瑞士产的葡萄酒，午餐也可以点葡萄酒。

✉6-8 St. Helen's Sq., YO1 8QP TEL（01904）659142
URL www.bettys.co.uk 开 9:00（周六 8:30）~21:00
休 无休 CC M V 无信号

商业冒险者会馆
Merchant Adventurers' Hall

这栋建于14世纪中叶的会馆，是约克城内中世纪建筑中最美的一栋。

大部分使用木材建的大房子

当时商会独占约克海上贸易，只看这栋气势恢宏的建筑物，就可以想象出当时商会的财力。木龙骨结构的大厅 Great Hall 是这里最大的亮点，现在也有许多人选择在这里举办婚礼。

会馆旁有一栋石造的小教堂，是在1411年时改造的。

✉Fossgate，YO1 9XD
TEL（01904）654818
URL www.theyorkcompany.co.uk
开 10:00~16:30（周六 10:00~13:30）
休 不定休、12/23~次年1/2 费 £6.50 学生 £5.50

约克城堡博物馆
York Castle Museum

再现的教会门

这座博物馆内主要展示了17世纪末至19世纪时期，在约克郡地区使用的家具、服饰、装饰品、武器、农耕具等。在再现展示的每个时代的房屋内，仿佛仍有人居住的样子。其中再现了维多利亚时代街景的教会门 Kirkgate 非常值得一看。装饰精美的橱窗、逼真的马车，一切的一切都仿佛让人回到了100年前。

✉Castle Area，YO1 9RY TEL（01904）687687
URL www.yorkcastlemuseum.org.uk
开 9:30~17:00 休 12/25、26，1/1
费 £9.09 禁止使用闪光灯

约克维京海盗中心
Jorvik Viking Centre

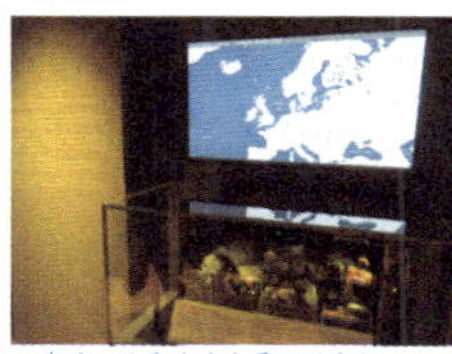

还有关于维京海盗交易网的介绍

Jorvik是维京人统治约克这片土地时所起的名字。进入这里之后前半程乘着贡多拉一边欣赏当时 Jorvik 的街景，一边听讲解；后半程会来到出土文物展示中心，可以更加详尽地了解维京海盗时代的知识。

✉19 Coppergate；YO1 9WT TEL（01904）615505
URL www.jorvikvikingcentre.co.uk
开 4~10月 10:00~17:00 11月~次年3月 10:00~16:00
休 12/25、26 费 £11 学生 £6
馆内部分区域禁止拍照 部分区域禁止使用闪光灯

费尔法克斯故居
Fairfax House

这栋建筑是建于18世纪60年代都铎王朝时期的美丽宅邸。20世纪80年代的时候几经沧桑临近废弃，才被人们被精心地修复。

砖结构的美丽宅邸

客厅红沙龙 Red Saloon 等一些房间的内部，完美再现了建造之初房间内的陈设，十分精美，此外都铎王朝时期制造的时钟也非常值得一看。

✉Castlegate，YO1 9RN TEL（01904）655543
URL www.fairfaxhouse.co.uk
开 10:00~16:30（周日 11:00~15:30）
周一只有11:00，14:00出发的参观团
休 12/24~26 费 £7.50 学生 £9 内部禁止拍照

约克巧克力工厂
York's Chocolate Story

约克是 Kit Kata、巧克力棒的发祥地（现在瑞士的雀巢 Nestle 公司的产品依旧是在约克生产贩卖）。这里介绍了从大约3000年前美洲中部种植栽培可可豆开始，一直到 Kit Kata 等巧克力制品被制造和发明的历史沿革，还通过影音介绍巧克力的制造过程。

入口兼咖啡馆和纪念品商店

✉King's Sq.，YO1 7LD TEL（01904）527765
URL www.yorkschocolatestory.com
开 10:00~16:00（只能跟团参观。约30分钟一团）
休 12/25、26，1/1 费 £12.50 学生 £11.50
馆内部分区域禁止拍照 部分区域不可使用闪光灯

酒店 & 餐馆 & 商店
Hotel & Restaurant & Shop

城墙内的中档酒店和民宿相对比较少。布萨姆门 Bootham Ter. 和城南住宿设施相对较多一些，不过距离市中心较远。餐馆和酒吧主要集中在老城区一带，戴维门 Davy Gate 和议会大街 Parliament St. 周边也分布了一些。

迪恩考特酒店
Dean Court Hotel

Recommended

◆**老城区内设施比较齐全的酒店** 酒店位于约克大教堂附近，属于最佳西方旗下的系列酒店。每天都会获得各类评价机构的各种奖项。外观是红砖造型的，客房内的陈设也是非常摩登。

餐馆与酒吧 D.C.H 餐馆 D.C.H-the Restaurant 提供下午茶

高档 37 间 Map p.434 B1

所有房间 所有房间 所有房间 所有房间 所有房间 付费 免费

✉ Duncombe Pl., YO1 7EF
TEL（01904）625082
FAX（01904）620305
URL www.deancourt-york.co.uk
S £115~
W £150~
C/C A M V
餐馆 开 7:30~21:30

羊狮旅馆
Lamb & Lion Inn

Recommended

◆**并设啤酒花园** 邻近布萨姆门的小旅馆。旅馆所在的建筑是历史悠久的老房子，客房内的装潢全是现代派的。这里最大的亮点是中庭的啤酒花园，可以一边品尝啤酒一边眺望约克大教堂。

餐馆 & 酒吧 酒吧内的啤酒主要以约克苦艾啤酒等约克当地产的啤酒为主。周日时还有肉排特惠。

旅馆 12 间 Map p.434 B1

所有房间 所有房间 所有房间 无 无 免费

✉ 2-4 High Petergate, YO1 7EH
TEL（01904）612078
URL www.lambandlioninnyork.com
S £99~
W £109~
C/C A M V
餐馆 开 11:30~23:00

约克希尔顿酒店
Hilton York

◆建于克利福德塔对面的四星级酒店。由于酒店位于老城区内，因此特别适合旅游观光。酒店内并设两家餐馆和酒吧。

高档 131 间 Map p.434 C2

所有房间 所有房间 所有房间 所有房间 所有房间 付费 免费

✉ 1 Tower St., YO1 9WD
TEL（01904）648111
FAX（01904）610317
S W £87~
C/C A D J M V

约克中心宜必思酒店
Ibis York Centre

◆从火车站向与老城区相反的方向步行 5 分钟即到。这家宜必思属于车站附近价格相对较低的连锁酒店。客房简约时尚。

中档 91 间 Map p.434 A2

所有房间 所有房间 所有房间 无 付费 免费

✉ 77 The Mount. YO24 1BN
TEL（01904）658301
FAX（01904）621224
URL www.ibis.com
S W £59~
C/C A D M V

卡尔顿之家酒店
Carlton House

◆这家民宿获得过多次大奖，是一家十分受欢迎的民宿，距离火车站步行仅需 7 分钟。所在的建筑是都铎王朝样式的建筑，客房每一间都各有特色。

民宿　13 间　Map p.434 A2

TV 所有房间　所有房间　所有房间　无　免费　Wi-Fi 免费

✉ 134 The Mount，YO24 1AS
TEL（01904）622265
URL www.carltonhouse.co.uk
S W £80~145　C/C A M V

约克青年旅舍
YHA York

◆从车站前乘坐 Park & Ride Green Line 的 2 路巴士，在 Clifton Green 站下车。因为是重新装修过的青年旅舍，所以还算干净整洁。

青年旅舍　45 间　Map p.434 B1 外

TV 无　无　无　无　免费　Wi-Fi 部分免费

✉ Water End，Clifton，YO30 6LP
TEL（01904）653147　URL www.yha.org.uk
D £13~35
S W £39~69　C/C J M V

约克安全住宿酒店
Safestay York

◆酒店所在的建筑是一栋 18 世纪时建造的乔治王朝式建筑。多人间里的每个房间大约有 4~10 张床。早餐是欧陆式早餐 £4。

旅舍　23 间　Map p.434 B2

部分　无　部分　所有房间　无　Wi-Fi 免费

✉ 88-90 Micklegate，YO1 6JX
TEL（01904）627720　FAX（01904）658646　URL www.safestay.com
D £12~　S W £50~　C/C J M V

拉塞尔餐馆
Russells

◆专营约克郡传统菜肴的老铺子。最受欢迎的菜肴是烤肉排。食客需要从分餐台上摆设的鸡肉、猪肉、牛肉、羊肉等各种肉里挑选自己喜爱的，然后让厨师帮忙切好分餐。

英国菜　Map p.434 C2

✉ 26 Coppergate，YO1 9NR
TEL（01904）644330
开 12:00~14:30　17:00~21:00（周六·周日 12:00~21:00）
休 无休（冬季时晚餐需要确认）
C/C J M V
店内有信号

金羊毛餐馆
Golden Fleece

◆拥有 500 多年历史的历史名店。曾经作为怪谈传说之地被电视台介绍过。楼上有住宿设施。

Pub　Map p.434 C2

✉ 16 Pavement，YO1 9UP
TEL（01904）725171
URL www.thegoldenfleeceyork.co.uk
开 11:00~23:00（周日 12:00~22:30）
休 无休
C/C M V
店内有信号

老白天鹅
Old White Swan

◆这家酒吧所在的建筑是一栋建于 16 世纪的建筑，是约克城最古老的 Pub，也是约克最受欢迎的 Pub，这里的香肠特别美味。

Pub　英国菜　Map p.434 C1

✉ 80 Goodramgate，YO1 7LF
TEL（01904）540911
开 10:00~24:00（周五、周六~次日 1:00）
休 无休　C/C A J M V
店内有信号

约克郡肥皂公司
The Yorkshire Soap Co.

◆制成杯形蛋糕形状或者各种糖果形状的手工皂十分受欢迎。进入店内仿佛就是进了糖果店一般。

化妆品　Map p.434 B1

✉ 10 Blake St.，YO1 8QG
TEL（01904）655820
URL yorkshiresoap.co.uk
开 10:00~18:00（周日 11:00~17:00）
休 无休　C/C M V

拥有美丽荒野的地方

约克郡河谷国家公园

Yorkshire Dales National Park

被列入世界遗产的方廷斯修道院

约克郡河谷国家公园因风景旖旎和拥有独特的文化而闻名于世，地处西约克郡与坎布里亚之间，占地面积大约1769平方千米。Yorkshire Dale中“Dale”的意思是“谷地”的意思，公园内有二十多条河谷。沿途风景大多是青绿草坪跌宕的河谷与白色石灰岩构成的造型奇特的岩山Peaks。如果把湖区优美温婉的自然风光比喻为母亲的话，那么约克郡河谷的风景便是严父的模样。

约克郡河谷国家公园 主要景点介绍与区域导览

约克郡河谷国家公园的面积辽阔。赛特尔－卡莱尔铁路贯穿公园的西侧，沿途的一些小镇子上分布着公园的主要景点。此外，里彭和霍伊斯等地的周边也有不少著名的景点，可以联合起来一起游览。

塞特尔－卡莱尔铁路
(→ p.449)

p.447

塞特尔 Settle

这里是塞特尔-卡莱尔铁路最主要的车站。虽然镇子的面积不算大，但是却满是约克郡闲适的田园风光景象。

p.447

里彭 Ripon

约克郡河谷东部区域的起点城镇。距离世界遗产方廷斯修道院比较近。

布拉夫
达灵顿
湖区
里士满
温德米尔
霍伊斯
雷伯恩
诺萨勒顿
科尔比隆德尔
约克郡河谷国家公园
里彭
塞特尔
马勒姆
兰开斯特
哈罗盖特
斯基普顿
约克
基斯利
霍沃思
布拉德福德
利兹

p.446

斯基普顿 Skipton

从利兹到这里的交通十分方便，是约克郡河谷南部的旅游起点城镇。特产是乳酪。

p.452

霍沃思 Haworth

与勃朗特姐妹颇有渊源的小城。虽然没有在国家公园境内，但是却是著名的观光地。城镇街景和周边的自然风光也都不错。

p.445

利兹 Leeds

英格兰北部首屈一指的大都市。如果准备游览北约克高沼和约克等地，以这里为起点是最好不过的。

利兹的火车站可以说是约克郡河谷的玄关

约克郡河谷国家公园 起点城市

除了以下几页中介绍的城市以外，如果租车自驾还可以从卡莱尔p.413、约克p.434、湖区p.383出发来这里一日游。

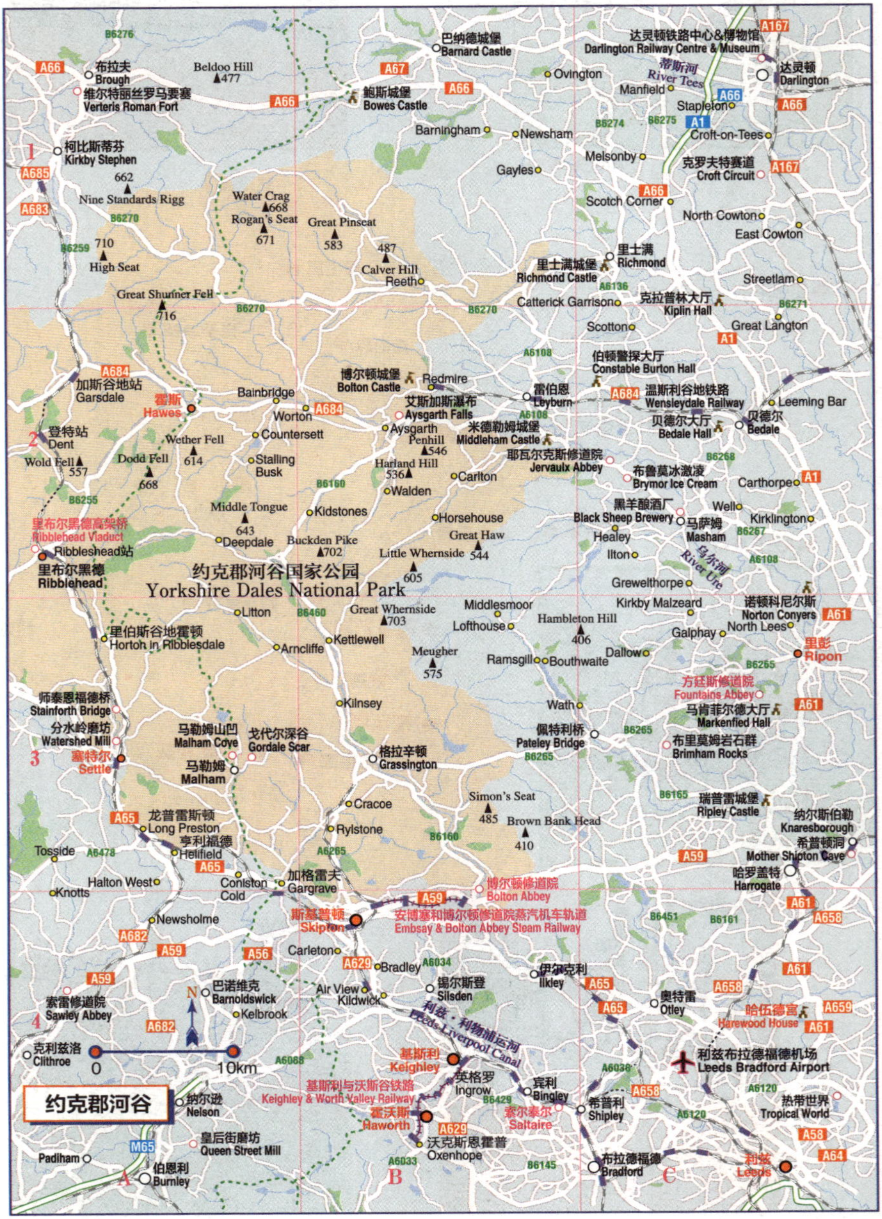

约克郡河谷

约克郡河谷国家公园
Yorkshire Dales National Park

巴纳德城堡 Barnard Castle
达灵顿铁路中心&博物馆 Darlington Railway Centre & Museum
达灵顿 Darlington
蒂斯河 River Tees
布拉夫 Brough
Beldoo Hill 477
维尔特丽丝罗马要塞 Verteris Roman Fort
鲍斯城堡 Bowes Castle
Ovington
Manfield
Stapleton
Barningham
Newsham
Croft-on-Tees
Gayles
Melsonby
克罗夫特赛道 Croft Circuit
柯比斯蒂芬 Kirkby Stephen
662
Nine Standards Rigg
Water Crag 668
Rogan's Seat 671
Great Pinseat 583
Scotch Corner
North Cowton
East Cowton
710
High Seat
487
Calver Hill
Reeth
里士满城堡 Richmond Castle
里士满 Richmond
Streetlam
Great Shunner Fell 716
Catterick Garrison
克拉普林大厅 Kiplin Hall
Scotton
Great Langton
伯顿警探大厅 Constable Burton Hall
博尔顿城堡 Bolton Castle
Redmire
雷伯恩 Leyburn
温斯利谷地铁路 Wensleydale Railway
Leeming Bar
加斯谷地站 Garsdale
霍斯 Hawes
Bainbridge
Worton
艾斯加斯瀑布 Aysgarth Falls
Aysgarth
Penhill 546
米德姆城堡 Middleham Castle
贝德尔大厅 Bedale Hall
贝德尔 Bedale
登特站 Dent
Countersett
Wether Fell 614
Wold Fell 557
Dodd Fell 668
Stalling Busk
Harland Hill 536
Carlton
耶瓦尔克斯修道院 Jervaulx Abbey
布鲁莫冰激凌 Brymor Ice Cream
Carthorpe
Walden
Middle Tongue 643
Kidstones
Horsehouse
黑羊酿酒厂 Black Sheep Brewery
马萨姆 Masham
Well
Kirklington
里布尔黑德高架桥 Ribblehead Viaduct
Ribblesheadm站
里布尔黑德 Ribblehead
Deepdale
Buckden Pike 702
Great Haw 544
Healey
Ilton
乌尔河 River Ure
Little Whernside 605
Grewelthorpe
Kirkby Malzeard
诺顿科尼尔斯 Norton Conyers
Litton
Great Whernside 703
Middlesmoor
Lofthouse
Hambleton Hill 406
North Lees
Galphay
里彭 Ripon
里伯斯谷地霍顿 Horton in Ribblesdale
Arncliffe
Kettlewell
Meugher 575
Ramsgill
Bouthwaite
Dallow
方廷斯修道院 Fountains Abbey
师泰恩福德桥 Stainforth Bridge
Kilnsey
Wath
马肯菲尔德大厅 Markenfield Hall
分水岭磨坊 Watershed Mill
马勒姆山凹 Malham Cove
戈代尔深谷 Gordale Scar
佩特利桥 Pateley Bridge
布里莫姆岩石群 Brimham Rocks
塞特尔 Settle
马勒姆 Malham
格拉辛顿 Grassington
Simon's Seat 485
Brown Bank Head 410
瑞普雷城堡 Ripley Castle
龙普雷斯顿 Long Preston
Cracoe
纳尔斯伯勒 Knaresborough
Tosside
亨利福德 Hellifield
Rylstone
希普顿洞 Mother Shipton Cave
哈罗盖特 Harrogate
Halton West
Coniston Cold
加格雷夫 Gargrave
博尔顿修道院 Bolton Abbey
Knotts
斯基普顿 Skipton
安博塞和博尔顿修道院蒸汽机车轨道 Embsay & Bolton Abbey Steam Railway
Newsholme
Carleton
Bradley
伊尔克利 Ilkley
巴诺维克 Barnoldswick
Air View
Kildwick
锡尔斯登 Silsden
奥特雷 Otley
哈伍德宫 Harewood House
索雷修道院 Sawley Abbey
Kelbrook
利兹·利物浦运河 Leeds Liverpool Canal
克利兹洛 Clithroe
0 10km
基斯利 Keighley
利兹布拉德福德机场 Leeds Bradford Airport
英格罗 Ingrow
宾利 Bingley
基斯利与沃斯谷铁路 Keighley & Worth Valley Railway
纳尔逊 Nelson
霍沃斯 Haworth
索尔泰尔 Saltaire
希普利 Shipley
热带世界 Tropical World
皇后街磨坊 Queen Street Mill
沃克斯恩霍普 Oxenhope
Padiham
伯恩利 Burnley
布拉德福德 Bradford
利兹 Leeds

起点城市

利兹 Leeds

利兹在 19 世纪因毛织产业而获得巨大的发展。至今仍保持着商业传统，富有个性的购物中心非常热闹。这里也是当地的交通要冲，是游览约克郡河谷国家公园及霍沃思的起点城市。

游览方法 利兹的城市中心是火车站。主要街道为从火车站向北延伸的公园路 Park Row 以及美术馆、市政厅所在的黑德路 The Headrow。ℹ设在美术馆内。

中心区域 火车站东北方向有很宽的步行街，主要的购物中心都位于那里。布里盖特 Briggate 的商店数量尤其多，光顾那里的人也很多。

交通信息 **火车站** 火车站位于市区南部。主要干线铁路以及塞特尔 - 卡莱尔铁路的列车都在此停车。候车大厅与站台均为现代建筑。设有检票口，需凭票进入。

巴士站 National Express 公司的长途巴士在科克盖特市场 Kirkgate Market 旁边的长途巴士站停车。中短途巴士及去往近郊的巴士，从长途巴士站东侧的市内巴士站出发。两个车站内部相连，换乘非常方便。

市内巴士 开行于利兹市区的市内巴士在火车站、长途巴士站、市内巴士站停车。车票价格为 £1。但是，要注意，巴士只按顺时针方向行驶，没有逆时针方向行驶的车次。

酒店 利兹为商业城市，所以火车站周围有很多中高档的大型酒店，而且周末很多酒店都会打折。市中心地区，除了大学周边，没有旅馆。

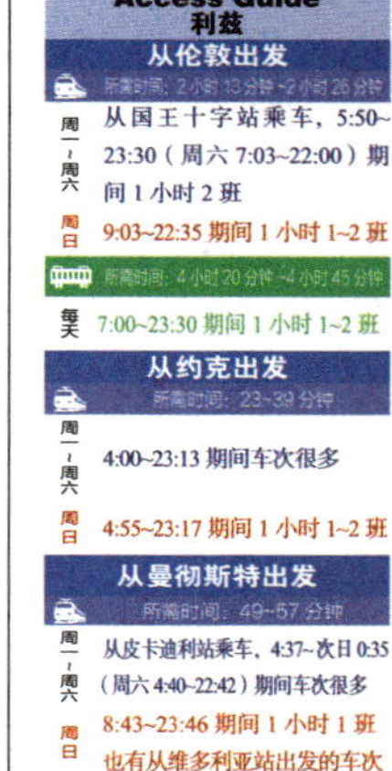
Access Guide
利兹

从伦敦出发
所需时间：2 小时 13 分钟 ~2 小时 26 分钟

周一~周六	从国王十字站乘车，5:50~23:30（周六 7:03~22:00）期间 1 小时 2 班
周日	9:03~22:35 期间 1 小时 1~2 班

所需时间：4 小时 20 分钟 ~4 小时 45 分钟

每天	7:00~23:30 期间 1 小时 1~2 班

从约克出发
所需时间：23~39 分钟

周一~周六	4:00~23:13 期间车次很多
周日	4:55~23:17 期间 1 小时 1~2 班

从曼彻斯特出发
所需时间：49~57 分钟

周一~周六	从皮卡迪利站乘车，4:37~次日 0:35（周六 4:40~22:42）期间车次很多
周日	8:43~23:46 期间 1 小时 1 班 也有从维多利亚站出发的车次

利兹 Tourist Information Centre

Map p.445A1
✉ Art Gallery Shop, The Headrow LS1 3AA
TEL (0113) 3786977
URL www.visitleeds.co.uk
开 10:00~17:00（周日 11:00~15:00、法定节假日 10:00~14:00）
休 12/25 · 26、1/1

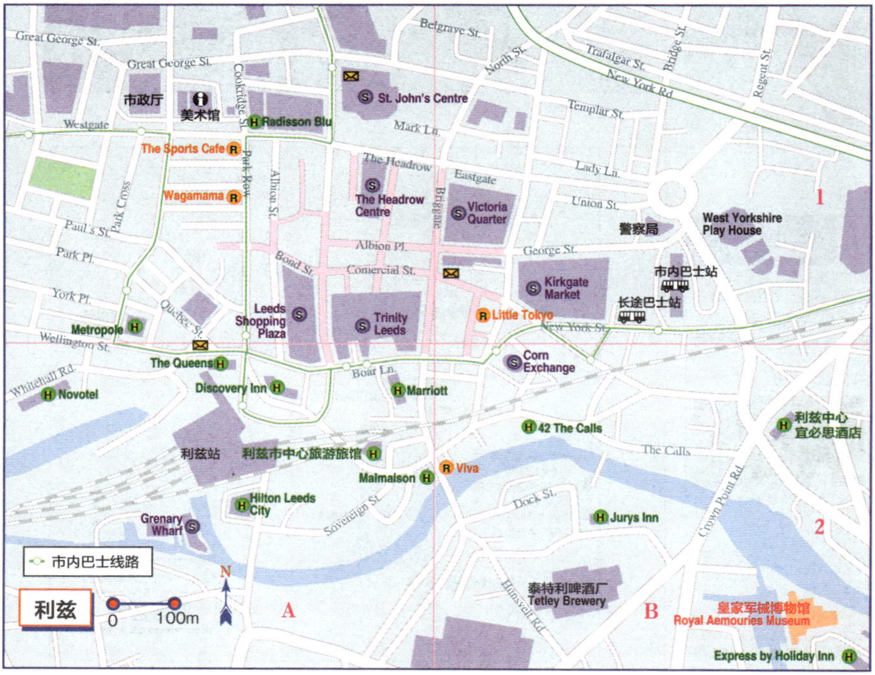

起点城市

斯基普顿

Skipton

约克郡地区唯一的门户城市。购买当地美食，也是旅途中的一大乐趣。

游览方法 当地的主要街道是高街 High St. 以及与高街相连的基斯利路 Keighley Rd.。沿高街前行，可以到达当地的标志性建筑——斯基普顿城堡。商店及咖啡馆也都集中在这条街道及其附近区域。

交通信息 火车站位于市区西部，步行 5~10 分钟可达到市中心。从市中心沿基斯利路南行，有巴士站。

酒店 市中心酒店不多，从巴士站继续前行可至的基斯利路上集中了不少酒店。市内随处都能找到餐馆，而且种类很多，包括 Pub 和一些小餐馆。

斯基普顿的高街

利兹的景点

皇家军械博物馆➡p.455
黑尔伍德庄园➡p.455

Access Guide 斯基普顿

从利兹出发

所需时间：45 分钟

周一~周六 5:29~23:19 期间 1 小时 1~2 班

周日 8:40~23:20 期间 1 小时 1~2 班

从塞特尔出发

所需时间：25 分钟

周一~周五 7:25 10:32 13:32 15:45 16:34 17:57 19:51 21:14

周六 7:28 9:29 11:02 13:28 15:59 17:17 19:44 21:14

周日 11:04 14:36 16:46 18:41

所需时间：40 分钟

周一~周六 7:55~17:00（周六 7:55~15:30）期间 1 小时 1 班 ※ 周日停运

从索尔泰尔出发

所需时间：28 分钟

周一~周六 5:44（周六 6:09）~23:36 期间 1 小时 2~3 班

周日 8:56~23:34 期间 1 小时 1~2 班

斯基普顿火车站。这里是大多数从利兹发出的列车的终点站

斯基普顿 Tourist Information Centre

Map p.446

✉ High St., BD23 1AH

TEL（01756）792809

URL www.welcometoskipton.com

开 10:00~16:00

斯基普顿的景点

斯基普顿城堡➡p.455

起点城市 塞特尔 Settle

塞特尔站被誉为约克郡河谷最美的火车站。塞特尔也是一个非常美丽的城镇。塞特尔 - 卡莱尔铁路上的列车在此停车，所以很多游客把这里作为游览约克郡河谷的据点，不过城镇的规模很小。

游览方法 市场区为城镇的中心。城镇不大，有 10 分钟的时间就能从一头走到另一头。

交通信息 从火车站出来后，沿车站路 Station Rd. 向右（东）步行 3 分钟左右，可以进入主要街道公爵路 Duke Rd.。

Access Guide 塞特尔

从卡莱尔出发

所需时间：1 小时 40 分钟

周一~周五 5:50 8:53 11:55 14:04 15:06 16:18 18:14

周六 7:52 9:24 11:51 14:21 15:49 16:18 18:07

周日 9:25 12:59 15:20 17:00

塞特尔 Tourist Information Centre

Map p.447 上

✉ Town Hall，BD24 9EJ

TEL（01729）825192

URL www.settle.org.uk

开 9:30~16:00

休 1 月 ~ 复活节的周三 · 周四、圣诞节期间、复活节

起点城市 基斯利 Keighley

基斯利是去往霍沃思的起点城市，基斯利 - 沃思峡谷历史遗迹铁路也从这里开始。

游览方法 市政厅 TownHall 周边为城镇中心区域，有很多商店及餐馆。酒店数量也不少。

交通信息 基斯利的火车站与巴士站相距有一定距离。从火车站出来后左转，经过大型超市塞恩斯伯里 Sainsbury's 继续前行，可以到达巴士站。市政厅还在前方。

Access Guide 基斯利

从霍沃思出发

所需时间：约 20 分钟

周一~周六 6:07（周六 7:21）~23:18 期间 1 小时 1~3 班

周日 10:42~23:08 期间 1 小时 1~2 班

起点城市 里彭 Ripon

城市的历史可以追溯到盎格鲁 - 萨克逊的七国时代 ☞ p.574，中世纪时依靠羊毛业而繁荣。这里也是著名的宗教城市，自古以来有很多朝圣者造访此地，位于城市东部的里彭大教堂的地下保存着 7 世纪时的礼拜堂。另外，这里还是去往世界遗产方廷斯修道院的起点城市。

交通信息 巴士站紧邻市场区。这一带为市中心，在北大街 North St. 和女王大街上有餐馆、商店及旅馆。

Access Guide 里彭

从利兹出发

所需时间：1 小时 37 分钟

周一~周六 6:05（周六 7:05）~22:15 期间 1~4 班

周日 8:15~22:15 期间 1 小时 1~3 班

里彭 Tourist Information Centre

Map p.447 下

✉ Town Hall，Market Pl.，HG4 1DD

TEL（01765）604625

开 4~10 月 10:00~13:00 13:30~17:00（周日 10:00~13:00）

11 月 ~ 次年 3 月的周四 · 周六

休 11 月 ~ 次年 3 月的周日 ~ 下周三 · 周五、12/24~ 次年 1/1

里彭的景点

里彭大教堂 ➡ p.456
方廷斯修道院 ➡ p.451

约克郡河谷
国家公园交通图
泰恩河畔纽卡斯尔方向
森德兰
全年开行的巴士（2小时至少1班。周六・周日车次减少或停运）
车次较少的巴士（周六・周日车次减少或停运）
仅限周六、周日等指定日期开行的巴士
仅在特定季节开行的巴士
铁路
历史遗迹铁路（蒸汽列车）
卡莱尔 Carlisle
阿马斯韦特 Armathwaite
莱曾比与柯科斯沃尔德 Lazonby & Kirkoswald
兰沃斯比 Langwathby
阿普尔比 Appleby
柯比斯蒂芬 Kirkby Stephen
加斯河谷 Garsdale
登特 Dent
里布尔黑德 Ribblehead
里布尔河谷霍顿 Horton-in-Ribblesdale
塞特尔 Settle
朗普雷斯顿 Long Preston
赫利菲尔德 Hellifield
加格雷夫 Gargrave
斯基普顿 Skipton
科嫩利 Cononley
斯蒂顿与锡尔斯登 Steeton & Silsden
基斯利 Keighley
奥克沃思 Oakworth
霍沃思 Haworth
奥克森霍普 Oxenhope
基斯利－沃思峡谷铁路
克罗斯福莱茨 Crossflatts
宾利 Bingley
索尔泰尔 Saltaire
希普利 Shipley
Frizzinghall
布拉德福德 Bradford
利兹 Leeds
伊尔克利 Ilkley
奥特利 Otley
Horsforth
Weeton
Pannal
哈罗盖特 Harrogate
约克方向
Pateley Bridge
方廷斯修道院 Fountain's Abbey
里彭 Ripon
赫布登 Hebden
格拉辛顿 Grassington
Buckden
博尔顿修道院 Bolton Abbey
安博塞 Embsay
安博塞－博尔顿修道院蒸汽铁路
马勒姆 Malham
仅限4月上旬～10月下旬的周日・法定节假日
仅限5月上旬～9月下旬的周日・法定节假日
仅限5月～9月的周日・法定节假日
West Tanfield
Masham
Middleham
莱本 Leyburn
Bedale
Leeming Bar
诺斯阿勒顿 Northallerton
里士满 Richmond
达灵顿 Darlington
Keld
Thwaite
Gunnerside Bridge
Reeth
霍斯 Hawes
Aysgarth

约克郡河谷国家公园 区域交通

铁路

塞特尔 - 卡莱尔铁路 建于 19 世纪的塞特尔 - 卡莱尔间的铁路。现在连接利兹与卡莱尔两地，横跨约克郡河谷。铁路全长 116 公里，由 22 座桥梁及 14 座隧道构成，透过车窗可以看见美丽的风景。不过，从斯基普顿向北，列车的车次会变得非常少。

巴士

利兹、基斯利、斯基普顿有巴士枢纽站。巴士车次不算多，很多去往沿线城市及景点的巴士，即使是在旅游旺季，也仅在周末开行。应在❶获取时刻表，根据时刻表制订旅行计划。

租车自驾

在当地的利兹布拉德福德机场以及利兹站等主要火车站都有汽车租赁公司的店铺。当地的公共交通不便，所以租车自驾也是一个不错的选择。

塞特尔 - 卡莱尔铁路

塞特尔站在英国以风景优美著称

■汽车租赁

斯基普顿自驾

Skipton Self Drive

Map p.446

✉ Unit 2C，Craven House，Carleton Business Park，Carleton New Rd.，BD23 2DE

TEL（01756）792911

URL www.skiptonselfdrive.co.uk

开 8:00~17:00（周六 8:00~13:00、周日 8:30~12:00）

休 12/25 · 26、1/1 费 £29.95~

历史遗迹铁路

基斯利-沃思谷铁路

Keighley & Worth Valley Railway

周六 · 周日全年开行，英国学校放暑假（7 · 8 月）期间 9:00~17:00 大概 1 小时 1 班 所需时间 25 分钟

费 基斯利 ~ 霍沃思往返 £12 1 日通票 £18（包含博物馆门票）

霍沃思站

列车在基斯利与奥克森霍普 Oxenhope 之间的行驶时间为 25 分钟。全程共有 6 个停车站，霍沃思站为奥克森霍普站的前一站。戴姆斯站 Dames 是全英国最小的火车站。蒸汽机车与内燃机车都在这条线路上开行，每天的车辆安排可能存在很大的差别，应事先查询运行时刻表，进行确认。

TEL（01535）645214 URL kwvr.co.uk

安博塞-博尔顿修道院蒸汽机车铁路

Embsay & Bolton Abbey Steam Railway

4~7 · 9 · 10 月主要在周二、周六、周日

8 月（每天）、1~3 月的周日

10:30~17:00 期间大概 1 小时 30 分钟 1 班

所需时间 15 分钟 费 1 日通票 £11

开行于安博塞与博尔顿修道院之间的蒸汽列车。8 月时每天开行。1965 年时曾被废止，现在在很多人的努力下恢复了运行。

TEL（01756）710614

URL www.embsayboltonabbeyrailway.org.uk

利兹-利物浦运河游船

奔宁游船

Pennine Boat Trips

3~10 月的 10:30、11:30（天气不好时停运，夏季增加开行班次）

所需时间 30 分钟 费 £4

搭载游客的窄船

利兹 - 利物浦运河原来是为运输石材、煤炭而建，是英国第二长的运河，全长 127 英里（204.4 公里），进入内陆地区很远是这条运河的特点。现在运河已经不再被用于运输，只有游船载客航行。

可以乘坐奔宁游船等公司的游船，在运河上观赏保持着 19 世纪风貌的斯基普顿以及壮丽的约克郡自然风光。

✉ 19 Coach St.，BD23 1LH TEL（01756）795478

URL www.penninecruisers.com

古色古香的博尔顿修道院站

奔宁游船的办公室

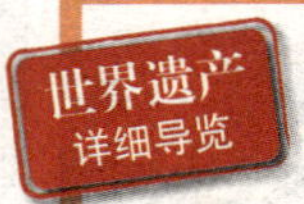

维多利亚式的美丽城镇

索尔泰尔 *Saltaire*

示范村 在 19 世纪工业革命时期，由当地名士泰特斯·索尔特建立的示范村。索尔特试图为自己毛织工厂的工人建造一个包括住宅、教堂、学校在内的综合城镇。整个城镇均为维多利亚式建筑，形成了独特的景观，因此被列入世界遗产名录。

当地的象征——狮子像

索尔泰尔的游览方法 走出索尔泰尔站，眼前的建筑就是索尔特工厂 Salts Mill。这座工厂曾是索尔泰尔最重要的工厂。现在已不是工厂，开设有许多画廊及咖啡馆。从索尔特工厂沿维多利亚路 Victoria Rd. 南行，有学校及医院等设施。

索尔泰尔公园 Saltaire Park
韦尔河
新工厂 New Mill
利兹-利物浦运河
游客中心
归正宗合一教堂
索尔特工厂 Salts Mill
食堂
Albert Ter.
索尔泰尔站
公共浴场遗址
Caroline St.
WC
George St.
Victoria Rd.
学校
维多利亚厅
Titus St.
学校
学校
教堂
维多利亚路
Saltaire Rd.
救济院
诊所

游客中心

索尔特工厂

维多利亚厅

归正宗合一教堂

DATA

■前往索尔泰尔的方法

从利兹乘开往斯基普顿方面的列车，5:29~23:19（周日 8:40~23:20）期间车次很多。所需时间 15 分钟

■索尔特工厂

✉ Salts Mill，BD18 3LA TEL（01274）531163
URL www.saltsmill.org.uk
开 10:00~17:30（周六、周日 ~18:00）
休 12/25·26、1/1 费 免费 禁止使用闪光灯

■归正宗合一教堂

✉ Victoria Rd.，BD18 3LF
TEL（01274）593932
URL saltaireurc.org.uk
开 复活节 ~9 月的周日 14:00~16:00
休 复活节 ~9 月的周一 ~ 周六、10 月 ~ 复活节
费 欢迎捐款

规模宏大的修道院遗址

方廷斯修道院 Fountains Abbey

在游客中心购票

大型熙笃会修道院　方廷斯修道院是建立于 12 世纪的熙笃会修道院。可以通过遗存的厨房、修道士居所等建筑来了解当时的修道生活。这里是英国最大的熙笃会修道院，曾拥有广阔的土地和巨额的财富，但到了 16 世纪，修道院被关闭并变成废墟。

由废墟成为庭园　17 世纪时，退休政治家约翰·艾斯拉比买下周围的土地并开始建造庭园。其子威廉·艾斯拉比将方廷斯修道院也买下，已成为废墟的修道院又变成了美丽的庭园。

1983 年，庭园归国民托管组织管理，1986 年以“包括方廷斯修道院遗址群在内的斯塔德利皇家公园”的名义被列为世界遗产。周围的自然风景很美，适合步行游览。

修道院的拱门

里彭方向
圣玛丽亚教堂 St. Mary's Church
湖
停车场
湖区入口
宴会厅 Banqueting House
皮埃蒂神殿与月亮池 Temple of Piety and Moon Pond
游客中心 Visitor Centre
停车场
停车场
斯塔德利皇家公园 Studeley Royal Park
方廷斯厅 Fountains Hall
修道院 Abbey
方廷斯工厂 Fountains Mill
N
0　200m

方廷斯工厂

从西侧看到的修道院

DATA

■前往方廷斯修道院的方法

🚌从里彭的巴士站乘坐 139 路巴士，在游客中心前下车。周一·周四·周六的 9:45、11:15、13:30、16:25 开行，夏季的周日增至 5 班。所需时间 10~15 分钟。

■方廷斯修道院

✉Fountains，Ripon，HG4 3DY

开行于里彭与方廷斯修道院之间的迷你巴士

TEL (01765) 608888
URL www.nationaltrust.org.uk
开 3 月下旬 ~10 月下旬 10:00~18:00
10 月下旬 ~ 次年 3 月下旬 10:00~17:00
入场截至关门前 1 小时
休 12/25·26、11 月 ~ 次年 1 月的周五
费 £15

Town 约克郡河谷 Walk ①

《呼啸山庄》的故事发生地

霍沃思
Haworth

霍沃思的主街道

勃朗特姐妹（艾米莉·勃朗特☞ p.573、夏洛蒂·勃朗特☞ p.574）创作了《呼啸山庄》《简·爱》等英国文学史上的伟大作品。大风吹过广袤的荒野，《呼啸山庄》中的世界呈现在眼前。霍沃思有勃朗特姐妹的故居等很多与她们有关的场所。

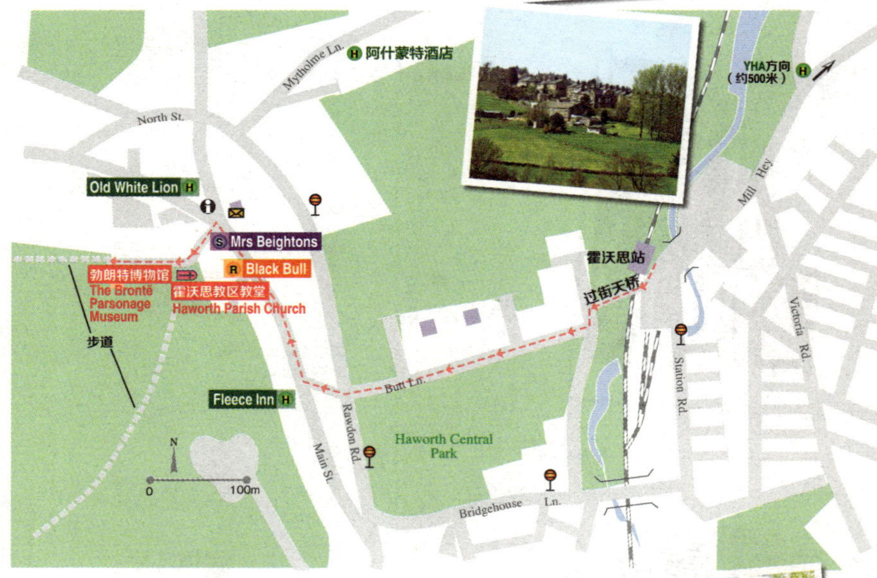

勃朗特博物馆
The Brontë Parsonage Museum

勃朗特一家在1820~1861年期间曾居住在这座建于1779年的乔治式建筑中。现在内部恢复了当时的原貌。保存着安妮喜爱的摇椅以及艾米莉离世时坐过的沙发等物品，可以从中了解勃朗特姐妹当时的日常生活。还有当时的服装，看到这些服装，头脑中就会浮现出《呼啸山庄》中的场景。

在原建筑的基础上扩建了展览室，便于游客更好地了解勃朗特姐妹以及当时人们的生活。里面展出包括素描画在内的许多遗物及遗稿。

✉ Church St., BD22 8DR　TEL（01535）642323
URL www.bronte.org.uk
开 4~10月 10:00~17:30　11月~次年3月 10:00~17:00
入场截至关门前30分钟
休 12/24~27、1/2~31　费 £8.50　学生 £6.50
禁止使用闪光灯

霍沃思教区教堂
Haworth Parish Church

勃朗特姐妹的父亲帕特里克牧师曾在这座教堂里讲解教义。除了塔楼以外，均为原来的建筑，外观及内部装饰都很淳朴。

教堂里有刻着勃朗特一家去年日期的石板，表明这家人与这座教堂有着深厚的关系。除了长眠于圣玛丽亚教堂的安妮，勃朗特一家去世后都安葬于这座教堂旁边的地下墓室。

✉ Church St.，BD22 8DR
开 夏季 9:00~17:00　冬季 9:00~16:00
休 不定休　费 欢迎捐款

黑牛
Black Bull

位于霍沃思教区教堂旁边。Pub 历史很久，据说勃朗特三姐妹的弟弟、曾为他的姐姐们画肖像的帕特里克·布兰韦尔·勃朗特也曾是这里的常客。店内摆放着他坐过的椅子的复制品（照片）。

✉ 119 Main St.，BD22 8DP
TEL（01535）642249　开 12:00~24:00
休 无休　CC M V
店内有

■前往霍沃思的方法

●从基斯利出发

乘坐 B1、B2、B3 路巴士或基斯利 - 沃思峡谷铁路列车。

●从曼彻斯特出发

乘坐从维多利亚站出发、开往利兹的列车，行驶 30 分钟可达到赫布登布里奇 Hebden Bridge。然后换乘开往基斯利的巴士，去往霍沃思，所需时间约 25 分钟。

■霍沃思的 i

✉ 2-4 West Ln.，BD22 8EF
TEL（01535）642329
URL www.visitbradford.com
开 5~10 月 10:00~17:00
11 月～次年 4 月
10:00~16:00
休 无休

i 有很多关于步行游览的信息

老白狮子酒店
The Old White Lion Hotel

由 18 世纪的建筑改建而成，室内装饰为暖色调，功能齐全。1 层还有传统风格的 Pub，提供当地菜肴。

✉ 6-10 West Ln.，BD22 8DU　TEL（01535）642313
FAX（01535）646222　URL oldwhitelionhotel.com
S £75~
W £105~
CC A M V
Pub 11:00~23:00（周日 12:00~23:00）

福利斯旅馆
The Fleece Inn

室内装饰为明亮的乡村风格，从很多房间能看到屋外的风景。Pub 提供的当地产蒂莫西泰勒啤酒，泡沫很多，口味不错。提供包括熏三文鱼及华夫饼的早餐。共有 10 间客房。

✉ 67 Main St.，BD22 8DA　TEL（01535）642172
URL fleeceinnhaworth.co.uk　S £50~
W £80~　CC A M V
Pub 9:00~23:00（周日 ~22:30）

TV 所有房间　所有房间　所有房间　无　免费　Wi-Fi 免费

贝顿夫人甜品店
Mrs Beightons Sweet Shop

利用 17 世纪的建筑开设的甜品店。店内有装在瓶子里的色彩各异的糖果以及看上去非常可爱的巧克力等商品。采用称重的销售方式，有多种甜品混合在一起的套装，很适合当作礼品。

✉ 127 Main St.，BD22 8DP　TEL（01535）640303
URL www.mrsbeightons.co.uk　开 10:00~17:00
休 1 月会不定期休息
CC M V

■前往里布尔黑德的方法

🚉 从塞特尔出发，6:36（周六7:15）9:50 11:46 13:48 15:45 19:08（周六 18:57）20:24（周日 10:11、14:58、18:35）

从里布尔黑德返回，7:11 10:17 13:17 15:29 17:42 19:37 21:00（周六 7:14 9:15 10:47 13:14 15:45 17:42 19:30 21:00，周日 10:49 14:21 18:25）。所需时间 14~17 分钟

●里布尔黑德站的游客中心

✉ Rydal Rd.，LA22 9AN

开 3~10 月 10:30~15:30

内部禁止拍照

步道的标识

约克郡河谷国家公园 主要景点

荒野中的高架桥

里布尔黑德高架桥

Map p.444 A2

Ribblehead Viaduct

里布尔黑德

里布尔高架桥是由 24 座桥墩支撑的铁路桥，也是塞特尔 - 卡莱尔铁路上的一大亮点。从里布尔黑德站出来，进入 B6255 公路前行，然后左转进入步道，就能看见铁路桥。

里布尔黑德站历史悠久，建于 125 年前。2017 年开设了游客中心，里面通过展板介绍塞特尔 - 卡莱尔铁路的历史。

里布尔黑德高架桥 Ribblehead Viaduct
步道
B6255
Station Inn
N
0 200m
里布尔黑德站

荒凉大地上的高架桥

walk

在 10 公里的步道上追寻《呼啸山庄》的足迹

在霍沃思步行游览勃朗特小路

霍沃思及其周边地区也被称为勃朗特乡村 Brontë Country，在此旅游的最大乐趣是沿着步道步行游览与勃朗特一家有关的地点。

从霍沃思向西南方向是广阔的荒野。这里是勃朗特姐妹幼时玩耍的地方。她们每天去观察栖息于荒野之中的动物并展开丰富的想象。

勃朗特瀑布与勃朗特桥　从教区教堂向西是佩尼斯通山 Penistone Hill。从这座山丘沿步道前行，可以到达勃朗特瀑布与勃朗特桥。那里是勃朗特姐妹非常喜欢的地方。小河之上的石桥就是勃朗特桥，远处是勃朗特瀑布，据说在雨过天晴时景色是最美的。

托普威森斯　现在，建筑基本上全部毁坏，只有残存的墙壁。这一带是小说《呼啸山庄》的故事背景。

乌云飘向远方，大风吹过石楠丛生的山丘，两棵枫树旁边是早已成为废墟的托普威森斯。这里完全就是《呼啸山庄》中描述的世界。

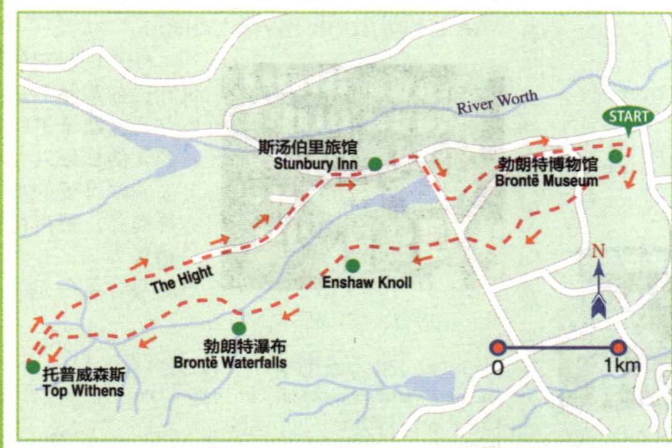

■线路详情

起点： 霍沃思教区教堂

往返所需时间： 2小时~3小时30分钟

总长度： 10公里

至勃朗特瀑布，往返约 8 公里，所需时间 2 小时 30 分钟左右。至托普威森斯，往返约 10 公里，所需时间 3 小时 ~3 小时 30 分钟。霍沃思的 ❶ 有地图，介绍各种步行游览及健走线路。建议先去那里获取资料。

位于自然环境之中的

博尔顿修道院

Map p.444 B3·B4

Bolton Abbey

伊尔克利近郊

矗立于荒野之中的废墟

很难用几句话对博尔顿修道院进行介绍。这里有古代教堂的废墟以及河流、村庄，还有多条步行游览线路。可以说，现在的博尔顿修道院是一个自然公园。在修道院范围内有沃夫河 Wharfa，每到假日，有很多人在此戏水、垂钓，鸟类爱好者们会在这里观赏蕨类植物丛中的雷鸟，还有人来参观建于 12 世纪的圣奥古斯丁修道院及巴登塔 Barden Tower 遗址。另外，还有蒸汽机车（→ p.449）开行于安博塞与博尔顿修道院之间。

坚固的诺曼式城堡

斯基普顿城堡

Map p.446

Skipton Castle

斯基普顿

斯基普顿城堡是英国保存状态最好的中世纪城堡之一。为抵御苏格兰的入侵，1090 年在此修建了木结构要塞，之后为加强防御能力，将要塞改建为石结构的城堡。这座城堡在斯基普顿的山顶上已经屹立了 900 多年。克伦威尔→ p.574 将城堡毁坏，之后重建，成为现在的样子。

展出世界各地的武器

皇家军械博物馆

Map p.445 B2

Royal Armouries Museum

利兹

巨大的象甲

展出 7 万多件武器及 5000 件铠甲等藏品。最重要的藏品为亨利八世→ p.576 曾经使用的铠甲与头盔、被吉尼斯世界纪录认定为“世界上最大的动物用铠甲”的象甲。

曾为女王住所的

黑尔伍德庄园

Map p.444 C4

Harewood House

利兹近郊

1759 年，由黑尔伍德伯爵修建的宅邸。之后，黑尔伍德家族代代继承这个庄园，乔治五世的女儿玛丽公主与黑尔伍德伯爵亨利 · 拉塞尔结婚后直至 1965 年去世在此居住了 35 年。建筑内保存着当时的家具、陈设。庭园规模很大，还有人工湖。

■博尔顿修道院

🚌 从伊尔克利火车站乘坐 74 路巴士，10:35、14:15（周六 9:40、11:50、16:40）发车，周日 874 路 10:12、14:12 发车。

博尔顿修道院发车 9:45、13:48、17:38（周六 9:15、11:15、16:15）. 周日 13:20、17:20 发车。

🚂 恩布塞至博尔顿修道院有恩布塞 - 博尔顿修道院蒸汽铁路。可从斯基普顿乘巴士（周日停运）前往恩布塞。

TEL（01756）718009

URL www.boltonabbey.com

开 3 月中旬 ~5 月、9 月 ~10 月下旬 9:00~19:00

6~8 月 9:00~21:00

※ 入场截至关门前 2~3 小时

休 无休

费 免费

斯基普顿城堡保存状态非常好，建筑十分坚固

■斯基普顿城堡

✉ Skipton Castle，BD23 1AW

TEL（01756）792442

URL www.skiptoncastle.co.uk

开 4~9 月 10:00~17:00

（周日 11:00~17:00）

10 月 ~ 次年 3 月 10:00~16:00

（周日 11:00~16:00）

休 12/23~25

费 £8.30 学生 £7.30

■皇家军械博物馆

✉ Armouries Dri.，LS10 1LT

TEL（0113）2201999

URL www.royalarmouries.org

开 10:00~17:00

※ 入场截至 16:30

休 12/24~26

费 免费 **禁止使用闪光灯**

■黑尔伍德庄园

🚌 开行于利兹与哈罗盖特之间的 36 路巴士经停黑德伍德。从利兹或哈罗盖特出发，所需时间 20 分钟。

✉ Harewood，LS17 9LQ

TEL（0113）218010

URL harewood.org

开 10:00~18:00（宅邸 11:00~15:30）

休 10/31~3/24 费 £12.50~16.50

内部禁止拍照

■里彭大教堂
✉ Minster Rd., HG4 1QS
TEL（01765）603462
URL riponcathedral.info
开 8:30~18:00（周日 ~17:00）
休 无休 费 欢迎捐款 拍照 £1

Access Guide
霍斯

●从里彭出发
🚌乘坐 9:40、11:40、15:30 发车的 159 路（周日停运）开往莱本 Leyburn 的巴士，行驶时间约 1 小时 10 分钟，然后换乘 11:45、14:30、17:05 发车的 156 路（周日停运）巴士，行驶时间约 45 分钟。

●从利兹出发
🚃🚌此线路仅适用于周日及法定节假日。至诺斯阿勒顿 Northallerton 需 45~50 分钟。白天每小时 2~3 班。在诺斯阿勒顿换乘 9:33、12:43、16:30 发车的 856 路巴士（仅在周日·法定节假日开行）约 1 小时 15 分钟。

霍斯
Tourist Information Centre
Map p.457
✉ Station Yard, DL8 3NT
URL www.yorkshiredales.org.uk
TEL（01969）666210
开 10:00~17:00
休 12/24~26、1 月

保存至今的 7 世纪教堂

里彭大教堂

Map p.447 下

Ripon Cathedral

里彭

哥特式风格的大教堂

7 世纪后期，诺森布里亚地区的圣威尔弗里德于 672 年修建了教堂。现在的建筑主体为 12 世纪时修建的，地下保存着建于 7 世纪的礼拜堂，由此可以窥见当时的宗教建筑。

欣赏质朴的乡村风景

约克郡河谷的小镇

霍斯

Map p.444A2

Hawes

霍斯街景

霍斯是一个度假小镇。虽然交通非常不便，但是非常值得一去。小镇的景色优美，宛如画卷，被形容为"巧克力盒子"。小镇的面积不大，从一头走到另一头只需要 20 分钟左右，但居住于此的河谷人的生活充满了活力。

walk

四面都是石灰岩构成的美景

从马勒姆前往马勒姆峡谷与戈戴尔裂谷

马勒姆是一个小村庄，但有大量来自世界各地的游客来此游览马勒姆峡谷与戈戴尔裂谷。

马勒姆峡谷 沿峡谷路前行，中途有步道入口，单程所需时间为 30 分钟左右。马勒姆峡谷有形如圆形剧场的石灰岩壁，岩壁仿佛刀切一般陡峭，非常壮观。峡谷最初形成于冰川期，经过漫长的岁月变成了现在的样子。

通往马勒姆峡谷的步道

戈戴尔裂谷 戈戴尔裂谷为多起伏的石灰岩丘陵地带。前往那里的道路很不好走，不过走在草地上的步道上，可以看到周围的美景。从马勒姆出发，单程所需时间 1 个多小时。

■前往马勒姆的方法
🚌从斯基普顿出发，所需时间 35 分钟，周一～周五（210、211 路）9:50、13:00 发车，周六（75 路）9:45、15:45 发车，周日停运。从马勒姆返回，周一～周五 10:35、13:35 发车，周六 10:30、16:30 发车，周日停运。

■线路详情
起点：马勒姆的❶
往返所需时间：1~3小时
总长度：4~12公里

滑糯味道

温斯利谷地乳酪工厂

Map p.457

Wensleydale Creamery　霍斯

通过英国人气电视节目《超级无敌掌门狗》(*Wallace and Gromit*) 而一举成名的乳酪工厂。工厂内有参观乳酪制作过程的参观团项目，还有可以品尝到刚刚出炉的鲜乳酪的餐馆。

■ 温斯利谷地乳酪工厂
✉ Gayle Ln. DL8 3RN
TEL (01969) 667664
URL www.wensleydale.co.uk
开 10:00~16:00
休 12/25 · 26
费 £3.95

可以选购一些特制的乳酪作为伴手礼

展示了当地的传统文化

谷地乡村博物馆

Map p.457

Dales Countryside Museum　霍斯

通过模型再现了约克郡人民的传说和生活场景，并且附有解说，馆内设有传播约克郡河谷传统手工艺的教室等设施。

■ 谷地乡村博物馆
✉ Station Yard, DL8 3NT
TEL (01969) 666210
URL www.dalescountrysidemuseum.org.uk
开 2~10 月　10:00~17:00
　11 · 12 月　10:00~16:30
休 12/24~26、1 月
费 £4.80　学生 £4.30

酒店 & 餐馆
Hotel & Restaurant

利兹的大型连锁酒店比较多，餐馆的种类也比较丰富。斯基普顿的交通也比较方便，民宿、中档酒店的数量相对较多一些。霍沃斯也有不少氛围很好的民宿，另外还有几间既可以品尝当地美味菜肴又可以喝啤酒的旅馆。

42 铃声酒店
42 The Calls　利兹

高档　41 间　Map p.445 B2

◆位于开发区的设计师酒店　这是一家位于运河畔的人气酒店。每个房间的装修风格都根据主题各有不同，设计师充分利用古木材和建筑物的形状完美结合。单一色系的家具彰显这里的大气简约的风格。早餐的种类也很丰富，全英式早餐可以从鸡肉、香肠等中选择，价格是 £15.25。下午茶的价格大约在 £20。周末有优惠。

所有房间　所有房间　所有房间　无　无　免费

✉ 42 The Calls, LS2 7EW
TEL (0113) 2440099
FAX (0113) 2344100
URL www.42thecalls.co.uk
S W £99~
C/C A M V

利兹市中心旅游旅馆
Travelodge Leeds Central　利兹

100 间　Map p.445 A2

所有房间　所有房间　所有房间　无　付费　付费

✉ Blayds Yard Off Swinegate, LS1 4AD
TEL 08719846155
URL www.travelodge.co.uk
S W £81~　早餐另付费
C/C A M V

利兹中心宜必思酒店
Ibis Budget Leeds Centre　利兹

218 间　Map p.445 B2

所有房间　根据需要　无　无　无　免费

✉ 2 The Gateway North, Crown Point Rd., LS9 8BZ
TEL (0113) 2450725
FAX (0113) 2450739
URL www.ibis.com
S W £38~　早餐另付费
C/C A J M V

赫利厄特酒店

Herriots 斯基普顿

◆酒店位于火车站前，十分方便。前台位于酒吧的里侧。客房的陈设是古典风格，但是设备是新的。在酒店餐馆里可以享受使用当地食材烹制的菜肴。

中档 22 间 Map p.446 外

TV 所有房间 | 所有房间 | 所有房间 | 无 | P 免费 | Wi-Fi 免费

✉ Broughton Rd., BD23 1RT
TEL (01756) 792781
URL www.herriotsforleisure.co.uk
S £79~
W £99~ C/C A M V

卡尔顿之家酒店

Carlton House 斯基普顿

◆这里是由一对老夫妇经营的如家一般的民宿。客房宽敞整洁。使用当地食材烹制而成的早餐是这里的一大亮点。

民宿 5 间 Map p.446

TV 所有房间 | 所有房间 | 所有房间 | 无 | P 无 | Wi-Fi 免费

✉ 46 Keighley Rd., BD23 2NB
TEL (01756) 700921
URL www.carltonhouseskipton.co.uk
S £40~
W £60~ C/C 不可

狮子客栈

The Lion Inn 塞特尔

◆这家客栈是利用一栋建于17世纪的老房子改建而成的。有两间客房附带浴缸。客栈内的Pub有一个大大的暖炉，除了酒水以外还有餐食，精选食材烹制的菜肴味道极好。

Inn 14 间 Map p.447 上

TV 所有房间 | 所有房间 | 所有房间 | 无 | P 无 | Wi-Fi 免费

✉ Duke St., BD24 9DU
TEL (01729) 822203
URL thelionsettle.co.uk
S W £104~ C/C M V

阿什蒙特酒店

Ashmount 霍沃斯

◆酒店所在的建筑，原本属于勃朗特家的家庭医生所有。宅邸质地厚重，前院的风景十分有特色。建于18世纪的这栋建筑的内部充满古典氛围。有的客房还带有露天浴池。

中档 12 间 Map p.452

TV 所有房间 | 所有房间 | 所有房间 | 无 | P 免费 | Wi-Fi 免费

✉ Mytholmes Ln., BD22 8EZ
TEL (01535) 645726 FAX (01535) 642550
URL www.ashmounthaworth.co.uk
S W £89~295
C/C A J M V

碧斯丽珠餐馆

Bizzie Lizzies 斯基普顿

◆餐馆位于利兹·利物浦运河附近，这里的鱼和薯条深受当地人的喜爱，过去还曾经获得过美食大奖。外卖窗口23:30左右才关门。

英国菜 Map p.446

✉ 36 Swadford St., BD23 1QY
TEL (01756) 701131
URL www.bizzielizzies.co.uk
开 11:00~21:00
休 无休
C/C A M V
无信号

塔尔伯特阿姆斯

Talbot Arms 塞特尔

◆这家店铺被传统Pub保护团体CAMRA列入保护名单。店内共有6种当地的啤酒，随着季节的变化也会变换种类。食谱主要以约克郡的传统美食为主。

Map p.447 上

✉ Hight St., BD24 9EX
TEL (01729) 823924
URL www.talbotsettle.co.uk
开 12:00~23:00
休 12/25
C/C A M V
店内有信号

威尔士

Wales

景点透视

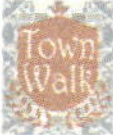

城市漫步指南

照片上：威尔士高地铁路（p.478） 照片左下：加的夫城堡（p.464）
照片右下：兰迪德诺（p.473）

加的夫 p.462

威尔士最大的城市。历史性建筑和近代大厦完美结合的城市。

庞特卡萨斯泰高架水道桥 p.475

桥上有渡船缓缓前行的风景令人顿感神秘。

康威城堡 p.477

8根圆柱形的塔楼是这座城堡的特色。另一个特点是其保存状态良好。

卡那封城堡 p.476

因威尔士王子在此举行了就任仪式而闻名。

保留有许多古城的边境之地

威尔士

与英国的其他地区相比威尔士属于多山地带，主要城市大多集中在南威尔士与北威尔士靠海的一侧。中央地带的坎布里亚山脉呈南北走向，其北侧是布雷肯比肯斯国家公园和斯诺登尼亚国家公园（雪敦国家公园）。

北威尔士及其周边　南威尔士拥有首府城市加的夫 p.462 和已被列入世界文化遗产的城市布莱纳文。布莱纳文 p.467 虽然有博物馆和历史遗迹铁路，但是从加的夫到此的交通多有不便。

北威尔士　康威 p.472、卡那封 p.474 等中世纪氛围浓郁的城镇云集，在这里旅行可以享受已经被列入世界遗产的古城巡游 p.476 之旅的乐趣。如果时间允许的话，位于英格兰边境附近的世界遗产——庞特卡萨斯泰高架水道桥 p.475 也非常值得一游。

凯尔特文化　威尔士的凯尔特人是因常年饱受盎格鲁-萨克逊人和诺曼人的侵略，最后在现在的威尔士附近定居下来的。他们拥有独特的文化，在威尔士除了说英语之外，威尔士语也是通用语言。

主要城市与景点概要

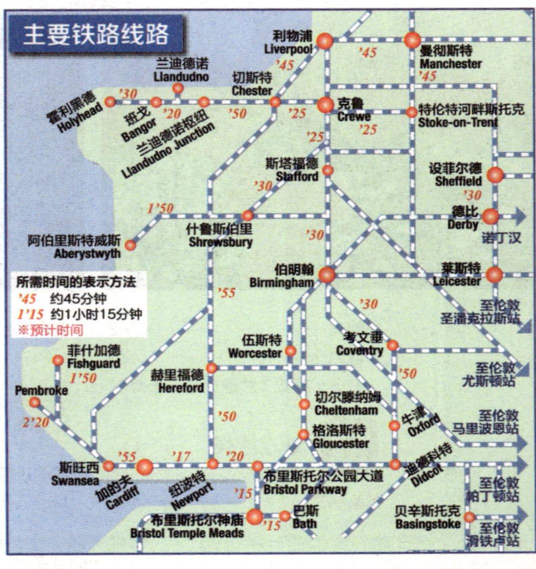

值得推荐的户外项目

railway

透过车窗欣赏雄伟壮观的自然景观

北威尔士历史遗迹铁路

详细内容 p.478

斯诺登山的登山小火车

威尔士高地铁路是最受欢迎的旅游项目。在险峻的溪谷中穿梭，全程尽享大自然的雄伟与壮丽。另外还有斯诺登山的登山小火车也非常有特点。

名特产品、手工艺品

handcraft

最适合送给恋人的礼物

爱之汤匙 Love Spoon

使用一整根木头手工雕刻的木勺是威尔士地区最传统的伴手礼。据说这种汤匙不是用来吃饭用的，而是男性为了向女性表达爱意而制作的。根据雕刻方法的不同所表达的意思也不同，具体含义可以向店员咨询。加的夫的 ❶ 或者加的夫城堡前的纪念品商店均有销售。

当地美食

gourmet

纯天然乳酪

斯诺登尼亚芝士 Snowdonia Cheese

北威尔士拥有肥沃的土壤和丰富的水资源，因此这里产的食材品质尚好，制作出来的乳酪也是别具一格。在斯诺登尼亚国家公园附近生产的斯诺登尼亚芝士使用色彩艳丽的蜡封保存，可以最大限度地保留乳酪的原有味道。品种也很丰富。

地方啤酒、其他酒类

whisky

威尔士唯一的威士忌

潘德林酿酒厂 Penderyn Distillery

威尔士的威士忌产业早在 19 世纪末期的时候就已经衰退了，不过 2000 年是重新成立的威尔士威士忌公司再次酿造威士忌。工厂使用布雷肯比肯斯的天然水酿造单一麦芽威士忌。

DATA

布雷肯比肯斯国家公园附近的 Aberdare 是起点。从加的夫中央车站出发至 Aberdare 站之间有火车相连接，每小时一趟车。所需时间约 1 小时。从 Aberdare 站前的巴士站乘坐 7 路巴士便可到达酿酒厂，每逢 25 分发车（周日停运）。所需时间约 35 分钟。

折页地图第一页 B6

✉ Pontpren，Penderyn，CF44 0SX　TEL（01685）810650

URL penderyn.wales

开 9:30~17:00（夏季 ~18:00）

费 参观团 £9　学生 £6.88（每次限 20 人，建议提前预约）

威尔士高地铁路 p.478

连接卡那封与波特马多克Porthmadog之间的铁路。沿途可以欣赏斯诺登尼亚的绝美风景

爱之汤匙

斯诺登尼亚芝士

潘德林酿酒厂

古城与现代都市的建筑完美融合

加的夫
Cardiff

人口	长途区号
34万6090人	029

加的夫市
City of Cardiff

加的夫城堡（左）与诺尔曼要塞（右）

加的夫是威尔士的首府，早在工业革命以后19世纪时就作为煤炭出口的港口而繁荣起来，此后这里又作为工业基地而逐渐发展壮大。整座城市通过纪念千禧年计划发生了巨大的变化，湾区开发得到了大力的推进，同时还建设了各种娱乐休闲设施和办公大厦等。另外，以加的夫城堡为首的历史性建筑也得到了完备的保护，市中心的街景十分美丽，至今还能够感觉到凯尔特人的文化气息。

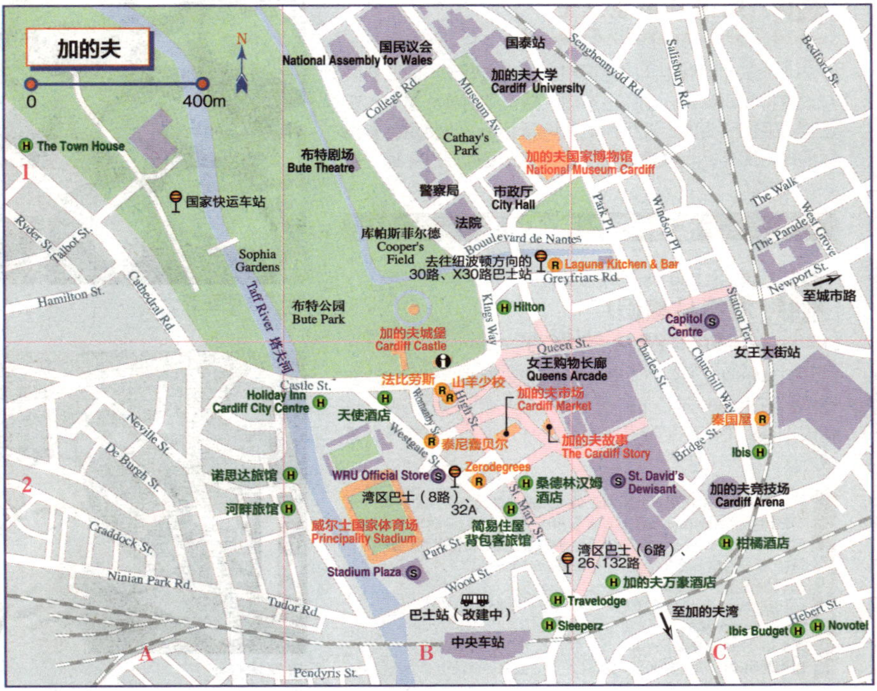

加的夫
0
400m
N
国民议会
National Assembly for Wales
国泰站
加的夫大学
Cardiff University
The Town House
布特剧场
Bute Theatre
Cathay's Park
加的夫国家博物馆
National Museum Cardiff
国家快运车站
警察局
市政厅
City Hall
法院
库帕斯菲尔德
Cooper's Field
Sophia Gardens
去往纽波顿方向的30路、X30路巴士站
Laguna Kitchen & Bar
布特公园
Bute Park
Hilton
Capitol Centre
至城市路
加的夫城堡
Cardiff Castle
女王大街站
女王购物长廊
Queens Arcade
Holiday Inn Cardiff City Centre
法比劳斯
山羊少校
加的夫市场
Cardiff Market
天使酒店
泰尼露贝尔
加的夫故事
The Cardiff Story
秦国屋
Ibis
诺思达旅馆
WRU Official Store
Zerodegrees
桑德林汉姆酒店
St. David's Dewisant
加的夫竞技场
Cardiff Arena
湾区巴士（8路）、32A
河畔旅馆
威尔士国家体育场
Principality Stadium
简易住屋背包客旅馆
柑橘酒店
湾区巴士（6路）、26、132路
Stadium Plaza
加的夫万豪酒店
Travelodge
巴士站（改建中）
至加的夫湾
Sleeperz
中央车站
Ibis Budget
Novotel
Ryder St. Talbot St. Cathedral Rd. Hamilton St. Neville St. De Burgh St. Craddock St. Ninian Park Rd. Tudor Rd. Pendyris St. Taff River 塔夫河 Castle St. Womanby St. High St. Westgate St. St. Mary St. Park St. Wood St. Kings Way Queen St. Charles St. Churchill Way Bridge St. Station Ter. Boulevard de Nantes Greyfriars Rd. Park Pl. Windsor Pl. College Rd. Museum Av. Senghennydd Rd. Salisbury Rd. Bedford St. The Walk The Parade West Grove Newport St. Hebert St.

加的夫 漫 步

从加的夫城堡向南延伸的圣玛丽大街

加的夫虽然是威尔士的首府，但是中心城区面积不大，整座城市设计精巧而紧凑，很适合步行游览。可以围绕着加的夫的城堡进行游览。

中心街区 城区的两条主要街道分别是从加的夫城堡向东南延伸的高街（High St.），和圣玛丽大街（St. Mary St.）。这条路两侧汇集了不少店铺，是加的夫城的商业区。加的夫城堡的东北侧一带是以加的夫大学、市政厅、法院等为首的行政区域。

加的夫 交通信息

加的夫中央车站

加的夫机场 国内航线较少，大多是与巴黎、阿姆斯特丹、都柏林等城市之间往来的航线。可以从机场乘坐 T9 路巴士前往加的夫的巴士站。

火车站与巴士站 往来伦敦的列车是在加的夫中央车站停车的。从这里去往圣玛丽大街步行仅需 5 分钟。去往民宿比较集中的卡莱尔路 Cathedral Rd. 步行约需 20 分钟，也可以选择乘坐 25 路巴士或者出租车前往。巴士站从 2018 年 5 月开始整修。国家快运的巴士在卡莱尔路附近的巴士站停车。

加的夫 市内交通

市内巴士 去往加的夫湾或者郊外的景点可以选择乘坐巴士前往。在市中心内也可以乘坐加的夫巴士 Cardiff Bus 进行移动。费用是 £1.90。去往郊外的巴士是由 Stage Coach 公司运营的。

观光巴士 City Sightseeing 公司的观光巴士从加的夫城堡前出发，经由加的夫国家博物馆与美术馆、加的夫湾区等市内主要景点共 11 处。还附赠景点和餐馆的优惠券。

市内观光巴士的投币设施。不找零，请提前准备好零钱

Access Guide 加的夫

从伦敦出发

火车 所需时间：约 2 小时 10 分钟

周一～周六 从帕丁顿站出发，5:19~22:45（周六 7:45~22:00）期间每小时 2 趟车

周日 从帕丁顿站出发 8:30~21:30 期间每逢半点一趟车

巴士 所需时间：3 小时 ~3 小时 25 分钟

周一～周日 8:00~23:30 期间每小时 1 趟车

从布里斯托尔出发

火车 所需时间：约 1 小时

周一～周六 从神庙站出发，5:20~ 次日 1:37（周六 6:45~22:55）期间每小时 2 趟车

周日 从神庙站出发，8:48~23:40 期间每小时 1~2 趟车

从伯明翰出发

火车 所需时间：约 2 小时

周一～周六 从新街站出发，5:00~20:30 期间每小时 1 趟车

周日 从新街站出发，10:12~19:30 期间每小时 1 趟车

从什鲁斯伯里出发

火车 所需时间：约 2 小时 10 分钟

周一～周六 5:30~23:08（周六 5:40~21:55）期间每小时 1 趟车

周日 11:10~22:29 期间每小时 1 趟车

i 加的夫 Tourist Information Centre

Map p.462B2
✉ Cardiff Castle, Castle St., CF10 3EB
TEL（029）20878100
URL www.visitcardiff.com
开 9:00~17:00
休 12/25・26、1/1

■ 加的夫故事 Map p.462B2
✉ The Old Library, The Hayes, CF10 1BH
TEL（029）20346214
URL www.cardiffmuseum.com
开 10:00~16:00
休 12/25~27、1/1 费 免费
禁止使用闪光灯

位于图书馆内的博物馆。主要通过视频和模型向人们展示从公元前至今的加的夫历史，并且用简单易懂的词语进行解释。

■ City Sightseeing
URL www.city-sightseeing.com
10:00~15:00 期间每 30 分钟 1 趟车
休 12/25・26、1/1
费 £12.50 学生 £9.50

也可以顺便来这里收集旅游信息

■ 加的夫城堡
✉Castle St., CF10 3RB
TEL（029）20878100
URL www.cardiffcastle.com
开 3~10 月 9:00~18:00
11 月～次年 2 月 9:00~17:00
闭馆前 1 小时截止入场
休 12/25 · 26、1/1
费 £13 学生 £11.30
有语音导览
● House Tours
开 3~10 月 10:00~17:00 期间整点出发
11 月～次年 2 月 10:00~16:00 期间整点出发
费 £15.75 学生 £13.70（含门票）
馆内部分区域禁止摄影
禁止使用闪光灯

加的夫城堡内的集会大厅

■ 加的夫国家博物馆
✉Cathays Pk., CF10 3NP
TEL 0300 1112333
URL museum.wales
开 10:00~17:00
休 周一、法定节假日、12/24~26、1/1
费 欢迎捐赠
特展禁止拍照
禁止使用闪光灯

■ 威尔士国家体育场
✉Westgate St., CF10 1NS
TEL（029）20822432
URL www.principalitystadium.wales
● 体育馆导览团
开 10:00~17:00（周日 10:00~16:00）
休 比赛日、法定节假日、12/25 · 26、1/1
费 £12.50 学生 £10
● 橄榄球协会官方商店
WRU Official Store
开 9:30~17:30（周日 10:00~16:00）
休 12/25 · 26、1/1

卫衣、护身符等商品均有销售

连细节都做得十分华丽精巧

加的夫城堡

Map p.462 B2

Cardiff Castle

护城河环绕下的诺曼要塞

据说城堡的地基是在罗马时代所建的，现在的建筑物是 19 世纪时布特家族的第三代城主重新建造的。城堡是由当时最受欢迎的建筑师威廉姆 · 伯吉斯所设计的。建筑主体以维多利亚王朝风格为主旋律，使用大量金箔和大理石装点，并且拥有独特的装饰风格。参加 House Tours 除了可以参观普通的景点之外，还可以去这以外的房间参观。屋顶被精美的壁画所覆盖并且带有细腻彩绘玻璃的冬季吸烟室、墙壁上画有 9 个童话故事的儿童房、藻井风格的阿拉伯室等房间令人瞠目结舌。城外的院子内还有一座 12 棱形的碉堡——诺曼要塞，碉堡建于 12 世纪的诺曼王朝时代。

威尔士自然史展品以及艺术展品充实

加的夫国家博物馆

Map p.462 B1

National Museum Cardiff

曾经在威尔士栖息的恐龙的化石标本

这座博物馆的外观是优雅的新古典主义样式。一层是有关威尔士自然史以及动植物史的展示。其中海洋生物的展品十分丰富，尤其是鲸鱼、乌龟、鲨鱼等生物的标本活灵活现，现场音效也十分逼真。博物馆二层的展品主要以 16~19 世纪时期欧洲的绘画为中心，写实主义、抽象主义、法国印象派莫奈和雷诺阿等的名画都有收藏。走廊上的玻璃展示柜内还展示了威尔士的陶瓷器。

威尔士具有代表性的足球场

威尔士国家体育场

Map p.462 B2

Principality Stadium

2017 年 5 月的欧冠决赛是在这里举行的

这座体育馆共可容纳 7 万 2500 人观看比赛，这里除了是威尔士橄榄球和足球代表队的主场之外，还可以举办演唱会等。没有比赛的日子体育场可以参观，可以在导游的带领下参观球员更衣室，通过球员通道进入球场内。

参加参观球场的导览团，需要在西门大街 Weatgate St. 上的橄榄球协会官方商店提出申请。

Town 加的夫 Walk ①

高品质咖啡馆与商店云集

加的夫的购物长廊

Arcades in Cardiff

加的夫拱廊商店街的数量非常多，因此也被人们称为是“City of Arcade（拱廊商店街之城）”。自从 1858 年加的夫最早的室内购物长廊——皇家购物长廊开业以来，城内各地也都开始陆续建造起来，现在所有购物长廊加起来一共有将近 800 米长。即便是下雨天也可以轻松地购物，这种形式的商店街深受游客们的喜爱。

加的夫城堡前的城堡购物长廊

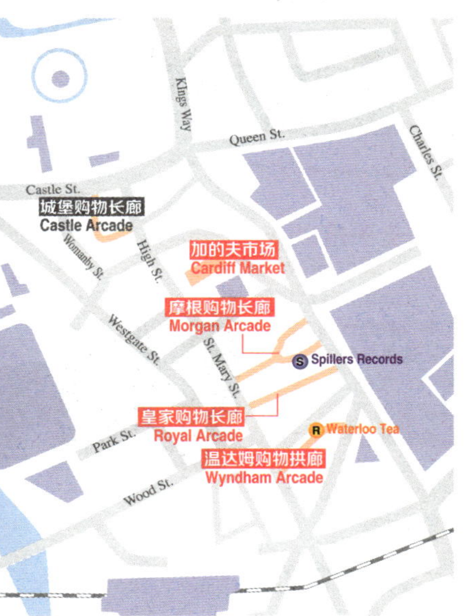

加的夫市场

Cardiff Market

还有售卖当地产新鲜蔬菜的摊位

位于圣玛丽亚大街上的二层楼自由市场。一层主要是贩卖生鲜食品、面包房、糖果、餐具等的摊位。火腿、牛排、肉饼等比较亲民的熟食也都有销售。可以在这里买上一些熟食或者当地的小菜，去加的夫城外的草坪上小憩一会儿。有些季节在市场入口旁的海鲜店还可以品尝到美味的生蚝。

✉ St. Mary St.，CF10 1AU
开 8:30~17:30
休 周日 费 免费

皇家购物长廊 & 摩根购物长廊

Royal Arcade & Morgan Arcade

世界上最古老的唱片店——斯皮勒斯唱片店

皇家购物长廊是加的夫历史最悠久的购物长廊。摩根购物长廊因世界上最古老的唱片店——斯皮勒斯唱片店位于此街上而闻名于世。这两条购物长廊之间是相互连接的，与周边的一些购物长廊共同构成了摩根广场（Morgan Quarter）。

■摩根购物长廊 Morgan Quarter
TEL（029）20348881 URL www.morganquarter.co.uk

■ 斯皮勒斯唱片店Spillers Records
✉ 27 Morgan Arcade，CF10 1AF
TEL（029）20224905 URL spillersrecords.co.uk
开 10:00~18:00 休 周日 CC M V

温达姆购物拱廊

Wyndahm Arcade

滑铁卢红茶店内茶叶的种类齐全

开业于 1887 年的购物长廊。街道两旁汇集了不少餐馆和咖啡馆，还有人气较高的专门制作有机红茶的滑铁卢红茶店。红茶店内可以选购适合作伴手礼的茶叶。

■滑铁卢红茶Waterloo Tea
✉ 21-25 Wyndham Arcade，CF10 1FH
TEL（029）376249 URL www.waterlootea.com
开 8:30~17:00（周六 8:30~18:00，周日 9:30~17:00）
休 无休 CC M V 店内有信号

Town 加的夫 Walk ②

尽情享受港口城市的乐趣

加的夫湾

Cardiff Bay

加的夫湾距离中心城区以南 3 公里，从市区乘坐 6 路、8 路巴士（这趟车被称作是 baycar）大约 10 分钟可达，也可以乘坐水上巴士去往美人鱼码头 Mermaid Quay。美人鱼码头附近有海鲜餐馆、酒吧、多国菜肴餐馆，还有一座科学博物馆 Techniquest，无论是情侣出游还是家庭出游都可以在这里得到满足。

加的夫湾的码头

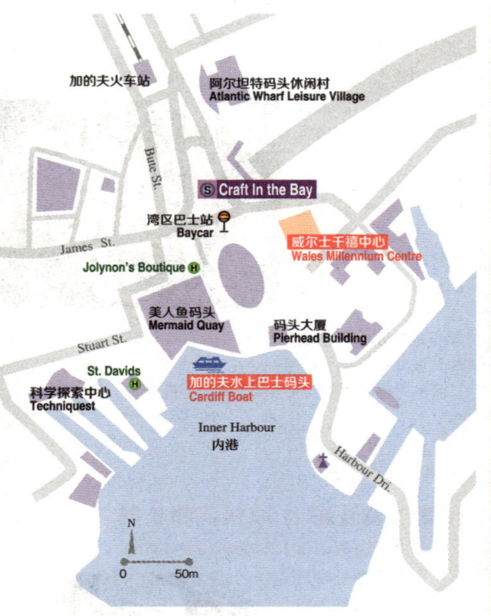

威尔士千禧中心
Wales Millenium Centre

2004 年落成的威尔士具有代表性的艺术设施，这里曾经上演过音乐剧、歌剧、芭蕾舞、舞蹈等各类艺术表演。整栋建筑的外观也非常吸引人的眼球，是由当地建筑师乔纳森·亚当斯所设计的。

中心的商店等设施也很完备

✉ Bute Pl., Cardiff Bay CF10 5AL
TEL（029）20636464
URL www.wmc.org.uk

湾区工艺品中心
Craft in the Bay

店内展示有在威尔士手工艺协会 Markers guild in wales 注册的当地艺术家的作品。艺术的作品的主题各式各样，主要以首饰、陶器、织物为主。

艺廊内非常宽敞，摆设的作品种类也非常多

✉ Lloyd George Av., CF10 4QH TEL（029）20484611
URL makersguildinwales.org.uk 开 10:30~17:30
休 12/25 · 26、1/1 CC A M V（消费 £5 以上）

加的夫水上巴士
Cardiff Boat

"凯瑟琳公主"号

从美人鱼码头前始发的水上巴士，最多可以乘坐 90 人。乘坐"凯瑟琳公主"号在威尔士国家体育场旁的码头下船，然后在加的夫中心城区的布特公园里悠闲地散步。

✉ 07445440874（手机） URL www.cardiffboat.com 10:00~16:00
期间每小时一趟（夏季时 18:00 会增发一趟）
所需时间：约 25 分钟 费 单程 £4

世界遗产 详细导览

威尔士东南部地区残留的产业遗产

布莱纳文 Blaenavon

曾经繁盛一时的矿业中心 威尔士南部地区矿业曾经是最主要的产业，布莱纳文便是这一地区的矿业中心，从这里开采的煤炭会运送到加的夫、纽波特等港口城市。这座小城曾因采矿业而逐渐发展，最繁荣的时候人口超过 2 万人，当时还修建了炼铁厂、铁路等设施。进入 20 世纪初期，随着矿业资源逐渐枯竭，煤矿最终于 1980 年关闭。随后 1983 年在矿道周围开设了——比格比特国家煤炭博物馆，2000 年时布莱纳文炼铁厂及其周边的设施也被一同列入世界遗产。

大矿井国家煤炭博物馆

大矿井国家煤炭博物馆
Big Pit National Coal Museum

这里是英国最大级别的观光游览用矿道，可以参加导览团下矿参观。博物馆内会对 19~20 世纪的工人们的生活以及工作进行解说。

布莱纳文炼铁厂
Blaenavon Iron Works

虽然现在只有烟囱和熔铁炉残留，不过可以在展示区了解铁矿产业的相关知识。在 BBC 播放过的《Coal House》曾在这里取景。

DATA

■至布莱纳文方向

从加的夫至纽波特 Newport 方向（乘坐火车约 15 分钟，30 或者 X30 路巴士约需 40 分钟），从市场广场 16 号车站乘坐 X24 路巴士约需 1 小时。
从市中心步行至大矿井国家煤炭博物馆约需 20 分钟。

■ 大矿井国家煤炭博物馆

✉ Blaenavon Torfaen，NP4 9XP
TEL 03001112333
URL museum.wales
● 博物馆
开 9:30~17:00（1 月需要预约） 休 无休 费 免费
● 矿道之旅
开 10:00~15:30 期间每 30 分钟一团 休 无休
费 免费 **禁止使用闪光灯**

■ 布莱纳文炼铁厂

✉ North Street，Blaenavon，NP4 9RN
TEL（01495）792615 URL cadw.gov.wales
开 4~10 月 10:00~17:00
11 月 ~ 次年 3 月期间的周四 ~ 周六 10:00~16:00
休 11 月 ~ 次年 3 月期间的周日 ~ 下周三、12/24~26、1/1
费 免费

■庞蒂浦 &布莱纳文历史遗迹铁路

TEL（01495）792263
URL pontypool-and-blaenavon.co.uk
通车：4 月 ~9 月上旬期间的周六、周日 大矿井发车 11:18 12:48 14:33 16:03 费 往返 £9
连接位于城西北方的 Whistle Inn 与南部的 Blaenavon High Level Station 之间历史遗址铁路

■ 圣费根国家历史博物馆
🚌 从西大街的巴士站乘坐 32A 路巴士，约需 25 分钟
✉ St. Fagans，CF5 6XB
TEL 03001112333
URL museum.wales
开 10:00~17:00
休 12/24~26、1/1
费 欢迎捐赠
部分区域禁止使用闪光灯

园内有一片石楠花田美的让人陶醉

■ 科奇城堡
🚌 从圣玛丽亚大街的巴士站乘坐 26、132 路巴士，大约 30 分钟
✉ Tongwynlais，CF15 7JS
TEL (029) 20810101
URL cadw.gov.wales
开 3~6、9、10 月 9:30~17:00
7、8 月 9:30~18:00
11 月 ~ 次 年 2 月 10:00~16:00（周日 11:00~16:00）
休 12/24~26、1/1
费 £6.90 学生 £4.10

在威尔士众多的古堡中以形态美丽而著称

■ 卡菲利城堡
🚌 从圣玛丽亚大街的巴士站乘坐 26 路巴士，大约需要 50 分钟
✉ Caerphilly，CF83 1BD
TEL (029) 20883143
URL cadw.gov.wales
开 3~6、9、10 月 9:30~17:00
7、8 月 9:30~18:00
11 月 ~ 次 年 2 月 10:00~16:00（周日 11:00~16:00）
休 12/24~26、1/1
费 £8.50 学生 £5.10

真实再现了过去的生活 Days out from Cardiff

圣费根国家历史博物馆 地图外

St. Fagans National History Museum

在这里可以了解威尔士传统的生活

博物馆位于距离加的夫市中心以西约 6 公里处的圣费根公园 St. Fagans 内。这里是英国最大型的室外博物馆，介绍了威尔士约 500 多年的历史。占地约 6 万坪（约 19.8 公顷）的博物馆内，拥有 40 多座从威尔士不同地区一砖一瓦移建而来的原始建筑，其中包括商业设施、农舍、邮局、小学校等。展厅内放置有服装、生活用品等展品，可以更好地了解威尔士传统的生活。

红色名城 Days out from Cardiff

科奇城堡 地图外

Castell Coch

豪华炫丽的内部装饰

这里是加的夫第三代城主布特侯爵在 19 世纪时将中世纪遗址重新改建而成的别墅。“Coch” 是威尔士语，意思是红色。城中也正如其名，柱子、墙壁等都被染成了朱红色。设计这座城堡的设计师与设计加的夫城堡的设计师是同一个人，处处都彰显了其奢华美艳的设计，城内摆设的饰品也都非常精美。

壕沟环抱下的城堡 Days out from Cardiff

卡菲利城堡 地图外

Caerphilly Castle

这座城堡是在 1268 年，由诺曼人的领主基尔巴德勋爵 Gilbert de Clare 所建造的。

卡菲利城堡的斜塔给人留下深刻的印象

城堡周围被美丽的人工湖所包围，占地 1 万 2401 平方米，城堡厚重而雄伟就浮于水面之上。城堡内有一栋斜塔，是因为遭受克伦威尔p.574议会军的进攻而倾斜，此外城堡的大客厅也很值得一看。

酒店
Hotel

大中型酒店大多汇聚于市区南侧的威尔士国家体育场，市区北侧的大教堂路 Cathedral Rd. 沿线多是比较便宜的住宿设施。每逢橄榄球赛或者足球比赛的时候加的夫及其周边城市的酒店都会爆满，需要提前确认行程。

天使酒店
The Angel Hotel

Recommended

◆华丽的乳白色外观建于加的夫城堡对面的四星级酒店，外观是维多利亚式建筑，玄关格外华美，淡乳白色的墙壁与朦胧的照明，把这里的氛围渲染得格外优雅。蒸汽淋浴房等设施也非常考究。餐馆 Castell's Restaurant 内的葡萄酒种类丰富。

高档 102 间 Map p.462 B2

所有房间 所有房间 所有房间 无 付费 免费

Castle St.，CF10 1SZ
TEL (029) 206492000
URL www.angelhotelcardiffcity.co.uk
S £55~
W £65~
C/C A M V
餐馆 开18:30~21:00

桑德林汉姆酒店
Sandringham Hotel

◆酒店地处交通便利之处，因此经常满房。建议提早预订。店内还有统一经营的餐馆和酒吧，周二~周六有现场乐队表演。

中档 28 间 Map p.462 B2

所有房间 所有房间 所有房间 无 无 免费

21 St Mary St.，CF10 1PL
TEL (029) 20232161 FAX (029) 20383998
URL www.sandringham-hotel.com
S £32~ W £40~
C/C A D J M V

简易住屋背包客旅馆
Bunkhouse Backpakers

◆旅馆位于市中心，圣玛丽亚大街沿线。多人间大多是男女分房的，有6~25个床位。只有女客房内有淋浴和厕所。

旅馆 8 间 Map p.462 B2

无 无 无 所有房间 无 部分免费

93-94 St. Mary St.，CF10 1DX
TEL (029) 20228587
URL www.bunkhousecardiff.co.uk
D £9~ C/C M V

加的夫万豪酒店
Cardiff Marriott Hotel

Mill Ln.，CF10 1EZ TEL (029) 20399944
URL www.marriott.co.uk

184 间 Map p.462 C2

所有房间 所有房间 所有房间 所有房间 付费 免费

S W £93~ 早餐另付费
C/C A D M V

柑橘酒店
The Citrus Hotel

Bute Ter.，CF10 2FE TEL (029) 20636363
FAX (029) 20636364 URL www.citrushotelcardiff.co.uk

81 间 Map p.462 C2

所有房间 所有房间 所有房间 无 付费 免费

S W £41~ 早餐另付费
C/C A J M V

加的夫宜必思酒店
Ibis Budget Cardiff Centre

Tyndall St.，CF10 4BE TEL (029) 20458131
URL www.ibis.com

157 间 Map p.462 C2

所有房间 无 无 无 付费 免费

S W £39~ 早餐另付费
C/C A M V

河畔旅馆
The River House

◆旅馆位于塔夫河畔，是由一对十分亲和友善的兄妹所经营的。曾经在全英或者威尔士的最佳旅馆中获得过多次大奖。旅馆内的厨房设施也比较完善，还有专门的人打扫房间。

旅舍 12 间 Map p.462 B2

TV 无　吹风机 无　水壶 无　保险箱 所有房间　P 无　Wi-Fi 免费

✉ 59 Fitzhaman Embankment，CF11 6AN TEL（029）20399810
URL www.riverhousebackpackers.com
D £15~22
S £28~35
W £32~50 C/C M V

诺思达旅馆
Nos Da

◆多人间分为男女混住和女性专用房间，可容纳 3~10 人。旅馆内有共用厨房，一楼还并设了酒吧。酒吧内还有可以观看河景的座席，大厅里还有台球桌。直接预约早餐可以免费享用。

旅舍 30 间 Map p.462 B2

TV 部分房间　吹风机 根据需要　水壶 无　保险箱 部分房间　P 付费　Wi-Fi 一楼免费

✉ 53-59 Despenser St.，CF11 6AG
TEL（029）20378866 URL www.nosda.co.uk
D £10.20~ S £21~
S £23~ W £29~
W £30~ C/C M V

餐馆
Restaurant

高街和圣玛丽亚大街附近的餐馆和酒吧比较集中。市区以东约 3 公里处 City Rd. 是餐饮一条街，附近汇集了不少便宜的多国美食店（墨西哥菜、印度菜、中东菜等）和外卖店，从市区乘坐 38 路或者 38A 路巴士 10 分钟便可到达。

泰国屋
Thai House

◆自 1985 年开业以来，一直都是当地备受好评的人气餐馆。每周都有从泰国直邮的食材和香辛料到店，再搭配威尔士当地的食材烹制出的菜肴十分美味。午餐的价格大约是 £8.50~，晚餐 £20~。

泰国菜 Map p.462 C2

✉ 3-5 Guildford Cres.，Churchill Way，CF10 2HJ TEL（029）20387404
URL thaihouse.biz
开 12:00~14:30 17:30~22:00（周五 · 周六 ~22:30）
休 周日 C/C M V
店内有信号

泰尼蕾贝尔
Tiny Rebel

◆由同名的酿酒厂经营的一家酒吧。店内常备 8 种酿造厂直送的啤酒。此外，还有多种汉堡包，£8.50~，搭配啤酒最好不过了。

Pub Map p.462 B2

✉ 25 West Gate St.，CF10 1DD
TEL（029）20399557
URL www.tinyrebel.co.uk
开 12:00~次日 2:00
休 无休
C/C M V（消费 £5 以上）
店内有信号

山羊少校
Goat Major

◆店内备有加的夫当地的啤酒布雷兹。店铺创办于 1830 年，在加的夫众多的 Pub 中算是历史最悠久的。布雷兹的鲜啤酒共有 7~8 种。12:00~20:00（周日 ~16:00）期间还有馅饼出售，价格是 £7.50~8.25。馅饼的味道超赞，得过很多美食大奖。

Pub Map p.462 B2

✉ 34 High St.，CF10 1PU
TEL（029）20337161
URL www.sabrain.com
开 12:00~23:00（周五 · 周六 ~24:00、周日 ~18:00）
休 无休 C/C M V
店内有信号

法比劳斯
Fabulous

◆位于城堡拱门入口处的威尔士馅饼店。现烤现吃，味道好极了。每个馅饼 £0.50，除了特制口味之外，还有 3~4 种口味。此外，店内还出售威尔士产的伴手礼等。

威尔士菜 Map p.462 B2

✉ 44 Castle Arcade，CF10 1BW
TEL（029）20227321
URL www.fabulouswelshcakes.co.uk
开 10:00~17:30（周日 11:00~17:00）
休 无休 C/C M V
无信号

有很多著名城堡的

北威尔士
North Wales

兰迪德诺的大奥姆轻轨铁路

人口（6 郡合计）61 万 1986 人	长途区号 01492 等
康威郡等 Conwy/Ynys Môn/Gwynedd Sir Ddinbych/Sir y Fflint/Wrecsam	

马恩岛受维京人和凯尔特人的影响，孕育出了独特的传统文化。现在岛上有独立的法律、议会以及独立的货币、邮政系统，与英国本土有着很大的差异。

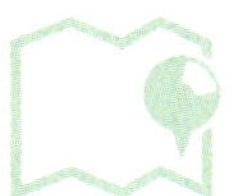

北威尔士 区域导览与交通指南

区域导览　卡那封城堡与康威城堡等北威尔士重要景点位于以班戈为中心的北威尔士西部。附近的斯诺登尼亚国家公园也是北威尔士地区的人气景点。

交通指南　乘火车前往北威尔士的话，有开往兰迪德诺的列车和经由班戈开往霍利黑德的列车。换乘站为兰迪德诺道口。

北威尔士 起点城市

除了下面介绍的城市，从切斯特→ p.352、利物浦→ p.358、曼彻斯特→ p.370、什鲁斯伯里→ p.321 等城市出发，也可以当天往返。但如果从加的夫出发的话，想当天往返则比较困难。

交通起点 班戈 Bangor

班戈面朝梅奈海峡，6 世纪时成为威尔士的宗教与学术中心，现在也是充满活力的大学城。

游览方法 从火车站步行 20 分钟左右可以到达中心街区。位于市中心附近的巴士站有开往北威尔士各地的巴士。整个城市的布局以班戈大教堂为中心展开。高街 High St. 为商业街，钟楼一带是最繁华的地方，有购物中心、超市、银行、商店等设施。大教堂西侧的高街上，有多家咖啡餐馆及 Pub。

酒店 分布于火车站周围及加斯路一带，但数量不多。

交通信息 巴士站有很多始发车次，可以在火车站乘坐开往卡那封方面的巴士。

班戈的高街及钟楼

Access Guide 北威尔士

从切斯特出发

班戈 所需时间：约 1 小时 10 分钟

周一～周六	6:44~21:25 期间大概 1 小时 1 班
周日	6:20 9:00~23:02 期间 1 小时 1~2 班 次日 0:38

康威 所需时间：约 1 小时

周一～周六	7:21~22:56（周六 7:25~21:26）期间大概 1~2 小时 1 班
周日	9:48~23:02 期间大概 1~3 小时 1 班

兰迪德诺 所需时间：约 1 小时

周一～周六	6:55 8:22~10:02 12:56~19:32 期间大概 1 小时 1 班
周日	无直达车次。需在兰迪德诺道口换乘，用时 1 小时左右

从什鲁斯伯里出发

雷克瑟姆 所需时间：38 分钟

周一～周六	5:20~23:37 期间大概 1 小时 1 班。到达雷克瑟姆火车总站
周日	10:16 12:18 14:20 15:24 16:24 17:30 18:20 20:23

起点城市 康威 Conwy

康威的历史悠久，爱德华一世在修建康威城堡时，在城堡西侧建起了城墙，之后从英格兰请来商人、工匠，使得这里逐渐发展成为城市。

历史与现代相融合的康威

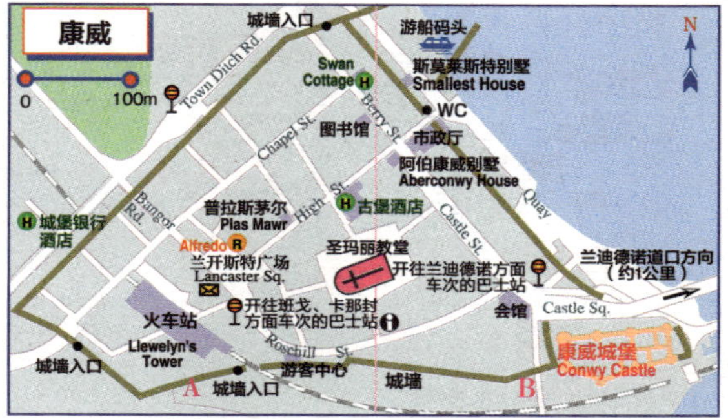

兰开斯特广场

游览方法 市中心为康威火车站附近的兰开斯特广场 Lancaster Sq.。从广场进入高街 High St.，有许多熟食店、外卖餐馆、伴手礼店。与高街交会的城堡大街 Castle St. 有不少餐馆及酒店。

交通信息 康威火车站紧邻城墙。跨过大桥可到达对岸的换乘站兰迪德诺道口站，步行用时 10 分钟左右。

起点城市

兰迪德诺
Llandudno

兰迪德诺的散步路

兰迪德诺是北威尔士地区著名的度假地，沿着白沙海滩，建有很多酒店及别墅。

游览方法 火车站位于城镇南部，从康威方面驶来的巴士经停莫斯丁大街 Mostyn St. 的巴士站。这条大街上的图书馆内设有 ⓘ。滨海道路被称为散步路 Promenade。

酒店 因为是度假地，所以随处都能找到 B&B 及中档酒店等住宿设施。B&B 集中在查珀尔大街 Chapel St. 一带。

康威 Tourist Information Centre

Map p.472 下 B
✉ Muriau Buidings，Rose Hill St.，LL32 8LD
TEL（01492）577566
URL www.visitllandudno.org.uk
开 9:30~17:00
休 冬季的周日、法定节假日、12/25 · 26、1/1

兰迪德诺 Tourist Information Centre

Map p.473
✉ Mostyn St.，LL30 2RP
TEL（01492）577577
URL www.visitllandudno.org.uk
开 9:00~17:00
休 12/25 · 26、1/1

Information

爱丽丝之城兰迪德诺

疯帽子的塑像

《爱丽丝梦游仙境》的人物原型爱丽丝 · 利德尔一家经常到兰迪德诺度假。当地建有以爱丽丝为主题的纪念物，可以在游览时逐一寻找这些纪念物，体验“爱丽丝梦游仙境 Alice in Wonderland Trail”。

大奥姆有轨电车
Great Orme Tramway

4~9 月 10:00~18:00 每隔 10~20 分钟开行，3 月 · 10 月 10:00~17:00 每隔 10~20 分钟开行
费 往返 £8.10

从兰迪德诺市区经由半程站 Half Way Station 开往山丘的登山轻轨列车。1898 年开始运营，已有 100 多年的历史。从半程站步行 5 分钟，有大奥姆铜矿，可以参观。在山顶可以观赏四周的风景。

TEL（01492）577877
URL www.greatormetramway.co.uk

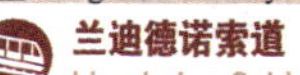

兰迪德诺索道
Llandudno Cablecar

4~10 月 10:00~17:00
费 往返 £10

可以到达山顶，是英国最长的索道。没有像轻轨铁路那样设有半程站，而是从山下直达山顶。仅在夏季营业。

TEL（01492）877205

起点城市 卡那封 Caernarfon

位于威尔士西北端的小城，两边分别是梅奈海峡 Menai Strait 和赛恩特河 Seiont River。老城区被中世纪的城墙所包围，内有石板路及古代建筑。

游览方法 整个城市分为城墙内的老城区及老城区东侧的新城区。卡那封城堡是当地最重要的景点，位于老城区南部。卡那封城堡东侧的城堡广场地处市中心，除了银行、邮局，还有咖啡馆、餐馆、Pub 等。

交通信息 巴士在位于老城区的彭林大街 Penllyn St. 巴士站停车。

北威尔士区域交通

虽然这里的交通网络没有英格兰那样发达，但从班戈的巴士站乘坐巴士，基本上能游遍整个地区。

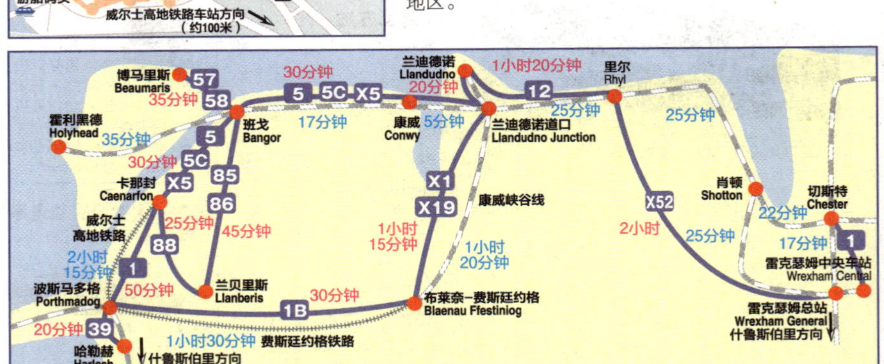

巴士线路号	线路详情·车次
5 X5	**兰迪德诺→康威→班戈** 兰迪德诺 6:30~23:50（周日 9:10~23:30）期间 1 小时 1~4 班 班戈 5:22~22:47（周日 8:00~22:30）期间 1 小时 1~4 班
5C	**班戈→卡那封** 班戈 5:52~22:45（周日 8:00~22:20）期间 1 小时 1~4 班 卡那封 6:00~23:15（周日 8:32~22:52）期间 1 小时 1~4 班
56 57 58	**班戈→博马里斯** 班戈 6:07~20:57 期间大概 1~2 小时 1 班，周日 9:00 10:25 12:00 13:50 15:40 17:50 博马里斯 7:02~23:56 期间大概 1~2 小时 1 班，周日 9:27 11:10 13:09 14:59 17:04 18:59

巴士线路号	线路详情·车次
85 86	**班戈→兰贝里斯** 班戈 6:30~21:05（周日 7:30~17:15）期间大概 1~2 小时 1 班 兰贝里斯 6:25~22:15（周日 8:07~17:55）期间大概 1~2 小时 1 班
88	**卡那封→兰贝里斯** 卡那封 8:00~19:15（1 小时 1~2 班，周日 8:50~17:201~2 小时 1 班） 兰贝里斯 7:25~18:42 期间 1 小时 1~2 班，周日 8:15~18:101 期间 1~2 小时 1 班
X1 X19	**兰迪德诺→布莱奈-费斯廷约格** 兰迪德诺 9:00~17:55 期间大概 1~2 小时 1 班，周日 10:00 13:20 16:20 布莱奈 - 费斯廷约格 7:25~19:15 期间大概 1~2 小时 1 班，周日 12:00 15:00 17:40

历史遗迹铁路　北威尔士有很多历史遗迹铁路，游客可以在春季至秋季的季节里乘坐蒸汽列车观赏沿途的风景，同时这些列车也是当地重要的交通工具。p.478 介绍一些非常值得推荐的线路，另外还有许多其他的线路。

观光巴士　城市观光巴士可以自由上下车，开往兰迪德诺~兰迪德诺道口~康威的主要景点，开行一圈用时约 1 小时。

北威尔士 主要景点

船在桥上航行

庞特卡萨斯泰高架水道桥　世界遗产　Map p.471C

Pontcysyllte Aquaduct

自工业革命后，为了方便运输煤炭，英国出现了一种船身狭长的窄船并开掘了许多运河。但是，在山丘与谷地相间、地势落差较大的区域则无法开掘运河。为了解决这个问题，当时想出了一个办法，让船直接在水道桥上航行。

1805 年在庞特卡萨斯泰修建的水道桥，全长 300 米，高 38 米，是英国最长、最高的水道桥。这座桥由被誉为“土木工程之父”的托马斯·特尔福德 p.575 所设计。运河旁建有拉船道，所以可在桥上步行前行。

这座水道桥现在是著名的景点，每年有超过 1 万艘窄船从桥上通过，游客可以乘船在桥上游览，观赏周围的美景。

桥上可供船、行人及自行车通行

前往威尔士及英格兰最高峰

斯诺登山铁路　Map p.471A~B

Snowdon Mountain Railway　兰贝里斯

1896 年开通的齿轨（为了让火车能在陡峭的山坡上行驶，铁轨上有齿轮与火车咬合的轨道）登山铁路。车窗外是美丽的风景，乘车去往山顶的途中可以饱览斯诺登尼亚的大自然。山顶设有游客中心。

火车在山顶停车 30 分钟，下车游览时应注意返程时间。另外，山顶的天气变化较大，夏季温度也较低，应穿着长袖衣物。

乘上火车享受登山之旅

■价格便宜的巴士 1 日通票红色漫游者

基本上可以在兰迪德诺及以西的地区任意乘坐巴士的 1 日通票，£6.80。可以从巴士司机那里直接购票。

■城市观光巴士

3/7~10/31 期间开行

兰迪德诺发车 9:45~16:45 期间 1 小时 1 班。车票 24 小时有效

费 £10　学生 £7.50

■庞特卡萨斯泰高架水道桥

在雷克瑟姆巴士站出发开到达的 5 路巴士会在水道桥旁边的村庄特雷弗 Trevor 停车。20~30 分钟 1 班。下车后步行 5 分钟左右可到达水道桥。

所需时间：约 30 分钟

Information

乘窄船经过水道桥

乘窄船在水道桥上航行，可以在距地面 38 米高处观赏周围的风景。详情可在网站上查询。

乘船在 38 米高的桥上观赏风景

■约翰游船

TEL（01978）824166

URL canaltrip.co.uk

休 11 月~次年 2 月

费 £7.50

■斯诺登山铁路

巴士 在兰贝里斯的巴士站下车，沿高街步行前行，可以到达登山铁路车站的右侧。

TEL（01286）870223

URL www.snowdonrailway.co.uk

3 月中旬~10 月期间开行，始发时间为 9:00，之后车次的发车时间每日调整。乘客数量不足及天气情况不好时停运。

往返用时 2 小时 30 分钟

■斯诺登山顶游客中心

开 登山火车开行期间的 10:00 至最后一班车运行结束

休 周六、周日

兰贝里斯湖岸铁路

Llanberis Lake Railway

4~10 月期间基本上每天开行，4·5·9 月的周六以及 10 月的周五·周六停运的时候较多。1 天 4~10 班

所需时间 40 分钟

费 往返 £9

从兰贝里斯出发、沿帕当湖 Llyn Padarn 岸修建的窄轨铁路。车站与斯诺登山铁路车站隔河相望。

TEL（01286）870549

URL www.lake-railway.co.uk

爱德华一世名城之旅

世界遗产 圭内斯的爱德华一世城堡及城墙

英格兰国王爱德华一世p.573在圭内斯（北威尔士）筑起了10座要塞城堡，呈环状分布，因此这些城堡被统称为“铁环 Iron Ring”。其中的4座城堡现在已被列为世界遗产。

威尔士最坚固同时也是最美丽的 卡那封城堡 Caernarfon Castle

卡那封城堡是爱德华一世p.573修建的城堡中最大、最坚固的一座，建造时间长达48年，花费了巨额资金。1284年，威尔士与英格兰合并后，王宫迁至卡那封，因此这里曾一度是英国的政治中心。

由建筑师圣乔治代斯佩朗斯的詹姆斯设计。按照爱德华一世的指示，这座城堡作为居城，修建时充分考虑了居住的舒适性。城堡西面是梅奈海峡，南面是赛恩特河，这种设计是为了便于船只向这里运送物资及援军。

从城堡正面的国王门进入城堡，左侧为内庭院，右侧为外庭院，现在是种着草坪的中庭。四周有8座塔，从南侧的侍从塔到王后塔的建筑为博物馆，会播出介绍城堡的影像。除了爱德华一世的相关资料，还有大量关于18世纪美国独立战争的展出。在最西侧的伊格尔塔上，可以远眺整个卡那封。

威尔士亲王

自从威尔士陷落后，爱德华一世将“威尔士亲王 Prince of Wales”的封号授予在卡那封城堡出生的英格兰王储（之后成为爱德华二世）。此后，直至现在，历代王储都会获得这个封号，1969年查尔斯王子的受封仪式就在卡那封城堡举行。

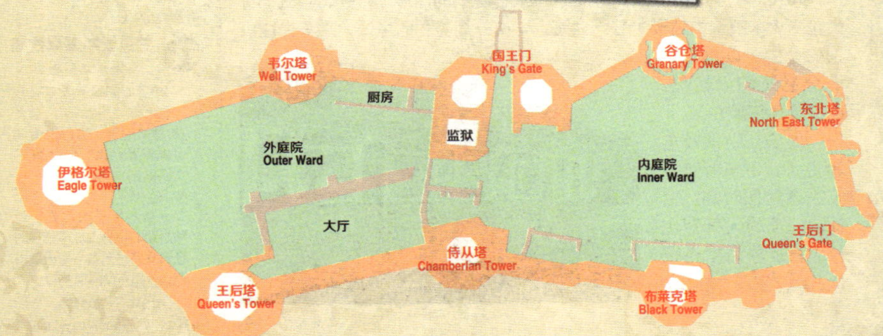

固若金汤的城堡

康威城堡

Conwy Castle

始建于 1283 年，仅用了 4 年半的时间便竣工。在英国现存的城堡中，这座城堡是保存状态最好的一座，现在有主体建筑的完整外墙以及 8 座圆柱形塔，有几座塔还能登上塔顶。登上离城镇最近的那座塔，可以远眺康威街景、康威河以及大海。

城堡内分为 4 个区域，紧邻入口的西外堡 West Barbican、外庭院、城堡中央的内庭院以及东外堡 East Barbican。外庭院区域有警卫室、马棚、厨房、大厅、监狱等设施。内庭院区域为爱德华一世 p.573 与王后埃莉诺 Eleanor 的居住区。2 层有国王厅、会见厅、礼拜堂遗迹，1 层有骑士厅遗迹。

康威城堡傍晚时的景色

从康威河对岸可以远眺城堡全景。傍晚时分景色尤其美丽，可以过桥到对岸观赏一下。画家透纳画过傍晚时的康威城堡，该作品现藏于加的夫国家博物馆与美术馆。

英国最美的城堡

博马里斯城堡

Beaumaris Castle

在爱德华一世p.573修建的 10 座要塞城堡中，博马里斯城堡是最晚修建的，而且未能完工，但是采用了英国当时最先进的建筑技术，被誉为英国最美的城堡。

城堡的设计精巧，有双层城墙，外城墙为六边形，内城墙为正方形，即便有敌人已经攻入外城墙，守城部队也可以从内城墙继续反击。登上城墙，可以观赏到周围的田园风光并远眺梅奈海峡。

战略要地

哈勒赫城堡

Harlech Castle

建于 1282~1289 年。曾被反抗英格兰统治的欧文·格兰道尔占领。另外，在玫瑰战争中，约克军与兰开斯特军曾为争夺这个城堡展开战斗，可见这里在北威尔士地区有着极高的战略地位。

DATA

■卡那封城堡 Map p.474

✉ Castle Ditch，LL55 2AY

TEL（01286）677617　URL cadw.gov.wales

开 3~6・9・10 月 9:30~17:00　7・8 月 9:30~18:00

11 月～次年 2 月 10:00~16:00（周日 11:00~16:00）

休 12/24~26、1/1　费 £9.50　学生 £5.70

■康威城堡 Map p.472 下 B

✉ Conwy，LL32 8AY　TEL（01492）592358

URL cadw.gov.wales

开 3~6・9・10 月 9:30~17:00　7・8 月 9:30~18:00

11 月～次年 2 月 10:00~16:00（周日 11:00~16:00）

休 12/24~26、1/1　费 £9.50　学生 £5.70

■博马里斯城堡 Map p.471A

✉ Beaumaris，Anglesey，LL8 8AP　TEL（01248）810361

URL cadw.gov.wales

开 3~6・9・10 月 9:30~17:00　7・8 月 9:30~18:00

11 月～次年 2 月 10:00~16:00（周日 11:00~16:00）

休 12/24~26、1/1　费 £6.90　学生 £4.10

■哈勒赫城堡 Map p.471A

🚌 从波斯马多格乘车，大概 2 小时 1 班。用时 25 分钟

🚆 从波斯马多格乘车，大概 2 小时 1 班。用时 20 分钟

✉ Harlech，LL46 2YH

TEL（01766）780552

URL cadw.gov.wales

开 3~6・9・10 月 9:30~17:00　7・8 月 9:30~18:00

11 月～次年 2 月 10:00~16:00（周日 11:00~16:00）

休 12/24~26、1/1

费 £6.90　学生 £4.10

北威尔士的
景观线路与历史遗迹铁路之旅

兰迪德诺
康威峡谷铁路
布莱奈 - 费斯蒂尼奥格
费斯蒂尼奥格铁路
波斯马多格
威尔士高地铁路
卡那封

左：在利德奇站停车的蒸汽列车 右上：行驶在费斯蒂尼奥格峡谷的蒸汽列车 右下：列车挂有没有车窗的观景车厢

舒适的一等座车厢

自从工业革命开始以后，经过漫长的岁月，北威尔士的大地上出现了数量很多的铁路线。有的线路已被废弃，但也有不少线路作为历史遗迹铁路仍有列车开行。在北威尔士开行半周的线路上乘坐火车，一天时间可完成全部旅程。能让游客在短时间内饱览当地壮美的自然景色。

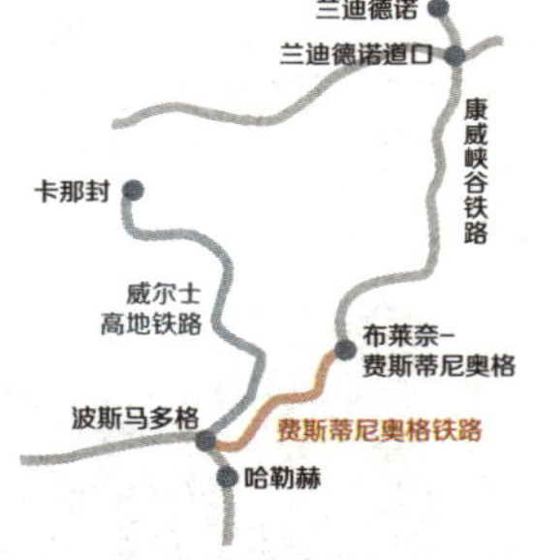

康威峡谷铁路
Conwy Valley Railway

过去为伦敦至霍利黑德的国铁线路的支线，现在由 Arriva Trains Wales 运营。从兰迪德诺出发，在峡谷中行驶，开往布莱奈 - 费斯蒂尼奥格。

费斯蒂尼奥格铁路
Ffestiniog Railway

从布莱奈 - 费斯蒂尼奥格出发，沿着被称为德阿尔特螺旋的展线逐渐下降高度，最终开往波斯马多格的历史遗迹铁路。在 4~10 月期间每天开行。冬季除了 1~2 月上旬期间，每周至少开行 3 天。

威尔士高地铁路
Welsh Highland Railway

从波斯马多格出发，开行于斯诺登山脚下的高地，去往卡那封的历史遗迹铁路。已经实现了与费斯蒂尼奥格铁路的一体化运营，换乘方便。

■康威峡谷铁路
兰迪德诺道口发车，5:30 7:26 10:28 13:30 16:23 19:23（周日 10:32 13:40 16:15）
所需时间 1 小时 5 分钟
■费斯蒂尼奥格铁路
URL www.festrail.co.uk
4~10 月期间每天 2~8 班。此外的时间，不定期开行。
所需时间 1 小时 20 分钟 费 1 日通票 £25
■威尔士高地铁路
URL www.festrail.co.uk
运行日程安排比照费斯蒂尼奥格铁路。1 天 2~3 班。
所需时间 2 小时 15 分钟 费 3 等车往返 £39.80

酒店 & 餐馆
Hotel & Restaurant

北威尔士住宿设施最便宜的地方是兰迪德诺。因为这一地区是著名的度假胜地，因此住宿设施的种类也比较齐全，既有民宿、旅馆、连锁酒店，也有高档酒店等。班戈虽然是这一地区的中心城市，但是住宿设施并不是很多。火车站周边有一些商务酒店，B&B 大都位于花园路周边。卡那封、康威都是规模不大的镇子，不过中心城区还是有一些住宿设施的。

兰迪德诺的餐馆和娱乐设施也比较丰富。班戈的高街周边也有不少阳光明媚的咖啡馆和餐馆。

古堡酒店
Castle Hotel 康威

◆从 15 世纪的一家小旅馆，发展至今日的老字号酒店。内装修是典型的维多利亚式，舒适便捷。酒店内并设的餐馆也备受好评。

高档 29 间 Map p.472 下 A

TV 所有房间 吹风机 所有房间 电热水壶 所有房间 保险箱 无 P 免费 Wi-Fi 免费

✉ High St., LL32 8DB TEL（01492）582800 URL www.castlewales.co.uk

S £90~ W £100~

C/C A J M V

城堡银行酒店
Castlebank Hotel 康威

◆这家酒店因亲和友善的服务而备受好评。所在的建筑是一栋维多利亚式的老房子，每个客房的内装修都有所不同。早餐也是种类丰富。周末是仅限连住 2 晚以上的住客。

旅馆 9 间 Map p.472 下 A

TV 所有房间 吹风机 所有房间 电热水壶 所有房间 保险箱 无 P 免费 Wi-Fi 免费

✉ Mount Pleasant, LL32 8NY TEL（01492）593888 FAX（01492）596466 URL castlebankhotel.co.uk

S £40~ S £60~ W £85~95 C/C M V

圣乔治酒店
St George's Hotel 兰迪德诺

◆这家四星级酒店的地理位置绝佳，可以观看海景。客房的内装修色调平缓沉稳，面积宽敞，房间内的设施也比较齐全。酒店内的露台餐馆非常适合观景。

大型酒店 81 间 Map p.473

电梯 TV 所有房间 吹风机 所有房间 电热水壶 所有房间 保险箱 无 P 免费 Wi-Fi 免费

✉ St George'sPl., LL30 2LG TEL（01492）877544 URL www.stgeorgeswales.co.uk S £114~ W £139~ C/C A M V

米尔弗顿旅馆
Milverton House 兰迪德诺

◆位于天文台附近的酒店，有可以观海景的房间，还有附带华盖床的房间。虽说酒店的规模并不大，但是电梯等设施完备。

旅馆 12 间 Map p.473

电梯 TV 所有房间 吹风机 所有房间 电热水壶 所有房间 保险箱 无 P 无 Wi-Fi 免费

✉ 3 North Pde., LL30 2LP TEL（01492）875155 URL www.milvertonhousehotel.co.uk

S W £83~ C/C M V

伊利斯酒店
Iris Hotel 兰迪德诺

◆位于 Promenade 沿线的酒店，步行至火车站仅需 5 分钟，地理位置绝佳。虽说这里价格便宜，但是设施却很齐全，内部并设餐馆。

中档 38 间 Map p.473

电梯 TV 所有房间 吹风机 所有房间 电热水壶 所有房间 保险箱 无 P 无 Wi-Fi 免费

✉ 16 Central Promenade, LL30 2XT TEL（01492）868800 URL irishotel.co.uk S £56~ W £75~ C/C A D M V

埃莱尔摩尔酒店
Eryl Mor Hotel 班戈

◆这家酒店位于高台上，可以俯瞰海港，如果海景房还有空房一定要申请入住海景房。酒店内并设的餐馆也非常适合观景，餐馆有烤肉和海鲜等菜肴。

中档 20 间 Map p.472 上

TV 所有房间 吹风机 所有房间 电热水壶 所有房间 保险箱 无 P 免费 Wi-Fi 部分客房免费

✉ 2 Upper Garth Rd., LL57 2SR TEL（01248）353789 FAX（01248）354042 URL www.erylmorhotel.co.uk

S £61~ W £91~

C/C A M V

月桂树小屋
Baytree Lodge 班戈

◆这家老牌的旅馆位于班戈海港与中心城区之间的花园路沿线，周边还有一些B &B。客房是重新装修过的。浴缸也很宽敞。

旅馆 25间 Map p.472 上

所有房间 所有房间 所有房间 无 免费 前台周边免费

Garth Rd.，LL57 2RT TEL（01248）362230 URL www.baytree-lodge.com

S £60~

W £80~ C/C M V

凯尔特皇家酒店
Celtic Royal Hotel 卡那封

◆卡那封规格最高档的酒店，是利用一栋乔治王朝样式的老房子改建而成的。客房宽敞，设备齐全，健身房、游泳池等设施也很充实。酒店内的餐馆曾经多次获奖过。

高档 110间 Map p.474 上

所有房间 所有房间 所有房间 无 免费 免费

Bangor St.，LL55 1AY

TEL（01286）674477

FAX（01236）674139

URL www.celtic-royal.co.uk

S S £68~

C/C A D M V

维多利亚旅馆
Victoria House 卡那封

◆这家民宿内的设施如同酒店一般齐全。可以从酒店的院子直接去往城墙露台，从这里眺望塞诺特河。还有一些客房可以观河景。

B&B 4间 Map p.474 上

所有房间 所有房间 所有房间 无 免费 免费

13 Church St.，LL55 1SW

TEL（01286）678263

email Jan@thevictoriahouse.co.uk

S £65~

S £80~

C/C M V

菲拉尔猫
Ferar Cat 班戈

◆位于高街的咖啡馆。凉拌鸡肉、鱼和薯条（鸡蛋酱）非常值得推荐。此外汉堡包的种类也很丰富。

英国菜 咖啡馆 Map p.472 上

161 High St.，LL57 1NY

TEL（01248）370445

开 11:00~次日1:00（周一、周二~23:00、周日~22:30）

休 无休

C/C M V

店内有信号

海马餐馆
The Seahorse 兰迪德诺

◆这家餐馆是利用一栋维多利亚式的老洋房改建而成的，海鲜的评价很高。店内的黑板写着使用当天捕捞的海产品烹制的菜肴。套餐也是每日更替的，有多种可供选择。菜肴的价格是1品£19.95~，2品£27~，3品£32~。夏季时需要预约。

英国菜 海鲜 Map p.473

7 Church Walk，LL30 2HD

TEL（01492）875315

URL www.the-seahorse.co.uk

开 17:30~21:00（周五·周六 17:30~21:30）

休 冬季不定期休息

C/C M V

无信号

沃尔餐馆
Wal 卡那封

◆皇宫大街沿线的咖啡馆。这家咖啡馆绝妙地利用了建于800年前的城墙作为装饰。白天提供汉堡包和三明治，夜间提供比萨和意大利面。每人预算大约是£7~。

快餐 意大利菜 Map p.474 上

Palace St.，LL55 1RR

TEL（01286）674383

URL www.walrestaurant.co.uk

开 9:00~15:00 18:00~21:30

休 周日～下周二的晚餐

C/C M V

有信号

苏格兰

Scotland

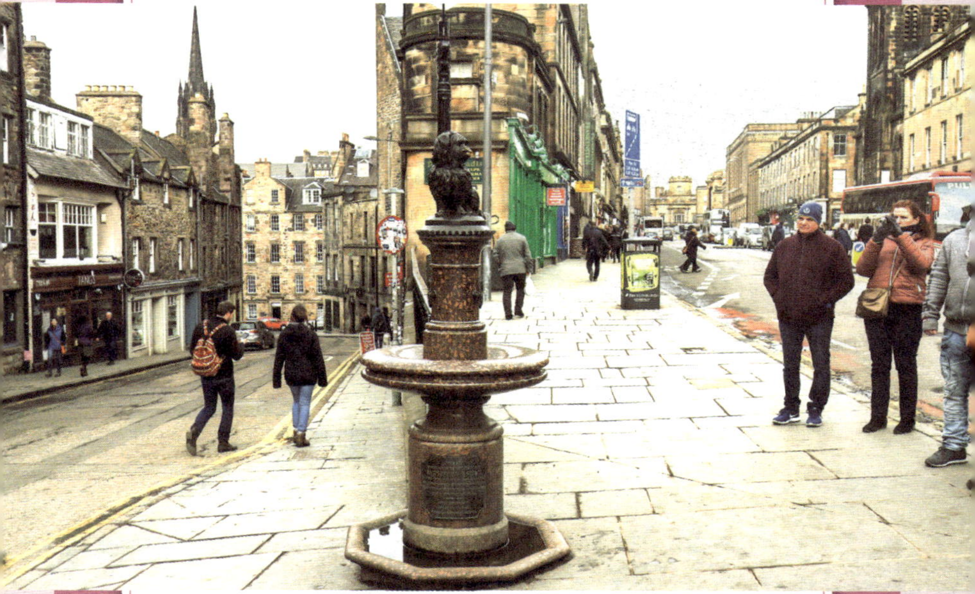

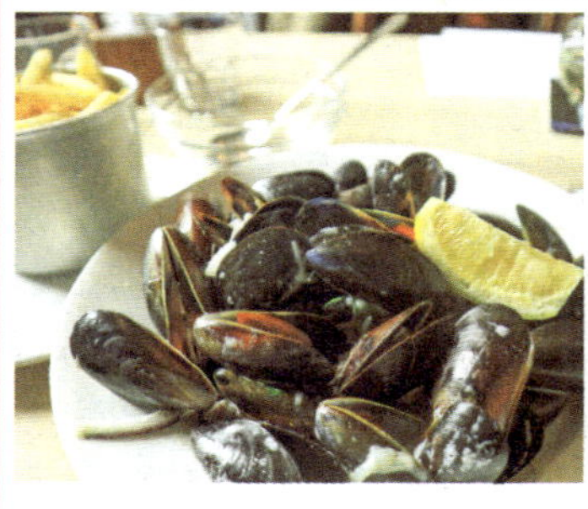

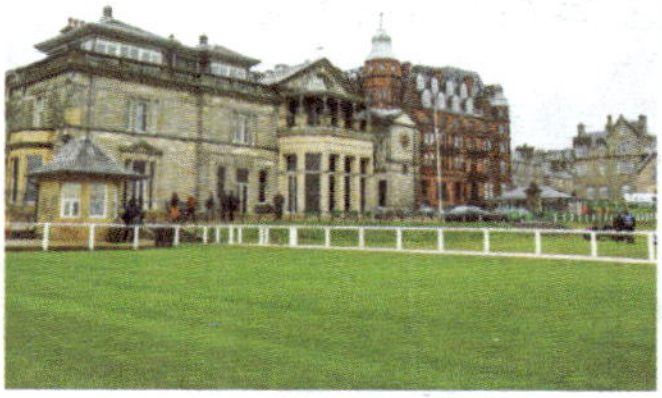

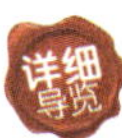

详细导览 **景点透视**

Town Walk **城市漫步指南**

照片上：爱丁堡 忠犬巴比铜像（Map p.487C2） 照片左下：新鲜的贻贝
照片右下：圣安德鲁斯的高尔夫球场

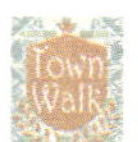

皇家英里大道p.492

从爱丁堡至荷里路德宫之间的大道。沿途有博物馆和Pub等

爱丁堡军乐节p.501

每年夏季在爱丁堡城堡前举办苏格兰最盛大的庆典

老球场p.507

圣安德鲁斯众多高尔夫球场中历史最悠久的球场

格拉斯哥p.509

苏格兰最大的城市，也因艺术之街而知名

古老而传统的

苏格兰

苏格兰南部　爱丁堡p.484是苏格兰的中心城市，这里有爱丁堡城堡p.491、荷里路德宫p.494等知名的景点，对于了解英国的历史有很大帮助。流行文化的发源地格拉斯哥p.509，是苏格兰的交通中心。这座大都市里商业设施齐全，值得一提的这里的博物馆、现代美术馆、现代建筑等都非常值得鉴赏。

苏格兰中部　中部地区有苏格兰王国过去的都城斯特灵p.517，还有高尔夫胜地圣安德鲁斯 p.505 等古都。

高地　占据北部绝大部分面积的是高地。因尼斯水怪而闻名于世的尼斯湖p.521是这里最著名的景点。

景点概要与主要城市

p. 484　被称为“北方雅典”的古都

爱丁堡

p. 505　举办全英公开赛的高尔夫胜地

圣安德鲁斯

p.509 流行文化发祥地

格拉斯哥

p.521 因尼斯水怪而知名的神秘湖泊

尼斯湖

亮点

苏格兰首府爱丁堡讲述爱丁堡城堡和荷里路德宫等英国历史，也拥有许多重要的景点。流行文化的发源地格拉斯哥是苏格兰交通的中心。作为大都市，商店很多，值得一看的博物馆、现代建筑及现代美术馆等到处都是。

中部有曾经的都市斯特灵和高尔夫胜地圣安德鲁斯这些古都。占据北部广大地区的是苏格兰高地。还有因尼斯湖水怪而成为尼斯湖观光的起点的因弗内斯及以堡垒为起源的威廉堡等许多富有个性的城市。

当地美食

gourmet

威士忌的最佳搭档

哈吉斯
Haggis

哈吉斯是一种将羊的内脏、羊肉馅、洋葱、药草等装入羊胃中煮熟的菜肴。这道菜也被称为苏格兰“国菜”，是Pub中的常设食谱。超市有哈吉斯罐头销售。

当地啤酒、美酒

beer

带有苏格兰国旗的商标

斯图尔特酿酒厂
Stewart Brewing

于2004年开业的爱丁堡小型酿酒厂。荷里路德Hollyrood是这里酿造的最具代表的酒，顺滑可口和丰富的啤酒花香气是这款啤酒的特点。

beer

泡沫细腻丰富，口感香醇

贝尔哈文
Belhaven

位于爱丁堡东南方登巴Dunbar的酿酒厂，专门酿造艾尔啤酒，口感清爽。带有圣安德鲁斯高尔夫球场图案的瓶装啤酒最适合作为伴手礼送人。

尼斯湖p.521

因有尼斯水怪出没的目击信息而知名的湖泊。周边还分布有不少古堡和景点。

老柯克博物馆

馆内收藏有与威士忌创使人竹鹤夫妻相关的资料

哈吉斯的罐头

除了著名的食品公司品牌的罐头之外，超市冠名的哈吉斯罐头也有销售。哈吉斯口味的薯片也是苏格兰特有的。

斯图尔特酿酒厂

去往酿酒厂可以从爱丁堡乘坐37路巴士在The Loan站下车

苏格兰的首府

爱丁堡

Edinburgh

人口	长途区号
47 万 6000 人	0131

爱丁堡市
City of Edinburgh

建于山丘之上的爱丁堡城堡

爱丁堡是苏格兰的首府，这里有历史性建筑云集的老城，也有 18 世纪以后规划性建设起来的新城，是一座古代与现代时空交错的城市，已被联合国教科文组织列为世界文化遗产。建筑于山丘之上的城堡与耸立于街市中的纪念碑交相辉映，宛如一幅美丽的图画，因此这里也被称为“北方雅典”。同时，她也是世界上著名的“节日之城”，每年夏季的爱丁堡国际艺术节、年末年始的爱丁堡新年嘉年华都吸引了来自世界各地的众多观光客。

爱丁堡 热门景点与区域指南

卡尔顿山 （→ p.497）

皇家英里大道（→ p.492）

荷里路德宫 （→ p.494）

新城 Newtown

新城是遵循 18 世纪的**城市规划而建设的区域**。道路整体比较宽阔，规划井然有序，与老城中世纪混乱的街道形成鲜明对比。新城的起点是 600 米长的东西向**街道王子街** Princes St.。街的南侧紧挨着王子街花园，再远一点的南侧便是可以看到爱丁堡城堡的区域。街的北侧是**玫瑰街** Rose St.、**乔治街** George St.、**女王街** Queen St.，这些街区都与王子街平行延伸。这里也是很繁华的街区，附近聚集着许多高级的购物中心、商店、酒吧、餐馆等商业设施。从王子街往东走是卡尔顿山，山丘上筑有许多的**纪念碑**。

干草市场 Haymarket

位于爱丁堡城区的西侧，以干草市场火车站为**中心的商业区**。周边有不少便宜的 B&B，可以说是旅行者的福音。去往机场的巴士也会经由干草市场去往市中心，地理位置十分方便。从干草市场火车站出发的车次也可以去往格拉斯哥等地，经由新市场的车次也十分方便。虽说这里的餐馆比中心城区要少一些，但是快餐店还是很多的。

格拉斯广场 Grassmarket

从皇家英里大道的草坪市场走入南侧的**维多利亚大街** Victoria St.，再往前走不远会看到许多时尚的酒吧和餐馆，还有一些个性小店那便是**格拉斯广场** Grassmarket。然后沿着**乔治四桥** George IV Br. 往前走，与其相交的便是苏格兰国立博物馆所在地的钱伯斯大街 Chambers St.。

皇家英里大道 The Royal Mile

新城的南部是弥散着中世纪味道的老城区。这里也可以算得上是爱丁堡的热门景点。**从爱丁堡城堡到荷里路德宫**之间的道路名曰皇家英里大道 The Royal Mile。从靠近爱丁堡城堡一侧开始依次是**城堡山** Castle Hill、**草坪市场** Lawnmarket、**高街** High St. 和**修士门** Canongate。

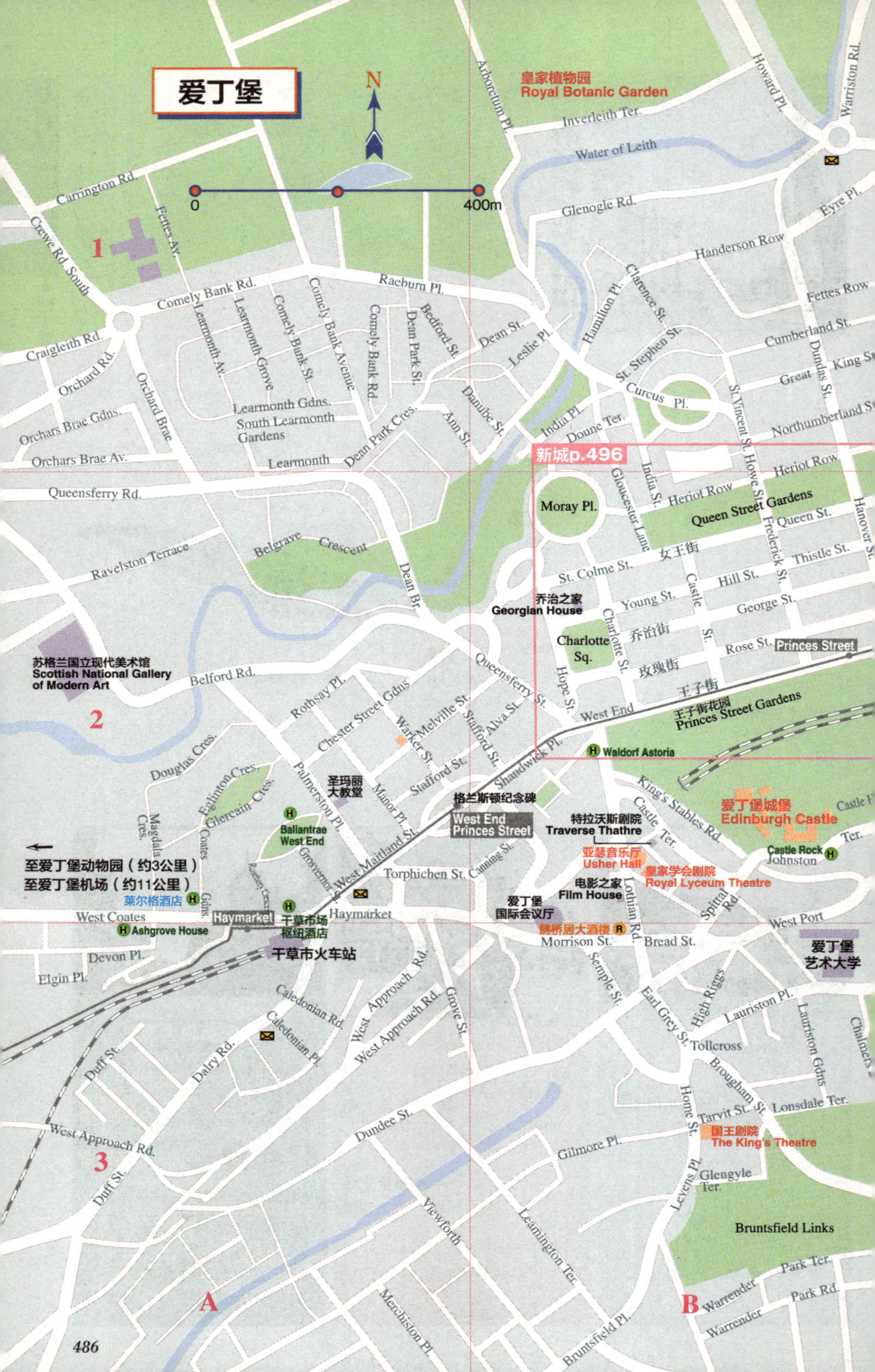

爱丁堡
N
0
400m
皇家植物园
Royal Botanic Garden
苏格兰国立现代美术馆
Scottish National Gallery of Modern Art
新城p.496
Moray Pl.
乔治之家
Georgian House
Charlotte Sq.
Princes Street
王子街花园
Princes Street Gardens
Waldorf Astoria
圣玛丽大教堂
格兰斯顿纪念碑
West End Princes Street
特拉沃斯剧院
Traverse Thathre
爱丁堡城堡
Edinburgh Castle
Castle Rock Johnston
亚瑟音乐厅
Usher Hall
皇家学会剧院
Royal Lyceum Theatre
电影之家
Film House
爱丁堡国际会议厅
鹊桥居大酒楼
Ballantrae West End
至爱丁堡动物园（约3公里）
至爱丁堡机场（约11公里）
莱尔格酒店
Ashgrove House
Haymarket
干草市场枢纽酒店
干草市火车站
爱丁堡艺术大学
国王剧院
The King's Theatre
Bruntsfield Links
女王街
乔治街
玫瑰街
王子街
1
2
3
A
B

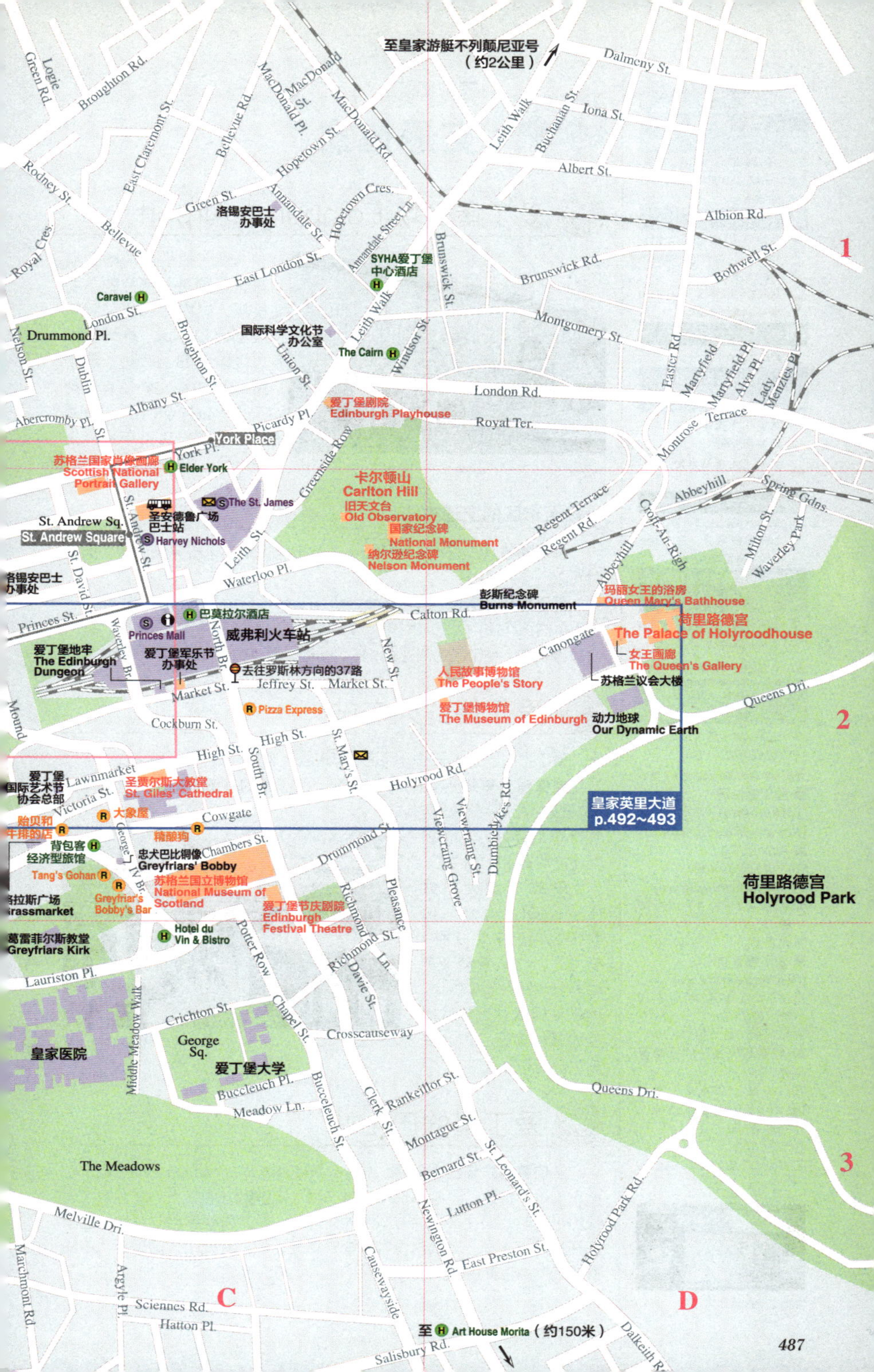

至皇家游艇不列颠尼亚号
（约2公里）
Dalmeny St.
Iona St.
Albert St.
Albion Rd.
Bothwell St.
Brunswick Rd.
Montgomery St.
London Rd.
Royal Ter.
Leith Walk
Buchanan St.
Logie Green Rd.
Broughton Rd.
East Claremont St.
Bellevue Rd.
MacDonald Pl.
MacDonald St.
MacDonald Rd.
Hopetown St.
Hopetown Cres.
Annandale St.
Annandale Street Ln.
Brunswick St.
Rodney St.
Bellevue
Royal Cres.
Green St.
洛锡安巴士
办事处
East London St.
SYHA爱丁堡
中心酒店
Caravel
London St.
Drummond Pl.
Nelson St.
Dublin
国际科学文化节
办公室
Union St.
Broughton St.
The Cairn
Windsor St.
Albany St.
Abercromby Pl.
Picardy Pl.
York Place
York Pl.
爱丁堡剧院
Edinburgh Playhouse
Greenside Row
Easter Rd.
Maryfield
Maryfield Pl.
Alva Pl.
Lady Menzies Pl.
Montrose Terrace
苏格兰国家肖像画廊
Scottish National
Portrait Gallery
Elder York
The St. James
卡尔顿山
Carlton Hill
旧天文台
Old Observatory
国家纪念碑
National Monument
纳尔逊纪念碑
Nelson Monument
Regent Terrace
Regent Rd.
Abbeyhill
Croft-An-Righ
Spring Gdns.
Milton St.
Waverley Park
St. Andrew Sq.
St. Andrew Square
圣安德鲁广场
巴士站
Harvey Nichols
St. Andrew St.
Leith St.
Waterloo Pl.
St. David St.
洛锡安巴士
办事处
彭斯纪念碑
Burns Monument
玛丽女王的浴房
Queen Mary's Bathhouse
Princes St.
Princes Mall
巴莫拉尔酒店
威弗利火车站
Calton Rd.
荷里路德宫
The Palace of Holyroodhouse
爱丁堡地牢
The Edinburgh
Dungeon
爱丁堡军乐节
办事处
Waverley Br.
North Br.
去往罗斯林方向的37路
New St.
Canongate
女王画廊
The Queen's Gallery
Mound
Market St.
Jeffrey St.
Market St.
人民故事博物馆
The People's Story
苏格兰议会大楼
Queens Dri.
Pizza Express
爱丁堡博物馆
The Museum of Edinburgh
动力地球
Our Dynamic Earth
Cockburn St.
High St.
High St.
South Br.
St. Mary's St.
Holyrood Rd.
爱丁堡
国际艺术节
协会总部
Lawnmarket
圣贾尔斯大教堂
St. Giles' Cathedral
Victoria St.
大象屋
Cowgate
皇家英里大道
p.492~493
贻贝和
牛排的店
猪酿狗
背包客
经济型旅馆
George IV Br.
忠犬巴比铜像
Greyfriars' Bobby
Chambers St.
Drummond St.
Viewcraig Grove
Viewcraig St.
Dumbiedykes Rd.
Tang's Gohan
苏格兰国立博物馆
National Museum of
Scotland
Greyfriar's
Bobby's Bar
格拉斯广场
Grassmarket
爱丁堡节庆剧院
Edinburgh
Festival Theatre
Richmond Ln.
Pleasance
荷里路德宫
Holyrood Park
葛雷菲尔斯教堂
Greyfriars Kirk
Hotel du
Vin & Bistro
Potter Row
Richmond St.
Davie St.
Lauriston Pl.
Crichton St.
Middle Meadow Walk
Chapel St.
Crosscauseway
George
Sq.
皇家医院
爱丁堡大学
Buccleuch Pl.
Buccleuch St.
Meadow Ln.
Rankeillor St.
Clerk St.
Queens Dri.
Montague St.
St. Leonard's St.
The Meadows
Bernard St.
Lutton Pl.
Holyrood Park Rd.
Melville Dri.
Newington Rd.
East Preston St.
Causewayside
Marchmont Rd.
Argyle Pl.
Sciennes Rd.
Hatton Pl.
至 Art House Morita（约150米）
Salisbury Rd.
Dalkeith R.
1
2
3
C
D

Access Guide
爱丁堡

从伦敦出发

✈ 所需时间：1小时10~25分钟

有去往希思罗机场、盖德维克机场、伦敦城机场、卢顿机场、斯坦斯特德机场的航班。

🚆 所需时间：4小时30分钟

周一~周六 从国王十字站出发，6:15~19:00（周六~18:00）期间每1~2小时1趟车

周日 从国王十字站出发，8:45~19:00期间每小时1~2趟车

🚌 所需时间：9小时30分钟~10小时50分钟

每天 8:00 22:30

从格拉斯哥出发

🚆 所需时间：50分钟~1小时

周一~周六 从女王大街站出发，5:45~23:30期间频发

周日 从女王大街站出发，7:50~23:30期间频发

🚌 所需时间：1小时10分钟

每天 从布坎南巴士站出发，4:00~23:59期间频发，也有1:00、2:00、3:00发车的夜班车。

从湖区奥克森霍尔姆站出发

🚆 所需时间：约2小时10分钟

周一~周六 7:29~21:29（周六~20:29）期间每小时一趟车

周日 11:38~21:29期间每小时一趟车

从泰恩河畔纽卡斯尔出发

🚆 所需时间：1小时30分钟

周一~周六 6:22~21:55（周六6:20~21:32）期间每小时1~2趟车

周日 8:45~21:52期间每小时1~2趟车

■ **爱丁堡机场**
TEL 08444488833
URL www.edinburghairport.com

■ **Airlink**
TEL（0131）5556363
URL www.lothianbuses.com
4:30~次日0:30，10~15分钟一趟
费 单程£4.50 往返£7.50

■ **爱丁堡有轨电车**
URL edinburghtrams.com
出发：6:15~22:45期间8~10分钟一趟车
费 单程£5.50 往返£8.50

■ **威弗利火车站的行李寄存处**
TEL（0131）5169834
URL www.left-baggage.co.uk
开 7:00~23:00
休 12/25、26
费 3小时£7.50 24小时£12.50

靠近2号线站台

爱丁堡 交通信息

爱丁堡机场 Edinburgh Airport

连接机场与市中心的Airlink

爱丁堡机场与格拉斯哥机场同是苏格兰的主要机场，国内航线或国际航线都比较丰富。机场位于市区以西13公里处。除了Airlink100路之外还有一种叫作Edinburgh Trams的爱丁堡路面有轨电车可以去往市区。

机场至市区的交通方法

机场快线 Airlink 从机场经由干草市场火车站至威弗利大桥，所需时间25分钟。

爱丁堡路面有轨电车 Edinburgh Trams 经由干草市场火车站、王子街至约克广场。所需时间35分钟。

出租车 至市区约需花费£15，所需时间20分钟。

爱丁堡的火车站

爱丁堡有两个火车站分别是干草市场火车站和威弗利火车站。

威弗利火车站 Waverley Station 爱丁堡的主要车站，位于老城与新城区的正中间。站内有行李寄存处，还有相互连接的ⓘ和购物中心。

众多游客穿梭于此的威弗利火车站

干草市场火车站 Haymarket Station 位于威弗利火车站以西1公里处，与威弗利火车站相比虽然规模较小，但是从威弗利火车站出发的前往苏格兰方向的列车都要经停这里。

爱丁堡的巴士站

圣安德鲁广场巴士站 St. Andrew Square Bus Station 车站位于新城东侧圣安德鲁广场St. Andrew Sq.对面。这座巴士站是苏格兰具有代表性的巴士站，去往英格兰方向的长途巴士，以及发往苏格兰各地的巴士都在这里上下车。车站内没有行李寄存处，但是有投币式储藏柜。路面有轨电车站也离这里不远。

爱丁堡 市内交通

想去郊区的旅游景点参观一下，或者订的酒店离市中心稍微远一些的时候，可以乘坐市内巴士。爱丁堡市内有两大巴士公司，一个是洛锡安巴士 Lothian Bus，另一个是爱丁堡第一巴士 First Edinburgh。

这两家公司都出售一日通票。洛锡安巴士的通票还可以跟爱丁堡有轨电车通用。一日通票的价格根据所涵盖的区域范围而有所不同，有些票甚至包含到郊外的皇家游艇不列颠尼亚号的票，如果只是在市区内逛逛的话，买最小范围票就足够了。

●爱丁堡有轨电车

爱丁堡有轨电车是穿梭于爱丁堡机场与市内的约克广场之间，贯穿城市东西的路面电车。可以从自动售票机上购票，不过售票机不找零，只有购买 £3 以上的票才能使用信用卡。如果在车内购票需要支付 £10。

●爱丁堡的出租车

爱丁堡的出租车与伦敦的一样，基本上都是黑色的古典车。可以用电话叫车，也可以在街上招手叫车。

●爱丁堡的观光巴士

这种市内观光巴士上下车自由，一般从威弗利大桥站发车。根据巴士公司的不同，线路上多少会有些差异，但是实质内容上没有很大区别。当然，根据巴士公司的不同折扣的活动也各有千秋。车票可以跟巴士司机直接购买，也可以从威弗利大桥站的营业厅购买。

爱丁堡一日游 Edinburgh Tour　可以游览爱丁堡城堡、荷里路德宫等市内各处的景点，可以自由上下车。

城市观光 City Sightseeing　这条线路与爱丁堡一日游基本类似。

马捷斯蒂克套餐 Majestic Tour　游览皇家植物园、皇家游艇不列颠尼亚号、苏格兰国立现代美术馆等一些郊外的景点。可以自由上下车。

从威弗利大桥站上下车

■ 洛锡安巴士
URL www.lothianbuses.com
单次票 £1.70　1 日票 £4（也可在乘坐爱丁堡有轨电车时使用）

很多车身外都涂有广告

■ 爱丁堡第一巴士
URL www.firstgroup.com/south-east-and-central-scotland
单次票 £1.70　1 日票 £4

■爱丁堡有轨电车
URL edinburghtrams.com
单程 £1.70，1 日票 £4（也可乘坐洛锡安巴士。机场除外）

爱丁堡有轨电车的约克广场站

■ 爱丁堡市内观光巴士
Edinburgh Bus Tour
TEL（0131）2200770
URL edinburghtour.com

● 爱丁堡一日游
出发：4~10 月 9:05~17:55 期间 10~12 分钟一团
11 月～次年 3 月 9:10~15:55 期间每 20 分钟一团

● 城市观光
出发：4、5、9、10 月 9:00~18:00 期间每 12 分钟一团
6~8 月 9:00~19:00 期间每 12 分钟一团
11 月～次年 3 月 9:00~16:00 期间每 20 分钟一团

● 马捷斯蒂克套餐
出发：4~10 月 9:05~17:50 期间每 15 分钟一团
11 月～次年 3 月 9:05~17:05 期间没 30 分钟一团
费 各团 24 小时 £15
学生 £14
所有团 24 小时 £20
学生 £18
所有团 48 小时 £22
学生 £20

爱丁堡
Tourist Information Centre

URL www.visitscotland.com

● 威弗利火车站旁的 ❶

Map p.487C2

✉ Waverley Market, 3 Princes St., EH2 2QP

TEL（0131）4733868

开 9月～次年5月 9:00~17:00（周日 10:00~17:00）
6月 9:00~18:00（周日 10:00~18:00）
7、8月 9:00~19:00（周日 10:00~19:00）

休 12/25、26

● 爱丁堡机场的 ❶

✉ East Terminal Edinburgh International Airport, EH12 9DN

TEL（0131）4733690

开 4~10月 6:30~20:30
11月～次年3月 7:30~19:30（周六·周日 ~19:00）

休 无休

爱丁堡 收集信息

旅游信息咨询处

爱丁堡的 ❶ 位于威弗利火车站王子购物中心侧出口的左手边。店内有多种导游手册和各式各样的纪念品、土特产等。店内通常咨询的游客很多需要排队，所以最好把自己需要的导游手册做一个记录，便于查找领取。这里不仅可以预订酒店，还可以预约各种一日游或者跟团游，甚至还可以上网。❶ 内并设货币兑换窗口，可以兑换货币。

信息特刊

有一本叫作《新名单》（*The List*）的特刊隔周发行，上面登载了许多爱丁堡和格拉斯哥的艺术展、剧院、体育赛事以及餐馆的最新信息。《新名单》是隔周上新，在 ❶ 等地可以免费领取。

爱丁堡 当地出发团体游

爱丁堡的步行观光项目十分丰富。尤其是爱丁堡夜游项目已经成为爱丁堡的特色，在夜幕降临之后探寻各处有奇闻怪事发生的景点。

皇家英里大道之谜
Secrets of the Royal Mile

10:00、13:00、15:00 出发　所需时间：1小时30分钟（如包含参观爱丁堡城堡需2小时15分钟）　费 £13　学生票 £11（如包含参观爱丁堡城堡 £30　学生 £28）

沿途可以一边参观皇家英里大道上的名胜古迹一边近距离接触这座古城的历史。还可以与参观爱丁堡城堡的项目组成套餐（15:00 出发的团除外）。

鬼魂与食尸鬼之旅
Evening of Ghosts & Ghouls

19:00、20:00、21:00 出发

所需时间：2小时　费 £17　学生 £15

巡游爱丁堡老城区的项目，专门造访一些这座城市的阴暗之处。还会去 Blair St. 的地下世界逛一逛。

死亡与葬礼的毁灭之旅
Doomed Dead & Buried

4~10月 19:30、20:30 出发 11月～次年3月 20:30 出发

所需时间：1小时　费 £13　学生 £11

造访过去的断头台等城市另一副面孔的游览项目。猎人广场附近的布莱尔大街是这趟旅程的终点。

地下历史的秘密
Historic Underground

4~10月 11:00、12:00、14:00、16:00 出发

11月～次年3月 14:00、16:00 出发

所需时间：1小时15分钟　费 £13　学生 £11

巡游 Vault（穹顶式屋顶）的团体游项目。

梅卡旅行 Mercat Tours

TEL（0131）2255445　URL www.mercattours.com

从位于皇家英里大道上的圣贾尔斯大教堂附近的梅卡十字路口（Map p.492）出发。

爱丁堡文学 Pub 之旅
Edinburgh Literary Pub Tour

19:30 出发（11、12月只限周五出发，1~3月期间是周五、周日，4、10月是周四～周日，5~9月期间每天）

所需时间：2小时　费 £14　学生 £10

围绕新城与老城内历史悠久的 Pub 巡游，可以深度了解苏格兰文学的故事。

TEL 08001697410

URL www.edinburghliterarypubtour.co.uk

从干草市场的 Pub，蜂巢旅馆出发。

尼斯湖与高地
Loch Ness & The Highlands of Scotland

7:45 出发　所需时间 12小时　费 £47

游览尼斯湖、格伦科等苏格兰高地地区的风景名胜。

高地威士忌之旅
Highland Whisky Experience

5~10月期间周日 9:00　所需时间 8小时30分钟

费 £36

游览福斯铁路桥（只拍照）、高地威士忌酒厂等地。

阿尼克城堡与圣岛
Alnwick Castle & Holy Island

5~10月期间周三、周六 9:00 出发　所需时间 9小时30分钟　费 £39

参观圣岛（自由活动时间1小时）与阿尼克城堡（自由活动时间2小时30分钟）的团体游项目。门票需要另行购入。

暗线旅游 Gray Line

TEL（0131）5555558　URL www.graylinetours.com

出发前一天需要预约。可以从 ❶ 预约。

世界遗产
详细导览

从岩山俯瞰整座城市

爱丁堡城堡 Edinburgh Castle

建于岩山之上的天然要塞 整个城堡耸立在爱丁堡市的最高点，站在城堡上可以俯看全城。这座城堡曾经几度遭到战争的破坏，每次战争过后都进行了修复或者改造。城堡建在名为城堡岩 Castle Rock 的死火山岩顶上，早在城堡建成之前这里就作为一处天然要塞被人们所利用。

城堡前的广场 位于城堡入口处的广场每到夏日爱丁堡军乐节期间，每晚都会在广场上举行盛大的活动。

皇冠广场周边 皇冠广场 Crown Sq. 是城堡最著名的建筑，周边有苏格兰内战纪念碑、文艺复兴时期修建的大厅以及环绕中庭修建的王宫。其中王宫内有苏格兰女王玛丽·斯图亚特p.575生下苏格兰国王詹姆斯六世（英格兰国王詹姆斯一世）的“玛丽女王的房间”；还珍藏有苏格兰国王继位的宝器与命运之石，是不容错过的景点。

城内最古老的建筑 城堡内现存最古老的建筑是圣玛格丽特礼拜堂 St.Margaret's Chapel，修建于 1110 年，给人印象最深的是它那诺曼风格的大拱形门。

DATA

爱丁堡城堡
Map p.486B2
✉ Castle Hill，EH1 2NG TEL（0131）2259846
URL www.edinburghcastle.gov.uk
开 3~9 月 9:30~18:00　10 月～次年 2 月 9:00~17:00　闭馆前 1 小时停止入场
休 12/25、26　费 £18.50　语音导览 £3.50
城内部分区域禁止拍照

提前在官网上购票（必须要制定日期），就可免去排队在窗口购票的麻烦。提前购买的门票，可以在爱丁堡城堡入口处的取票机上取票。

宝物与命运之石

沃尔特·斯科特发现继位宝器的场景

继位宝器由王冠、宝剑、皇杖组成，自 1707 年英格兰和苏格兰合并条约缔结以后，这些宝物一直被封存，直到后来由沃尔特·斯科特p.573打开了尘封已久的封印，将他们再次公诸于世。自从 13 世纪末期英格兰国王爱德华一世p.573将命运之石拿到英格兰之后，它就一直被保存在伦敦的威斯敏斯特教堂内，直到 1996 年才被返还给苏格兰。返还后原本一直存放在珀斯的圆殿内，现在则与宝器一同被存放在王宫的皇冠厅内。

苏格兰国家战争博物馆
National War Museum of Scotland
爱丁堡城堡
Edinburgh Castle
圣玛格丽特教堂
St. Margaret's Chapel
Old Govenors House
售票处
空地
Esplanade
（爱丁堡军乐节会场）
苏格兰内战纪念碑
National War Monument
New Barracks
牢房
安妮女王建筑
Queen Anne Building
王宫
Royal Palace
大厅
Great Hall

Town 爱丁堡 Walk ①

感受爱丁堡历史 皇家英里大道 Royal Mile

从爱丁堡城堡至荷里路德宫的一段石子路被称为皇家英里大道。沿途有大教堂、名人故居、历史悠久的 Pub 等，是了解爱丁堡历史必须要到访的地方。

皇家英里大道是缓缓的坡路

苏格兰威士忌中心 The Scotch Whisky Experience

位于爱丁堡城堡的附近

游客不仅可以了解威士忌的酿造过程，还可以乘坐着橡木桶形状的轨道车了解长达 300 年之久的苏格兰威士忌历史。通过根据斯佩塞河谷、艾莱岛等产区的不同发现酒的特点，解读调和威士忌的秘密等各种角度来告诉游客苏格兰威士忌的奥秘。

另外，馆内的商店里陈列着收集自苏格兰各地的威士忌酒瓶，多达 480 种以上。馆内还设有琥珀西餐馆 Amber Restaurant 可以品尝到地道的传统苏格兰美食。

✉ 354 Castle Hill，EH1 2NE　TEL（0131）2200441
URL www.scotchwhiskyexperience.co.uk
开 10:00~17:00（夏季会延长）
最终观光团出发时间是闭馆前 1 小时
休 12/25　费（根据季节会有变动）。银级观光团 £15.50

圣贾尔斯大教堂 St. Giles' Cathedral

建在皇家英里大道中心部气派而宏伟的教堂便是圣贾尔斯大教堂了。其王冠形状的屋顶是典型的哥特式建筑。教堂内部的装饰有许多在宗教改革时期虽已遭到破坏，但依旧还有不少值得看的地方。特别是蓟花勋章礼拜堂 Chapel of the Thistle 很有游览价值。教堂内还时常举办音乐会，有机会不妨坐下来听一听。

✉ The Royal Mile，EH1 1RE
TEL（0131）2260673
URL www.stgilescathedral.org.uk
开 4~10 月 9:00~19:00（周六 ~17:00、周日 13:00~17:00）
11 月 ~ 次年 3 月 9:00~17:00（周日 13:00~17:00）
休 12/25、26　费 欢迎捐赠　拍照需支付 £2
每天 12:00 开始做礼拜，届时将不对一般游客开放

众多历史时间的舞台——圣贾尔斯大教堂

World's End R
黄铜拓印中心 Brass Rubbing Centre
约翰·诺克斯故居 John Knox House
儿童博物馆 Museum of Childhood
North Br.
Cockburn St.
Hector Russell S
The Inn on the Mile H
H Radisson SAS
玛丽·金小巷 Real Mary King's Close
North Bank St.
法院 Court House
作家博物馆 The Writers' Museum
High St.
爱丁堡军乐节办事处
South Br.
格拉德斯通之家 Gladstone's Land
圣贾尔斯大教堂 St. Giles' Cathedral
梅卡十字路口 Mercat Cross
集会大厅 Assembly Hall
Lawnmarket
Castle Hill
至爱丁堡城堡
枢纽 The Hub
R 女巫餐馆
苏格兰威士忌中心 Scotch Whiskey Experience
Gerorge IV Br.
N
0　100m

玛丽·金小巷
The Real Mary King's Close

进入到密道仿佛随着时空穿梭机回到了那个年代

爱丁堡的地下洞穴犹如城市般繁华，17 世纪时还曾有人在此居住。但是因这里的居住环境恶劣导致很多人都感染了疾病，因此密道里充满了死亡的故事。也正是因此至今仍残留有不少奇闻怪谈。可以在当地参加团体游项目（每 20 分钟出发一团），在导览人的带领一同探秘这地下世界。

✉ 2 Warriston's Close，High St.，EH1 1PG
TEL（0131）2250672 URL www.realmarykingsclose.com
开 4~10 月 10:00~21:00
11 月 9:00~17:30（周五、周六 ~21:00，周日 ~18:30）
12 月～次年 3 月 10:00~17:00（周五·周六～21:00）休 12/25 费 £15.50 学生 £13.50
国会内禁止拍照

人民故事博物馆
The People's Story Museum

钟表和尖屋顶是这栋建筑最大的亮点

人民故事博物馆所在的建筑原本是始建于 16 世纪的修士门监狱 Canongate Tolbooth。这座建筑最吸引人的地方是圆锥形的屋顶和悬于墙外的时钟。其中的展品为我们讲述了 18 世纪至今爱丁堡普通市民生活的情景。博物馆里摆放有许多人偶，再现了当时各行各业的工作场面。

✉ 163 Canongate，EH8 8BN
TEL（0131）5294057
URL www.edinburghmuseums.org.uk
开 10:00~17:00（周日 12:00~17:00）
休 周一、周二、12/25 费 欢迎捐赠
拍照需要获得许可 禁止使用闪光灯

爱丁堡博物馆
The Museum of Edinburgh

爱丁堡博物馆是利用 16 世纪的一栋叫作 Hungry House 的贵族宅邸改建而成。这里展示着从史前时代至今的有关于爱丁堡的文物。其中，由长老派贵族签署的《国民盟约》是重要的苏格兰历史资料。此外还收藏有忠犬巴比的项圈、食盆等物品。

✉ 142 Canongate，EH8 8DD TEL（0131）5294143 URL www.edinburghmuseums.org.uk
开 10:00~17:00（周日 12:00~17:00）
休 周二、周三、12/25 费 欢迎捐赠
拍照需要获得许可 禁止使用闪光灯

赫克托耳罗素
Hector Russell

顾客可以从 650 种苏格兰格子图案中挑选，定制成衣。此外，围脖、领带、短裙等具有苏格兰特色的伴手礼品种也十分齐全。

✉ 137-141 High St.，EH1 1SG
TEL（0131）5581254 URL www.hector-russell.com
开 9:00~21:00（冬季至 18:00）休 无休 CC A M V

爱丁堡软糖屋
The Fudge House of Edinburgh

位于皇家英里大道上的软糖店。这家店铺共有 50 多年的历史，是三代人传承下来老店。橱窗里共摆放有 25 种以上色彩绚丽的软糖。

✉ 197 Canongate，EH8 8BN TEL（0131）5564172 URL www.fudgehouse.co.uk
开 10:00~18:30（冬季 ~17:30）休 周日 CC A M V

英国王室拥有的宫殿

荷里路德宫

The Palace of Holyroodhouse

苏格兰女王玛丽最喜爱的宫殿

王室使用的宫殿　荷里路德宫位于皇家英里大道的最东端，作为英国王室的行宫至今仍被使用着，每年英国王室成员来到苏格兰都会在这里居住。宫殿内有许多华丽的装饰品，其中最著名的要数在大画廊 Great Gallery 里摆挂着的历代 89 位苏格兰国王的画像。

荷里路德修道院　紧挨着宫殿的是荷里路德修道院 Holyrood Abbey，现如今已经成为废墟。荷里路德修道院是 12 世纪由大卫一世修建的一所正统的修道院，它比宫殿的历史还要久远一些。大卫二世、大卫三世、詹姆斯五世等历代的苏格兰国王都埋葬在这里。

女王画廊　画廊由一栋维多利亚式建筑风格的教堂改建而成。作为伊丽莎白女王继位 50 周年纪念项目的一环，于 2002 年开始对外开放。没有常规展览，以按照不同的主题从英国皇室的藏品中甄选作品的形式展出艺术品。

女王画廊内展示了王室的珍藏

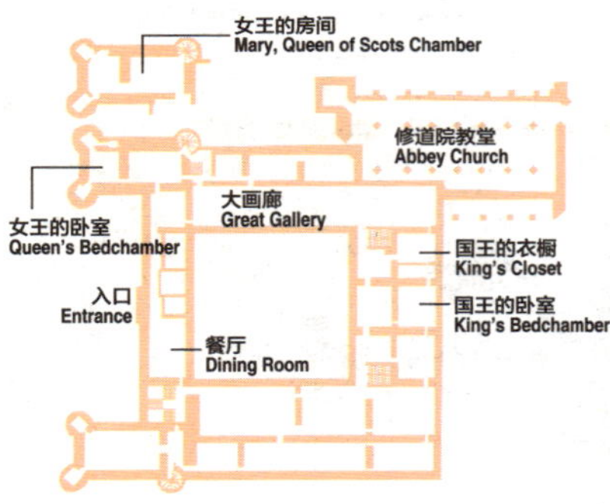

苏格兰女王玛丽与荷里路德宫

1542 年，玛丽出生在苏格兰的林利思哥宫，出生后仅 6 天就成为苏格兰女王 ☞ p.575。荷里路德宫与玛丽颇有渊源，这座宫殿也因留下了许多有关于苏格兰女王玛丽的传说而著名。比起爱丁堡城堡玛丽女王更喜欢荷里路德宫，当她的第一任丈夫法国国王弗朗索瓦二世去世后，她便从法国回到了苏格兰，最初的 6 年里都是在荷里路德宫里度过的。玛丽女王的房间 Mary Queen of Scot's Chamber 位于西北侧的高塔内。她的第二任丈夫达恩利因为怀疑她与她的秘书里奇奥有染，所以残忍地杀害了里奇奥，这一事件也是发生在这座塔内。由于这一事件，导致玛丽女王当时险些流产，但最后还是安全地产下一子，他就是后来的詹姆斯六世（英格兰国王詹姆斯一世）。

宫殿外有一栋号称是玛丽女王的浴室的小房子

之后玛丽的第三任丈夫博斯韦尔伯爵因暗杀了达恩利，而引起苏格兰新教贵族的叛乱，最终导致女王退位。玛丽的悲剧故事至今仍是苏格兰人比较喜欢的题材。

DATA

■ 荷里路德宫　Map p.493

✉ The Palace of Holyroodhouse，EH8 8DX

TEL（0131）5565100

URL www.royalcollection.org.uk

开 4~10 月 9:30~18:00（入场 16:30 截止）
11 月～次年 3 月　9:30~16:30（入场 15:15 截止）

休 3/30，5/15~26，6/26~7/7，12/25、26（可能改变）
由于这里是英国王室所拥有的宫殿，因此当王室们在苏格兰逗留期间会不定期的关闭。

费 £14　学生 £12.70
与女王画廊的通票　£17.50　学生 £16

馆内禁止拍照　禁止使用闪光灯

■ 女王画廊

开 4~10 月 9:30~18:00　11 月～次年 3 月 9:30~16:30
闭馆前 1 小时停止入场

休 3/30、4/23~5/10、10/22~、11/22、12/25、26（可能改变）

费 £7.20　学生 £6.40　禁止使用闪光灯

文化遗产的宝库

苏格兰国立博物馆

Map p.487C2

National Museum of Scotland

动物标本和化石等展品十分震撼!

苏格兰国立博物馆位于皇家英里大道南侧的钱伯斯大街上。该博物馆由两栋建筑物组成，西侧的建筑物内主要以展示苏格兰史为主题；东侧则展示着一些来自世界各地的很有特点的展品。

西馆 是一栋很醒目的6层高的展览馆。馆内是按照苏格兰的地质起源、史前时代、古代、中世纪、近代、20世纪的时间顺序进行一系列的展示的。利用最新的科技手段通过影像、电脑终端等方式，方便游客更加详细且容易地了解苏格兰的历史进程。藏品也大多是从苏格兰各地收集的重要文化遗产。最顶层是观景台，可以眺望爱丁堡的旧市街。

东馆 这栋建筑物是在2012年刚刚改装好的展览馆。一进入馆内就会看到一个诺大的大厅，非常震撼。馆内展出的藏品主要是一些与自然科学有关的展品、陶器或者玻璃类的艺术品；还有古代埃及艺术品以及来自中国和日本等一些东方国家的艺术品，艺术品的种类繁多。另外，特展也展出了一些非常有意思的展品。

■ 苏格兰国立博物馆
✉ Chambers St., EH1 1JF
TEL 0300 1236789
URL www.nms.ac.uk
开 1/2~12/24、12/27~12/31 10:00~17:00
12/26、1/1 11:00~17:00
休 12/25
费 欢迎捐赠（特展有时需要单独付费）
部分区域禁止使用闪光灯

西侧的展馆

在路易丝岛上发现的国际象棋棋子

关于工业的展示也很丰富，蒸汽机车车头展品

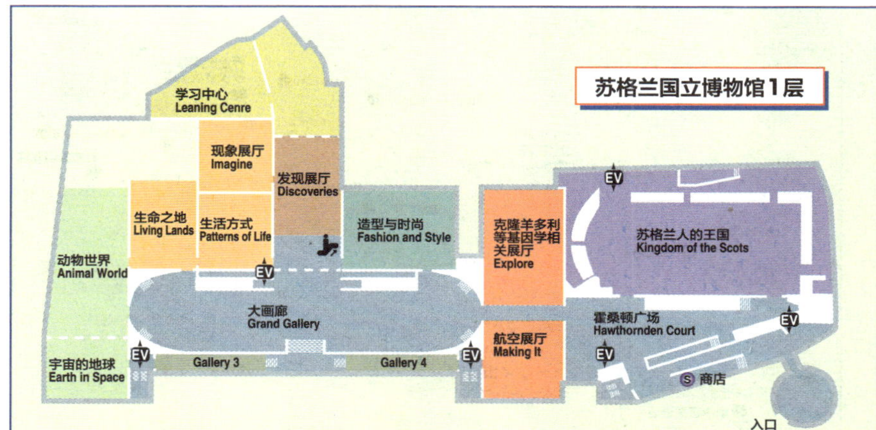

■ 苏格兰国立现代美术馆

✉ The Mound，EH2 2EL

TEL（0131）6246200

URL www.nationlgalleries.org

开 10:00~17:00（周四 10:00~19:00）

休 12/25、26

费 欢迎捐赠（特展有时需要单独付费）

禁止使用闪光灯

收藏了大量巨匠们的杰作

巨匠作品众多的美术馆

苏格兰国立现代美术馆

Map p.496B

National Gallery of Scotland

外观如希腊神殿一般

苏格兰国立美术馆于1859年开馆，是爱丁堡最早的美术馆。该馆是由著名建筑师威廉姆·普利菲尔所设计。

馆内收藏了苏格兰以及欧洲一些艺术家的作品。欧洲藏品中有波提切利、拉斐尔、埃尔·格列柯、委拉斯开兹、伦勃朗、高更等为数不少的从文艺复兴到后印象派的欧洲巨匠们的作品。另外，像艾伦·拉姆齐、亨利·雷本等一些苏格兰的代表画家们的名作也都有收藏。

■苏格兰皇家研究院

✉ The Mound，EH2 2EL

TEL（0131）2256671

URL www.royalscottishacademy.org

开 10:00~17:00（周日 12:00~17:00）

休 12/25

费 依据展出内容而异

内部禁止摄影

非常醒目的神殿风格建筑物

苏格兰皇家研究院

Map p.496B

Royal Scottish Acadmy

希腊风格的门头

在王子街与土丘街的交会处，有一座类似希腊神殿的建筑物，那便是苏格兰皇家研究院了。与苏格兰国立现代美术馆一样，它是由著名建筑师威廉姆·普利菲尔 William Playfair 在1826年设计完成的。作为邻近的苏格兰国立现代美术馆的特别展馆，会不定期的企划一些展览。

有历史上名人肖像画的殿堂

苏格兰国家肖像画廊 Map p.496B

Scottish National Portrait Gallery

位于新城的一座新哥特风格的红砖建筑物便是苏格兰国家肖像画廊了。这里收藏着命运坎坷的玛丽·斯图亚特 p.575、小王子查理 p.577、还有沃尔特•斯科特 p.573 等一些在苏格兰历史上大放光彩的名士们的画像或者铜像。除此之外，还有艾伦•拉姆齐、凡•戴克、庚斯博罗等一些知名艺术家的肖像画。总之，具有欣赏价值的艺术品数量众多。

纪念伟大诗人的高塔

斯科特纪念塔 Map p.496B

Scott Monument

可以进入塔内参观

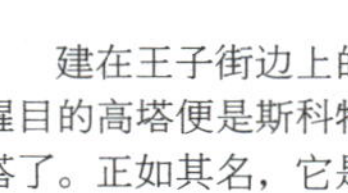

建在王子街边上的一座醒目的高塔便是斯科特纪念塔了。正如其名，它是为了纪念苏格兰一代文豪沃尔特•斯科特先生而修建的。它也是世界上最大的一座纪念作家的纪念碑。绕到塔的后面就可以进到入口处，登到塔顶参观。

可以一览街景的公园

卡尔顿山 Map p.487C2

Carlton Hill

卡尔顿山是位于新城东部的一座小山丘，是俯瞰爱丁堡全景首屈一指的地方。尤其是站在位于山丘顶部的纳尔逊纪念碑 Nelson Monument 附近，景色极佳。这座纪念碑建造于 1815 年，是为了纪念 1805 年的特拉法尔加海战而修造的。登上纪念碑的台阶站在最高点，不仅可以看到爱丁堡市内的景色，还可以望见福斯湾 Forth of Forth。

除此之外，卡尔顿山上还建有旧天文台 Old Observatory、国家纪念碑 National Monument 等诸多纪念碑。国家纪念碑是有着“北方雅典”之称的爱丁堡城最具代表性的建筑。它是为了纪念拿破仑战争中的死难者，仿照雅典的帕提农神殿而建。但是由于中途预算不足的原因，被迫中止建设，至今仍然保留着尚未完成时的样子。

国家纪念碑

■ 苏格兰国家肖像画廊

✉ 1 Queen St., EH2 1JD
TEL (0131) 6246200
URL www.nationalgalleries.org
开 10:00~17:00
休 12/25、26
费 欢迎捐赠（特展有时需要单独付费）
禁止使用闪光灯

入口处华美的壁画是出自在爱丁堡研究院进修之后的威廉姆·霍尔之手

■ 斯科特纪念塔

✉ East Princes Street Gdns., EH2 2EJ
TEL (0131) 5294068
URL www.edinburghmuseums.org.uk
开 4~9 月 10:00~19:00
10 月 ~ 次年 3 月 10:00~16:00
休 不定休
费 £5

■ 纳尔逊纪念碑

✉ 32 Calton Hill, EH7 5AA
TEL (0131) 5562716
URL www.edinburghmuseums.org.uk
开 夏季 10:00~19:00
冬季 10:00~16:00
休 周日、12/25
费 £5

纳尔逊纪念碑

皇家植物园

🚌从新城的汉诺威巴士站 Hanover St. 乘 23、27 路在植物园东门下车。马捷斯蒂克套餐中的巴士也在这里停靠。

✉ 20A Inverleith Row, EH3 5LR

TEL (0131) 5527171

URL www.rbge.org.uk

开 3~9 月 10:00~19:00
2·10 月 10:00~18:00
11 月～次年 1 月 10:00~16:00

休 12/25、1/1

费 欢迎捐赠（温室是 £6.50 学生 £5.50）

■ **爱丁堡动物园**

🚌从市中心乘坐洛锡安巴士的 12、26、31 路。从威弗利大桥乘坐机场快线也可以到达。

✉ Edinburgh Zoo, EH12 6TS

TEL (0131) 3349171

URL www.edinburghzoo.org.uk

开 4~9 月 10:00~18:00
3、10 月 10:00~17:00
11 月～次年 2 月 10:00~16:00

参观熊猫馆可以与门票预约时一起制定时间。

休 无休

费 £19.50 学生票 £16.50

熊猫馆内禁止摄影

动物园入口

■ **皇家游艇不列颠尼亚号**

🚌可以从市中心乘坐洛锡安巴士的 11、22、200 路，在终点站海之尽头购物中心站下车。

马捷斯蒂克套餐中的巴士车也可以到达这里。

✉ Ocean Terminal, Leith, EH6 6JJ

TEL (0131) 5555566

URL www.royalyachtbritannia.co.uk

开 4~9 月 9:30~16:30
10 月 9:30~16:00
11 月～次年 3 月 10:00~15:30

休 12/25、1/1

费 £16 学生票 £14

船内以自助游览为主，备有语音解说器

透过玻璃可以看见驾驶舱

鲜花盛开的地方

皇家植物园

Map p.486B1

Royal Botanic Garden

皇家植物园是位于距离爱丁堡市中心北部约 1.5 公里处的大型植物园。占地面积约 27 公顷，园内种有大约 1 万 4500 种植物。在植物园中心部偏西处有一个小上坡，坡上便是尹佛里斯庄园 Inverleith House，从这里眺望爱丁堡的街区也别有一番风味。

植物园的温室

企鹅乐园和熊猫是这里的特色

爱丁堡动物园

Map p.486A2 外

Edinburgh Zoo

爱丁堡动物园位于距离市中心西部 5 公里处。占地面积广阔，园内有来自世界各地的 1000 多种动物，是英国规模最大的动物园。园内共分好几个园区。

可以看到许多企鹅

动物园最大的看点是全欧洲最大型企鹅乐园 Penguins Rock。著名的企鹅秀是每天 14:15 开始。路两旁还有企鹅咖啡商店。此外，考拉、小熊猫等珍稀动物在全英国也只有这里可以看到。参观熊猫是有时间限制的，建议提前预约。

曾经活跃一时的英国王室用船

皇家游艇不列颠尼亚号

Map p.487D1 外

The Royal Yacht Britannia

不列颠尼亚号作为英国王室的游艇从 1953 年到 1997 年的 44 年间航行于世界各地。退役后，永久停泊在爱丁堡近郊利思港内一处叫作“海之尽头”Ocean Terminal 的购物中心旁边，并对外公开开放参观。

入口在“海之尽头”购物中心的 3 楼。购票以后，不妨先到解说室内看一下船的整体结构图和了解一下有关不列颠尼亚号的一些历史介绍，之后再进入船内。船内一个个的房间令你目不暇接，如伊丽莎白二世曾经使用过的卧室和华丽的起居室、船员们的宿舍和驾驶舱等船内的设备。

最后的出航目的地是香港

犹如恐龙般的铁桥

福斯铁路桥

世界遗产　文前折页地图 C4

Forth Railway Bridge

巨型的福斯铁路桥

福斯铁路桥是矗立在爱丁堡以北的福斯湾上的巨型铁路桥。

1877 年丹地的特伊大桥在通车 2 年后因暴风雨的袭击连同火车一起沉入海底，死伤众多。吸取了这次教训，福斯铁路桥的设计格外坚固。大桥全长 1.6 公里，高 46 米。1890 年开通时是当时世界上最长的大桥，是一座跨悬臂铁桥。这座 100 多岁的大桥，至今每天也会有 200 趟以上的列车从这里经过。从远处眺望大桥的景色也是绝美的，尤其是傍晚华灯初上时如梦幻般的夜景。

■ 福斯铁路桥

🚌从市中心乘坐洛锡安巴士 43 路，在 Queensferry（警察局前）站下车。

■ 福斯游船之旅

TEL（0131）3313030

URL www.forthtours.com

出发：2 月中旬、3 月周六 · 周日、4、10 月　11:15、13:00

5、6、9 月　11:15、13:00、15:00

7、8 月　11:15、13:00、15:00、16:30

费 £14　学生 £13

从女王游船码头出发的航程，所有时间 1 小时 30 分钟。旅游旺季时还可以与往返的巴士票一起打包购买。

爱丁堡 近郊景点

Days out from Edinburgh

神秘浮雕装点下的教堂

罗斯林教堂

Map p.499

Rosslyn Chapel

因《达 · 芬奇密码》而广为人知的罗斯林教堂，位于爱丁堡南侧的罗林斯小镇。教堂是奥克尼岛贵族威廉 · 圣克莱尔于 1446 年建立的。在同时期建造的教堂中，这里可谓与众不同。虽然只是一座长 21 米、高 13 米的小型教堂，但是墙面上布满了神秘的浮雕。浮雕的内容包括圣经中描述的场景以及天使，还有凯尔特神话中的自然之神“绿人”Green Man、原产于美洲大陆的植物（浮雕出现的时间比哥伦布发现美洲大陆早 50 年）、手持罗伯特 · 布鲁斯 Robert the Bruce p.577 心脏的天使、堕落天使路西法、教堂建立者威廉本人的雕像、威坐于马上的骑士等。如果不凝神观看，很多雕像都无法辨认，所以希望游客能仔细地观察建筑的墙壁和柱子。

在紧邻教堂的游客中心里还附设有展示区，展品的种类丰富多彩。

■ 罗斯林教堂

🚌从北桥乘坐洛锡安巴士 37 路在 Original Rosslyn Hotel 巴士站下车。1 小时 2~4 趟车，所需时间 40 分钟，

✉ Roslin，EH25 9PU

TEL（0131）4402159

URL www.rosslynchapel.com

开 9 月 ~ 次年 5 月　9:30~17:00（周日 12:00~16:45）

6~8 月　9:30~18:00（周日 12:00~16:45）

闭馆前 30 分钟截止入场

休 12 月 25、31，1/1

费 £9　学生票 £7

内部禁止拍照

2013 年修复完工的罗斯林教堂

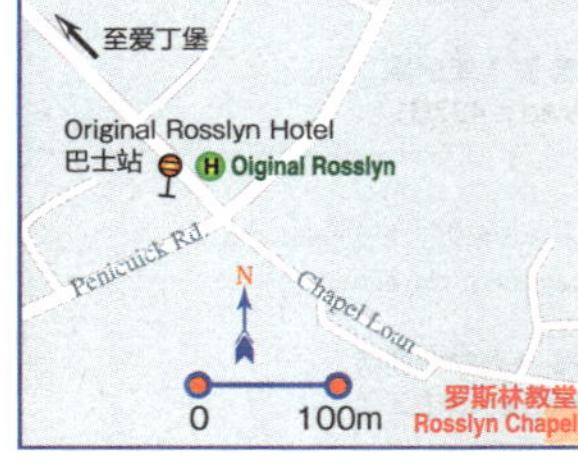

绿人的浮雕

堕落天使路西法

手持罗伯特一世心脏的天使

伯利恒之星的浮雕

■至林利思哥的交通方法

🚃 有从爱丁堡频发的车次，周日每小时 2 趟车。所需时间 20 分钟。

🚌 乘坐爱丁堡第一巴士去往斯特灵的 38、38A 路巴士，每小时 2 趟车。所需时间约 1 小时。

■林利思哥宫

✉ Linlithgow Palace，EH49 7AL

TEL（01506）842896

URL www.historicenvironment.scot

开 4~9 月 9:30~17:30

10 月 ~ 次年 3 月 10:00~16:00

闭馆前 45 分钟截止入场

休 1/1、2，12/25、26

费 £6 学生票 £4.80

历代苏格兰王室喜爱的湖畔宫殿

林利思哥宫

Map p.500

Linlithgow Palace

建于 15 世纪的林利思哥宫深受历代苏格兰国王的喜爱。苏格兰国王詹姆斯五世就出生在这里，他的妻子玛丽 · 德 · 吉斯王后也对这座宫殿情有独钟。玛丽王后还在这里生下了后来成为苏格兰女王的玛丽p.575。

在 18 世纪，斯图亚特家族的后代——小王子查理p.571也曾居住在这里。但在他离开之后，取而代之的坎伯兰公爵放火致使宫殿大部分被毁。邻近的圣迈克尔教堂是建于 15 世纪的知名教堂。

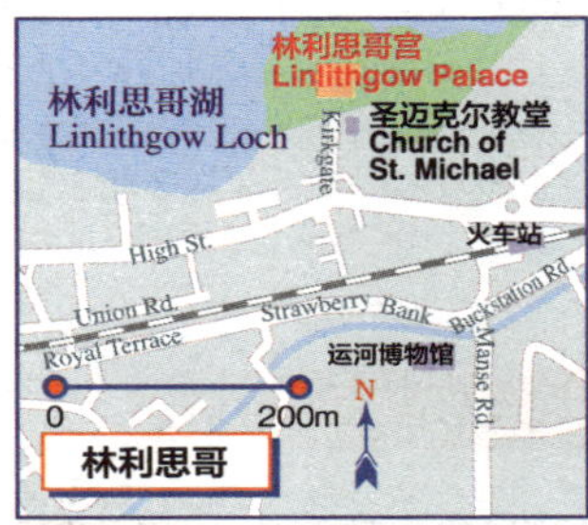

从湖畔望去的宫殿

THEATRE

■ 亚瑟音乐厅

Map p.486B2

✉ Lothian Rd.，EH1 2EA

TEL（0131）2281155

URL www.usherhall.co.uk

■ 爱丁堡节庆剧院

Map p.487C2

✉ 13-29 Nicolson St.，EH8 9FT

TEL（0131）5296000

URL www.edtheatres.com

■ 爱丁堡剧院

Map p.487C1

✉ 18-22 Greenside Pl.，EH1 3AA

TEL 0844 8713014

URL www.atgtickets.com/venues/edinburgh-playhouse/

■ 皇家学会剧院

Map p.486B2

✉ Grindlay St.，EH3 9AX

TEL（0131）2484848

URL lyceum.org.uk

■ 国王剧院

Map p.486B3

✉ 2 Leven St.，EH3 9LQ

TEL（0131）5296000

URL www.edtheatres.com

亚瑟音乐厅 *Usher Hall*

亚瑟音乐厅的外观非常气派和醒目，是爱丁堡的主要剧场。合唱团、交响音乐会的表演水平很高，口碑非常好。

爱丁堡节庆剧院 *Edinburgh Festival Theatre*

节庆剧院外墙是一整片透明的玻璃，给人留下了非常深刻的印象。剧院除了歌剧和芭蕾舞的表演之外，还有话剧、舞蹈、音乐剧等艺术表演。

爱丁堡剧院 *Edinburgh Playhouse*

爱丁堡剧院位于新城的东侧、以经常在纽约的百老汇和伦敦西区上演人气的音乐剧而著称。有时也会上演歌剧和芭蕾舞等的演出。

皇家学会剧院 *Royal Lyceum Theatre*

皇家学会剧院位于亚瑟音乐厅的附近，设立于 1883 年。这里演出的范围非常广，无论是莎士比亚等一些古典戏剧还是现代新剧都有排期。有时也会有音乐会、芭蕾舞、音乐剧等一些表演。

国王剧院 *The King's Theatre*

国王剧院是一座有来历的爱德华风格建筑，内部装修之豪华让人叹为观止。从歌剧到舞蹈，甚至幽默剧表演都有上演。

通年都在举办各类艺术节的"节日之城"

爱丁堡的艺术节

爱丁堡国际艺术节
Edinburgh International Festival

大道上有各式各样的表演秀

爱丁堡国际艺术节自从1947年举办首届艺术节以来，至今已有60多年的历史，也是世界上少有的知名艺术节。每年8月、历时3周、来自世界各地的一流艺术家们聚集在爱丁堡，在各个会场为观众表演歌剧、话剧、音乐会、舞蹈等作品。详情可在位于皇家英里大道的艺术节中心、爱丁堡国际艺术节协会总部 The Hub 等地查询。

爱丁堡军乐节
Edinburgh Military Tattoo

爱丁堡夏季的盛会

爱丁堡军乐节是每年8月在爱丁堡城堡前的广场上举行的为时3周的盛大表演。该音乐节以风笛军乐队表演为中心、伴有来自世界各国的乐队和舞蹈演员们的精彩表演。在炫目的舞台灯光照耀下的爱丁堡城堡，作为该音乐节的舞台背景也是一大看点。如此盛大的活动自然也是一票难求了。

爱丁堡爵士布鲁斯音乐节
Edinburgh Jazz & Blues Festival

爱丁堡爵士布鲁斯音乐节作为夏季音乐节最先开始的活动，标志着爱丁堡国际艺术节的开幕。届时无论是在音乐厅、剧院，还是俱乐部、酒吧、露天剧场都在上演各种形式的表演。节日期间的第一个星期六还有从皇家英里大道到格拉斯马基特街的游行表演活动。

爱丁堡边缘艺术节
Edinburgh Festival Fringe

爱丁堡边缘艺术节主要是一些另类的、实验性的表演。它在爱丁堡国际艺术节开幕的前几天举行。届时街道各处都设有边缘艺术节专业会场、会场内上演着各种形式的表演。门票从免费到£10不等、由于大多是实验性的表演，因此演出质量良莠不齐，所以票价不是衡量节目质量的标准。

爱丁堡新年嘉年华
Edinburgh's Hogmanay

爱丁堡新年嘉年华是爱丁堡城辞旧迎新的活动，也是欧洲最大规模的冬季节日活动。此项活动最大的亮点是从12月30日夜间到1月1日中午、在王子街周边持续举行的皇家银行街头晚会。

■ 爱丁堡所有艺术节官网

URL www.eif.co.uk

※ 节日庆典期间，参观游览爱丁堡的游客众多，届时酒店也都爆满，所以如果这个期间计划来爱丁堡最好提前预订酒店

■ 爱丁堡军乐节

Map p.487C2（爱丁堡军乐节办事处）

✉32 Market St.，EH1 1QB TEL（0131）2251188

URL www.edintattoo.co.uk

2019年8月2~24日。门票可以通过电话、互联网、爱丁堡军乐节办公室对外窗口进行购买。

■ 爱丁堡爵士布鲁斯音乐节

✉89 Giles St.，EH6 6BZ TEL（0131）4732000

URL www.edinburghjazzfestival.com

可以在爱丁堡节日剧院或者皇家英里大道上的 The Hub 等地购票。

2019年7月12~21日

■ 爱丁堡边缘艺术节

Map p.492（官方商店）

✉180 High St.，EH1 1QS TEL（0131）2260026

URL www.edfringe.com

2019年8月2~26日

位于皇家英里大道的办公室是爱丁堡边缘艺术节的官方商店

■爱丁堡新年嘉年华

TEL（0131）5100395

URL www.edinburghshogmanay.com

可以通过电话或者上述官网购票。

酒店
Hotel

在爱丁堡各式各样、中高低档酒店都很齐全，不过 B&B 在市中心附近很少有，大多数集中在干草市场火车站附近或者离市区较远的地方。但是无论任何一家酒店，在每年 8 月文化艺术节的时候房间都很紧张，所以如果准备在这一时期去一定要提前预订。

巴莫拉尔酒店
The Balmoral Hotel

Recommended

新城

◆**爱丁堡最具代表性的豪华酒店** 酒店位于威弗利火车站附近，地点绝佳。高高的钟楼给人留下深刻的印象。J. K. 罗琳在这家酒店的 522 房间完成了《哈利·波特》系列丛书的最后部分。客房内保留着传统建筑的历史氛围，设施设计也都非常人性化。

餐馆 酒店内的 Number One（一号餐馆）主要以法国菜为主，在这里可以享用传统菜肴 Hadrian。

高档 188 间 Map p.487C2

TV 所有房间 | 所有房间 | 所有房间 | 所有房间 | P 付费 | Wi-Fi 免费

✉ 1 Princes St., EH2 2EQ

TEL (0131) 5562414

FAX (0131) 5573747

URL www.roccofortehotel.com

S W £215

C/C A D J M V

一号餐馆 开 18:00~22:00

华尔道夫酒店
Waldorf Astoria

Recommended

新城

◆**至今仍旧留有车站酒店的味道** 位于王子街西侧外缘。过去作为车站酒店与巴尔莫勒尔酒店齐名，是复古式酒店中最高级别的酒店。整个装修都是复古风格，让人感受到历史的味道，房间内的现代化设备齐全。

餐馆 酒店内有伦敦人气店——Galvin 餐馆的分店 Galvin Brasserie，专门提供现代法餐。

高档 241 间 Map p.496A

TV 所有房间 | 所有房间 | 所有房间 | 所有房间 | P 无 | Wi-Fi 免费

✉ Princes St., EH1 2AB

TEL (0131) 2228888

URL waldorfastoria3.hilton.com

S W £189~

餐馆 开 12:00~15:00 18:00~23:00

乔治街海利校长会议酒店
Principal

新城

◆酒店地理位置绝佳，位于新城的市中心，所在的建筑是 200 年前由罗伯特·亚当所设计的。内装修豪华，完美地保留了当时的时代氛围，内部装饰也都使用的是古董。酒店内有餐馆。

高档 240 间 Map p.496B

TV 所有房间 | 所有房间 | 所有房间 | 所有房间 | P 无 | Wi-Fi 免费

✉ 19-21 George St., EH2 2PB

TEL (0131) 2251251

URL www.phcompany.com/principal

S £109~

W £119~ C/C A D J M V

老威弗利酒店
The Old Waverley Hotel

新城

◆王子街对面的一家中档酒店，交通非常方便。从大多数的房间都可以远眺爱丁堡城堡。房间内的苏格兰格子床罩非常可爱、装修设计也比较有整体感，屋内的设施齐全。

中档 86 间 Map p.496B

所有房间 |  所有房间 |  所有房间 | 无 |  P 无 | Wi-Fi 免费

✉ 43 Princes St., EH2 2BY

TEL (0131) 5564648

FAX (0131) 5576316

URL www.oldwaverley.co.uk

S W £79~ C/C A M V

干草市场枢纽酒店

Haymarket Hub Hotel 干草市场

大型 189 间 Map p.486A2

所有房间 所有房间 所有房间 无 无 免费

◆酒店位于干草市场火车站对面。房费根据房间的大小、是否有窗等不同。总的来说虽说这家酒店的房间面积不算大，但是内部的设施比较新。提供免费租借手机的服务。

7 Clifton Ter.，EH12 5DR

TEL（0131）3479700

URL www.haymarkethubhotel.com

S W £62~

C/C J M V

莱尔格酒店

The Lairg 干草市场

旅馆 26 间 Map p.486A2

所有房间 所有房间 所有房间 无 无 免费

◆距离干草市场火车站很近，是一家家族经营的家庭旅馆。价格也是这附近比较合理的一家。有带床幔房间的，还有宽敞的套间。除了 8 月以外的时间通过电话或者邮件预约的驴友可以享受优惠。

11 Coates Gdns.，EH12 5LG

TEL（0131）3371050

email thelairg@gmail.com

S £28~160

W £35~220 C/C M V

SYHA 爱丁堡中心酒店

SYHA Edinburgh Central 新城

青年旅舍 47 间 Map p.487C1

部分 无 无 所有房间 无 免费

◆紧邻市街中心，从 4~8 人间至单人间有很多可供选择的房型。厨房、储物柜、洗衣机、上网设备等设施齐全。早餐单收费、£4.95~6.50。

9 Haddington Pl.，EH7 4AL

TEL（0131）5242090 URL www.syha.org.uk

D £15~46

S £35~72

S £40~122 C/C M V

背包客经济型旅馆

Budget Backpackers 格拉斯马基特街

旅馆 40 间 Map p.487C2

无 根据需要 无 无 无 免费

◆这家旅馆是苏格兰最大的旅馆，设施齐全。多人间内的床位数量各有不同。在一层的咖啡餐吧可以吃早餐。2018 年内将会更名为 Kickass Hostel。

37-39 Cowgate，EH1 1JR

TEL（0131）2266351

URL www.kickasshostel.co.uk

D £8.50~

W £38~ C/C M V

餐馆

Restaurant

时尚的餐馆大多分布在玫瑰街等新城的街巷里，皇家英里大道上也有许多酒吧和餐馆。格拉斯马基特街、科伯恩大街 Cockburn St. 也是很有人气的美食汇聚地。美食店在干草市场火车站到洛锡安街 Lothian Rd. 一带比较多。

女巫餐馆

The Witchery 皇家英里大道

苏格兰菜 Map p.492

◆餐馆位于一栋建于 16 世纪来路正统的房屋内，是爱丁堡最具代表性的高级餐馆。无论是法恩湖的牡蛎，还是用精心挑选的食材烹制而成的美食都获得过各种奖项。午餐 2 品菜肴套餐的价格是 £22。晚餐一般需要花费 £40~80。

Castle Hill，Royal Mile.，EH1 2NF

TEL（0131）2255613

URL www.thewitchery.com

开 12:00~23:30

休 无休

C/C A M V

店内有信号

贻贝和牛排的店

Mussel & Steak Bar 格拉斯马基特

◆面对格拉斯马基特街的一家海鲜餐馆。这里售卖苏格兰产的贻贝和牛排。店家推荐的菜谱是包含贻贝与牛排的套餐 Surf & Turf，每份 £24.95，分量很足哦。生蚝 6 个 £7.95。

海鲜、牛排 Map p.487 C2

✉ 110 West Bow.，EH1 2HH

TEL（0131）2255028

URL www.musselandsteakbar.com

开 12:00~14:45 17:00~20:00（周五～周日 12:00 ~22:00）

休 12/25

C/C Ⓐ Ⓓ Ⓙ Ⓜ Ⓥ 　Wi-Fi 不可

穆塞尔餐馆

Recommended

Mussel Inn 新城

◆**可以品尝到 7 种味的蘸料** 养殖牡蛎、扇贝、贻贝等的养殖场开办的直营店，绝对可以保证食物的鲜度和味道。招牌菜是贻贝，有 7 种口味的蘸料可以选择。一罐 1 千克的贻贝大约 £11.50~15.50 不等。超大颗的扇贝味道也不错。生蚝 3 个 £5.80。

海鲜 Map p.496B

✉ 61-65 Rose St.，EH2 2NH

TEL 08432892481

URL www.mussel-inn.com

开 12:00~15:00 17:30~22:00（周五、六 12:00~22:00、周日 12:30~22:00）

休 除 12/25、26 之外圣诞节前后也会休息几日

钢库

Grand Cru 新城

◆位于汉诺威大街附近的人气 Pub。价格经济实惠，午餐（12:00~16:00）是 2 品 £7.95、晚餐（17:00~22:00）2 品是 £12.95。上午还提供早餐。

餐吧 Map p.496B

✉ 79 Hanover St.，EH2 1EE

TEL（0131）2266427

URL grandcrubar.co.uk

开 10:00~ 次日 1:00（周五 · 周六～次日 ~03:00）

休 12/25、26

C/C Ⓜ Ⓥ

精酿狗

Brewdog Edinburgh 格拉斯马基特街

◆国内也非常受欢迎的精酿啤酒——精酿狗的直营 Pub。店内常设从酿酒厂直送的 6 种鲜啤酒，同时还准备了季节限定的啤酒。菜肴中石窑比萨最受欢迎。

Pub Map p.487C2

✉ 143 cowgate，EH1 1JS

TEL（0131）2206517

开 12:00~ 次日 1:00

休 无休

URL www.brewdog.com

C/C Ⓜ Ⓥ

Wi-Fi 店内有信号

大象屋

The Elephant House 格拉斯马基特街

◆正如其名，店内到处是有关于大象的绘画和照片等。在爱丁堡也是首屈一指的人气咖啡馆。曾被 The List 杂志评为 Best Coffee Shop。《哈利 · 波特》的作者也曾是这里常客，有很多她的粉丝都会到这里坐一坐。店内有 Wi-Fi 可供使用。

咖啡馆 Map p.487C2

✉ 21 George IV Br.，EH1 1EN

TEL（0131）2205355

URL www.elephanthouse.biz

开 8:00~21:30（周六 · 周日 9:00~21:30）

休 12/25、26

C/C Ⓙ Ⓜ Ⓥ

Wi-Fi 不可

高尔夫球场与大学之城

圣安德鲁斯
St.Andrews

全世界高尔夫球粉丝向往的球场

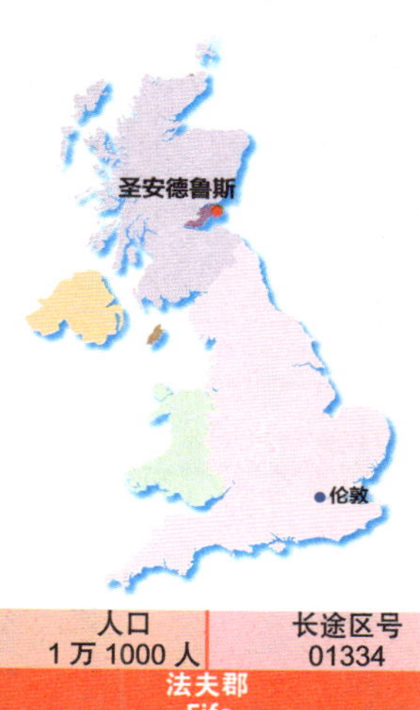

人口	长途区号
1万1000人	01334
法夫郡 Fife	

面向北海而建的圣安德鲁斯是非常著名的高尔夫球运动胜地。历史最为悠久的全英公开赛，每五年都要在这里举行一次。很多高尔夫球爱好者都想在这赛场上打一场球，每逢旺季都会有来自世界各地的高尔夫球爱好者会聚于此。

圣安德鲁斯 漫 步

从圣鲁尔塔眺望到的城市街景

巴士站位于城市的西部，从这里去往 ℹ 所在的市中心市场大街 Market St. 步行大约需 5 分钟。从这里继续向东前行便是圣安德鲁斯大教堂。在北大街 North St. 以北与沿海道路斯考尔思大道 The scores 以南的区域内有圣萨尔瓦托学院 St. Salvator's College，

Access Guide 圣安德鲁斯

从 爱丁堡出发

所需时间：2小时~2小时30分钟

周一~周六 7:00~18:10 期间 每小时 1~2 趟车

周日 9:25~20:25 期间 每小时 1 趟车

从斯特灵出发

所需时间：2小时5分钟

周一~周六 9:10 12:10 15:10 18:55(周六 9:10 12:10 15:10 18:10)

周日 停运

这一带属于小城的学术教育区。斯考尔思大道东端有圣安德鲁斯城堡，西端有高尔夫爱好者们向往的老球场 The Old Course。

圣安德鲁斯 交通信息

火车站 最近的车站是距离城区 10 公里处的卢卡斯站 Leuchars。从卢卡斯换乘捷达集团 Stagecoach 的 99 路系列巴士大约 10 分钟可以到达圣安德鲁斯。

步行团体游项目 因为这里是高尔夫胜地，所以球场漫步的团体游项目十分受欢迎p.507。此外，傍晚时一边散步一边听导游讲解这座城市奇闻趣事的步行游也非常值得推荐。

圣安德鲁斯 主要景点

纪念苏格兰守护圣人

圣安德鲁斯大教堂

Map p.505B

St. Andrews Cathedral

大教堂与圣鲁尔塔

这座教堂建于 12~13 世纪，曾经是苏格兰规模最大的教堂。那时，这里是苏格兰的宗教中心，各地的朝圣者趋之若鹜。但是，在 16 世纪的宗教改革运动中，这座雄伟的建筑遭到毁灭性的破坏。即便是这样，面对残破的墙壁和尖塔，教堂当年的辉煌似乎还是隐约可见。遗址中央耸立着的是圣鲁尔塔 St. Rule's Tower，它是圣鲁尔教堂 St. Rule's Church 的一部分，圣安德鲁斯大教堂就是在圣鲁尔教堂的基础上建立的。走过 157 级螺旋形阶梯登上塔顶的话，就能将这座北海之滨的圣安德鲁斯小城尽收眼底。吹着怡人的海风，沿海岸线向西望去，可以看见圣安德鲁斯城堡和老球场的果岭。

凝聚着小城历史

圣安德鲁斯城堡

Map p.505B

St. Andrews Castle

现如今已经变成了废墟

这座城堡建于 13 世纪，矗立在海岸边的峭壁之上。历史上，当地的主教都居住于此，同时这里还兼具城防要塞的功能。城堡之下挖掘有地道以及让人“有去无回”的恐怖地牢，这些景点也是游客必看之处。另外，不要忘记去游客中心参观一下涉及城堡相关人物、历史的展览。

高尔夫爱好者必到之处

英国高尔夫博物馆

Map p.505A

British Golf Museum

这座博物馆结合照片和影像，以通俗易懂的方式介绍高尔夫运动自

圣安德鲁斯 Tourist Information Centre

Map p.505B
✉ 70 Market St.，KY16 9NU
TEL（01334）472021
URL www.visitstandrews.com
开 9:15~17:00（周日 10:00~17:00）
休 复活节~10 月的周日，12/25、26，1/1、2

■ 圣安德鲁斯幽灵之旅
URL www.standrewsghosttours.com
16:00 17:30 19:30 21:00
上述时间均需要预约（i 也可以预约）
费 £12 学生 £10

■ 圣安德鲁斯大教堂
✉ The Pends，KY16 9QL
TEL（01334）472563
URL www.historicenvironment.scot
开 4~9 月 9:30~17:30
10 月 ~ 次年 3 月 10:00~16:00
休 1/1 · 2、12/25、26
费 塔内与博物馆 £6 学生 £4.80（大教堂院内免费）
与圣安德鲁斯城堡的通票 £9 学生 £7

History
圣安德鲁斯与城市历史

小城的名字源自被誉为苏格兰守护圣人的圣安德鲁，他是耶稣基督的门徒之一。4 世纪时，希腊修道士将圣安德鲁的遗骨安葬于此地，之后很多朝圣者开始造访这里。12~13 世纪这里建成了雄伟的圣安德鲁大教堂，15 世纪初苏格兰历史上第一所大学——圣安德鲁斯大学也成立于此，小城可谓盛极一时。但是，到了 16 世纪中叶，宗教改革的动荡波及这里，城市的很多地方都遭到了严重的破坏。

印有圣安德鲁斯十字架的苏格兰国旗

■ 圣安德鲁斯城堡
✉ The Scores，KY16 9AR
TEL（01334）477196
URL www.historic-scotland.gov.uk
开 4~9 月 9:30~17:30
10 月 ~ 次年 3 月 10:00~16:00
休 1/1 · 2、12/25 · 26
费 £6 学生 £4.80

诞生以来500年的历史。馆内有历届全英公开赛冠军的简介、高尔夫运动史上那些著名比赛的解说等，高尔夫爱好者来到这里一定会感到兴奋不已。特别值得一看的展品是推杆、球杆等一些高尔夫球具。参观者可以看到球杆的形状随着时间的推移而发生变化，通过观看这种变化来了解高尔夫运动如何从单纯的"娱乐活动"转变为真正的体育项目，非常有乐趣。另外，在这里参观者还可以亲自体验高尔夫推杆练习。

英国高尔夫博物馆

■ 英国高尔夫博物馆
✉ Bruce Embankment, KY16 9AB
TEL (01334) 460046
URL www.britishgolfmuseum.co.uk
开 4~10月 9:30~17:00（周日 10:00~17:00）
11月~次年3月 10:00~16:00
休 无休
费 £9 学生 £7（2天内有效）

activity

英国高尔夫博物馆

站在令人向往的高尔夫球场之中

在圣安德鲁斯有各种各样的高尔夫球场。有老球场 Old，有新球场 New，有朱比利球场 Jubilee，有伊甸园球场 Eden，有斯特拉斯提拉姆球场 Strathtyrum，有巴尔戈夫球场 Balgove（只有这里是9洞场地，为初学者和儿童专用）。除了6个正式球场之外，还有一个练习场（伊甸园球场的旁边）。老球场、新球场和朱比利球场适合中等水平以上者，大体上，男性应能低于标准杆24杆以下，女性应能低于标准杆36杆以下。伊甸园球场、斯特拉斯提拉姆球场适合初中级水平者，大体上，男性应能低于标准杆16~28杆，女性应能低于标准杆20~36杆。球场不只对团体客人开放，对独自前来的客人也同样欢迎。

在这些球场之中，老球场从16世纪一直使用到现在，是最著名的一个球场，据说玛丽女王也曾经在这里打过球。老球场依地形而建，被称为"天造地设的球场"。每年都会有众多来自世界各地的高尔夫爱好者前来一试身手，所以只要球场开始受理来年预约（每年10月份开始），就会不断接到大量的订单。在这里打球，往往都是在围观游客的众目睽睽之下，不光要球技过硬，而且还要具备良好的心理素质。

站在球场的果岭上体验一下吧

Links Club House

■ 预约·咨询

至少要提前1个月预约。但是，朱比利球场、伊甸园球场、斯特拉斯提拉姆球场接受提前2天预订。老球场需要开具所属球会和球队的差点为25以下的证明信。

■ 圣安德鲁斯球场基金委员会

Map p.505A 外

这里可以预约球场、租借球杆、获取球场信息等。委员会在建筑物的2楼，1楼是伊甸园高尔夫球会所 Eden Club House。球场内的其他地方也有球杆租借的门市。

✉ St. Andrews Links Trust, KY16 9SF（Links Club House）
TEL (01334) 466666 URL www.standrews.com
开 夏天 8:00~22:00 冬天 7:30~18:00 休 12/25

■ 套餐

开 早晨（依季节而变）~日落
休 只有老球场休周日

根据日照条件可能会有一定的变化，需要提前确认。全英公开赛举办的年份赛季（7月）时球场会关闭。

■套餐费用（依季节而异）

老球场：£88~180 新球场：£37~75
朱比利球场：£37~80 伊甸园球场：£22~50
斯特拉斯提拉姆球场：£15~30 巴尔戈夫球场：£8~15

■ 球童

球童费用 £50 实习球童（见习球童）£30

■ 老球场步行之旅

从 Links Club House（左图）出发，步行至1号、17号、18号洞。参观完之后还可以领纪念品
开 3/25~5/31 11:00 出发
6~10/1 11:00 14:00 出发
所需时间：大约1小时 费 £10

酒店 & 餐馆
Hotel & Restaurant

B&B 大多在距公共汽车站步行 5 分钟远的穆雷公园 Murray Park 和穆雷广场 Murray Pl. 一带，大概有 10 家左右。而高级宾馆都集中在面向北海而建的斯考尔思大道 The Scores 沿线。

吉尼特日斯酒店
Kinnettles Hotel

Recommended

◆**酒店内并设有一家极有格调的餐馆** 从巴士站步行至酒店仅需 5 分钟。2017 年 6 月重装开业的，设备比较新。一层是餐馆和前台。客房十分宽敞，内饰是设计风格的装修。每间客房的名称都是用高尔夫球场的名字命名的。

餐馆与酒吧 食材全部选用苏格兰当地产的，还有一些时令的菜谱。午餐套餐 2 品是 £12.90，3 品是 £17.90。自制的面包和黄油是这里的招牌。

最高档 9 间 Map p.505A

所有房间 所有房间 所有房间 无 无 免费

✉ 127 North St.，KY16 9AG

TEL (01334) 473387

URL www.kinnettleshotel.com

S W £159~400

C/C A M V

餐馆 开12:00~15:00，17:30~21:00

凯瑞摩旅馆
Craigmore House

◆这是穆雷公园沿线的一家旅馆，还曾获过奖。房间色调以白色或蓝色为主，烘托出轻松自在的氛围。入住需要预约。

旅馆 7 间 Map p.505A

所有房间 所有房间 所有房间 无 无 免费

✉ 3 Murray Park，KY16 9AW

TEL (01334) 472142

URL www.standrewscraigmore.co.uk

W £76~100 C/C M V

圣安德鲁斯旅游青年旅舍
St. Andrews Tourist Hostel

◆这家旅舍位于巴士站旁。多人间是男女混住形式的，共有 5、6、8 张床 3 种房型，近些年刚刚重新装修过。店内有设施齐全的厨房可供使用，咖啡和红茶可以随意喝，还有投币式洗衣房。

青年旅舍 5 间 Map p.505A

无 无 无 无 无 免费

✉ Inchape House，St Mary's Pl.，KY16 9UY

TEL (01334) 479911

URL www.hostelsstandrews.com

D £11~ C/C M V

米歇尔餐馆
Mitchell

◆在当地很有人气的一家店，以使用本地食材来烹饪菜肴为特色。菜肴的品种很多，从海鲜到肉类都有，价格大多在 £10.95~19.95。该餐馆还同时设有一家天然食品店。

苏格兰菜创作菜 Map p.505A

✉ 110-112 Market St.，KY16 2PB

TEL (01334) 466970

URL www.mitchellsdeli.co.uk

开 8:00~22:00（周五、周六 8:00~深夜，周日 9:00~23:00）

休 无休 C/C A M V

店内有信号

英国具有代表性的艺术都市

格拉斯哥
Glasgow

城市的中心乔治广场

人口	长途区号
59 万 6200 人	0141

格拉斯哥市
City of Glasgow

格拉斯哥是苏格兰人口最多的城市，作为苏格兰的贸易和重工业的中心，为大英帝国的发展做出了巨大的贡献。因此，过去格拉斯哥给人们的印象一直都是一座工业城市，但近十年来，这种印象已经迅速褪去，这座城市正朝着文化、艺术之都的方向发展。这里有很多高质量的博物馆和画廊，市民们享受着丰富多彩的城市生活。可以说，格拉斯哥是了解苏格兰的一个好去处。

格拉斯哥 漫步

格拉斯哥是在克莱德河 River Clyde 边上发展起来的城市。城市中心的繁华地带以及绝大部分景点都位于河的北岸。

布坎南街上总是一片繁华景象

乔治广场周边 城市的中心是乔治广场 George Sq. p.511C2。火车站，巴士站散布在广场的周围。从广场沿西乔治街 West George St. 向西行，就可以来到南北向贯穿市中心的布坎南街 Buchanan St.。之后，沿着这条大街北行，能够到达新城皇宫街 Sauchiehall St.。这一带是格拉斯哥最热闹的地方。

格拉斯哥大教堂周边 格拉斯哥大教堂与教士居所周边是格拉斯哥最具历史的地区。工业革命以前，这一带就是城市中心，可以说格拉斯哥正是发祥于此。

凯文葛罗夫公园周边 从城市中心沿新城皇宫街西行约 2 公里，就是广阔的凯文葛罗夫公园 Kelvingrove Park。公园周边有格拉斯哥大学 Glasgow University 以及凯文葛罗夫美术馆 & 博物馆等文化设施，这里是格拉斯哥的文化教育区域。

Access Guide 格拉斯哥

从伦敦出发

飞机 所需时间：1 小时 15 分钟～30 分钟

希思罗机场、盖特维克机场、伦敦城市机场、卢顿机场、斯坦斯特德机场都有前往格拉斯哥的航班。

火车 所需时间：约 4 小时 30 分钟～8 小时

周一～周六 从尤斯顿火车站出发 5:31~19:30（周六 6:05~18:30）期间每小时 1 趟车

周日 从尤斯顿火车站出发 8:45~19:28 期间每小时 1 趟车

巴士 所需时间：约 7 小时 50 分钟～10 小时

周一～周日 8:00 11:30 22:30 23:00

从爱丁堡出发

火车 所需时间：50 分钟～1 小时

周一～周六 从维多利亚站长途巴士站发车，5:55~23:30 期间频发。皇后街站下车。

周日 从维多利亚长途巴士站发车 8:00~23:30 期间频发。皇后街站下车。

巴士 所需时间：约 1 小时 10 分钟

周一～周六 从圣安德鲁斯巴士站出发，5:15~23:59 期间频发

周日 5:20~23:59

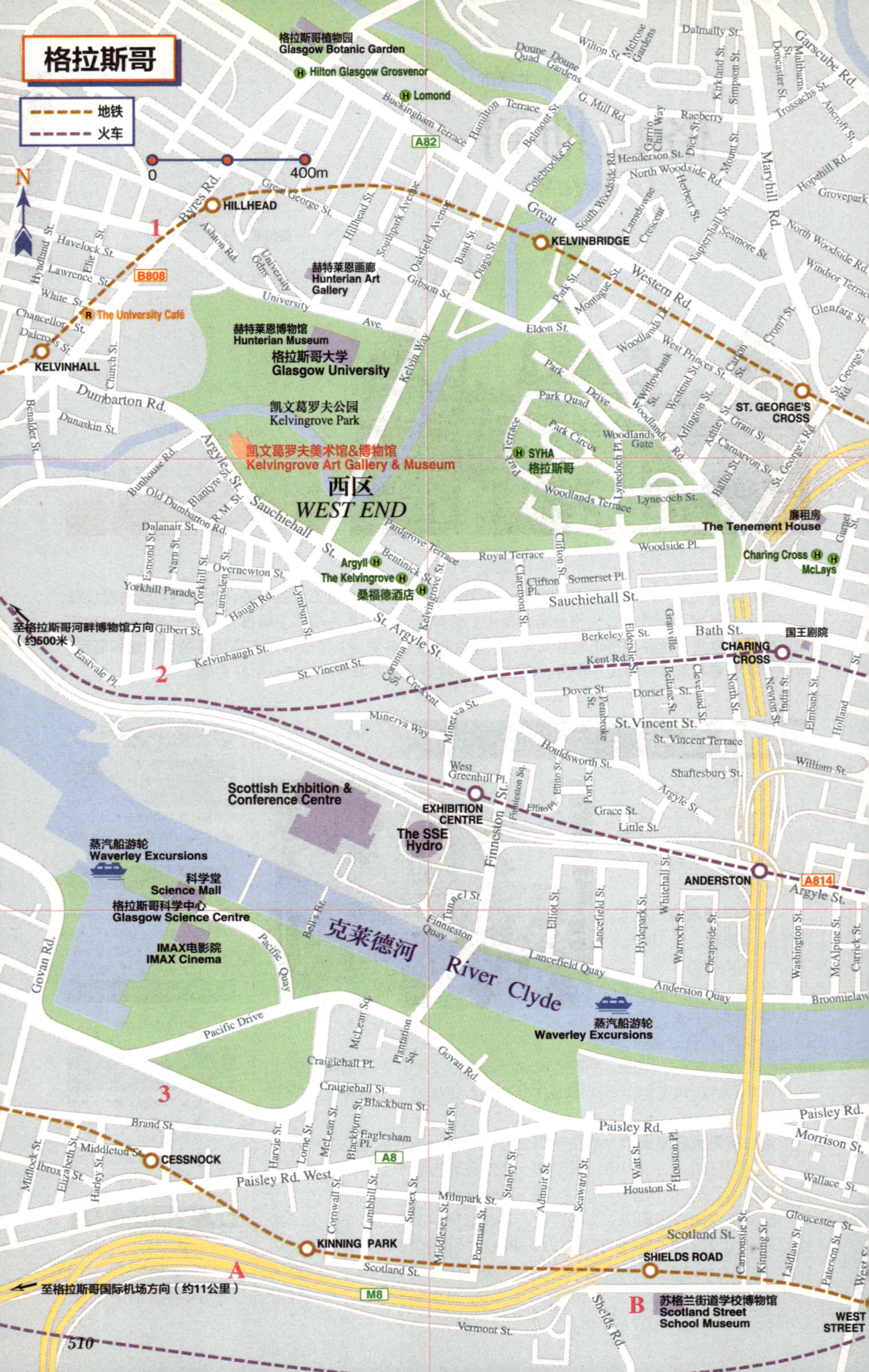

格拉斯哥
地铁
火车
0
400m
N
格拉斯哥植物园
Glasgow Botanic Garden
Hilton Glasgow Grosvenor
Lomond
HILLHEAD
KELVINBRIDGE
KELVINHALL
ST. GEORGE'S CROSS
CHARING CROSS
EXHIBITION CENTRE
ANDERSTON
CESSNOCK
KINNING PARK
SHIELDS ROAD
WEST STREET
赫特莱恩画廊
Hunterian Art Gallery
赫特莱恩博物馆
Hunterian Museum
格拉斯哥大学
Glasgow University
凯文葛罗夫公园
Kelvingrove Park
凯文葛罗夫美术馆&博物馆
Kelvingrove Art Gallery & Museum
西区
WEST END
The University Café
SYHA
格拉斯哥
廉租房
The Tenement House
Charing Cross
McLays
Argyll
The Kelvingrove
桑福德酒店
国王剧院
至格拉斯哥河畔博物馆方向
（约500米）
Scottish Exhibition & Conference Centre
The SSE Hydro
蒸汽船游轮
Waverley Excursions
科学堂
Science Mall
格拉斯哥科学中心
Glasgow Science Centre
IMAX电影院
IMAX Cinema
克莱德河
River Clyde
至格拉斯哥国际机场方向（约11公里）
苏格兰街道学校博物馆
Scotland Street School Museum
A82
B808
A814
A8
M8
Great Western Rd.
Byres Rd.
Dumbarton Rd.
Sauchiehall St.
Argyle St.
St. Vincent St.
Bath St.
Paisley Rd.
Paisley Rd. West
Scotland St.
Maryhill Rd.
Garscube Rd.
Finnieston St.
Lancefield Quay
Anderson Quay
Pacific Drive
Govan Rd.
1
2
3
A
B

格拉斯哥地铁·城轨列车线路图
Dalmuir
Singer
Drumchapel
Drummy
Westerton
Clydebank
Yoker
Garscadden
Scotstounhill
Jordanhill
Hyndland
Partick
Summerston
Maryhill
Lambhill
Possilpark & Parkhouse
Ashfield
Anniesland
Kelvinhall
Kelvinbridge
St. George's Cross
Cowcaddens
Hillhead
Buchanan Street
Springburn
Stepps
Barnhill
Alexandra Parade
Duke St.
High St.
Carntyne
Garrowhill
Bellgrove
Shettleston
皇后街火车站
Exhibition Centre
Charing Cross
Anderston
Govan
Ibrox
中央火车站
Argyle St.
Bridgeton
Dalmarnock
St. Enoch
Bridge St.
Rutherglen
Carmyle
Cessnock
Kinning Park
Shields Rd.
Port Glasgow
Woodhall
Langbank
Bishopton
Paisley St. James
Hillington West
Hillington East
Cardnald
Johnstone
Paisley Gilmour St.
Milliken Park
Lochwinnoch
Paisley Canal
Glengarnock
Dalry
Crookston
Hawshead
Mosspark
Dubbreck
Corkerhill
West St.
Cambuslang
Pollokshields West
Maxwell Park
Crossmyloof
Pollokshields East
Queen's Park
Pollokshaws West
Newton
Kirkhill
Burnside
Blantyre
Dartford St.
Denham St.
Ellesmere St.
Applecross St.
Possil Rd.
Garscube Rd.
A81
Farnell St.
Caithness St.
Sawmillfield St.
Braid Sq.
Corn St.
M8
Dobbie's Loan
COWCADDENS
Rennie Mackintosh
当代艺术中心
Centre for Contemporary Arts
Old School House
格拉斯哥艺术学院
皇家剧院
Cowcaddens Rd.
格拉斯哥假日酒店
布坎南长途汽车站
Buchanan Bus Station
大帐篷剧院
格拉斯哥若富特中心酒店
Willow Tea Room
Sauchiehall St.
Buchanan Galleries
马提尔学校
Martyr's School
东区
EAST END
圣芒戈宗教博物馆
St. Mungo's Museum of Religious Life & Art
教士居所
Provand's Lordship
格拉斯哥大教堂
Glasgow Cathedral
尔马逊拉斯哥酒店
蒸馏器酒吧
Hard Rock Cafe
皇后街火车站
Queen Street Station
BUCHANAN STREET
GAMBA
Mussel Inn
格拉斯哥千禧酒店
Cathedral St.
柯林斯画廊
Collins Gallery
The Drum & Monkey
乔治广场
George Sq.
市议会大楼
中央大酒店
中央火车站
Central Station
Princes Square
Royal Exchange Sq.
格拉斯哥现代艺术馆
Gallery of Modern Art
HIGH ST.
干门啤酒厂
Rennie Mackintosh
阿尔托酒店
Sapporo Teppanyaki
城市商人餐馆
Ichiban
ST. ENOCH
ARGYLE ST.
Hot-el-apartments
Jurys
St. Enoch S. C.
圣诺地区游客中心
欧洲青年旅舍
Glasgow Cross
格拉斯哥绿地
Glasgow Green
BRIDGE STREET
人民宫
People's Palace
至布雷尔收藏馆（约4公里）
C
D

格拉斯哥 交通信息

至市中心的格拉斯哥机场巴士非常方便

格拉斯哥国际机场 格拉斯哥国际机场位于格拉斯哥以西15公里处。有往返于机场和市区之间的格拉斯哥机场巴士。如果乘坐出租车的话到市中心大概要花费£35~40。

格拉斯哥普雷斯蒂克机场 从机场到市区之间可乘坐X77路机场快线巴士（深夜、早朝时间段车次比较少，但是有X99可以换乘）。另外，还有从普雷斯蒂克机场通往格拉斯哥中央火车站的火车。选择乘坐出租车的话，到格拉斯哥市中心要花费£50~60。

皇后街火车站 皇后街火车站位于城中心的乔治广场附近，去往爱丁堡、因弗尼斯等格拉斯哥以北或以东的地方都要从这里乘车。

中央火车站 从皇后街步行到中央火车站需7~8分钟。去往苏格兰边界地区以及英格兰等格拉斯哥以南的地方都要从这里乘车。

布坎南长途汽车站 位于市中心偏北一点的地方。除了市内线路的公交车以外，所有公交车的始发站和终点站都在这里。

线路图、时刻表等详情，可以在布坎南长途汽车站领取。

格拉斯哥 市内交通

地铁 这里拥有苏格兰唯一的地铁线路。线路为环线，分外环（顺时针方向运行）和内环（逆时针方向运行）。不管到哪里票价一律为£1.60。

市内巴士 市内巴士由格拉斯哥第一巴士 First Glasgow 等公司运营。主要巴士站分布于联合大街 Union St.、乔治广场 Gerore Sq. 等沿线。去往凯文葛罗夫公园、波勒克公园的车次也非常方便。

观光巴士 城市观光巴士 City Sightseeing 的车辆从乔治广场出发，东起格拉斯哥大教堂，西到格拉斯哥大学、凯文葛罗夫公园，总共围绕28处景点巡游，可以自由上下车。乘坐巴士可以去往各处的景点，在跌宕起伏的坡路较多的格拉斯哥观光巴士是最便捷的交通工具。

从乔治广场出发

i 格拉斯哥 Tourist Information Centre

Map p.511C2
✉ 156-158 Buchanan St., G1 2LL
URL www.visitscotland.com
开 4月下旬~10月
9:00~19:00
（周日 10:00~17:00）
11月~次年4月下旬
9:00~17:00
（周日 10:00~16:00）
休 12/25、1/1

■ **格拉斯哥国际机场**
TEL 08444815555
URL www.glasgowairport.com

■ **格拉斯哥机场巴士**
线路如下 机场→中央车站→布坎南大街→布坎南巴士站
所需时间：25分钟
单程£8、往返£12

■ **普雷斯蒂克机场**
TEL 08712230700
URL www.glasgowprestwick.com

■ **StageCoach X77**
运行：6:25~22:55 每小时1~2趟（周六 8:34~次日 5:02 期间每小时1~2趟，周日 7:55~20:55 期间每小时1趟）
所需时间：约50分钟 单程£7.20

■ **格拉斯哥的优惠票**
URL www.spt.co.uk
● All Day Ticket
地铁1日券
费 £4
● Land About
地铁与近郊列车1日通票（周一~周日 9:00以后，周六·周日全天）
● Date River
格拉斯哥及其周边的巴士、近郊列车、地铁等1日乘车券（周一~周五 9:00以后，周六·周日全天）
费 £12.30

■ **城市观光**
夏季 9:30~16:30 每15分钟
冬季 9:30~16:00 每30分钟
URL www.city-sightseeing.com
费 £16 学生 £15

美的殿堂是格拉斯哥的荣耀

凯文葛罗夫美术馆 & 博物馆 Mapp.510A1

Kelvingrove Art Gallery & Museum

拥有喷火式战斗机与亚洲象标本等展品的西区

位于新城皇宫街 Sauchiehall St. 西端，凯文葛罗夫公园内。建于 1902 年的这座维多利亚式建筑被称为是格拉斯哥最美的建筑。无论从藏品数量、质量，还是从参观人数来说，在英国，这里都是仅次于大英博物馆。

藏品从古埃及的艺术品、中世纪的甲胄，到梵高、莫奈、波提切利等艺术大师的作品，再到荷兰绘画、英国绘画，涉及的领域极为广泛。一定不能错过的是格拉斯哥市从达利本人那里购得的《十字架上的圣约翰基督》。另外，与格拉斯哥密不可分的麦金托什的作品也非常值得一看。

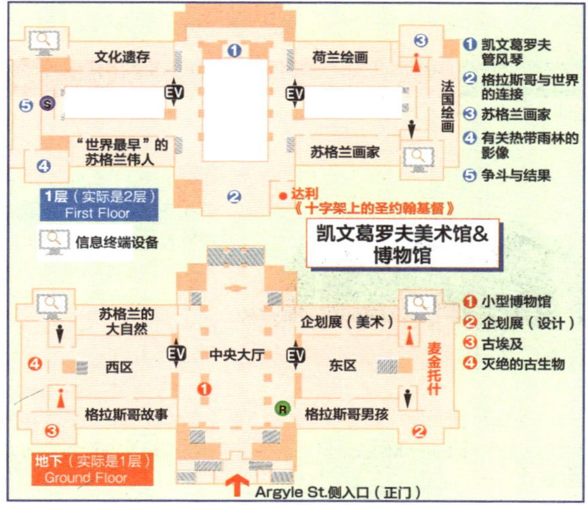

在宗教改革中幸免于难

格拉斯哥大教堂 Map p.511D2

Glasgow Cathedral

中世纪，苏格兰的大教堂几乎都在宗教改革中遭到了破坏，但这座大教堂却意外地幸免于难，可谓是弥足珍贵。自 12 世纪大卫一世始建以来，经过了数次扩建、改建，现在看到的样子形成于 15 世纪以后。大教堂的地下有格拉斯哥的创建者——圣芒戈的墓葬。

大教堂内部庄严肃穆

■ 凯文葛罗夫美术馆 & 博物馆

在地铁 Kelvinhall 站下车，步行 5 分钟即可到达
乘坐格拉斯哥第一巴士的 3、19、19A、747 路车
✉ Argyle St.，G3 8AG
TEL（0141）2769599
URL www.glasgowlife.org.uk/museums
开 10:00~17:00（周五、周日 11:00~17:00）
休 12 月 25 · 26 日，1 月 1 · 2 日
费 任意捐赠

达利的《十字架上的圣约翰基督》

■ 格拉斯哥大教堂

✉ Cathedral Sq.，G4 0QZ
TEL（0141）5526891
URL www.glasgowcathedral.org.uk
开 4~9 月 9:30~17:30（周日 13:00~17:00）
10 月～次年 3 月 10:00~16:00（周日 13:00~16:00）
休 12/25、26，1/1、2
费 任意捐赠

位于地下的圣芒戈的墓葬

■ 教士居所
✉3 Castle St.，G4 0RB
TEL（0141）5528819
URL www.glasgowlife.org.uk/museums
开 10:00~17:00（周五·周日 11:00~17:00）
休 周一，12/24~26，1/1、2
费 任意捐赠

复原了当时的模样

■圣芒戈宗教博物馆
✉2 Castle St.，G4 0RH
TEL（0141）2761625
URL www.glasgowlife.org.uk/museums
开 10:00~17:00（周五·周日 11:00~17:00）
休 周一、12/25·26、1/1·2
费 任意捐赠

"起舞湿婆"青铜像

■ 河畔博物馆
🚌 从联合大街 Union St. 的巴士站乘坐 100 路车至河畔博物馆 Riverside Museum 站下车。
✉ 100 Pointhouse Pl.，G3 8RS
TEL（0141）2872720
URL www.glasgowlife.org.uk/museums
开 10:00~17:00（周五·周日 11:00~17:00）
休 12/25·26、1/1·2
费 欢迎捐赠

■ 波勒克公园
从西波勒克 Pollokshaws West 站下车步行 10 分钟
乘坐格拉斯哥第一巴士的 45 路、57 路
●波勒克庄园
公园内有从公园入口至波勒克庄园的免费小巴士
✉ Pollock Country Park，G43 1AT
TEL（0141）2872550
URL www.nts.org.uk
开 10:00~17:00
休 12/25·26·31、1~3 月
费 £7 学生 £5.50
馆内部分区域禁止拍照

格拉斯哥最古老的馆舍

教士居所

Map p.511D2

Provand's Lordship

建于 1471 年，是格拉斯哥最古老的一座馆舍。据说当时在这一带与教会有关的建筑林立。这座建筑有三层，最初是圣尼古拉斯医院的一部分，而后成为大教堂里教士们的居所。建筑的东侧还留有格拉斯哥大主教的徽章。

介绍全世界各种宗教

圣芒戈宗教博物馆

Map p.511D2

St. Mungo's Museum of Religious Lift & Art

这家博物馆紧邻格拉斯哥大教堂。虽然冠以圣芒戈的名字，但是博物馆的主题并不局限于基督教方面，对佛教、伊斯兰教等世界上其他宗教的宗教生活以及宗教艺术也进行了详细的介绍。博物馆一层是商店和咖啡馆，展览区在二层。在展厅入口处，右侧摆放着施洗者约翰的雕像，左侧摆放着印度的象头神塑像。还有，创作于 18~19 世纪的"起舞湿婆"青铜造像（湿婆是印度教中神祇）以及澳大利亚原住民的绘画也不容错过。

新建的交通博物馆

河畔博物馆

Map p.510A2 外

The Riverside Museum

外形独特的博物馆

这家博物馆是一家交通博物馆，于 2011 年 6 月正式开馆。馆内密密麻麻地摆放着马车、有轨电车、汽车、蒸汽机车等展品，其数量超过 3000 件。博物馆的建筑形式也是一大看点。建筑设计出自著名设计师扎哈·哈迪德 Zaha Hadid 女士之手，她也是 2020 年东京奥运会新建主体育场的设计师。2012 年，该博物馆获得"The Luigi Micheletti"奖，被评为欧洲最具创新性的博物馆（科技类）。

自然风光满溢、市民休闲的好去处

波勒克公园

Map p.511C3 外

Pollok Country Park

波勒克庄园

乘坐有轨电车从格拉斯哥市中心到波勒克公园约需 10 分钟，占地面积大约有 1.46 平方千米，是市民休闲娱乐的好地方。公园内的波勒克庄园是乔治王朝样式的乡村庄园建筑的典范。内部尽是精美的装饰品和艺术品。另外，这里还有一间拥有各式各样水晶艺术品的展馆，不过因为内部装修一直到 2020 年都会闭馆。

酒店
Hotel

大型酒店大多分散在克莱德河沿岸和市中心。B&B、家庭旅馆之类的住宿大多在市中心偏北侧的伦弗鲁大街 Renfrew St. 和凯文葛罗夫公园附近。伦弗鲁大街一带的民宿大多分布在跌宕起伏的坡路上，提着行李直接去有些吃力。

马尔马逊格拉斯哥酒店
Malmaison Glasgow

◆利用教堂改建而成设计师酒店　这家酒店所在的建筑原本是一座教堂，后来被改建成了时尚的设计师酒店。每间客房设计也都各有千秋。床、沙发等家具也都非常有特点。

餐馆　Chez Mal 餐馆是一家尽可能的选用当地产的食材烹制法餐的餐馆。周日的午餐时间价格是£19.95。

高档　72 间　Map p.511C2

所有房间　所有房间　所有房间　无　无　免费

✉ 278 West George St.，G2 4LL
TEL（0141）3780384
URL www.malmaison.com
S W £85~
C/C A D J M V
餐馆 开 12:00~14:30　18:00~22:00

中央大酒店
Grand Central Hotel

◆丘吉尔首相和肯尼迪总统曾经下榻过的酒店　中央大酒店于 1883 年开业，是由苏格兰代表建筑师罗伯特·安德森设计而成。维多利亚王朝时代建筑风格之豪华而绚丽的外观与现代时尚的室内设计完美地融合在一起。

高档　230 间　Map p.511C2

所有房间　所有房间　所有房间　无　无　免费

✉ 99 Gordon St.，G1 3SF
TEL（0141）2403700
URL www.thegrandcentralhotel.co.uk
S W £118~
C/C A D J M V

格拉斯哥千禧酒店
Millennium Hotel Glasgow

✉ 40 George Sq.，G2 1DS
TEL（0141）33267114
URL www.millenniumhotels.com

60 间　Map p.511C2

所有房间　所有房间　所有房间　所有房间　无　免费

S W £65~ 早餐另收费
C/C A D J M V

格拉斯哥假日酒店
Holiday Inn Glasgow Theatreland

✉ 161 West Nile St.，G1 2RL
TEL（0141）3528300　FAX（0141）3528311
URL www.higlasgow.com

113 间　Map p.511C2

所有房间　所有房间　所有房间　所有房间　无　免费

S W £79~ 早餐另收费
C/C A D J M V

格拉斯哥诺富特中心酒店
Novotel Glasgow Centre

✉ 181 Pitt St.，G2 4DT
TEL（0141）6199001　FAX（0141）2045438
URL www.novotel.com

141 间　Map p.511C2

所有房间　所有房间　所有房间　所有房间　付费　免费

S W £74~　早餐另收费
C/C A D M V

阿尔托酒店
Artto Hotel

◆这是一家位于中央火车站附近的酒店。客房是类似商务酒店性质的，屋内的必要设施齐全，入住这里很舒适。酒店内并设有印度餐馆。

中档　50 间　Map p.511C2

所有房间　所有房间　所有房间　无　无　前台周边免费

✉ 37-39 Hope St.，G2 6AE
TEL（0141）2482480
URL www.arttohotel.com
S £45~90
W £50~180　C/C A D J M V

桑福德酒店
Sandyfood

◆酒店位于凯文葛罗夫的民宿街入口处，清爽的蓝色和白色的外观十分醒目。早餐的种类丰富，可以自由选择。

中档　55 间　Map p.510A2

所有房间　所有房间　所有房间　无　无　免费

✉904 Sauchiehall St., G3 7TF

TEL（0141）3340000　FAX（0141）3371812　URL www.sandyfordhotelglasgow.com　S £35~　W £56~　C/C A J M V

欧洲青年旅舍
Euro Hostel

◆酒店位于克莱德河河畔。男女混住的多人间可以容纳 4~14 人。单间的设计虽然很简洁，但是所有的房间内都带有电视。早餐的价格是 £5，就餐地点是一层的酒吧。

旅舍　115 间　Map p.511C3

部分　申请可有　无　所有房间　无　免费

✉318 Clyde St., G1 4NR

TEL 0845539956　URL www.eurohostels.co.uk　D £15~　S £35~　W £35~　C/C M V

SYHA 格拉斯哥
SYHA Glasgow

◆在地铁凯文大桥 Kelvinbridge 站下车，步行 10 分钟。维多利亚式建筑排成一排的大街宛如一幅油画。夏季需要预约才可以入住。早餐的价格是 £5.50~。

青年旅舍　107 间　Map p.510B1

无　无　无　所有房间　无　前台附近付费

✉7-8 Park Ter., G3 6BY

TEL（0141）3323004　URL www.shya.org.uk　D £14~　S £40~　C/C M V

餐馆
Restaurant

格拉斯哥是一座时尚而充满活力的都市，饮食文化也非常多元化。餐馆主要集中在乔治广场等市中心地区和西区。格拉斯哥大学附近的 Ashton Ln. 周边也有不少时尚的餐馆和咖啡馆，到了夜晚年轻人也比较喜欢汇集在这一带。

城市商人餐馆
City Merchant

◆引入了法国菜和意大利菜的手法烹制新式苏格兰菜的餐馆。根据季节变化使用的新鲜食材，特别是海鲜，种类比较丰富。拼盘的价格是 £17.5~30。

新式苏格兰菜　创意菜　Map p.511D3

✉97-99Candleriggs, G1 1NP

TEL（0141）5531577

URL citymerchant.co.uk

开 12:00~22:30

休 周日、12/25 · 26、1/1 · 2

C/C A M V　店内有信号

干门啤酒厂
Drygate Brewery

◆这里过去曾经是一家工厂，2014 年开始酿造精酿啤酒。工厂与并设的餐馆只有一面玻璃之隔，可以一边欣赏酿造啤酒的过程一边畅饮。每逢周日还有酒厂之旅的活动（£10，需要预约）。

精酿啤酒　英国菜　Map p.511D2

✉85 Drygate, G4 0UT

TEL（0141）2128815

URL drygate.com

开 11:00~24:00

休 无休　C/C M V

店内有信号

蒸馏器酒吧
The Pot Still

◆当地人很喜欢的一家威士忌酒吧。获得过很多奖项。平时常备 300 多种威士忌。店内的墙壁使用威士忌酒瓶装饰起来的，种类之多让人目不暇接。此外，还有馅饼和哈吉斯等食物可以提供。

Pub　农家菜　Map p.511C2

✉154 Hope St., G2 2TH

TEL（0141）3330980

URL thepotstill.co.uk

开 11:00~24:00

休 12/25

C/C M V　店内有信号

左右苏格兰历史的古都

斯特灵
Stirling

斯特灵城堡被称作苏格兰最壮丽的城堡

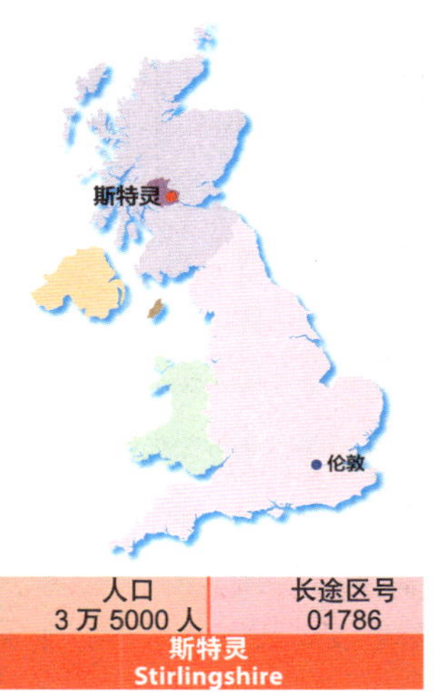

人口	长途区号
3 万 5000 人	01786

斯特灵
Stirlingshire

斯特灵自古就被称为“苏格兰的战略要冲”（Key to Scotland），可以说是“得斯特灵者得苏格兰”，其战略地位曾经非常重要。因此，在跨越几个世纪的漫长历史进程中，这里多次成为战争的舞台。13~14 世纪，斯特灵涌现了两位英雄，威廉 · 华莱士☞ p.572**和罗伯特 · 布鲁斯**☞ p.577**。在他们的率领下，苏格兰军终于在这里打败英格兰军，实现了独立。斯特灵的意思就是“奋斗之地”，对苏格兰人来说，这座城市就是他们“独立的象征”。**

在那之后的几个世纪里，斯特灵一直是苏格兰的政治、文化中心，现在那里还保存有许多著名的古迹，诉说着这段辉煌的历史。

斯特灵 漫 步

火车站与公交车站在城市的东部，位于古斯克罗夫特路 Goosecroft Rd. 沿线。

与古斯克罗夫特路隔一条街的西侧，紧邻古斯克罗夫特路的南北向道路就是这座城市最热闹的地方，名为邦顿街 Barnton St.。银行和邮局也在这条街的边上，但是向南走的话，街名会变为穆雷广场 Murray Pl.，而后再变为波特街 Port St.。

从火车站步行 15 分钟可以到达位于小城西北部的斯特灵城堡。先沿着与穆雷广场相交的国王街 King St. 前行，走过这段破路到达圣约翰街 St. John St. 后，能看到街的尽头处有一座教堂，在教堂处右转，然后继续前行就能到达斯特灵城堡。途中会经过历史上有名的教堂、斯特灵监狱这些景点以及许多餐馆、店铺，是一个颇具乐趣的游览地点。

位于市中心的波特街

Access Guide 斯特灵

从爱丁堡出发

🚉 所需时间：50 分钟～1 小时

周一～周六 从维多利亚火车站出发，5:18~19:43 期间每小时 1~2 趟车

周日 从维多利亚火车站出发，9:34~19:35 期间每小时 1~2 趟车

🚌 所需时间：约 1 小时 15 分钟

周一～周六 从圣安德鲁斯广场巴士站出发，7:05（周六 9:05）~19:15 期间每 2 小时 1 趟车，20:15

从格拉斯哥出发

🚉 所需时间：25~45 分钟

周一～周六 从皇后街火车站出发，5:56~23:48 期间每小时 3 趟车

周日 从皇后街火车站出发，9:37~20:45 期间每小时 1 趟车

🚌 所需时间：约 35 分钟

周一～周六 从布坎南巴士站出发，7:00~19:15 期间每小时 1 趟车

周日 从布坎南巴士站出发，9:00~19:15 期间每小时 1 趟车

斯特灵 Tourist Information Centre
Map p.518 左
✉ St. John St., FK8 1EA
TEL (01786) 475019
URL www.visitscotland.com
开 10:00~17:00
休 12/25 · 26、1/1 · 2

■ **斯特灵城堡**
✉ Stirling Castle, Castle Wynd, FK8 1EJ
TEL (01786) 4500000
URL www.stirlingcastle.gov.uk
开 4~9 月 9:30~18:00
10 月 ~ 次年 3 月 9:30~17:00
闭馆前 45 分钟停止入场
休 12/25 · 26、1/1 · 2
费 £15　学生 £12
馆内部分区域禁止摄影
部分区域禁止使用闪光灯

斯特灵 主要景点

动荡的历史舞台

斯特灵城堡

Map p.518 右

Stirling Castle

这座城堡为文艺复兴式建筑，被誉为苏格兰最雄伟的城堡。出生仅 9 个月就继承王位的苏格兰女王玛丽 p.575 就是在这座城堡的礼拜堂里举行加冕仪式的。

城堡建在一座岩石山体上，据说这里从几千年前就一直被当作要塞。它见证了以斯特灵为中心而展开的苏格兰独立战争、苏格兰王室的兴亡等那些在动荡不安的年代里发生的一幕又一幕。现在人们看到的这座典雅的城堡是在 15~16 世纪时建造的。

斯特灵城堡的城门

城堡内有保持着 16 世纪时原貌的厨房、1999 年整修复原的大厅（Great Hall），还有军事主题的博物馆可供游客参观。

此外，还可以站在城墙上俯瞰周围的市镇，天气好的时候甚至能看见爱丁堡。

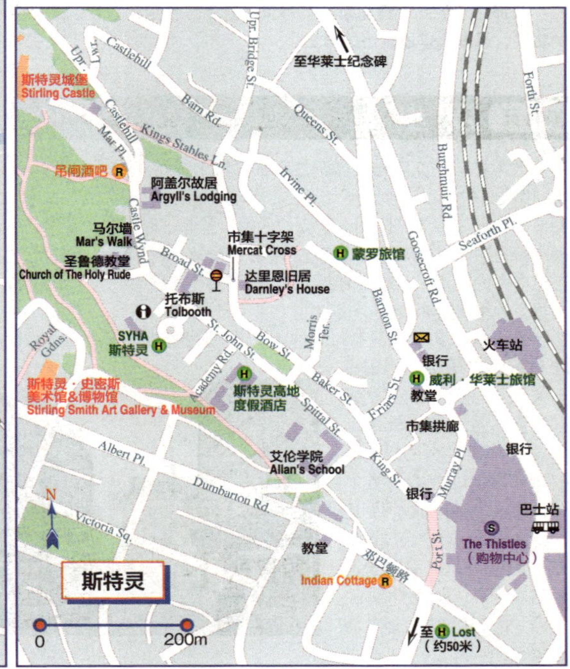

深入了解斯特灵的历史

斯特灵·史密斯美术馆 & 博物馆 Map p.518 右

Stirling Smith Art Gallery & Museum

美术馆和博物馆成立于 1874 年，馆内展示的是当地画家兼收藏家的托马斯·斯图亚特·史密斯 Thomas Stuart Smith 的藏品。进入大门后，左手方向是咖啡馆，右手方向是特别展区，特别展区再往里是常设展区。常设展是名为"斯特灵往事" The Stirling Story 的展览，以介绍斯特灵的历史为主。其中与威廉·华莱士相关的展品十分丰富。

苏格兰独立之父

华莱士纪念碑 Map p.518 右

The National Wallace Monument

这里有为纪念终生致力于苏格兰独立的英雄——威廉·华莱士 p.572 而建的纪念碑。纪念碑是维多利亚式的塔形建筑，高达 67 米，于 1869 年建成。塔内有关于华莱士生平的展览，可以看到他生前使用过的一些物品。其中，随华莱士驰骋沙场的双剑更是值得一看。

走过 246 级陡峭的石阶方能来到纪念碑前，这段路大概需要走 10 分钟。然后，如果有兴趣的话，可以继续爬上 67 米高的塔顶，向西南方向望去，还可以远眺斯特灵的全貌。

矗立于小山丘之上的华莱士纪念碑

了解苏格兰赢得独立的过程

班诺克本历史遗迹中心 Map p.518 左

Bannockburn Heritage Centre

建在古战场上的历史遗迹中心。通过影像和立体透视模型等，详细地介绍苏格兰赢得独立的经过。在遗迹中心的外面，立有一尊全副武装、表情凝重的罗伯特·布鲁斯（1274~1329 年，1306~1329 年在位）p.577 雕像。身为苏格兰国王，同时也是一名优秀的指挥官，罗伯特·布鲁斯于 1314 年 6 月 24 日在班诺克本大败由亨利·德·波鸿统率的英格兰军，带领苏格兰获得独立。他是苏格兰历史上最重要的人物。

建于古战场之上的罗伯特·布鲁斯铜像

■ 斯特灵·史密斯美术馆 & 博物馆

✉ Dumbarton Rd., FK8 2RQ
TEL（01786）471917
URL www.smithartgalleryandmuseum.co.uk
开 10:30~17:00
（周日 14:00~17:00）
休 周一，12 月 25、26 日，1 月 1、2 日
费 随意捐赠

斯特灵往事

■ 华莱士纪念碑

距离市中心 3 公里处，步行大约需要 30 分钟。
🚌 乘坐 62A、63A 路巴士可以到达景区入口附近。乘坐 63、54 路巴士在科斯威海特（Causewayhead）站下车，步行 10 分钟可达景区。
✉ Abbey Craig, FK9 5LF
TEL（01786）472140
URL www.nationalwallacemonument.com
开 4~6、9、10 月 9:30~17:00
7、8 月 9:30~18:00
11 月～次年 2 月 10:30~16:00
3 月 10:00~17:00
闭馆前 45 分钟停止入场
休 12/25、26，1/1
费 £10 学生票 £8.50

■ 班诺克本历史遗迹中心

位于距离斯特灵市区 4 公里处。
🚌 从巴士站乘坐 24、X39、54 路车大约需要 10 分钟车程
✉ Bannockburn, Glasgow Rd., FK7 0LJ
TEL（01786）812664
URL battleofbannockburn.com
开 3~10 月 10:00~17:30
11 月～次年 2 月 10:00~17:00
休 12 月 25、26 日，1 月 1、2 日
费 £11.50 学生票 £8.50

游客可以通过 3D 影像如身临其境般 360° 感受班诺克本战役

酒店 & 餐馆
Hotel & Restaurant

旅馆大多分布在邓巴顿路以及其周边，此外王子街 Princes St. 的附近也有一些。邦顿街上有一些酒吧和餐馆。

斯特灵高地度假酒店
Stirling Highland Hotel

◆**优雅的钟楼是这里的地标** 这座酒店是由一栋 17 世纪的建筑物改建而成，曾作为是斯特灵高中被使用过。客房内设施齐全，酒店内还有室内游泳池、桑拿房、健身房等设施。该酒店的学者餐馆 Scholars Restaurant 也经常受到住客的好评。

高档 96 间 Map p.518 右

所有房间 所有房间 所有房间 无 免费 免费

✉ Spittal St., FK8 1DU
TEL (01786) 272727
URL www.thecairncollection.co.uk
S W £99~
C/C A D M V

罗斯特旅馆
The Lost Guest House

◆这家旅馆所在建筑原来曾是梯田酒店，Terraces Hotel，外观是房子乔治王朝式建筑。距离市中心稍微偏远一些，不过周边环境宁静舒适，可以在这里好好地放松休息。一层的客房计划增建。

中档 28 间 Map p.518 左

所有房间 所有房间 所有房间 无 免费 免费

✉ 4 Melville Ter., FK8 2ND
TEL (01786) 430349 URL www.lostguest-house.co.uk S £50
W £75 C/C M V

蒙罗旅馆
Munro Guest House

◆蒙罗旅馆在从邦顿街往西一点的一个坡道上。早餐提供多种多样的水果，是这家的特色。每年 4~5 月住宿费用会比平时高一些。

旅馆 7 间 Map p.518 右

所有房间 所有房间 所有房间 无 免费 免费

✉ 14 Princes St., FK8 1HQ
TEL (01786) 472685
URL www.munroguesthouse.co.uk
S £50~ W £55 W £65 C/C M V

SYHA 斯特灵
SYHA Stirling

◆这家青年旅舍是由一栋 1740 年建在小山丘上的教堂改建而成的。厨房宽敞便捷，公用的电视间、洗衣房等设备也都还算齐全。

青年旅舍 30 间 Map p.518 右

无 无 无 所有房间 无 免费

✉ St. John St., FK8 1EA
TEL (01786) 473442 URL www.Syha.org.uk
D £13.50~ S £36~ W £38~ C/C M V

威利 · 华莱士旅馆
Willy Wallace Hostel

◆位于火车站附近的旅馆。粉彩装饰的墙壁给人留下了深刻的印象。厨房等设施也比较齐全。免费提供咖啡和红茶。前台 9:00~21:00。

旅馆 54 间 Map p.518 右

无 无 无 无 无 免费

✉ 77 Murray Pl., FK8 1AU
TEL (01786) 446773
URL willywallacehostel. com
休 11 月 ~ 次年 2 月 D £11~20
W £26~65 C/C M V

吊闸酒吧
The Portcullis

◆酒吧所在的建筑建于 18 世纪，曾经是一所男子学校，现在已经改建成了酒店，一层便是酒吧。菜单上有哈吉斯等一些苏格兰传统菜，还有牛排、海鲜之类的。晚餐一般会有很多客人，所以最好提前预约。

Pub 苏格兰菜 Map p.518 右

✉ The Portcullis, Castle Wynd, FK8 1EG
TEL (01786) 472290
开 12:00~15:30 17:30~20:30
酒吧 11:30~23:30
休 12/25、26, 1/1、2
C/C A M V 店内有信号

拥有众多传说的神秘湖泊

尼斯湖
Loch Ness

建于尼斯湖畔的厄克特城堡

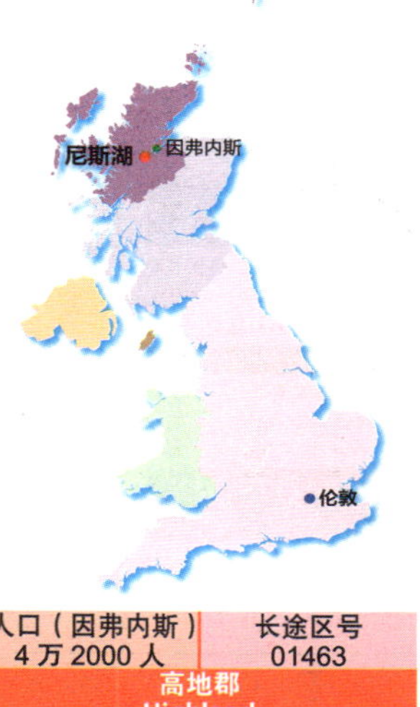

人口（因弗内斯）	长途区号
4万2000人	01463
高地郡 Highland	

尼斯湖是一片南北长38公里的狭长水域，最大水深290米。湖中住有水怪的传说，最早可以追溯到公元565年，当时圣高隆为传播基督教而造访此地，见到附近村民苦于水怪之患，便施展法力驱走了水怪。从那之后的1500多年来，一直有人宣称目击水怪在湖中出没。水怪究竟是真实地世居于此的尼斯湖主人呢，还是只不过为古代皮克特人的一个幻想呢……

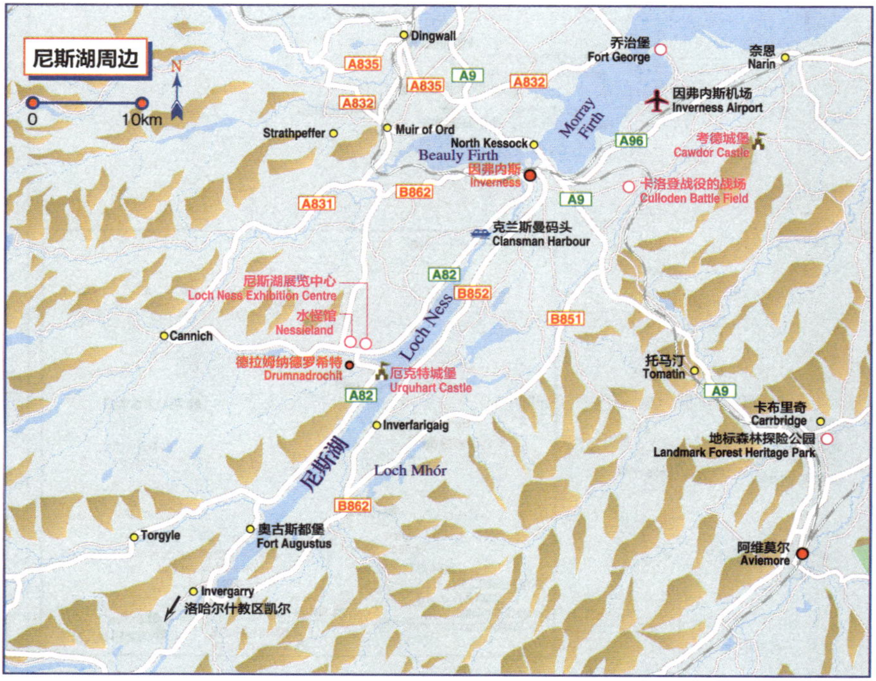

尼斯湖周边

Access Guide
因弗内斯

从伦敦出发

所需时间：8~12小时

周一~周六 从国王十字站出发，12:00 21:15

周日 12:00 20:57

从爱丁堡出发

所需时间：约3小时40分钟

周一~周六 从威弗利站出发，8:34 10:36 13:36 19:34 19:42

周日 9:33 13:56 15:50 16:32

所需时间：3小时40分钟

周一~周日 从圣安德鲁斯巴士站出发，8:15 9:00 9:45 10:20 12:40 14:20 15:35 16:30 19:10 20:45

从格拉斯哥出发

所需时间：3小时30分钟

周一~周六 从皇后街火车站出发，7:10 10:11 12:09 14:41 15:09 18:11

周日 11:11 14:38 18:11

尼斯湖 起点城市

起点城市 因弗内斯 Inverness

因弗 Inver 是入海口的意思，因弗内斯就是尼斯河 River Ness 入海口处的城市。虽说因弗内斯自古就是苏格兰高地地区的古都，但是真正登上历史舞台还是从12世纪大卫一世在此筑城开始。每年有100万游客来拜访尼斯湖，因弗内斯便是旅游集散地。

游览方法 尼斯河从因弗内斯市区的中央流过，繁华街区在河的东岸。城市的主干道是高街 High St.，是一条步行街。这条街的延长线，过了尼斯河大桥后则名字又变为托姆纳休瑞克街 Tomnahurich St.，整条街道一直延伸至尼斯湖。

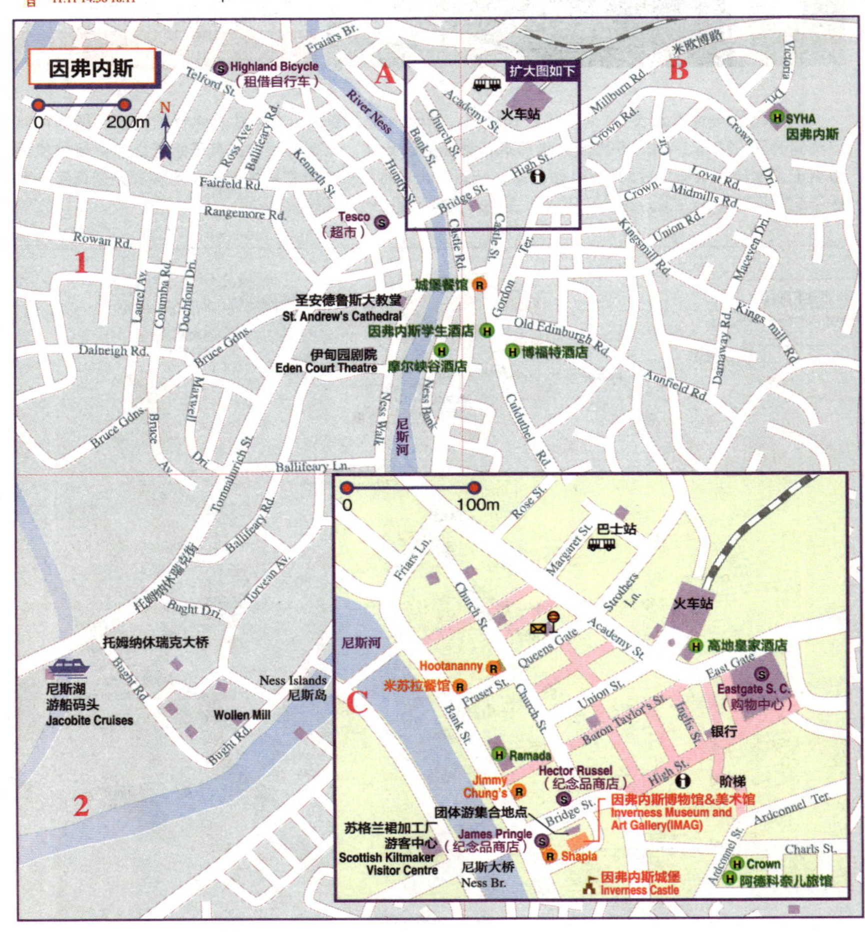

因弗内斯火车站

交通信息 **机场** 机场位于因弗内斯以东约14公里的地方。机场到市内之间开通有机场巴士公司的11路、11A路车。乘坐出租车到因弗内斯市内大概需要£10~12。此外，机场还有租车公司。

火车站 火车站在市区内，位置略偏东。站内有酒店预约处以及租车公司。

巴士站 位于火车站的西侧，站内有餐馆、咖啡馆和行李寄存处等服务设施。

酒店 尼斯河沿线中档酒店比较多，民宿大多集中在Ardconnel St.、Old Edinburgh Rd. 周边。

起点城市

德拉姆纳德希特
Drumnadrochit

尼斯湖周边的娱乐设施、尼斯湖游船等设施大多集中于此，可以说这里是尼斯湖的观光中心。从因弗内斯出发的巴士是在ℹ附近停车。中心区域距离厄克特城堡约有3.5公里远。

酒店 客栈、民宿大多集中在村子中央，外围也零星地分布了一些住宿设施。可以从因弗内斯出发来这里一日游。

尼斯湖 区域内交通

去往尼斯湖周边的巴士是从因弗内斯的巴士站上下车的。去往机场和尼斯湖方向的巴士也是从这里发车。

因弗内斯 Tourist Information Centre
Map p.522C
✉ 36 High St., IV1 1JQ
TEL (01463) 252401
URL www.visitscotland.com
开 4/1~6/24, 9/3~16 9:00~18:00（周日 9:30~17:00）
6/25~9/2 8:45~19:00（周日 9:30~17:00）
9/17~11/3 9:00~17:00（周日 10:00~16:00）
11/4~次年3月下旬 9:00~17:00（周日 10:00~15:00）
休 12/25、26，1/1

因弗内斯的景点
因弗内斯城堡➡p.524
因弗内斯博物馆 & 美术馆➡p.525

德拉姆纳德希特 Tourist Information Centre
Map p.523
✉ The Car Park, IV63 6TX
TEL (01456) 459086
开 9:00~17:00
※在2018年10月关闭。关闭后需要去因弗内斯的ℹ。

德拉姆纳德希特的景点
尼斯湖展览中心➡p.525
水怪馆➡p.525
厄克特城堡➡p.525

因弗内斯的巴士站

巴士线路	线路详情·运行频度
917/919	因弗内斯→德拉姆纳德希特 因弗内斯 9:05 9:15 11:05 13:00 14:05 17:10 17:35 19:05 20:15（周日 9:10 17:10 19:15） 德拉姆纳德希特 7:55 8:55 10:25 11:48 12:25 15:45 17:16 18:15 18:30 19:51（周日 7:55 11:48 12:45 18:30 19:51）
11/11A	因弗内斯→因弗内斯机场 因弗内斯 5:55~21:39（周六 21:44）期间每30分钟至1小时1趟车（周日 5:21~21:45 期间每小时1趟车） 因弗内斯机场 6:55~22:25 期间每30分钟至1小时1趟车（周六是 5:55~23:17，周日是 5:55~22:25 期间1~2小时1趟车）
5	因弗内斯→卡洛登战场 因弗内斯 7:48~18:11（周六 7:35~17:40）期间每小时1趟车，周日停运 卡洛登战场 8:12~18:36（周六 8:27~18:27）期间每小时1趟车，周日停运

尼斯湖 当地出发的团体游项目

从因弗内斯上下船的游船之旅非常受欢迎。一些小型的游船项目也有从德拉姆纳德希特村出发的。

尼斯湖游船（因弗内斯出发）

激情之旅套餐 Passion

10:15 出发　所需时间：7 小时　费 £46　学生票 £42

从巴士站出发。乘船游览尼斯湖、途中参观厄克特城堡、尼斯湖展览中心。

感觉之旅套餐 Sensation

10:15 出发　所需时间：4 小时　费 £35　学生票 £32

从巴士站出发。去往厄克特城堡、尼斯湖展览中心的巴士和游船水陆套餐。

诱惑之旅套餐 Temptation

14:00 出发　所需时间：2 小时 30 分钟　费 £32　学生票 £30

从巴士站出发。乘坐游船去往厄克特城堡，入城参观后，乘坐小巴车返回。

自由之旅套餐 Freedom

夏季 9:00~15:00 每小时 1 班

冬季 11:00、14:00

所需时间：2 小时　费 £22　学生票 £19.50

从克兰斯曼码头出发。乘船游览尼斯湖，可以从厄克特城堡入城参观。

灵感之旅套餐 Inspiration

夏季 10:00~16:00 每小时 1 班

冬季 11:00　12:00　14:00　15:00

所需时间：1 小时　费 £14　学生票 £13

从克兰斯曼码头出发。乘船游览尼斯湖，可以从船上远眺厄克特城堡。

尼斯湖游船 Jacobite Cruises　TEL（01463）233999　URL www.jacobite.co.uk

船票可在 ❶ 处购买。始发站在托姆纳休瑞克大桥。出发前 20 分钟在 ❶ 的门前等地有接送巴士。以“灵感”线路为首的一些线路是从位于距离因弗内斯 14 公里远处的尼斯湖沿岸的一个叫作从克兰斯曼码头（Clansman Harbour）出发的。

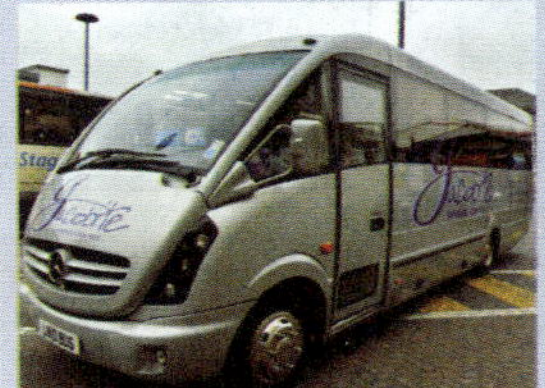

可至托姆纳休瑞克大桥栈桥接送的巴士，也可以在中途的巴士站下车

在尼斯河上漂流一会儿便会驶入尼斯湖

以厄克特城堡为背景摄影留念。根据参团的项目不同，有些是可以入城参观的

至奥克尼群岛的团体游

约翰·奥格罗茨渡轮 John O'Groats Ferries

6~8 月 7:15　费 £75

浮于不列颠北侧的诸小岛，至今仍旧保留了许多维京人的传统和习惯，参加这个团体游项目可以登上奥克尼群岛的诸岛游览，并且当天往返。在因弗内斯的 ❶ 可以报名。回程大约是在 21:00。

TEL（01955）611353

URL www.jogferry.co.uk

可以自由上下车的观光巴士

因弗内斯城市观光巴士 City Sightseeing Inverness

3/26~9/30的9:30~15:30每小时

所需时间:1小时　费 £10　学生£8

从长途巴士站出发，围绕游船出发的托姆纳休瑞克大桥、霍因公园等郊外的一些地方观光的巴士游项目。

TEL（01463）712121

URL www.citysightseeinginverness.com

■ 因弗内斯城堡

※ 不对外开放

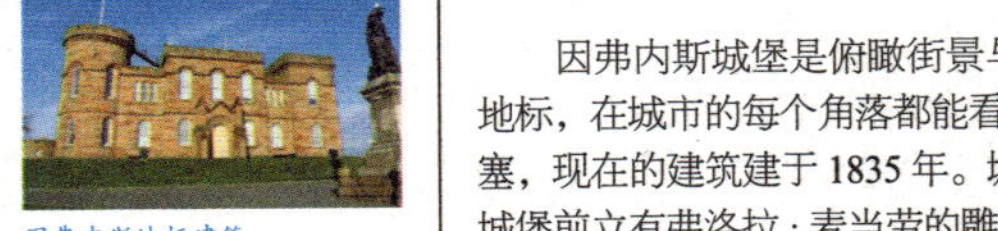

因弗内斯地标建筑

尼斯湖 主要景点

俯瞰尼斯河

因弗内斯城堡 Inverness Castle

Map p.522~C　因弗内斯

因弗内斯城堡是俯瞰街景与尼斯河的绝佳位置。这座城堡是城市的地标，在城市的每个角落都能看见它。城堡的所在地点原来是一个古代要塞，现在的建筑建于 1835 年。城堡内部不能参观，当地的法院在此办公。城堡前立有弗洛拉·麦当劳的雕像，此人曾掩护小王子查理p.577逃亡。

代表高地的特色藏品

因弗内斯博物馆 & 美术馆

Map p.522~C

Inverness Museum and Art Gallery（IMAG） 因弗内斯

位于❶与因弗内斯城堡之间。兼有博物馆与美术馆的功能，从历史、文化、自然等多个角度介绍苏格兰高地地区的魅力所在。2楼是詹姆斯党☞ p.574等与高地历史相关的照片。美术馆部分展示了苏格兰画家的风景画等内容。

自然科学部门的展厅

探索尼斯湖的秘密

尼斯湖展览中心

Map p.523

Loch Ness Exhibition Centre 德拉姆纳德希特

通过现代声像技术帮助游客了解尼斯湖水怪之谜的观光设施。以类似于纪录片的形式介绍尼斯湖，除了尼斯湖水怪之外，还对从尼斯湖的历史、尼斯湖的生态系统以及气候条件等全面分析尼斯湖水怪在此生存的可能性以及成因等。纪念品店里所售的水怪主题纪念品种类最为齐全。

尼斯湖水怪的原型

水怪馆

Map p.523

Nessieland 德拉姆纳德希特

位于 Loch Ness Lodge Hotel 辖地内的一个设施。路边巨大的水怪模型是醒目的标志。这里展示有迄今为止能够见到的所谓水怪目击照片与相关资料，还放映时长 25 分钟的有关水怪的视频（有解说）。纪念品商店的商品也比较丰富。

尼斯湖畔残留的废城

厄克特城堡

Map p.521

Urquhart Castle 德拉姆纳德希特

厄克特城堡是位于尼斯湖畔的一座仅剩残垣断壁的建筑。城堡本尊建于1230年，1296年爱德华一世☞ p.573率领英格兰军包围此地并摧毁城堡。从位于停车场下面的游客中心进入（乘坐游览船到此的游客上岸后可以直接进入城堡），建议看完城堡模型以及城堡历史介绍后再下到城堡参观。走过吊桥来到城堡内，可以看到小圣堂、马厩、厨房等遗迹。登上保存最完好的格兰特塔 Grant Tower 可以眺望美丽的尼斯湖。

从位于西南角的小山丘上眺望的城堡与尼斯湖景观

■ 因弗内斯博物馆 & 美术馆
✉ Castle Wynd，IV2 3EB
TEL（01463）237114
URL www.highlifehighland.com
开 4~10月 10:00~17:00
11月～次年3月
12:00~16:00（周五、周六 11:00~16:00）
休 周日、周一，12/25、26，1/1、2
费 任意捐赠

从大路上拐到后面便是美术馆的入口

■ 尼斯湖展览中心
✉ Drumnadrochit，IV63 6XP
TEL（01456）450573
URL www.lochness.com
开 11月～复活节
10:00~15:30
复活节~6月、9月、10月
9:30~17:00
7、8月 10:00~18:00
休 12/25
费 £7.95 学生 £6.75

巡游尼斯湖前先到这里来补充一下知识储备

■ 水怪馆
✉ Drumnadrochit，IV63 6TU
TEL（01456）450342
URL www.nessieland.co.uk
开 冬季 11:00~15:00
夏季 9:00~19:00
休 无休 费 £6

入口处有水怪相迎

■ 厄克特城堡
距离德拉姆纳德罗希特大约3.5公里，如果步行大约需要1小时。
⛴ 尼斯湖游船也可以到达
TEL（01456）450551
URL www.historicenvironment.scot
开 4~9月 9:30~18:00
10月 9:30~17:00
11月～次年3月 9:30~16:30
闭馆前45分钟入场截止
休 12月25、26日
费 £9 学生 £7.20

■ 考德城堡

可乘坐出租车往返£90（包含等待时间）。从因弗内斯机场、Nairn 火车站前往会更近一些。

✉ Cawdor，IV12 5RD

TEL（01667）404401

URL www.cawdorcastle.com

开 10:00~17:30 入场截至 17:00

休 10/6~4/30 冬季时考德伯爵会人住这里。

费 £11.50 学生 £10.50

内部禁止拍照

外观看上去仿佛就像诗画一般的风景

■ 卡洛登战役的战场游客中心

乘坐 5 路巴士可以到达游客中心附近

✉ Culloden Moor，IV2 5EU

TEL 08444932159

URL www.nts.org.ukculloden

开 6~8 月 9:00~19:00
3~5、9、10 月 9:00~18:00
11 月～次年 2 月 10:00~16:00

休 12/24~26，1/1、2/Culloden

费 £11 学生 £9.50

《麦克白》中的名城

考德城堡

Map p.521

Cawdor Castle 考德

位于因弗内斯与奈恩 Nairn 中间地点的考德城堡作为莎士比亚p.572名著《麦克白》中场景而广为人知。这座城堡建于森林之中，被称为高地地区最美的城堡。站在架于护城河上的吊桥上望去，会感到城堡宛如图画般美丽。城堡内有经过精心打理的大型庭园，城堡背后的森林里还有可供人们散步的小路。可游览之处很多，要想全部走遍至少需要半日。

詹姆斯党覆灭之地

卡洛登战役的战场

Map p.521

Culloden Battle Field 卡洛登

过去的战场如今已经被整修成了步行道路

在因弗内斯以东约 8 公里的一片荒野，是苏格兰历史上极为著名的卡洛登战役的战场。1746 年 4 月 16 日，已经走到穷途末路的詹姆斯党人p.574军队在这里被英格兰政府军彻底歼灭。如果不了解历史的话，可能会觉得这里只不过是一片适合郊游的平原，不过游客还是能够看见表示昔日政府军、反乱军，两军阵地位置的旗帜以及战死者的墓碑。

酒店 & 餐馆
Hotel & Restaurant

旅行的起点可以定在因弗内斯。中档酒店大多在尼斯河沿岸，民宿大多在阿德康奈尔街 Ardconnel St.、老爱丁堡路 Old Edinburgh Rd.。车站周围是餐馆、酒吧最为集中的地方，此外其他地方也有零星散布的店铺。

高地皇家酒店
Royal Highland

Recommended 因弗内斯

高地 89 间 Map p.522C

所有房间 所有房间 所有房间 无 免费 付费

◆ 1859 年开业的老店 紧邻火车站的一家车站酒店。酒店大厅的楼梯看上去豪华而高贵。客房十分宽敞，花形图案的布艺装饰也十分可人。

餐馆 Ash Restaurant，在这里可以享受到传统的苏格兰菜。

✉ Station Sq.，IV1 1LC

TEL（01463）231926

FAX（01463）710705

URL www.royalhighlandhotel.co.uk

S £86~

W £139~

C/C A M V

餐馆 开 11:30~23:00

摩尔峡谷酒店
Gren Mhor Hotel

因弗内斯

中档 75 间 Map p.522A1

所有房间 所有房间 所有房间 无 付费 免费

◆ 这间酒店位于河边，对岸是圣安德鲁大教堂。餐馆的口碑很好，苏格兰菜以及烧烤类的菜肴品种丰富。

✉ 8-15 Ness Bank，IV2 4SG

TEL（01463）234308

URL www.theinvernesshotel.co.uk

S £54.90~

W £64~ C/C A M V

博福特酒店
Beaufort Hotel 因弗内斯

◆酒店位于高坡之上，距离市中心很近。房间面积以及室内设备不尽相同。个别房间内还有按摩浴缸。酒店内部并设餐馆和酒吧。

中档 34 间 Map p.522B1

TV 所有房间 / 吹风机 所有房间 / 水壶 所有房间 / 保险箱 无 / 停车 免费 / Wi-Fi 部分免费

✉ 11 Culduthel Rd., IV2 4AG
TEL (01463) 222897
URL www.beauforthotelinverness.com
S £85~
W £105~ C/C J M V

阿德科奈儿旅馆
Ardconnel Guest House 因弗内斯

◆2018 年 2 月开始换老板，换成由格雷格姆、奥特利夫妇经营。二层有公共活动空间，住客们可以自由使用。

中档 6 间 Map p.522C

TV 所有房间 / 吹风机 所有房间 / 水壶 所有房间 / 保险箱 无 / 停车 无 / Wi-Fi 免费

✉ 21 Ardconnel St., IV2 3EU
TEL (01463) 418242
URL www.ardconnel-inverness.co.uk
S £40~65
W £75~95 C/C M V

因弗内斯学生酒店
Inverness Student Hostel 因弗内斯

◆位于一处平缓坡路的中段。属于背包客旅舍。客人可以使用旅舍内的厨房。咖啡和红茶是免费的。早餐价格 £3。投币式洗衣房是一次 £5。

青年旅舍 9 间 Map p.522B1

TV 无 / 吹风机 无 / 水壶 无 / 保险箱 无 / 停车 免费 / Wi-Fi 免费

✉ 8 Culduthel Rd., IV2 4AB
TEL (01463) 236556
URL invernessstudenthotel.com
D £17.50~21.50
C/C M V

SYHA 因弗内斯
SYHA Inverness 因弗内斯

◆这家青年旅舍距离市中心稍微有些远，所在的建筑也是相对比较新一些，厨房等设施也比较完善。停车场的面积宽敞，设备齐全。店内并设咖啡馆，还有提供早餐。

青年旅舍 42 间 Map p.522B1

TV 无 / 吹风机 无 / 水壶 无 / 保险箱 所有房间 / 停车 免费 / Wi-Fi 免费

✉ Victoria Drive, IV2 3QB
TEL (01463) 231771
URL www.syha.org.uk
D £12~ S £25~
W £25~ C/C A M V

米苏拉餐馆
The Mustard Seed 因弗内斯

◆想要品尝高地的味道，不妨来这里试试！ 一家位于银行街的砖结构餐馆。在 19 世纪之前是一座教堂。每周都会更换菜单，但是基本上还是以苏格兰菜为主。午餐的套餐每份最低 £9.95，晚餐的价格大概在每人 £25~30。17:30~19:00 期间前菜和主菜的套餐价格是 £13.95。

苏格兰菜 创意菜 Map p.522C

✉ 16 Fraser St., IV1 1DW
TEL (01463) 220220
URL www.mustardseedrestaurant.co.uk
开 12:00~15:00 17:30~22:00
休 12/25、26，1/1
C/C A M V
店内有信号

城堡餐馆
The Castle Tavern 因弗内斯

◆餐馆位于因弗内斯城堡前。苏格兰原产的精酿啤酒种类齐全。还有风景优美的露台座席。12:00~22:00 期间提供吧台餐食。

Pub 苏格兰菜 Map p.522 B1

✉ 1View Pl., IV2 4SA
TEL (01463) 718178
URL www.castletavern.net
开 11:00~ 次日 1:00（周六～次日 0:30，周日 12:30~24:00）
休 12/25 C/C M V
店内有信号

体验苏格兰高地的绝美景色

蒸汽机车詹姆斯党号！

西高地铁路是 1894 年开通的威廉堡至马莱格的单线铁路，全长 68 公里。最难得的是，铁路开通时的“詹姆斯党号”Jacobite Steam Train 仍然在行驶，铁路迷们非常喜爱这列火车。

电影《哈利·波特与密室》中著名的格伦菲南高架桥

乘车时间约 2 小时。途中最大的看点是从威廉堡出发 30 分钟后经过的格伦菲南高架桥 Glenfinnan Viaduct。这是世界上最古老的混凝土结构高架桥，桥高 30 米，长 381 米。电影《哈利·波特与密室》中的部分镜头就是在这里拍摄的，因此这座桥一时成为人们热议的话题。桥呈明显的弧形，如坐在列车的尾部车厢，在列车通过大桥时能通过车窗看见冒着烟向前行驶的火车机车。火车的英姿加上四周的群山，让人感到风景如画般美丽。

驶过大桥，在列车左侧马上就能看见格伦菲南纪念碑 Glenfinnan Monument 以及在此地起兵的小王子查理p.577的雕像。列车在这里停车 20 分钟，游客可以登上纪念碑去参观一下博物馆。

列车驶过著名观光地阿里赛格 Arisaig 后，会穿过全程的最后一座桥，在这座桥上可以看到左边是大海，右边是莫勒湖 Loch Morar 的壮观景色。这个湖同样是一个神秘的地方，也有很多关于有人目击到水怪出没的传闻。列车驶过这里后马上就到达终点马莱格。

透过车窗欣赏到的风景

■ 詹姆斯党号 Jacobite Steam Train

TEL 08448504685（预约专用）

URL www.westcoastrailways.co.uk

运行：上午车次 4 月上旬 ~10 月下旬的周一～周五，6 月上旬 ~9 月下旬的周六、周日。下午车次 5 月中旬 ~9 月中旬周一～周五，6 月中旬 ~9 月中旬的周六、周日。

上午车次 10:15 从威廉堡发车，14:10 从马莱格发车

下午车次 14:30 从威廉堡发车，18:38 从马莱格发车

费 单程 £30~54　往返 35~59

※6~9 月旺季期间游客会比较集中，必须要通过官网或者专用的预约专线预约。如果有空座位也可以当天在火车的入口跟列车长直接购买

■ 因弗内斯至威廉堡

1 天 5 趟车，周日 4 趟车，所需时间：约 2 小时

旅行的准备与技巧

Travel Tips

照片上：温莎的纪念品商店　照片左下：公用电话与 ATM 一体机
照片右下：伦敦的利物浦大街站

旅行必备物品

■申请护照必备的资料

填写完整的申请表原件（1份）

2寸近期正面免冠彩色照片（2张）国家公职人员不着制式服装，儿童不系红领巾，背景色以各地出入境管理处的规定为准，

已满16周岁的居民携带本人户口簿（集体户口提交《常住人口登记表》）、居民身份证（或者临时身份证）

未满16周岁的居民携带本人户口簿（集体户口提交《常住人口登记表》）、其监护人居民身份证原件以及能证明监护关系材料的原件（如户口簿、出生证等），并由其监护人陪同前往办理。

护照与有效期

护照是在国外证明自己身份的重要证件。申请护照要留足时间，至少应在出发前一个月左右就开始办理。可以向县级以上公安机关出入境管理部门提交办理护照所需资料，也可以异地办理。办理护照需要的天数（工作日），各地区会有所不同。前往英国旅行，护照的剩余有效期只要长于在英国实际滞留时间即可，但最好应在6个月以上。

申请签证

由于英国尚未给予中国公民入境时免签证的待遇，所以出发前要向英国驻华使领馆申请签证。在申请的过程中，有可能被要求参加面谈。具体申请方法以及所需资料，请咨询英国各驻华使领馆的签证部门。

海外旅行保险

在海外遭遇盗窃的案件每年都在增加，而且如果没有保险的话，出现需要在当地就医的情况时会给患者造成巨大的经济负担。所以，出发前务必要办理好相关的海外旅行保险。

信用卡附带保险的陷阱　很多信用卡都附带有海外旅行保险，一些游客可能会认为这就足够了。可是，这样的保险往往会设有很多“陷阱”，例如没有针对因疾病死亡的赔付或者赔付金额不高，拥有多张信用卡时不能重复获得因伤致死赔付等。建议在确认个人所持信用卡的附带保险内容之后，以“追加赔付”的形式办理好专门的海外旅行保险。

根据实际情况选择保险类型　海外旅行保险，一般来说，有事先已确定保险与赔付内容的“套餐型”，也有可根据个人的需要以及预算自由选择内容的“定制型”。应该根据实际情况，慎重决定选择哪种类型的保险。

遇到麻烦时要冷静　如果遭遇意外，要迅速与保险公司驻当地的工作人员联系，了解处理问题的程序。报险需要出示购买保险时的相关书面材料，旅行时不要忘记带上。出发前还应该确认索赔是否需要就医证明、失窃证明等文件，以备回国后提交资料时之需。

货比三家、谨慎选择　办理海外旅行保险业务的保险公司有很多，但是每个保险产品的特点以及保费都不尽一致，保险公司是否在当地设有联络机构，受保者是否能得到使用中文的紧急服务等，这些问题上各保险公司的做法也可能不尽相同，因此购买保险时要仔细了解情况。

国际机场一般都会有海外旅行保险的自动贩卖机，如果忘记提前申请，可以通过这里临时加入保险

国际驾照

如果想在英国租车自驾旅游，就需要正规的国际驾照和国内的机动车驾驶证（国内驾驶证的英文翻译版公证件）。公证件可通过中国各地公证处办理（通常需要一周），你可携带本人中国驾照原件及复印件、中国居民身份证原件及复印件、户口本原件及复印件前往你所在城市（国内城市）的公证处申请办理驾照英文公证件，通常需要3~5个工作日完成办理，不同地区稍有差异。

国际学生证

在英国，购买景点门票和乘坐公共交通工具时，有针对学生的优惠制度。还在上学的游客（12 周岁以上）可以申请国际学生证（ISIC）。申请时需提供学生证复印件或扫描件、在学证明、录取通知书等可以证明学生身份的材料以及本人证件照。可通过国际学生证协会中国官网申请办理，手续费大约人民币 85 元。

国际青年旅舍会员卡

国际青年旅舍会员卡

全英国有 200 家以上的青年旅舍。其中也不乏设施完备的旅舍，这些旅舍的存在让游客以较为低廉的费用在物价高昂的英国旅游成为可能。在英国当地也可以申请办理国际青年旅舍会员卡，但如果是以投宿青年旅舍为主的游客最好事先在国内办好会员卡。一些小城镇里的青年旅舍在冬季会停止营业，需要注意。在夏季，青年旅舍的客流量很大，希望入住的游客应提早预约。

去英国旅游应准备的服装

伦敦所处纬度大致相当于中国黑龙江最北部。即使在夏季，如果是雨天，气温也会降至需要穿一件薄毛衣的程度。但是空气湿度不高，所以即便在非常炎热的日子里人们通常也不会大汗淋漓。那里全年多降雨，去时要准备好雨具。

英国是一个南北狭长的岛国，根据去到的地区不同气候变化也比较大。如果打算去苏格兰最好比去伦敦时多带一件外套。另外，如果打算在国家公园里徒步的话，最好带上能应对各种天气变化的服装（登山服、冲锋衣之类最好）。

如果准备徒步健走最好穿着方便活动，可以应变各种天气变化的服装

■国际学生证（ISIC）
✉上海市长宁区安西路 100 号
TEL 021-51601828
email info@isicchina.com
URL www.isicchina.com
签发时间：周一～周五 国定节假日除外（上午 10:00~12:00 下午 1:30~5:30）

■国际青年旅舍（中国站）
✉广州市天河区体育西路 103 号维多利广场 A 塔 3606 室，邮编：510620
（交通提示：地铁体育西路站 E 出口，广州购书中心右侧）
URL www.yhachina.com
办公时间：周一～周五 9:00~18:00（12:30~14:00 为午休时间）
周六、周日及法定节假日休息

ⓘ内也有出售折叠雨衣的区域

行李清单列表

◎=必备品　○=非必备品　△=酌情

	名称	所需程度	准备装箱	已经装箱	当地购买	备注
贵重物品	护照	◎				确认护照以及签证的有效期
	银行卡	◎				牢记卡号
	现金（外币）	○				到当地也可以兑换、ATM 也可以直接取现金，不带也可以
	现金（人民币）	◎				回程打车回家的费用一定要留好
	机票（电子机票）	◎				请确认出发日期、航站楼、线路
	海外旅行保险证明	◎				购买了旅行保险的话不要忘记带
	国际学生证	△				景点会有学生票优惠
	青年旅舍会员证	△				持证会员可享受折扣
卫生用品	香皂、洗发水	○				多数酒店都会备有
	剃须用具	△				刮胡刀或者电池式电动刮胡刀比较方便些
	吹风机	△				中高档酒店都备有
	牙刷	◎				中档以下的酒店大多没有配备
	毛巾	○				建议准备外出时可以随身携带的薄毛巾
	常用药	△				除了长期服用药以外可以在当地购买
	洗衣液	△				可以用香皂代替，如果带一小瓶就够用也可
	生理用品	△				当地也可以购买
服装	内衣、袜子	◎				不容易晾干，尽量多带
	换洗衣物	○				根据旅行需求而带，如果需要去高档餐馆最好带上正装
	毛衣（运动衫）	◎				最好准备一件可以套着穿的外套
	冲锋衣/防寒用品	◎				冬季准备一件厚款，夏季也需要带一件，看夜景等一些时候用得着
	雨具/雨衣	◎				英国多雨，折叠伞和便携雨衣必备
	手套、帽子	△				冬季必备，也可以带个薄披肩
杂物	记事本、笔	◎				问路、填写出入境表格等时需要用笔，最好是黑色圆珠笔
	指甲剪&挖耳勺	○				便携式的最好。指甲剪是不可以带入机舱的，只能托运
	睡袋	△				入住青年旅舍的人必备。也可以借用旅舍的
	塑料袋	○				衣物分类用、垃圾袋
	锁、钢丝锁	△				青年旅舍、火车车厢内等地管理行李用
	免冠照片（4.5cm×3.5cm）	○				丢失护照等一些特殊情况时使用。也可以在当地照
	海外漫游手机	○				确认手机是否开通海外漫游，以及海外漫游使用费用
	充电设备	◎				可以应对 240V 的充电设备或者变压器等
	充电宝	△				带着手机在外玩一天经常会出现没电的现象
书类	字典	○				电子词典比较方便些
	导游类书籍	◎				《走遍全球》

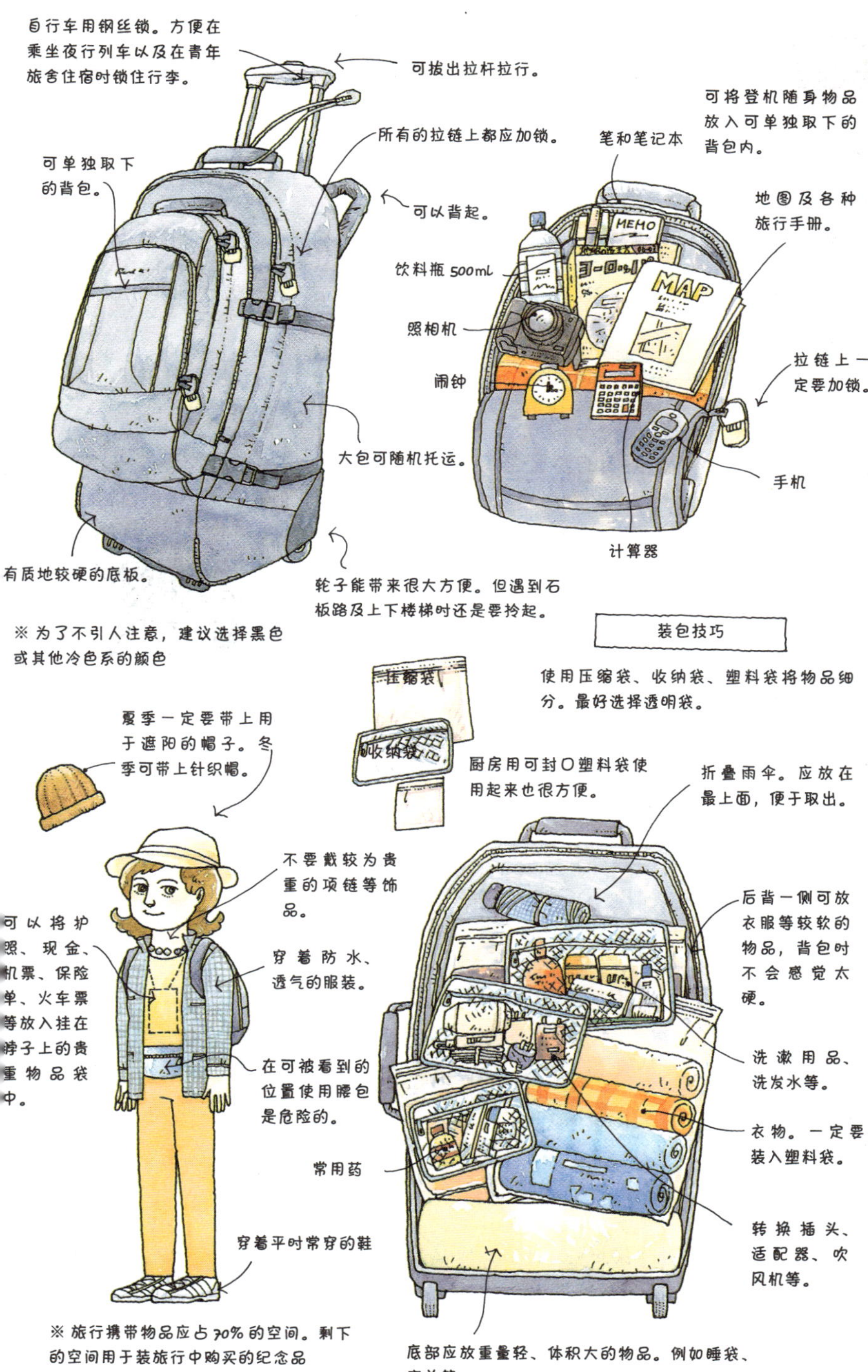
自行车用钢丝锁。方便在乘坐夜行列车以及在青年旅舍住宿时锁住行李。
可拔出拉杆拉行。
所有的拉链上都应加锁。
可单独取下的背包。
可以背起。
大包可随机托运。
有质地较硬的底板。
轮子能带来很大方便。但遇到石板路及上下楼梯时还是要拎起。
※ 为了不引人注意，建议选择黑色或其他冷色系的颜色
可将登机随身物品放入可单独取下的背包内。
笔和笔记本
MEMO
地图及各种旅行手册。
MAP
饮料瓶 500mL
照相机
闹钟
拉链上一定要加锁。
手机
计算器
装包技巧
使用压缩袋、收纳袋、塑料袋将物品细分。最好选择透明袋。
压缩袋
收纳袋
厨房用可封口塑料袋使用起来也很方便。
夏季一定要带上用于遮阳的帽子。冬季可带上针织帽。
不要戴较为贵重的项链等饰品。
可以将护照、现金、机票、保险单、火车票等放入挂在脖子上的贵重物品袋中。
穿着防水、透气的服装。
在可被看到的位置使用腰包是危险的。
穿着平时常穿的鞋
※ 旅行携带物品应占70%的空间。剩下的空间用于装旅行中购买的纪念品
折叠雨伞。应放在最上面，便于取出。
后背一侧可放衣服等较软的物品，背包时不会感觉太硬。
洗漱用品、洗发水等。
衣物。一定要装入塑料袋。
常用药
转换插头、适配器、吹风机等。
底部应放重量轻、体积大的物品。例如睡袋、床单等。

旅行信息的收集

■**英国旅游局**
URL www.visitbritain.com
■英国文化协会
URL www.britishcouncil.cn
■**北京办公室**
北京朝阳区东三环北路 8 号亮马河办公楼 1 座 4 层 英国大使馆文化教育处
TEL（010）6590 6903
开 9:00~17:00（周一～周五）
■**上海办公室**
上海市北京西路 968 号嘉地中心 17 楼 英国驻上海总领事馆文化教育处
TEL（021）2225 6888
■**广州办公室**
广州市天河路 208 号粤海天河城大厦 7 楼 英国驻广州总领事馆文化教育处
TEL（020）8510 3000
■**重庆办公室**
重庆渝中区邹容路 68 号大都会大厦 28 层 英国驻重庆总领事馆文化教育处
TEL（023）6399 7199
英国驻华大使馆及各领事馆
■**英国驻华大使馆**
北京市朝阳区建国门外光华路 11 号
TEL（010）5192 4000
开 8:30~12:00/13:30~17:00（周一～周五）
■**英国驻广州总领事馆**
中国广州市珠江新城珠江西路 5 号广州国际金融中心 22 层
email britishconsulate.guangzhou@fco.gov.uk
TEL（020）8314 3000
开 9:00~12:30/13:30~17:00（周一～周五）
■**英国驻重庆总领事馆**
重庆市渝中区邹容路 68 号大都会商厦 28 楼
email britishconsulate.chongqing@fco.gov.uk
TEL（023）6369 1400/6369 1500
开 9:00~12:00/13:30~16:00（周一）
9:00~12:00/13:30~16:00（周三）
9:00~12:00
休 周二、周四
英国驻上海总领事馆
上海市北京西路 968 号，嘉地中心 17 楼英国中心
上海市北京西路 968 号，嘉地中心 17 楼英国中心 1702（领事处）
TEL（021）3279 2000
开 周一～周五，08:30~17:30
周一，周三，周四：09:00~12:00/ 14:00~16:00（领事处）
周二，周五：09:00~12:00 领事处）

在国内收集旅行信息

英国旅游局（VisitBritain） 有关英国旅游的基本信息，包括各地的景点以及酒店的介绍等，可以在英国旅游局的官方网站上查到。但不受理游客个人的咨询。

英国文化协会（British Council） 英国一个以促进国际文化交流为目的的公益组织。其网站上登载有赴英留学的相关资讯。协会在华的办事机构经常举办有关英国的主题活动。

英国驻华使领馆 可以向英国驻华大使馆及各领事馆的签证部咨询或申请在英国停留 6 个月以上以及赴英自费留学的签证事宜。

英国的游客咨询中心

在英国基本上每个城镇都设有游客咨询中心（Tourist Information Centre，TIC）。在 ❶ 里，游客不仅可以拿到各种旅游指南，还可以向工作人员咨询旅行问题。大多数城市的旅游咨询中心都位于市中心，但规模各有不同。很多小镇，冬季都不提供此项服务。

代理预约酒店 有些 ❶ 可以代理预约酒店。预约酒店的手续费，各地区不一，一般为 £3~5。此外，预约时还要缴纳押金，是住宿费的 10% 左右。

旅行资讯网站严选版

一般旅行信息

英国旅游局（VisitBritain）
URL www.visitbritain.com
苏格兰地区旅游官网
URL www.visitscotland.com
威尔士地区旅游官网
URL www.visitwales.com
北爱尔兰地区旅游官网
URL www.discovernorthernireland.com

伦敦城市信息

伦敦旅游官网
URL www.visitlondon.com
城市伦敦官网
URL www.londontown.com
Timeout 官网
URL www.timeout.com/london

交通相关信息

英国铁路综合信息
URL www.nationalrail.co.uk
National Express（长途巴士）
URL www.nationalexpress.com
Megabus
URL uk.megabus.com
Traveline（地方公交信息）
URL www.traveline.info
希思罗机场
URL www.heathrow.com
皇家汽车俱乐部（搜索行车路线等）
URL www.rac.co.uk

景点相关信息

英国文化遗产
URL www.english-heritage.org.uk
英国国家托管委员会
URL www.nationaltrust.org.uk
历史建筑协会
URL www.hha.org.uk
英国皇家园艺协会
URL www.rhs.org.uk

演艺娱乐相关信息

体育比赛、剧场等门票的预订网站
URL www.ticketmaster.co.uk
伦敦剧院指南
URL www.officiallondontheatre.co.uk

旅行的预算与资金

不管经济是好是坏，近年来英国的物价持续上升。1 英镑大概相当于人民币 9 元。

伦敦的物价非常高　在英国，伦敦的物价最高，所以在伦敦滞留时间较长的话，旅行费用自然就会上升。前往伦敦以外的地区，住宿费及餐费都会相对便宜一些。

餐费　在一流餐馆吃一顿正餐，一个人要六七百人民币。如果是比较普通的餐馆，一个人大概二三百元人民币。午餐的话，有一百人民币左右的套餐。选择快餐或外卖的话，几十块人民币可以解决一顿饭。如果住在 B&B 或者酒店，一般都带有早餐。

住宿费　普通的 B&B 的单人间三百到七百元人民币左右。酒店的话，需要六七百元人民币。伦敦的酒店价格很高，要比其他地区高出 40%~50%。

交通费　从伦敦乘火车前往约克，单程票价八百元人民币左右。同样行程，乘巴士前往为两百元人民币左右。伦敦市内的出租车，起步价为£2.60，之后1英里（1.6公里）£6~9.40。各城市的公交巴士的票价不一，但大致为 £1.50 左右。

景点门票　博物馆大多为免费。古城堡及游乐设施等，票价为五十到一百七十人民币。

货币与外汇兑换

英镑　英镑 Pound（£）是英国境内统一使用的货币单位，辅助货币单位为便士 Pence（p），£1=100p。标记价格时，仅使用 £，例如 1 英镑 50 便士标记为“£1.50”。

地方货币　苏格兰、北爱尔兰、马恩岛发行本地区单独设计的英镑纸币。在各个地区内可正常使用，但在地区之外可能无法使用，需

各种旅行方式的预算

穷游型　1天400元人民币左右

住宿	住在青年旅舍或小旅馆的多人房间，1 晚 170~200 元人民币。
用餐	购买超市自制食品，购买中餐或快餐的外卖，1 天 140 元人民币左右。
交通	长距离移动时提前预订巴士及廉价航空的机票。短距离移动时乘坐非高峰时间段的火车。

经济舒适型　1天1000元人民币左右

住宿	挑选可在网上预订时打折的 B&B 及规模较大的经济型酒店。1 晚 400~600 元人民币。如果是大城市或旅游景区，1 晚 500~700 元人民币。
用餐	在 B&B 吃早餐时尽量吃得饱一些，午饭可在咖啡馆里吃点简餐即可。晚饭在 Pub 或各国风味的餐馆吃套餐。1 天 300 元人民币左右。
交通	长距离移动时主要乘坐火车。尽量购买往返票及提前购票，有打折优惠。在伦敦市内及伦敦近郊可以使用牡蛎卡。

■主要的信用卡公司

American Express

URL www.americanexpress.com

Diners

URL www.diners.com

MasterCard

URL www.mastercard.com

Visa

URL www.visa.com.cn

要注意。

可兑换外币的地方 可在银行或有“Bureau de Change”标识牌的货币兑换处兑换外币。机场、大型火车站站内、火车站周边设有外汇兑换处，早晨至夜间22:00营业。

信用卡与ATM

信用卡 在英国，信用卡的使用度很高。旅行时带上VISA、MasterCard、American Express、Diners等国际通用信用卡会比较方便。但是，英国普遍使用需要验证密码的IC卡，所以出发前应确认自己所持信用卡的类型。可从ATM提取现金（不要忘记卡的密码）。还可以使用信用卡拨打公用电话。

ATM使用方便 银行的ATM 24小时可用，可凭信用卡提取现金，也可以使用国际借记卡提取当地货币。周日及夜间也可以正常使用。

使用卡与现金在汇率上的区别

用卡付款汇率比较划算 付款时，可能不知道是使用现金支付在汇率上比较划算还是使用卡在汇率上比较划算。答案是，只要没有较大的变动，使用卡付款在汇率上会更划算一些。

发卡公司的汇率及手续费 信用卡的汇率由发卡公司决定，基本上与中间牌价相当。用卡付款时，以汇率的1.3%~2%作为收费比例来计算手续费。从ATM提取现金时，除了需要按一定利率支付利息之外，还要支付固定的手续费。

现金的汇率 在银行及货币兑换处兑换现金时，需要在中间牌价之上另加一定金额，有的地方还另收手续费，所以兑换现金时的汇率没有用卡付款及从ATM上取现金时的汇率划算。

如果有人说可用英镑以外的货币付款时应警惕

用卡付款时要注意付款币种

使用信用卡付款时，对方可能不是直接收取英镑的金额，而是经换算后收取相应金额的持卡人的本国货币。此时是提供读卡器的银行或者货币兑换公司单方面设定的操作程序。在英国的酒店、餐馆以及外国游客经常光顾的商店有时会遇到这种情况。

以这种方式付款，付款人基本上都会吃亏，所以如果想用英镑支付，应在读卡器上输入金额后选择英镑作为付款货币。

如果店员擅自将付款货币选为持卡者本国货币，此时即便已经进行到操作的最后一步，也就是持卡者输入密码，也可以取消操作，然后重新输入金额并选择以英镑支付。

如果发现信用卡的付款金额及付款时采用的汇率存在问题，回国后可以咨询发卡公司。

去往英国的航班

航班数量众多，但可以粗略地将这些航班分为直飞航班和中转航班，中转航班又可按航空公司分为欧洲系、亚洲系、中东系三类。直飞航班与中转航班的票价会有差别，不同的航空公司的航班之间票价也会存在差别。在选择航班上，可能每一种方案都有其优点以及缺点。所以游客首先应该明确自己更在意哪些方面，在这个前提下做出合理的选择。

直飞航班（中国→伦敦）

快捷准时　如果从北京直飞伦敦，大概需要 11 小时。回程由于气流的原因，大概 10 小时就能到达。飞往英国的直飞航班在国内多为中午或下午起飞，到达伦敦基本上是当地时间傍晚左右，对时差的感觉不是很明显。与那些经由亚洲城市的中转航班相比，直飞航班的价格当然要贵一些，但是对于时间比较紧张、希望制定准确行程的游客来说，直飞航班无疑是一个最好的选择。

去往英国国内其他城市　旅游目的地不只限于伦敦的游客可以先搭乘直飞航班飞到伦敦希思罗机场，然后转机飞赴其他城市。比如，要去湖区的话可转乘飞往曼彻斯特机场的航班，要去苏格兰的话可转乘飞往爱丁堡机场的航班。这样，既能节省时间又能节省旅费，比较合算。不过，换乘英国国内航班，有时需要移动到希思罗机场的其他航站楼或者伦敦市内其他的机场，要计算好换乘时间以免误机。

英国航空公司	中国国际航空公司	中国南方航空公司	中国东方航空公司
TEL 400 881 0207（平日 9:00~17:30） URL www.britishairways.com 每天有从北京、上海直飞伦敦的航班	TEL 95583 URL www.airchina.com.cn 每天有 2~3 班从北京直飞伦敦的航班	✉ 95539 URL www.csair.com 每天有 1 班从广州直飞伦敦的航班	TEL 95530 URL www.ceair.com 每天有 1~2 班从上海直飞伦敦的航班

在欧洲中转的航班

选择好经停地点和时间会十分方便　从国内的机场出发，经停巴黎、法兰克福等地，然后再换乘去往英国的航班。如果第一站不去伦敦，乘坐中转航班直接去往曼彻斯特、利物浦、爱丁堡等目的地十分便捷。这样就可以在目的地机场办理入境手续，可以避免在伦敦机场转乘英国国内航班时间比较紧张的问题。

法国航空	汉莎航空	KLM 荷兰航空
URL www.airfrance.co.com 经停机场 巴黎夏尔·戴高乐国际机场 飞往英国的主要都市 伦敦、伯明翰、曼彻斯特、爱丁堡、格拉斯哥等	URL www.lufthansa.com 经停机场 法兰克福机场、慕尼黑机场 飞往英国的主要都市 伦敦、伯明翰、曼彻斯特、爱丁堡等	URL www.klm.com 经停机场 阿姆斯特丹史基浦机场 飞往英国的主要都市 伦敦、伯明翰、曼彻斯特、利兹、格拉斯哥、爱丁堡、因弗内斯等
瑞士国际航空	**北欧航空公司**	**土耳其航空**
URL www.swiss.com 经停机场 苏黎世国际机场 飞往英国的主要都市 伦敦、伯明翰、曼彻斯特等	URL www.flysas.com 经停机场 哥本哈根国际机场 飞往英国的主要都市 伦敦、伯明翰、曼彻斯特等	URL www.turkishairlines.com 经停机场 伊斯坦布尔阿塔图尔克国际机场 飞往英国的主要都市 伦敦、伯明翰、曼彻斯特、爱丁堡 ※ 携带电子设备需要注意（→ p.538）

在亚洲、中东航空中转航班

时间长但价格便宜　与经停欧洲的中转航班一样，需要到航空公司的中转机场去换乘去往伦敦的航班。有些航班还会存在不能同一天换乘的情况。经停中东的航班大多是红眼航班，深夜抵达转机的机场，然后换乘第二天早上或者中午的航班飞往伦敦等地。

国泰航空	大韩航空	新加坡航空
URL www.cathaypacific.com 经停机场 香港国际机场 到达英国的都市 伦敦、曼彻斯特	URL www.koreanair.com 经停机场 仁川国际机场 到达英国的都市 伦敦	URL www.singaporeair.com 经停机场 新加坡樟宜国际机场 到达英国的都市 伦敦、曼彻斯特
印度航空	**阿联酋航空**	**卡塔尔航空**
URL www.airindia.com 经停机场 德里英迪拉·甘地国际机场 到达英国的都市 伦敦、曼彻斯特	URL www.emirates.com 经停机场 迪拜国际机场 到达英国的都市 伦敦、伯明翰、曼彻斯特、格拉斯哥航空等	URL www.qatarairways.com 经停机场 多哈机场 到达英国的都市 伦敦、伯明翰、曼彻斯特、爱丁堡等

出境与入境

Information

中东与英国之间的航班控制携带电子设备

截至2018年5月，本刊调查所知的情况为，从土耳其、黎巴嫩、约旦、埃及、突尼斯、沙特阿拉伯6国飞往英国的航班，禁止旅客将规格大于普通智能手机的电子设备（笔记本电脑、平板电脑、便携式DVD播放机、便携式蓝光播放机、电子书阅读器等）带入客舱。另外，有的航空公司还禁止旅客携带如电池不符合规定的电子设备登机。从上述6国飞往英国时（伊斯坦布尔→伦敦等航线），应事先确认。

从中国飞往伦敦的航班大多降落在希思罗机场。参见p.86~89伦敦的机场。

出入境的流程

中国出境：登机手续 → 出境手续 → **空中航行**：机内 → 填写入境卡 → **英国入境**：入境手续 → 领取托运行李 → 前往伦敦市内

英国出境：登机手续 → 出境手续 → **空中航行**：机内 → 填写申报单 → **中国入境**：入境手续 → 领取托运行李 → 回家

登机手续

Check in 订票后，电子机票会被发至旅客的电子邮箱。应将电子机票打印出来以便旅途中携带。到达机场后，出示电子机票及护照，然后领取登机牌Boarding Pass。

选择座位 想坐在机舱的前部还是后部、靠过道的座位还是靠窗的座位，可向工作人员说明自己的要求。登机牌上标明了登机口Boarding Gate、登记时间Boarding Time以及座位号Seat Number等信息。

托运行李 旅行箱等较大的行李物品，在Check in时办理托运。托运行李英语称为Checked Baggage。根据航空公司以及旅客的座位等级，对托运行李的个数及重量有不同的规定，应事先确认。办理完行李托运后，工作人员会将条形码贴在旅客的护照或者登机牌上。当找不到托运行李时，会用到这个条形码，所以千万不要弄丢。

在中国办理出境手续

办理完登机后，接下来就要办理出境手续。基本上在任何国家乘坐国际航班均为此顺序。另外，有些机场还会对登机旅客进行X线检查。

海关（Customs） 当携带境外制造的贵金属物品、手表、奢侈品出境时，应填写并提交《出境旅客行李物品申报单》。如忘记提交，所带行李物品可能在回国接受海关检查时会被当成在境外购买的商品而被征收关税。如果出境时没有携带此类行李物品，则可以直接通关。

出境检查（Immigration）

通过海关后，要接受出境检查。需在出境检查窗口出示护照及登机牌。通常只是在护照加盖出境章，即可迅速通过。

办完出境手续后的去处 办完出境手续后，便进入限制区域，意味着旅客已经“出境”。可在免税店购买免税商品。

Check Point ①

贵重物品要随身携带

不应将护照、现金等贵重物品以及照相机等易损物品放入托运行李中。如果出境时需要报关，也不要将相关物品托运。为应对航班延误，最好在随身携带的行李中准备可度过一晚的必要生活用品。

Check Point ②

出境时携带现金的限额

海关对旅客出境时可携带的人民币及外币现金的金额有具体的规定。当超过限额时，需要提前办理相关的携带许可手续。

URL www.customs.gov.cn

Check Point ③

可以随身带入客舱的行李

多数航空公司规定国际航班的旅客随身行李的长×宽×高三边的长度应为55cm×40cm×25cm以内。但各航空公司的具体规定不一。刀具、剪刀等锋利物品不能随身带入客舱，应事先放入托运行李。

填写入境卡（Landing Card）

乘坐飞机时，机组人员会向乘客发放入境卡 Landing Card，可在机舱内填写。填写方法可以参考样本。

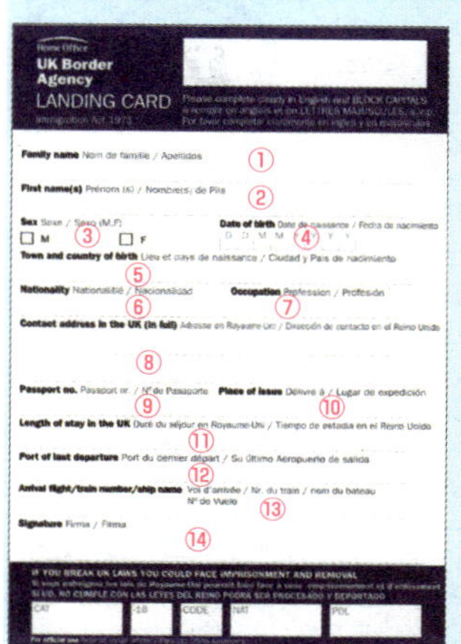
UK Border Agency
LANDING CARD
Family name Nom de famille / Apellidos ①
First name(s) Prénom (s) / Nombre(s) de Pila ②
Sex Sexe / Sexo (M,F) □ M ③ □ F
Date of birth Date de naissance / Fecha de nacimiento D D M M Y Y ④
Town and country of birth Lieu et pays de naissance / Ciudad y País de nacimiento ⑤
Nationality Nationalité / Nacionalidad ⑥
Occupation Profession / Profesión ⑦
Contact address in the UK (in full) Adresse en Royaume-Uni / Dirección de contacto en el Reino Unido ⑧
Passport no. Passport nr. / Nº de Pasaporte ⑨
Place of issue Délivré à / Lugar de expedición ⑩
Length of stay in the UK Durée du séjour en Royaume-Uni / Tiempo de estadía en el Reino Unido ⑪
Port of last departure Port du dernier départ / Su último Aeropuerto de salida ⑫
Arrival flight/train number/ship name Vol d'arrivée / Nr. du train / nom du bateau Nº de Vuelo ⑬
Signature Firma / Firma ⑭
IF YOU BREAK UK LAWS YOU COULD FACE IMPRISONMENT AND REMOVAL
SI UD. NO CUMPLE CON LAS LEYES DEL REINO PODRA SER PROCESADO Y DEPORTADO
CAT | 18 | CODE | NAT | POL

入境卡Landing Card的填写方法

① 姓（英文字母） ② 名（英文字母）
③ 性别：男性选择M（male），女性选择F（female）
④ 出生年月日：例如1980年4月1日出生，应填写01041980
⑤ 出生地 ⑥ 国籍：中国籍填写Chinese
⑦ 职业：填写STUDENT（学生）、OFFICE WORKER（公司职员）、PENSIONER（退休人员）等职业
⑧ 在英国的居住地：一般填写到达当晚住宿的酒店
⑨ 护照号 ⑩ 护照的发放地
⑪ 滞留英国的时间
⑫ 出发地
⑬ 飞机航班（列车）号
⑭ 签名：采用与护照上签名相一致的字体

英国的入境手续

接受入境检查时，按所持护照的种类，即 EU Passports（欧盟国家护照）、United Kingdom Passports（英国护照）、All Other Passports（其他国家护照），分别排队等候。中国籍游客应在 All Other Passports 队列排队。将护照与入境卡交给入境检查人员，然后接受询问。基本上都是诸如滞留时间、旅行目的等简单的提问，无须紧张。有时还会被要求出示返程机票。

Check Point ①

入境检查时的常见提问

接受入境检查时，常被问到的是入境目的、滞留时间、滞留地点等问题。应做好准备，避免慌张，以下的回答可供参考。

Q 入境的目的是什么？
What is the purpose of your visit?
A 旅游 Sightseeing。
Q 准备滞留多长时间？
How long do you intend to stay?
A 两周 Tow weeks。
Q 准备住在哪里？
Where are you going to stay?
A 伦敦的 ABC 酒店
At the ABC hotel in London。

Check Point ②

旅客人数非常多

希思罗机场的入境检查处，某些时间段内旅客的数量会非常多。如准备换乘航班或者准备经由伦敦市内换乘火车去往英国其他地方，制定行程时应留有足够的时间。

领取行李

行李领取处 Buggage Claim 可在标有行李领取处 Baggage Claim 的地方拿回随机托运的行李。应站在标有自己所乘航班号的行李传送带前等待。

海关 Customs 拿回自己的行李后，应前往海关检查处。如果携带了需要缴纳关税的物品，应走红色通道接受检查，没有的话，可走绿色通道 Noting to Declare 通关。之后就没有其他的入境手续了。

换乘英国国内航班

在机场的显示屏上查找准备换乘的航班

在希思罗机场转机 如果不去往伦敦市内，而是从希思罗机场直接转机前往英国其他城市，在接受完入境检查后，可去相应的航站楼（英国航空的航班在 Terminal 3 和 5）办理登机手续。

去往伦敦其他机场转机 如果准备换乘的航班不在希思罗机场，可在领取完行李后乘坐机场接送巴士（→p.88-89）前往相关机场办理登机手续。不管在哪个机场转机，因为属于英国国内航班，所以无须再次办理出境及入境手续。

英国的出境手续

先前往自己所乘航班的出发航站楼，在登机手续办理窗口出示机票，换取登机牌并托运行李。之后，需接受出境检查，但比起入境检查要简单许多。

退税手续 如要办理英国的 VAT（增值税）的退税手续，需前往海关，出示购物商店的证明及购买的商品。所以应随身携带需要办理退税的商品，不要托运。

希思罗机场 VAT 退税窗口

Check Point

在最后离开的欧盟国家办理 VAT 退税

如果在欧盟国家旅行之后，又去往瑞士等非欧盟加盟国并从那里回国，则无法办理 VAT 退税。所以一定要在最后离开的欧盟国家办理相关手续。

VAT（增值税）退税

要在购物的商店获取办理手续用的表格（VAT form），填好必要的信息，并让店员标明退税金额。在面向游客的大型商店，基本上可以拿到这种表格。

在有此标识的商店购物可办理退税

办理手续的流程 出境时在机场海关，向海关人员 HM Revenue & Customs 出示购买的商品及相关证明材料，海关人员会在材料上盖章。之后，可在机场内的退款窗口领取退税。可选择现金支付或银行转账。但是需要注意，希思罗机场有不办理现金支付的退款窗口。另外，虽然海关办事窗口旁边设有邮筒，要办理退税的游客也可以把相关材料投入邮筒，然后回国等待转账，但是投入邮筒的材料有丢失的可能，所以最好还是在退款窗口办理相关手续。

填写行李物品申报单

即便随身物品及托运物品均未超出免税范围，也应填写机内发放的《行李物品申报单》并提交给机场海关。

中华人民共和国海关
出境旅客行李物品申报单

请先阅读背面的填表须知，然后在空格内填写文字信息或划√

1.姓名
2.出生日期 年 月 日
3.性别 男 女
4.进出境证件号码
5.国籍(地区) 中国（香港 澳门 台湾） 外国
6.出境事由 公务 商务 旅游 学习 定居 探亲访友 返回居住地 其他
7.航班号/车次/船名 8.同行未满16周岁人数

我（我们）携带：
9.需复带进境的单价超过人民币5,000元的照相机、摄像机、手提电脑等旅行自用物品 是 否
10.超过20,000元人民币现钞，或超过折合5,000美元外币现钞 是 否
11.金银等贵重金属 是 否
12.文物、濒危动植物及其制品、生物物种资源 是 否
13.无线电收发信机、通信保密机 是 否
14.中华人民共和国禁止和其它限制出境的物品 是 否
15.货物、货样、广告品 是 否

我已阅知本申报单背面所列事项，并保证所有申报属实。

携带有9-14项下物品的，请详细填写如下清单。

品名/币种	数量	金额	型号	海关批注

旅客签名 年 月 日

中华人民共和国海关

填表须知

一、重要提示：

1. 出境旅客应使用海关所提供申报单的语种如实填写申报单，并将填写完毕的申报单在海关申报台前向海关递交（按照规定享受免验礼遇和海关免予监管的人员以及随同成人旅行的16周岁以下旅客除外）。
2. 在设置“双通道”的海关旅检现场，携带有本申报单9至15项下物品的旅客，应选择“申报通道”（又称“红色通道”，标识为“■”）通关，其他旅客可选择“无申报通道”（又称“绿色通道”，标识为“●”）通关。
3. 本申报单第9项所列物品价值以中国关境内法定商业发票所列价格为准。
4. 携带本申报单第9项所列物品时，旅客应填写两份申报单，海关验核签章后将其中一份申报单退还旅客凭以办理有关物品复带进境手续。
5. 不如实申报，海关将依法处理。

二、中华人民共和国禁止出境物品：

1. 各种武器、仿真武器、弹药及爆炸物品；
2. 伪造的货币及伪造的有价证券；
3. 对中国政治、经济、文化、道德有害的印刷品、胶卷、照片、唱片、影片、录音带、录像带、激光唱盘、激光视盘、计算机存储介质及其它物品；
4. 各种烈性毒药；
5. 鸦片、吗啡、海洛因、大麻以及其它能使人成瘾的麻醉品、精神药物；
6. 内容涉及国家秘密的手稿、印刷品、胶卷、照片、唱片、影片、录音带、录像带、激光唱盘、激光视盘、计算机存储介质及其它物品；
7. 珍贵文物及其它禁止出境的文物；
8. 濒危的和珍贵的动、植物（均含标本）及其种子和繁殖材料。

Check Point ①

在中国入境时部分行李物品的免税范围（适用于普通中国籍旅客）

●**酒精饮料**

12 度以上酒精饮料限 2 瓶（1.5 升以下）

●**烟草制品**

香烟 400 支，或雪茄 100 支，或烟丝 500 克

URL www.customs.gov.cn

本国入境（回国）

回国下机后，首先要接受检验检疫部门的检查。健康上有问题的旅客一定要填写相关材料并提交。之后，接受入境检查，结束后，去领取托运行李。然后在海关提交《行李物品申报单》。如果需要缴纳关税，还要到指定地点办理。

Check Point ②

禁止携带肉类及其制品入境

根据中国相关部门的规定，禁止携带（生或熟）肉类（含脏器类）及其制品入境。

从邻近诸国前往英国的交通

跨越海峡连接英国与欧陆的交通工具有四种，即飞机、火车、巴士、渡轮。可以根据个人的旅行目的地、旅行时间、旅行方式等选择合适的交通工具。

廉价航空（LCC）

从伦敦至巴黎、米兰、法兰克福的欧洲主要城市之间的航线都有廉价航空（LCC=Low Cost Carrier）的航班，仅需花费几百元就可以在各城市之间移动。

注意起降的机场　虽然廉价航空可以低成本的在各个城市之间穿梭，但是廉价航空的机场大多在距离城市比较远的位置，交通不太方便。购买的时候不要贪图便宜，也需要考虑一下飞机起降的机场位置。

欧洲之星

欧洲之星列车最高时速达 320 公里

在英国和欧洲大陆旅行，可以选择国际高速列车“欧洲之星”（Eurostar）。欧洲之星列车有从伦敦至巴黎、伦敦至布鲁塞尔、伦敦至阿姆斯特丹的列车。

座位等级　列车的座位分三个等级，最高级的是商务席，相当于头等席，还有一等席和二等席。乘坐商务席根据时段的不同

■ **易捷航空 easyJet**
URL www.easyjet.com
起降主要机场：伦敦的盖特威克机场和卢顿机场、斯坦斯特德机场。
主要航线：在廉价航空公司中相对航线比较多的一家公司。主要是从伦敦飞往爱丁堡、格拉斯哥、贝尔法斯特的航线。去往南欧度假胜地的航线也比较多。

■ **瑞安航空 Ryanair**
URL www.ryanair.com
起降主要机场：主要航站楼是伦敦的斯坦斯特德机场和都柏林机场。从卢顿机场、格拉斯哥的普雷斯蒂克机场、法兰克福·哈恩机场出发的航线也比较多。
主要航线：英国的主要城市与都柏林之间的航路比较丰富，除了格拉斯哥，还有去往北意大利的航线。

■ **FLYBE 航空 Flybe**
URL www.flybe.com

欧洲之星时刻表

伦敦圣潘克拉斯国际火车站 → 巴黎 北站　所需时间2小时16分钟~2小时38分钟

周一～周五	5:40、7:01、7:28(周一～周五)、7:55、9:22(周二～周四)、9:24(周一、周五)、10:24、11:31(周五)、12:24、13:31(周五)、14:22、15:31、16:01（周五）、16:31、17:01、18:01、18:31（周五）、19:01（周五）、20:01
周六	6:18、7:28、7:55、9:22、10:24、11:31、12:24、13:31、14:22、15:31、16:31、17:31、19:01、20:01
周日	8:19、9:22、10:24、11:31、12:24、13:31、14:22、15:31、16:01、16:31、17:01、、18:31、19:01、20:01、20:31

巴黎北站 →伦敦圣潘克拉斯国际火车站　所需时间2小时16分钟~2小时38分钟

周一～周五	6:43（周五）、7:13、7:43、8:43、9:13、10:13、11:13、12:13（周五）、13:13、14:13（周五）、15:13、16:13、17:13、18:13、18:43（周五）、19:13、20:13、21:13
周六	7:13、8:13、9:13、10:13、11:13、12:13、13:13、14:13、15:13、16:13、17:13、19:13、21:13
周日	8:13、9:13、10:13、12:13、13:13、14:13、15:13、16:13、16:43、18:13、19:13、20:43、21:13

伦敦圣潘克拉斯国际火车站 → 布鲁塞尔南站（Midi）　所需时间2小时~2小时15分钟

周一～周五	6:47（周二、周三、周四）、8:31、8:54（周二、周三、周四）、10:58、12:58、15:04、17:31、18:04、19:34
周六	6:57、8:31、8:58、10:58、12:58、15:04、17:04、19:34
周日	8:58、10:58、12:58、15:04、17:31、17:55、19:34

布鲁塞尔南站（Midi）→ 伦敦圣潘克拉斯国际火车站　所需时间2小时~2小时15分钟

周一～周五	6:56（周一）、7:56、8:52、10:56、12:52、14:56、16:56、17:56、18:56、19:52（周一、周五）、20:22（周二、周三、周四）
周六	7:56、8:52、10:56、12:52、14:56、16:56、19:52
周日	8:52、11:56、14:52、16:56、17:56、18:52

※ 随着时间推移，可能发生改变。详细的时刻表请参考 URL www.eurostar.com

头等舱的联排三座

可以享受列车内的餐饮服务，还可以进入伦敦圣潘克拉斯国际火车站内的候车室。乘坐一等席可以享受简单茶点和饮料的服务。

购票方法 购票可以通过欧洲之星的官网购买，也可以在欧洲之星车站内的专门窗口直接购买。还可以通过国内的代理店或者旅行社购买。

折扣票 欧洲之星设有各种折扣票价。除了商务席之外，变更车次和退票的条件都很苛刻。一种叫作 Non Flexible 的廉价票，一旦购票就不能退换，购票时需注意。持有铁路通票的乘客可以享受 PASSHOLDER 的优惠票，享受相应的折扣。只针对持有 Eurail Global Pass 和 Eurail Select Pass（3 国、4 国）的乘客。

注意事项 欧洲之星列车与其他列车的一个显著的不同之处是设定有办理乘车的时间限制。商务席为发车前 10 分钟，其他座席为发车前 30 分钟（周六 · 周日、法定节假日提前 45 分钟），便停止办理乘车。乘车前，旅客的行李要接受 X 线安检，还要办理出入境手续（英国的入境手续在巴黎和布鲁塞尔乘车时办理），乘车过程比较费时，所以设定了办理乘车的时间限制。如果选择乘坐欧洲之星列车，务必要提早到达车站。

从巴黎或布鲁塞尔去往伦敦 从巴黎或布鲁塞尔去往伦敦时，英国的入境手续在发车站——巴黎北站或布鲁塞尔南站办理。办理乘车按照如下步骤进行，先是法国或比利时的出境手续，然后是英国的入境手续，接下来是检票，最后是行李安检。

国际巴士

横跨多佛尔海峡运行的国际长途巴士 Coach，到巴黎仅需花费 £15~，价格便宜。此外，除了伦敦维多利亚长途车站 Victoria Coach Station 至欧洲主要城市的 Eurolines 和 National Express，还有法国的长途巴士 Ouibus 等长途巴士。

购买车票 维多利亚长途车站的售票处前总是排着长队，而且乘车时还必须要办理出境手续，所以最晚要在发车前 1 小时到达车站。夜间车次尤其受乘客青睐，如果要乘坐夜间车次最好提前预约。

起降主要机场：伦敦的斯坦斯特德机场、伯明翰、格拉斯哥等起降

主要航线：虽然从伦敦出发的航班比较少、但是去往曼岛、根西岛、贝尔法斯特的航路比较丰富。爱丁堡等一些苏格兰的航线也比较强。

■ 欧洲之星官网

URL www.eurostar.com

■ 欧洲之星的票价

伦敦 ~ 巴黎

商务特级头等舱 Business Premier £276

头等舱 Standard Premier £112~247

标准舱 Standard £44~191

伦敦 ~ 布鲁塞尔

商务特级头等舱 Business Premier £276

头等舱 Standard Premier £112~224

标准舱 Standard £44~179

欧洲之星总站伦敦圣潘克拉斯国际火车站

■ 欧洲长途巴士 Eurolines

URL www.eurlines.com

■ 英国国家快运

URL www.nationalexpress.com

■ OUIBUS

URL www.ouibus.com

从维多利亚长途车站发车的国家巴士

伦敦 → 巴黎（法国）所需时间:8小时~8小时45分钟

伦敦出发 7:30、10:00、12:00、13:30、19:30、21:30、22:30、23:30 等

巴黎出发 8:40、10:00、11:00、14:00、21:00、22:00、23:00、23:30 等

伦敦 → 阿姆斯特丹（荷兰）
所需时间:12小时~13小时15分钟

伦敦出发 8:00、10:00、20:00、22:00

阿姆斯特丹出发 8:00、10:00、19:15、21:00

伦敦 → 布鲁塞尔（比利时）
所需时间6小时30分钟~7小时45分钟

伦敦出发 10:00、21:30

布鲁塞尔 13:45 、23:45

※ 随着时间推移，时间可能会发生改变

国际渡轮

英国这个岛国与多佛尔海峡对面的法国以及北海对岸的欧洲国家之间都有船只航行。

船只的种类　有可搭载汽车的渡轮，在一些航线上还有快船航行。长距离渡轮上设有客房，还有餐馆及商店。

购买船票　可在到达港口准备出发时购票，不过几乎所有渡轮公司都有网上订票的业务。

P & O 的渡轮

爱尔兰方面航线

1 利物浦Liverpool~都柏林Dublin
1天1~3班　用时：7小时30分钟~8小时30分钟
P & O渡轮 P & O Ferries　URL www.poferries.com

2 霍利黑德Holyhead~都柏林Dublin
1天4班　用时：3小时15分钟~3小时40分钟

3 菲什加德Fishguard~罗斯莱尔Rosslare
每天13:10 23:45　用时：3小时15~4小时15分钟
斯泰纳莱恩Stena Line　URL www.stenaline.co.uk

2 霍利黑德Holyhead~都柏林Dublin
1天4~6班　用时：3小时15分钟（渡轮）2小时（快船）

4 彭布罗克Pembroke~罗斯莱尔Rosslare
每天2:45 14:45　用时：4小时
爱尔兰渡轮Irish Ferries　URL www.irishferries.com

荷兰方面航线

5 哈里奇Harwich~荷兰角港Hook van Holland
1天2班　用时：7小时15分钟~8小时
斯泰纳莱恩Stena Line　URL www.stenaline.co.uk

6 赫尔河畔金斯顿Kingston-upon-Hull~鹿特丹Rotterdam
每天20:30　用时：11小时30分钟~12小时30分钟
P & O渡轮 P & O Ferries　URL www.poferries.com

7 泰恩河畔纽卡斯尔Newcastle-upon-Tyne~阿姆斯特丹Amsterdam
每天 17:00　用时：15小时30分钟
DFDS海运 DFDS Seaway　URL www.dfdsseaways.co.uk

法国方面航线

8 多佛尔Dover~加来Calais
基本上24小时开行　用时1小时30分钟
P & O渡轮 P & O Ferries　URL www.poferries.com

8 多佛尔Dover~加来Calais
1天11~15班　用时1小时30分钟

9 多佛尔Dover~敦刻尔克Dunkerque
1天8~12班　用时2小时

10 纽黑文Newehaven~迪耶普Dieppe
1天2~3班　用时4小时
DFDS海运 DFDS Seaways　URL www.dfdsseaways.co.uk
原则上只有自行车骑行者及驾驶汽车者才能乘船

11 朴次茅斯Portsmouth~勒阿弗尔Le Havre
4月中旬~11月上旬23:30　用时6小时30分钟~9小时30分钟

12 朴次茅斯Portsmouth~卡昂Caen
4月中旬~11月上旬1天2~3班　用时6小时45分钟~8小时45分钟

13 朴次茅斯Portsmouth~瑟堡Cherbourg
4月下旬~9月上旬1天1~2班　用时3小时

14 朴次茅斯Portsmouth~圣马洛St. Malo
4月中旬~10月20:15　用时6小时30分钟~12小时25分钟

15 普利茅斯Plymouth~罗斯科夫Roscoff
4月中旬~11月上旬1天1~2班　用时6~8小时
布列塔尼渡轮 Brittany Ferries　URL www.brittanyferries.com

英国国内的交通

伦敦的帕丁顿火车站是希思罗快线的终点站

Information

车次变更、发车时间变更

伦敦及其近郊、曼彻斯特、伯明翰等地都属于铁路线比较集中的大都市，车次变更和发车时间变更等调整都是常有的事情，请注意站内通知和广播。

英国是铁路的发祥地，铁路线遍布南北狭长的不列颠岛。此外，高速公路也很发达，租车自驾也是一个不错的选择。

英国铁路的利用技巧 **铁路公司林立**

英国是名副其实的“铁道王国”。由于经常出现列车运行不正点、临时取消车次等问题，因此英国铁路的声誉已经大不如前，但是在英国旅行，应该说最为快捷、便利的手段还是乘坐火车。

从前，全英国的铁路都由国家铁路公司独家经营。国家铁路公司实施民营化改革后被拆分，其原有业务已分别交由 20 多家铁路公司（被称为 Operator）承担。不过，这些公司都属于全国铁路 National Rail 这一品牌。

根据地域划分的运营公司 组成全国铁路品牌的这些铁路公司，其运营范围大多只限于某一地区，如伦敦近郊、英格兰东南部、英格兰中部、英格兰北部、苏格兰、威尔士等。而且，还有多家铁路公司在同一线路上开通列车的情况，可以说整个铁路运营体系异常复杂。英国纵贯铁路公司 CrossCountry Trains 是英国运营里程最长的铁路公司，承担着南至彭赞斯北至阿伯丁的客运服务。

英国的铁路公司（运营公司）

要知道各条线路分属于哪家铁路公司，可以参考英国铁路线路图（→折叠地图第一张背面）。淡季、预售等折扣票不能在不同的铁路公司间使用。

英国铁路综合信息

全国铁路（National Rail）

URL www.nationalrail.co.uk

除了可以检索列车时刻表之外，还可以预约淡季折扣券、预售折扣券等优惠券。

全国范围的铁路公司

维珍铁路 Virgin Trains

URL www.virgintrains.co.uk

CrossCountry Trains（XC）

URL www.crosscountrytrains.co.uk

英格兰东部的铁路

大盎格利亚 Greater Anglia

URL www.greateranglia.co.uk

赫尔铁路 Hull Trains

URL www.hulltrains.co.uk

戈威亚铁路 Govia Thameslink Railway（大北铁路联线）

URL www.greatnorthernrail.com

c2c-online

URL www.c2c-online.co.uk

英格兰南部的铁路

戈威亚铁路 Govia Thameslink Railway（泰晤士联线）

URL www.thameslinkrailway.com

东南铁路 South Eastern Railway

URL www.southeasternrailway.co.uk

南方铁路 Southern Railway

URL www.southernrailway.com

西南铁路 South Western Railway

URL www.southwesternrailway.com

英格兰中西部、威尔士的铁路

大西部铁路 Great Weatern Railway

URL www.gwr.com

威尔士艾瑞发铁路 Arriva Trains Wales

URL www.arrivatrainswales.co.uk

英格兰中部的铁路

东米德兰兹铁路 East Midlands Trains

URL www.eastmidlandstrains.co.uk

西米德兰兹铁路 West Midlands Trains

URL www.westmidlandsrailway.co.uk

奇尔特恩铁路 Chiltern Railways

URL www.chilternrailways.co.uk

英格兰北部、湖区、苏格兰的铁路

北方铁路 Northern

URL www.northernrailway.co.uk

奔宁特快 TransPennine Express

URL www.tpexpress.co.uk

伦敦东北铁路 London North Eastern Railways

URL www.lnerailway.co.uk

苏格兰铁路 ScotRail

URL www.scotrail.co.uk

列车种类

没有区分列车的不同称谓，也没有快车票 与其他欧洲国家一样，英国也有高速铁路，最高时速可达200公里。但是，列车并没有诸如某某号之类的名称。当然，这不意味着所有列车都是普通列车。有特快列车，只是没有能与普通列车相区别的特定称谓而已。因此，即便乘坐的是快车也无须购买所谓快车票。不过，一些历史悠久的列车是有名字的，例如苏格兰飞人号、高地首领号（Flying Scotsman、Highland Chieftain）等。

卧铺列车 在英国有两列卧铺列车运行，分别是从伦敦开往苏格兰方面的 Caledonian Sleeper 和开往彭赞斯方面的 Riviera Sleeper。卧铺有双人包厢和单人包厢，Caledonian Sleeper 上还另设有躺椅式座席（Reclining Seat）。都是极有人气的线路，想要乘坐的游客最好提前预订。

打开车窗从车外开门的老式车厢 车厢使用叫作 Old Slam Door 的老式车门。下车时，需要从车厢内打开车窗，然后伸手开门。也就是说，车门只能从车厢外侧打开。最近，使用这种车厢的列车在主要线路上已经很少见了，不过在一些长途列车或夜行列车上偶尔还能遇到，

Information

被冠以爱称的明星列车

苏格兰飞人号 The Flying Scotsman

周一～周五5:40从爱丁堡威弗利站发车，途中只在纽卡斯尔站停车，至终点站伦敦的国王十字站仅需4小时。1928年开始通车。

高地首领号 The Highland Chieftain

是从伦敦的国王十字火车站开往苏格兰的因弗内斯方向的列车。中午12:00从伦敦出发，用时8小时10分钟到达高地。

北极光号 Northern Lights

从伦敦的国王十字街火车站开往苏格兰的阿伯丁方向的列车。上午的10:00（周日是9:46）从国王十字街火车站发车，途经爱丁堡、历时约7小时5分钟到达目的地阿伯丁。

乘坐火车的方法

1 到达车站后查询准备乘坐的列车

首先在大屏幕上查找即将去往的目的地。如果自己无法找到，可以去❶问询。

在电子显示屏上的查找方法

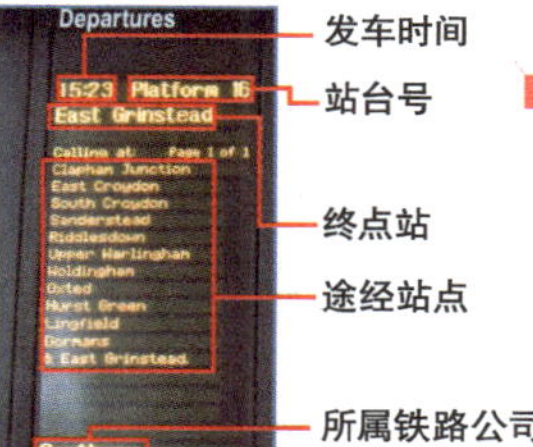

2 触摸屏自动售票机

通过电子触摸屏式的自动售票机购票

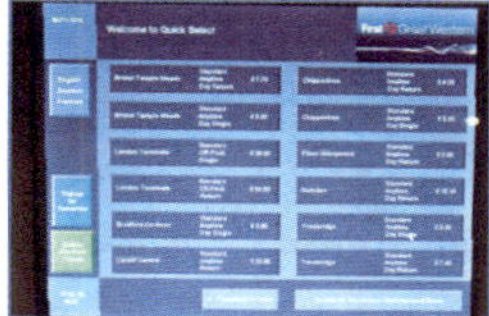

3 在首页查找即将去往的目的地

如果首页没有你想去的目的地名称，选择屏幕下方的［A-Z Destination Index］键，手动输入目的地名称。

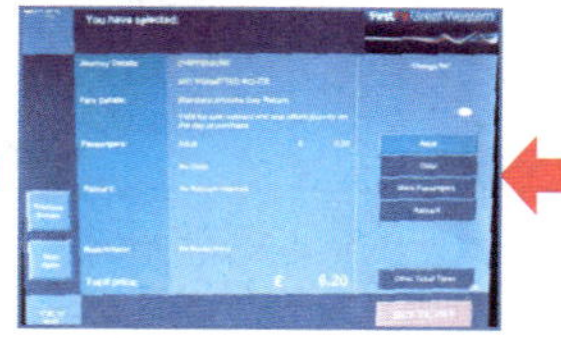

4 选择即将乘坐车次的车票种类

确认自己选择的车票内容是否正确。如果内容不正确的时候请选择屏幕左侧的［Start Again］键、重新输入。

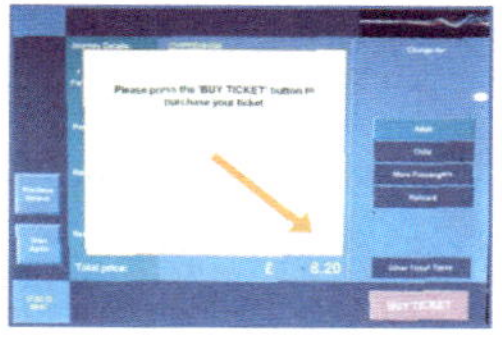

5 确认内容后，选择购票键

内容正确的话，选择屏幕右下方的［BUY TICKET］键。

6 支付方法是现金或者信用卡

结算的时候只限用现金或者有IC芯片的信用卡。信用卡的插口在字幕按键的下方，插入信用卡后，会提示输入密码。

7 支付完毕后出票

车票打印结束后，会从自动售票机的下部出票，同时支付现金的情况下会有找零也从下部出口一同送出。

8 去检票口

通过检票口需要进行安检。

Old Slam Door 需要先打开车窗，然后把手伸到外侧打开车门

希望游客留意观察。

英国铁路的利用技巧 购票方法

大多数的车站都设有触摸屏式的自动售票机，可以使用现金或者信用卡支付。一些没有自动售票机的小站，需要上车后在列车内购票。

售票窗口 各铁路公司可能会在一些规模较大的始发车站设置本公司专门的售票窗口，但明智的做法还是先去车站的售票大厅。主要城市车站的售票窗口都十分拥挤，游客最好提早前往车站购票。

网上预约购票 → 当地车站取票

网上预约购票

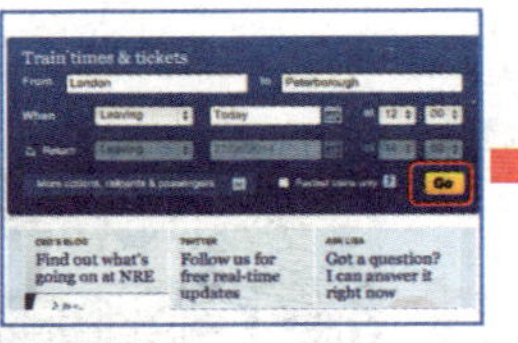

1 登录 www.nationalrail.co.uk

进入全国铁路（National Rail）官网的首页。输入线路、出发时间后选则［Go］按键

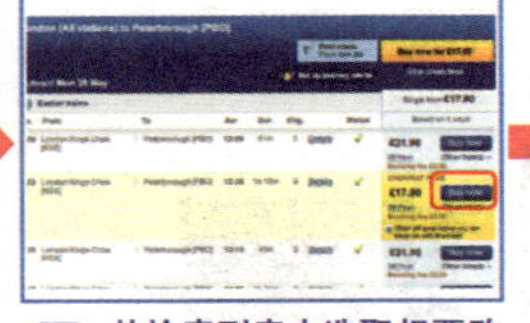

2 从检索列表中选取想要购买的车次

根据输入的内容检索出来的列车结果页面。选择想购买的车票，在运费一栏中点击［BUY NOW］

3 切换至所选车次所属铁路公司的页面

切换至该当网页，确认无误后选择［Continue］

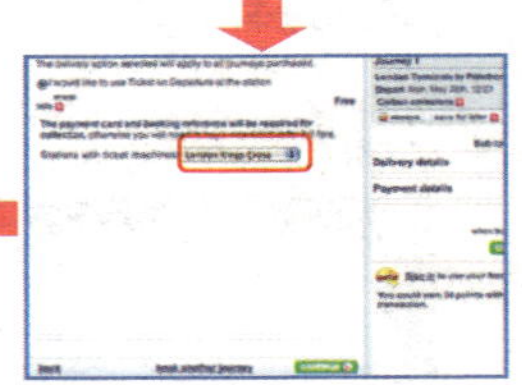

4 选择取票地点

选择车票的取票地点（如果选择主要火车站的话，大多数情况是在自动售票机上取票），之后选择［Continue］

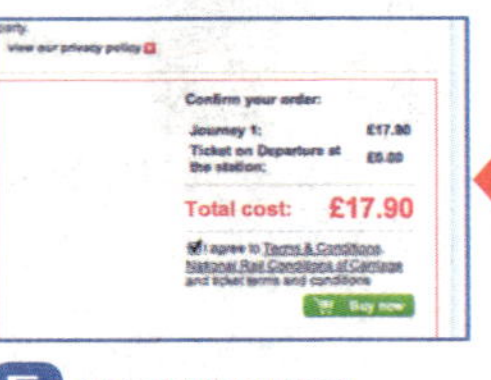

5 输入购票者的信息

输入姓名 +E-mail 等购买者的信息，以及信用卡的信息。输入完毕后选择页面下方的［BUY NOW］

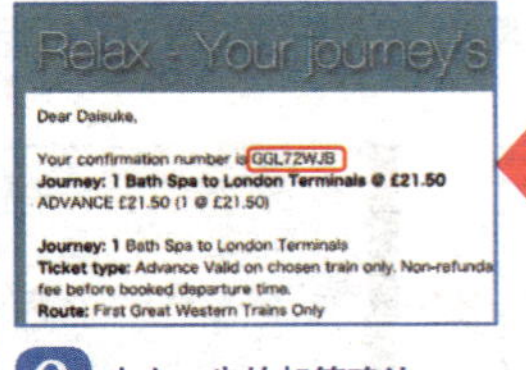

6 去上一步的邮箱确认

购票后需要去之前设定的电子邮箱确认预约编码。一定要做好记录

在当地车站取票

1 出发当天，寻找车站内的触摸屏式自动售票机

到达车站后去自动售票机。选择Collect Pre-paid Tickets键。

将预约时使用的信用卡，插入自动售票机。这一步只是为了确认是本人取票的步骤，不会有二次扣费的。

2 将信用卡插入售票机

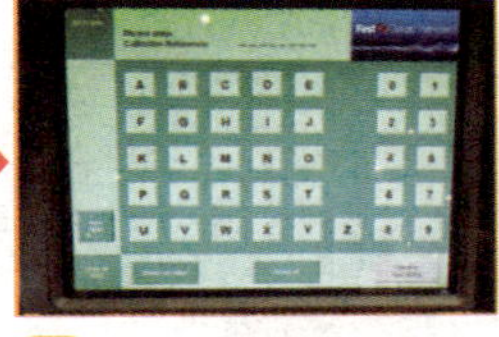

3 输入预约编码

将订票时发送至电子邮箱中的预约编码输入，从自动售票机的取票口取票。

英国铁路的利用技巧 **座席的种类**

座席的等级 有头等席 First Class 和二等席 standard Class。头等席的票价是二等席的 1.5 倍。

对号入座 一般是在对号座席的醒目位置插有标签，或者是在行李架下的电子显示板上显示车厢内对号座席的分布情况。随便坐到别人的座位上会被罚款。选座虽然是免费的，但是最晚也要在出发前一天进行选座，出发当天不能选座。

铁路公司间的差别 同一线路上有两家铁以上的铁路公司参与运营时，各家公司的票价可能会存在差别。购买哪家铁路公司的车票，就只能乘坐哪家铁路公司的列车。如果上错车，会被要求另行购票。

英国铁路的利用技巧 **普通票价与折扣票价**

有非高峰时段折扣和早鸟折扣，会比原来的票价便宜许多，游客可以尽量购买这样的车票。如果是买往返票还有折上折。根据折扣票的种类不同相对应的条件也各有不同，如果可以提早确定行程，就可以最大限度地享受优惠政策。

全天票 Anytime 原价车票。全天的任何时间都可以乘车。可以在中途下车后返回继续乘车。

标有 Quiet Zone 标识的车厢，基本上是禁止交谈的

Information

向车站工作人员求助

因为英国铁路公司数量众多，所以很多游客可能会觉得购票和预约是一件很麻烦的事情。实际上，售票处的工作人员会按照游客的需求（例如价格最低、路程最短等）为游客提供购票的指导意见，这使得购票并非如想象中那么难。

对英语口语不太有自信的游客，可以事先将目的地、时间、欲购车票的种类（单程 Single 或往返 Return）等事项用英语写在一张纸上，在售票处让工作人员按照纸上所写内容帮助自己购票。

长途线路所需时间和金额

伦敦 → 爱丁堡（约 632 公里）

铁路公司 伦敦东北铁路 London North Eastern Railways

所需时间 约4小时20分钟（例：10:00发车→14:20到达）

票价 £155.50（正价） £57~（网络折扣价）

伦敦国王十字站 —1小时50分钟→ 约克 —1小时→ 约克泰恩河畔纽卡斯尔 —1小时30分钟→ 爱丁堡·威弗利站

伦敦→ 加的夫（约 234 公里）

铁路公司 大西部铁路 Great Western Railway

所需时间 约2小时（例：9:45发车→11:46到达）

票价 £117.10（正价） £50~（网络折扣价）

伦敦帕丁顿站 —1小时20分钟→ 布里斯托尔公园大道站 —40分钟→ 加的夫中央车站

伦敦帕丁顿站 —1小时30分钟→ 巴斯 —15分钟→ 布里斯托尔神庙站 —50分钟→ 加的夫中央车站

伦敦 → 曼彻斯特（约 296 公里）

铁路公司 维珍铁路 Virgin Trains

所需时间 约2小时10分钟（例：9:00发车→11:07到达）

票价 £169（正价） £39.50~（网络折扣价）

伦敦帕丁顿站 —1小时25分钟→ 特伦特河畔斯托克 —45分钟→ 曼彻斯顿皮卡迪利站

伦敦帕丁顿站 —1小时30分钟→ 伯明翰新大街站 —1小时→ 克鲁 —40分钟→ 利物浦莱姆大街站

※票价是一个成人的单程价格，距离是根据线路图估算出来的

伦敦~爱丁堡之间的票价		
车票种类	Single（单程）	Return（往返）
Anytime	£155.50	£311
Off-peak	£141.90	£229.50
Advance	£70.50	

伦敦~多佛尔的票价		
车票种类	Single（单程）	Return（往返）
Anytime	£47.40	£53.20
Off-peak	£37	£49.50
Advance	£11	

非高峰时段票 Off-peak 只限在非高峰时段（周一～周五早晚高峰以外的时段）使用的车票。各地区、各线路的非高峰时段可能不同，早的话 07:30 以后，晚的话 10:00 以后就可以使用非高峰时段车票。里程较远时有可能无法使用。可买单程票，也可买往返票。买往返票更加划算。往返票有效期为首次乘车后一个月之内。只适用于特定列车的 Super Off-peak 票更加便宜。

当天往返票 Day Return 只适用于当天往返车票的折扣。与非高峰时段票组合的 Off-peak Day Return 的票价更加便宜。

预订票 Advance 在乘车当日之前预订车票可以打折。原则上不能退票，也不能改签其他列车，购买时需谨慎。这种票有时打折幅度非常大。

info

根据游览区域与季节选择合适的折扣

在当地购买的旅游通票和火车优惠卡

周游票，火车优惠卡是否可以使用，详情请咨询各路段问询处

周游票 各铁路公司都会销售在一定区域一定时间段内不限乘车次数的通票。但只能到达当地后才能购买。

火车优惠卡 在购票时出示此卡，可以享受比原价便宜三分之一的折扣。虽然有一些在非节假日的高峰时段不能使用等相关的限制，但如果能巧妙地利用此卡还是可以节约不少交通费的。卡分一年有效和三年有效两种类型。办卡时需要本人身份证件以及一张证件照。

全线通票
All Line Rover Ticket

与英国国铁联票性质差不多，可在英国购买。除了少数例外，在属于英国全国铁路 National Rail 的线路上都可以使用。有 7 天通票和 14 天通票。

苏格兰风情通票
Spirit of Scotland

适用于苏格兰境内所有铁路线，以及苏格兰长途巴士 Scottish Citylink 的一部分线路，还有渡轮。凭此通票在购买部分历史遗迹铁路以及观光游轮的票时也可以享受优惠。

青年卡
16–25 Railcard

针对 16~25 岁的青年人，学生超过 25 岁也可以使用。虽然一定程度上受乘车时段以及线路的限制，但在大部分情况下都能凭此卡以低于原价三分之二的价格购票。

老年卡
Senior Railcard

针对 60 岁以上人群。周一～周五，乘坐伦敦和英格兰东南部地区的线路时不能凭此卡打折。

家庭卡
Family & Friends Railcard

一个大人加一个小孩（5~15 岁）就可以办理此卡。最多能登录 4 个大人加 4 个小孩。周一～周五，乘坐伦敦和英格兰东南部地区的线路时不能凭此卡打折。

■**全线通票 All Line Rover Ticket**
普通座席 7 日 £510 14 日 £772
头等座席 7 日 £745 14 日 £1179
■**自由苏格兰通票 Freedom of Scotland**
8 选 4 £139
15 选 8 £179
■**青年卡 16–25 Railcard**
有效期 1 年 £30
有效期 3 年 £70
URL www.16-25railcard.co.uk
■**老年卡 Senior Railcard**
有效期 1 年 £30
有效期 3 年 £70
URL www.senior-railcard.co.uk
家庭卡 Family Friends Railcard
有效期 1 年 £30
有效期 3 年 £70
URL www.familyandfriends-railcard.co.uk

可以尽情地乘坐英国国内的火车

国铁联票

在英国旅行离不开铁路。铁路旅行时，使用铁路通票能够给游客提供很大的便利。铁路通票可以在拆分国营铁路后形成的各铁路公司（被称为全国铁路）经营的线路上使用。有了铁路通票就无须去售票处排长队购票了，也不用担心上错车后被要求重新购票。英国的铁路，除了夜行列车以外基本上没有全车对号入座的列车，所以通票的使用范围很广。

英国国铁联票

Britrail Pass

可以在英格兰、苏格兰、威尔士的铁路（属于全国铁路的线路）使用。如果要乘坐往返于伦敦与苏格兰之间的夜行列车 Galedonian Sleeper 以及往返于伦敦与彭赞斯之间的夜行列车 Night Riviera，需要预订并且交纳多出普通票部分的票价。

联票的使用方法 刚刚购买的联票不能直接使用，需要办理一个开卡手续。在英国主要火车站的售票窗口均可以办理。

巧妙地使用方法 活期通票 Flexi Pass 可以选用在经过伦敦的长途列车时使用，因为这些区域的票价会比其他地区高一些。

联票适用范围之外的列车 除去少数例外，一般情况不能凭联票乘坐地铁、有轨电车、公交巴士等城市公共交通工具。但希思罗快线 Heathrow Express、盖特威克快线 Gatwick Express 等去往机场的铁路联络线上可以使用铁路通票。

使用期限 联票有效期有 3 天、5 天、15 天、22 天以及 1 个月连续使用型。还有一种叫作“活期通票”Flexi Pass 的联票，可在 15 天或者两个月内自由选择乘车天数，如 3 天、4 天、8 天或 15 天。

团体票 三人以上的团体乘车时，可以购买“团体通票”。第三个人之后的团体乘客（最多 9 名）购票可以享受半价。不过，使用“团体通票”的乘客原则上必须要一起乘车。

区域限定票 在指定区域内使用的通票。

● 英格兰地区

英格兰通票 Britrail England Pass

英格兰活期通票 Britrail England Flexi Pass

西南通票 Britrail Southwest Pass

● 英格兰地区东南部

伦敦周边通票 Britrail London Plus Pass

● 苏格兰地区

自由苏格兰通票 Britrail Scotland Freedom Pass

Britrail Pass（连续使用型）

有效期	1等舱 成人	1等舱 团体票	1等舱 青年票（16~25岁）	1等舱 老年票（60岁以上）
3日	€237	€189	€142	€201
4日	€294	€235	€177	€250
8日	€419	€335	€252	€356
15日	€619	€495	€371	€526
22日	€786	€629	€472	€668
1个月	€931	€745	€559	€791

有效期	2等舱 成人	2等舱 团体票	2等舱 青年票（16~25岁）	2等舱 老年票（60岁以上）
3日	€157	€125	€94	€133
4日	€194	€155	€117	€165
8日	€282	€225	€152	€239
15日	€419	€335	€252	€356
22日	€524	€419	€315	€445
1个月	€619	€495	€371	€526

Britrail Flexi Pass（活期）

有效期	1等舱 成人	1等舱 团体票	1等舱 青年票（16~25岁）	1等舱 老年票（60岁以上）
3日	€294	€235	€177	€250
4日	€361	€289	€217	€307
8日	€531	€425	€319	€452
15日	€794	€635	€476	€675

有效期	2等舱 成人	2等舱 团体票	2等舱 青年票（16~25岁）	2等舱 老年票（60岁以上）
3日	€199	€159	€120	€169
4日	€249	€199	€150	€212
8日	€356	€285	€214	€303
15日	€536	€429	€322	€456

※随着时间推移价格可能发生改变

※团体票显示的是一人的票价

※青年票和老年票，开始使用时的年龄

※购买成人票以及老年票时可以同时免费领取一张儿童票（5~15岁）。不过，购票时需要提出申请

■运营英国国内航线的主要航空公司

●英国航空公司

URL www.britishairways.com

●洛根航空公司

URL www.loganair.co.uk

■主要巴士公司

●英国国家快线 National Express

URL www.nationalexpress.com

●苏格兰城际巴士 Scottish City Link

URL www.citylink.co.uk

●第一巴士 First

URL www.firstgroup.com

●旅行巴士 Stagecoach

URL www.stagecoachbus.com

●美格巴士 Megabus

URL uk.megabus.com

●阿瑞福巴士 Arriva

URL www.arriva.co.uk

●Traveline（地方巴士的信息）

URL traveline.info

●Travelsearch（查询巴士的时刻表）

URL www.carlberry.co.uk

●巴士时刻（巴士时刻表检索）

URL bustimes.org

从伦敦出发的巴士票价和所需时间

	票价	所需时间
坎特伯雷	£15.90	2小时10分钟
多佛尔	£9.40	2小时20分钟
彭赞斯	£25	9小时
索尔兹伯里	£14.50	3小时
巴斯	£13	3小时5分钟
布里斯托尔	£10	2小时40分钟
牛津	£16	2小时
伯明翰	£20	3小时
考文垂	£12	2小时40分钟
诺丁汉	£12.20	3小时50分钟
剑桥	£13.70	2小时30分钟
切斯特	£21.70	5小时
利物浦	£23.10	6小时
曼彻斯特	£16	5小时30分钟
温德米尔	£46	8小时7分钟
约克	£36	5小时50分钟
利兹	£15.20	4小时30分钟
加的夫	£15.80	3小时30分钟
格拉斯哥	£39	8小时40分钟
爱丁堡	£38.10	9小时30分钟
因弗内斯	£45	13小时25分钟

※上述价格为一位成人乘车当天购票的价格预约手续费与保险未包含在内

※所需时间是乘坐直达车辆的预计时间

国内航线

廉价航空既迅捷又便宜

虽然英国的铁路网非常密集，飞往苏格兰以及不列颠岛周边岛屿的空中航线在交通运输中也起到重要的作用。虽然英国国内航班的数量并不算多，但是廉价航空公司间的价格竞争非常激烈。飞往格拉斯哥、爱丁堡等地的航线，由于竞争导致很多时候航空票价低于铁路票价。起降曼彻斯特、伯明翰的国内航班也不少。

租车一族的福音 在英国，几乎所有机场都设有租车服务公司，租车手续和车辆调配都很便捷。有了这样的服务，游客就可以一下飞机就驾驶汽车踏上在当地的旅途，最大限度地节省旅行时间。在旅游旺季，需要提前预约。

长途巴士

长途巴士 Coach

在英国长途巴士被叫作 Coach。过去，Coach 是一种有车厢并且车厢带两扇车门的大型马车。随着时代的变迁，无论是车的外形还是动力系统都发生了巨大的变化，但 Coach 的名称一直沿用至今。英国的 Coach 客运网的密集程度毫不逊色于铁路网。虽然没有铁路快捷，但是从伦敦去往英国各地只需铁路票价的一半。

长途巴士

主要巴士公司

英国国家快线 National Express 英国最大的巴士公司，运输网络覆盖英格兰、威尔士全境。大多为长途线路，巴士在小城镇不停车。也有开往苏格兰的车次。

苏格兰城际巴士 Scottish City Link 在苏格兰各主要城市间运行。有地方区域内线路，还有可到达一些未通铁路的地点，能给旅行带来很多方面。

第一巴士 First 没有特定的运行区域，是由分布于全英各地众多巴士公司组成的客运联合体。主要经营市内客运以及中短途客运。

旅行巴士 Stagecoach 强项为城市近郊等地的中距离客运。公司旗下的 Megabus 开通有廉价的长途巴士。

阿瑞福巴士 Arrive 英国全国范围的公司，主要运营市内以及近郊巴士。

长途巴士

购票方法

可以在巴士车站的售票处购买车票，不过在网上购票会比较便宜一些。伦敦的维多利亚长途巴士车站，总是非常拥挤，乘车时要尽量提早到达车站。

准备好零钱 在没有大型巴士车站或车站不设售票处的地方乘车，需要在车内购票。上车后，告诉司机自己要去哪里以及单程还是往返，票价表上就会显示相应的票价金额。很多车上都无法找钱，游客要随身带一些零钱。

经济实惠的折扣 与铁路旅行一样，乘坐巴士也可以享受往返折扣票、早鸟折扣等优惠政策。Mega Bus 公司有时还会推出仅为 £1 的活动票价，游客可以在公司网站上查询相关信息。

长途巴士

巴士车内

座位不对号，上车后选择自己认为合适的座位入座即可。如果要在较小的城镇下车，应该一上车就把目的地告诉司机并嘱托司机在到站时提醒自己。车内基本上不设洗手间，长途线路在中途会停车休息，乘客可以利用休息时间去洗手间。

英国的驾驶技巧

英国的道路与交通

英国的道路通行规则为左侧通行。因此，习惯右侧通行的游客在英国驾车可能会感到一些不便。另外，游客必须特别注意的是，英国的交叉路口基本上都是不设交通信号灯的环岛式路口 Roundabout。

通过交通环岛时的规则 通过交通环岛时要顺时针方向进入环岛并驶入目的方向的道路。原则上，进入环岛时要开右转向灯，驶出环岛时要开左转向灯。但也有的地区规定，左转弯车辆进入环岛时要开左转向灯，直行车辆进入环岛时不开转向灯。环岛外车辆要让行已在环岛内车辆，所以进入环岛前发觉前方右侧有车辆通过时，要在环岛入口处停车避让。进入环岛后要在内侧道路行驶，出环岛前要开左转向灯并入外侧道路。在环岛内转多少圈都不违反交通规则，当无法确定该进入哪个路口时不要着急，可以继续在环岛内行驶直至认清道路。

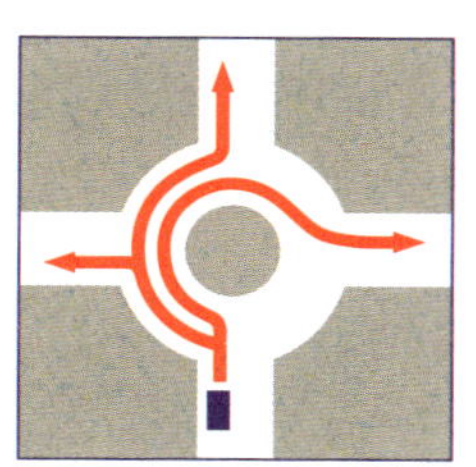

Information

Skimmer pass

可以任意乘坐的英国国家快线所有线路（除苏格兰城际巴士的线路）的巴士。设有专门针对游客使用的 7 天、14 天、28 天票。可以预约座位。这种巴士通票比铁路的通票要便宜很多，对于想要节约旅费的游客来说是福音。

Skimmer Pass 的价格

7 天 £69　14 天 £119　28 天 £199

有些巴士内是带有 USB 充电接口的

前方有交通环岛的标识

伦敦 → 爱丁堡（约632公里）的费用对比

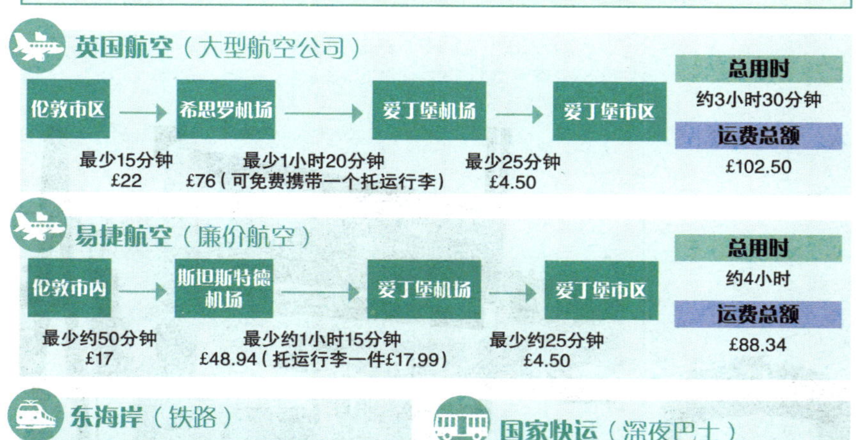

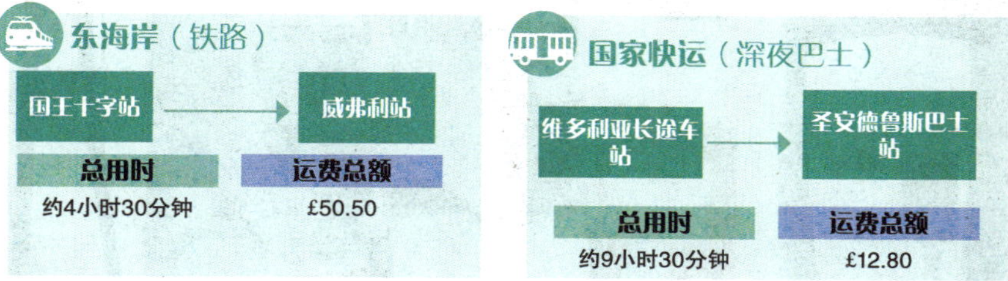

※随着时间推移，价格可能发生改变

Information

通过人行横道时要大胆且迅速

在伦敦等一些大城市，人们通过人行横道时几乎不看信号灯就通过的。有点像中国式过马路的方法，旁边一个人无视信号灯开始通过紧跟着会有很多人过去。慢一秒都可能会有生命危险。通常都是要靠自己的眼睛来判断是否可以通过。当然，也有按钮式信号灯，通常这种情况司机都会等待老人和儿童过去后才启动汽车。

Information

注意家畜横穿马路

通常在乡村道路上行驶的时候，会遇到很多辆车连着停下来的情况。从车窗探出去观望一下，原来是牛、羊群在慢悠悠地横穿马路。遇到这种情况，最好提前刹车减速，必要的时候可以停下来，等它们通过后再继续行驶。千万不要鸣笛惊吓它们。作为一道田间的风景来观赏的话，心情会更好一些哦。

付费停车站内的精算机

英国的驾驶技巧

道路类别与限速

英国的公路分为 M、A、B 三种。

M 是高速公路 M 代表 Motorway，相当于我国的高速公路。最高限速为 112 公里 / 小时（70 英里 / 小时）。基本上都是免费道路。

A 是干线公路 A 代表 M 以外的干线公路，相当于我国的国道和省道。这种公路的行驶条件有很多都不亚于高速公路。

双向四车道的路段（Dual Carriageway），最高限速为 112 公里 / 小时（70 英里 / 小时），其他路段为 96 公里 / 小时（60 英里 / 小时）。

B 是乡村公路 这种道路比较狭窄，有的地方只能勉强通过一辆汽车。最高限速为 48 公里 / 小时（30 英里 / 小时）。沿 M 或 A 道路能够到达的城市，一般都可以乘坐火车或巴士前往。但是如果要去那些公共交通尚未覆盖到的僻静乡村，就只能走 B 道路了。甚至可以说在英国自驾游的全部乐趣都在 B 道路上。

从编号的位数可以知道道路的类别 各条 M、A、B 道路都有相应的编号，例如 M1、A30。数字越小表示道路等级越高。一般情况，B 道路的编号为 4 位数，可以想象其路面有多狭窄，但是如果想欣赏英国的美丽风光，这种道路却是最佳的选择。

英国的驾驶技巧

加油站

在英国汽油被称作是 Petrol，加油站被称为是 Petrol Station。欧洲有许多小轿车是烧柴油的，因此在租车时最好确认清楚自己所驾驶的车辆是柴油车还是汽油车。

加油方法 英国的加油站大多为自助式的。加油方法与国内的自助式加油基本上相同，没有相关经验的游客出国前可以在国内先练习一下。加好油后来到油站的收银台，说出自己刚使用的加油机的号码就可以付款了。现金支付和信用卡支付都可。

燃油分无铅汽油（Unleaded）和柴油（Diesel）两种。油价随时间发生变动，普遍要比国内的油价贵很多。

自助式加油机

可以使用自己熟悉的导航方式在英国的道路上驾驶

智能手机的导航功能

可将能在当地正常使用的智能手机或平板电脑作为驾驶时的导航设备。地图 APP 功能强大，可提示交通拥堵信息，也不存在语言上的障碍，而且操作非常简单。

需要注意的是，使用导航功能时，电量消耗较大，另外在没有信号的地方可能会遇到一些不便，还要考虑如何固定设备的问题。出国前，应准备好充电线、车载转换插头及手机支架。

智能手机可下载离线地图，非常方便

英国的驾驶技巧

停车场

在任何城市都有路边免费停车场、地方政府设立的免费停车场以及使用停车券或硬币的收费停车场，而且数量很多。但是，在伦敦等大城市的中心街区很难找到停车场，对环境不熟悉的游客最好不要驾车前往。

英国自驾常识

租车

在机场及主要景区，基本上都可以租到车。如果选择在春、夏的旅游旺季前往，最好在出发前预约。

在国内预约　可按办理海外租车业务的公司的要求，提交相关材料，预约车辆。

在当地租车　如果选择在当地租赁车辆，需要向租车公司出示当地承认的可证明本人驾驶能力的材料、本国驾照（如果当地的租车公司要求提供）、信用卡，然后填写相关文件。无信用卡也可以租车，不过需要支付保证金。

很难租到自动档汽车　在包括英国在内的欧洲国家，一般都驾驶手动档汽车。尤其是普通的中型、中型汽车，很少能见到自动挡的车型，即便提前预约，也很难确保有车。

出发前检查车况　首先要与租车公司工作人员一块检查车辆是否划痕。如有较大的划痕，最好用相机或手机拍照留证。之后应试着打开大灯及转向灯等车灯的开关，确认车灯是否均能正常工作。英国的汽车基本上都为右置方向盘，应确认雨刮器开关及转向灯开关的位置并实际操作。还要询问路上救援服务的联络方式及其他的紧急联络方式。

确认保险内容　大型租车公司都为客户统一定制保险，涵盖险种齐全，当发生事故时，完全可以依靠保险处理。如果是中小型租车公司，则在办理租车时一定要对保险内容进行确认。为了能最大限度地规避风险，建议购买全险 Whole Insurance 或 Full Protection。

还车时的手续　与租车公司的工作人员一起查看车况，确认汽车是否有划痕及故障，之后把钥匙及相关材料交给工作人员即可。一般来说，还车前应把油箱加满，不过也有合同上无此要求的情况。

■可对各租车公司的汽车进行综合比较的网站

URL www.carrentals.co.uk

可用相同条件进行横向检索，找出最划算的租车公司。

Information

如何选择租车公司

大型租车公司都有针对预约的打折优惠。很多情况，直接到国外的租车公司网站预约会比在国内预约的优惠程度更大，但有时其标注的租车价格可能不包括保险费用，需要仔细确认。

一般来说，中小型租车公司的租车价格会低一些，但大型公司的好处是租车点较多，可以异地还车，旅行的自由度也会因此大幅上升。

酒店须知

Information

★ 级的评判标准

过去由不同组织评价授予的钻石、王冠、荆花等标准，现在都统一为1星~5星。住宿设施分为"酒店"、B&B等"民宿"、旅舍等"背包客酒店"以上3种。

例如，B&B是"3星级住宿标准"，中档酒店是"2星级酒店"等这样的标识。但是背包客酒店是不被上星的。

评判基础 1~5星的评判基础是

★…简单实用、基础服务

★★…标配设备与标准服务

★★★…高水平服务与舒适性

★★★★…各方面都处于优秀水准

★★★★★…高级且各方面都处于非常优秀水准

Information

宿营地

英国各地有许多规模不等的宿营地。宿营地大致可分为两种。一种是使用自备的帐篷或房车的宿营地，另一种是使用租借来的帐篷或房车的宿营地。只要确保有寝具可用，宿营地一般都设有厕所和简易淋浴间，因此住宿方面不会有什么不便，剩下的就是得准备好宿营所需的食物。如果是较大的宿营地，有的还会有咖啡馆和游泳池等设施。

不过，所有的宿营地都在城市的郊外，需要游客驾车前往。宿营费用会根据所乘汽车的类型（Camping Car/Touring Caravan）和游客宿营方式（房车/帐篷）的不同而有所变化。大体上，一晚需要£5-10。

英国可以住宿的酒店种类非常丰富。从整齐排列上下铺式的青年旅舍，到顶级酒店的豪华套房，可以说是应有尽有。

酒店

从与B&B式民宿设施基本相同的简易酒店，到古堡式酒店、具有独特设计风格的主题酒店种类繁多。费用大约是：古堡式酒店等同级别酒店的标准间大约是1晚£150以上；普通城市的中档酒店单人间大约是£60~70、双人间£100上下。

B&B/家庭旅馆

丰盛的英式早餐

B&B是英国特有的住宿设施，是一种附带早餐的住宿形式。B&B跟家庭旅馆没有特别大的差别，只是客房多一些的住宿通常被称为家庭旅馆。

B&B的设施 客房有些是带有独立卫生间和淋浴房的，有些则是共用的洗澡间和卫生间的。多数都带有电热水壶、茶具和电视。

B&B的费用 住宿费用根据地点和旅游旺淡季会有上下浮动，大约是单人间£30~50、双人间£40~60。如果在伦敦的话，单人间大多在£60以上，双人间£80左右。在偏僻一点的地方找一间单人间几乎很困难。但是，如果跟老板商量一下的话大多可以是按照单人间的费用住大床房或者双人间。另外需要补充的是，因为B&B大多是个人经营的，所以很多时候不可以用信用卡支付房费的。

年终岁首和旅游旺季 从圣诞节~新年开始有些地方是停业的，所以一定要事先进行确认。除此之外，到了夏季的旅游旺季，度假疗养地区的一些家庭旅馆或是B&B不接受只住宿一晚的客人。

小旅馆

在过去，长途运输工具还是马车的年代，1楼是小酒馆，楼上是住宿的地方非常普及。遍布各地的酒吧，其名称多带有Inn，就是源自这个传统。游客在一楼饮酒用餐，在楼上住宿，非常方便。有只摆放一张床的房间，也有屋内设施不亚于中等酒店的房间，从价位到住宿条件，可供游客选择的空间很大。

Manor House

由贵族名门的宅邸改建而成的酒店。大多位于远离城镇的乡村地带，但是那里一般都有修剪整齐的花园，可以在那里度过清新雅致的假期。特别在科茨沃尔德，有很多颇受游客欢迎的Manor House。Manor House也是举行结婚仪式的人气场所。

青年旅舍

在英国有英格兰 & 威尔士、苏格兰、北爱尔兰三个国际青年旅舍协会，共计约 200 多家青年旅舍加盟其中。这些青年旅社全年都有大量年轻人入住，想要住宿最好提前预订房间。另外，在苏格兰地区和湖区，有很多旅舍会随着旅游季节的结束而停止营业。

未加盟协会的独立旅舍 未加盟协会的独立旅舍，房间内的设备也很齐全，而且位于城市中心的也越来越多。有很多旅舍还设有包间，但基本上都是双人间而没有单人间。

预订酒店

通过旅行社预约 如果去的地方比较单一，或者时间比较短，在预订机票的时候也可以一起预订酒店。旅行社有很多酒店 + 机票的套餐可以选择。

旅游咨询中心 旅游咨询中心提供代订酒店的服务，但是预订成功后需要收取手续费或者需要预付。

酒店预约窗口 旅游胜地或者机场的到达大厅、大型火车站都设有酒店预约专用的电话或电脑。可以通过电话或者电脑，直接联系想要预订的酒店。

互联网 可以直接从网站上预约，也可以通过电子邮件直接预约。预约成功后，别忘了打印确认书，出发前也别忘记带酒店行程以及确认书。

Information

吸烟者请注意

英国是实行禁烟法的国家。住宿设施的公共场所是全面禁烟的，客房也分无烟房和吸烟房，大多数住宿设施都没有吸烟室。大部分的 B&B 是全馆禁烟的。

很多青年旅舍是提供共用厨房的

■预订酒店的主要网站

亿客行

URL www.expedia-cn.com

缤客

URL www.booking.com

好订网

URL www.hotels.cn

预约酒店的范文（E-Mail）

收件人 info@abchotel.com（酒店的电子邮箱）

标题 Inquiry about room rate（关于住宿金额的咨询）

Dear Sir or Madam,

I would like to know whether the room described below is available.
（请告知我下述中的客房是否有空房。）

Name：San Zhang（姓名：张三）
Number of persons:2（住宿人数：2）
Type of rooms：Twin room（希望房型：双人间）

Arrival Date：1st September，2018（入住日期：2018 年 9 月 1 日）
Departure Date：3rd September，2018（离店日期：2018 年 9 月 3 日）
Total nights: Two nights（入住天数：2 晚）

I also want to know what type of credit cards you accept.
（顺便我还想知道，贵店可以用哪种信用卡支付呢？）
Could you confirm my booking and let me know the price in return?
（请尽快告诉我预约的结果和费用。）
I' m looking forward to hearing from you soon.
（请务必尽快回复我。）

Sincerely yours,
Ayumu Chikyu（名 姓）

餐馆须知

Information

优惠的早鸟菜单

如果在18:00~19:00等开店后不久的时间进店，有些餐馆是会提供优惠政策的。菜量可能会是在午餐与晚餐之间的量。

在伦敦的皮卡迪利广场附近的餐馆，经常会推出一些专门面向赶时间看剧场表演的人群不占用太多晚餐时间的快用晚餐。这里的晚餐也会相对便宜一些。

Information

英国菜的食材

羊…Lamb

鳕鱼…Cod、Haddock
※一种生长在大西洋的鳕鱼科鱼类

旗鱼…Swordfish

鹿肉…Venison

鸽子…Pigeon

兔…Rabbit或者Hare

鲑鳟鱼…Trout

鳗鱼…Eel

比目鱼…Sole

牡蛎…Oyster

扇贝…Scallop

对虾…Prawns

小龙虾…Lungoustine
※小龙虾的一种

Information

带外卖回酒店或者B&B的房间时需要注意

有些酒店或者B&B的房间是禁止带外卖回房间就餐的。为了避免不必要的麻烦，最好事先确认好。

除了可以品尝到传统的英国菜，在英国的咖啡馆、Pub里也可以享用世界各国的菜肴。可以稍事休息的茶室和Pub也非常方便。

餐馆

在伦敦等大城市之外的地方，需要系领带着正装（不能穿牛仔裤）进入的餐馆比较少见。但是，如果住宿在高级酒店，预订正餐时需要确认一下就餐的着装要求。那里的餐馆基本上只提供固定菜品的正餐，有的需要着正装才能就餐。

各国菜肴 英国各地都有意大利菜、印度菜、日本料理以及中餐等餐馆。尤其在伦敦，能够品尝到来自世界各地的各种美味佳肴。此外，还有把英国风味与各国菜系相结合的所谓新英国菜。

日本料理 以前只有在伦敦等大城市才有的日本料理店，现如今例如回转寿司、面条餐吧等餐馆在地方城市也逐渐推广起来。近年来面条餐吧类的有可以提供日式拉面的餐馆，在英国很受欢迎，被人们视为健康食品。

外卖店

外卖在美国叫Take out，但在英国叫Take away。

鱼和薯条 广为所知的英国代表性菜肴。白身炸鱼与炸薯条的组合，有Cod、Haddock等鳕鱼科的鱼，也有Sole（比目鱼）、Swordfish（旗鱼）等。

中餐外卖一例

中餐 想吃米饭时的必选。在每个城市都很容易找到中餐的外卖店。

茶屋、咖啡馆

茶屋、咖啡馆大多只限于白天营业，而且很多都不提供酒精饮料。食物一般以烤制食品和三明治等快餐类为主，价格也比较适中。很多茶屋也提供带英式面包或点心的下午茶套餐。

Pub

从中午开始营业，开至深夜的Pub大多数时候也会有菜肴提供。在Pub就餐花销小，有些可以提供Pub午餐、浓汤、面包、沙拉等简餐。有些Dining Pub和Gastro Pub的菜肴味道一点也不输给正规餐馆，有时候使用当地食材烹制的农家菜味道更胜一筹。还可以在这里享用艾尔啤酒、英式苦啤等精酿啤酒（→p.36）。

中餐 & 印度菜 解读菜谱的关键词

中餐

根据食材分类的菜谱 英国的中餐菜谱是根据所用食材的不同来划分菜谱的，比如以牛肉、鸡肉、蔬菜等为主料的菜被按类排列。

糖醋类
Sweet & Sour
糖醋类菜肴，例如糖醋里脊，比国内的偏甜。

饺子
Dumpling
泛指饺子类的菜品。蒸饺是 Steamed Dumpling。

炒面
Chow Mein
里面添加的菜和面，有很多种可供选择。

北京风味
Peking Style
清淡的口味。

广东风味
Cantonese Style
用油比较多的料理。

炒杂烩
Chop Suey
各种蔬菜以及肉类混在一起的菜肴。

四川风味
Szechuan Style
川味菜肴比较辛辣。

豆豉类
Black Bean
用豆豉做的一些菜肴，味道比较辛辣咸。

芙蓉
Foo Yong
用鸡蛋类做的美食。

宫保类
Kung Pao chicken
宫保鸡丁等菜肴。

印度菜

没有咖喱的菜谱!? 不会像国内一样用“咖喱鸡肉饭”“咖喱牛肉饭”等名称来标注菜名。而是，根据咖喱的做法来分类的，拼写也根据店铺的不同而有所变化。

土豆
Al / Aloo
泛指土豆一类的。

木豆
Dal
泛指用木豆做的菜肴。

花菜
Gobi
用花菜做的美食。

不辣咖喱
Korma
有腰果及椰香，不能吃辣的朋友，Korma 就是必点的咖喱之一。

玛萨拉咖喱
Tikka Masala
用烤炉烤过的肉或者鱼类做的咖喱。

印度香饭
Biryani
类似咖喱干饭的做法，也有点像咖喱炒饭。

素食咖喱干饭
Bhuna
用蔬菜做的咖喱干饭。

菠菜咖喱
Saag / Sag
用菠菜酱做的咖喱。

辛辣咖喱
Vindaloo
用醋和生姜做的咖喱。

超辣咖喱
Madras
印度南部的一种做法，用了很多辛香料的辣味咖喱。

酸奶沙拉
Raitha
用酸奶和黄瓜做的沙拉，是凉菜。

咖喱羊肉
Rogan Josh
一种用番茄和洋葱炖煮的咖喱。

洋葱
Dopiaza
用了大量洋葱做陪衬与各种蔬菜烹炒的美食。

印度奶酪
Paneer
有点像豆腐的奶酪。

干炒类
Jalfrezi
类似中餐中的干炒蔬菜类的一种咖喱的做法。

美食关键词

为了可以吃到地道美味的英式菜肴，首先要先记住一些菜肴的名字和表示食材的单词。

街头美食推荐品尝热狗

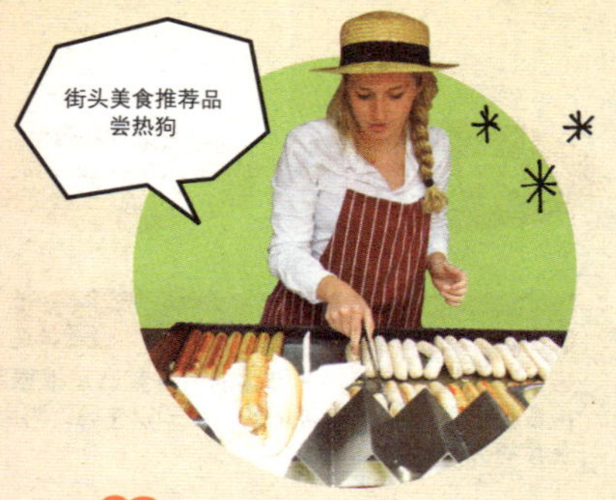

Key Word 英式早餐 English Breakfast

英国的招牌味道——英式早餐，内容之丰富充分地唤醒人们的味蕾！

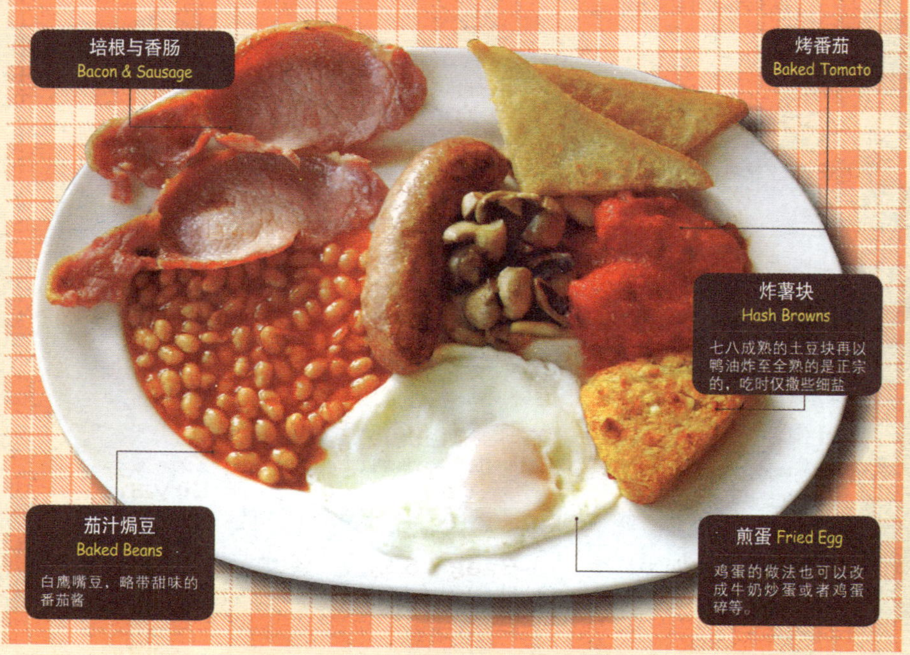

培根与香肠 Bacon & Sausage
烤番茄 Baked Tomato
炸薯块 Hash Browns
七八成熟的土豆块再以鸭油炸至全熟的是正宗的，吃时仅撒些细盐
茄汁焗豆 Baked Beans
白鹰嘴豆，略带甜味的番茄酱
煎蛋 Fried Egg
鸡蛋的做法也可以改成牛奶炒蛋或者鸡蛋碎等。

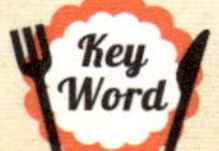

Key Word 烘焙菜肴 Baked

烤豆子、烤番茄、烤口蘑都是英式早餐不可或缺的美味。

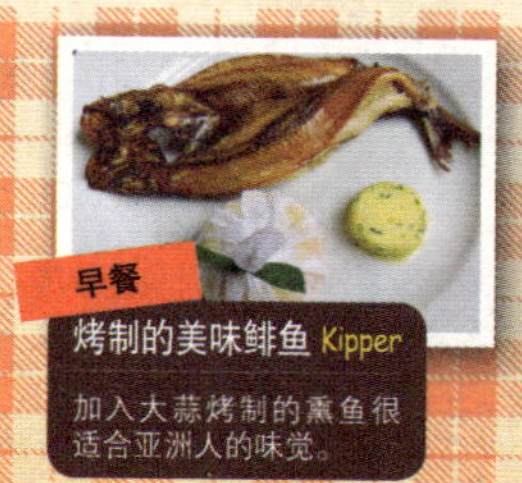

早餐

烤制的美味鲱鱼 Kipper

加入大蒜烤制的熏鱼很适合亚洲人的味觉。

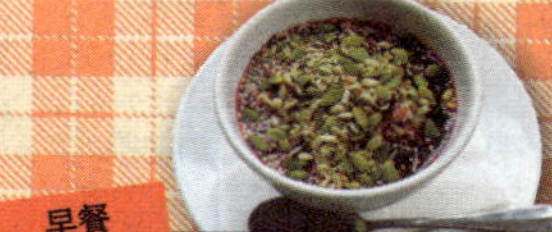

早餐

麦片粥 Porridge

燕麦与牛奶粥。苏格兰是咸味的，英格兰是跟果酱和蜂蜜一起使用的甜味。照片中是加入了坚果的麦片粥。

布丁 Pudding

在英国焗烤过的硬的食物才被称为是布丁。既有香肠布丁，又有甜味的奶油布丁等各式各样。使用小麦粉制成的约克郡布丁筒，有点像软面包，这种约克郡布丁 Yorkshire Pudding 最适合搭配肉菜一起吃。

饼 Cake

Cake 在这里不是我们常说的甜品中蛋糕的意思，而是指形状固定且硬的意思。在烹饪界是指使用烤制的鱼片（油炸）烹制而成的 Fish Cake。

派 Pie

用很多食材和土豆泥一起烤制而成的菜肴，也有使用面皮包裹烤制的。在肉馅上放上土豆泥再一起烤制的菜肴是 Shepherd's Pie，被称作牧羊人派。大多数小酒馆都有这道菜，再放一下调好的肉汁酱就更加美味了。

配菜 Side

选择主菜的时候，经常会被问到需要添加哪些配菜吗？可以从豆子、土豆泥、薯片等配菜中选择，菜量很大，下单的时候需要注意。

汤 Soup

汤大都是浓汤类。Pub 一般提供的是每日例汤，通常还会配有面包，最适合午餐的时候点。

苏格兰名物

用猪血香肠制成的黑布丁（Black Pudding），羊内脏制成的哈吉斯（Haggis）都是苏格兰的传统菜。在苏格兰的早餐中经常会有这些菜肴。

剧院食谱 Pre-Theatre Menu

餐馆刚开门营业的 17:00~19:00 这个时间段很多店铺都会有优惠政策。一般被称为早鸟 Menu，包含 2、3 品的套餐，价格便宜。

购物须知

Information

增值税（VAT）退税

在英国，几乎购买所有商品都要支付 20% 的增值税（VAT）。在以外国游客为主要对象的大型商场购物，如果是直接将商品寄回中国，可以按扣除增值税的价格购买商品。如果是按含税价格购买，则可以办理退税。20% 的税率不是一个很小的数字，所以在购买贵重商品时最好选择退税。一般情况，只要消费满 £30 就可以申请退税，但不同的商家其具体规定也不完全相同，如有的是消费 £50 以上、有的是消费 £100 以上等。

退税 退税手续非常简单。在机场的退税业务窗口，向工作人员出示退税所需的书面材料以及所购商品就可以办理退税。接受退款的方式，游客可以在信用卡账户转账、支票汇款以及现金支付中自由选择。大多数人会选择信用卡账户转账。

环球蓝带 Global Blue
可以代办退税
URL www.globalblue.com

很多英国的品牌在国内都深受喜爱。不妨在这些品牌的发源地，好好地挑选一番。

打折季

打折季是在夏季和冬季进行的。具体的活动时间会因商家而异，但一般来说大多集中在夏季的 6、7 月份以及冬季的圣诞节前至 2 月份。除此之外的时间，也会有一些其他的减价活动。

不要随便乱碰商品 与在时尚快销店选购商品不同，在高档的品牌专卖店购物的时候，最好事先跟店员确认一下商品是否可以触摸，是英国的规矩。

公共场所的英式礼仪

英式排队 Queue 所谓英式排队是指人们在各种场所的窗口前自发形成队伍。在英国，不管是公共厕所旁，还是邮局的窗口前，人们都只排列成一队。英国人不会在每个窗口前各排一队，不论有几个窗口，都只有一条长长的一字型队伍。因为这样，可以按照顺序前往可以办理业务的窗口，相对来说是一种比较公平的形式。如果不知道队尾在哪里时可以说“Are you the last?”，询问是否在排队时可以说“Are you queuing?”。

Queue Here 的标识是队头的意思

为下一位开门人着想的礼节 无论是在车站、百货商场还是酒店等公共场所，需要穿门而过的时候，一定要确认后面还有没有人需要通过。如果有人，则一定要等需要通过的人的手按住门以后才可以松开自己开门的手。相反的，如果其他人帮自己按住了门，一定不要忘记说“Thank you.”。

邮政·通信

从旅行目的地发回家的明信片，或是给家人的信息、电子邮件会使在家中留守的亲人感到无比的欣慰。

邮局

无论多小的地方都会有邮局，可以受理普通的信件和小包裹等。有时一些杂货铺也可以兼作邮局使用。

民间快递公司 国际快递公司有 DHL、FedEx、UPS 等多家公司，可以从英国各地给国内邮送包裹。运费比邮局要高一些，但是比邮局的邮寄速度快，非常有利用价值。如果致电客服还可以上门取件。

公用电话

有两种形式，一种是投币式电话，一种是需要使用电话卡的电话。投币式可以使用 10p、20p、50p 以及 £1 的硬币。如果投入了多余的硬币可以找回，但不找零。

手机

可在境外使用的手机 在国内使用的手机只要开通国际漫游服务，便可以在英国直接使用。还可以租赁境外的 Wi-Fi，或者使用国内通信公司的境外流量套餐，还可以使用酒店的免费 Wi-Fi 等，还可以到了当地买一张当地的手机卡。

互联网

英国的酒店、民宿，此外还有咖啡馆、Pub 等众多公共场所都有提供 Wi-Fi 服务。如果想要节省流量通信费，请参考 p.561。

Wi-Fi 以机场为首的、快餐店、部分咖啡馆、住宿设施、列车内等英国的各种设施内都在增加无线网络的功能。有些酒店在大堂可以拿到上网的 ID 和密码。

租赁移动 Wi-Fi 设备 可以在国内租赁境外移动 Wi-Fi 设备。租赁在英国可以使用的 Wi-Fi 每天价格从￥35~85 不等，既可以从国内出发时在机场领取设备，也可以在目的地机场领取设备。届时会有工作人员指导你如何使用。

■至中国的邮费

10g 以下的信件：£1.25
20g 以下的信件：£1.45
500g 以下的小包裹：£6.10（海运）
£12.95（航空）
1kg 以下的小包裹：£8.55（海运）£17.35（海运）
2kg 以下的小包裹：£12.05（海运） £21.10（海运）
皇家邮件
URL www.royalmail.com

Information

密码电话卡

密码电话卡是各个电话公司通用的。这种电话卡不需要插入电话内，首先需要给客服中心打电话（既有免费客服也有付费客服电话），然后将电话卡背面的密码刮开并输入密码，之后就可以打电话了。这种输入密码的电话卡打国际长途费用十分便宜，给国内打电话也比较方便。在 WH Smith 等杂货铺，或者邮局都可以买到。有 £5、£10、£20 等多种面值。

邮局的电话卡

在当地使用Wi-Fi

❶如果没有开通国内手机的国际漫游业务，并且没有加入国际流量包业务，需要在出国前关闭手机的数据通信功能

❷搜索Wi-Fi信号

❸ 输入密码

境外用的Wi-Fi租赁设备

❶ **出发前签约**

出发前可以通过互联网申请境外用的移动通信设备，可以在机场的服务窗口领取。也可以直接在机场办理租赁手续。

❷ **到达当地后使用**

到达当地后打开移动通信设备，用手机搜索出 SSID，输入密码便可以开始使用了。

使用当地的SIM卡

❶ **出国前关闭手机的数据通信功能**

取出手机内的国内手机 SIM 卡妥善保管好。

❷ **购买当地的SIM卡**

在当地的手机店等地购买 SIM 卡。根据所在地区不同，套餐也不同。

❸ **设定数据流量通信功能**

认定数据流量通信需要输入 APN 和密码等。可以摆脱店员帮忙。不过需要提前把手机的语言更改为英语。

iPhone 如何设定 设置 → 通用 → 语言与地区
安卓系统设定 设置 → 系统 → 语言与输入法

加入电话公司的海外流量包

国内各大电话公司都用对应的海外流量包。详情可以去电话公司的官网查询。

旅行中常会遇到的麻烦

■ **中国驻英国大使馆**
Embassy of china
✉ 31 Portland Place, London W1B 1QD
最近的地铁站 Great Portland Street Station, Regent's park Station , Oxford Street Staion
URL www.chinese-embassy.org.uk

■ **驻贝尔法斯特总领馆**
✉ 75-77 Malone Road, Belfast, Northern Ireland
URL belfast.chineseconsulate.org

■ **中国驻曼彻斯特总领馆**
✉ Denison House, 71 Denison Road, Rusholme, Manchester M14 5RX, UK
URL belfast.chineseconsulate.org

■ **中国驻爱丁堡总领馆**
✉ 2nd Floor, Exchange Tower, 19 Canning Street, City of Edinburgh, EH3 8EG, UK
URL edinburgh.chineseconsulate.org

在英国，针对外国人的暴力犯罪事件较少，但是为了让愉快的旅途免受不必要的负面影响，最好还是要学习一下预防纠纷的基本知识。

英国的治安

英国算是一个比较安全的国家，但不意味着没有任何问题。尤其是伦敦、爱丁堡、格拉斯哥等大城市，相对于英国其他地方，犯罪数量还是比较多的。在城市活动时，游客更要提高安全意识。

注意防范小偷 地铁站和火车站内，人流拥挤，因此在那里实施犯罪的小偷也很多。据说在地铁站里有割断包带公然抢夺乘客物品的情况。不要把过多的现金放在不封口的包里。即使自己认为已经足够警惕，也有可能遭遇不测。出门时身上要尽量少带一些现金。在伦敦还经常有小偷故意把番茄酱抹到游客身上来转移游客的注意力，然后趁机行窃的事情发生。

注意身边物品 在高级酒店，早餐多为自助式，不要在无人看管的情况下把包放在椅子上就去取食物。在车站也是一样，让包离开自己的手就等于主动为小偷们行窃大开方便之门。

贵重物品的保管与应对纠纷的方法

可以把护照、机票以及备用的信用卡等放进酒店房间内的保险箱。

如果护照丢失或被盗，要及时去中国驻英使领馆重新办理。丢失信用卡后，要立即与信用卡公司取得联系。信用卡公司基本上都有可使用用户本国语言的海外联络方式，一定要事先了解并记好。

需要了解一下

英国旅行的小建议

车站内左侧通行，电动扶梯请让开左侧 在伦敦车站内需要换乘地铁等时需要在站内移动，左侧通行是基本规则。乘坐电动扶梯的时候需要站在右侧，把左侧留给需要通过的人。

交换旧纸币 英格兰银行发行了新纸币£5、£10并且已经开始流通，一般的店内旧版的纸币已经不能使用了。持有老版纸币的游客，可以去伦敦城的英格兰银行总行交换新版的纸币。如果觉得去总行很麻烦，也可以去普通银行办理交换手续。但是法律上没有明文规定这些银行有交换的义务，因此不排除被拒绝的可能性，如果只是几张零钱可能会很快解决。

车票、景点门票等在网上预约比较便宜 无论铁路还是巴士如果当天在窗口购买会比提前在网上预约购票贵一些，很多景点的门票也是在网上购票会优惠一些。

英国的疾病与就诊信息

在海外旅行时，会因环境变化、疲劳、应激状态等原因而出现各种病状。另外，还要注意预防旅行目的地特有的疾病以及传染病。这里简单地谈一谈在英国旅行时容易患上的疾病以及相关的就诊知识。有些疾病可能在回国后才会发病，建议在出发前及回国后阅读一下这部分内容。

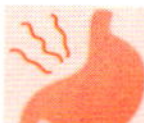

食物中毒 / 旅行者腹泻

对在海外旅行中出现的腹泻，人们经常会有一个误解，认为此时摄取水分会让腹泻加重，所以就控制饮水。腹泻时如果不及时补充水分，就会导致脱水。腹泻其实就是将肠内的有害物质排出体外的人体防御反应，因此也不能乱用止泻药。

如脱水症状比较严重，患者意识模糊，只能被动地回答问题，这些表现说明必须紧急将患者送往医院接受治疗。即便腹泻症状不严重，只要是失血性腹泻（血液发生变化，成为黑褐色）则需立即送医接受治疗。

在药店购买抗生素需要医生的处方。不过从整体上看，旅行中出现的腹泻，需要使用抗生素治疗的情况并不多。服用抗生素，会将肠内的有益菌也一起杀死，需要注意。腹泻症状消失前，应该饮用温热的饮料以避免腹部受凉。咖啡会对胃造成刺激，所以不能饮用。

预防措施 为预防腹泻，应注意不要接触不卫生的食物及饮用水。可以选择饮用矿泉水，但要注意查看水中所含的成分。在食物方面，对汉堡肉饼等加热程度不高的肉类以及生牡蛎要格外注意。

经济舱综合征（下肢深静脉血栓形成合并肺栓塞）

在体内水分不足的状况下以及机舱内等低湿度环境中容易发病。下肢的深部静脉形成血栓，身体运动使血栓剥落并随血液到达肺部，堵塞肺静脉，引发急性呼吸困难及心功能衰竭。严重时，可能导致死亡。

机内提供矿泉水，在机场也可买到

从中国到英国的航班，飞行时间一般在 8 小时到 10 多个小时，因此该病的发病风险较高。乘坐飞机时，人体 1 小时要失去 80cc 的水分，所以应补充高于此数值的水分。电解质饮料效果更好。啤酒有利尿的作用，其他酒类在进入人体后的酒精分解过程中也会消耗水分，所以在飞机上饮用这些饮料来补充水分会适得其反。适当活动身体对预防血栓很有效果，乘坐飞机期间，每隔几个小时应站起来活动一下。

病毒性肝炎

现在，已知的肝炎共有 5 种，从甲型肝炎到戊型肝炎。游客尤其需要注意的是通过消化道传播的甲型肝炎与戊型肝炎。感染后 4~6 周会突发高烧并伴有腹泻、呕吐症状，数日后出现黄疸。

甲型与戊型肝炎的病毒，大多通过遭到污染的食品及水传染给人。预防甲型肝炎要注意牡蛎等生鲜海产品，预防戊型肝炎要注意鹿、野猪等动物的生肉。

紧急情况时的医疗英语对话

●在酒店跟前台索取药物时

我身体有些不舒服。

I feel ill.

请问有止泻药吗?

Do you have an antidiarrheal medicine?

●想去医院

请问附近有医院吗?

Is there a hospital near here?

请问有中国人的医生吗?

Are there any Chinese doctors?

能带我去医院吗?

Could you take me to the hospital?

●在医院的对话

我想预约问诊。

I' d like to make an appointment.

我是格林酒店介绍来的病人。

Green Hotel introduced you to me.

叫我名字的时候请提醒我一下。

Please let me know when my name is called.

●在诊疗室的对话

请问我需要住院吗?

Do I have to be admitted?

我下次什么时候来比较合适呢?

When should I come here next?

我需要复查吗?

Do I have to go to hospital regularly?

我还准备在这里逗留 2 周的时间。

I' ll stay here for another two weeks.

●诊疗结束时候的对话

可以用保险吗?

Does my insurance cover it?

请帮我在保险单上签字。

Please sign on the insurance papar.

旅行常用英语

Information

是英语却听不懂

在英国，各地区都有当地独特的说话音调以及表达方式。英国人常说，只要听一句话就能知道说话的是哪里人。各地区之中，苏格兰和利物浦的地方口音尤为浓重，让人很难听懂，需要花上一段时间才能逐渐习惯。

英国旅行不可避免的会经常使用英语对话，具备一些基础的英语表达能力还是有必要的。当然能说出一口流利地道的英语需要日积月累的努力，但是在关键时刻，说得不好也总强过什么都不说。踏上在国外的旅途后，一旦迫于需要，“Where”“How”“When”这些疑问词以及表达中需要的一些只言片语就会脱口而出。讲话时也不用拘泥于在学校里学到的语法。即便只能说出几个单词，很多时候也还是能够把自己的意思正确地传达给对方。首先要做到有自信，大声地讲出英语。

万能的 Please

观察英国人如何买火车票，会发现他们也仅仅使用诸如“Oxford，please”这样简单的表达而已。在银行兑换外汇时说“Exchange，please”，在餐馆点菜时指着菜单说“××（菜名），please”，想喝水的时候举手说“Water，please”。基本上所有事情都可以用一个“please”解决。

“Please”的发音要用升调。如果用降调的话，就变成一种表面谦卑而实则傲慢的命令式口吻。

需要提前了解一下的英语知识

简单了解英语与美语的区别

汉语	英语	美语
1 楼	ground floor	first floor
2 楼	first floor	second floor
电梯	lift	elevator
列	queue	line
预约	book	reserve
单程票	single ticket	one-way ticket
往返票	return ticket	round-trip ticket
行李寄存处	left luggage	baggage room
地铁	underground	subway
长途巴士	coach	bus
汽油	petrol	gas
后备箱	boot	trunk
结账单	bill	check
假期	holiday	vacation
法定节假日	bank holiday	legal holiday

汉语	英语	美语
公立学校	state school	public school
私立学校	public school	private school
高速公路	motorway	freeway
市中心	city centre	downtown
卖酒的商店	off-license	liquor store
药店	chemist	drug store
电影院	cinema	theater
足球	football	soccer
厕所	toilet	restroom
手机	mobile phone	cell phone
炸薯条	chips	french fries
薯片	crisps	chips
熏鲱鱼	kippers	smoked herring
环道	roundabout	circle drive
秋天	autumn	fall

旅行常用英语

●在银行·货币兑换处

请帮我兑换货币。

Exchange, please.

(一边拿出纸币)麻烦帮我换成零钱。

Small change, please.

可以找零吗?

Is there any change?

●在ⓘ的

请给我一张地图。

A map, please.

请问附近有青年旅社吗?

Is there a Youth Hostel?

我应该怎么去到那里?

How can I go?

●在酒店

请给我一间既便宜又整洁的单人间。

A cheap, clean single room, please.

我想住两个晚上。

For two nights, please.

可以让我先看看房间吗?

May I see the room?

请给我一间可以洗澡的房间。

A room with a shower, please.

●走在路上

我迷路了。

I' m lost.

我想去~

I' d like to go to~.

请问厕所在哪里?

Where is a toilet?

●在火车或者巴士上

请给我一张去因弗内斯的单程票。

A single to Inverness, please.

去往因弗内斯的车在几号站台?

Which is the platform for Inverness?

请问我要在哪里换乘?

Where should I change?

到~ 请告诉我一下。

Please tell me when we get to ~.

●在商店·餐馆里

我要买这个。

This one, please.

我只是看一下。

(I' m) just looking.

我可以试(吃)一下吗?

Can I try?

服务员，买单

The bill, please.

●遇到麻烦的时候

救命! Help!

走开! Get out!

抓小偷! Robber!

请帮我叫警察。Call the police.

警察局在哪里? Where' s the police station?

我的护照丢了。I' ve lost my passport.

我的钱包被盗了。Someone stole my wallet.

我的包被偷了。

Someone snatched my bag.

请给我一张物品丢失(被盗)证明信。

A lost (theft) report, please.

请联系中国大使馆。

Please call the Embassy of china.

我遇到交通事故了。

I had a traffic accident.

我遭到抢劫了。

I' ve been robbed.

英国大事年表

时代	年代	事件	备注
史前时代	公元前4000年前后	奥克尼群岛的斯卡拉布雷Skarabrae等地有人类开始定居	
	公元前3000年前后	建造了巨石阵	
	公元前800年前后	凯尔特人从欧洲大陆迁徙过来	
古罗马时代	43年	作为罗马的一个行省，被称作“布立吞里亚（britannia）”	
	120~140年	修建了哈德良长城	
	367年	爱尔兰的凯尔特人入侵不列颠岛	
	375年	日耳曼民族大迁徙开始	盎格鲁-萨克逊人从日德兰半岛入侵不列颠岛
	410年	罗马军撤离“布立吞里亚（britannia）”	
盎格鲁-萨克逊时期	449年	盎格鲁-萨克逊人征服了凯尔特人	盎格鲁-萨克逊人七国时代（Heptarchy）的到来、七国混战的分别是：诺森布里亚（Northumbria）、默西亚（Mercia）、东盎格利亚（East，Anglia）、埃塞克斯（Essex）、韦塞克斯（Wessex）、肯特、萨塞克斯（Sussex）
	563年	圣哥伦巴在苏格兰的艾奥奈岛（Lona）开始传教	
	597年	圣奥古斯汀成功地使当时的英格兰肯特王改变了信仰，成为基督教徒	
	603年	肯特王在伦敦修建了圣保罗大教堂	
	669年	提奥多担任坎特伯雷总主教	
	731年	比德完成所著的《英国人民宗教史》	
	787年	维京人入侵英国	
	829年	韦塞克斯（Wessex）王爱格伯特统一七国	多次击退入侵不列颠岛的诺曼系丹麦人
	871年	韦塞克斯（Wessex）王阿尔弗雷德王（也称阿尔弗雷德大帝）继位	击退再次入侵的丹麦人，并统一了盎格鲁-萨克逊诸部族，成为公认的英格兰王
	10世纪后半期	基本完成了英格兰王国的统一	
	1016年	丹麦的卡纽特大帝统治英格兰	卡纽特大帝虽然统治着英格兰、丹麦、挪威及部分瑞典等斯堪的纳维亚半岛和不列颠岛这些广阔的疆土，但是仅仅20年他的统治就瓦解了
	1042年	忏悔者爱德华夺回英国王位	盎格鲁-萨克逊系的忏悔者爱德华很信任诺曼族
诺尔曼王朝	1066年	黑斯廷斯战役	诺曼底公爵威廉在黑斯廷斯战役击败了英格兰王哈德，并在威斯敏斯特教堂受加冕即位。成为后来的威廉一世（征服者）
	1086年	《末日审判书》（英格兰的国势调查书）出版	
	1087年	威廉二世继位	

至今仍有许多未解谜团的巨石阵

圣保罗像和大教堂圆顶

时代	年份	事件	备注
无政府时代	1127年	亨利一世、让自己的女儿玛蒂尔达成为王位继承人	招来了诺曼底诸侯的反对
	1135年	布卢瓦家系的阿黛拉之子第一个赶到伦敦宣布即位	作为英格兰王斯蒂芬即位
	1141年	林肯郡之战	玛蒂尔达一方在林肯郡大破斯蒂芬军队
金雀花王朝	1154年	玛蒂尔达之子安茹伯爵小亨利，作为亨利二世即位	
	1167年	创立**牛津大学**	
	1170年	托马斯•贝克特被刺杀于坎特伯雷大教堂	
	1170年	威尔士伯爵彭布鲁克率领诸曼人入侵爱尔兰	1171年，亨利二世登上爱尔兰，爱尔兰贵族们承认了亨利二世的宗主权。
	1189年	狮心王理查一世率领十字军东征	1192年，理查一世在雅法打败了穆斯林战神萨拉丁
	1204年	约翰王失去了诺曼底的领地	
	1209年	创立了剑桥大学	
	1215年	约翰王被迫签署《大宪章》（主要是保护了臣民们的权利和自由）	
	1265年	西蒙•德•蒙福尔召开了议会会议，这也是英国下议院形成的雏形	
	1277年	爱德华一世、征服威尔士	
	1295年	模范会议的召开	
	1296年	爱德华一世远征苏格兰，将作为战利品的**“命运之石”**带回了	
	1297年	斯特灵桥战役	威廉姆•华莱士打败了英格兰军
	1305年	威廉姆•华莱士在伦敦被执行死刑	
	1314年	班诺克本之战	英格兰败于苏格兰的王子罗伯特•布鲁斯
	1327年	爱德华三世即位	
	1328年	北安普顿协议签订，英格兰承认苏格兰独立。	
	1337年	百年战争开始（对法国）	因为爱德华三世的母亲是法国的王室，所以主张自己继承法国王位的权利
	1340年	乔叟诞生	《坎特伯雷故事集》的作者，也是“英国诗歌之父”
	1341年	英国议会形成了两院制	
	1349年	黑死病肆虐	
	1381年	瓦特•泰勒农民起义	
兰开斯特王朝	1399年	亨利四世即位	
	1411年	创立圣安德鲁斯大学	
	1413年	亨利五世即位	
	1415年	阿金库尔战役	
	1422年	**亨利六世**即位	
	1437年	苏格兰王子詹姆斯二世即位	
	1453年	百年战争结束	
	1455~1485年	玫瑰战争	红玫瑰兰开斯特家族VS白玫瑰约克家族
	1460年	约克家族在北安普顿战役中战胜了兰开斯特家族	

基督堂学院

巴斯斯康宫内的复制品

亨利六世统治期间，英国在百年战争中战败

王朝	年份	事件	备注
约克王朝	1461年	约克家族击败了兰开斯特家族	1461年，爱德华四世即位
	1466年	亨利六世被软禁在伦敦塔内	
	1470年	爱德华四世遭到兰开斯特家族的反击，逃亡至法国	1471年，在巴尼特战役中，爱德华四世取得胜利，成功复位
都铎王朝	1485年	亨利·都铎在博斯沃思战役中打败理查三世	作为亨利七世即位
	1509年	亨利八世即位	
	1528年	苏格兰宗教改革开始	
	1533年	亨利八世被教皇革出教门	
	1534年	英国国教成立	
	1536年	英格兰与威尔士合并	
	1558年	伊丽莎白一世即位	
	1564年	莎士比亚诞生	
	1587年	苏格兰女王玛丽·斯图亚特被处刑	
	1588年	击败西班牙无敌舰队	
早期斯图亚特王朝	1603年	詹姆斯一世即位	苏格兰王詹姆斯六世作为英格兰王詹姆斯一世即位
	1605年	火药阴谋事件	盖伊·福克斯策动火药阴谋，意图炸死国王与国会议员，结果失败
	1620年	对新教徒的镇压激化	分离教派。乘坐“五月花”号移民到美国
	1625年	查理一世即位	
	1628年	权利请愿书	
	1642年	清教徒革命	
共和制	1649年	查理一世被处刑	奥利弗·克伦威尔宣布成立共和国
	1658年	奥利弗·克伦威尔去世	理查·克伦威尔成为护国卿
后期斯图亚特王朝	1660年	斯图亚特王朝复辟	查理二世即位
	1665年	伦敦鼠疫大暴发	
	1666年	伦敦大火	
	1676年	格林尼治天文台建成	
	1679年	通过《人身保护法》	
	1685年	牛顿发现万有引力定律	
	1688年	光荣革命	奥兰治亲王威廉（威廉三世）与玛丽二世共同即位
	1689年	詹姆斯二世为了王权复位登陆爱尔兰	威廉三世的军队在博因河战役中战胜了詹姆斯二世的军队
	1694年	建立英格兰银行	
	1698年	设立伦敦证券交易所	
	1707年	英格兰与苏格兰合并成为“大不列颠”王国	

坎特伯雷大教堂

格林尼治旧天文台

王朝	年份	事件	备注
汉诺威王朝	1715年	詹姆斯二世党人叛乱	詹姆斯·爱德华·斯图亚特要夺位
	1726年	斯威夫特与《格列佛游记》	
	1745年	卡洛登战役	詹姆斯之子"美王子查理"在卡洛登战役中大败，逃亡法国
	1755年	约翰逊《英语词典》	
	1759年	大英博物馆开馆	
	1763年	《巴黎条约》	7年战争结束，一系列的英法殖民地之战宣告结束
	18世纪中叶	产业革命开始	
	1775~1783年	美国独立战争	
	1801年	与爱尔兰合并	
	1805年	特拉法尔加海战	英国海军司令纳尔逊打败了法国与西班牙联军
	1815年	滑铁卢战役	威灵顿公爵击败拿破仑
	1830年	利物浦~曼彻斯特的铁路竣工	
	1831年	开始修建伦敦地铁	
	1837年	维多利亚女王即位	
	1839年	开始建立邮政制度	
	1842年	宪章运动爆发	
	1842年	根据《南京条约》占领了香港	
	1845年	爱尔兰大饥荒	大批难民移民美国
	1851年	第一届万国博览会在伦敦召开	
	1859年	达尔文《物种起源》	
	1876年	维多利亚女王兼任印度皇帝	
	1902年	日英同盟	
	1914~1918年	第一次世界大战	
温莎王朝	1922年	爱尔兰自由邦成立	
	1936年	爱德华八世选择了与辛普森夫人结婚，放弃了王位	其弟艾伯特公爵作为乔治六世即位
	1939~1945年	第二次世界大战	
	1949年	爱尔兰共和国独立	南爱尔兰独立为爱尔兰共和国
	1949年	签署《北大西洋公约》	
	1952年	伊丽莎白二世即位	
	1969年	根据十进制发行新货币	1971年引入十进制货币体系
	1970年	发现北海油田	1975年，北海油田正式开采石油
	1979年	撒切尔首相成立保守党内阁	
	1981年	查尔斯王子与戴安娜·斯宾塞王妃大婚	
	1990年	撒切尔辞职	新首相梅捷就任
	1995年	查尔斯王子与戴安娜王妃离婚	1997年8月31日，戴安娜王妃因车祸死于法国巴黎。2005年，查尔斯王子与卡米拉夫人再婚
	1996年	命运之石返还苏格兰	
	1997年	保守党大败于工党，政权交替	保守党党首布莱尔就任首相
	1997年	将殖民地香港返还给中国	
	2010年	执政党交替，从工党变成原来的保守党	保守党党首卡梅伦就任首相
	2011年	威廉王子与凯特王妃大婚	
	2016年	国民投票英国脱欧超过半数	

UNDERGROUND

最初这里跑的是蒸汽机车

维多利亚女王肖像画

英国王室家谱

诺曼王朝 1066-1154

哈罗德二世 在位 1066
黑斯廷斯战役
威廉一世（征服者）在位 1066-1087
阿黛拉
威廉二世 在位 1087-1100
亨利一世 在位 1100-1135
斯蒂芬 在位 1135-1154
王位之争
↓
无政府时代
玛蒂尔达（傲慢女王）
亨利二世 在位 1154-1189
至金雀花王朝

金雀花王朝 1154-1399

亨利二世 在位 1154-1189
托马斯·贝克特（坎特伯雷大主教）被暗杀
亨利（幼王）
理查一世（狮心王）在位 1189-1199
约翰（无地王）在位 1199-1216
亨利三世 在位 1216-1272
爱德华一世 在位 1272-1307
爱德华二世 在位 1307-1327
爱德华三世 在位 1327-1377
爱德华（黑太子）
朗利的埃德蒙
冈特的约翰
理查德二世 在位 1377-1399
至约克王朝
至兰开斯特王朝

伊丽莎白一世（1533～1603）

约克王朝 1461-1485

诺里奇的爱德华
剑桥男爵理查
理查金雀花
理查德三世 在位 1483-1485
爱德华四世 在位 1461-1470、1471-1483
约克的伊丽莎白
爱德华五世 在位 1483
玫瑰战争

兰开斯特王朝 1399-1461、1470-1471

亨利四世 在位 1399-1413
亨利五世 在位 1413-1422
亨利六世 在位 1422-1461、1470-1471

都铎王朝 1485-1603

欧文·都铎
埃德蒙·都铎
斯沃思原野战役
亨利七世 在位 1485-1509
詹姆斯四世（苏格兰国王）
玛格丽特·都铎
詹姆斯五世（苏格兰国王）
阿拉贡的凯瑟琳
离婚
亨利八世 在位 1509-1547
安妮 被处死
简·西摩
凯瑟琳·帕尔
玛丽一世 在位 1553-1558
伊丽莎白一世 在位 1558-1603
爱德华六世 在位 1547-1553
玛丽一世（苏格兰女王）
亨利·斯图亚特（达恩利伯爵）
安妮
詹姆斯一世 在位 1603-1625
伊丽莎白
至斯图亚特王朝
索菲
恩斯特（汉诺威选帝侯）
乔治一世 在位 1714-1727
至汉诺威王朝

斯图亚特王朝 1603-1649 1660-1714

詹姆斯一世 在位 1603-1625
查理一世 在位 1625-1649
主教战争
查理二世 在位 1660-1685
海丽塔·玛丽
詹姆斯二世 在位 1685-1688
波尼战役
威廉三世 在位 1689-1702
玛丽二世 在位 1689-1694
共同统治
安妮 在位 1702-1714
詹姆斯（老王位觊觎者）
查理（小王位觊觎者）

汉诺威王朝 1714-1901

乔治一世 在位 1714-1727
乔治二世 在位 1727-1760
弗里德里克·路易斯
乔治三世 在位 1760-1820
乔治四世 在位 1820-1830
威廉四世 在位 1830-1837
维多利亚
阿尔巴德
维多利亚 在位 1837-1901
爱德华七世 在位 1901-1910
乔治五世 在位 1910-1936

维多利亚女王死后，1901～1917 年期间改称萨克森－科堡－哥达王朝

温莎王朝 1917～现在

温莎王朝 1917 年改称
乔治五世 在位 1910-1936
爱德华八世 在位 1936
乔治六世 在位 1936-1952
伊丽莎白二世 在位 1952～
戴安娜
查理
安娜
安德鲁
爱德华
威廉
亨利

深入了解景点的历史背景 人物·用语集

亚瑟王（5~6 世纪？）【传说中的国王】

传说中曾率领布立吞人击退萨克逊人的国王。在亚瑟王的故事中，还有辅佐国王的 12 名圆桌骑士。至于亚瑟王是否为历史上的真实人物，现在尚没有答案。

相关条目 大礼堂 ➡p.215
格拉斯顿伯里 ➡p.257

阿加莎·克里斯蒂（1890~1976）【作家】

被誉为推理小说女王的作家。作品的总销售量达到 20 亿部，虽然不及《圣经》及莎士比亚的作品，但是在保有著作权的作家当中，她的作品销量为世界第一。有 15 部戏剧作品，其中的《捕鼠》自 1951 年上演以来经久不衰，成为经典剧目。她出生在托基郊外，对这片土地有着深深的爱意，因此她的作品中德文郡的海滨度假地及达特穆尔这些地方会经常出现。

➡微特辑 p.224

阿玛达海战（1588）【历史】

1588 年，西班牙国王腓力二世命令无敌舰队出动，欲在伊丽莎白一世统治下的英国登陆，于是与英格兰海军开战。海盗出身的德雷克将军指挥英格兰海军，采用撞船的战术，击败无敌舰队。

导致阿玛达海战发生的原因有很多，但最主要的原因是伊丽莎白一世处死苏格兰玛丽后，西班牙欲报复对英格兰。天主教徒玛丽女王是伊丽莎白一世的姐姐，同为天主教徒的腓力二世是玛丽女王的丈夫，在玛丽女王被处死之前，腓力二世与玛丽女王共同统治英格兰。而伊丽莎白一世是新教徒，处死玛丽后继承了英格兰王位，但是按照天主教的习惯，伊丽莎白本没有资格继承王位，而应由苏格兰女王玛丽·斯图亚特继承。

相关条目 普利茅斯 ➡p.229

阿尔弗雷德大帝（849~899）【国王】

萨克逊人的韦塞克斯王国的国王，带领萨克逊人抵抗丹麦日耳曼人（维京人）的侵略并大力发展教育。最终控制了除丹麦日耳曼人统治的丹麦区以外的英格兰全境。他是唯一一位被称为大帝的英格兰国王。

➡专栏 p.214
相关条目 温切斯特 ➡p.213

安妮·博林（1507？ ~1536）【王后】

亨利八世的第二任妻子，原为亨利八世首任妻子阿拉贡的凯瑟琳的侍女。亨利八世与安妮的婚姻导致了英格兰放弃天主教而创立英国国教会。安妮与亨利八世生下了一个女儿，这个孩子之后成为伊丽莎白一世。不过安妮在生下女儿后经历了多次流产，始终没能拥有一个男孩，所以遭亨利八世嫌弃，被扣上通奸、企图刺杀国王的罪名，处死于伦敦塔。电影《另一个波琳家的女孩》描写了安妮的一生。

相关条目 伦敦塔 ➡p.128
海韦尔城堡 ➡p.169

维多利亚女王（1819~1901）【国王】

大英帝国鼎盛时期的女王，也是第一代印度皇帝。世界各地有很多以她的名字命名的地名，例如维多利亚瀑布及加拿大西部的维多利亚市。在建筑样式、Pub 内部装饰风格、家具样式等反面也形成了独特的维多利亚式。她与丈夫阿尔伯特公爵生了 4 个男孩和 5 个女孩，与许多欧洲国家结成了姻亲关系，进一步加强了英国的外交实力。

相关条目 肯辛顿宫 ➡p.131
奥斯本庄园 ➡p.207

威廉·华莱士（1270~1305）【军人】

带领苏格兰的贵族势力反抗英格兰的统治。1297 年，在斯特灵桥大胜英军。但是，之后遭苏格兰贵族背叛，1305 年在伦敦被处死。在苏格兰他至今仍被视为英雄，电影《勇敢的心》就是取材于他的故事。

相关条目 华莱士纪念碑 ➡p.519

威廉·莎士比亚（1564~1616）【剧作家】

英国最著名的剧作家。

➡特别专栏 p.306

威廉一世（1028~1087）【国王】

也被称为征服王威廉。原为法兰西诺曼底公国的公爵，在诺曼底公爵的谱系中称为纪尧姆二世。英格兰国王的忏悔者爱德华死后，发生了王位之争，于是诺曼底公爵登陆不列颠，于 1066 年在黑斯廷斯战胜了哈罗德二世。之后在威斯敏斯特修道院加冕成为英格兰国王。威廉一世征服英格兰（诺曼征服）后，萨克逊人与丹麦日耳曼人的势力逐渐衰落，而来自法兰西北部的诺曼贵族却在英格兰获得了大量领地。

相关条目 黑斯廷斯城堡 ➡p.191
战场与修道院 ➡p.191

温斯顿·丘吉尔（1874~1965）

【政治家·军人】

1874 年出生在布莱尼姆宫。第一次世界大战时担任海军大臣，第二次世界大战时担任首相。战后，他写了一本回忆录，并凭此获得诺贝尔文学奖。

相关条目 布莱尼姆宫 ➡p.301

惠灵顿公爵（1769~1852）

【政治家・军人】

名叫阿瑟·韦尔斯利。1815 年在比利时的滑铁卢击败了从流放地厄尔巴岛归来的拿破仑统率的 12 万大军。之后进入政界，担任过两届首相。与同在拿破仑战争中建立功勋的纳尔逊将军一样，葬于伦敦的圣保罗大教堂。

相关条目 圣保罗大教堂 ➡p.124
阿普斯利宅邸 ➡p.138

沃尔特・斯科特（1771~1832）

【诗人・作家】

苏格兰诗人、作家，创作了《湖上美人》《艾凡赫》等优秀作品。

相关条目 爱丁堡城堡 ➡p.491
斯科特纪念塔 ➡p.497

爱德华一世（1239~1307）【国王】

具有卓越政治、军事才华的著名国王，身高超过 1.9 米。做王储时参加了第八次十字军东征，返回途中得知父亲亨利三世离世。为了统一不列颠岛，他率兵进攻北威尔士并修建了康威、卡那封等城堡。征服威尔士后，他将自己的儿子，也就是后来的爱德华二世，封为威尔士公爵，从此英国的王储都被称为威尔士亲王。而且他还控制了苏格兰，将历代苏格兰国王加冕时使用的“命运之石”带回英格兰。积极致力于加强各地的联系，1295 年召集各郡、各城市代表参加了“模范议会”。不过在描写苏格兰独立运动的电影《勇敢的心》中，爱德华一世被刻画为反面角色。

相关条目 卡那封城堡 ➡p.476
博马里斯城堡 ➡p.477
康威城堡 ➡p.477

爱德华五世（1470~1483？）【国王】

爱德华四世的儿子。本应在爱德华四世去世后继承王位，但在即位前与弟弟理查德一起从伦敦塔失踪，至今仍不清楚他们究竟去了哪里。被人们称为“塔中王子”。随后，他的叔叔理查德三世继承了王位，因此人们曾普遍认为理查德三世与失踪事件有关，莎士比亚的《理查德三世》中也是如此描写这件事，不过现在相反的观点已经获得更多的支持。

相关条目 伦敦塔 ➡p.128

艾米莉・勃朗特（1818~1848）【作家】

勃朗特三姐妹中的二姐。著名作家，1847 年出版了长篇小说《呼啸山庄》。《呼啸山庄》刚出版时并未获得什么好评，但在艾米莉去世后，人们对小说的评价开始提高。现在有大量的勃朗特迷们前往小说的故事发生地、艾米莉长期生活的霍沃思参观。

相关条目 霍沃思 ➡p.452

伊丽莎白一世（1533~1603）【国王】

都铎王朝最后的国王，终身未婚。她是亨利八世与其第二任妻子安妮·博林的女儿。她改变了她的姐姐、天主教徒玛丽女王的政策，为英国国教会的成立奠定了基础。

相关条目 伦敦塔 ➡p.128
圣玛丽雷德克里夫教堂 ➡p.256

阿拉贡的凯瑟琳（1485~1536）【王后】

西班牙费尔南多二世与伊莎贝拉一世的女儿。最初嫁与亨利七世的长子亚瑟，但亚瑟婚后不久便去世，之后改嫁亨利八世。亨利八世希望有儿子来继承王位，但凯瑟琳经历了多次流产及孩子夭折，只有女儿玛丽（之后的玛丽一世）得以长大成人。虽然凯瑟琳伴随亨利八世二十多年，但终因未能生下男孩导致亨利八世移情安妮·博林，最后二人离婚。此时，亨利八世脱离了禁止离婚的天主教会，创立了英国国教会。离婚后，凯瑟琳未返回西班牙，在英格兰度过余生，葬于彼得伯勒大教堂。

相关条目 利兹城堡 ➡p.169
彼得伯勒大教堂 ➡P343

凯瑟琳・帕尔（1512~1548）【王后】

亨利八世的第六任妻子。她是当时英国最有修养的女性之一，与亨利八世结婚时 31 岁，两任前夫先后去世。跟继女们的关系很好，曾劝说亨利八世同意备受冷落的玛丽和伊丽莎白可以享有王位继承权。亨利八世去世后仅 4 个月，就与前男友托马斯·西摩结婚。之后带着伊丽莎白一起，居住在西摩家。但是凯瑟琳怀孕期间，有传闻说伊丽莎白进出凯瑟琳丈夫的卧室，于是凯瑟琳便将伊丽莎白逐出家门。之后，凯瑟琳生下女婴，但几天后女婴就因产褥热夭折。

相关条目 修德利城堡 ➡p.275

克里斯托弗・雷恩（1632~1723）【建筑师】

将巴洛克式建筑风格等当时欧洲最前卫的建筑样式引入英国并加以改进的伟大建筑师。在 1666 年伦敦大火后的城市重建过程中，做出了巨大的贡献。天资聪慧，还精通解剖学、数学、天文学等知识，是世界上历史最悠久的科学院——英国皇家学会创立时的会员。

相关条目 圣保罗大教堂 ➡p.124
肯辛顿宫 ➡p.131

大火纪念碑 ➡p.140
旧皇家海军学院 ➡p.161
旧天文台 ➡p.161
温莎城堡 ➡p.166
汉普顿宫 ➡p.168
基督教会学院 ➡p.296
三一学院 ➡p.339

克伦威尔（1599~1658）【政治家·军人】

全名奥利弗·克伦威尔。出生在富裕的乡绅家庭，1628年当选议员。在保皇派与议会派相对抗的英格兰内战中崭露头角，1645年率领铁骑军在内斯比之战中击败查尔斯一世的军队。将主张向国王妥协的元老派赶出议会派，掌握了议会派的领导权。之后将再次兴兵的查尔斯一世处死并出任护国公，建立了共和国。平定了反对势力盘踞的爱尔兰和苏格兰，持续进行军事独裁统治直至1658年去世。

相关条目 斯基普顿城堡 ➡p.455

简·奥斯汀（1775~1817）【作家】

英国最著名的女作家之一，因《傲慢与偏见》《爱玛》等作品广为人知。她的作品以幽默的口吻讲述当时英国中产阶级的日常生活，已成为英国文学的经典，拥有大量的读者。而且，她的长篇作品均被搬上银幕，2007年还上映了安妮·海瑟薇主演的电影《成为简·奥斯汀》，讲述了她的一生。

➡专栏 p.252
相关条目 温切斯特大教堂 ➡p.214

七国时代（Heptarchy）【历史】

罗马统治结束后，盎格鲁-萨克逊人登陆不列颠岛，建立了七个王国。分别为东北部诺森布里亚、中央的默西亚、东南部的埃塞克斯、西南部的韦塞克斯、东部的东盎格利亚、东南部的肯特以及南部的萨塞克斯。

相关条目 萨顿胡 ➡p.174
温切斯特 ➡p.213
伯明翰博物馆与美术馆 ➡p.318
陶瓷博物馆与美术馆 ➡p.329

夏洛蒂·勃朗特（1816~1855）【作家】

勃朗特三姐妹中大姐。1847年出版了小说《简·爱》，描写了一个经济独立、坚持自由恋爱、反对维多利亚时代社会观念的女性，深受读者欢迎。当时的社会对女性有很强的偏见，所以她就以克勒·贝尔为笔名发表作品。与在有生之年才能未获认可的妹妹们不同，夏洛蒂在生前就已成名，经常去伦敦，与当时的著名作家进行交流。1854年在霍沃思教堂举行婚礼，次年死于妊娠中毒症。

相关条目 霍沃思 ➡p.452

詹姆斯党【历史】

詹姆斯二世被废黜以后，1688年爆发了光荣革命，荷兰的威廉三世被请到英国出任国王，詹姆斯党就是反对光荣革命的所有势力的总称，这个名称来自詹姆斯的拉丁语写法 Jacobus。詹姆斯二世及其儿子试图复辟，多次发动叛乱。1745年在法国国王路易十五的援助下登陆不列颠的查理王子（詹姆斯二世的孙子）整合了苏格兰的地方武装，进行了反抗英格兰军队的斗争，1746年在卡洛登战役中战败，之后流亡法国。

相关条目 因弗内斯城堡 ➡p.524
卡洛登战役的战场 ➡p.526

乔赛亚·韦奇伍德（1730~1795）【陶艺家】

陶瓷品牌韦奇伍德的创始人，被誉为英国的陶艺之父。曾致力于重新制作古罗马陶瓷，开发出了 Jasper Ware，至今仍为韦奇伍德公司的主力商品，深受人们喜爱。乔赛亚的儿子乔赛亚二世发明了使用牛骨制造乳白色骨瓷的技术。另外，生物学家查尔斯·达尔文是乔赛亚的外孙。

相关条目
韦奇伍德世界 ➡p.328

大约翰·伍德（1704~1754）
小约翰·伍德（1728~1782）

【建筑师】

父子二人生活在巴斯，从事建筑设计和城市规划。大约翰·伍德设计了皇家新月楼、北阅兵场、南阅兵场、王后广场、修道院公园等设施。父亲去世后，小约翰·伍德继承了父亲的工作，主持修建了皇家新月楼并设计了圆形广场、集会大厅（现为宴会厅），巴斯现在的市容就形成于那时。

相关条目
宴会厅 ➡p.274
皇家新月楼 ➡p.252

解散修道院（1536~1539）【历史】

亨利八世推行宗教改革时的一项政策。当时的修道院拥有大量土地及财产，也是罗马教皇厅的重要收入来源。亨利八世试图没收修道院的土地及财产，因此派大法官托马斯·克伦威尔对修道院进行调查。1546年制定了《小修道院解散法》，1539年又制定了《大修道院解散法》，通过这些法律没收了修道院的领地及财产并将这些领地及财产分给贵族和绅士。

相关条目 圣奥古斯丁修道院 ➡p.182
圣迈克尔山 ➡p.235
巴斯修道院一 ➡p.251

莱科克修道院一 ➡p.280
什鲁斯伯里修道院一 ➡p.324
纽斯特德修道院一 ➡p.332
伊利大教堂 ➡p.342
切斯特大教堂 ➡p.355
林迪斯法恩隐修院 ➡p.426
惠特比修道院 ➡p.432
方廷斯修道院 ➡p.451
博尔顿修道院 ➡p.483
圣安德鲁大教堂 ➡p.506

苏格兰女王玛丽（玛丽·斯图亚特）（1542~1587）【国王】

苏格兰国王詹姆斯五世的女儿，不愿卷入大臣们的权力斗争，所以去了自己母亲的祖国法国，之后成为弗朗索瓦二世的妻子。没有子嗣的弗朗索瓦二世去世后，玛丽返回苏格兰，与达恩利勋爵，也就是亨利·斯图亚特结婚并生下之后成为英格兰国王的詹姆斯。达恩利勋爵去世后，苏格兰贵族内部的权力斗争变得更加激烈，玛丽被剥夺王位，逃亡到法国。

玛丽是亨利八世的姐姐玛格丽特·都铎的孙女，除了亨利八世在离婚后生育的孩子（伊丽莎白一世），她是顺位最高的英格兰国王继承人。天主教不承认离婚，所以信奉天主教的玛丽在逃亡后多次主张自己才是英国女王，最终被伊丽莎白一世处决。同为天主教徒的西班牙国王腓力二世为了给玛丽复仇，派无敌舰队进攻英格兰，阿玛达海战爆发。伊丽莎白一世去世后，詹姆斯兼任苏格兰国王和英格兰国王。

相关条目 威斯敏斯特修道院 ➡p.106
彼得伯勒大教堂 ➡p.343
爱丁堡城堡 ➡p.491
荷里路德宫 ➡p.494

《达·芬奇密码》【电影】

根据丹·布朗同名小说改编的电影。以基督教圣杯传说为主题，威斯敏斯特修道院、圣殿教堂等景点都出现在故事中。拍摄时，因未能取得威斯敏斯特修道院的拍摄许可，便选择在林肯大教堂取景，中廊、教士会礼堂、回廊都被拍入了镜头。

相关条目 圣殿教堂 ➡p.123
林肯大教堂 ➡p.333
罗斯林教堂 ➡p.499

查理一世（1600~1649）【国王】

继承父亲詹姆斯一世的王位，成为国王，但因专制而与议会产生对立。而且还压制清教徒，导致英国发生内乱，最终在与清教徒之间的战争中失败并遭斩首。查理一世死后，奥利弗·克伦威尔就任护国公，英国变为共和国体制。

相关条目 伦敦国宴厅 ➡p.138
卡里斯布鲁克城堡 ➡p.207

查尔斯·狄更斯（1812~1870）【作家】

创作了《雾都孤儿》《圣诞颂歌》等优秀作品的维多利亚时代作家。父亲生活奢侈，欠下巨额债务，甚至因此被关进监狱，所以查尔斯没有接受过太多的教育，从小就在鞋油工厂工作，度过了苦难的童年，但是通过坚持不懈的努力，成为一名报社记者，1836年出版了利用空闲时间写作的随笔集。书中极具个性的人物以及跌宕起伏的情节深深地吸引了读者，奠定了狄更斯英国国民作家的地位。

相关条目 狄更斯故居 ➡p.139
查尔斯·狄更斯出生地故居 ➡p.201

圣殿骑士团【历史】

十字军第一次东征占领了圣地耶路撒冷，为保护朝圣者于12世纪初创立了圣殿骑士团。因骑士团总部设在耶路撒冷的圣殿山（Temple Mount），故取名为圣殿骑士团。该骑士团曾积极致力于保卫圣地，13世纪末随着耶路撒冷陷落，骑士团的存在意义也就此消失，而骑士团依靠免税特权及金融投资获得的巨额财富也被法国国王菲利浦四世没收，之后骑士团彻底解散。

相关条目 圣殿教堂 ➡p.123

赋税调查书【历史】

威廉一世于1085年编制的土地档案。将土地以及住宅、家畜等均作为征税对象予以记录。

相关条目 利兹城堡 ➡p.169

托马斯·沃尔西（1475~1530）【枢机主教】

曾为亨利八世的宠臣，因国王的离婚问题遭免职。之后被逮捕，死于被押送伦敦的途中。托马斯·沃尔西曾花费巨资修建住宅。著名的汉普顿宫就是托马斯·沃尔西修建，因过于豪华，引起亨利八世嫉妒，之后沃尔西便将这栋豪宅献给亨利八世。牛津的基督教堂学院，最初以沃尔西的职位枢机主命名为卡迪纳尔学院，之后变为亨利八世学院，最后定名基督教堂学院。

相关条目 汉普顿宫 ➡p.168
基督教会学院 ➡p.296

托马斯·特尔福德（1757~1834）【土木工程师】

少年时为石工，自学建筑学与土木工程学。主持建设了苏格兰的喀里多尼亚运河以及北威尔士的梅奈吊桥、道路等基础设施工程。之后成为英国土木工程学会首任会长。

相关条目 铁桥峡谷 ➡p.322
庞特卡萨斯泰高架水道桥 ➡p.475

托马斯·贝克特（1118~1170）【神职人员】

生于伦敦，在教会接受了教育。在坎特伯雷大主教的提拔下得以身居高位，而且受到国王亨利二世的器重，成为排名第二位的大法官。虽然与国王关系很好，但贝克特出任坎特伯雷大主教后，主张保护教会的利益及自由，因此与亨利二世之间产生严重的矛盾。贝克特前往欧洲大陆，在法兰西国王的支持与帮助下，试图谋求教皇的支持，但亨利二世始终没有同意与贝克特和解。之后，贝克特成为教皇特使，获得了特权，返回英格兰后，通过手中的权力将拥护国王的主教逐一解职。他的做法彻底激怒了亨利二世，在亨利二世的指令下，贝克特被斩杀于坎特伯雷大教堂内。之后，教皇亚历山大三世违反惯例，迅速地将贝克特封为圣人。从此，坎特伯雷大教堂成为圣托马斯·贝克特殉教地，引来众多朝圣者到此。

相关条目 坎特伯雷大教堂 ➡p.180

纳尔逊将军（1758~1805）【军人】

全名霍雷肖·纳尔逊，12 岁时参加海军，20 岁时成为舰长。在科西嘉岛海战中一只眼睛失明。1798 年，在埃及阿布基尔的海战中大败法国海军。1805 年在特拉法加海战中使用纳尔逊式的近战战术战胜法国与西班牙的联军。不过在这次战斗中，纳尔逊身中流弹，战死于维多利亚号战舰上。

相关条目 特拉法加广场 ➡p.115
圣保罗大教堂 ➡p.124
HMS 胜利号 ➡p.202

拜伦（1788~1824）【诗人·政治家】

10 岁时继承男爵的爵位并搬至诺丁汉的纽斯特德修道院居住。从剑桥大学毕业后，周游欧洲各国，回国后成为上院议员。这一时期出版的诗集《恰尔德·哈洛尔德游记》是拜伦的代表作。之后，他前往瑞士、意大利过着放荡不羁的生活，与多名女性交往，最后参加希腊独立战争，于战地病故。

相关条目 纽斯特德修道院 ➡p.332

哈德良（76~138）【皇帝】

罗马五贤帝时代的第 3 位皇帝。在罗马帝国全盛时期，积极保卫帝国的领土，在不列颠岛为抵御皮克特人的入侵，修建了横贯东西的长城（哈德良长城）。

相关条目 哈德良长城 ➡p.412

毕翠克丝·波特（1866~1943）【作家】

彼得兔诞生于她的笔下。她十分热爱湖区的自然，而且非常支持以保护自然为重要使命的国民托管组织，去世后她拥有的 4000 英亩土地及 14 个农场都被捐献给国民托管组织。2006 年上映了蕾妮·齐薇格主演的电影《波特小姐》，讲述了波特的一生。

➡特别专栏 p.400

亨利二世（1133~1189）【国王】

金雀花王朝首位英格兰国王。他的母亲是神圣罗马帝国皇后、威廉一世的孙女玛蒂尔达（莫德）。娶了与法国国王路易七世离婚不久的阿基坦的埃莉诺为妻，生下了狮心王理查一世与无地王约翰。阿基坦的埃莉诺被认为是当时西欧最富有和最有权力的女性，通过与埃莉诺的婚姻，亨利二世在英格兰、诺曼底公国之外，将阿基坦公国也纳入了自己的统治之下。不过亨利二世统治后期，他的儿子频繁发动叛乱，使国家陷入动荡。亨利二世也是下令杀死托马斯·贝克特的国王。

相关条目 坎特伯雷大教堂 ➡p.180

亨利六世（1421~1471）【国王】

亨利五世之子，出生不久就因亨利五世去世而继承了英格兰王位。几个月后，又因外祖父法国国王查理六世去世而兼任法国国王。虽然名义上他成为英法两国的君主，但随后出现了圣女贞德的抵抗运动，他的叔叔查理七世趁机率领法军夺取了权力，到了 1453 年，亨利六世失去了除加来以外的全部法国领土。

亨利六世患有精神疾病，经常精神错乱，长大后也无法亲自执政，所以大权落到他的妻子玛安茹的格丽特及其家族手上。亨利六世无法掌权，是导致金雀花王朝的兰开斯特家族与约克家族之间爆发玫瑰战争的一个诱因。1461 年在圣奥尔本斯战役中失败，于是遭废黜并被囚禁于伦敦塔。1470 年实现复辟，但第二年再次被废，最后死于伦敦塔。亨利六世在政治上缺乏能力，不过创立了国王学院、伊顿公学等学校，在教育和建筑方面做出了很大的贡献。

相关条目 伊顿公学 ➡p.167
国王学院 ➡p.338

亨利七世（1457~1509）【国王】

都铎王朝的首位英格兰国王。1485 年在博斯沃思之战中击败约克家族的理查三世后，与爱德华四世的女儿、理查三世的侄女约克的伊丽莎白结婚，结束了玫瑰战争，并且继承了英格兰王位。虽然亨利七世赢得了战争并继承了王位，但实际上有很多贵族在血缘关系上与上一代国王更近，所以经常有人叛乱、称王，导致国家长期动乱。

相关条目 威斯敏斯特修道院 ➡p.106

亨利八世（1491~1547）【国王】

英格兰国王，一生中娶过 6 位妻子，为离婚而脱离罗马天主教会，创立英国国家会并解散了修道院。前后有 6 位妻子，在很大程度上是因为玫瑰战争后都铎王朝的权力基础已非常薄弱，确保拥有男性王位继承人成为极为重要的政治问题。他与首位妻子阿拉贡的凯瑟琳一起生活了 23 年。

相关条目 汉普顿宫 ➡p.166
基督教会学院 ➡p.296

布狄卡女王（？？ ~公元 60 年）【国王】

带领布立吞人反抗罗马统治的国王。趁罗马主力部队远征的间隙，发动起义，攻陷了卡穆罗杜纳姆（科尔切斯特）、伦狄尼姆（伦敦）、维鲁拉米恩（圣奥尔本斯）等当时的主要城市，并将这些城市彻底破坏，进行了大屠杀。之后与回归的罗马军队战斗，直至战死。

相关条目 科尔切斯特城堡 ➡p.173

小王子查理（1720~1788）【王室】

全名查尔斯·爱德华·斯图亚特，也被称为小王位觊觎者。为在清教徒革命中失去王位的詹姆斯二世的孙子。为了夺回英国国王的王位，1745 年登陆不列颠岛，联合苏格兰的高地人及天主教徒，与英格兰正规军在卡洛登激战，但不幸战败。在弗洛拉·麦克唐纳等支持者的帮助下，通过伪装来掩盖身份，最终逃往欧洲大陆。

相关条目 林利思哥宫 ➡p.500
因弗内斯城堡 ➡p.524

大宪章【历史】

1215 年国王约翰制定的宪章。明文规定国王的权限也受法律约束，为立宪主义、人权保障奠定了基础。大宪章原件现存 4 份，大英博物馆收藏了 2 份，林肯大教堂与索尔兹伯里大教堂各收藏了一份。

相关条目 大英图书馆 ➡p.139
索尔兹伯里大教堂 ➡p.243
林肯大教堂 ➡p.333
林肯城堡 ➡p.333

玛丽·斯图亚特（1542~1587）【国王】

参见苏格兰女王玛丽。

理查三世（1452~1485）【国王】

约克王朝最后一位国王爱德华四世的弟弟。在玫瑰战争中，与亨利·都铎率领的兰开斯特军于博斯沃思交战并战死。他也是最后一位战死沙场的英格兰国王。在莎士比亚的《理查三世》中被描写成驼背、脚拖地走路、残忍且奸诈的恶人。这是因为莎士比亚创作这部戏剧时，正值都铎王朝一方在战争中获胜，所以对人物形象进行了丑化。2012 年在一处停车场里发现了理查三世的遗骨。之后对遗骨进行了研究，得出的结论是理查三世的骨骼确实弯曲，但并不严重，穿上衣服后基本上看不出有何异常，不过并没有证据表明理查三世脚拖地走路。2015 年 3 月，遗骨被葬于莱斯特大教堂。

相关条目 约克古城 ➡p.438

罗伯特·布鲁斯（1274~1329）【国王】

苏格兰国王。最初作为苏格兰影响力较大的贵族曾与英格兰国王爱德华一世合作，但之后转变为反英格兰的立场，并称为苏格兰国王。在班诺克本之战中，击败了爱德华二世率领的英格兰军队，实现了苏格兰的独立。与威廉·华莱士同为苏格兰独立的领袖人物，也是电影《勇敢的心》中描写的另一位主角。他的遗体与心脏分别被葬于邓弗姆林修道院和梅尔罗斯修道院。

相关条目
班诺克本历史遗迹中心 ➡p.332

罗宾汉（13 世纪）【传说中的人物】

中世纪的吟游诗人广为传颂的英雄人物。住在诺丁汉附近舍伍德森林里专门劫富济贫的绿林好汉。在之后的年代，罗宾汉又被描绘成贵族出身、曾追随理查狮心王参加十字军或者为民众反抗约翰国王暴政的形象。以罗宾汉为题材的电影及电视作品有很多，凯文·科斯特纳与罗素·克劳分别在 1991 年和 2010 年扮演过罗宾汉。

相关条目 舍伍德森林 ➡p.332

华兹华斯（1770~1850）【诗人】

英国著名浪漫主义诗人。

➡特别专栏 p.402

项目策划：王欣艳　谷口俊博
统　　筹：北京走遍全球文化传播有限公司　http://www.zbqq.com
责任编辑：王佳慧　林小燕
责任印制：冯冬青

图书在版编目（CIP）数据

英国 / 日本《走遍全球》编辑室编著；马谦译. —
3版. — 北京：中国旅游出版社, 2019.9
（走遍全球）
ISBN 978-7-5032-6336-1

Ⅰ.①英…　Ⅱ.①日…　②马…　Ⅲ.①旅游指南—英
国　Ⅳ.①K956.19

中国版本图书馆CIP数据核字（2019）第191004号

北京市版权局著作权合同登记号　图字：01-2019-1063
审图号：GS（2019）3670号　本书插图系原文原图

本书中文简体字版由北京走遍全球文化传播有限公司独家授权，全书文、图局部或全部，未经同意不得转载或翻印。
GLOBE-TROTTER TRAVEL GUIDEBOOK
United Kingdom 2018 ~ 2019 EDITION by Diamond-Big Co., Ltd.
Copyright © 2018 ~ 2019 by Diamond-Big Co., Ltd.
Original Japanese edition published by with Diamond-Big Co., Ltd.
Chinese translation rights arranged with Diamond-Big Co., Ltd.
Through BEIJING TROTTER CULTURE AND MEDIA CO., LTD.

书　　名：英国

作　　者：日本《走遍全球》编辑室编著；马谦译
出版发行：中国旅游出版社
（北京市建国门内大街甲 9 号　邮编：100005）
http://www.cttp.net.cn　E-mail: cttp@mct.gov.cn
营销中心电话：010-85166536
排　　版：北京中文天地文化艺术有限公司
经　　销：全国各地新华书店
印　　刷：北京金吉士印刷有限责任公司
版　　次：2019年9月第3版　2019年9月第1次印刷
开　　本：889毫米×1194毫米　1/32
印　　张：18.375
印　　数：7000册
字　　数：820千
定　　价：128.00元
I S B N　978-7-5032-6336-1

版权所有　翻印必究
如发现质量问题，请直接与营销中心联系调换